Legislação de Direito Constitucional

Legislação de Direito Constitucional

TEXTOS LEGAIS E POLÍTICOS

2016 · 10ª Edição

José Fontes
Agregado e Doutor em Ciências Políticas
Mestre em Ciências Jurídico-Políticas
Professor da Academia Militar
Investigador Científico do CAPP/ISCSP/Universidade de Lisboa,
do CEDIS/FD/Universidade Nova de Lisboa e do CINAMIL/Academia Militar

LEGISLAÇÃO DE DIREITO CONSTITUCIONAL
1ª Edição, Outubro, 2004
AUTOR
José Fontes
EDITOR
EDIÇÕES ALMEDINA, S.A.
Rua Fernandes Tomás, nºs 76, 78, 80
3000-167 Coimbra
Tel.: 239 851 904 · Fax: 239 851 901
www.almedina.net · editora@almedina.net
DESIGN DE CAPA
FBA.
PRÉ-IMPRESSÃO
EDIÇÕES ALMEDINA, S.A.
IMPRESSÃO E ACABAMENTO
PAPELMUNDE

Setembro, 2016
DEPÓSITO LEGAL
415372/16

Apesar do cuidado e rigor colocados na elaboração da presente obra, devem os diplomas legais dela constantes ser sempre objecto de confirmação com as publicações oficiais.
Toda a legislação contida na presente obra encontra-se actualizada de acordo com os diplomas publicados em *Diário da República*, independentemente de terem já iniciado a sua vigência ou não.
Toda a reprodução desta obra, por fotocópia ou outro qualquer processo, sem prévia autorização escrita do Editor, é ilícita e passível de procedimento judicial contra o infractor.

 | GRUPOALMEDINA

BIBLIOTECA NACIONAL DE PORTUGAL – CATALOGAÇÃO NA PUBLICAÇÃO
PORTUGAL. Leis, decretos, etc.
    Legislação de direito constitucional : textos legais e políticos / [compil.]
José Fontes. - 10ª ed. – (Coletâneas de legislação)
    ISBN 978-972-40-6751-2

I - FONTES, José, 1970-
CDU 342

NOTA À 10ª EDIÇÃO

A 10ª edição da *Legislação de Direito Constitucional*[1] atualiza alguns dos diplomas que foram entretanto alterados (*Organização, Funcionamento e Processo do Tribunal Constitucional, Iniciativa Legislativa de Cidadãos* e *Referendo Nacional*) e publica o *Estatuto do Representante da República nas Regiões Autónomas dos Açores e da Madeira*.

Continuo a desejar que a presente coletânea seja de grande utilidade a todos quantos a consultem.

JOSÉ FONTES

---

[1] Não dispensa a leitura do Jornal Oficial – *Diário da República*.

NOTA INTRODUTÓRIA

Foi a necessidade sentida de encontrar num mesmo volume alguns dos mais importantes diplomas de Direito Constitucional que nos levou a reunir um variado conjunto de legislação constitucional.

O texto legal básico desta coletânea, em torno do qual se organizou a sua estrutura, é a *Constituição da República Portuguesa*, aprovada em 2 de abril de 1976, na versão atual resultante das sete revisões constitucionais que fixaram o seu texto. Na coletânea estão ainda presentes, designadamente, o *Regimento da Assembleia da República* e a *Lei Orgânica do Tribunal Constitucional*.

A última revisão constitucional, tornou urgente a necessidade de fornecer aos nossos alunos o novo Texto Constitucional e um conjunto de diplomas essenciais e indispensáveis para o estudo da Ciência Política e do Direito Constitucional.

O Direito Constitucional português consagra e regula, entre outras matérias, o estatuto jurídico do poder político e é, até por força dos princípios hierárquico-normativos que vigoram em Portugal, um dos mais importantes ramos de Direito público, senão mesmo o mais importante na medida em que a Constituição se assume como padrão de conformidade para o restante Direito interno.

Não se publica aqui o bloco legal respeitante ao direito eleitoral, embora a Constituição estabeleça regras e princípios nesta matéria, nem outros diplomas que materialmente são legislação de Direito Constitucional. Optou-se, desta forma, pela publicação de diplomas que são úteis, sobretudo, aos estudantes de Direito Constitucional das nossas Faculdades e Departamentos de Direito.

Neste tempo, aurora de um mundo novo globalizado, onde as experiências de integração política são cada vez mais numerosas e onde a União Europeia é uma referência modelar, torna-se cada vez mais premente o estudo dos diplomas básicos onde assentam a ordenação e a organização do Estado e dos seus poderes.

No confronto doutrinário entre comunitaristas e constitucionalistas, parece evidente que o peso da Constituição política portuguesa ainda ganha vantagem ao Direito comunitário, mesmo ao originário. Exemplo desta preferência foi a revisão constitucional de 1992, sem a qual a ratificação do Tratado de Maastricht não teria sido possível. Não são os Tratados instituidores das Comunidades e da União Europeia que se impõem ao poder constituinte português mas, sim, este que aceita, deseja e pretende para a ordem jurídica interna a vigência de convenções internacionais que promovam ou aprofundem uma integração política que poderá ser irreversível para Portugal mas que se aceita, ainda que apenas teoricamente, como revisível.

A *Legislação de Direito Constitucional* comporta uma parte que respeita ao período revolucionário sendo publicadas algumas Leis Constitucionais dessa época e o Programa do Movimento das Forças Armadas. São com toda a certeza diplomas muito úteis para o estudo do processo constituinte originário que conduziu à aprovação da nova Constituição que entrou em vigor em 25 de abril de 1976 e que pôs fim à vigência total da Constituição de 1933.

Sobretudo as Leis Constitucionais dotadas de legitimidade revolucionária são documentos histórico-legislativos essenciais para o estudo do processo que antecedeu a aprovação da nova Lei Fundamental.

Num mundo em que cada vez mais uma pequena maioria pretende mais globalizado e perigosamente normalizado e uniformizado, as Constituições dos Estados podem e devem ser instrumentos estruturantes das diferenças importantes de regimes políticos, sistemas e formas de governo, de múltiplas formas de organização de poder político, da consagração de direitos, liberdades e garantias, de independência e separação de poderes.

Também por estas razões o estudo da Ciência Política e do Direito Constitucional português nunca será dispensável.

JOSÉ FONTES

I
Constituição da República Portuguesa

Constituição da República Portuguesa

de 2 de abril de 1976, na redação que lhe foi dada pela Lei Constitucional nº 1/82, de 30 de setembro, pela Lei Constitucional nº 1/89, de 8 de julho, pela Lei Constitucional nº 1/92, de 25 de novembro, pela Lei Constitucional nº 1/97, de 20 de setembro, pela Lei Constitucional nº 1/2001, de 12 de dezembro, pela Lei Constitucional nº 1/2004, de 24 de julho e pela Lei Constitucional nº 1/2005, de 12 de agosto

PREÂMBULO

A 25 de Abril de 1974, o Movimento das Forças Armadas, coroando a longa resistência do povo português e interpretando os seus sentimentos profundos, derrubou o regime fascista.

Libertar Portugal da ditadura, da opressão e do colonialismo representou uma transformação revolucionária e o início de uma viragem histórica da sociedade portuguesa.

A Revolução restituiu aos Portugueses os direitos e liberdades fundamentais. No exercício destes direitos e liberdades, os legítimos representantes do povo reúnem-se para elaborar uma Constituição que corresponde às aspirações do país.

A Assembleia Constituinte afirma a decisão do povo português de defender a independência nacional, de garantir os direitos fundamentais dos cidadãos, de estabelecer os princípios basilares da democracia, de assegurar o primado do Estado de Direito democrático e de abrir caminho para uma sociedade socialista, no respeito da vontade do povo português, tendo em vista a construção de um país mais livre, mais justo e mais fraterno.

A Assembleia Constituinte, reunida na sessão plenária de 2 de abril de 1976, aprova e decreta a seguinte Constituição da República Portuguesa:

PRINCÍPIOS FUNDAMENTAIS

ARTIGO 1º
(República Portuguesa)

Portugal é uma República soberana, baseada na dignidade da pessoa humana e na vontade popular e empenhada na construção de uma sociedade livre, justa e solidária.

ARTIGO 2º
(Estado de direito democrático)

A República Portuguesa é um Estado de direito democrático, baseado na soberania popular, no pluralismo de expressão e organização política democráticas, no respeito e na garantia de efetivação dos direitos e liberdades fundamentais e na separação e interdependência de poderes, visando a realização da democracia económica, social e cultural e o aprofundamento da democracia participativa.

ARTIGO 3º
(Soberania e legalidade)

1. A soberania, una e indivisível, reside no povo, que a exerce segundo as formas previstas na Constituição.
2. O Estado subordina-se à Constituição e funda-se na legalidade democrática.
3. A validade das leis e dos demais atos do Estado, das regiões autónomas, do poder local e de quaisquer outras entidades públicas depende da sua conformidade com a Constituição.

ARTIGO 4º
(Cidadania portuguesa)

São cidadãos portugueses todos aqueles que como tal sejam considerados pela lei ou por convenção internacional.

ARTIGO 5º
(Território)

1. Portugal abrange o território historicamente definido no continente europeu e os arquipélagos dos Açores e da Madeira.
2. A lei define a extensão e o limite das águas territoriais, a zona económica exclusiva e os direitos de Portugal aos fundos marinhos contíguos.
3. O Estado não aliena qualquer parte do território português ou dos direitos de soberania que sobre ele exerce, sem prejuízo da retificação de fronteiras.

ARTIGO 6º
(Estado unitário)

1. O Estado é unitário e respeita na sua organização e funcionamento o regime autonómico insular e os princípios da subsidiariedade, da autonomia das autarquias locais e da descentralização democrática da Administração Pública.

2. Os arquipélagos dos Açores e da Madeira constituem regiões autónomas dotadas de estatutos político-administrativos e de órgãos de governo próprio.

ARTIGO 7º
(Relações internacionais)

1. Portugal rege-se nas relações internacionais pelos princípios da independência nacional, do respeito dos direitos do homem, dos direitos dos povos, da igualdade entre os Estados, da solução pacífica dos conflitos internacionais, da não ingerência nos assuntos internos dos outros Estados e da cooperação com todos os outros povos para a emancipação e o progresso da humanidade.

2. Portugal preconiza a abolição do imperialismo, do colonialismo e de quaisquer outras formas de agressão, domínio e exploração nas relações entre os povos, bem como o desarmamento geral, simultâneo e controlado, a dissolução dos blocos político-militares e o estabelecimento de um sistema de segurança coletiva, com vista à criação de uma ordem internacional capaz de assegurar a paz e a justiça nas relações entre os povos.

3. Portugal reconhece o direito dos povos à autodeterminação e independência e ao desenvolvimento, bem como o direito à insurreição contra todas as formas de opressão.

4. Portugal mantém laços privilegiados de amizade e cooperação com os países de língua portuguesa.

5. Portugal empenha-se no reforço da identidade europeia e no fortalecimento da ação dos Estados europeus a favor da democracia, da paz, do progresso económico e da justiça nas relações entre os povos.

6. Portugal pode, em condições de reciprocidade, com respeito pelos princípios fundamentais do Estado de direito democrático e pelo princípio da subsidiariedade e tendo em vista a realização da coesão económica, social e territorial, de um espaço de liberdade, segurança e justiça e a definição e execução de uma política externa, de segurança e de defesa comuns, convencionar o exercício, em comum, em cooperação ou pelas instituições da União, dos poderes necessários à construção e aprofundamento da união europeia.

7. Portugal pode, tendo em vista a realização de uma justiça internacional que promova o respeito pelos direitos da pessoa humana e dos povos, aceitar a jurisdição do Tribunal Penal Internacional, nas condições de complementaridade e demais termos estabelecidos no Estatuto de Roma.

ARTIGO 8º
(Direito internacional)

1. As normas e os princípios de direito internacional geral ou comum fazem parte integrante do direito português.

2. As normas constantes de convenções internacionais regularmente ratificadas ou aprovadas vigoram na ordem interna após a sua publicação oficial e enquanto vincularem internacionalmente o Estado Português.

3. As normas emanadas dos órgãos competentes das organizações internacionais de que Portugal seja parte vigoram diretamente na ordem interna, desde que tal se encontre estabelecido nos respetivos tratados constitutivos.

4. As disposições dos tratados que regem a União Europeia e as normas emanadas das suas instituições, no exercício das respetivas competências, são aplicáveis na ordem interna, nos termos definidos pelo direito da União, com respeito pelos princípios fundamentais do Estado de direito democrático.

ARTIGO 9º
(Tarefas fundamentais do Estado)

São tarefas fundamentais do Estado:

a) Garantir a independência nacional e criar as condições políticas, económicas, sociais e culturais que a promovam;

b) Garantir os direitos e liberdades fundamentais e o respeito pelos princípios do Estado de direito democrático;

c) Defender a democracia política, assegurar e incentivar a participação democrática dos cidadãos na resolução dos problemas nacionais;

d) Promover o bem-estar e a qualidade de vida do povo e a igualdade real entre os portugueses, bem como a efetivação dos direitos económicos, sociais, culturais e ambientais, mediante a transformação e modernização das estruturas económicas e sociais;

e) Proteger e valorizar o património cultural do povo português, defender a natureza e o ambiente, preservar os recursos naturais e assegurar um correto ordenamento do território;

f) Assegurar o ensino e a valorização permanente, defender o uso e promover a difusão internacional da língua portuguesa;

g) Promover o desenvolvimento harmonioso de todo o território nacional, tendo em conta, designadamente, o caráter ultraperiférico dos arquipélagos dos Açores e da Madeira;

h) Promover a igualdade entre homens e mulheres.

ARTIGO 10º
(Sufrágio universal e partidos políticos)

1. O povo exerce o poder político através do sufrágio universal, igual, direto, secreto e periódico, do referendo e das demais formas previstas na Constituição.

2. Os partidos políticos concorrem para a organização e para a expressão da vontade popular, no respeito pelos princípios da independência nacional, da unidade do Estado e da democracia política.

ARTIGO 11º
(Símbolos nacionais e língua oficial)

1. A Bandeira Nacional, símbolo da soberania da República, da independência, unidade e integridade de Portugal, é a adotada pela República instaurada pela Revolução de 5 de Outubro de 1910.

2. O Hino Nacional é *A Portuguesa*.
3. A língua oficial é o Português.

PARTE I
Direitos e deveres fundamentais

TÍTULO I
Princípios gerais

ARTIGO 12.º
(Princípio da universalidade)

1. Todos os cidadãos gozam dos direitos e estão sujeitos aos deveres consignados na Constituição.
2. As pessoas coletivas gozam dos direitos e estão sujeitas aos deveres compatíveis com a sua natureza.

ARTIGO 13.º
(Princípio da igualdade)

1. Todos os cidadãos têm a mesma dignidade social e são iguais perante a lei.
2. Ninguém pode ser privilegiado, beneficiado, prejudicado, privado de qualquer direito ou isento de qualquer dever em razão de ascendência, sexo, raça, língua, território de origem, religião, convicções políticas ou ideológicas, instrução, situação económica, condição social ou orientação sexual.

ARTIGO 14.º
(Portugueses no estrangeiro)

Os cidadãos portugueses que se encontrem ou residam no estrangeiro gozam da proteção do Estado para o exercício dos direitos e estão sujeitos aos deveres que não sejam incompatíveis com a ausência do país.

ARTIGO 15.º
(Estrangeiros, apátridas, cidadãos europeus)

1. Os estrangeiros e os apátridas que se encontrem ou residam em Portugal gozam dos direitos e estão sujeitos aos deveres do cidadão português.
2. Excetuam-se do disposto no número anterior os direitos políticos, o exercício das funções públicas que não tenham caráter predominantemente técnico e os direitos e deveres reservados pela Constituição e pela lei exclusivamente aos cidadãos portugueses.
3. Aos cidadãos dos Estados de língua portuguesa com residência permanente em Portugal são reconhecidos, nos termos da lei e em condições de reciprocidade, direitos não conferidos a estrangeiros, salvo o acesso aos cargos de Presidente da

República, Presidente da Assembleia da República, Primeiro-Ministro, Presidentes dos tribunais supremos e o serviço nas Forças Armadas e na carreira diplomática.

4. A lei pode atribuir a estrangeiros residentes no território nacional, em condições de reciprocidade, capacidade eleitoral ativa e passiva para a eleição dos titulares de órgãos de autarquias locais.

5. A lei pode ainda atribuir, em condições de reciprocidade, aos cidadãos dos Estados-membros da União Europeia residentes em Portugal o direito de elegerem e serem eleitos Deputados ao Parlamento Europeu.

ARTIGO 16º
(Âmbito e sentido dos direitos fundamentais)

1. Os direitos fundamentais consagrados na Constituição não excluem quaisquer outros constantes das leis e das regras aplicáveis de direito internacional.

2. Os preceitos constitucionais e legais relativos aos direitos fundamentais devem ser interpretados e integrados de harmonia com a *Declaração Universal dos Direitos do Homem*.

ARTIGO 17º
(Regime dos direitos, liberdades e garantias)

O regime dos direitos, liberdades e garantias aplica-se aos enunciados no Título II e aos direitos fundamentais de natureza análoga.

ARTIGO 18º
(Força jurídica)

1. Os preceitos constitucionais respeitantes aos direitos, liberdades e garantias são diretamente aplicáveis e vinculam as entidades públicas e privadas.

2. A lei só pode restringir os direitos, liberdades e garantias nos casos expressamente previstos na Constituição, devendo as restrições limitar-se ao necessário para salvaguardar outros direitos ou interesses constitucionalmente protegidos.

3. As leis restritivas de direitos, liberdades e garantias têm de revestir caráter geral e abstrato e não podem ter efeito retroativo nem diminuir a extensão e o alcance do conteúdo essencial dos preceitos constitucionais.

ARTIGO 19º
(Suspensão do exercício de direitos)

1. Os órgãos de soberania não podem, conjunta ou separadamente, suspender o exercício dos direitos, liberdades e garantias, salvo em caso de estado de sítio ou de estado de emergência, declarados na forma prevista na Constituição.

2. O estado de sítio ou o estado de emergência só podem ser declarados, no todo ou em parte do território nacional, nos casos de agressão efetiva ou iminente por forças estrangeiras, de grave ameaça ou perturbação da ordem constitucional democrática ou de calamidade pública.

3. O estado de emergência é declarado quando os pressupostos referidos no número anterior se revistam de menor gravidade e apenas pode determinar a

suspensão de alguns dos direitos, liberdades e garantias suscetíveis de serem suspensos.

4. A opção pelo estado de sítio ou pelo estado de emergência, bem como as respetivas declaração e execução, devem respeitar o princípio da proporcionalidade e limitar-se, nomeadamente quanto às suas extensão e duração e aos meios utilizados, ao estritamente necessário ao pronto restabelecimento da normalidade constitucional.

5. A declaração do estado de sítio ou do estado de emergência é adequadamente fundamentada e contém a especificação dos direitos, liberdades e garantias cujo exercício fica suspenso, não podendo o estado declarado ter duração superior a quinze dias, ou à duração fixada por lei quando em consequência de declaração de guerra, sem prejuízo de eventuais renovações, com salvaguarda dos mesmos limites.

6. A declaração do estado de sítio ou do estado de emergência em nenhum caso pode afetar os direitos à vida, à integridade pessoal, à identidade pessoal, à capacidade civil e à cidadania, a não retroatividade da lei criminal, o direito de defesa dos arguidos e a liberdade de consciência e de religião.

7. A declaração do estado de sítio ou do estado de emergência só pode alterar a normalidade constitucional nos termos previstos na Constituição e na lei, não podendo nomeadamente afetar a aplicação das regras constitucionais relativas à competência e ao funcionamento dos órgãos de soberania e de governo próprio das regiões autónomas ou os direitos e imunidades dos respetivos titulares.

8. A declaração do estado de sítio ou do estado de emergência confere às autoridades competência para tomarem as providências necessárias e adequadas ao pronto restabelecimento da normalidade constitucional.

ARTIGO 20º
(Acesso ao direito e tutela jurisdicional efetiva)

1. A todos é assegurado o acesso ao direito e aos tribunais para defesa dos seus direitos e interesses legalmente protegidos, não podendo a justiça ser denegada por insuficiência de meios económicos.

2. Todos têm direito, nos termos da lei, à informação e consulta jurídicas, ao patrocínio judiciário e a fazer-se acompanhar por advogado perante qualquer autoridade.

3. A lei define e assegura a adequada proteção do segredo de justiça.

4. Todos têm direito a que uma causa em que intervenham seja objeto de decisão em prazo razoável e mediante processo equitativo.

5. Para defesa dos direitos, liberdades e garantias pessoais, a lei assegura aos cidadãos procedimentos judiciais caracterizados pela celeridade e prioridade, de modo a obter tutela efetiva e em tempo útil contra ameaças ou violações desses direitos.

ARTIGO 21º
(Direito de resistência)

Todos têm o direito de resistir a qualquer ordem que ofenda os seus direitos, liberdades e garantias e de repelir pela força qualquer agressão, quando não seja possível recorrer à autoridade pública.

ARTIGO 22º
(Responsabilidade das entidades públicas)

O Estado e as demais entidades públicas são civilmente responsáveis, em forma solidária com os titulares dos seus órgãos, funcionários ou agentes, por ações ou omissões praticadas no exercício das suas funções e por causa desse exercício, de que resulte violação dos direitos, liberdades e garantias ou prejuízo para outrem.

ARTIGO 23º
(Provedor de Justiça)

1. Os cidadãos podem apresentar queixas por ações ou omissões dos poderes públicos ao Provedor de Justiça, que as apreciará sem poder decisório, dirigindo aos órgãos competentes as recomendações necessárias para prevenir e reparar injustiças.
2. A atividade do Provedor de Justiça é independente dos meios graciosos e contenciosos previstos na Constituição e nas leis.
3. O Provedor de Justiça é um órgão independente, sendo o seu titular designado pela Assembleia da República pelo tempo que a lei determinar.
4. Os órgãos e agentes da Administração Pública cooperam com o Provedor de Justiça na realização da sua missão.

TÍTULO II
Direitos, liberdades e garantias

CAPÍTULO I
Direitos, liberdades e garantias pessoais

ARTIGO 24º
(Direito à vida)

1. A vida humana é inviolável.
2. Em caso algum haverá pena de morte.

ARTIGO 25º
(Direito à integridade pessoal)

1. A integridade moral e física das pessoas é inviolável.
2. Ninguém pode ser submetido a tortura, nem a tratos ou penas cruéis, degradantes ou desumanos.

ARTIGO 26º
(Outros direitos pessoais)

1. A todos são reconhecidos os direitos à identidade pessoal, ao desenvolvimento da personalidade, à capacidade civil, à cidadania, ao bom nome e reputação, à imagem, à palavra, à reserva da intimidade da vida privada e familiar e à proteção legal contra quaisquer formas de discriminação.

2. A lei estabelecerá garantias efetivas contra a obtenção e utilização abusivas, ou contrárias à dignidade humana, de informações relativas às pessoas e famílias.

3. A lei garantirá a dignidade pessoal e a identidade genética do ser humano, nomeadamente na criação, desenvolvimento e utilização das tecnologias e na experimentação científica.

4. A privação da cidadania e as restrições à capacidade civil só podem efetuar-se nos casos e termos previstos na lei, não podendo ter como fundamento motivos políticos.

ARTIGO 27º
(Direito à liberdade e à segurança)

1. Todos têm direito à liberdade e à segurança.

2. Ninguém pode ser total ou parcialmente privado da liberdade, a não ser em consequência de sentença judicial condenatória pela prática de ato punido por lei com pena de prisão ou de aplicação judicial de medida de segurança.

3. Excetua-se deste princípio a privação da liberdade, pelo tempo e nas condições que a lei determinar, nos casos seguintes:

a) Detenção em flagrante delito;

b) Detenção ou prisão preventiva por fortes indícios de prática de crime doloso a que corresponda pena de prisão cujo limite máximo seja superior a três anos;

c) Prisão, detenção ou outra medida coativa sujeita a controlo judicial, de pessoa que tenha penetrado ou permaneça irregularmente no território nacional ou contra a qual esteja em curso processo de extradição ou de expulsão;

d) Prisão disciplinar imposta a militares, com garantia de recurso para o tribunal competente;

e) Sujeição de um menor a medidas de proteção, assistência ou educação em estabelecimento adequado, decretadas pelo tribunal judicial competente;

f) Detenção por decisão judicial em virtude de desobediência a decisão tomada por um tribunal ou para assegurar a comparência perante autoridade judiciária competente;

g) Detenção de suspeitos, para efeitos de identificação, nos casos e pelo tempo estritamente necessários;

h) Internamento de portador de anomalia psíquica em estabelecimento terapêutico adequado, decretado ou confirmado por autoridade judicial competente.

4. Toda a pessoa privada da liberdade deve ser informada imediatamente e de forma compreensível das razões da sua prisão ou detenção e dos seus direitos.

5. A privação da liberdade contra o disposto na Constituição e na lei constitui o Estado no dever de indemnizar o lesado nos termos que a lei estabelecer.

ARTIGO 28º
(Prisão preventiva)

1. A detenção será submetida, no prazo máximo de quarenta e oito horas, a apreciação judicial, para restituição à liberdade ou imposição de medida de coação ade-

quada, devendo o juiz conhecer das causas que a determinaram e comunicá-las ao detido, interrogá-lo e dar-lhe oportunidade de defesa.

2. A prisão preventiva tem natureza excecional, não sendo decretada nem mantida sempre que possa ser aplicada caução ou outra medida mais favorável prevista na lei.

3. A decisão judicial que ordene ou mantenha uma medida de privação da liberdade deve ser logo comunicada a parente ou pessoa da confiança do detido, por este indicados.

4. A prisão preventiva está sujeita aos prazos estabelecidos na lei.

ARTIGO 29º
(Aplicação da lei criminal)

1. Ninguém pode ser sentenciado criminalmente senão em virtude de lei anterior que declare punível a ação ou a omissão, nem sofrer medida de segurança cujos pressupostos não estejam fixados em lei anterior.

2. O disposto no número anterior não impede a punição, nos limites da lei interna, por ação ou omissão que no momento da sua prática seja considerada criminosa segundo os princípios gerais de direito internacional comummente reconhecidos.

3. Não podem ser aplicadas penas ou medidas de segurança que não estejam expressamente cominadas em lei anterior.

4. Ninguém pode sofrer pena ou medida de segurança mais graves do que as previstas no momento da correspondente conduta ou da verificação dos respetivos pressupostos, aplicando-se retroactivamente as leis penais de conteúdo mais favorável ao arguido.

5. Ninguém pode ser julgado mais do que uma vez pela prática do mesmo crime.

6. Os cidadãos injustamente condenados têm direito, nas condições que a lei prescrever, à revisão da sentença e à indemnização pelos danos sofridos.

ARTIGO 30º
(Limites das penas e das medidas de segurança)

1. Não pode haver penas nem medidas de segurança privativas ou restritivas da liberdade com caráter perpétuo ou de duração ilimitada ou indefinida.

2. Em caso de perigosidade baseada em grave anomalia psíquica, e na impossibilidade de terapêutica em meio aberto, poderão as medidas de segurança privativas ou restritivas da liberdade ser prorrogadas sucessivamente enquanto tal estado se mantiver, mas sempre mediante decisão judicial.

3. A responsabilidade penal é insuscetível de transmissão.

4. Nenhuma pena envolve como efeito necessário a perda de quaisquer direitos civis, profissionais ou políticos.

5. Os condenados a quem sejam aplicadas pena ou medida de segurança privativas da liberdade mantêm a titularidade dos direitos fundamentais, salvas as limitações inerentes ao sentido da condenação e às exigências próprias da respetiva execução.

ARTIGO 31º
(Habeas corpus)

1. Haverá *habeas corpus* contra o abuso de poder, por virtude de prisão ou detenção ilegal, a requerer perante o tribunal competente.

2. A providência de *habeas corpus* pode ser requerida pelo próprio ou por qualquer cidadão no gozo dos seus direitos políticos.

3. O juiz decidirá no prazo de oito dias o pedido de *habeas corpus* em audiência contraditória.

ARTIGO 32º
(Garantias de processo criminal)

1. O processo criminal assegura todas as garantias de defesa, incluindo o recurso.

2. Todo o arguido se presume inocente até ao trânsito em julgado da sentença de condenação, devendo ser julgado no mais curto prazo compatível com as garantias de defesa.

3. O arguido tem direito a escolher defensor e a ser por ele assistido em todos os atos do processo, especificando a lei os casos e as fases em que a assistência por advogado é obrigatória.

4. Toda a instrução é da competência de um juiz, o qual pode, nos termos da lei, delegar noutras entidades a prática dos atos instrutórios que se não prendam diretamente com os direitos fundamentais.

5. O processo criminal tem estrutura acusatória, estando a audiência de julgamento e os atos instrutórios que a lei determinar subordinados ao princípio do contraditório.

6. A lei define os casos em que, assegurados os direitos de defesa, pode ser dispensada a presença do arguido ou acusado em atos processuais, incluindo a audiência de julgamento.

7. O ofendido tem o direito de intervir no processo, nos termos da lei.

8. São nulas todas as provas obtidas mediante tortura, coação, ofensa da integridade física ou moral da pessoa, abusiva intromissão na vida privada, no domicílio, na correspondência ou nas telecomunicações.

9. Nenhuma causa pode ser subtraída ao tribunal cuja competência esteja fixada em lei anterior.

10. Nos processos de contraordenação, bem como em quaisquer processos sancionatórios, são assegurados ao arguido os direitos de audiência e defesa.

ARTIGO 33º
(Expulsão, extradição e direito de asilo)

1. Não é admitida a expulsão de cidadãos portugueses do território nacional.

2. A expulsão de quem tenha entrado ou permaneça regularmente no território nacional, de quem tenha obtido autorização de residência, ou de quem tenha apresentado pedido de asilo não recusado só pode ser determinada por autoridade judicial, assegurando a lei formas expeditas de decisão.

3. A extradição de cidadãos portugueses do território nacional só é admitida, em condições de reciprocidade estabelecidas em convenção internacional, nos casos de terrorismo e de criminalidade internacional organizada, e desde que a ordem jurídica do Estado requisitante consagre garantias de um processo justo e equitativo.

4. Só é admitida a extradição por crimes a que corresponda, segundo o direito do Estado requisitante, pena ou medida de segurança privativa ou restritiva da liberdade com caráter perpétuo ou de duração indefinida, se, nesse domínio, o Estado requisitante for parte de convenção internacional a que Portugal esteja vinculado e oferecer garantias de que tal pena ou medida de segurança não será aplicada ou executada.

5. O disposto nos números anteriores não prejudica a aplicação das normas de cooperação judiciária penal estabelecidas no âmbito da União Europeia.

6. Não é admitida a extradição, nem a entrega a qualquer título, por motivos políticos ou por crimes a que corresponda, segundo o direito do Estado requisitante, pena de morte ou outra de que resulte lesão irreversível da integridade física.

7. A extradição só pode ser determinada por autoridade judicial.

8. É garantido o direito de asilo aos estrangeiros e aos apátridas perseguidos ou gravemente ameaçados de perseguição, em consequência da sua atividade em favor da democracia, da libertação social e nacional, da paz entre os povos, da liberdade e dos direitos da pessoa humana.

9. A lei define o estatuto do refugiado político.

ARTIGO 34º
(Inviolabilidade do domicílio e da correspondência)

1. O domicílio e o sigilo da correspondência e dos outros meios de comunicação privada são invioláveis.

2. A entrada no domicílio dos cidadãos contra a sua vontade só pode ser ordenada pela autoridade judicial competente, nos casos e segundo as formas previstos na lei.

3. Ninguém pode entrar durante a noite no domicílio de qualquer pessoa sem o seu consentimento, salvo em situação de flagrante delito ou mediante autorização judicial em casos de criminalidade especialmente violenta ou altamente organizada, incluindo o terrorismo e o tráfico de pessoas, de armas e de estupefacientes, nos termos previstos na lei.

4. É proibida toda a ingerência das autoridades públicas na correspondência, nas telecomunicações e nos demais meios de comunicação, salvos os casos previstos na lei em matéria de processo criminal.

ARTIGO 35º
(Utilização da informática)

1. Todos os cidadãos têm o direito de acesso aos dados informatizados que lhes digam respeito, podendo exigir a sua retificação e atualização, e o direito de conhecer a finalidade a que se destinam, nos termos da lei.

2. A lei define o conceito de dados pessoais, bem como as condições aplicáveis ao seu tratamento automatizado, conexão, transmissão e utilização, e garante a sua proteção, designadamente através de entidade administrativa independente.

3. A informática não pode ser utilizada para tratamento de dados referentes a convicções filosóficas ou políticas, filiação partidária ou sindical, fé religiosa, vida privada e origem étnica, salvo mediante consentimento expresso do titular, autorização prevista por lei com garantias de não discriminação ou para processamento de dados estatísticos não individualmente identificáveis.

4. É proibido o acesso a dados pessoais de terceiros, salvo em casos excecionais previstos na lei.

5. É proibida a atribuição de um número nacional único aos cidadãos.

6. A todos é garantido livre acesso às redes informáticas de uso público, definindo a lei o regime aplicável aos fluxos de dados transfronteiras e as formas adequadas de proteção de dados pessoais e de outros cuja salvaguarda se justifique por razões de interesse nacional.

7. Os dados pessoais constantes de ficheiros manuais gozam de proteção idêntica à prevista nos números anteriores, nos termos da lei.

ARTIGO 36º
(Família, casamento e filiação)

1. Todos têm o direito de constituir família e de contrair casamento em condições de plena igualdade.

2. A lei regula os requisitos e os efeitos do casamento e da sua dissolução, por morte ou divórcio, independentemente da forma de celebração.

3. Os cônjuges têm iguais direitos e deveres quanto à capacidade civil e política e à manutenção e educação dos filhos.

4. Os filhos nascidos fora do casamento não podem, por esse motivo, ser objeto de qualquer discriminação e a lei ou as repartições oficiais não podem usar designações discriminatórias relativas à filiação.

5. Os pais têm o direito e o dever de educação e manutenção dos filhos.

6. Os filhos não podem ser separados dos pais, salvo quando estes não cumpram os seus deveres fundamentais para com eles e sempre mediante decisão judicial.

7. A adoção é regulada e protegida nos termos da lei, a qual deve estabelecer formas céleres para a respetiva tramitação.

ARTIGO 37º
(Liberdade de expressão e informação)

1. Todos têm o direito de exprimir e divulgar livremente o seu pensamento pela palavra, pela imagem ou por qualquer outro meio, bem como o direito de informar, de se informar e de ser informados, sem impedimentos nem discriminações.

2. O exercício destes direitos não pode ser impedido ou limitado por qualquer tipo ou forma de censura.

3. As infrações cometidas no exercício destes direitos ficam submetidas aos princípios gerais de direito criminal ou do ilícito de mera ordenação social, sendo a sua apreciação respetivamente da competência dos tribunais judiciais ou de entidade administrativa independente, nos termos da lei.

4. A todas as pessoas, singulares ou coletivas, é assegurado, em condições de igualdade e eficácia, o direito de resposta e de retificação, bem como o direito a indemnização pelos danos sofridos.

ARTIGO 38º
(Liberdade de imprensa e meios de comunicação social)

1. É garantida a liberdade de imprensa.
2. A liberdade de imprensa implica:

a) A liberdade de expressão e criação dos jornalistas e colaboradores, bem como a intervenção dos primeiros na orientação editorial dos respetivos órgãos de comunicação social, salvo quando tiverem natureza doutrinária ou confessional;

b) O direito dos jornalistas, nos termos da lei, ao acesso às fontes de informação e à proteção da independência e do sigilo profissionais, bem como o direito de elegerem conselhos de redação;

c) O direito de fundação de jornais e de quaisquer outras publicações, independentemente de autorização administrativa, caução ou habilitação prévias.

3. A lei assegura, com caráter genérico, a divulgação da titularidade e dos meios de financiamento dos órgãos de comunicação social.

4. O Estado assegura a liberdade e a independência dos órgãos de comunicação social perante o poder político e o poder económico, impondo o princípio da especialidade das empresas titulares de órgãos de informação geral, tratando-as e apoiando-as de forma não discriminatória e impedindo a sua concentração, designadamente através de participações múltiplas ou cruzadas.

5. O Estado assegura a existência e o funcionamento de um serviço público de rádio e de televisão.

6. A estrutura e o funcionamento dos meios de comunicação social do setor público devem salvaguardar a sua independência perante o Governo, a Administração e os demais poderes públicos, bem como assegurar a possibilidade de expressão e confronto das diversas correntes de opinião.

7. As estações emissoras de radiodifusão e de radiotelevisão só podem funcionar mediante licença, a conferir por concurso público, nos termos da lei.

ARTIGO 39º
(Regulação da comunicação social)

1. Cabe a uma entidade administrativa independente assegurar nos meios de comunicação social:

a) O direito à informação e a liberdade de imprensa;

b) A não concentração da titularidade dos meios de comunicação social;

c) A independência perante o poder político e o poder económico;
d) O respeito pelos direitos, liberdades e garantias pessoais;
e) O respeito pelas normas reguladoras das atividades de comunicação social;
f) A possibilidade de expressão e confronto das diversas correntes de opinião;
g) O exercício dos direitos de antena, de resposta e de réplica política.

2. A lei define a composição, as competências, a organização e o funcionamento da entidade referida no número anterior, bem como o estatuto dos respetivos membros, designados pela Assembleia da República e por cooptação destes.

ARTIGO 40º
(Direitos de antena, de resposta e de réplica política)

1. Os partidos políticos e as organizações sindicais, profissionais e representativas das atividades económicas, bem como outras organizações sociais de âmbito nacional, têm direito, de acordo com a sua relevância e representatividade e segundo critérios objetivos a definir por lei, a tempos de antena no serviço público de rádio e de televisão.

2. Os partidos políticos representados na Assembleia da República, e que não façam parte do Governo, têm direito, nos termos da lei, a tempos de antena no serviço público de rádio e televisão, a ratear de acordo com a sua representatividade, bem como o direito de resposta ou de réplica política às declarações políticas do Governo, de duração e relevo iguais aos dos tempos de antena e das declarações do Governo, de iguais direitos gozando, no âmbito da respetiva região, os partidos representados nas Assembleias Legislativas das regiões autónomas.

3. Nos períodos eleitorais os concorrentes têm direito a tempos de antena, regulares e equitativos, nas estações emissoras de rádio e de televisão de âmbito nacional e regional, nos termos da lei.

ARTIGO 41º
(Liberdade de consciência, de religião e de culto)

1. A liberdade de consciência, de religião e de culto é inviolável.

2. Ninguém pode ser perseguido, privado de direitos ou isento de obrigações ou deveres cívicos por causa das suas convicções ou prática religiosa.

3. Ninguém pode ser perguntado por qualquer autoridade acerca das suas convicções ou prática religiosa, salvo para recolha de dados estatísticos não individualmente identificáveis, nem ser prejudicado por se recusar a responder.

4. As igrejas e outras comunidades religiosas estão separadas do Estado e são livres na sua organização e no exercício das suas funções e do culto.

5. É garantida a liberdade de ensino de qualquer religião praticado no âmbito da respetiva confissão, bem como a utilização de meios de comunicação social próprios para o prosseguimento das suas atividades.

6. É garantido o direito à objeção de consciência, nos termos da lei.

ARTIGO 42º
(Liberdade de criação cultural)
1. É livre a criação intelectual, artística e científica.
2. Esta liberdade compreende o direito à invenção, produção e divulgação da obra científica, literária ou artística, incluindo a proteção legal dos direitos de autor.

ARTIGO 43º
(Liberdade de aprender e ensinar)
1. É garantida a liberdade de aprender e ensinar.
2. O Estado não pode programar a educação e a cultura segundo quaisquer diretrizes filosóficas, estéticas, políticas, ideológicas ou religiosas.
3. O ensino público não será confessional.
4. É garantido o direito de criação de escolas particulares e cooperativas.

ARTIGO 44º
(Direito de deslocação e de emigração)
1. A todos os cidadãos é garantido o direito de se deslocarem e fixarem livremente em qualquer parte do território nacional.
2. A todos é garantido o direito de emigrar ou de sair do território nacional e o direito de regressar.

ARTIGO 45º
(Direito de reunião e de manifestação)
1. Os cidadãos têm o direito de se reunir, pacificamente e sem armas, mesmo em lugares abertos ao público, sem necessidade de qualquer autorização.
2. A todos os cidadãos é reconhecido o direito de manifestação.

ARTIGO 46º
(Liberdade de associação)
1. Os cidadãos têm o direito de, livremente e sem dependência de qualquer autorização, constituir associações, desde que estas não se destinem a promover a violência e os respetivos fins não sejam contrários à lei penal.
2. As associações prosseguem livremente os seus fins sem interferência das autoridades públicas e não podem ser dissolvidas pelo Estado ou suspensas as suas atividades senão nos casos previstos na lei e mediante decisão judicial.
3. Ninguém pode ser obrigado a fazer parte de uma associação nem coagido por qualquer meio a permanecer nela.
4. Não são consentidas associações armadas nem de tipo militar, militarizadas ou paramilitares, nem organizações racistas ou que perfilhem a ideologia fascista.

ARTIGO 47º
(Liberdade de escolha de profissão e acesso à função pública)
1. Todos têm o direito de escolher livremente a profissão ou o género de trabalho, salvas as restrições legais impostas pelo interesse coletivo ou inerentes à sua própria capacidade.

2. Todos os cidadãos têm o direito de acesso à função pública, em condições de igualdade e liberdade, em regra por via de concurso.

CAPÍTULO II
Direitos, liberdades e garantias de participação política

ARTIGO 48º
(Participação na vida pública)

1. Todos os cidadãos têm o direito de tomar parte na vida política e na direção dos assuntos públicos do país, diretamente ou por intermédio de representantes livremente eleitos.
2. Todos os cidadãos têm o direito de ser esclarecidos objetivamente sobre atos do Estado e demais entidades públicas e de ser informados pelo Governo e outras autoridades acerca da gestão dos assuntos públicos.

ARTIGO 49º
(Direito de sufrágio)

1. Têm direito de sufrágio todos os cidadãos maiores de dezoito anos, ressalvadas as incapacidades previstas na lei geral.
2. O exercício do direito de sufrágio é pessoal e constitui um dever cívico.

ARTIGO 50º
(Direito de acesso a cargos públicos)

1. Todos os cidadãos têm o direito de acesso, em condições de igualdade e liberdade, aos cargos públicos.
2. Ninguém pode ser prejudicado na sua colocação, no seu emprego, na sua carreira profissional ou nos benefícios sociais a que tenha direito, em virtude do exercício de direitos políticos ou do desempenho de cargos públicos.
3. No acesso a cargos eletivos a lei só pode estabelecer as inelegibilidades necessárias para garantir a liberdade de escolha dos eleitores e a isenção e independência do exercício dos respetivos cargos.

ARTIGO 51º
(Associações e partidos políticos)

1. A liberdade de associação compreende o direito de constituir ou participar em associações e partidos políticos e de através deles concorrer democraticamente para a formação da vontade popular e a organização do poder político.
2. Ninguém pode estar inscrito simultaneamente em mais de um partido político nem ser privado do exercício de qualquer direito por estar ou deixar de estar inscrito em algum partido legalmente constituído.
3. Os partidos políticos não podem, sem prejuízo da filosofia ou ideologia inspiradora do seu programa, usar denominação que contenha expressões diretamente

relacionadas com quaisquer religiões ou igrejas, bem como emblemas confundíveis com símbolos nacionais ou religiosos.

4. Não podem constituir-se partidos que, pela sua designação ou pelos seus objetivos programáticos, tenham índole ou âmbito regional.

5. Os partidos políticos devem reger-se pelos princípios da transparência, da organização e da gestão democráticas e da participação de todos os seus membros.

6. A lei estabelece as regras de financiamento dos partidos políticos, nomeadamente quanto aos requisitos e limites do financiamento público, bem como às exigências de publicidade do seu património e das suas contas.

ARTIGO 52º
(Direito de petição e direito de ação popular)

1. Todos os cidadãos têm o direito de apresentar, individual ou coletivamente, aos órgãos de soberania, aos órgãos de governo próprio das regiões autónomas ou a quaisquer autoridades petições, representações, reclamações ou queixas para defesa dos seus direitos, da Constituição, das leis ou do interesse geral e, bem assim, o direito de serem informados, em prazo razoável, sobre o resultado da respetiva apreciação.

2. A lei fixa as condições em que as petições apresentadas colectivamente à Assembleia da República e às Assembleias Legislativas das regiões autónomas são apreciadas em reunião plenária.

3. É conferido a todos, pessoalmente ou através de associações de defesa dos interesses em causa, o direito de ação popular nos casos e termos previstos na lei, incluindo o direito de requerer para o lesado ou lesados a correspondente indemnização, nomeadamente para:

a) Promover a prevenção, a cessação ou a perseguição judicial das infrações contra a saúde pública, os direitos dos consumidores, a qualidade de vida e a preservação do ambiente e do património cultural;

b) Assegurar a defesa dos bens do Estado, das regiões autónomas e das autarquias locais.

CAPÍTULO III
Direitos, liberdades e garantias dos trabalhadores

ARTIGO 53º
(Segurança no emprego)

É garantida aos trabalhadores a segurança no emprego, sendo proibidos os despedimentos sem justa causa ou por motivos políticos ou ideológicos.

ARTIGO 54º
(Comissões de trabalhadores)

1. É direito dos trabalhadores criarem comissões de trabalhadores para defesa dos seus interesses e intervenção democrática na vida da empresa.

2. Os trabalhadores deliberam a constituição, aprovam os estatutos e elegem, por voto direto e secreto, os membros das comissões de trabalhadores.

3. Podem ser criadas comissões coordenadoras para melhor intervenção na reestruturação económica e por forma a garantir os interesses dos trabalhadores.

4. Os membros das comissões gozam da proteção legal reconhecida aos delegados sindicais.

5. Constituem direitos das comissões de trabalhadores:

a) Receber todas as informações necessárias ao exercício da sua atividade;
b) Exercer o controlo de gestão nas empresas;
c) Participar nos processos de reestruturação da empresa, especialmente no tocante a ações de formação ou quando ocorra alteração das condições de trabalho;
d) Participar na elaboração da legislação do trabalho e dos planos económico-sociais que contemplem o respetivo setor;
e) Gerir ou participar na gestão das obras sociais da empresa;
f) Promover a eleição de representantes dos trabalhadores para os órgãos sociais de empresas pertencentes ao Estado ou a outras entidades públicas, nos termos da lei.

ARTIGO 55º
(Liberdade sindical)

1. É reconhecida aos trabalhadores a liberdade sindical, condição e garantia da construção da sua unidade para defesa dos seus direitos e interesses.

2. No exercício da liberdade sindical é garantido aos trabalhadores, sem qualquer discriminação, designadamente:

a) A liberdade de constituição de associações sindicais a todos os níveis;
b) A liberdade de inscrição, não podendo nenhum trabalhador ser obrigado a pagar quotizações para sindicato em que não esteja inscrito;
c) A liberdade de organização e regulamentação interna das associações sindicais;
d) O direito de exercício de atividade sindical na empresa;
e) O direito de tendência, nas formas que os respetivos estatutos determinarem.

3. As associações sindicais devem reger-se pelos princípios da organização e da gestão democráticas, baseados na eleição periódica e por escrutínio secreto dos órgãos dirigentes, sem sujeição a qualquer autorização ou homologação, e assentes na participação ativa dos trabalhadores em todos os aspetos da atividade sindical.

4. As associações sindicais são independentes do patronato, do Estado, das confissões religiosas, dos partidos e outras associações políticas, devendo a lei estabelecer as garantias adequadas dessa independência, fundamento da unidade das classes trabalhadoras.

5. As associações sindicais têm o direito de estabelecer relações ou filiar-se em organizações sindicais internacionais.

6. Os representantes eleitos dos trabalhadores gozam do direito à informação e consulta, bem como à proteção legal adequada contra quaisquer formas de condicionamento, constrangimento ou limitação do exercício legítimo das suas funções.

ARTIGO 56º
(Direitos das associações sindicais e contratação coletiva)

1. Compete às associações sindicais defender e promover a defesa dos direitos e interesses dos trabalhadores que representem.

2. Constituem direitos das associações sindicais:

a) Participar na elaboração da legislação do trabalho;

b) Participar na gestão das instituições de segurança social e outras organizações que visem satisfazer os interesses dos trabalhadores;

c) Pronunciar-se sobre os planos económico-sociais e acompanhar a sua execução;

d) Fazer-se representar nos organismos de concertação social, nos termos da lei;

e) Participar nos processos de reestruturação da empresa, especialmente no tocante a ações de formação ou quando ocorra alteração das condições de trabalho.

3. Compete às associações sindicais exercer o direito de contratação coletiva, o qual é garantido nos termos da lei.

4. A lei estabelece as regras respeitantes à legitimidade para a celebração das convenções coletivas de trabalho, bem como à eficácia das respetivas normas.

ARTIGO 57º
(Direito à greve e proibição do *lock-out*)

1. É garantido o direito à greve.

2. Compete aos trabalhadores definir o âmbito de interesses a defender através da greve, não podendo a lei limitar esse âmbito.

3. A lei define as condições de prestação, durante a greve, de serviços necessários à segurança e manutenção de equipamentos e instalações, bem como de serviços mínimos indispensáveis para ocorrer à satisfação de necessidades sociais impreteríveis.

4. É proibido o *lock-out*.

TÍTULO III
Direitos e deveres económicos, sociais e culturais

CAPÍTULO I
Direitos e deveres económicos

ARTIGO 58º
(Direito ao trabalho)

1. Todos têm direito ao trabalho.

2. Para assegurar o direito ao trabalho, incumbe ao Estado promover:

a) A execução de políticas de pleno emprego;

b) A igualdade de oportunidades na escolha da profissão ou género de trabalho e condições para que não seja vedado ou limitado, em função do sexo, o acesso a quaisquer cargos, trabalho ou categorias profissionais;

c) A formação cultural e técnica e a valorização profissional dos trabalhadores.

ARTIGO 59º
(Direitos dos trabalhadores)

1. Todos os trabalhadores, sem distinção de idade, sexo, raça, cidadania, território de origem, religião, convicções políticas ou ideológicas, têm direito:

a) À retribuição do trabalho, segundo a quantidade, natureza e qualidade, observando-se o princípio de que para trabalho igual salário igual, de forma a garantir uma existência condigna;

b) A organização do trabalho em condições socialmente dignificantes, de forma a facultar a realização pessoal e a permitir a conciliação da atividade profissional com a vida familiar;

c) A prestação do trabalho em condições de higiene, segurança e saúde;

d) Ao repouso e aos lazeres, a um limite máximo da jornada de trabalho, ao descanso semanal e a férias periódicas pagas;

e) À assistência material, quando involuntariamente se encontrem em situação de desemprego;

f) A assistência e justa reparação, quando vítimas de acidente de trabalho ou de doença profissional.

2. Incumbe ao Estado assegurar as condições de trabalho, retribuição e repouso a que os trabalhadores têm direito, nomeadamente:

a) O estabelecimento e a atualização do salário mínimo nacional, tendo em conta, entre outros fatores, as necessidades dos trabalhadores, o aumento do custo de vida, o nível de desenvolvimento das forças produtivas, as exigências da estabilidade económica e financeira e a acumulação para o desenvolvimento;

b) A fixação, a nível nacional, dos limites da duração do trabalho;

c) A especial proteção do trabalho das mulheres durante a gravidez e após o parto, bem como do trabalho dos menores, dos diminuídos e dos que desempenhem atividades particularmente violentas ou em condições insalubres, tóxicas ou perigosas;

d) O desenvolvimento sistemático de uma rede de centros de repouso e de férias, em cooperação com organizações sociais;

e) A proteção das condições de trabalho e a garantia dos benefícios sociais dos trabalhadores emigrantes;

f) A proteção das condições de trabalho dos trabalhadores estudantes.

3. Os salários gozam de garantias especiais, nos termos da lei.

ARTIGO 60º
(Direitos dos consumidores)

1. Os consumidores têm direito à qualidade dos bens e serviços consumidos, à formação e à informação, à proteção da saúde, da segurança e dos seus interesses económicos, bem como à reparação de danos.

2. A publicidade é disciplinada por lei, sendo proibidas todas as formas de publicidade oculta, indireta ou dolosa.

3. As associações de consumidores e as cooperativas de consumo têm direito, nos termos da lei, ao apoio do Estado e a ser ouvidas sobre as questões que digam respeito à defesa dos consumidores, sendo-lhes reconhecida legitimidade processual para defesa dos seus associados ou de interesses coletivos ou difusos.

ARTIGO 61º
(Iniciativa privada, cooperativa e autogestionária)

1. A iniciativa económica privada exerce-se livremente nos quadros definidos pela Constituição e pela lei e tendo em conta o interesse geral.
2. A todos é reconhecido o direito à livre constituição de cooperativas, desde que observados os princípios cooperativos.
3. As cooperativas desenvolvem livremente as suas atividades no quadro da lei e podem agrupar-se em uniões, federações e confederações e em outras formas de organização legalmente previstas.
4. A lei estabelece as especificidades organizativas das cooperativas com participação pública.
5. É reconhecido o direito de autogestão, nos termos da lei.

ARTIGO 62º
(Direito de propriedade privada)

1. A todos é garantido o direito à propriedade privada e à sua transmissão em vida ou por morte, nos termos da Constituição.
2. A requisição e a expropriação por utilidade pública só podem ser efetuadas com base na lei e mediante o pagamento de justa indemnização.

CAPÍTULO II
Direitos e deveres sociais

ARTIGO 63º
(Segurança social e solidariedade)

1. Todos têm direito à segurança social.
2. Incumbe ao Estado organizar, coordenar e subsidiar um sistema de segurança social unificado e descentralizado, com a participação das associações sindicais, de outras organizações representativas dos trabalhadores e de associações representativas dos demais beneficiários.
3. O sistema de segurança social protege os cidadãos na doença, velhice, invalidez, viuvez e orfandade, bem como no desemprego e em todas as outras situações de falta ou diminuição de meios de subsistência ou de capacidade para o trabalho.
4. Todo o tempo de trabalho contribui, nos termos da lei, para o cálculo das pensões de velhice e invalidez, independentemente do setor de atividade em que tiver sido prestado.

5. O Estado apoia e fiscaliza, nos termos da lei, a atividade e o funcionamento das instituições particulares de solidariedade social e de outras de reconhecido interesse público sem caráter lucrativo, com vista à prossecução de objetivos de solidariedade social consignados, nomeadamente, neste artigo, na alínea *b*) do nº 2 do artigo 67º, no artigo 69º, na alínea *e*) do nº 1 do artigo 70º e nos artigos 71º e 72º

ARTIGO 64º
(Saúde)

1. Todos têm direito à proteção da saúde e o dever de a defender e promover.

2. O direito à proteção da saúde é realizado:

a) Através de um serviço nacional de saúde universal e geral e, tendo em conta as condições económicas e sociais dos cidadãos, tendencialmente gratuito;

b) Pela criação de condições económicas, sociais, culturais e ambientais que garantam, designadamente, a proteção da infância, da juventude e da velhice, e pela melhoria sistemática das condições de vida e de trabalho, bem como pela promoção da cultura física e desportiva, escolar e popular, e ainda pelo desenvolvimento da educação sanitária do povo e de práticas de vida saudável.

3. Para assegurar o direito à proteção da saúde, incumbe prioritariamente ao Estado:

a) Garantir o acesso de todos os cidadãos, independentemente da sua condição económica, aos cuidados da medicina preventiva, curativa e de reabilitação;

b) Garantir uma racional e eficiente cobertura de todo o país em recursos humanos e unidades de saúde;

c) Orientar a sua ação para a socialização dos custos dos cuidados médicos e medicamentosos;

d) Disciplinar e fiscalizar as formas empresariais e privadas da medicina, articulando-as com o serviço nacional de saúde, por forma a assegurar, nas instituições de saúde públicas e privadas, adequados padrões de eficiência e de qualidade;

e) Disciplinar e controlar a produção, a distribuição, a comercialização e o uso dos produtos químicos, biológicos e farmacêuticos e outros meios de tratamento e diagnóstico;

f) Estabelecer políticas de prevenção e tratamento da toxicodependência.

4. O serviço nacional de saúde tem gestão descentralizada e participada.

ARTIGO 65º
(Habitação e urbanismo)

1. Todos têm direito, para si e para a sua família, a uma habitação de dimensão adequada, em condições de higiene e conforto e que preserve a intimidade pessoal e a privacidade familiar.

2. Para assegurar o direito à habitação, incumbe ao Estado:

a) Programar e executar uma política de habitação inserida em planos de ordenamento geral do território e apoiada em planos de urbanização que garantam a existência de uma rede adequada de transportes e de equipamento social;

b) Promover, em colaboração com as regiões autónomas e com as autarquias locais, a construção de habitações económicas e sociais;

c) Estimular a construção privada, com subordinação ao interesse geral, e o acesso à habitação própria ou arrendada;

d) Incentivar e apoiar as iniciativas das comunidades locais e das populações, tendentes a resolver os respetivos problemas habitacionais e a fomentar a criação de cooperativas de habitação e a autoconstrução.

3. O Estado adotará uma política tendente a estabelecer um sistema de renda compatível com o rendimento familiar e de acesso à habitação própria.

4. O Estado, as regiões autónomas e as autarquias locais definem as regras de ocupação, uso e transformação dos solos urbanos, designadamente através de instrumentos de planeamento, no quadro das leis respeitantes ao ordenamento do território e ao urbanismo, e procedem às expropriações dos solos que se revelem necessárias à satisfação de fins de utilidade pública urbanística.

5. É garantida a participação dos interessados na elaboração dos instrumentos de planeamento urbanístico e de quaisquer outros instrumentos de planeamento físico do território.

ARTIGO 66º
(Ambiente e qualidade de vida)

1. Todos têm direito a um ambiente de vida humano, sadio e ecologicamente equilibrado e o dever de o defender.

2. Para assegurar o direito ao ambiente, no quadro de um desenvolvimento sustentável, incumbe ao Estado, por meio de organismos próprios e com o envolvimento e a participação dos cidadãos:

a) Prevenir e controlar a poluição e os seus efeitos e as formas prejudiciais de erosão;

b) Ordenar e promover o ordenamento do território, tendo em vista uma correta localização das atividades, um equilibrado desenvolvimento sócio-económico e a valorização da paisagem;

c) Criar e desenvolver reservas e parques naturais e de recreio, bem como classificar e proteger paisagens e sítios, de modo a garantir a conservação da natureza e a preservação de valores culturais de interesse histórico ou artístico;

d) Promover o aproveitamento racional dos recursos naturais, salvaguardando a sua capacidade de renovação e a estabilidade ecológica, com respeito pelo princípio da solidariedade entre gerações;

e) Promover, em colaboração com as autarquias locais, a qualidade ambiental das povoações e da vida urbana, designadamente no plano arquitetónico e da proteção das zonas históricas;

f) Promover a integração de objetivos ambientais nas várias políticas de âmbito sectorial;
g) Promover a educação ambiental e o respeito pelos valores do ambiente;
h) Assegurar que a política fiscal compatibilize desenvolvimento com proteção do ambiente e qualidade de vida.

ARTIGO 67º
(Família)

1. A família, como elemento fundamental da sociedade, tem direito à proteção da sociedade e do Estado e à efetivação de todas as condições que permitam a realização pessoal dos seus membros.

2. Incumbe, designadamente, ao Estado para proteção da família:

a) Promover a independência social e económica dos agregados familiares;
b) Promover a criação e garantir o acesso a uma rede nacional de creches e de outros equipamentos sociais de apoio à família, bem como uma política de terceira idade;
c) Cooperar com os pais na educação dos filhos;
d) Garantir, no respeito da liberdade individual, o direito ao planeamento familiar, promovendo a informação e o acesso aos métodos e aos meios que o assegurem, e organizar as estruturas jurídicas e técnicas que permitam o exercício de uma maternidade e paternidade conscientes;
e) Regulamentar a procriação assistida, em termos que salvaguardem a dignidade da pessoa humana;
f) Regular os impostos e os benefícios sociais, de harmonia com os encargos familiares;
g) Definir, ouvidas as associações representativas das famílias, e executar uma política de família com caráter global e integrado;
h) Promover, através da concertação das várias políticas sectoriais, a conciliação da atividade profissional com a vida familiar.

ARTIGO 68º
(Paternidade e maternidade)

1. Os pais e as mães têm direito à proteção da sociedade e do Estado na realização da sua insubstituível ação em relação aos filhos, nomeadamente quanto à sua educação, com garantia de realização profissional e de participação na vida cívica do país.

2. A maternidade e a paternidade constituem valores sociais eminentes.

3. As mulheres têm direito a especial proteção durante a gravidez e após o parto, tendo as mulheres trabalhadoras ainda direito a dispensa do trabalho por período adequado, sem perda da retribuição ou de quaisquer regalias.

4. A lei regula a atribuição às mães e aos pais de direitos de dispensa de trabalho por período adequado, de acordo com os interesses da criança e as necessidades do agregado familiar.

ARTIGO 69º
(Infância)

1. As crianças têm direito à proteção da sociedade e do Estado, com vista ao seu desenvolvimento integral, especialmente contra todas as formas de abandono, de discriminação e de opressão e contra o exercício abusivo da autoridade na família e nas demais instituições.

2. O Estado assegura especial proteção às crianças órfãs, abandonadas ou por qualquer forma privadas de um ambiente familiar normal.

3. É proibido, nos termos da lei, o trabalho de menores em idade escolar.

ARTIGO 70º
(Juventude)

1. Os jovens gozam de proteção especial para efetivação dos seus direitos económicos, sociais e culturais, nomeadamente:

   a) No ensino, na formação profissional e na cultura;
   b) No acesso ao primeiro emprego, no trabalho e na segurança social;
   c) No acesso à habitação;
   d) Na educação física e no desporto;
   e) No aproveitamento dos tempos livres.

2. A política de juventude deverá ter como objetivos prioritários o desenvolvimento da personalidade dos jovens, a criação de condições para a sua efetiva integração na vida ativa, o gosto pela criação livre e o sentido de serviço à comunidade.

3. O Estado, em colaboração com as famílias, as escolas, as empresas, as organizações de moradores, as associações e fundações de fins culturais e as coletividades de cultura e recreio, fomenta e apoia as organizações juvenis na prossecução daqueles objetivos, bem como o intercâmbio internacional da juventude.

ARTIGO 71º
(Cidadãos portadores de deficiência)

1. Os cidadãos portadores de deficiência física ou mental gozam plenamente dos direitos e estão sujeitos aos deveres consignados na Constituição, com ressalva do exercício ou do cumprimento daqueles para os quais se encontrem incapacitados.

2. O Estado obriga-se a realizar uma política nacional de prevenção e de tratamento, reabilitação e integração dos cidadãos portadores de deficiência e de apoio às suas famílias, a desenvolver uma pedagogia que sensibilize a sociedade quanto aos deveres de respeito e solidariedade para com eles e a assumir o encargo da efetiva realização dos seus direitos, sem prejuízo dos direitos e deveres dos pais ou tutores.

3. O Estado apoia as organizações de cidadãos portadores de deficiência.

ARTIGO 72º
(Terceira idade)

1. As pessoas idosas têm direito à segurança económica e a condições de habitação e convívio familiar e comunitário que respeitem a sua autonomia pessoal e evitem e superem o isolamento ou a marginalização social.

2. A política de terceira idade engloba medidas de caráter económico, social e cultural tendentes a proporcionar às pessoas idosas oportunidades de realização pessoal, através de uma participação ativa na vida da comunidade.

CAPÍTULO III
Direitos e deveres culturais

ARTIGO 73º
(Educação, cultura e ciência)

1. Todos têm direito à educação e à cultura.

2. O Estado promove a democratização da educação e as demais condições para que a educação, realizada através da escola e de outros meios formativos, contribua para a igualdade de oportunidades, a superação das desigualdades económicas, sociais e culturais, o desenvolvimento da personalidade e do espírito de tolerância, de compreensão mútua, de solidariedade e de responsabilidade, para o progresso social e para a participação democrática na vida coletiva.

3. O Estado promove a democratização da cultura, incentivando e assegurando o acesso de todos os cidadãos à fruição e criação cultural, em colaboração com os órgãos de comunicação social, as associações e fundações de fins culturais, as coletividades de cultura e recreio, as associações de defesa do património cultural, as organizações de moradores e outros agentes culturais.

4. A criação e a investigação científicas, bem como a inovação tecnológica, são incentivadas e apoiadas pelo Estado, por forma a assegurar a respetiva liberdade e autonomia, o reforço da competitividade e a articulação entre as instituições científicas e as empresas.

ARTIGO 74º
(Ensino)

1. Todos têm direito ao ensino com garantia do direito à igualdade de oportunidades de acesso e êxito escolar.

2. Na realização da política de ensino incumbe ao Estado:

a) Assegurar o ensino básico universal, obrigatório e gratuito;
b) Criar um sistema público e desenvolver o sistema geral de educação pré-escolar;
c) Garantir a educação permanente e eliminar o analfabetismo;
d) Garantir a todos os cidadãos, segundo as suas capacidades, o acesso aos graus mais elevados do ensino, da investigação científica e da criação artística;

e) Estabelecer progressivamente a gratuitidade de todos os graus de ensino;

f) Inserir as escolas nas comunidades que servem e estabelecer a interligação do ensino e das atividades económicas, sociais e culturais;

g) Promover e apoiar o acesso dos cidadãos portadores de deficiência ao ensino e apoiar o ensino especial, quando necessário;

h) Proteger e valorizar a língua gestual portuguesa, enquanto expressão cultural e instrumento de acesso à educação e da igualdade de oportunidades;

i) Assegurar aos filhos dos emigrantes o ensino da língua portuguesa e o acesso à cultura portuguesa;

j) Assegurar aos filhos dos imigrantes apoio adequado para efetivação do direito ao ensino.

ARTIGO 75º
(Ensino público, particular e cooperativo)

1. O Estado criará uma rede de estabelecimentos públicos de ensino que cubra as necessidades de toda a população.

2. O Estado reconhece e fiscaliza o ensino particular e cooperativo, nos termos da lei.

ARTIGO 76º
(Universidade e acesso ao ensino superior)

1. O regime de acesso à Universidade e às demais instituições do ensino superior garante a igualdade de oportunidades e a democratização do sistema de ensino, devendo ter em conta as necessidades em quadros qualificados e a elevação do nível educativo, cultural e científico do país.

2. As universidades gozam, nos termos da lei, de autonomia estatutária, científica, pedagógica, administrativa e financeira, sem prejuízo de adequada avaliação da qualidade do ensino.

ARTIGO 77º
(Participação democrática no ensino)

1. Os professores e alunos têm o direito de participar na gestão democrática das escolas, nos termos da lei.

2. A lei regula as formas de participação das associações de professores, de alunos, de pais, das comunidades e das instituições de caráter científico na definição da política de ensino.

ARTIGO 78º
(Fruição e criação cultural)

1. Todos têm direito à fruição e criação cultural, bem como o dever de preservar, defender e valorizar o património cultural.

2. Incumbe ao Estado, em colaboração com todos os agentes culturais:

a) Incentivar e assegurar o acesso de todos os cidadãos aos meios e instrumentos de ação cultural, bem como corrigir as assimetrias existentes no país em tal domínio;
b) Apoiar as iniciativas que estimulem a criação individual e coletiva, nas suas múltiplas formas e expressões, e uma maior circulação das obras e dos bens culturais de qualidade;
c) Promover a salvaguarda e a valorização do património cultural, tornando-o elemento vivificador da identidade cultural comum;
d) Desenvolver as relações culturais com todos os povos, especialmente os de língua portuguesa, e assegurar a defesa e a promoção da cultura portuguesa no estrangeiro;
e) Articular a política cultural e as demais políticas sectoriais.

ARTIGO 79º
(Cultura física e desporto)

1. Todos têm direito à cultura física e ao desporto.
2. Incumbe ao Estado, em colaboração com as escolas e as associações e coletividades desportivas, promover, estimular, orientar e apoiar a prática e a difusão da cultura física e do desporto, bem como prevenir a violência no desporto.

PARTE II
Organização económica

TÍTULO I
Princípios gerais

ARTIGO 80º
(Princípios fundamentais)

A organização económico-social assenta nos seguintes princípios:
a) Subordinação do poder económico ao poder político democrático;
b) Coexistência do setor público, do setor privado e do setor cooperativo e social de propriedade dos meios de produção;
c) Liberdade de iniciativa e de organização empresarial no âmbito de uma economia mista;
d) Propriedade pública dos recursos naturais e de meios de produção, de acordo com o interesse coletivo;
e) Planeamento democrático do desenvolvimento económico e social;
f) Proteção do setor cooperativo e social de propriedade dos meios de produção;
g) Participação das organizações representativas dos trabalhadores e das organizações representativas das atividades económicas na definição das principais medidas económicas e sociais.

ARTIGO 81º
(Incumbências prioritárias do Estado)

Incumbe prioritariamente ao Estado no âmbito económico e social:

a) Promover o aumento do bem-estar social e económico e da qualidade de vida das pessoas, em especial das mais desfavorecidas, no quadro de uma estratégia de desenvolvimento sustentável;

b) Promover a justiça social, assegurar a igualdade de oportunidades e operar as necessárias correções das desigualdades na distribuição da riqueza e do rendimento, nomeadamente através da política fiscal;

c) Assegurar a plena utilização das forças produtivas, designadamente zelando pela eficiência do setor público;

d) Promover a coesão económica e social de todo o território nacional, orientando o desenvolvimento no sentido de um crescimento equilibrado de todos os setores e regiões e eliminando progressivamente as diferenças económicas e sociais entre a cidade e o campo e entre o litoral e o interior;

e) Promover a correção das desigualdades derivadas da insularidade das regiões autónomas e incentivar a sua progressiva integração em espaços económicos mais vastos, no âmbito nacional ou internacional;

f) Assegurar o funcionamento eficiente dos mercados, de modo a garantir a equilibrada concorrência entre as empresas, a contrariar as formas de organização monopolistas e a reprimir os abusos de posição dominante e outras práticas lesivas do interesse geral;

g) Desenvolver as relações económicas com todos os povos, salvaguardando sempre a independência nacional e os interesses dos portugueses e da economia do país;

h) Eliminar os latifúndios e reordenar o minifúndio;

i) Garantir a defesa dos interesses e os direitos dos consumidores;

j) Criar os instrumentos jurídicos e técnicos necessários ao planeamento democrático do desenvolvimento económico e social;

l) Assegurar uma política científica e tecnológica favorável ao desenvolvimento do país;

m) Adotar uma política nacional de energia, com preservação dos recursos naturais e do equilíbrio ecológico, promovendo, neste domínio, a cooperação internacional;

n) Adotar uma política nacional da água, com aproveitamento, planeamento e gestão racional dos recursos hídricos.

ARTIGO 82º
(Setores de propriedade dos meios de produção)

1. É garantida a coexistência de três setores de propriedade dos meios de produção.

2. O setor público é constituído pelos meios de produção cujas propriedade e gestão pertencem ao Estado ou a outras entidades públicas.

3. O setor privado é constituído pelos meios de produção cuja propriedade ou gestão pertence a pessoas singulares ou coletivas privadas, sem prejuízo do disposto no número seguinte.

4. O setor cooperativo e social compreende especificamente:

a) Os meios de produção possuídos e geridos por cooperativas, em obediência aos princípios cooperativos, sem prejuízo das especificidades estabelecidas na lei para as cooperativas com participação pública, justificadas pela sua especial natureza;

b) Os meios de produção comunitários, possuídos e geridos por comunidades locais;

c) Os meios de produção objeto de exploração coletiva por trabalhadores;

d) Os meios de produção possuídos e geridos por pessoas coletivas, sem caráter lucrativo, que tenham como principal objetivo a solidariedade social, designadamente entidades de natureza mutualista.

ARTIGO 83º
(Requisitos de apropriação pública)

A lei determina os meios e as formas de intervenção e de apropriação pública dos meios de produção, bem como os critérios de fixação da correspondente indemnização.

ARTIGO 84º
(Domínio público)

1. Pertencem ao domínio público:

a) As águas territoriais com os seus leitos e os fundos marinhos contíguos, bem como os lagos, lagoas e cursos de água navegáveis ou flutuáveis, com os respetivos leitos;

b) As camadas aéreas superiores ao território acima do limite reconhecido ao proprietário ou superficiário;

c) Os jazigos minerais, as nascentes de águas mineromedicinais, as cavidades naturais subterrâneas existentes no subsolo, com exceção das rochas, terras comuns e outros materiais habitualmente usados na construção;

d) As estradas;

e) As linhas férreas nacionais;

f) Outros bens como tal classificados por lei.

2. A lei define quais os bens que integram o domínio público do Estado, o domínio público das regiões autónomas e o domínio público das autarquias locais, bem como o seu regime, condições de utilização e limites.

ARTIGO 85º
(Cooperativas e experiências de autogestão)

1. O Estado estimula e apoia a criação e a atividade de cooperativas.

2. A lei definirá os benefícios fiscais e financeiros das cooperativas, bem como condições mais favoráveis à obtenção de crédito e auxílio técnico.

3. São apoiadas pelo Estado as experiências viáveis de autogestão.

ARTIGO 86º
(Empresas privadas)

1. O Estado incentiva a atividade empresarial, em particular das pequenas e médias empresas, e fiscaliza o cumprimento das respetivas obrigações legais, em especial por parte das empresas que prossigam atividades de interesse económico geral.
2. O Estado só pode intervir na gestão de empresas privadas a título transitório, nos casos expressamente previstos na lei e, em regra, mediante prévia decisão judicial.
3. A lei pode definir setores básicos nos quais seja vedada a atividade às empresas privadas e a outras entidades da mesma natureza.

ARTIGO 87º
(Atividade económica e investimentos estrangeiros)

A lei disciplinará a atividade económica e os investimentos por parte de pessoas singulares ou coletivas estrangeiras, a fim de garantir a sua contribuição para o desenvolvimento do país e defender a independência nacional e os interesses dos trabalhadores.

ARTIGO 88º
(Meios de produção em abandono)

1. Os meios de produção em abandono podem ser expropriados em condições a fixar pela lei, que terá em devida conta a situação específica da propriedade dos trabalhadores emigrantes.
2. Os meios de produção em abandono injustificado podem ainda ser objeto de arrendamento ou de concessão de exploração compulsivos, em condições a fixar por lei.

ARTIGO 89º
(Participação dos trabalhadores na gestão)

Nas unidades de produção do setor público é assegurada uma participação efetiva dos trabalhadores na respetiva gestão.

TÍTULO II
Planos

ARTIGO 90º
(Objetivos dos planos)

Os planos de desenvolvimento económico e social têm por objetivo promover o crescimento económico, o desenvolvimento harmonioso e integrado de setores e regiões, a justa repartição individual e regional do produto nacional, a coordenação da política económica com as políticas social, educativa e cultural, a defesa do mundo rural, a preservação do equilíbrio ecológico, a defesa do ambiente e a qualidade de vida do povo português.

ARTIGO 91º
(Elaboração e execução dos planos)

1. Os planos nacionais são elaborados de harmonia com as respetivas leis das grandes opções, podendo integrar programas específicos de âmbito territorial e de natureza sectorial.
2. As propostas de lei das grandes opções são acompanhadas de relatórios que as fundamentem.
3. A execução dos planos nacionais é descentralizada, regional e sectorialmente.

ARTIGO 92º
(Conselho Económico e Social)

1. O Conselho Económico e Social é o órgão de consulta e concertação no domínio das políticas económica e social, participa na elaboração das propostas das grandes opções e dos planos de desenvolvimento económico e social e exerce as demais funções que lhe sejam atribuídas por lei.
2. A lei define a composição do Conselho Económico e Social, do qual farão parte, designadamente, representantes do Governo, das organizações representativas dos trabalhadores, das atividades económicas e das famílias, das regiões autónomas e das autarquias locais.
3. A lei define ainda a organização e o funcionamento do Conselho Económico e Social, bem como o estatuto dos seus membros.

TÍTULO III
Políticas agrícola, comercial e industrial

ARTIGO 93º
(Objetivos da política agrícola)

1. São objetivos da política agrícola:

a) Aumentar a produção e a produtividade da agricultura, dotando-a das infraestruturas e dos meios humanos, técnicos e financeiros adequados, tendentes ao reforço da competitividade e a assegurar a qualidade dos produtos, a sua eficaz comercialização, o melhor abastecimento do país e o incremento da exportação;

b) Promover a melhoria da situação económica, social e cultural dos trabalhadores rurais e dos agricultores, o desenvolvimento do mundo rural, a racionalização das estruturas fundiárias, a modernização do tecido empresarial e o acesso à propriedade ou à posse da terra e demais meios de produção diretamente utilizados na sua exploração por parte daqueles que a trabalham;

c) Criar as condições necessárias para atingir a igualdade efetiva dos que trabalham na agricultura com os demais trabalhadores e evitar que o setor agrícola seja desfavorecido nas relações de troca com os outros setores;

d) Assegurar o uso e a gestão racionais dos solos e dos restantes recursos naturais, bem como a manutenção da sua capacidade de regeneração;

e) Incentivar o associativismo dos agricultores e a exploração direta da terra.

2. O Estado promoverá uma política de ordenamento e reconversão agrária e de desenvolvimento florestal, de acordo com os condicionalismos ecológicos e sociais do país.

ARTIGO 94º
(Eliminação dos latifúndios)

1. O redimensionamento das unidades de exploração agrícola que tenham dimensão excessiva do ponto de vista dos objetivos da política agrícola será regulado por lei, que deverá prever, em caso de expropriação, o direito do proprietário à correspondente indemnização e à reserva de área suficiente para a viabilidade e a racionalidade da sua própria exploração.

2. As terras expropriadas serão entregues a título de propriedade ou de posse, nos termos da lei, a pequenos agricultores, de preferência integrados em unidades de exploração familiar, a cooperativas de trabalhadores rurais ou de pequenos agricultores ou a outras formas de exploração por trabalhadores, sem prejuízo da estipulação de um período probatório da efetividade e da racionalidade da respetiva exploração antes da outorga da propriedade plena.

ARTIGO 95º
(Redimensionamento do minifúndio)

Sem prejuízo do direito de propriedade, o Estado promoverá, nos termos da lei, o redimensionamento das unidades de exploração agrícola com dimensão inferior à adequada do ponto de vista dos objetivos da política agrícola, nomeadamente através de incentivos jurídicos, fiscais e creditícios à sua integração estrutural ou meramente económica, designadamente cooperativa, ou por recurso a medidas de emparcelamento.

ARTIGO 96º
(Formas de exploração de terra alheia)

1. Os regimes de arrendamento e de outras formas de exploração de terra alheia serão regulados por lei de modo a garantir a estabilidade e os legítimos interesses do cultivador.

2. São proibidos os regimes de aforamento e colonia e serão criadas condições aos cultivadores para a efetiva abolição do regime de parceria agrícola.

ARTIGO 97º
(Auxílio do Estado)

1. Na prossecução dos objetivos da política agrícola o Estado apoiará preferencialmente os pequenos e médios agricultores, nomeadamente quando integrados em

unidades de exploração familiar, individualmente ou associados em cooperativas, bem como as cooperativas de trabalhadores agrícolas e outras formas de exploração por trabalhadores.

2. O apoio do Estado compreende, designadamente:

a) Concessão de assistência técnica;

b) Criação de formas de apoio à comercialização a montante e a jusante da produção;

c) Apoio à cobertura de riscos resultantes dos acidentes climatéricos e fitopatológicos imprevisíveis ou incontroláveis;

d) Estímulos ao associativismo dos trabalhadores rurais e dos agricultores, nomeadamente à constituição por eles de cooperativas de produção, de compra, de venda, de transformação e de serviços e ainda de outras formas de exploração por trabalhadores.

ARTIGO 98º
(Participação na definição da política agrícola)

Na definição da política agrícola é assegurada a participação dos trabalhadores rurais e dos agricultores através das suas organizações representativas.

ARTIGO 99º
(Objetivos da política comercial)

São objetivos da política comercial:

a) A concorrência salutar dos agentes mercantis;
b) A racionalização dos circuitos de distribuição;
c) O combate às atividades especulativas e às práticas comerciais restritivas;
d) O desenvolvimento e a diversificação das relações económicas externas;
e) A proteção dos consumidores.

ARTIGO 100º
(Objetivos da política industrial)

São objetivos da política industrial:

a) O aumento da produção industrial num quadro de modernização e ajustamento de interesses sociais e económicos e de integração internacional da economia portuguesa;

b) O reforço da inovação industrial e tecnológica;

c) O aumento da competitividade e da produtividade das empresas industriais;

d) O apoio às pequenas e médias empresas e, em geral, às iniciativas e empresas geradoras de emprego e fomentadoras de exportação ou de substituição de importações;

e) O apoio à projeção internacional das empresas portuguesas.

TÍTULO IV
Sistema financeiro e fiscal

ARTIGO 101º
(Sistema financeiro)

O sistema financeiro é estruturado por lei, de modo a garantir a formação, a captação e a segurança das poupanças, bem como a aplicação dos meios financeiros necessários ao desenvolvimento económico e social.

ARTIGO 102º
(Banco de Portugal)

O Banco de Portugal é o banco central nacional e exerce as suas funções nos termos da lei e das normas internacionais a que o Estado Português se vincule.

ARTIGO 103º
(Sistema fiscal)

1. O sistema fiscal visa a satisfação das necessidades financeiras do Estado e outras entidades públicas e uma repartição justa dos rendimentos e da riqueza.

2. Os impostos são criados por lei, que determina a incidência, a taxa, os benefícios fiscais e as garantias dos contribuintes.

3. Ninguém pode ser obrigado a pagar impostos que não hajam sido criados nos termos da Constituição, que tenham natureza retroativa ou cuja liquidação e cobrança se não façam nos termos da lei.

ARTIGO 104º
(Impostos)

1. O imposto sobre o rendimento pessoal visa a diminuição das desigualdades e será único e progressivo, tendo em conta as necessidades e os rendimentos do agregado familiar.

2. A tributação das empresas incide fundamentalmente sobre o seu rendimento real.

3. A tributação do património deve contribuir para a igualdade entre os cidadãos.

4. A tributação do consumo visa adaptar a estrutura do consumo à evolução das necessidades do desenvolvimento económico e da justiça social, devendo onerar os consumos de luxo.

ARTIGO 105º
(Orçamento)

1. O Orçamento do Estado contém:

a) A discriminação das receitas e despesas do Estado, incluindo as dos fundos e serviços autónomos;

b) O orçamento da segurança social.

2. O Orçamento é elaborado de harmonia com as grandes opções em matéria de planeamento e tendo em conta as obrigações decorrentes de lei ou de contrato.

3. O Orçamento é unitário e especifica as despesas segundo a respetiva classificação orgânica e funcional, de modo a impedir a existência de dotações e fundos secretos, podendo ainda ser estruturado por programas.

4. O Orçamento prevê as receitas necessárias para cobrir as despesas, definindo a lei as regras da sua execução, as condições a que deverá obedecer o recurso ao crédito público e os critérios que deverão presidir às alterações que, durante a execução, poderão ser introduzidas pelo Governo nas rubricas de classificação orgânica no âmbito de cada programa orçamental aprovado pela Assembleia da República, tendo em vista a sua plena realização.

ARTIGO 106º
(Elaboração do Orçamento)

1. A lei do Orçamento é elaborada, organizada, votada e executada, anualmente, de acordo com a respetiva lei de enquadramento, que incluirá o regime atinente à elaboração e execução dos orçamentos dos fundos e serviços autónomos.

2. A proposta de Orçamento é apresentada e votada nos prazos fixados na lei, a qual prevê os procedimentos a adotar quando aqueles não puderem ser cumpridos.

3. A proposta de Orçamento é acompanhada de relatórios sobre:

a) A previsão da evolução dos principais agregados macroeconómicos com influência no Orçamento, bem como da evolução da massa monetária e suas contrapartidas;

b) A justificação das variações de previsões das receitas e despesas relativamente ao Orçamento anterior;

c) A dívida pública, as operações de tesouraria e as contas do Tesouro;

d) A situação dos fundos e serviços autónomos;

e) As transferências de verbas para as regiões autónomas e as autarquias locais;

f) As transferências financeiras entre Portugal e o exterior com incidência na proposta do Orçamento;

g) Os benefícios fiscais e a estimativa da receita cessante.

ARTIGO 107º
(Fiscalização)

A execução do Orçamento será fiscalizada pelo Tribunal de Contas e pela Assembleia da República, que, precedendo parecer daquele tribunal, apreciará e aprovará a Conta Geral do Estado, incluindo a da segurança social.

PARTE III
Organização do poder político

TÍTULO I
Princípios gerais

ARTIGO 108º
(Titularidade e exercício do poder)
O poder político pertence ao povo e é exercido nos termos da Constituição.

ARTIGO 109º
(Participação política dos cidadãos)
A participação direta e ativa de homens e mulheres na vida política constitui condição e instrumento fundamental de consolidação do sistema democrático, devendo a lei promover a igualdade no exercício dos direitos cívicos e políticos e a não discriminação em função do sexo no acesso a cargos políticos.

ARTIGO 110º
(Órgãos de soberania)
1. São órgãos de soberania o Presidente da República, a Assembleia da República, o Governo e os Tribunais.
2. A formação, a composição, a competência e o funcionamento dos órgãos de soberania são os definidos na Constituição.

ARTIGO 111º
(Separação e interdependência)
1. Os órgãos de soberania devem observar a separação e a interdependência estabelecidas na Constituição.
2. Nenhum órgão de soberania, de região autónoma ou de poder local pode delegar os seus poderes noutros órgãos, a não ser nos casos e nos termos expressamente previstos na Constituição e na lei.

ARTIGO 112º
(Atos normativos)
1. São atos legislativos as leis, os decretos-leis e os decretos legislativos regionais.
2. As leis e os decretos-leis têm igual valor, sem prejuízo da subordinação às correspondentes leis dos decretos-leis publicados no uso de autorização legislativa e dos que desenvolvam as bases gerais dos regimes jurídicos.
3. Têm valor reforçado, além das leis orgânicas, as leis que carecem de aprovação por maioria de dois terços, bem como aquelas que, por força da Constituição, sejam pressuposto normativo necessário de outras leis ou que por outras devam ser respeitadas.

4. Os decretos legislativos têm âmbito regional e versam sobre matérias enunciadas no estatuto político-administrativo da respetiva região autónoma que não estejam reservadas aos órgãos de soberania, sem prejuízo do disposto nas alíneas *b*) e *c*) do nº 1 do artigo 227º

5. Nenhuma lei pode criar outras categorias de atos legislativos ou conferir a atos de outra natureza o poder de, com eficácia externa, interpretar, integrar, modificar, suspender ou revogar qualquer dos seus preceitos.

6. Os regulamentos do Governo revestem a forma de decreto regulamentar quando tal seja determinado pela lei que regulamentam, bem como no caso de regulamentos independentes.

7. Os regulamentos devem indicar expressamente as leis que visam regulamentar ou que definem a competência subjetiva e objetiva para a sua emissão;

8. A transposição de atos jurídicos da União Europeia para a ordem jurídica interna assume a forma de lei, decreto-lei ou, nos termos do disposto no nº 4, decreto legislativo regional.

ARTIGO 113º
(Princípios gerais de direito eleitoral)

1. O sufrágio direto, secreto e periódico constitui a regra geral de designação dos titulares dos órgãos eletivos da soberania, das regiões autónomas e do poder local.

2. O recenseamento eleitoral é oficioso, obrigatório, permanente e único para todas as eleições por sufrágio direto e universal, sem prejuízo do disposto nos nºs 4 e 5 do artigo 15º e no nº 2 do artigo 121º

3. As campanhas eleitorais regem-se pelos seguintes princípios:
a) Liberdade de propaganda;
b) Igualdade de oportunidades e de tratamento das diversas candidaturas;
c) Imparcialidade das entidades públicas perante as candidaturas;
d) Transparência e fiscalização das contas eleitorais.

4. Os cidadãos têm o dever de colaborar com a administração eleitoral, nas formas previstas na lei.

5. A conversão dos votos em mandatos far-se-á de harmonia com o princípio da representação proporcional.

6. No ato de dissolução de órgãos colegiais baseados no sufrágio direto tem de ser marcada a data das novas eleições, que se realizarão nos sessenta dias seguintes e pela lei eleitoral vigente ao tempo da dissolução, sob pena de inexistência jurídica daquele ato.

7. O julgamento da regularidade e da validade dos atos de processo eleitoral compete aos tribunais.

ARTIGO 114º
(Partidos políticos e direito de oposição)

1. Os partidos políticos participam nos órgãos baseados no sufrágio universal e direto, de acordo com a sua representatividade eleitoral.

2. É reconhecido às minorias o direito de oposição democrática, nos termos da Constituição e da lei.

3. Os partidos políticos representados na Assembleia da República e que não façam parte do Governo gozam, designadamente, do direito de serem informados regular e diretamente pelo Governo sobre o andamento dos principais assuntos de interesse público, de igual direito gozando os partidos políticos representados nas Assembleias Legislativas das regiões autónomas e em quaisquer outras assembleias designadas por eleição direta relativamente aos correspondentes executivos de que não façam parte.

ARTIGO 115º
(Referendo)

1. Os cidadãos eleitores recenseados no território nacional podem ser chamados a pronunciar-se diretamente, a título vinculativo, através de referendo, por decisão do Presidente da República, mediante proposta da Assembleia da República ou do Governo, em matérias das respetivas competências, nos casos e nos termos previstos na Constituição e na lei.

2. O referendo pode ainda resultar da iniciativa de cidadãos dirigida à Assembleia da República, que será apresentada e apreciada nos termos e nos prazos fixados por lei.

3. O referendo só pode ter por objeto questões de relevante interesse nacional que devam ser decididas pela Assembleia da República ou pelo Governo através da aprovação de convenção internacional ou de ato legislativo.

4. São excluídas do âmbito do referendo:

a) As alterações à Constituição;

b) As questões e os atos de conteúdo orçamental, tributário ou financeiro;

c) As matérias previstas no artigo 161º da Constituição, sem prejuízo do disposto no número seguinte;

d) As matérias previstas no artigo 164º da Constituição, com exceção do disposto na alínea *i*).

5. O disposto no número anterior não prejudica a submissão a referendo das questões de relevante interesse nacional que devam ser objeto de convenção internacional, nos termos da alínea *i*) do artigo 161º da Constituição, exceto quando relativas à paz e à retificação de fronteiras.

6. Cada referendo recairá sobre uma só matéria, devendo as questões ser formuladas com objetividade, clareza e precisão e para respostas de sim ou não, num número máximo de perguntas a fixar por lei, a qual determinará igualmente as demais condições de formulação e efetivação de referendos.

7. São excluídas a convocação e a efetivação de referendos entre a data da convocação e a da realização de eleições gerais para os órgãos de soberania, de governo próprio das regiões autónomas e do poder local, bem como de Deputados ao Parlamento Europeu.

8. O Presidente da República submete a fiscalização preventiva obrigatória da constitucionalidade e da legalidade as propostas de referendo que lhe tenham sido remetidas pela Assembleia da República ou pelo Governo.

9. São aplicáveis ao referendo, com as necessárias adaptações, as normas constantes dos nºs 1, 2, 3, 4 e 7 do artigo 113º

10. As propostas de referendo recusadas pelo Presidente da República ou objeto de resposta negativa do eleitorado não podem ser renovadas na mesma sessão legislativa, salvo nova eleição da Assembleia da República, ou até à demissão do Governo.

11. O referendo só tem efeito vinculativo quando o número de votantes for superior a metade dos eleitores inscritos no recenseamento.

12. Nos referendos são chamados a participar cidadãos residentes no estrangeiro, regularmente recenseados ao abrigo do disposto no nº 2 do artigo 121º, quando recaiam sobre matéria que lhes diga também especificamente respeito.

13. Os referendos podem ter âmbito regional, nos termos previstos no nº 2 do artigo 232º

ARTIGO 116º
(Órgãos colegiais)

1. As reuniões das assembleias que funcionem como órgãos de soberania, das regiões autónomas ou do poder local são públicas, exceto nos casos previstos na lei.

2. As deliberações dos órgãos colegiais são tomadas com a presença da maioria do número legal dos seus membros.

3. Salvo nos casos previstos na Constituição, na lei e nos respetivos regimentos, as deliberações dos órgãos colegiais são tomadas à pluralidade de votos, não contando as abstenções para o apuramento da maioria.

ARTIGO 117º
(Estatuto dos titulares de cargos políticos)

1. Os titulares de cargos políticos respondem política, civil e criminalmente pelas ações e omissões que pratiquem no exercício das suas funções.

2. A lei dispõe sobre os deveres, responsabilidades e incompatibilidades dos titulares de cargos políticos, as consequências do respetivo incumprimento, bem como sobre os respetivos direitos, regalias e imunidades.

3. A lei determina os crimes de responsabilidade dos titulares de cargos políticos, bem como as sanções aplicáveis e os respetivos efeitos, que podem incluir a destituição do cargo ou a perda do mandato.

ARTIGO 118º
(Princípio da renovação)

1. Ninguém pode exercer a título vitalício qualquer cargo político de âmbito nacional, regional ou local.

2. A lei pode determinar limites à renovação sucessiva de mandatos dos titulares de cargos políticos executivos.

ARTIGO 119º
(Publicidade dos atos)

1. São publicados no jornal oficial, *Diário da República*:

a) As leis constitucionais;

b) As convenções internacionais e os respetivos avisos de ratificação, bem como os restantes avisos a elas respeitantes;

c) As leis, os decretos-leis e os decretos legislativos regionais;

d) Os decretos do Presidente da República;

e) As resoluções da Assembleia da República e das Assembleias Legislativas das regiões autónomas;

f) Os regimentos da Assembleia da República, do Conselho de Estado e das Assembleias Legislativas das regiões autónomas;

g) As decisões do Tribunal Constitucional, bem como as dos outros tribunais a que a lei confira força obrigatória geral;

h) Os decretos regulamentares e os demais decretos e regulamentos do Governo, bem como os decretos dos Representantes da República para as regiões autónomas e os decretos regulamentares regionais;

i) Os resultados de eleições para os órgãos de soberania, das regiões autónomas e do poder local, bem como para o Parlamento Europeu e ainda os resultados de referendos de âmbito nacional e regional.

2. A falta de publicidade dos atos previstos nas alíneas *a)* a *h)* do número anterior e de qualquer ato de conteúdo genérico dos órgãos de soberania, das regiões autónomas e do poder local implica a sua ineficácia jurídica.

3. A lei determina as formas de publicidade dos demais atos e as consequências da sua falta.

TÍTULO II
Presidente da República

CAPÍTULO I
Estatuto e eleição

ARTIGO 120º
(Definição)

O Presidente da República representa a República Portuguesa, garante a independência nacional, a unidade do Estado e o regular funcionamento das instituições democráticas e é, por inerência, Comandante Supremo das Forças Armadas.

ARTIGO 121º
(Eleição)

1. O Presidente da República é eleito por sufrágio universal, direto e secreto dos cidadãos portugueses eleitores recenseados no território nacional, bem como dos cidadãos portugueses residentes no estrangeiro nos termos do número seguinte.

2. A lei regula o exercício do direito de voto dos cidadãos portugueses residentes no estrangeiro, devendo ter em conta a existência de laços de efetiva ligação à comunidade nacional.

3. O direito de voto no território nacional é exercido presencialmente.

ARTIGO 122º
(Elegibilidade)

São elegíveis os cidadãos eleitores, portugueses de origem, maiores de 35 anos.

ARTIGO 123º
(Reelegibilidade)

1. Não é admitida a reeleição para um terceiro mandato consecutivo, nem durante o quinquénio imediatamente subsequente ao termo do segundo mandato consecutivo.

2. Se o Presidente da República renunciar ao cargo, não poderá candidatar-se nas eleições imediatas nem nas que se realizem no quinquénio imediatamente subsequente à renúncia.

ARTIGO 124º
(Candidaturas)

1. As candidaturas para Presidente da República são propostas por um mínimo de 7500 e um máximo de 15000 cidadãos eleitores.

2. As candidaturas devem ser apresentadas até trinta dias antes da data marcada para a eleição, perante o Tribunal Constitucional.

3. Em caso de morte de qualquer candidato ou de qualquer outro facto que o incapacite para o exercício da função presidencial, será reaberto o processo eleitoral, nos termos a definir por lei.

ARTIGO 125º
(Data da eleição)

1. O Presidente da República será eleito nos sessenta dias anteriores ao termo do mandato do seu antecessor ou nos sessenta dias posteriores à vagatura do cargo.

2. A eleição não poderá efetuar-se nos noventa dias anteriores ou posteriores à data de eleições para a Assembleia da República.

3. No caso previsto no número anterior, a eleição efetuar-se-á nos dez dias posteriores ao final do período aí estabelecido, sendo o mandato do Presidente cessante automaticamente prolongado pelo período necessário.

ARTIGO 126º
(Sistema eleitoral)

1. Será eleito Presidente da República o candidato que obtiver mais de metade dos votos validamente expressos, não se considerando como tal os votos em branco.

2. Se nenhum dos candidatos obtiver esse número de votos, proceder-se-á a segundo sufrágio até ao vigésimo primeiro dia subsequente à primeira votação.

3. A este sufrágio concorrerão apenas os dois candidatos mais votados que não tenham retirado a candidatura.

ARTIGO 127º
(Posse e juramento)
1. O Presidente eleito toma posse perante a Assembleia da República.
2. A posse efetua-se no último dia do mandato do Presidente cessante ou, no caso de eleição por vagatura, no oitavo dia subsequente ao dia da publicação dos resultados eleitorais.
3. No ato de posse o Presidente da República eleito prestará a seguinte declaração de compromisso:

Juro por minha honra desempenhar fielmente as funções em que fico investido e defender, cumprir e fazer cumprir a Constituição da República Portuguesa.

ARTIGO 128º
(Mandato)
1. O mandato do Presidente da República tem a duração de cinco anos e termina com a posse do novo Presidente eleito.
2. Em caso de vagatura, o Presidente da República a eleger inicia um novo mandato.

ARTIGO 129º
(Ausência do território nacional)
1. O Presidente da República não pode ausentar-se do território nacional sem o assentimento da Assembleia da República ou da sua Comissão Permanente, se aquela não estiver em funcionamento.
2. O assentimento é dispensado nos casos de passagem em trânsito ou de viagem sem caráter oficial de duração não superior a cinco dias, devendo, porém, o Presidente da República dar prévio conhecimento delas à Assembleia da República.
3. A inobservância do disposto no nº 1 envolve, de pleno direito, a perda do cargo.

ARTIGO 130º
(Responsabilidade criminal)
1. Por crimes praticados no exercício das suas funções, o Presidente da República responde perante o Supremo Tribunal de Justiça.
2. A iniciativa do processo cabe à Assembleia da República, mediante proposta de um quinto e deliberação aprovada por maioria de dois terços dos Deputados em efetividade de funções.
3. A condenação implica a destituição do cargo e a impossibilidade de reeleição.
4. Por crimes estranhos ao exercício das suas funções o Presidente da República responde depois de findo o mandato perante os tribunais comuns.

ARTIGO 131º
(Renúncia ao mandato)
1. O Presidente da República pode renunciar ao mandato em mensagem dirigida à Assembleia da República.

2. A renúncia torna-se efetiva com o conhecimento da mensagem pela Assembleia da República, sem prejuízo da sua ulterior publicação no *Diário da República*.

ARTIGO 132º
(Substituição interina)

1. Durante o impedimento temporário do Presidente da República, bem como durante a vagatura do cargo até tomar posse o novo Presidente eleito, assumirá as funções o Presidente da Assembleia da República ou, no impedimento deste, o seu substituto.

2. Enquanto exercer interinamente as funções de Presidente da República, o mandato de Deputado do Presidente da Assembleia da República ou do seu substituto suspende-se automaticamente.

3. O Presidente da República, durante o impedimento temporário, mantém os direitos e regalias inerentes à sua função.

4. O Presidente da República interino goza de todas as honras e prerrogativas da função, mas os direitos que lhe assistem são os do cargo para que foi eleito.

CAPÍTULO II
Competência

ARTIGO 133º
(Competência quanto a outros órgãos)

Compete ao Presidente da República, relativamente a outros órgãos:

a) Presidir ao Conselho de Estado;

b) Marcar, de harmonia com a lei eleitoral, o dia das eleições do Presidente da República, dos Deputados à Assembleia da República, dos Deputados ao Parlamento Europeu e dos deputados às Assembleias Legislativas das regiões autónomas;

c) Convocar extraordinariamente a Assembleia da República;

d) Dirigir mensagens à Assembleia da República e às Assembleias Legislativas das regiões autónomas;

e) Dissolver a Assembleia da República, observado o disposto no artigo 172º, ouvidos os partidos nela representados e o Conselho de Estado;

f) Nomear o Primeiro-Ministro, nos termos do nº 1 do artigo 187º;

g) Demitir o Governo, nos termos do nº 2 do artigo 195º, e exonerar o Primeiro-Ministro, nos termos do nº 4 do artigo 186º;

h) Nomear e exonerar os membros do Governo, sob proposta do Primeiro-Ministro;

i) Presidir ao Conselho de Ministros, quando o Primeiro-Ministro lho solicitar;

j) Dissolver as Assembleias Legislativas das regiões autónomas, ouvidos o Conselho de Estado e os partidos nelas representados, observado o disposto no artigo 172º, com as necessárias adaptações;

l) Nomear e exonerar, ouvido o Governo, os Representantes da República para as regiões autónomas;

m) Nomear e exonerar, sob proposta do Governo, o presidente do Tribunal de Contas e o Procurador-Geral da República;

n) Nomear cinco membros do Conselho de Estado e dois vogais do Conselho Superior da Magistratura;

o) Presidir ao Conselho Superior de Defesa Nacional;

p) Nomear e exonerar, sob proposta do Governo, o Chefe do Estado-Maior--General das Forças Armadas, o Vice-Chefe do Estado-Maior -General das Forças Armadas, quando exista, e os Chefes de Estado-Maior dos três ramos das Forças Armadas, ouvido, nestes dois últimos casos, o Chefe do Estado-Maior-General das Forças Armadas.

ARTIGO 134º
(Competência para prática de atos próprios)

Compete ao Presidente da República, na prática de atos próprios:

a) Exercer as funções de Comandante Supremo das Forças Armadas;

b) Promulgar e mandar publicar as leis, os decretos-leis e os decretos regulamentares, assinar as resoluções da Assembleia da República que aprovem acordos internacionais e os restantes decretos do Governo;

c) Submeter a referendo questões de relevante interesse nacional, nos termos do artigo 115º, e as referidas no nº 2 do artigo 232º e no nº 3 do artigo 256º;

d) Declarar o estado de sítio ou o estado de emergência, observado o disposto nos artigos 19º e 138º;

e) Pronunciar-se sobre todas as emergências graves para a vida da República;

f) Indultar e comutar penas, ouvido o Governo;

g) Requerer ao Tribunal Constitucional a apreciação preventiva da constitucionalidade de normas constantes de leis, decretos-leis e convenções internacionais;

h) Requerer ao Tribunal Constitucional a declaração de inconstitucionalidade de normas jurídicas, bem como a verificação de inconstitucionalidade por omissão;

i) Conferir condecorações, nos termos da lei, e exercer a função de grão-mestre das ordens honoríficas portuguesas.

ARTIGO 135º
(Competência nas relações internacionais)

Compete ao Presidente da República, nas relações internacionais:

a) Nomear os embaixadores e os enviados extraordinários, sob proposta do Governo, e acreditar os representantes diplomáticos estrangeiros;

b) Ratificar os tratados internacionais, depois de devidamente aprovados;

c) Declarar a guerra em caso de agressão efetiva ou iminente e fazer a paz, sob proposta do Governo, ouvido o Conselho de Estado e mediante autorização da Assembleia da República, ou, quando esta não estiver reunida nem for possível a sua reunião imediata, da sua Comissão Permanente.

ARTIGO 136º
(Promulgação e veto)

1. No prazo de vinte dias contados da receção de qualquer decreto da Assembleia da República para ser promulgado como lei, ou da publicação da decisão do Tribunal Constitucional que não se pronuncie pela inconstitucionalidade de norma dele constante, deve o Presidente da República promulgá-lo ou exercer o direito de veto, solicitando nova apreciação do diploma em mensagem fundamentada.

2. Se a Assembleia da República confirmar o voto por maioria absoluta dos Deputados em efetividade de funções, o Presidente da República deverá promulgar o diploma no prazo de oito dias a contar da sua receção.

3. Será, porém, exigida a maioria de dois terços dos Deputados presentes, desde que superior à maioria absoluta dos Deputados em efetividade de funções, para a confirmação dos decretos que revistam a forma de lei orgânica, bem como dos que respeitem às seguintes matérias:

   a) Relações externas;

   b) Limites entre o setor público, o setor privado e o setor cooperativo e social de propriedade dos meios de produção;

   c) Regulamentação dos atos eleitorais previstos na Constituição, que não revista a forma de lei orgânica.

4. No prazo de quarenta dias contados da receção de qualquer decreto do Governo para ser promulgado, ou da publicação da decisão do Tribunal Constitucional que não se pronuncie pela inconstitucionalidade de norma dele constante, deve o Presidente da República promulgá-lo ou exercer o direito de veto, comunicando por escrito ao Governo o sentido do veto.

5. O Presidente da República exerce ainda o direito de veto nos termos dos artigos 278º e 279º

ARTIGO 137º
(Falta de promulgação ou de assinatura)

A falta de promulgação ou de assinatura pelo Presidente da República de qualquer dos atos previstos na alínea *b)* do artigo 134º implica a sua inexistência jurídica.

ARTIGO 138º[1]
(Declaração do estado de sítio ou do estado de emergência)

1. A declaração do estado de sítio ou do estado de emergência depende de audição do Governo e de autorização da Assembleia da República ou, quando esta não estiver reunida nem for possível a sua reunião imediata, da respetiva Comissão Permanente.

---

[1] O *Regime do estado de sítio e do estado de emergência* consta da Lei nº 44/86, de 30 de setembro, alterada pela Lei Orgânica nº 1/2011, de 30 de novembro, e pela Lei Orgânica nº 1/2012, de 11 de maio.

2. A declaração do estado de sítio ou do estado de emergência, quando autorizada pela Comissão Permanente da Assembleia da República, terá de ser confirmada pelo Plenário logo que seja possível reuni-lo.

ARTIGO 139º
(Atos do Presidente da República interino)

1. O Presidente da República interino não pode praticar qualquer dos atos previstos nas alíneas *e*) e *n*) do artigo 133º e na alínea *c*) do artigo 134º

2. O Presidente da República interino só pode praticar qualquer dos atos previstos nas alíneas *b*), *c*), *f*), *m*) e *p*) do artigo 133º, na alínea *a*) do artigo 134º e na alínea *a*) do artigo 135º, após audição do Conselho de Estado.

ARTIGO 140º
(Referenda ministerial)

1. Carecem de referenda do Governo os atos do Presidente da República praticados ao abrigo das alíneas *h*), *j*), *l*), *m*) e *p*) do artigo 133º, das alíneas *b*), *d*) e *f*) do artigo 134º e das alíneas *a*), *b*) e *c*) do artigo 135º

2. A falta de referenda determina a inexistência jurídica do ato.

CAPÍTULO III
Conselho de Estado[1]

ARTIGO 141º
(Definição)

O Conselho de Estado é o órgão político de consulta do Presidente da República.

ARTIGO 142º
(Composição)

O Conselho de Estado é presidido pelo Presidente da República e composto pelos seguintes membros:

a) O Presidente da Assembleia da República;
b) O Primeiro-Ministro;
c) O Presidente do Tribunal Constitucional;
d) O Provedor de Justiça;
e) Os presidentes dos governos regionais;
f) Os antigos presidentes da República eleitos na vigência da Constituição que não hajam sido destituídos do cargo;

---

[1] *Vide* Lei nº 31/84, de 6 de setembro, que aprova o *Estatuto dos membros do Conselho de Estado*.

g) Cinco cidadãos designados pelo Presidente da República pelo período correspondente à duração do seu mandato;

h) Cinco cidadãos eleitos pela Assembleia da República, de harmonia com o princípio da representação proporcional, pelo período correspondente à duração da legislatura.

ARTIGO 143º
(Posse e mandato)

1. Os membros do Conselho de Estado são empossados pelo Presidente da República.
2. Os membros do Conselho de Estado previstos nas alíneas *a)* a *e)* do artigo 142º mantêm-se em funções enquanto exercerem os respetivos cargos.
3. Os membros do Conselho de Estado previstos nas alíneas *g)* e *h)* do artigo 142º mantêm-se em funções até à posse dos que os substituírem no exercício dos respetivos cargos.

ARTIGO 144º
(Organização e funcionamento)

1. Compete ao Conselho de Estado elaborar o seu regimento.
2. As reuniões do Conselho de Estado não são públicas.

ARTIGO 145º
(Competência)

Compete ao Conselho de Estado:

a) Pronunciar-se sobre a dissolução da Assembleia da República e das Assembleias Legislativas das regiões autónomas;

b) Pronunciar-se sobre a demissão do Governo, no caso previsto no nº 2 do artigo 195º;

c) Pronunciar-se sobre a declaração da guerra e a feitura da paz;

d) Pronunciar-se sobre os atos do Presidente da República interino referidos no artigo 139º;

e) Pronunciar-se nos demais casos previstos na Constituição e, em geral, aconselhar o Presidente da República no exercício das suas funções, quando este lho solicitar.

ARTIGO 146º
(Emissão dos pareceres)

Os pareceres do Conselho de Estado previstos nas alíneas *a)* a *e)* do artigo 145º são emitidos na reunião que para o efeito for convocada pelo Presidente da República e tornados públicos quando da prática do ato a que se referem.

TÍTULO III
Assembleia da República

CAPÍTULO I
Estatuto e eleição

ARTIGO 147º
(Definição)

A Assembleia da República é a assembleia representativa de todos os cidadãos portugueses.

ARTIGO 148º
(Composição)

A Assembleia da República tem o mínimo de cento e oitenta e o máximo de duzentos e trinta Deputados, nos termos da lei eleitoral.

ARTIGO 149º
(Círculos eleitorais)

1. Os Deputados são eleitos por círculos eleitorais geograficamente definidos na lei, a qual pode determinar a existência de círculos plurinominais e uninominais, bem como a respetiva natureza e complementaridade, por forma a assegurar o sistema de representação proporcional e o método da média mais alta de *Hondt* na conversão dos votos em número de mandatos.

2. O número de Deputados por cada círculo plurinominal do território nacional, excetuando o círculo nacional, quando exista, é proporcional ao número de cidadãos eleitores nele inscritos.

ARTIGO 150º
(Condições de elegibilidade)

São elegíveis os cidadãos portugueses eleitores, salvas as restrições que a lei eleitoral estabelecer por virtude de incompatibilidades locais ou de exercício de certos cargos.

ARTIGO 151º
(Candidaturas)

1. As candidaturas são apresentadas, nos termos da lei, pelos partidos políticos, isoladamente ou em coligação, podendo as listas integrar cidadãos não inscritos nos respetivos partidos.

2. Ninguém pode ser candidato por mais de um círculo eleitoral da mesma natureza, excetuando o círculo nacional quando exista, ou figurar em mais de uma lista.

ARTIGO 152º
(Representação política)

1. A lei não pode estabelecer limites à conversão dos votos em mandatos por exigência de uma percentagem de votos nacional mínima.
2. Os Deputados representam todo o país e não os círculos por que são eleitos.

ARTIGO 153º
(Início e termo do mandato)

1. O mandato dos Deputados inicia-se com a primeira reunião da Assembleia da República após eleições e cessa com a primeira reunião após as eleições subsequentes, sem prejuízo da suspensão ou da cessação individual do mandato.
2. O preenchimento das vagas que ocorrerem na Assembleia, bem como a substituição temporária de Deputados por motivo relevante, são regulados pela lei eleitoral.

ARTIGO 154º
(Incompatibilidades e impedimentos)

1. Os Deputados que forem nomeados membros do Governo não podem exercer o mandato até à cessação destas funções, sendo substituídos nos termos do artigo anterior.
2. A lei determina as demais incompatibilidades.
3. A lei regula os casos e as condições em que os Deputados carecem de autorização da Assembleia da República para serem jurados, árbitros, peritos ou testemunhas.

ARTIGO 155º
(Exercício da função de Deputado)

1. Os Deputados exercem livremente o seu mandato, sendo-lhes garantidas condições adequadas ao eficaz exercício das suas funções, designadamente ao indispensável contacto com os cidadãos eleitores e à sua informação regular.
2. A lei regula as condições em que a falta dos Deputados, por causa de reuniões ou missões da Assembleia, a atos ou diligências oficiais a ela estranhos constitui motivo justificado de adiamento destes.
3. As entidades públicas têm, nos termos da lei, o dever de cooperar com os Deputados no exercício das suas funções.

ARTIGO 156º
(Poderes dos Deputados)

Constituem poderes dos Deputados:

a) Apresentar projetos de revisão constitucional;

b) Apresentar projetos de lei, de Regimento ou de resolução, designadamente de referendo, e propostas de deliberação e requerer o respetivo agendamento;

c) Participar e intervir nos debates parlamentares, nos termos do Regimento;

d) Fazer perguntas ao Governo sobre quaisquer atos deste ou da Administração Pública e obter resposta em prazo razoável, salvo o disposto na lei em matéria de segredo de Estado;

e) Requerer e obter do Governo ou dos órgãos de qualquer entidade pública os elementos, informações e publicações oficiais que considerem úteis para o exercício do seu mandato;

f) Requerer a constituição de comissões parlamentares de inquérito;

g) Os consignados no Regimento.

ARTIGO 157º
(Imunidades)

1. Os Deputados não respondem civil, criminal ou disciplinarmente pelos votos e opiniões que emitirem no exercício das suas funções.

2. Os Deputados não podem ser ouvidos como declarantes nem como arguidos sem autorização da Assembleia, sendo obrigatória a decisão de autorização, no segundo caso, quando houver fortes indícios de prática de crime doloso a que corresponda pena de prisão cujo limite máximo seja superior a três anos.

3. Nenhum Deputado pode ser detido ou preso sem autorização da Assembleia, salvo por crime doloso a que corresponda a pena de prisão referida no número anterior e em flagrante delito.

4. Movido procedimento criminal contra algum Deputado, e acusado este definitivamente, a Assembleia decidirá se o Deputado deve ou não ser suspenso para efeito de seguimento do processo, sendo obrigatória a decisão de suspensão quando se trate de crime do tipo referido nos números anteriores.

ARTIGO 158º
(Direitos e regalias)

Os Deputados gozam dos seguintes direitos e regalias:

a) Adiamento do serviço militar, do serviço cívico ou da mobilização civil;

b) Livre trânsito e direito a passaporte especial nas suas deslocações oficiais ao estrangeiro;

c) Cartão especial de identificação;

d) Subsídios que a lei prescrever.

ARTIGO 159º
(Deveres)

Constituem deveres dos Deputados:

a) Comparecer às reuniões do Plenário e às das comissões a que pertençam;

b) Desempenhar os cargos na Assembleia e as funções para que sejam designados, sob proposta dos respetivos grupos parlamentares;

c) Participar nas votações.

ARTIGO 160º
(Perda e renúncia do mandato)

1. Perdem o mandato os Deputados que:

a) Venham a ser feridos por alguma das incapacidades ou incompatibilidades previstas na lei;

b) Não tomem assento na Assembleia ou excedam o número de faltas estabelecido no Regimento;

c) Se inscrevam em partido diverso daquele pelo qual foram apresentados a sufrágio;

d) Sejam judicialmente condenados por crime de responsabilidade no exercício da sua função em tal pena ou por participação em organizações racistas ou que perfilhem a ideologia fascista.

2. Os Deputados podem renunciar ao mandato, mediante declaração escrita.

CAPÍTULO II
Competência

ARTIGO 161º
(Competência política e legislativa)

Compete à Assembleia da República:

a) Aprovar alterações à Constituição, nos termos dos artigos 284º a 289º;

b) Aprovar os estatutos político-administrativos e as leis relativas à eleição dos deputados às Assembleias Legislativas das regiões autónomas;

c) Fazer leis sobre todas as matérias, salvo as reservadas pela Constituição ao Governo;

d) Conferir ao Governo autorizações legislativas;

e) Conferir às Assembleias Legislativas das regiões autónomas as autorizações previstas na alínea *b)* do nº 1 do artigo 227º da Constituição;

f) Conceder amnistias e perdões genéricos;

g) Aprovar as leis das grandes opções dos planos nacionais e o Orçamento do Estado, sob proposta do Governo;

h) Autorizar o Governo a contrair e a conceder empréstimos e a realizar outras operações de crédito que não sejam de dívida flutuante, definindo as respetivas condições gerais, e estabelecer o limite máximo dos avales a conceder em cada ano pelo Governo;

i) Aprovar os tratados, designadamente os tratados de participação de Portugal em organizações internacionais, os tratados de amizade, de paz, de defesa, de retificação de fronteiras e os respeitantes a assuntos militares, bem como os acordos internacionais que versem matérias da sua competência reservada ou que o Governo entenda submeter à sua apreciação;

j) Propor ao Presidente da República a sujeição a referendo de questões de relevante interesse nacional;

l) Autorizar e confirmar a declaração do estado de sítio e do estado de emergência;

m) Autorizar o Presidente da República a declarar a guerra e a fazer paz;

n) Pronunciar-se, nos termos da lei, sobre as matérias pendentes de decisão em órgãos no âmbito da União Europeia que incidam na esfera da sua competência legislativa reservada;

o) Desempenhar as demais funções que lhe sejam atribuídas pela Constituição e pela lei.

ARTIGO 162º
(Competência de fiscalização)

Compete à Assembleia da República, no exercício de funções de fiscalização:

a) Vigiar pelo cumprimento da Constituição e das leis e apreciar os atos do Governo e da Administração;

b) Apreciar a aplicação da declaração do estado de sítio ou do estado de emergência;

c) Apreciar, para efeito de cessação de vigência ou de alteração, os decretos-leis, salvo os feitos no exercício da competência legislativa exclusiva do Governo, e os decretos legislativos regionais previstos na alínea *b)* do nº 1 do artigo 227º;

d) Tomar as contas do Estado e das demais entidades públicas que a lei determinar, as quais serão apresentadas até 31 de dezembro do ano subsequente, com o parecer do Tribunal de Contas e os demais elementos necessários à sua apreciação;

e) Apreciar os relatórios de execução dos planos nacionais.

ARTIGO 163º
(Competência quanto a outros órgãos)

Compete à Assembleia da República, relativamente a outros órgãos:

a) Testemunhar a tomada de posse do Presidente da República;

b) Dar assentimento à ausência do Presidente da República do território nacional;

c) Promover o processo de acusação contra o Presidente da República por crimes praticados no exercício das suas funções e decidir sobre a suspensão de membros do Governo, no caso previsto no artigo 196º;

d) Apreciar o programa do Governo;

e) Votar moções de confiança e de censura ao Governo;

f) Acompanhar e apreciar, nos termos da lei, a participação de Portugal no processo de construção da união europeia;

g) Eleger, segundo o sistema de representação proporcional, cinco membros do Conselho de Estado e os membros do Conselho Superior do Ministério Público que lhe competir designar;

h) Eleger, por maioria de dois terços dos Deputados presentes, desde que superior à maioria absoluta dos Deputados em efetividade de funções, dez juízes do Tribunal Constitucional, o Provedor de Justiça, o Presidente do Conselho Económico e Social, sete vogais do Conselho Superior da Magistratura, os membros da entidade de regulação da comunicação social, e de outros órgãos constitucionais cuja designação, nos termos da lei, seja cometida à Assembleia da República;

i) Acompanhar, nos termos da lei, o envolvimento de contingentes militares e de forças de segurança no estrangeiro.

ARTIGO 164º
(Reserva absoluta de competência legislativa)

É da exclusiva competência da Assembleia da República legislar sobre as seguintes matérias:

a) Eleições dos titulares dos órgãos de soberania;
b) Regimes dos referendos;
c) Organização, funcionamento e processo do Tribunal Constitucional;
d) Organização da defesa nacional, definição dos deveres dela decorrentes e bases gerais da organização, do funcionamento, do reequipamento e da disciplina das Forças Armadas;
e) Regimes do estado de sítio e do estado de emergência;
f) Aquisição, perda e reaquisição da cidadania portuguesa;
g) Definição dos limites das águas territoriais, da zona económica exclusiva e dos direitos de Portugal aos fundos marinhos contíguos;
h) Associações e partidos políticos;
i) Bases do sistema de ensino;
j) Eleições dos deputados às Assembleias Legislativas das regiões autónomas;
l) Eleições dos titulares dos órgãos do poder local ou outras realizadas por sufrágio direto e universal, bem como dos restantes órgãos constitucionais;
m) Estatuto dos titulares dos órgãos de soberania e do poder local, bem como dos restantes órgãos constitucionais ou eleitos por sufrágio direto e universal;
n) Criação, extinção e modificação de autarquias locais e respetivo regime, sem prejuízo dos poderes das regiões autónomas;
o) Restrições ao exercício de direitos por militares e agentes militarizados dos quadros permanentes em serviço efetivo, bem como por agentes dos serviços e forças de segurança;
p) Regime de designação dos membros de órgãos da União Europeia, com exceção da Comissão;
q) Regime do sistema de informações da República e do segredo de Estado;
r) Regime geral de elaboração e organização dos orçamentos do Estado, das regiões autónomas e das autarquias locais;
s) Regime dos símbolos nacionais;
t) Regime de finanças das regiões autónomas;
u) Regime das forças de segurança;
v) Regime da autonomia organizativa, administrativa e financeira dos serviços de apoio do Presidente da República.

ARTIGO 165º
(Reserva relativa de competência legislativa)

1. É da exclusiva competência da Assembleia da República legislar sobre as seguintes matérias, salvo autorização ao Governo:

a) Estado e capacidade das pessoas;
b) Direitos, liberdades e garantias;
c) Definição dos crimes, penas, medidas de segurança e respetivos pressupostos, bem como processo criminal;
d) Regime geral de punição das infrações disciplinares, bem como dos atos ilícitos de mera ordenação social e do respetivo processo;
e) Regime geral da requisição e da expropriação por utilidade pública;
f) Bases do sistema de segurança social e do serviço nacional de saúde;
g) Bases do sistema de proteção da natureza, do equilíbrio ecológico e do património cultural;
h) Regime geral do arrendamento rural e urbano;
i) Criação de impostos e sistema fiscal e regime geral das taxas e demais contribuições financeiras a favor das entidades públicas;
j) Definição dos setores de propriedade dos meios de produção, incluindo a dos setores básicos nos quais seja vedada a atividade às empresas privadas e a outras entidades da mesma natureza;
l) Meios e formas de intervenção, expropriação, nacionalização e privatização dos meios de produção e solos por motivo de interesse público, bem como critérios de fixação, naqueles casos, de indemnizações;
m) Regime dos planos de desenvolvimento económico e social e composição do Conselho Económico e Social;
n) Bases da política agrícola, incluindo a fixação dos limites máximos e mínimos das unidades de exploração agrícola;
o) Sistema monetário e padrão de pesos e medidas;
p) Organização e competência dos tribunais e do Ministério Público e estatuto dos respetivos magistrados, bem como das entidades não jurisdicionais de composição de conflitos;
q) Estatuto das autarquias locais, incluindo o regime das finanças locais;
r) Participação das organizações de moradores no exercício do poder local;
s) Associações públicas, garantias dos administrados e responsabilidade civil da Administração;
t) Bases do regime e âmbito da função pública;
u) Bases gerais do estatuto das empresas públicas e das fundações públicas;
v) Definição e regime dos bens do domínio público;
x) Regime dos meios de produção integrados no setor cooperativo e social de propriedade;
z) Bases do ordenamento do território e do urbanismo;
aa) Regime e forma de criação das polícias municipais.

2. As leis de autorização legislativa devem definir o objeto, o sentido, a extensão e a duração da autorização, a qual pode ser prorrogada.
3. As autorizações legislativas não podem ser utilizadas mais de uma vez, sem prejuízo da sua execução parcelada.
4. As autorizações caducam com a demissão do Governo a que tiverem sido concedidas, com o termo da legislatura ou com a dissolução da Assembleia da República.
5. As autorizações concedidas ao Governo na lei do Orçamento observam o disposto no presente artigo e, quando incidam sobre matéria fiscal, só caducam no termo do ano económico a que respeitam.

ARTIGO 166º
(Forma dos atos)

1. Revestem a forma de lei constitucional os atos previstos na alínea *a*) do artigo 161º
2. Revestem a forma de lei orgânica os atos previstos nas alíneas *a*) a *f*), *h*), *j*), primeira parte da alínea *l*), *q*) e *t*) do artigo 164º e no artigo 255º
3. Revestem a forma de lei os atos previstos nas alíneas *b*) a *h*) do artigo 161º
4. Revestem a forma de moção os atos previstos nas alíneas *d*) e *e*) do artigo 163º
5. Revestem a forma de resolução os demais atos da Assembleia da República, bem como os atos da Comissão Permanente previstos nas alíneas *e*) e *f*) do nº 3 do artigo 179º
6. As resoluções são publicadas independentemente de promulgação.

ARTIGO 167º
(Iniciativa da lei e do referendo)

1. A iniciativa da lei e do referendo compete aos Deputados, aos grupos parlamentares e ao Governo, e ainda, nos termos e condições estabelecidos na lei, a grupos de cidadãos eleitores, competindo a iniciativa da lei, no respeitante às regiões autónomas, às respetivas Assembleias Legislativas.
2. Os Deputados, os grupos parlamentares, as Assembleias Legislativas das regiões autónomas e os grupos de cidadãos eleitores não podem apresentar projetos de lei, propostas de lei ou propostas de alteração que envolvam, no ano económico em curso, aumento das despesas ou diminuição das receitas do Estado previstas no Orçamento.
3. Os Deputados, os grupos parlamentares e os grupos de cidadãos eleitores não podem apresentar projetos de referendo que envolvam, no ano económico em curso, aumento das despesas ou diminuição das receitas do Estado previstas no Orçamento.
4. Os projetos e as propostas de lei e de referendo definitivamente rejeitados não podem ser renovados na mesma sessão legislativa, salvo nova eleição da Assembleia da República.
5. Os projetos de lei, as propostas de lei do Governo e os projetos e propostas de referendo não votados na sessão legislativa em que tiverem sido apresentados não carecem de ser renovados na sessão legislativa seguinte, salvo termo da legislatura.
6. As propostas de lei e de referendo caducam com a demissão do Governo.

7. As propostas de lei da iniciativa das Assembleias Legislativas das regiões autónomas caducam com o termo da respetiva legislatura, caducando apenas com o termo da legislatura da Assembleia da República as que já tenham sido objeto de aprovação na generalidade.

8. As comissões parlamentares podem apresentar textos de substituição, sem prejuízo dos projetos e das propostas de lei e de referendo a que se referem, quando não retirados.

ARTIGO 168º
(Discussão e votação)

1. A discussão dos projetos e propostas de lei compreende um debate na generalidade e outro na especialidade.

2. A votação compreende uma votação na generalidade, uma votação na especialidade e uma votação final global.

3. Se a Assembleia assim o deliberar, os textos aprovados na generalidade serão votados na especialidade pelas comissões, sem prejuízo do poder de avocação pela Assembleia e do voto final desta para aprovação global.

4. São obrigatoriamente votadas na especialidade pelo Plenário as leis sobre as matérias previstas nas alíneas *a*) a *f*), *h*), *n*) e *o*) do artigo 164º, bem como na alínea *q*) do nº 1 do artigo 165º

5. As leis orgânicas carecem de aprovação, na votação final global, por maioria absoluta dos Deputados em efetividade de funções, devendo as disposições relativas à delimitação territorial das regiões, previstas no artigo 255º, ser aprovadas, na especialidade, em Plenário, por idêntica maioria.

6. Carecem de aprovação por maioria de dois terços dos Deputados presentes, desde que superior à maioria absoluta dos Deputados em efetividade de funções:

a) A lei respeitante à entidade de regulação da comunicação social;

b) As normas que disciplinam o disposto no nº 2 do artigo 118º;

c) A lei que regula o exercício do direito previsto no nº 2 do artigo 121º;

d) As disposições das leis que regulam as matérias referidas nos artigos 148º e 149º, e as relativas ao sistema e método de eleição dos órgãos previstos no nº 3 do artigo 239º;

e) As disposições que regulam a matéria da alínea *o*) do artigo 164º;

f) As disposições dos estatutos político-administrativos das regiões autónomas que enunciem as matérias que integram o respetivo poder legislativo.

ARTIGO 169º
(Apreciação parlamentar de atos legislativos)

1. Os decretos-leis, salvo os aprovados no exercício da competência legislativa exclusiva do Governo, podem ser submetidos a apreciação da Assembleia da República, para efeitos de cessação de vigência ou de alteração, a requerimento de dez Deputados, nos trinta dias subsequentes à publicação, descontados os períodos de suspensão do funcionamento da Assembleia da República.

2. Requerida a apreciação de um decreto-lei elaborado no uso de autorização legislativa, e no caso de serem apresentadas propostas de alteração, a Assembleia poderá suspender, no todo ou em parte, a vigência do decreto-lei até à publicação da lei que o vier a alterar ou até à rejeição de todas aquelas propostas.

3. A suspensão caduca decorridas dez reuniões plenárias sem que a Assembleia se tenha pronunciado a final.

4. Se for aprovada a cessação da sua vigência, o diploma deixará de vigorar desde o dia em que a resolução for publicada no *Diário da República* e não poderá voltar a ser publicado no decurso da mesma sessão legislativa.

5. Se, requerida a apreciação, a Assembleia não se tiver sobre ela pronunciado ou, havendo deliberado introduzir emendas, não tiver votado a respetiva lei até ao termo da sessão legislativa em curso, desde que decorridas quinze reuniões plenárias, considerar-se-á caduco o processo.

6. Os processos de apreciação parlamentar de decretos-leis gozam de prioridade, nos termos do Regimento.

ARTIGO 170º
(Processo de urgência)

1. A Assembleia da República pode, por iniciativa de qualquer Deputado ou grupo parlamentar, ou do Governo, declarar a urgência do processamento de qualquer projeto ou proposta de lei ou de resolução.

2. A Assembleia pode ainda, por iniciativa das Assembleias Legislativas das regiões autónomas, declarar a urgência do processamento de qualquer proposta de lei por estas apresentada.

CAPÍTULO III
Organização e funcionamento

ARTIGO 171º
(Legislatura)

1. A legislatura tem a duração de quatro sessões legislativas.

2. No caso de dissolução, a Assembleia então eleita inicia nova legislatura cuja duração será inicialmente acrescida do tempo necessário para se completar o período correspondente à sessão legislativa em curso à data da eleição.

ARTIGO 172º
(Dissolução)

1. A Assembleia da República não pode ser dissolvida nos seis meses posteriores à sua eleição, no último semestre do mandato do Presidente da República ou durante a vigência do estado de sítio ou do estado de emergência.

2. A inobservância do disposto no número anterior determina a inexistência jurídica do decreto de dissolução.

3. A dissolução da Assembleia não prejudica a subsistência do mandato dos Deputados, nem da competência da Comissão Permanente, até à primeira reunião da Assembleia após as subsequentes eleições.

ARTIGO 173º
(Reunião após eleições)

1. A Assembleia da República reúne por direito próprio no terceiro dia posterior ao apuramento dos resultados gerais das eleições ou, tratando-se de eleições por termo de legislatura, se aquele dia recair antes do termo desta, no primeiro dia da legislatura subsequente.

2. Recaindo aquela data fora do período de funcionamento efetivo da Assembleia, esta reunir-se-á para efeito do disposto no artigo 175º

ARTIGO 174º
(Sessão legislativa, período de funcionamento e convocação)

1. A sessão legislativa tem a duração de um ano e inicia-se a 15 de setembro.

2. O período normal de funcionamento da Assembleia da República decorre de 15 de setembro a 15 de junho, sem prejuízo das suspensões que a Assembleia deliberar por maioria de dois terços dos Deputados presentes.

3. Fora do período indicado no número anterior, a Assembleia da República pode funcionar por deliberação do Plenário, prorrogando o período normal de funcionamento, por iniciativa da Comissão Permanente ou, na impossibilidade desta e em caso de grave emergência, por iniciativa de mais de metade dos Deputados.

4. A Assembleia pode ainda ser convocada extraordinariamente pelo Presidente da República para se ocupar de assuntos específicos.

5. As comissões podem funcionar independentemente do funcionamento do Plenário da Assembleia, mediante deliberação desta, nos termos do nº 2.

ARTIGO 175º
(Competência interna da Assembleia)

Compete à Assembleia da República:

a) Elaborar e aprovar o seu Regimento, nos termos da Constituição;

b) Eleger por maioria absoluta dos Deputados em efetividade de funções o seu Presidente e os demais membros da Mesa, sendo os quatro Vice-Presidentes eleitos sob proposta dos quatro maiores grupos parlamentares;

c) Constituir a Comissão Permanente e as restantes comissões.

ARTIGO 176º
(Ordem do dia das reuniões plenárias)

1. A ordem do dia é fixada pelo Presidente da Assembleia da República, segundo a prioridade das matérias definidas no Regimento, e sem prejuízo do direito de recurso para o Plenário da Assembleia e da competência do Presidente da República prevista no nº 4 do artigo 174º

2. O Governo e os grupos parlamentares podem solicitar prioridade para assuntos de interesse nacional de resolução urgente.

3. Todos os grupos parlamentares têm direito à determinação da ordem do dia de um certo número de reuniões, segundo critério a estabelecer no Regimento, ressalvando-se sempre a posição dos partidos minoritários ou não representados no Governo.

4. As Assembleias Legislativas das regiões autónomas podem solicitar prioridade para assuntos de interesse regional de resolução urgente.

ARTIGO 177º
(Participação dos membros do Governo)

1. Os Ministros têm o direito de comparecer às reuniões plenárias da Assembleia da República, podendo ser coadjuvados ou substituídos pelos Secretários de Estado, e uns e outros usar da palavra, nos termos do Regimento.

2. Serão marcadas reuniões em que os membros do Governo estarão presentes para responder a perguntas e pedidos de esclarecimento dos Deputados, as quais se realizarão com a periodicidade mínima fixada no Regimento e em datas a estabelecer por acordo com o Governo.

3. Os membros do Governo podem solicitar a sua participação nos trabalhos das comissões e devem comparecer perante as mesmas quando tal seja requerido.

ARTIGO 178º
(Comissões)

1. A Assembleia da República tem as comissões previstas no Regimento e pode constituir comissões eventuais de inquérito ou para qualquer outro fim determinado.

2. A composição das comissões corresponde à representatividade dos partidos na Assembleia da República.

3. As petições dirigidas à Assembleia são apreciadas pelas comissões ou por comissão especialmente constituída para o efeito, que poderá ouvir as demais comissões competentes em razão da matéria, em todos os casos podendo ser solicitado o depoimento de quaisquer cidadãos.

4. Sem prejuízo da sua constituição nos termos gerais, as comissões parlamentares de inquérito são obrigatoriamente constituídas sempre que tal seja requerido por um quinto dos Deputados em efetividade de funções, até ao limite de uma por Deputado e por sessão legislativa.

5. As comissões parlamentares de inquérito gozam de poderes de investigação próprios das autoridades judiciais.

6. As presidências das comissões são no conjunto repartidas pelos grupos parlamentares em proporção com o número dos seus Deputados.

7. Nas reuniões das comissões em que se discutam propostas legislativas regionais, podem participar representantes da Assembleia Legislativa da região autónoma proponente, nos termos do Regimento.

ARTIGO 179º[1]
(Comissão Permanente)

1. Fora do período de funcionamento efetivo da Assembleia da República, durante o período em que ela se encontrar dissolvida, e nos restantes casos previstos na Constituição, funciona a Comissão Permanente da Assembleia da República.

2. A Comissão Permanente é presidida pelo Presidente da Assembleia da República e composta pelos Vice-Presidentes e por Deputados indicados por todos os partidos, de acordo com a respetiva representatividade na Assembleia.

3. Compete à Comissão Permanente:

a) Vigiar pelo cumprimento da Constituição e das leis e acompanhar a atividade do Governo e da Administração;

b) Exercer os poderes da Assembleia relativamente ao mandato dos Deputados;

c) Promover a convocação da Assembleia sempre que tal seja necessário;

d) Preparar a abertura da sessão legislativa;

e) Dar assentimento à ausência do Presidente da República do território nacional;

f) Autorizar o Presidente da República a declarar o estado de sítio ou o estado de emergência, a declarar guerra e a fazer a paz.

4. No caso da alínea *f)* do número anterior, a Comissão Permanente promoverá a convocação da Assembleia no prazo mais curto possível.

ARTIGO 180º
(Grupos parlamentares)

1. Os Deputados eleitos por cada partido ou coligação de partidos podem constituir-se em grupo parlamentar.

2. Constituem direitos de cada grupo parlamentar:

a) Participar nas comissões da Assembleia em função do número dos seus membros, indicando os seus representantes nelas;

b) Ser ouvido na fixação da ordem do dia e interpor recurso para o Plenário da ordem do dia fixada;

c) Provocar, com a presença do Governo, o debate de questões de interesse público atual e urgente;

d) Provocar, por meio de interpelação ao Governo, a abertura de dois debates em cada sessão legislativa sobre assunto de política geral ou sectorial;

e) Solicitar à Comissão Permanente que promova a convocação da Assembleia;

f) Requerer a constituição de comissões parlamentares de inquérito;

g) Exercer iniciativa legislativa;

h) Apresentar moções de rejeição do programa do Governo;

i) Apresentar moções de censura ao Governo;

---

[1] *Vide* Resolução da Assembleia da República nº 43/2008, publicada no *Diário da República*, 1ª série – Nº 149 – 4 de agosto de 2008, que aprova o *Regulamento da Comissão Permanente*.

j) Ser informado, regular e diretamente, pelo Governo, sobre o andamento dos principais assuntos de interesse público.

3. Cada grupo parlamentar tem direito a dispor de locais de trabalho na sede da Assembleia, bem como de pessoal técnico e administrativo da sua confiança, nos termos que a lei determinar.

4. Aos Deputados não integrados em grupos parlamentares são assegurados direitos e garantias mínimos, nos termos do Regimento.

ARTIGO 181º[1]
(Funcionários e especialistas ao serviço da Assembleia)

Os trabalhos da Assembleia e os das comissões serão coadjuvados por um corpo permanente de funcionários técnicos e administrativos e por especialistas requisitados ou temporariamente contratados, no número que o Presidente considerar necessário.

TÍTULO IV
Governo

CAPÍTULO I
Função e estrutura

ARTIGO 182º
(Definição)

O Governo é o órgão de condução da política geral do país e o órgão superior da Administração Pública.

ARTIGO 183º
(Composição)

1. O Governo é constituído pelo Primeiro-Ministro, pelos Ministros e pelos Secretários e Subsecretários de Estado.

2. O Governo pode incluir um ou mais Vice-Primeiros-Ministros.

3. O número, a designação e as atribuições dos ministérios e secretarias de Estado, bem como as formas de coordenação entre eles, serão determinados, consoante os casos, pelos decretos de nomeação dos respetivos titulares ou por decreto-lei.

ARTIGO 184º
(Conselho de Ministros)

1. O Conselho de Ministros é constituído pelo Primeiro-Ministro, pelos Vice-Primeiros-Ministros, se os houver, e pelos Ministros.

2. A lei pode criar Conselhos de Ministros especializados em razão da matéria.

---

[1] *Vide* Lei nº 23/2011, de 20 de maio, que aprova o *Estatuto dos Funcionários Parlamentares.*

3. Podem ser convocados para participar nas reuniões do Conselho de Ministros os Secretários e Subsecretários de Estado.

ARTIGO 185º
(Substituição de membros do Governo)

1. Não havendo Vice-Primeiro-Ministro, o Primeiro-Ministro é substituído na sua ausência ou no seu impedimento pelo Ministro que indicar ao Presidente da República ou, na falta de tal indicação, pelo Ministro que for designado pelo Presidente da República.

2. Cada Ministro será substituído na sua ausência ou impedimento pelo Secretário de Estado que indicar ao Primeiro-Ministro ou, na falta de tal indicação, pelo membro do Governo que o Primeiro-Ministro designar.

ARTIGO 186º
(Início e cessação de funções)

1. As funções do Primeiro-Ministro iniciam-se com a sua posse e cessam com a sua exoneração pelo Presidente da República.

2. As funções dos restantes membros do Governo iniciam-se com a sua posse e cessam com a sua exoneração ou com a exoneração do Primeiro-Ministro.

3. As funções dos Secretários e Subsecretários de Estado cessam ainda com a exoneração do respetivo Ministro.

4. Em caso de demissão do Governo, o Primeiro-Ministro do Governo cessante é exonerado na data da nomeação e posse do novo Primeiro-Ministro.

5. Antes da apreciação do seu programa pela Assembleia da República, ou após a sua demissão, o Governo limitar-se-á à prática dos atos estritamente necessários para assegurar a gestão dos negócios públicos.

CAPÍTULO II
Formação e responsabilidade

ARTIGO 187º
(Formação)

1. O Primeiro-Ministro é nomeado pelo Presidente da República, ouvidos os partidos representados na Assembleia da República e tendo em conta os resultados eleitorais.

2. Os restantes membros do Governo são nomeados pelo Presidente da República, sob proposta do Primeiro-Ministro.

ARTIGO 188º
(Programa do Governo)

Do programa do Governo constarão as principais orientações políticas e medidas a adotar ou a propor nos diversos domínios da atividade governamental.

ARTIGO 189º
(Solidariedade governamental)

Os membros do Governo estão vinculados ao programa do Governo e às deliberações tomadas em Conselho de Ministros.

ARTIGO 190º
(Responsabilidade do Governo)

O Governo é responsável perante o Presidente da República e a Assembleia da República.

ARTIGO 191º
(Responsabilidade dos membros do Governo)

1. O Primeiro-Ministro é responsável perante o Presidente da República e, no âmbito da responsabilidade política do Governo, perante a Assembleia da República.
2. Os Vice-Primeiros-Ministros e os Ministros são responsáveis perante o Primeiro-Ministro e, no âmbito da responsabilidade política do Governo, perante a Assembleia da República.
3. Os Secretários e Subsecretários de Estado são responsáveis perante o Primeiro-Ministro e o respetivo Ministro.

ARTIGO 192º
(Apreciação do programa do Governo)

1. O programa do Governo é submetido à apreciação da Assembleia da República, através de uma declaração do Primeiro-Ministro, no prazo máximo de dez dias após a sua nomeação.
2. Se a Assembleia da República não se encontrar em funcionamento efetivo, será obrigatoriamente convocada para o efeito pelo seu Presidente.
3. O debate não pode exceder três dias e até ao seu encerramento pode qualquer grupo parlamentar propor a rejeição do programa ou o Governo solicitar a aprovação de um voto de confiança.
4. A rejeição do programa do Governo exige maioria absoluta dos Deputados em efetividade de funções.

ARTIGO 193º
(Solicitação de voto de confiança)

O Governo pode solicitar à Assembleia da República a aprovação de um voto de confiança sobre uma declaração de política geral ou sobre qualquer assunto relevante de interesse nacional.

ARTIGO 194º
(Moções de censura)

1. A Assembleia da República pode votar moções de censura ao Governo sobre a execução do seu programa ou assunto relevante de interesse nacional, por iniciativa

de um quarto dos Deputados em efetividade de funções ou de qualquer grupo parlamentar.

2. As moções de censura só podem ser apreciadas quarenta e oito horas após a sua apresentação, em debate de duração não superior a três dias.

3. Se a moção de censura não for aprovada, os seus signatários não podem apresentar outra durante a mesma sessão legislativa.

ARTIGO 195º
(Demissão do Governo)

1. Implicam a demissão do Governo:

a) O início de nova legislatura;

b) A aceitação pelo Presidente da República do pedido de demissão apresentado pelo Primeiro-Ministro;

c) A morte ou a impossibilidade física duradoura do Primeiro-Ministro;

d) A rejeição do programa do Governo;

e) A não aprovação de uma moção de confiança;

f) A aprovação de uma moção de censura por maioria absoluta dos Deputados em efetividade de funções.

2. O Presidente da República só pode demitir o Governo quando tal se torne necessário para assegurar o regular funcionamento das instituições democráticas, ouvido o Conselho de Estado.

ARTIGO 196º
(Efetivação da responsabilidade criminal dos membros do Governo)

1. Nenhum membro do Governo pode ser detido ou preso sem autorização da Assembleia da República, salvo por crime doloso a que corresponda pena de prisão cujo limite máximo seja superior a três anos e em flagrante delito.

2. Movido procedimento criminal contra algum membro do Governo, e acusado este definitivamente, a Assembleia da República decidirá se o membro do Governo deve ou não ser suspenso para efeito de seguimento do processo, sendo obrigatória a decisão de suspensão quando se trate de crime do tipo referido no número anterior.

CAPÍTULO III
Competência

ARTIGO 197º
(Competência política)

1. Compete ao Governo, no exercício de funções políticas:

a) Referendar os atos do Presidente da República, nos termos do artigo 140º;

b) Negociar e ajustar convenções internacionais;

c) Aprovar os acordos internacionais cuja aprovação não seja da competência da Assembleia da República ou que a esta não tenham sido submetidos;
d) Apresentar propostas de lei e de resolução à Assembleia da República;
e) Propor ao Presidente da República a sujeição a referendo de questões de relevante interesse nacional, nos termos do artigo 115º;
f) Pronunciar-se sobre a declaração do estado de sítio ou do estado de emergência;
g) Propor ao Presidente da República a declaração da guerra ou a feitura da paz;
h) Apresentar à Assembleia da República, nos termos da alínea *d)* do artigo 162º, as contas do Estado e das demais entidades públicas que a lei determinar;
i) Apresentar, em tempo útil, à Assembleia da República, para efeitos do disposto na alínea *n)* do artigo 161º e na alínea *f)* do artigo 163º, informação referente ao processo de construção da união europeia;
j) Praticar os demais atos que lhe sejam cometidos pela Constituição ou pela lei.

2. A aprovação pelo Governo de acordos internacionais reveste a forma de decreto.

ARTIGO 198º
(Competência legislativa)

1. Compete ao Governo, no exercício de funções legislativas:

a) Fazer decretos-leis em matérias não reservadas à Assembleia da República;
b) Fazer decretos-leis em matérias de reserva relativa da Assembleia da República, mediante autorização desta;
c) Fazer decretos-leis de desenvolvimento dos princípios ou das bases gerais dos regimes jurídicos contidos em leis que a eles se circunscrevam.

2. É da exclusiva competência legislativa do Governo a matéria respeitante à sua própria organização e funcionamento.

3. Os decretos-leis previstos nas alíneas *b)* e *c)* do nº 1 devem invocar expressamente a lei de autorização legislativa ou a lei de bases ao abrigo da qual são aprovados.

ARTIGO 199º
(Competência administrativa)

Compete ao Governo, no exercício de funções administrativas:

a) Elaborar os planos, com base nas leis das respetivas grandes opções, e fazê-los executar;
b) Fazer executar o Orçamento do Estado;
c) Fazer os regulamentos necessários à boa execução das leis;
d) Dirigir os serviços e a atividade da administração direta do Estado, civil e militar, superintender na administração indireta e exercer a tutela sobre esta e sobre a administração autónoma;
e) Praticar todos os atos exigidos pela lei respeitantes aos funcionários e agentes do Estado e de outras pessoas coletivas públicas;

f) Defender a legalidade democrática;

g) Praticar todos os atos e tomar todas as providências necessárias à promoção do desenvolvimento económico-social e à satisfação das necessidades coletivas.

ARTIGO 200º
(Competência do Conselho de Ministros)

1. Compete ao Conselho de Ministros:

a) Definir as linhas gerais da política governamental, bem como as da sua execução;

b) Deliberar sobre o pedido de confiança à Assembleia da República;

c) Aprovar as propostas de lei e de resolução;

d) Aprovar os decretos-leis, bem como os acordos internacionais não submetidos à Assembleia da República;

e) Aprovar os planos;

f) Aprovar os atos do Governo que envolvam aumento ou diminuição das receitas ou despesas públicas;

g) Deliberar sobre outros assuntos da competência do Governo que lhe sejam atribuídos por lei ou apresentados pelo Primeiro-Ministro ou por qualquer Ministro.

2. Os Conselhos de Ministros especializados exercem a competência que lhes for atribuída por lei ou delegada pelo Conselho de Ministros.

ARTIGO 201º
(Competência dos membros do Governo)

1. Compete ao Primeiro-Ministro:

a) Dirigir a política geral do Governo, coordenando e orientando a ação de todos os Ministros;

b) Dirigir o funcionamento do Governo e as suas relações de caráter geral com os demais órgãos do Estado;

c) Informar o Presidente da República acerca dos assuntos respeitantes à condução da política interna e externa do país;

d) Exercer as demais funções que lhe sejam atribuídas pela Constituição e pela lei.

2. Compete aos Ministros:

a) Executar a política definida para os seus Ministérios;

b) Assegurar as relações de caráter geral entre o Governo e os demais órgãos do Estado, no âmbito dos respetivos Ministérios.

3. Os decretos-leis e os demais decretos do Governo são assinados pelo Primeiro--Ministro e pelos Ministros competentes em razão da matéria.

TÍTULO V
Tribunais

CAPÍTULO I
Princípios gerais

ARTIGO 202º
(Função jurisdicional)

1. Os tribunais são os órgãos de soberania com competência para administrar a justiça em nome do povo.
2. Na administração da justiça incumbe aos tribunais assegurar a defesa dos direitos e interesses legalmente protegidos dos cidadãos, reprimir a violação da legalidade democrática e dirimir os conflitos de interesses públicos e privados.
3. No exercício das suas funções os tribunais têm direito à coadjuvação das outras autoridades.
4. A lei poderá institucionalizar instrumentos e formas de composição não jurisdicional de conflitos.

ARTIGO 203º
(Independência)

Os tribunais são independentes e apenas estão sujeitos à lei.

ARTIGO 204º
(Apreciação da inconstitucionalidade)

Nos feitos submetidos a julgamento não podem os tribunais aplicar normas que infrinjam o disposto na Constituição ou os princípios nela consignados.

ARTIGO 205º
(Decisões dos tribunais)

1. As decisões dos tribunais que não sejam de mero expediente são fundamentadas na forma prevista na lei.
2. As decisões dos tribunais são obrigatórias para todas as entidades públicas e privadas e prevalecem sobre as de quaisquer outras autoridades.
3. A lei regula os termos da execução das decisões dos tribunais relativamente a qualquer autoridade e determina as sanções a aplicar aos responsáveis pela sua inexecução.

ARTIGO 206º
(Audiências dos tribunais)

As audiências dos tribunais são públicas, salvo quando o próprio tribunal decidir o contrário, em despacho fundamentado, para salvaguarda da dignidade das pessoas e da moral pública ou para garantir o seu normal funcionamento.

ARTIGO 207º
(Júri, participação popular e assessoria técnica)

1. O júri, nos casos e com a composição que a lei fixar, intervém no julgamento dos crimes graves, salvo os de terrorismo e os de criminalidade altamente organizada, designadamente quando a acusação ou a defesa o requeiram.

2. A lei poderá estabelecer a intervenção de juízes sociais no julgamento de questões de trabalho, de infrações contra a saúde pública, de pequenos delitos, de execução de penas ou outras em que se justifique uma especial ponderação dos valores sociais ofendidos.

3. A lei poderá estabelecer ainda a participação de assessores tecnicamente qualificados para o julgamento de determinadas matérias.

ARTIGO 208º
(Patrocínio forense)

A lei assegura aos advogados as imunidades necessárias ao exercício do mandato e regula o patrocínio forense como elemento essencial à administração da justiça.

CAPÍTULO II
Organização dos tribunais

ARTIGO 209º
(Categorias de tribunais)

1. Além do Tribunal Constitucional, existem as seguintes categorias de tribunais:

a) O Supremo Tribunal de Justiça e os tribunais judiciais de primeira e de segunda instância;

b) O Supremo Tribunal Administrativo e os demais tribunais administrativos e fiscais;

c) O Tribunal de Contas.

2. Podem existir tribunais marítimos, tribunais arbitrais e julgados de paz.

3. A lei determina os casos e as formas em que os tribunais previstos nos números anteriores se podem constituir, separada ou conjuntamente, em tribunais de conflitos.

4. Sem prejuízo do disposto quanto aos tribunais militares, é proibida a existência de tribunais com competência exclusiva para o julgamento de certas categorias de crimes.

ARTIGO 210º
(Supremo Tribunal de Justiça e instâncias)

1. O Supremo Tribunal de Justiça é o órgão superior da hierarquia dos tribunais judiciais, sem prejuízo da competência própria do Tribunal Constitucional.

2. O Presidente do Supremo Tribunal de Justiça é eleito pelos respetivos juízes.

3. Os tribunais de primeira instância são, em regra, os tribunais de comarca, aos quais se equiparam os referidos no nº 2 do artigo seguinte.
4. Os tribunais de segunda instância são, em regra, os tribunais da Relação.
5. O Supremo Tribunal de Justiça funcionará como tribunal de instância nos casos que a lei determinar.

ARTIGO 211º
(Competência e especialização dos tribunais judiciais)

1. Os tribunais judiciais são os tribunais comuns em matéria cível e criminal e exercem jurisdição em todas as áreas não atribuídas a outras ordens judiciais.
2. Na primeira instância pode haver tribunais com competência específica e tribunais especializados para o julgamento de matérias determinadas.
3. Da composição dos tribunais de qualquer instância que julguem crimes de natureza estritamente militar fazem parte um ou mais juízes militares, nos termos da lei.
4. Os tribunais da Relação e o Supremo Tribunal de Justiça podem funcionar em secções especializadas.

ARTIGO 212º
(Tribunais administrativos e fiscais)

1. O Supremo Tribunal Administrativo é o órgão superior da hierarquia dos tribunais administrativos e fiscais, sem prejuízo da competência própria do Tribunal Constitucional.
2. O Presidente do Supremo Tribunal Administrativo é eleito de entre e pelos respetivos juízes.
3. Compete aos tribunais administrativos e fiscais o julgamento das ações e recursos contenciosos que tenham por objeto dirimir os litígios emergentes das relações jurídicas administrativas e fiscais.

ARTIGO 213º
(Tribunais militares)

Durante a vigência do estado de guerra serão constituídos tribunais militares com competência para o julgamento de crimes de natureza estritamente militar.

ARTIGO 214º
(Tribunal de Contas)

1. O Tribunal de Contas é o órgão supremo de fiscalização da legalidade das despesas públicas e de julgamento das contas que a lei mandar submeter-lhe, competindo-lhe, nomeadamente:

   a) Dar parecer sobre a Conta Geral do Estado, incluindo a da segurança social;
   b) Dar parecer sobre as contas das Regiões Autónomas dos Açores e da Madeira;
   c) Efetivar a responsabilidade por infrações financeiras, nos termos da lei;
   d) Exercer as demais competências que lhe forem atribuídas por lei.

2. O mandato do Presidente do Tribunal de Contas tem a duração de quatro anos, sem prejuízo do disposto na alínea *m*) do artigo 133º
3. O Tribunal de Contas pode funcionar descentralizadamente, por secções regionais, nos termos da lei.
4. Nas Regiões Autónomas dos Açores e da Madeira há secções do Tribunal de Contas com competência plena em razão da matéria na respetiva região, nos termos da lei.

CAPÍTULO III
Estatuto dos juízes

ARTIGO 215º
(Magistratura dos tribunais judiciais)

1. Os juízes dos tribunais judiciais formam um corpo único e regem-se por um só estatuto.
2. A lei determina os requisitos e as regras de recrutamento dos juízes dos tribunais judiciais de primeira instância.
3. O recrutamento dos juízes dos tribunais judiciais de segunda instância faz-se com prevalência do critério do mérito, por concurso curricular entre juízes da primeira instância.
4. O acesso ao Supremo Tribunal de Justiça faz-se por concurso curricular aberto aos magistrados judiciais e do Ministério Público e a outros juristas de mérito, nos termos que a lei determinar.

ARTIGO 216º
(Garantias e incompatibilidades)

1. Os juízes são inamovíveis, não podendo ser transferidos, suspensos, aposentados ou demitidos senão nos casos previstos na lei.
2. Os juízes não podem ser responsabilizados pelas suas decisões, salvas as exceções consignadas na lei.
3. Os juízes em exercício não podem desempenhar qualquer outra função pública ou privada, salvo as funções docentes ou de investigação científica de natureza jurídica, não remuneradas, nos termos da lei.
4. Os juízes em exercício não podem ser nomeados para comissões de serviço estranhas à atividade dos tribunais sem autorização do conselho superior competente.
5. A lei pode estabelecer outras incompatibilidades com o exercício da função de juiz.

ARTIGO 217º
(Nomeação, colocação, transferência e promoção de juízes)

1. A nomeação, a colocação, a transferência e a promoção dos juízes dos tribunais judiciais e o exercício da ação disciplinar competem ao Conselho Superior da Magistratura, nos termos da lei.

2. A nomeação, a colocação, a transferência e a promoção dos juízes dos tribunais administrativos e fiscais, bem como o exercício da ação disciplinar, competem ao respetivo conselho superior, nos termos da lei.

3. A lei define as regras e determina a competência para a colocação, transferência e promoção, bem como para o exercício da ação disciplinar em relação aos juízes dos restantes tribunais, com salvaguarda das garantias previstas na Constituição.

ARTIGO 218º
(Conselho Superior da Magistratura)

1. O Conselho Superior da Magistratura é presidido pelo Presidente do Supremo Tribunal de Justiça e composto pelos seguintes vogais:

a) Dois designados pelo Presidente da República;
b) Sete eleitos pela Assembleia da República;
c) Sete juízes eleitos pelos seus pares, de harmonia com o princípio da representação proporcional.

2. As regras sobre garantias dos juízes são aplicáveis a todos os vogais do Conselho Superior da Magistratura.

3. A lei poderá prever que do Conselho Superior da Magistratura façam parte funcionários de justiça, eleitos pelos seus pares, com intervenção restrita à discussão e votação das matérias relativas à apreciação do mérito profissional e ao exercício da função disciplinar sobre os funcionários de justiça.

CAPÍTULO IV
Ministério Público

ARTIGO 219º
(Funções e estatuto)

1. Ao Ministério Público compete representar o Estado e defender os interesses que a lei determinar, bem como, com observância do disposto no número seguinte e nos termos da lei, participar na execução da política criminal definida pelos órgãos de soberania, exercer a ação penal orientada pelo princípio da legalidade e defender a legalidade democrática.

2. O Ministério Público goza de estatuto próprio e de autonomia, nos termos da lei.

3. A lei estabelece formas especiais de assessoria junto do Ministério Público nos casos dos crimes estritamente militares.

4. Os agentes do Ministério Público são magistrados responsáveis, hierarquicamente subordinados, e não podem ser transferidos, suspensos, aposentados ou demitidos senão nos casos previstos na lei.

5. A nomeação, colocação, transferência e promoção dos agentes do Ministério Público e o exercício da ação disciplinar competem à Procuradoria-Geral da República.

ARTIGO 220º
(Procuradoria-Geral da República)

1. A Procuradoria-Geral da República é o órgão superior do Ministério Público, com a composição e a competência definidas na lei.

2. A Procuradoria-Geral da República é presidida pelo Procurador-Geral da República e compreende o Conselho Superior do Ministério Público, que inclui membros eleitos pela Assembleia da República e membros de entre si eleitos pelos magistrados do Ministério Público.

3. O mandato do Procurador-Geral da República tem a duração de seis anos, sem prejuízo do disposto na alínea *m*) do artigo 133º.

TÍTULO VI
Tribunal Constitucional

ARTIGO 221º
(Definição)

O Tribunal Constitucional é o tribunal ao qual compete especificamente administrar a justiça em matérias de natureza jurídico-constitucional.

ARTIGO 222º
(Composição e estatuto dos juízes)

1. O Tribunal Constitucional é composto por treze juízes, sendo dez designados pela Assembleia da República e três cooptados por estes.

2. Seis de entre os juízes designados pela Assembleia da República ou cooptados são obrigatoriamente escolhidos de entre juízes dos restantes tribunais e os demais de entre juristas.

3. O mandato dos juízes do Tribunal Constitucional tem a duração de nove anos e não é renovável.

4. O Presidente do Tribunal Constitucional é eleito pelos respectivos juízes.

5. Os juízes do Tribunal Constitucional gozam das garantias de independência, inamovibilidade, imparcialidade e irresponsabilidade e estão sujeitos às incompatibilidades dos juízes dos restantes tribunais.

6. A lei estabelece as imunidades e as demais regras relativas ao estatuto dos juízes do Tribunal Constitucional.

ARTIGO 223º
(Competência)

1. Compete ao Tribunal Constitucional apreciar a inconstitucionalidade e a ilegalidade, nos termos dos artigos 277º e seguintes.

2. Compete também ao Tribunal Constitucional:

a) Verificar a morte e declarar a impossibilidade física permanente do Presidente da República, bem como verificar os impedimentos temporários do exercício das suas funções;

b) Verificar a perda do cargo de Presidente da República, nos casos previstos no nº 3 do artigo 129º e no nº 3 do artigo 130º;
c) Julgar em última instância a regularidade e a validade dos atos de processo eleitoral, nos termos da lei;
d) Verificar a morte e declarar a incapacidade para o exercício da função presidencial de qualquer candidato a Presidente da República, para efeitos do disposto no nº 3 do artigo 124º;
e) Verificar a legalidade da constituição de partidos políticos e suas coligações, bem como apreciar a legalidade das suas denominações, siglas e símbolos, e ordenar a respetiva extinção, nos termos da Constituição e da lei;
f) Verificar previamente a constitucionalidade e a legalidade dos referendos nacionais, regionais e locais, incluindo a apreciação dos requisitos relativos ao respetivo universo eleitoral;
g) Julgar a requerimento dos Deputados, nos termos da lei, os recursos relativos à perda do mandato e às eleições realizadas na Assembleia da República e nas Assembleias Legislativas das regiões autónomas;
h) Julgar as ações de impugnação de eleições e deliberações de órgãos de partidos políticos que, nos termos da lei, sejam recorríveis.

3. Compete ainda ao Tribunal Constitucional exercer as demais funções que lhe sejam atribuídas pela Constituição e pela lei.

ARTIGO 224º
(Organização e funcionamento)

1. A lei estabelece as regras relativas à sede, à organização e ao funcionamento do Tribunal Constitucional.

2. A lei pode determinar o funcionamento do Tribunal Constitucional por secções, salvo para efeito da fiscalização abstrata da constitucionalidade e da legalidade.

3. A lei regula o recurso para o pleno do Tribunal Constitucional das decisões contraditórias das secções no domínio de aplicação da mesma norma.

TÍTULO VII
Regiões autónomas

ARTIGO 225º
(Regime político-administrativo dos Açores e da Madeira)

1. O regime político-administrativo próprio dos arquipélagos dos Açores e da Madeira fundamenta-se nas suas características geográficas, económicas, sociais e culturais e nas históricas aspirações autonomistas das populações insulares.

2. A autonomia das regiões visa a participação democrática dos cidadãos, o desenvolvimento económico-social e a promoção e defesa dos interesses regionais, bem como o reforço da unidade nacional e dos laços de solidariedade entre todos os portugueses.

3. A autonomia político-administrativa regional não afeta a integridade da soberania do Estado e exerce-se no quadro da Constituição.

ARTIGO 226º
(Estatutos e leis eleitorais)

1. Os projetos de estatutos político-administrativos e de leis relativas à eleição dos deputados às Assembleias Legislativas das regiões autónomas são elaborados por estas e enviados para discussão e aprovação à Assembleia da República.

2. Se a Assembleia da República rejeitar o projeto ou lhe introduzir alterações, remetê-lo-á à respetiva Assembleia Legislativa para apreciação e emissão de parecer.

3. Elaborado o parecer, a Assembleia da República procede à discussão e deliberação final.

4. O regime previsto nos números anteriores é aplicável às alterações dos estatutos político-administrativos e das leis relativas à eleição dos deputados às Assembleias Legislativas das regiões autónomas.

ARTIGO 227º
(Poderes das regiões autónomas)

1. As regiões autónomas são pessoas coletivas territoriais e têm os seguintes poderes, a definir nos respetivos estatutos:

a) Legislar no âmbito regional em matérias enunciadas no respetivo estatuto político-administrativo e que não estejam reservadas aos órgãos de soberania;

b) Legislar em matérias de reserva relativa da Assembleia da República, mediante autorização desta, com exceção das previstas nas alíneas *a)* a *c)*, na primeira parte da alínea *d)*, nas alíneas *f)* e *i)*, na segunda parte da alínea *m)* e nas alíneas *o)*, *p)*, *q)*, *s)*, *t)*, *v)*, *x)* e *aa)* do nº 1 do artigo 165º;

c) Desenvolver para o âmbito regional os princípios ou as bases gerais dos regimes jurídicos contidos em lei que a eles se circunscrevam;

d) Regulamentar a legislação regional e as leis emanadas dos órgãos de soberania que não reservem para estes o respetivo poder regulamentar;

e) Exercer a iniciativa estatutária, bem como a iniciativa legislativa em matéria relativa à eleição dos deputados às respetivas Assembleias Legislativas, nos termos do artigo 226º;

f) Exercer a iniciativa legislativa, nos termos do nº 1 do artigo 167º, mediante a apresentação à Assembleia da República de propostas de lei e respetivas propostas de alteração;

g) Exercer poder executivo próprio;

h) Administrar e dispor do seu património e celebrar os atos e contratos em que tenham interesse;

i) Exercer poder tributário próprio, nos termos da lei, bem como adaptar o sistema fiscal nacional às especificidades regionais, nos termos de lei quadro da Assembleia da República;

j) Dispor, nos termos dos estatutos e da lei de finanças das regiões autónomas, das receitas fiscais nelas cobradas ou geradas, bem como de uma participação nas receitas tributárias do Estado, estabelecida de acordo com um princípio que assegure a efetiva solidariedade nacional, e de outras receitas que lhes sejam atribuídas e afetá-las às suas despesas;

l) Criar e extinguir autarquias locais, bem como modificar a respetiva área, nos termos da lei;

m) Exercer poder de tutela sobre as autarquias locais;

n) Elevar povoações à categoria de vilas ou cidades;

o) Superintender nos serviços, institutos públicos e empresas públicas e nacionalizadas que exerçam a sua atividade exclusiva ou predominantemente na região, e noutros casos em que o interesse regional o justifique;

p) Aprovar o plano de desenvolvimento económico e social, o orçamento regional e as contas da região e participar na elaboração dos planos nacionais;

q) Definir atos ilícitos de mera ordenação social e respetivas sanções, sem prejuízo do disposto na alínea *d)* do nº 1 do artigo 165º;

r) Participar na definição e execução das políticas fiscal, monetária, financeira e cambial, de modo a assegurar o controlo regional dos meios de pagamento em circulação e o financiamento dos investimentos necessários ao seu desenvolvimento económico-social;

s) Participar na definição das políticas respeitantes às águas territoriais, à zona económica exclusiva e aos fundos marinhos contíguos;

t) Participar nas negociações de tratados e acordos internacionais que diretamente lhes digam respeito, bem como nos benefícios deles decorrentes;

u) Estabelecer cooperação com outras entidades regionais estrangeiras e participar em organizações que tenham por objeto fomentar o diálogo e a cooperação inter-regional, de acordo com as orientações definidas pelos órgãos de soberania com competência em matéria de política externa;

v) Pronunciar-se por sua iniciativa ou sob consulta dos órgãos de soberania, sobre as questões da competência destes que lhes digam respeito, bem como, em matérias do seu interesse específico, na definição das posições do Estado Português no âmbito do processo de construção europeia;

x) Participar no processo de construção europeia, mediante representação nas respetivas instituições regionais e nas delegações envolvidas em processos de decisão da União Europeia, quando estejam em causa matérias que lhes digam respeito, bem como transpor atos jurídicos da União, nos termos do artigo 112º.

2. As propostas de lei de autorização devem ser acompanhadas do anteprojeto do decreto legislativo regional a autorizar, aplicando-se às correspondentes leis de autorização o disposto nos nºs 2 e 3 do artigo 165º

3. As autorizações referidas no número anterior caducam com o termo da legislatura ou a dissolução, quer da Assembleia da República quer da Assembleia Legislativa a que tiverem sido concedidas.

4. Os decretos legislativos regionais previstos nas alíneas *b)* e *c)* do nº 1 devem invocar expressamente as respetivas leis de autorização ou leis de bases, sendo aplicável aos primeiros o disposto no artigo 169º, com as necessárias adaptações.

ARTIGO 228º
(Autonomia legislativa)

1. A autonomia legislativa das regiões autónomas incide sobre as matérias enunciadas no respetivo estatuto político-administrativo que não estejam reservadas aos órgãos de soberania.

2. Na falta de legislação regional própria sobre matéria não reservada à competência dos órgãos de soberania, aplicam-se nas regiões autónomas as normas legais em vigor.

ARTIGO 229º
(Cooperação dos órgãos de soberania e dos órgãos regionais)

1. Os órgãos de soberania asseguram, em cooperação com os órgãos de governo próprio, o desenvolvimento económico e social das regiões autónomas, visando, em especial, a correção das desigualdades derivadas da insularidade.

2. Os órgãos de soberania ouvirão sempre, relativamente às questões da sua competência respeitantes às regiões autónomas, os órgãos de governo regional.

3. As relações financeiras entre a República e as regiões autónomas são reguladas através da lei prevista na alínea *t)* do artigo 164º

4. O Governo da República e os Governos Regionais podem acordar outras formas de cooperação envolvendo, nomeadamente, atos de delegação de competências, estabelecendo-se em cada caso a correspondente transferência de meios financeiros e os mecanismos de fiscalização aplicáveis.

ARTIGO 230º[1]
(Representante da República)

1. Para cada uma das regiões autónomas há um Representante da República, nomeado e exonerado pelo Presidente da República ouvido o Governo.

2. Salvo o caso de exoneração, o mandato do Representante da República tem a duração do mandato do Presidente da República e termina com a posse do novo Representante da República.

3. Em caso de vagatura do cargo, bem como nas suas ausências e impedimentos, o Representante da República é substituído pelo presidente da Assembleia Legislativa.

ARTIGO 231º
(Órgãos de governo próprio das regiões autónomas)

1. São órgãos de governo próprio de cada região autónoma a Assembleia Legislativa e o Governo Regional.

---

[1] *Vide* Lei nº 30/2008, de 10 de julho, que aprova o *Estatuto do Representante da República nas Regiões Autónomas dos Açores e da Madeira*.

2. A Assembleia Legislativa é eleita por sufrágio universal, direto e secreto, de harmonia com o princípio da representação proporcional.

3. O Governo Regional é politicamente responsável perante a Assembleia Legislativa da região autónoma e o seu presidente é nomeado pelo Representante da República, tendo em conta os resultados eleitorais.

4. O Representante da República nomeia e exonera os restantes membros do Governo Regional, sob proposta do respetivo presidente.

5. O Governo Regional toma posse perante a Assembleia Legislativa da região autónoma.

6. É da exclusiva competência do Governo Regional a matéria respeitante à sua própria organização e funcionamento.

7. O estatuto dos titulares dos órgãos de governo próprio das regiões autónomas é definido nos respetivos estatutos político-administrativos.

ARTIGO 232º
(Competência da Assembleia Legislativa da região autónoma)

1. É da exclusiva competência da Assembleia Legislativa da região autónoma o exercício das atribuições referidas nas alíneas *a*), *b*) e *c*), na segunda parte da alínea *d*), na alínea *f*), na primeira parte da alínea *i*) e nas alíneas *l*), *n*) e *q*) do nº 1 do artigo 227º, bem como a aprovação do orçamento regional, do plano de desenvolvimento económico e social e das contas da região e ainda a adaptação do sistema fiscal nacional às especificidades da região.

2. Compete à Assembleia Legislativa da região autónoma apresentar propostas de referendo regional, através do qual os cidadãos eleitores recenseados no respetivo território possam, por decisão do Presidente da República, ser chamados a pronunciar-se diretamente, a título vinculativo, acerca de questões de relevante interesse específico regional, aplicando-se, com as necessárias adaptações, o disposto no artigo 115º.

3. Compete à Assembleia Legislativa da região autónoma elaborar e aprovar o seu regimento, nos termos da Constituição e do respetivo estatuto político-administrativo.

4. Aplica-se à Assembleia Legislativa da região autónoma e respetivos grupos parlamentares, com as necessárias adaptações, o disposto na alínea *c*) do artigo 175º, nos nºs 1 a 6 do artigo 178º e no artigo 179º, com exceção do disposto nas alíneas *e*) e *f*) do nº 3 e no nº 4, bem como no artigo 180º.

ARTIGO 233º
(Assinatura e veto do Representante da República)

1. Compete ao Representante da República assinar e mandar publicar os decretos legislativos regionais e os decretos regulamentares regionais.

2. No prazo de quinze dias, contados da receção de qualquer decreto da Assembleia Legislativa da região autónoma que lhe haja sido enviado para assinatura, ou da publicação da decisão do Tribunal Constitucional que não se pronuncie pela inconstitucionalidade de norma dele constante, deve o Representante da República

assiná-lo ou exercer o direito de veto, solicitando nova apreciação do diploma em mensagem fundamentada.

3. Se a Assembleia Legislativa da região autónoma confirmar o voto por maioria absoluta dos seus membros em efetividade de funções, o Representante da República deverá assinar o diploma no prazo de oito dias a contar da sua receção.

4. No prazo de vinte dias, contados da receção de qualquer decreto do Governo Regional que lhe tenha sido enviado para assinatura, deve o Representante da República assiná-lo ou recusar a assinatura, comunicando por escrito o sentido dessa recusa ao Governo Regional, o qual poderá converter o decreto em proposta a apresentar à Assembleia Legislativa da região autónoma.

5. O Representante da República exerce ainda o direito de veto, nos termos dos artigos 278º e 279º

ARTIGO 234º
(Dissolução e demissão dos órgãos de governo próprio)

1. As Assembleias Legislativas das regiões autónomas podem ser dissolvidas pelo Presidente da República, ouvidos o Conselho de Estado e os partidos nelas representados.

2. A dissolução da Assembleia Legislativa da região autónoma acarreta a demissão do Governo Regional, que fica limitado à prática dos atos estritamente necessários para assegurar a gestão dos negócios públicos, até à tomada de posse do novo governo após a realização de eleições.

3. A dissolução da Assembleia Legislativa da região autónoma não prejudica a subsistência do mandato dos deputados, nem da competência da Comissão Permanente, até à primeira reunião da Assembleia após as subsequentes eleições.

TÍTULO VIII
Poder local

CAPÍTULO I
Princípios gerais

ARTIGO 235º
(Autarquias locais)

1. A organização democrática do Estado compreende a existência de autarquias locais.

2. As autarquias locais são pessoas coletivas territoriais dotadas de órgãos representativos, que visam a prossecução de interesses próprios das populações respetivas.

ARTIGO 236º
(Categorias de autarquias locais e divisão administrativa)

1. No continente as autarquias locais são as freguesias, os municípios e as regiões administrativas.

2. As regiões autónomas dos Açores e da Madeira compreendem freguesias e municípios.

3. Nas grandes áreas urbanas e nas ilhas, a lei poderá estabelecer, de acordo com as suas condições específicas, outras formas de organização territorial autárquica.

4. A divisão administrativa do território será estabelecida por lei.

ARTIGO 237º
(Descentralização administrativa)

1. As atribuições e a organização das autarquias locais, bem como a competência dos seus órgãos, serão reguladas por lei, de harmonia com o princípio da descentralização administrativa.

2. Compete à assembleia da autarquia local o exercício dos poderes atribuídos pela lei, incluindo aprovar as opções do plano e o orçamento.

3. As polícias municipais cooperam na manutenção da tranquilidade pública e na proteção das comunidades locais.

ARTIGO 238º
(Património e finanças locais)

1. As autarquias locais têm património e finanças próprios.

2. O regime das finanças locais será estabelecido por lei e visará a justa repartição dos recursos públicos pelo Estado e pelas autarquias e a necessária correção de desigualdades entre autarquias do mesmo grau.

3. As receitas próprias das autarquias locais incluem obrigatoriamente as provenientes da gestão do seu património e as cobradas pela utilização dos seus serviços.

4. As autarquias locais podem dispor de poderes tributários, nos casos e nos termos previstos na lei.

ARTIGO 239º
(Órgãos deliberativos e executivos)

1. A organização das autarquias locais compreende uma assembleia eleita dotada de poderes deliberativos e um órgão executivo colegial perante ela responsável.

2. A assembleia é eleita por sufrágio universal, direto e secreto dos cidadãos recenseados na área da respetiva autarquia, segundo o sistema da representação proporcional.

3. O órgão executivo colegial é constituído por um número adequado de membros, sendo designado presidente o primeiro candidato da lista mais votada para a assembleia ou para o executivo, de acordo com a solução adotada na lei, a qual regulará também o processo eleitoral, os requisitos da sua constituição e destituição e o seu funcionamento.

4. As candidaturas para as eleições dos órgãos das autarquias locais podem ser apresentadas por partidos políticos, isoladamente ou em coligação, ou por grupos de cidadãos eleitores, nos termos da lei.

ARTIGO 240º
(Referendo local)

1. As autarquias locais podem submeter a referendo dos respetivos cidadãos eleitores matérias incluídas nas competências dos seus órgãos, nos casos, nos termos e com a eficácia que a lei estabelecer.

2. A lei pode atribuir a cidadãos eleitores o direito de iniciativa de referendo.

ARTIGO 241º
(Poder regulamentar)

As autarquias locais dispõem de poder regulamentar próprio nos limites da Constituição, das leis e dos regulamentos emanados das autarquias de grau superior ou das autoridades com poder tutelar.

ARTIGO 242º
(Tutela administrativa)

1. A tutela administrativa sobre as autarquias locais consiste na verificação do cumprimento da lei por parte dos órgãos autárquicos e é exercida nos casos e segundo as formas previstas na lei.

2. As medidas tutelares restritivas da autonomia local são precedidas de parecer de um órgão autárquico, nos termos a definir por lei.

3. A dissolução de órgãos autárquicos só pode ter por causa ações ou omissões ilegais graves.

ARTIGO 243º
(Pessoal das autarquias locais)

1. As autarquias locais possuem quadros de pessoal próprio, nos termos da lei.

2. É aplicável aos funcionários e agentes da administração local o regime dos funcionários e agentes do Estado, com as adaptações necessárias, nos termos da lei.

3. A lei define as formas de apoio técnico e em meios humanos do Estado às autarquias locais, sem prejuízo da sua autonomia.

CAPÍTULO II
Freguesia

ARTIGO 244º
(Órgãos da freguesia)

Os órgãos representativos da freguesia são a assembleia de freguesia e a junta de freguesia.

ARTIGO 245º
(Assembleia de freguesia)

1. A assembleia de freguesia é o órgão deliberativo da freguesia.

2. A lei pode determinar que nas freguesias de população diminuta a assembleia de freguesia seja substituída pelo plenário dos cidadãos eleitores.

ARTIGO 246º
(Junta de freguesia)
A junta de freguesia é o órgão executivo colegial da freguesia.

ARTIGO 247º
(Associação)
As freguesias podem constituir, nos termos da lei, associações para administração de interesses comuns.

ARTIGO 248º
(Delegação de tarefas)
A assembleia de freguesia pode delegar nas organizações de moradores tarefas administrativas que não envolvam o exercício de poderes de autoridade.

CAPÍTULO III
Município

ARTIGO 249º
(Modificação dos municípios)
A criação ou a extinção de municípios, bem como a alteração da respetiva área, é efetuada por lei, precedendo consulta dos órgãos das autarquias abrangidas.

ARTIGO 250º
(Órgãos do município)
Os órgãos representativos do município são a assembleia municipal e a câmara municipal.

ARTIGO 251º
(Assembleia municipal)
A assembleia municipal é o órgão deliberativo do município e é constituída por membros eleitos diretamente em número superior ao dos presidentes de junta de freguesia, que a integram.

ARTIGO 252º
(Câmara municipal)
A câmara municipal é o órgão executivo colegial do município.

ARTIGO 253º
(Associação e federação)
Os municípios podem constituir associações e federações para a administração de interesses comuns, às quais a lei pode conferir atribuições e competências próprias.

ARTIGO 254º
(Participação nas receitas dos impostos diretos)

1. Os municípios participam, por direito próprio e nos termos definidos pela lei, nas receitas provenientes dos impostos diretos.
2. Os municípios dispõem de receitas tributárias próprias, nos termos da lei.

CAPÍTULO IV
Região administrativa

ARTIGO 255º
(Criação legal)

As regiões administrativas são criadas simultaneamente, por lei, a qual define os respetivos poderes, a composição, a competência e o funcionamento dos seus órgãos, podendo estabelecer diferenciações quanto ao regime aplicável a cada uma.

ARTIGO 256º
(Instituição em concreto)

1. A instituição em concreto das regiões administrativas, com aprovação da lei de instituição de cada uma delas, depende da lei prevista no artigo anterior e do voto favorável expresso pela maioria dos cidadãos eleitores que se tenham pronunciado em consulta direta, de alcance nacional e relativa a cada área regional.
2. Quando a maioria dos cidadãos eleitores participantes não se pronunciar favoravelmente em relação a pergunta de alcance nacional sobre a instituição em concreto das regiões administrativas, as respostas a perguntas que tenham tido lugar relativas a cada região criada na lei não produzirão efeitos.
3. As consultas aos cidadãos eleitores previstas nos números anteriores terão lugar nas condições e nos termos estabelecidos em lei orgânica, por decisão do Presidente da República, mediante proposta da Assembleia da República, aplicando-se, com as devidas adaptações, o regime decorrente do artigo 115º

ARTIGO 257º
(Atribuições)

Às regiões administrativas são conferidas, designadamente, a direção de serviços públicos e tarefas de coordenação e apoio à ação dos municípios no respeito da autonomia destes e sem limitação dos respetivos poderes.

ARTIGO 258º
(Planeamento)

As regiões administrativas elaboram planos regionais e participam na elaboração dos planos nacionais.

ARTIGO 259º
(Órgãos da região)

Os órgãos representativos da região administrativa são a assembleia regional e a junta regional.

ARTIGO 260º
(Assembleia regional)

A assembleia regional é o órgão deliberativo da região e é constituída por membros eleitos diretamente e por membros, em número inferior ao daqueles, eleitos pelo sistema da representação proporcional e o método da média mais alta de *Hondt*, pelo colégio eleitoral formado pelos membros das assembleias municipais da mesma área designados por eleição direta.

ARTIGO 261º
(Junta regional)

A junta regional é o órgão executivo colegial da região.

ARTIGO 262º
(Representante do Governo)

Junto de cada região pode haver um representante do Governo, nomeado em Conselho de Ministros, cuja competência se exerce igualmente junto das autarquias existentes na área respetiva.

CAPÍTULO V
Organizações de moradores

ARTIGO 263º
(Constituição e área)

1. A fim de intensificar a participação das populações na vida administrativa local podem ser constituídas organizações de moradores residentes em área inferior à da respetiva freguesia.

2. A assembleia de freguesia, por sua iniciativa ou a requerimento de comissões de moradores ou de um número significativo de moradores, demarcará as áreas territoriais das organizações referidas no número anterior, solucionando os eventuais conflitos daí resultantes.

ARTIGO 264º
(Estrutura)

1. A estrutura das organizações de moradores é fixada por lei e compreende a assembleia de moradores e a comissão de moradores.

2. A assembleia de moradores é composta pelos residentes inscritos no recenseamento da freguesia.

3. A comissão de moradores é eleita, por escrutínio secreto, pela assembleia de moradores e por ela livremente destituída.

ARTIGO 265º
(Direitos e competência)

1. As organizações de moradores têm direito:

a) De petição perante as autarquias locais relativamente a assuntos administrativos de interesse dos moradores;

b) De participação, sem voto, através de representantes seus, na assembleia de freguesia.

2. Às organizações de moradores compete realizar as tarefas que a lei lhes confiar ou os órgãos da respetiva freguesia nelas delegarem.

TÍTULO IX
Administração Pública

ARTIGO 266º
(Princípios fundamentais)

1. A Administração Pública visa a prossecução do interesse público, no respeito pelos direitos e interesses legalmente protegidos dos cidadãos.

2. Os órgãos e agentes administrativos estão subordinados à Constituição e à lei e devem atuar, no exercício das suas funções, com respeito pelos princípios da igualdade, da proporcionalidade, da justiça, da imparcialidade e da boa fé.

ARTIGO 267º
(Estrutura da Administração)

1. A Administração Pública será estruturada de modo a evitar a burocratização, a aproximar os serviços das populações e a assegurar a participação dos interessados na sua gestão efetiva, designadamente por intermédio de associações públicas, organizações de moradores e outras formas de representação democrática.

2. Para efeito do disposto no número anterior, a lei estabelecerá adequadas formas de descentralização e desconcentração administrativas, sem prejuízo da necessária eficácia e unidade de ação da Administração e dos poderes de direção, superintendência e tutela dos órgãos competentes.

3. A lei pode criar entidades administrativas independentes.

4. As associações públicas só podem ser constituídas para a satisfação de necessidades específicas, não podem exercer funções próprias das associações sindicais e têm organização interna baseada no respeito dos direitos dos seus membros e na formação democrática dos seus órgãos.

5. O processamento da atividade administrativa será objeto de lei especial, que assegurará a racionalização dos meios a utilizar pelos serviços e a participação dos cidadãos na formação das decisões ou deliberações que lhes disserem respeito.

6. As entidades privadas que exerçam poderes públicos podem ser sujeitas, nos termos da lei, a fiscalização administrativa.

ARTIGO 268º
(Direitos e garantias dos administrados)

1. Os cidadãos têm o direito de ser informados pela Administração, sempre que o requeiram, sobre o andamento dos processos em que sejam diretamente interessados, bem como o de conhecer as resoluções definitivas que sobre eles forem tomadas.

2. Os cidadãos têm também o direito de acesso aos arquivos e registos administrativos, sem prejuízo do disposto na lei em matérias relativas à segurança interna e externa, à investigação criminal e à intimidade das pessoas.

3. Os atos administrativos estão sujeitos a notificação aos interessados, na forma prevista na lei, e carecem de fundamentação expressa e acessível quando afetem direitos ou interesses legalmente protegidos.

4. É garantido aos administrados tutela jurisdicional efetiva dos seus direitos ou interesses legalmente protegidos, incluindo, nomeadamente, o reconhecimento desses direitos ou interesses, a impugnação de quaisquer atos administrativos que os lesem, independentemente da sua forma, a determinação da prática de atos administrativos legalmente devidos e a adoção de medidas cautelares adequadas.

5. Os cidadãos têm igualmente direito de impugnar as normas administrativas com eficácia externa lesivas dos seus direitos ou interesses legalmente protegidos.

6. Para efeitos dos nºs 1 e 2, a lei fixará um prazo máximo de resposta por parte da Administração.

ARTIGO 269º
(Regime da função pública)

1. No exercício das suas funções, os trabalhadores da Administração Pública e demais agentes do Estado e outras entidades públicas estão exclusivamente ao serviço do interesse público, tal como é definido, nos termos da lei, pelos órgãos competentes da Administração.

2. Os trabalhadores da Administração Pública e demais agentes do Estado e outras entidades públicas não podem ser prejudicados ou beneficiados em virtude do exercício de quaisquer direitos políticos previstos na Constituição, nomeadamente por opção partidária.

3. Em processo disciplinar são garantidas ao arguido a sua audiência e defesa.

4. Não é permitida a acumulação de empregos ou cargos públicos, salvo nos casos expressamente admitidos por lei.

5. A lei determina as incompatibilidades entre o exercício de empregos ou cargos públicos e o de outras atividades.

ARTIGO 270º
(Restrições ao exercício de direitos)

A lei pode estabelecer, na estrita medida das exigências próprias das respetivas funções, restrições ao exercício dos direitos de expressão, reunião, manifestação, associação e petição coletiva e à capacidade eleitoral passiva por militares e agentes militarizados dos quadros permanentes em serviço efetivo, bem como por agentes dos serviços e das forças de segurança e, no caso destas, a não admissão do direito à greve, mesmo quando reconhecido o direito de associação sindical.

ARTIGO 271º
(Responsabilidade dos funcionários e agentes)

1. Os funcionários e agentes do Estado e das demais entidades públicas são responsáveis civil, criminal e disciplinarmente pelas ações ou omissões praticadas no exercício das suas funções e por causa desse exercício de que resulte violação dos direitos ou interesses legalmente protegidos dos cidadãos, não dependendo a ação ou procedimento, em qualquer fase, de autorização hierárquica.

2. É excluída a responsabilidade do funcionário ou agente que atue no cumprimento de ordens ou instruções emanadas de legítimo superior hierárquico e em matéria de serviço, se previamente delas tiver reclamado ou tiver exigido a sua transmissão ou confirmação por escrito.

3. Cessa o dever de obediência sempre que o cumprimento das ordens ou instruções implique a prática de qualquer crime.

4. A lei regula os termos em que o Estado e as demais entidades públicas têm direito de regresso contra os titulares dos seus órgãos, funcionários e agentes.

ARTIGO 272º
(Polícia)

1. A polícia tem por funções defender a legalidade democrática e garantir a segurança interna e os direitos dos cidadãos.

2. As medidas de polícia são as previstas na lei, não devendo ser utilizadas para além do estritamente necessário.

3. A prevenção dos crimes, incluindo a dos crimes contra a segurança do Estado, só pode fazer-se com observância das regras gerais sobre polícia e com respeito pelos direitos, liberdades e garantias dos cidadãos.

4. A lei fixa o regime das forças de segurança, sendo a organização de cada uma delas única para todo o território nacional.

TÍTULO X
Defesa nacional

ARTIGO 273º
(Defesa nacional)

1. É obrigação do Estado assegurar a defesa nacional.

2. A defesa nacional tem por objetivos garantir, no respeito da ordem constitucional, das instituições democráticas e das convenções internacionais, a independência nacional, a integridade do território e a liberdade e a segurança das populações contra qualquer agressão ou ameaça externas.

ARTIGO 274º
(Conselho Superior de Defesa Nacional)

1. O Conselho Superior de Defesa Nacional é presidido pelo Presidente da República e tem a composição que a lei determinar, a qual incluirá membros eleitos pela Assembleia da República.
2. O Conselho Superior de Defesa Nacional é o órgão específico de consulta para os assuntos relativos à defesa nacional e à organização, funcionamento e disciplina das Forças Armadas, podendo dispor da competência administrativa que lhe for atribuída por lei.

ARTIGO 275º
(Forças Armadas)

1. Às Forças Armadas incumbe a defesa militar da República.
2. As Forças Armadas compõem-se exclusivamente de cidadãos portugueses e a sua organização é única para todo o território nacional.
3. As Forças Armadas obedecem aos órgãos de soberania competentes, nos termos da Constituição e da lei.
4. As Forças Armadas estão ao serviço do povo português, são rigorosamente apartidárias e os seus elementos não podem aproveitar-se da sua arma, do seu posto ou da sua função para qualquer intervenção política.
5. Incumbe às Forças Armadas, nos termos da lei, satisfazer os compromissos internacionais do Estado Português no âmbito militar e participar em missões humanitárias e de paz assumidas pelas organizações internacionais de que Portugal faça parte.
6. As Forças Armadas podem ser incumbidas, nos termos da lei, de colaborar em missões de proteção civil, em tarefas relacionadas com a satisfação de necessidades básicas e a melhoria da qualidade de vida das populações, e em ações de cooperação técnico-militar no âmbito da política nacional de cooperação.
7. As leis que regulam o estado de sítio e o estado de emergência fixam as condições do emprego das Forças Armadas quando se verifiquem essas situações.

ARTIGO 276º
(Defesa da Pátria, serviço militar e serviço cívico)

1. A defesa da Pátria é direito e dever fundamental de todos os portugueses.
2. O serviço militar é regulado por lei, que fixa as formas, a natureza voluntária ou obrigatória, a duração e o conteúdo da respetiva prestação.
3. Os cidadãos sujeitos por lei à prestação do serviço militar e que forem considerados inaptos para o serviço militar armado prestarão serviço militar não armado ou serviço cívico adequado à sua situação.
4. Os objetores de consciência ao serviço militar a que legalmente estejam sujeitos prestarão serviço cívico de duração e penosidade equivalentes à do serviço militar armado.

5. O serviço cívico pode ser estabelecido em substituição ou complemento do serviço militar e tornado obrigatório por lei para os cidadãos não sujeitos a deveres militares.

6. Nenhum cidadão poderá conservar nem obter emprego do Estado ou de outra entidade pública se deixar de cumprir os seus deveres militares ou de serviço cívico quando obrigatório.

7. Nenhum cidadão pode ser prejudicado na sua colocação, nos seus benefícios sociais ou no seu emprego permanente por virtude do cumprimento do serviço militar ou do serviço cívico obrigatório.

PARTE IV
Garantia e revisão da Constituição

TÍTULO I
Fiscalização da constitucionalidade

ARTIGO 277º
(Inconstitucionalidade por ação)

1. São inconstitucionais as normas que infrinjam o disposto na Constituição ou os princípios nela consignados.

2. A inconstitucionalidade orgânica ou formal de tratados internacionais regularmente ratificados não impede a aplicação das suas normas na ordem jurídica portuguesa, desde que tais normas sejam aplicadas na ordem jurídica da outra parte, salvo se tal inconstitucionalidade resultar de violação de uma disposição fundamental.

ARTIGO 278º
(Fiscalização preventiva da constitucionalidade)

1. O Presidente da República pode requerer ao Tribunal Constitucional a apreciação preventiva da constitucionalidade de qualquer norma constante de tratado internacional que lhe tenha sido submetido para ratificação, de decreto que lhe tenha sido enviado para promulgação como lei ou como decreto-lei ou de acordo internacional cujo decreto de aprovação lhe tenha sido remetido para assinatura.

2. Os Representantes da República podem igualmente requerer ao Tribunal Constitucional a apreciação preventiva da constitucionalidade de qualquer norma constante de decreto legislativo regional que lhes tenha sido enviado para assinatura.

3. A apreciação preventiva da constitucionalidade deve ser requerida no prazo de oito dias a contar da data da receção do diploma.

4. Podem requerer ao Tribunal Constitucional a apreciação preventiva da constitucionalidade de qualquer norma constante de decreto que tenha sido enviado ao Presidente da República para promulgação como lei orgânica, além deste, o Primeiro-Ministro ou um quinto dos Deputados à Assembleia da República em efetividade de funções.

5. O Presidente da Assembleia da República, na data em que enviar ao Presidente da República decreto que deva ser promulgado como lei orgânica, dará disso conhecimento ao Primeiro-Ministro e aos grupos parlamentares da Assembleia da República.

6. A apreciação preventiva da constitucionalidade prevista no nº 4 deve ser requerida no prazo de oito dias a contar da data prevista no número anterior.

7. Sem prejuízo do disposto no nº 1, o Presidente da República não pode promulgar os decretos a que se refere o nº 4 sem que decorram oito dias após a respetiva receção ou antes de o Tribunal Constitucional sobre eles se ter pronunciado, quando a intervenção deste tiver sido requerida.

8. O Tribunal Constitucional deve pronunciar-se no prazo de 25 dias, o qual, no caso do nº 1, pode ser encurtado pelo Presidente da República, por motivo de urgência.

ARTIGO 279º
(Efeitos da decisão)

1. Se o Tribunal Constitucional se pronunciar pela inconstitucionalidade de norma constante de qualquer decreto ou acordo internacional, deverá o diploma ser vetado pelo Presidente da República ou pelo Representante da República, conforme os casos, e devolvido ao órgão que o tiver aprovado.

2. No caso previsto no nº 1, o decreto não poderá ser promulgado ou assinado sem que o órgão que o tiver aprovado expurgue a norma julgada inconstitucional ou, quando for caso disso, o confirme por maioria de dois terços dos Deputados presentes, desde que superior à maioria absoluta dos Deputados em efetividade de funções.

3. Se o diploma vier a ser reformulado, poderá o Presidente da República ou o Representante da República, conforme os casos, requerer a apreciação preventiva da constitucionalidade de qualquer das suas normas.

4. Se o Tribunal Constitucional se pronunciar pela inconstitucionalidade de norma constante de tratado, este só poderá ser ratificado se a Assembleia da República o vier a aprovar por maioria de dois terços dos Deputados presentes, desde que superior à maioria absoluta dos Deputados em efetividade de funções.

ARTIGO 280º
(Fiscalização concreta da constitucionalidade e da legalidade)

1. Cabe recurso para o Tribunal Constitucional das decisões dos tribunais:

a) Que recusem a aplicação de qualquer norma com fundamento na sua inconstitucionalidade;

b) Que apliquem norma cuja inconstitucionalidade haja sido suscitada durante o processo.

2. Cabe igualmente recurso para o Tribunal Constitucional das decisões dos tribunais:

a) Que recusem a aplicação de norma constante de ato legislativo com fundamento na sua ilegalidade por violação da lei com valor reforçado;

b) Que recusem a aplicação de norma constante de diploma regional com fundamento na sua ilegalidade por violação do estatuto da região autónoma;

c) Que recusem a aplicação de norma constante de diploma emanado de um órgão de soberania com fundamento na sua ilegalidade por violação do estatuto de uma região autónoma;

d) Que apliquem norma cuja ilegalidade haja sido suscitada durante o processo com qualquer dos fundamentos referidos nas alíneas *a)*, *b)* e *c)*.

3. Quando a norma cuja aplicação tiver sido recusada constar de convenção internacional, de ato legislativo ou de decreto regulamentar, os recursos previstos na alínea *a)* do n.º 1 e na alínea *a)* do n.º 2 são obrigatórios para o Ministério Público.

4. Os recursos previstos na alínea *b)* do n.º 1 e na alínea *d)* do n.º 2 só podem ser interpostos pela parte que haja suscitado a questão da inconstitucionalidade ou da ilegalidade, devendo a lei regular o regime de admissão desses recursos.

5. Cabe ainda recurso para o Tribunal Constitucional, obrigatório para o Ministério Público, das decisões dos tribunais que apliquem norma anteriormente julgada inconstitucional ou ilegal pelo próprio Tribunal Constitucional.

6. Os recursos para o Tribunal Constitucional são restritos à questão da inconstitucionalidade ou da ilegalidade, conforme os casos.

ARTIGO 281.º
(Fiscalização abstrata da constitucionalidade e da legalidade)

1. O Tribunal Constitucional aprecia e declara, com força obrigatória geral:

a) A inconstitucionalidade de quaisquer normas;

b) A ilegalidade de quaisquer normas constantes de ato legislativo com fundamento em violação de lei com valor reforçado;

c) A ilegalidade de quaisquer normas constantes de diploma regional, com fundamento em violação do estatuto da região autónoma;

d) A ilegalidade de quaisquer normas constantes de diploma emanado dos órgãos de soberania com fundamento em violação dos direitos de uma região consagrados no seu estatuto.

2. Podem requerer ao Tribunal Constitucional a declaração de inconstitucionalidade ou de ilegalidade, com força obrigatória geral:

a) O Presidente da República;

b) O Presidente da Assembleia da República;

c) O Primeiro-Ministro;

d) O Provedor de Justiça;

e) O Procurador-Geral da República;

f) Um décimo dos Deputados à Assembleia da República;

g) Os Representantes da República, as Assembleias Legislativas das regiões autónomas, os presidentes das Assembleias Legislativas das regiões autónomas, os presidentes dos Governos Regionais ou um décimo dos deputados à respetiva Assembleia Legislativa, quando o pedido de declaração de inconstitucionalidade se fundar em violação dos direitos das regiões autónomas ou o pedido de declaração de ilegalidade se fundar em violação do respetivo estatuto.

3. O Tribunal Constitucional aprecia e declara ainda, com força obrigatória geral, a inconstitucionalidade ou a ilegalidade de qualquer norma, desde que tenha sido por ele julgada inconstitucional ou ilegal em três casos concretos.

ARTIGO 282º
(Efeitos da declaração de inconstitucionalidade ou de ilegalidade)

1. A declaração de inconstitucionalidade ou de ilegalidade com força obrigatória geral produz efeitos desde a entrada em vigor da norma declarada inconstitucional ou ilegal e determina a repristinação das normas que ela, eventualmente, haja revogado.

2. Tratando-se, porém, de inconstitucionalidade ou de ilegalidade por infração de norma constitucional ou legal posterior, a declaração só produz efeitos desde a entrada em vigor desta última.

3. Ficam ressalvados os casos julgados, salvo decisão em contrário do Tribunal Constitucional quando a norma respeitar a matéria penal, disciplinar ou de ilícito de mera ordenação social e for de conteúdo menos favorável ao arguido.

4. Quando a segurança jurídica, razões de equidade ou interesse público de excecional relevo, que deverá ser fundamentado, o exigirem, poderá o Tribunal Constitucional fixar os efeitos da inconstitucionalidade ou da ilegalidade com alcance mais restrito do que o previsto nos nºs 1 e 2.

ARTIGO 283º
(Inconstitucionalidade por omissão)

1. A requerimento do Presidente da República, do Provedor de Justiça ou, com fundamento em violação de direitos das regiões autónomas, dos presidentes das Assembleias Legislativas das regiões autónomas, o Tribunal Constitucional aprecia e verifica o não cumprimento da Constituição por omissão das medidas legislativas necessárias para tornar exequíveis as normas constitucionais.

2. Quando o Tribunal Constitucional verificar a existência de inconstitucionalidade por omissão, dará disso conhecimento ao órgão legislativo competente.

TÍTULO II
Revisão constitucional

ARTIGO 284º
(Competência e tempo de revisão)

1. A Assembleia da República pode rever a Constituição decorridos cinco anos sobre a data da publicação da última lei de revisão ordinária.

2. A Assembleia da República pode, contudo, assumir em qualquer momento poderes de revisão extraordinária por maioria de quatro quintos dos Deputados em efetividade de funções.

ARTIGO 285º
(Iniciativa da revisão)

1. A iniciativa da revisão compete aos Deputados.
2. Apresentado um projeto de revisão constitucional, quaisquer outros terão de ser apresentados no prazo de trinta dias.

ARTIGO 286º
(Aprovação e promulgação)

1. As alterações da Constituição são aprovadas por maioria de dois terços dos Deputados em efetividade de funções.
2. As alterações da Constituição que forem aprovadas serão reunidas numa única lei de revisão.
3. O Presidente da República não pode recusar a promulgação da lei de revisão.

ARTIGO 287º
(Novo texto da Constituição)

1. As alterações da Constituição serão inseridas no lugar próprio, mediante as substituições, as supressões e os aditamentos necessários.
2. A Constituição, no seu novo texto, será publicada conjuntamente com a lei de revisão.

ARTIGO 288º
(Limites materiais da revisão)

As leis de revisão constitucional terão de respeitar:

a) A independência nacional e a unidade do Estado;
b) A forma republicana de governo;
c) A separação das Igrejas do Estado;
d) Os direitos, liberdades e garantias dos cidadãos;
e) Os direitos dos trabalhadores, das comissões de trabalhadores e das associações sindicais;
f) A coexistência do setor público, do setor privado e do setor cooperativo e social de propriedade dos meios de produção;
g) A existência de planos económicos no âmbito de uma economia mista;
h) O sufrágio universal, direto, secreto e periódico na designação dos titulares eletivos dos órgãos de soberania, das regiões autónomas e do poder local, bem como o sistema de representação proporcional;
i) O pluralismo de expressão e organização política, incluindo partidos políticos, e o direito de oposição democrática;
j) A separação e a interdependência dos órgãos de soberania;
l) A fiscalização da constitucionalidade por ação ou por omissão de normas jurídicas;
m) A independência dos tribunais;
n) A autonomia das autarquias locais;
o) A autonomia político-administrativa dos arquipélagos dos Açores e da Madeira.

ARTIGO 289º
(Limites circunstanciais da revisão)

Não pode ser praticado nenhum ato de revisão constitucional na vigência de estado de sítio ou de estado de emergência.

DISPOSIÇÕES FINAIS E TRANSITÓRIAS

ARTIGO 290º
(Direito anterior)

1. As leis constitucionais posteriores a 25 de Abril de 1974 não ressalvadas neste capítulo são consideradas leis ordinárias, sem prejuízo do disposto no número seguinte.

2. O direito ordinário anterior à entrada em vigor da Constituição mantém-se, desde que não seja contrário à Constituição ou aos princípios nela consignados.

ARTIGO 291º
(Distritos)

1. Enquanto as regiões administrativas não estiverem concretamente instituídas, subsistirá a divisão distrital no espaço por elas não abrangido.

2. Haverá em cada distrito, em termos a definir por lei, uma assembleia deliberativa, composta por representantes dos municípios.

3. Compete ao governador civil, assistido por um conselho, representar o Governo e exercer os poderes de tutela na área do distrito.

ARTIGO 292º
(Incriminação e julgamento dos agentes e responsáveis da PIDE/DGS)

1. Mantém-se em vigor a Lei nº 8/75, de 25 de julho, com as alterações introduzidas pela Lei nº 16/75, de 23 de dezembro, e pela Lei nº 18/75, de 26 de dezembro.

2. A lei poderá precisar as tipificações criminais constantes do nº 2 do artigo 2º, do artigo 3º, da alínea b) do artigo 4º e do artigo 5º do diploma referido no número anterior.

3. A lei poderá regular especialmente a atenuação extraordinária prevista no artigo 7º do mesmo diploma.

ARTIGO 293º
(Reprivatização de bens nacionalizados depois de 25 de Abril de 1974)

1. Lei-quadro, aprovada por maioria absoluta dos Deputados em efetividade de funções, regula a reprivatização da titularidade ou do direito de exploração de meios de produção e outros bens nacionalizados depois de 25 de Abril de l974, observando os seguintes princípios fundamentais:

a) A reprivatização da titularidade ou do direito de exploração de meios de produção e outros bens nacionalizados depois do 25 de Abril de 1974 realizar-se-á, em regra e preferencialmente, através de concurso público, oferta na bolsa de valores ou subscrição pública;

b) As receitas obtidas com as reprivatizações serão utilizadas apenas para amortização da dívida pública e do setor empresarial do Estado, para o serviço da dívida resultante de nacionalizações ou para novas aplicações de capital no setor produtivo;

c) Os trabalhadores das empresas objeto de reprivatização manterão no processo de reprivatização da respetiva empresa todos os direitos e obrigações de que forem titulares;

d) Os trabalhadores das empresas objeto de reprivatização adquirirão o direito à subscrição preferencial de uma percentagem do respetivo capital social;

e) Proceder-se-á à avaliação prévia dos meios de produção e outros bens a reprivatizar, por intermédio de mais de uma entidade independente.

2. As pequenas e médias empresas indiretamente nacionalizadas situadas fora dos setores básicos da economia poderão ser reprivatizadas nos termos da lei.

ARTIGO 294º
(Regime aplicável aos órgãos das autarquias locais)

Até à entrada em vigor da lei prevista no nº 3 do artigo 239º, os órgãos das autarquias locais são constituídos e funcionam nos termos de legislação correspondente ao texto da Constituição na redação que lhe foi dada pela Lei Constitucional nº 1/92, de 25 de novembro.

ARTIGO 295º
(Referendo sobre tratado europeu)

O disposto no nº 3 do artigo 115º não prejudica a possibilidade de convocação e de efetivação de referendo sobre a aprovação de tratado que vise a construção e aprofundamento da união europeia.

ARTIGO 296º
(Data e entrada em vigor da Constituição)

1. A Constituição da República Portuguesa tem a data da sua aprovação pela Assembleia Constituinte, 2 de abril de 1976.

2. A Constituição da República Portuguesa entra em vigor no dia 25 de abril de 1976.

O Presidente da Assembleia Constituinte, *Henrique Teixeira Queiroz de Barros.*

Promulgado em 2 de abril de 1976.

Publique-se.

O Presidente da República, Francisco da Costa Gomes.

II
Constituição da República Portuguesa
Decreto de aprovação da Constituição (versão originária)

Constituição da República Portuguesa
Decreto de aprovação da Constituição de 10 de abril de 1976

A 25 de Abril de 1974, o Movimento das Forças Armadas, coroando a longa resistência do povo português e interpretando os seus sentimentos profundos, derrubou o regime fascista.

Libertar Portugal da ditadura, da opressão e do colonialismo representou uma transformação revolucionária e o início de uma viragem histórica da sociedade portuguesa.

A Revolução restituiu aos Portugueses os direitos e liberdades fundamentais. No exercício destes direitos e liberdades, os legítimos representantes do povo reúnem-se para elaborar uma Constituição que corresponde às aspirações do País.

A Assembleia Constituinte afirma a decisão do povo português de defender a independência nacional, de garantir os direitos fundamentais dos cidadãos, de estabelecer os princípios basilares da democracia, de assegurar o primado do Estado de Direito democrático e de abrir caminho para uma sociedade socialista, no respeito da vontade do povo português, tendo em vista a construção de um país mais livre, mais justo e mais fraterno.

A Assembleia Constituinte, reunida na sessão plenária de 2 de abril de 1976, aprova e decreta a seguinte Constituição da República Portuguesa:

PRINCÍPIOS FUNDAMENTAIS

ARTIGO 1º
(República Portuguesa)

Portugal é uma República soberana, baseada na dignidade da pessoa humana e na vontade popular e empenhada na sua transformação numa sociedade sem classes.

ARTIGO 2º
(Estado democrático e transição para o socialismo)

A República Portuguesa é um Estado democrático, baseado na soberania popular, no respeito e na garantia dos direitos e liberdades fundamentais e no pluralismo de expressão e organização política democráticas, que tem por objetivo assegurar a transição para o socialismo mediante a criação de condições para o exercício democrático do poder pelas classes trabalhadoras.

ARTIGO 3º
(Soberania e legalidade)

1. A soberania, una e indivisível, reside no povo, que a exerce segundo as formas previstas na Constituição.

2. O Movimento das Forças Armadas, como garante das conquistas democráticas e do processo revolucionário, participa, em aliança com o povo, no exercício da soberania, nos termos da Constituição.

3. Os partidos políticos concorrem para a organização e para a expressão da vontade popular, no respeito pelos princípios da independência nacional e da democracia política.

4. O Estado está submetido à Constituição e funda-se na legalidade democrática.

ARTIGO 4º
(Cidadania portuguesa)

São cidadãos portugueses todos aqueles que como tal sejam considerados pela lei ou por convenção internacional.

ARTIGO 5º
(Território)

1. Portugal abrange o território historicamente definido no continente europeu e os arquipélagos dos Açores e da Madeira.

2. O Estado não aliena qualquer parte do território português ou dos direitos de soberania que sobre ele exerce, sem prejuízo de retificação de fronteiras.

3. A lei define a extensão e o limite das águas territoriais e os direitos de Portugal aos fundos marinhos contíguos.

4. O território de Macau, sob administração portuguesa, rege-se por estatuto adequado à sua situação especial.

ARTIGO 6º
(Estado unitário)

1. O Estado é unitário e respeita na sua organização os princípios da autonomia das autarquias locais e da descentralização democrática da administração pública.

2. Os arquipélagos dos Açores e da Madeira constituem regiões autónomas dotadas de estatutos político-administrativos próprios.

ARTIGO 7º
(Relações internacionais)

1. Portugal rege-se nas relações internacionais pelos princípios da independência nacional, do direito dos povos à autodeterminação e à independência, da igualdade entre os Estados, da solução pacífica dos conflitos internacionais, da não ingerência

nos assuntos internos dos outros Estados e da cooperação com todos os outros povos para a emancipação e o progresso da Humanidade.

2. Portugal preconiza a abolição de todas as formas de imperialismo, colonialismo e agressão, o desarmamento geral, simultâneo e controlado, a dissolução dos blocos político-militares e o estabelecimento de um sistema de segurança coletiva, com vista à criação de uma ordem internacional capaz de assegurar a paz e a justiça nas relações entre os povos.

3. Portugal reconhece o direito dos povos à insurreição contra todas as formas de opressão, nomeadamente contra o colonialismo e o imperialismo, e manterá laços especiais de amizade e cooperação com os países de língua portuguesa.

ARTIGO 8º
(Direito internacional)

1. As normas e os princípios de direito internacional geral ou comum fazem parte integrante do direito português.

2. As normas constantes de convenções internacionais regularmente ratificadas ou aprovadas vigoram na ordem interna após a sua publicação oficial e enquanto vincularem internacionalmente o Estado Português.

ARTIGO 9º
(Tarefas fundamentais do Estado)

São tarefas fundamentais do Estado:

a) Garantir a independência nacional e criar as condições políticas, económicas, sociais e culturais que a promovam;

b) Assegurar a participação organizada do povo na resolução dos problemas nacionais, defender a democracia política e fazer respeitar a legalidade democrática;

c) Socializar os meios de produção e a riqueza, através de formas adequadas às características do presente período histórico, criar as condições que permitam promover o bem-estar e a qualidade de vida do povo, especialmente das classes trabalhadoras, e abolir a exploração e a opressão do homem pelo homem.

ARTIGO 10º
(Processo revolucionário)

1. A aliança entre o Movimento das Forças Armadas e os partidos e organizações democráticos assegura o desenvolvimento pacífico do processo revolucionário.

2. O desenvolvimento do processo revolucionário impõe, no plano económico, a apropriação coletiva dos principais meios de produção.

ARTIGO 11º
(Símbolos nacionais)

1. A Bandeira Nacional é a adotada pela República instaurada pela Revolução de 5 de Outubro de 1910.

2. O Hino Nacional é *A Portuguesa*.

PARTE I
Direitos e deveres fundamentais

TÍTULO I
Princípios gerais

ARTIGO 12º
(Princípio da universalidade)

1. Todos os cidadãos gozam dos direitos e estão sujeitos aos deveres consignados na Constituição.

2. As pessoas coletivas gozam dos direitos e estão sujeitas aos deveres compatíveis com a sua natureza.

ARTIGO 13º
(Princípio da Igualdade)

1. Todos os cidadãos têm a mesma dignidade social e são iguais perante a lei.

2. Ninguém pode ser privilegiado, beneficiado, prejudicado, privado de qualquer direito ou isento de qualquer dever em razão de ascendência, sexo, raça, língua, território de origem, religião, convicções políticas ou ideológicas, instrução, situação económica ou condição social.

ARTIGO 14º
(Portugueses no estrangeiro)

Os cidadãos portugueses que se encontrem ou residam no estrangeiro gozam da proteção do Estado para o exercício dos direitos e estão sujeitos aos deveres que não sejam incompatíveis com a ausência do país.

ARTIGO 15º
(Estrangeiros e apátridas)

1. Os estrangeiros e os apátridas que se encontrem ou residam em Portugal gozam dos direitos e estão sujeitos aos deveres do cidadão português.

2. Excetuam-se do disposto no número anterior os direitos políticos, o exercício das funções públicas que não tenham caráter predominantemente técnico e os direitos e deveres reservados pela Constituição e pela lei exclusivamente aos cidadãos portugueses.

3. Aos cidadãos dos países de língua portuguesa podem ser atribuídos, mediante convenção internacional e em condições de reciprocidade, direitos não conferidos a estrangeiros, salvo o acesso à titularidade dos órgãos de soberania e das regiões autónomas, o serviço nas forças armadas e a carreira diplomática.

ARTIGO 16º
(Extensão dos direitos)

1. Os direitos fundamentais consagrados na Constituição não excluem quaisquer outros constantes das leis e das regras aplicáveis de direito internacional.

2. Os preceitos constitucionais e legais relativos aos direitos fundamentais devem ser interpretados e integrados de harmonia com a Declaração Universal dos Direitos do Homem.

ARTIGO 17º
(Regime dos direitos, liberdades e garantias)

O regime dos direitos, liberdades e garantias aplica-se aos direitos enunciados no título II, aos direitos fundamentais dos trabalhadores, às demais liberdades e ainda a direitos de natureza análoga, previstos na Constituição e na lei.

ARTIGO 18º
(Força jurídica)

1. Os preceitos constitucionais respeitantes aos direitos, liberdades e garantias são diretamente aplicáveis e vinculam as entidades públicas e privadas.
2. A lei só pode restringir os direitos, liberdades e garantias nos casos expressamente previstos na Constituição.
3. As leis restritivas dos direitos, liberdades e garantias têm de revestir caráter geral e abstrato e não podem diminuir a extensão e o alcance do conteúdo essencial dos preceitos constitucionais.

ARTIGO 19º
(Suspensão)

1. Os órgãos de soberania não podem, conjunta ou separadamente, suspender o exercício dos direitos, liberdades e garantias, salvo em caso de estado de sítio ou de estado de emergência, declarados na forma prevista na Constituição.
2. A declaração do estado de sítio ou do estado de emergência deve ser suficientemente fundamentada conter a especificação dos direitos, liberdades e garantias cujo exercício fica suspenso.
3. A declaração do estado de sítio em nenhum caso pode afetar o direito à vida e à integridade pessoal.
4. A declaração do estado de emergência apenas pode determinar a suspensão parcial dos direitos, liberdades e garantias.
5. A declaração do estado de sítio ou do estado de emergência confere às autoridades competência para tomarem as providências necessárias e adequadas ao pronto restabelecimento da normalidade constitucional.

ARTIGO 20º
(Defesa dos direitos)

1. A todos é assegurado o acesso aos tribunais para defesa dos seus direitos, não podendo a justiça ser denegada por insuficiência de meios económicos.
2. Todos têm o direito de resistir a qualquer ordem que ofenda os seus direitos, liberdades e garantias e de repelir pela força qualquer agressão, quando não seja possível recorrer à autoridade pública.

ARTIGO 21º
(Responsabilidade civil do Estado)

1. O Estado e as demais entidades públicas são civilmente responsáveis, em forma solidária com os titulares dos seus órgãos, funcionários ou agentes, por ações ou omissões praticadas no exercício das suas funções e por causa desse exercício, de que resulte violação dos direitos, liberdades e garantias ou prejuízo para outrem.

2. Os cidadãos injustamente condenados têm direito, nas condições que a lei prescrever, à revisão da sentença e à indemnização pelos danos sofridos.

ARTIGO 22º
(Direito de asilo)

1. garantido o direito de asilo aos estrangeiros e aos apátridas perseguidos em consequência da sua atividade em favor da democracia, da libertação social e nacional, da paz entre os povos, da liberdade e dos direitos da pessoa humana.

2. A lei define o estatuto do refugiado político.

ARTIGO 23º
(Extradição e expulsão)

1. Não são admitidas a extradição e a expulsão de cidadãos portugueses do território nacional.

2. Não é admitida a extradição por motivos políticos.

3. Não há extradição por crimes a que corresponda pena de morte segundo o direito do Estado requisitante.

4. A extradição e a expulsão só podem ser decididas por autoridade judicial.

ARTIGO 24º
(Provedor de Justiça)

1. Os cidadãos podem apresentar queixas por ações ou omissões dos poderes públicos ao Provedor de Justiça, que as apreciará sem poder decisório, dirigindo aos órgãos competentes as recomendações necessárias para prevenir e reparar injustiças.

2. A atividade do Provedor de Justiça é independente dos meios graciosos e contenciosos previstos na Constituição e nas leis.

3. O Provedor de Justiça é designado pela Assembleia da República.

TÍTULO II
Direitos, liberdades e garantias

ARTIGO 25º
(Direito à vida)

1. A vida humana é inviolável.
2. Em caso algum haverá pena de morte.

ARTIGO 26º
(Direito à integridade pessoal)

1. A integridade moral e física dos cidadãos é inviolável.
2. Ninguém pode ser submetido a tortura, nem a tratos ou penas cruéis, degradantes ou desumanos.

ARTIGO 27º
(Direito à liberdade o à segurança)

1. Todos têm direito à liberdade e à segurança.
2. Ninguém pode ser privado da liberdade a não ser em consequência de sentença judicial condenatória pela prática de ato punido por lei com pena de prisão ou de aplicação judicial de medida de segurança.
3. Excetua-se deste princípio a privação da liberdade, pelo tempo e nas condições que a lei determinar, nos casos seguintes:

a) Prisão preventiva em flagrante delito ou por fortes indícios de prática de crime doloso a que corresponda pena maior;
b) Prisão ou detenção de pessoa que tenha penetrado irregularmente no território nacional ou contra a qual esteja em curso processo de extradição ou expulsão.

4. Toda a pessoa privada da liberdade deve ser informada, no mais curto prazo, das razões da sua prisão ou detenção.

ARTIGO 28º
(Prisão preventiva)

1. A prisão sem culpa formada será submetida, no prazo máximo de quarenta e oito horas, a decisão judicial de validação ou manutenção, devendo o juiz conhecer das causas; da detenção e comunicá-las ao detido, interrogá-lo e dar-lhe oportunidade de defesa.
2. A prisão preventiva não se mantém sempre que possa ser substituída por caução ou por medida de liberdade provisória prevista na lei.
3. A decisão judicial que ordene ou mantenha uma medida de privação da liberdade deve ser logo comunicada a parente ou pessoa da confiança do detido.
4. A prisão preventiva, antes e depois da formação da culpa, está sujeita aos prazos estabelecidos na lei.

ARTIGO 29º
(Aplicação da lei criminal)

1. Ninguém pode ser sentenciado criminalmente senão em virtude de lei anterior que declare punível a ação ou a omissão, nem sofrer medida de segurança privativa da liberdade cujos pressupostos não estejam fixados em lei anterior.
2. O disposto no número anterior não impede a punição, nos limites da lei interna, por ação ou omissão que no momento da sua prática seja considerada criminosa segundo os princípios gerais de direito internacional comumente reconhecidos.

3. Não podem ser aplicadas penas ou medidas de segurança privativas da liberdade que não estejam expressamente cominadas em lei anterior.

4. Ninguém pode sofrer pena ou medida de segurança privativa da liberdade mais grave do que as previstas no momento da conduta, aplicando-se retroactivamente as leis penais de conteúdo mais favorável ao arguido.

5. Ninguém pode ser julgado mais do que uma vez pela prática do mesmo crime.

ARTIGO 30º
(Limites das penas e das medidas de segurança)

1. Não poderá haver penas ou medidas de segurança privativas da liberdade com caráter perpétuo, nem de duração ilimitada ou indefinida.

2. Em caso de perigosidade baseada em grave anomalia psíquica e na impossibilidade de terapêutica em meio aberto, poderão as medidas de segurança privativas da liberdade prorrogar-se sucessivamente enquanto tal estado se mantiver, mas sempre mediante decisão judicial.

3. As penas são insuscetíveis de transmissão.

4. Ninguém pode ser privado, por motivos políticos, da cidadania portuguesa, da capacidade civil ou do nome.

ARTIGO 31º
(«*Habeas corpus*»)

1. Haverá *habeas corpus* contra o abuso de poder, por virtude de prisão ou detenção ilegal, a interpor perante o tribunal judicial ou militar, consoante os casos.

2. A providência de *habeas corpus* pode ser requerida pelo próprio ou por qualquer cidadão no gozo dos seus direitos políticos.

3. O juiz decidirá no prazo de oito dias o pedido de *habeas corpus* em audiência contraditória.

ARTIGO 32º
(Garantias de processo criminal)

1. O processo criminal assegurará todas as garantias de defesa.

2. Todo o arguido se presume inocente até ao trânsito em julgado da sentença de condenação.

3. O arguido tem direito à assistência de defensor em todos os atos do processo, especificando a lei os casos e as fases em que ela é obrigatória.

4. Toda a instrução será da competência de um juiz, indicando a lei os casos em que ela deve assumir forma contraditória.

5. O processo criminal terá estrutura acusatória, ficando a audiência de julgamento subordinada ao princípio do contraditório.

6. São nulas todas as provas obtidas mediante tortura, coação, ofensa da integridade física ou moral da pessoa, abusiva intromissão na vida privada, no domicílio, na correspondência ou nas telecomunicações.

7. Nenhuma causa pode ser subtraída ao tribunal cuja competência esteja fixada em lei anterior.

ARTIGO 33º
(Direito à identidade, ao bom nome e à intimidade)

1. A todos é reconhecido o direito à identidade pessoal, ao bom nome e reputação e à reserva da intimidade da vida privada e familiar.
2. A lei estabelecerá garantias efetivas contra a utilização abusiva, ou contrária à dignidade humana, de informações relativas às pessoas e famílias.

ARTIGO 34º
(Inviolabilidade do domicílio e da correspondência)

1. O domicílio e o sigilo da correspondência e dos outros meios de comunicação privada são invioláveis.
2. A entrada no domicílio dos cidadãos contra a sua vontade só pode ser ordenada pela autoridade judicial competente, nos casos e segundo as formas previstos na lei.
3. Ninguém pode entrar durante a noite no domicílio de qualquer pessoa sem o seu consentimento.
4. É proibida toda a ingerência das autoridades públicas na correspondência e nas telecomunicações, salvos os casos previstos na lei em matéria de processo criminal.

ARTIGO 35º
(Utilização da informática)

1. Todos os cidadãos têm o direito de tomar conhecimento do que constar de registos mecanográficos a seu respeito e do fim a que se destinam as informações, podendo exigir a retificação dos dados e a sua atualização.
2. A informática não pode ser usada para tratamento de dados referentes a convicções políticas, fé religiosa ou vida privada, salvo quando se trate do processamento de dados não identificáveis para fins estatísticos.
3. É proibida a atribuição de um número nacional único aos cidadãos.

ARTIGO 36º
(Família, casamento e filiação)

1. Todos têm o direito de constituir família e de contrair casamento em condições de plena igualdade.
2. A lei regula os requisitos e os efeitos do casamento e da sua dissolução, por morte ou divórcio, independentemente da forma de celebração.
3. Os cônjuges têm iguais direitos e deveres quanto à capacidade civil e política e à manutenção e educação dos filhos.
4. Os filhos nascidos fora do casamento não podem, por esse motivo, ser objeto de qualquer discriminação e a lei ou as repartições oficiais não podem usar designações discriminatórias relativas à filiação.
5. Os pais têm o direito e o dever de educação dos filhos.
6. Os filhos não podem ser separados dos pais, salvo quando estes não cumpram os seus deveres fundamentais para com eles e sempre mediante decisão judicial.

ARTIGO 37º
(Liberdade de expressão e informação)

1. Todos têm o direito de exprimir e divulgar livremente o seu pensamento pela palavra, pela imagem ou por qualquer outro meio, bem como o direito de se informar, sem impedimentos nem discriminações.
2. O exercício destes direitos não pode ser impedido ou limitado por qualquer tipo ou forma de censura.
3. As infrações cometidas no exercício destes direitos ficarão submetidas ao regime de punição da lei geral, sendo a sua apreciação da competência dos tribunais judiciais.
4. A todas as pessoas, singulares ou coletivas, é assegurado, em condições de igualdade e eficácia, o direito de resposta.

ARTIGO 38º
(Liberdade de imprensa)

1. É garantida a liberdade de imprensa.
2. A liberdade de imprensa implica a liberdade de expressão e criação dos jornalistas e colaboradores literários, bem como a intervenção dos primeiros na orientação ideológica dos órgãos de informação não pertencentes ao Estado ou a partidos políticos, sem que nenhum outro setor ou grupo de trabalhadores possa censurar ou impedir a sua livre criatividade.
3. A liberdade de imprensa implica o direito de fundação de jornais e de quaisquer outras publicações, independentemente de autorização administrativa, caução ou habilitação prévias.
4. As publicações periódicas e não periódicas podem ser propriedade de quaisquer pessoas coletivas sem fins lucrativos e de empresas jornalísticas e editoriais sob forma societária ou de pessoas singulares de nacionalidade portuguesa.
5. Nenhum regime administrativo ou fiscal, nem política de crédito ou comércio externo, pode afetar direta ou indiretamente a liberdade de imprensa, devendo a lei assegurar os meios necessários à salvaguarda da independência da imprensa perante os poderes político e económico.
6. A televisão não pode ser objeto de propriedade privada.
7. A lei estabelece o regime dos meios de comunicação social, designadamente dos pertencentes ao Estado, mediante um estatuto da informação.

ARTIGO 39º
(Meios de comunicação social do Estado)

1. Os meios de comunicação social pertencentes ao Estado, ou a entidades direta ou indiretamente sujeitas ao seu controlo económico, serão utilizados de modo a salvaguardar a sua independência perante o Governo e a Administração Pública.
2. Será assegurada a possibilidade de expressão e confronto das diversas correntes de opinião nos meios de comunicação social referidos no número anterior.

3. Nos meios de comunicação social previstos neste artigo serão criados conselhos de informação, a integrar, proporcionalmente, por representantes indicados pelos partidos políticos com assento na Assembleia da República.

4. Aos conselhos de informação serão conferidos poderes para assegurar uma orientação geral que respeite o pluralismo ideológico.

ARTIGO 40º
(Direito de antena)

1. Os partidos políticos e as organizações sindicais e profissionais terão direito a tempos de antena na rádio e na televisão, de acordo com a sua representatividade e segundo critérios a definir no estatuto da informação.

2. Nos períodos eleitorais os partidos políticos concorrentes têm direito a tempos de antena regulares e equitativos.

ARTIGO 41º
(Liberdade de consciência, religião o culto)

1. A liberdade de consciência, religião e culto é inviolável.

2. Ninguém pode ser perseguido, privado de direitos ou isento de obrigações ou deveres cívicos por causa das suas convicções ou prática religiosa.

3. As igrejas e comunidades religiosas estão separadas do Estado e são livres na sua organização e no exercício das suas funções e do culto.

4. garantida a liberdade de ensino de qualquer religião praticado no âmbito da respetiva confissão, bem como a utilização de meios de comunicação social próprios para o prosseguimento das suas atividades.

5. É reconhecido o direito à objeção de consciência, ficando os objetores obrigados à prestação de serviço não armado com duração idêntica à do serviço militar obrigatório.

ARTIGO 42º
(Liberdade de criação cultural)

1. livre a criação intelectual, artística e científica.

2. Esta liberdade compreende o direito à invenção, produção e divulgação da obra científica, literária ou artística, incluindo a proteção legal dos direitos de autor.

ARTIGO 43º
(Liberdade de aprender e ensinar)

1. É garantida a liberdade de aprender e ensinar.

2. O Estado não pode atribuir-se o direito de programar a educação e a cultura segundo quaisquer diretrizes filosóficas, estéticas, políticas, ideológicas ou religiosas.

3. O ensino público não será confessional.

ARTIGO 44º
(Direito de deslocação e de emigração)

1. A todos os cidadãos é garantido o direito de se deslocarem e fixarem livremente em qualquer parte do território nacional.

2. A todos é garantido o direito de emigrar ou de sair do território nacional e o direito de regressar.

ARTIGO 45º
(Direito de reunião e de manifestação)

1. Os cidadãos têm o direito de se reunir, pacificamente e sem armas, mesmo em lugares abertos ao público, sem necessidade de qualquer autorização.
2. A todos os cidadãos é reconhecido o direito de manifestação.

ARTIGO 46º
(Liberdade de associação)

1. Os cidadãos têm o direito de, livremente e sem dependência de qualquer autorização, constituir associações, desde que estas não se destinem a promover a violência e os respetivos fins não sejam contrários à lei penal.
2. As associações prosseguem livremente os seus fins sem interferência das autoridades públicas e não podem ser dissolvidas pelo Estado ou suspensas as suas atividades senão nos casos previstos na lei e mediante decisão judicial.
3. Ninguém pode ser obrigado a fazer parte de uma associação nem coagido por qualquer meio a permanecer nela.
4. Não são consentidas associações armadas nem de tipo militar, militarizadas ou paramilitares fora do Estado ou das Forças Armadas, nem organizações que perfilhem a ideologia fascista.

ARTIGO 47º
(Associações e partidos políticos)

1. A liberdade de associação compreende o direito de constituir ou participar em associações e partidos políticos e de através deles concorrer democraticamente para a formação da vontade popular e a organização do poder político.
2. Ninguém pode estar inscrito simultaneamente em mais de um partido político nem ser privado do exercício de qualquer direito por estar ou deixar de estar inscrito em algum partido legalmente constituído.
3. Os partidos políticos não podem, sem prejuízo da filosofia ou ideologia inspiradora do seu programa, usar denominação que contenha expressões diretamente relacionadas com quaisquer religiões ou igrejas, bem como emblemas confundíveis com símbolos nacionais ou religiosos.

ARTIGO 48º
(Participação na vida pública)

1. Todos os cidadãos têm o direito de tomar parte na vida política e na direção dos assuntos públicos do país, diretamente ou por intermédio de representantes livremente eleitos.
2. O sufrágio é universal, igual e secreto e reconhecido a todos os cidadãos maiores de 18 anos, ressalvadas as incapacidades da lei geral, e o seu exercício é pessoal e constitui um dever cívico.

3. Todos os cidadãos têm o direito de ser esclarecidos objetivamente sobre atos do Estado e demais entidades públicas e de ser informados pelo Governo e outras autoridades acerca da gestão dos assuntos públicos.

4. Todos os cidadãos têm o direito de acesso, em condições de igualdade e liberdade, às funções públicas.

ARTIGO 49º
(Direito de petição e ação popular)

1. Todos os cidadãos podem apresentar, individual ou coletivamente, aos órgãos de soberania ou a quaisquer autoridades petições, representações, reclamações ou queixas para defesa dos seus direitos, da Constituição e das leis ou do interesse geral.

2. É reconhecido o direito de ação popular, nos casos e nos termos previstos na lei.

TÍTULO III
Direitos e deveres económicos, sociais e culturais

CAPÍTULO I
Princípio geral

ARTIGO 50º
(Garantias e condições de efetivação)

A apropriação coletiva dos principais meios de produção, a planificação do desenvolvimento económico e a democratização das instituições são garantias e condições para a efetivação dos direitos e deveres económicos, sociais e culturais.

CAPÍTULO II
Direitos o deveres económicos

ARTIGO 51º
(Direito ao trabalho)

1. Todos têm direito ao trabalho.

2. O dever de trabalhar é inseparável do direito ao trabalho, exceto para aqueles que sofram diminuição de capacidade por razões de idade, doença ou invalidez.

3. Todos têm o direito de escolher livremente a profissão ou o género de trabalho, salvas as restrições legais impostas pelo interesse coletivo ou inerentes à sua própria capacidade.

ARTIGO 52º
(Obrigações do Estado quanto ao direito ao trabalho)

Incumbe ao Estado, através da aplicação de planos de política económica e social, garantir o direito ao trabalho, assegurando:

a) A execução de políticas de pleno emprego e o direito a assistência material dos que involuntariamente se encontrem em situação de desemprego;

b) A segurança no emprego, sendo proibidos os despedimentos sem justa causa ou por motivos políticos ou ideológicos;

c) A igualdade de oportunidades na escolha da profissão ou género de trabalho e condições para que não seja vedado ou limitado, em função do sexo, o acesso a quaisquer cargos, trabalho ou categorias profissionais;

d) A formação cultural, técnica e profissional dos trabalhadores, conjugando o trabalho manual e o trabalho intelectual.

ARTIGO 53º
(Direitos dos trabalhadores)

Todos os trabalhadores, sem distinção de idade, sexo, raça, nacionalidade, religião ou ideologia, têm direito:

a) À retribuição do trabalho, segundo a quantidade, natureza e qualidade, observando-se o princípio de que para trabalho igual salário igual, de forma a garantir uma existência condigna;

b) À organização do trabalho em condições socialmente dignificantes, de forma a facultar a realização pessoal;

c) À prestação do trabalho em condições de higiene e segurança;

d) Ao repouso e aos lazeres, a um limite máximo da jornada de trabalho, ao descanso semanal e a férias periódicas pagas.

ARTIGO 54º
(Obrigações do Estado quanto aos direitos dos trabalhadores)

Incumbe ao Estado assegurar as condições de trabalho, retribuição e repouso a que os trabalhadores têm direito, nomeadamente:

a) O estabelecimento e a atualização do salário mínimo nacional, bem como do salário máximo, tendo em conta, entre outros fatores, as necessidades dos trabalhadores, o aumento do custo de vida, o nível de desenvolvimento das forças produtivas, as exigências da estabilidade económica e financeira e a acumulação para o desenvolvimento;

b) A fixação de um horário nacional de trabalho;

c) A especial proteção do trabalho das mulheres durante a gravidez e após o parto, bem como do trabalho dos menores, dos diminuídos e dos que desempenhem atividades particularmente violentas ou em condições insalubres, tóxicas ou perigosas;

d) O desenvolvimento sistemático de uma rede de centros de repouso e de férias, em cooperação com organizações sociais.

ARTIGO 55º
(Comissões de trabalhadores)

1. É direito dos trabalhadores criarem comissões de trabalhadores para defesa dos seus interesses e intervenção democrática na vida da empresa, visando o reforço

da unidade das classes trabalhadoras e a sua mobilização para o processo revolucionário de construção do poder democrático dos trabalhadores.

2. As comissões são eleitas em plenários de trabalhadores por voto direto e secreto.

3. O estatuto das comissões deve ser aprovado em plenário de trabalhadores.

4. Os membros das comissões gozam da proteção legal reconhecida aos delegados sindicais.

5. Podem ser criadas comissões coordenadoras para melhor intervenção na reestruturação económica e por forma a garantir os interesses dos trabalhadores.

ARTIGO 56º
(Direitos das comissões de trabalhadores)

Constituem direitos das comissões de trabalhadores:

a) Receber todas as informações necessárias ao exercício da sua atividade;
b) Exercer o controlo de gestão nas empresas;
c) Intervir na reorganização das unidades produtivas;
d) Participar na elaboração da legislação do trabalho e dos planos económico-sociais que contemplem o respetivo setor.

ARTIGO 57º
(Liberdade sindical)

1. Reconhecida aos trabalhadores a liberdade sindical, condição e garantia da construção da sua unidade para defesa dos seus direitos e interesses.

2. No exercício da liberdade sindical é garantido aos trabalhadores, sem qualquer discriminação, designadamente:

a) A liberdade de constituição de associações sindicais a todos os níveis;
b) A liberdade de inscrição, não podendo nenhum trabalhador ser obrigado a pagar quotizações para sindicato em que não esteja inscrito;
c) A liberdade de organização e regulamentação interna das associações sindicais;
d) O direito de exercício de atividade sindical na empresa.

3. As associações sindicais devem reger-se pelos princípios da organização e da gestão democráticas, baseados na eleição periódica e por escrutínio secreto dos órgãos dirigentes, sem sujeição a qualquer autorização ou homologação, e assentes na participação ativa dos trabalhadores em todos os aspetos da atividade sindical.

4. As associações sindicais são independentes do patronato, do Estado, das confissões religiosas, dos partidos e outras associações políticas, devendo a lei estabelecer as garantias adequadas dessa independência, fundamento da unidade das classes trabalhadoras.

5. A fim de assegurar a unidade e o diálogo das diversas correntes sindicais eventualmente existentes, é garantido aos trabalhadores o exercício do direito de tendên-

cia dentro dos sindicatos, nos casos e nas formas em que tal direito for estatutariamente estabelecido.

6. As associações sindicais têm o direito de estabelecer relações ou filiar-se em organizações sindicais internacionais.

ARTIGO 58º
(Direitos das associações sindicais o contratação coletiva)

1. Compete às associações sindicais defender e promover a defesa dos direitos e interesses dos trabalhadores que representem.

2. Constituem direitos das associações sindicais:

a) Participar na elaboração da legislação do trabalho;

b) Participar na gestão das instituições de segurança social e outras organizações que visem satisfazer os interesses das classes trabalhadoras;

c) Participar no controlo de execução dos planos económico-sociais.

3. Compete às associações sindicais exercer o direito de contratação coletiva.

4. A lei estabelece as regras respeitantes à competência para a celebração das convenções coletivas de trabalho, bem como à eficácia das respetivas normas.

ARTIGO 59º
(Direito à greve)

1. É garantido o direito à greve.

2. Compete aos trabalhadores definir o âmbito de interesses a defender através da greve, não podendo a lei limitar esse âmbito.

ARTIGO 60º
(Proibição do «*lock-out*»)

É proibido o *lock-out*.

ARTIGO 61º
(Cooperativas e autogestão)

1. Todos têm o direito de constituir cooperativas, devendo o Estado, de acordo com o Plano, estimular e apoiar as iniciativas nesse sentido.

2. Serão apoiadas pelo Estado as experiências de autogestão.

ARTIGO 62º
(Direito de propriedade privada)

1. A todos é garantido o direito à propriedade privada e à sua transmissão em vida ou por morte, nos termos da Constituição.

2. Fora dos casos previstos na Constituição, a expropriação por utilidade pública só pode ser efetuada mediante pagamento de justa indemnização.

CAPÍTULO III
Direitos e deveres sociais

ARTIGO 63º
(Segurança social)

1. Todos têm direito à segurança social.
2. Incumbe ao Estado organizar, coordenar e subsidiar um sistema de segurança social unificado e descentralizado, de acordo e com a participação das associações sindicais e outras organizações das classes trabalhadoras.
3. A organização do sistema de segurança social não prejudicará a existência de instituições privadas de solidariedade social não lucrativas, que serão permitidas, regulamentadas por lei e sujeitas à fiscalização do Estado.
4. O sistema de segurança social protegerá os cidadãos na doença, velhice, invalidez, viuvez e orfandade, bem como no desemprego e em todas as outras situações de falta ou diminuição de meios de subsistência ou de capacidade para o trabalho.

ARTIGO 64º
(Saúde)

1. Todos têm direito à proteção da saúde e o dever de a defender e promover.
2. O direito à proteção da saúde é realizado pela criação de um serviço nacional de saúde universal, geral e gratuito, pela criação de condições económicas, sociais e culturais que garantam a proteção da infância, da juventude e da velhice e pela melhoria sistemática das condições de vida e de trabalho, bem como pela promoção da cultura física e desportiva, escolar e popular e ainda pelo desenvolvimento da educação sanitária do povo.
3. Para assegurar o direito à proteção da saúde, incumbe prioritariamente ao Estado:

a) Garantir o acesso de todos os cidadãos, independentemente da sua condição económica, aos cuidados da medicina preventiva, curativa e de reabilitação;

b) Garantir uma racional e eficiente cobertura médica e hospitalar de todo o país;

c) Orientar a sua ação para a socialização da medicina e dos setores médico-medicamentosos;

d) Disciplinar e controlar as formas empresariais e privadas da medicina, articulando-as com o serviço nacional de saúde;

e) Disciplinar e controlar a produção, a comercialização e o uso dos produtos químicos, biológicos e farmacêuticos e outros meios de tratamento e diagnóstico.

ARTIGO 65º
(Habitação)

1. Todos têm direito, para si e para a sua família, a uma habitação de dimensão adequada, em condições de higiene e conforto e que preserve a intimidade pessoal e a privacidade familiar.

2. Para assegurar o direito à habitação, incumbe ao Estado:

a) Programar e executar uma política de habitação inserida em planos de reordenamento geral do território e apoiada em planos de urbanização que garantam a existência de uma rede adequada de transportes e de equipamento social;

b) Incentivar e apoiar as iniciativas das comunidades locais e das populações tendentes a resolver os respetivos problemas habitacionais e fomentar a autoconstrução e a criação de cooperativas de habitação;

c) Estimular a construção privada, com subordinação aos interesses gerais.

3. O Estado adotará uma política tendente a estabelecer um sistema de renda compatível com o rendimento familiar e de acesso à habitação própria.

4. O Estado e as autarquias locais exercerão efetivo controlo do parque imobiliário, procederão à necessária nacionalização ou municipalização dos solos urbanos e definirão o respetivo direito de utilização.

ARTIGO 66º
(Ambiente e qualidade de vida)

1. Todos têm direito a um ambiente de vida humano, sadio e ecologicamente equilibrado e o dever de o defender.

2. Incumbe ao Estado, por meio de organismos próprios e por apelo a iniciativas populares:

a) Prevenir e controlar a poluição e os seus efeitos e as formas prejudiciais de erosão;

b) Ordenar o espaço territorial de forma a construir paisagens biologicamente equilibradas;

c) Criar e desenvolver reservas e parques naturais e de recreio, bem como classificar e proteger paisagens e sítios, de modo a garantir a conservação da natureza e a preservação de valores culturais de interesse histórico ou artístico;

d) Promover o aproveitamento racional dos recursos naturais, salvaguardando a sua capacidade de renovação e a estabilidade ecológica.

3. O cidadão ameaçado ou lesado no direito previsto no nº 1 pode pedir, nos termos da lei, a cessação das causas de violação e a respetiva indemnização.

4. O Estado deve promover a melhoria progressiva e acelerada da qualidade de vida de todos os portugueses.

ARTIGO 67º
(Família)

O Estado reconhece a constituição da família e assegura a sua proteção, incumbindo-lhe, designadamente:

a) Promover a independência social e económica dos agregados familiares;

b) Desenvolver uma rede nacional de assistência materno-infantil e realizar uma política de terceira idade;

c) Cooperar com os país na educação dos filhos;
d) Promover, pelos meios necessários, a divulgação dos métodos de planeamento familiar e organizar as estruturas jurídicas e técnicas que permitam o exercício de uma paternidade consciente;
e) Regular os impostos e os benefícios sociais, de harmonia com os encargos familiares.

ARTIGO 68º
(Maternidade)

1. O Estado reconhece a maternidade como valor social eminente, protegendo a mãe nas exigências específicas da sua insubstituível ação quanto à educação dos filhos e garantindo a sua realização profissional e a sua participação na vida cívica do país.

2. As mulheres trabalhadoras têm direito a um período de dispensa do trabalho, antes e depois do parto, sem perda da retribuição e de quaisquer regalias.

ARTIGO 69º
(Infância)

1. As crianças têm direito à proteção da sociedade e do Estado, com vista ao seu desenvolvimento integral.

2. As crianças, particularmente os órfãos e os abandonados, têm direito a especial proteção da sociedade e do Estado, contra todas as formas de discriminação e de opressão e contra o exercício abusivo de autoridade na família e nas demais instituições.

ARTIGO 70º
(Juventude)

1. Os jovens, sobretudo os jovens trabalhadores, gozam de proteção especial para efetivação dos seus direitos económicos, sociais e culturais, nomeadamente:

a) Acesso ao ensino, à cultura e ao trabalho;
b) Formação e promoção profissional;
c) Educação física, desporto e aproveitamento dos tempos livres.

2. A política de juventude devera ter como objetivos prioritários o desenvolvimento da personalidade dos jovens, o gosto pela criação livre e o sentido de serviço à comunidade.

3. O Estado, em colaboração com as escolas, as empresas, as organizações populares de base e as coletividades de cultura e recreio, fomentará e auxiliará as organizações juvenis na prossecução daqueles objetivos, bem como todas as formas de intercâmbio internacional da juventude.

ARTIGO 71º
(Deficientes)

1. Os cidadãos física ou mentalmente deficientes gozam plenamente dos direitos e estão sujeitos aos deveres consignados na Constituição, com ressalva do exercício ou do cumprimento daqueles para os quais se encontrem incapacitados.

2. O Estado obriga-se a realizar uma política nacional de prevenção e de tratamento, reabilitação e integração dos deficientes, a desenvolver uma pedagogia que sensibilize a sociedade quanto aos deveres de respeito e solidariedade para com eles e a assumir o encargo da efetiva realização dos seus direitos, sem prejuízo dos direitos e deveres dos pais ou tutores.

ARTIGO 72º
(Terceira idade)

1. O Estado promoverá uma política da terceira idade que garanta a segurança económica das pessoas idosas.

2. A política da terceira idade deverá ainda proporcionar condições de habitação e convívio familiar e comunitário que evitem e superem o isolamento ou marginalização social das pessoas idosas e lhes ofereçam as oportunidades de criarem e desenvolverem formas de realização pessoal através de uma participação ativa na vida da comunidade.

CAPÍTULO IV
Direitos e deveres culturais

ARTIGO 73º
(Educação e cultura)

1. Todos têm direito à educação e à cultura.

2. O Estado promoverá a democratização da educação e as condições para que a educação, realizada através da escola e de outros meios formativos, contribua para o desenvolvimento da personalidade e para o progresso da sociedade democrática e socialista.

3. O Estado promoverá a democratização da cultura, incentivando e assegurando o acesso de todos os cidadãos, em especial dos trabalhadores, à fruição e criação cultural, através de organizações populares de base, coletividades de cultura e recreio, meios de comunicação social e outros meios adequados.

ARTIGO 74º
(Ensino)

1. O Estado reconhece e garante a todos os cidadãos o direito ao ensino e à igualdade de oportunidades na formação escolar.

2. O Estado deve modificar o ensino de modo a superar a sua função conservadora da divisão social do trabalho.

3. Na realização da política de ensino incumbe ao Estado:

a) Assegurar o ensino básico universal, obrigatório e gratuito;
b) Criar um sistema público de educação pré-escolar;
c) Garantir a educação permanente e eliminar o analfabetismo;
d) Garantir a todos os cidadãos, segundo as suas capacidades, o acesso aos graus mais elevados do ensino, da investigação científica e da criação artística;
e) Estabelecer progressivamente a gratuitidade de todos os graus de ensino;
f) Estabelecer a ligação do ensino com as atividades produtivas e sociais;
g) Estimular a formação de quadros científicos e técnicos originários das classes trabalhadoras.

ARTIGO 75º
(Ensino público o particular)

1. O Estado criará uma rede de estabelecimentos oficiais de ensino que cubra as necessidades de toda a população.
2. O Estado fiscaliza o ensino particular supletivo do ensino público.

ARTIGO 76º
(Acesso à Universidade)

O acesso à Universidade deve ter em conta as necessidades do país em quadros qualificados e estimular e favorecer a entrada dos trabalhadores e dos filhos das classes trabalhadoras.

ARTIGO 77º
(Criação e investigação científicas)

1. A criação e a investigação científicas são incentivadas e protegidas pelo Estado.
2. A política científica e tecnológica tem por finalidade o fomento da investigação fundamental e da investigação aplicada, com preferência pelos domínios que interessem ao desenvolvimento do país, tendo em vista a progressiva libertação de dependências externas, no âmbito da cooperação e do intercâmbio com todos os povos.

ARTIGO 78º
(Património cultural)

O Estado tem a obrigação de preservar, defender e valorizar o património cultural do povo português.

ARTIGO 79º
(Cultura física e desporto)

O Estado reconhece o direito dos cidadãos à cultura física e ao desporto, como meios de valorização humana, incumbindo-lhe promover, estimular e orientar a sua prática e difusão.

PARTE II
Organização económica

TÍTULO I
Princípios gerais

ARTIGO 80º
(Fundamento da organização económico-social)

A organização económico-social da República Portuguesa assenta no desenvolvimento das relações de produção socialistas, mediante a apropriação coletiva dos principais meios de produção e solos, bem como dos recursos naturais, e o exercício do poder democrático das classes trabalhadoras.

ARTIGO 81º
(Incumbências prioritárias do Estado)

Incumbe prioritariamente ao Estado:

a) Promover o aumento do bem-estar social e económico do povo, em especial das classes mais desfavorecidas;

b) Estabilizar a conjuntura e assegurar a plena utilização das forças produtivas;

c) Promover a igualdade entre os cidadãos, através da transformação das estruturas económico-sociais;

d) Operar as necessárias correções das desigualdades na distribuição da riqueza e do rendimento;

e) Orientar o desenvolvimento económico e social no sentido de um crescimento equilibrado de todos os setores e regiões:

f) Desenvolver as relações económicas com todos os povos, salvaguardando sempre a independência nacional e os interesses dos portugueses e da economia do país;

g) Eliminar e impedir a formação de monopólios privados, através de nacionalizações ou de outras formas, bem como reprimir os abusos do poder económico e todas as práticas lesivas do interesse geral;

h) Realizar a reforma agrária;

i) Eliminar progressivamente as diferenças sociais e económicas entre a cidade e o campo;

j) Assegurar a equilibrada concorrência entre as empresas, fixando a lei a proteção às pequenas e médias empresas económica e socialmente viáveis;

l) Criar as estruturas jurídicas e técnicas necessárias à instauração de um sistema de planeamento democrático da economia;

m) Proteger o consumidor, designadamente através do apoio à criação de cooperativas e de associações de consumidores;

n) Impulsionar o desenvolvimento das relações de produção socialistas;

o) Estimular a participação das classes trabalhadoras e das suas organizações na definição, controlo e execução de todas as grandes medidas económicas e sociais.

ARTIGO 82º
(Intervenção, nacionalização e socialização)
1. A lei determinará os meios e as formas de intervenção e de nacionalização e socialização dos meios de produção, bem como os critérios de fixação de indemnizações.
2. A lei pode determinar que as expropriações de latifundiários e de grandes proprietários e empresários ou acionistas não deem lugar a qualquer indemnização.

ARTIGO 83º
(Nacionalizações efetuadas depois de 25 de Abril de 1974)
1. Todas as nacionalizações efetuadas depois de 25 de Abril de 1974 são conquistas irreversíveis das classes trabalhadoras.
2. As pequenas e médias empresas indiretamente nacionalizadas, fora dos setores básicos da economia, poderão, a título excecional, ser integradas no setor privado, desde que os trabalhadores não optem pelo regime de autogestão ou de cooperativa.

ARTIGO 84º
(Cooperativismo)
1. O Estado deve fomentar a criação e a atividade de cooperativas, designadamente de produção, de comercialização e de consumo.
2. Sem prejuízo do seu enquadramento no Plano, e desde que observados os princípios cooperativos, não haverá restrições à constituição de cooperativas, as quais podem livremente agrupar-se em uniões, federações e confederações.
3. A constituição e o funcionamento das cooperativas não dependem de qualquer autorização.
4. A lei definirá os benefícios fiscais e financeiros das cooperativas, bem como condições mais favoráveis à obtenção de crédito e auxílio técnico.

ARTIGO 85º
(Iniciativa privada)
1. Nos quadros definidos pela Constituição, pela lei e pelo Plano pode exercer-se livremente a iniciativa económica privada enquanto instrumento do progresso coletivo.
2. A lei definirá os setores básicos nos quais é vedada a atividade às empresas privadas e a outras entidades da mesma natureza.
3. O Estado fiscalizará o respeito da Constituição, da lei e do Plano pelas empresas privadas, podendo intervir na sua gestão para assegurar o interesse geral e os direitos dos trabalhadores, em termos a definir pela lei.

ARTIGO 86º
(Atividade económica e investimentos estrangeiros)
A lei disciplinará a atividade económica e os investimentos por parte de pessoas singulares ou coletivas estrangeiras, a fim de garantir a sua contribuição para o desenvolvimento do país, de acordo com o Plano, e defender a independência nacional e os interesses dos trabalhadores.

ARTIGO 87º
(Meios de produção em abandono)

1. Os meios de produção em abandono podem ser expropriados em condições a fixar pela lei, que terá em devida conta a situação específica da propriedade dos trabalhadores emigrantes.

2. No caso de abandono injustificado, a expropriação não confere direito a indemnização.

ARTIGO 88º
(Atividades delituosas contra a economia nacional)

1. As atividades delituosas contra a economia nacional serão definidas por lei e objeto de sanções adequadas à sua gravidade.

2. As sanções poderão incluir, como efeito da pena, a perda dos bens, direta ou indiretamente obtidos com a atividade criminosa, e sem que ao infrator caiba qualquer indemnização.

TÍTULO II
Estruturas da propriedade dos meios de produção

ARTIGO 89º
(Setores de propriedade dos meios de produção)

1. Na fase de transição para o socialismo, haverá três setores de propriedade dos meios de produção, dos solos e dos recursos naturais, definidos em função da sua titularidade e do modo social de gestão.

2. O setor público é constituído pelos bens e unidades de produção coletivizados sob os seguintes modos sociais de gestão:

a) Bens e unidades de produção geridos pelo Estado e por outras pessoas coletivas públicas;

b) Bens e unidades de produção com posse útil e gestão dos coletivos de trabalhadores;

c) Bens comunitários com posse útil e gestão das comunidades locais.

3. O setor cooperativo é constituído pelos bens e unidades de produção possuídos e geridos pelos cooperadores, em obediência aos princípios cooperativos.

4. O setor privado é constituído pelos bens e unidades de produção não compreendidos nos números anteriores.

ARTIGO 90º
(Desenvolvimento da propriedade social)

1. Constituem a base do desenvolvimento da propriedade social, que tenderá a ser predominante, os bens e unidades de produção com posse útil e gestão dos coletivos de trabalhadores, os bens comunitários com posse útil e gestão das comunidades locais e o setor cooperativo.

2. São condições do desenvolvimento da propriedade social as nacionalizações, o plano democrático, o controlo de gestão e o poder democrático dos trabalhadores.

3. As unidades de produção geridas pelo Estado e outras pessoas coletivas públicas devem evoluir, na medida do possível, para formas autogestionárias.

TÍTULO III
Plano

ARTIGO 91º
(Objetivos do Plano)

1. Para a construção de uma economia socialista, através da transformação das relações de produção e de acumulação capitalistas, a organização económica e social do país deve ser orientada, coordenada e disciplinada pelo Plano.

2. O Plano deve garantir o desenvolvimento harmonioso dos setores e regiões, a eficiente utilização das forças produtivas, a justa repartição individual e regional do produto nacional, a coordenação da política económica com a política social, educacional e cultural, a preservação do equilíbrio ecológico, a defesa do ambiente e a qualidade de vida do povo português.

ARTIGO 92º
(Força jurídica)

1. O Plano tem caráter imperativo para o setor público estadual e é obrigatório, por força de contratos-programa, para outras atividades de interesse público.

2. O Plano define ainda o enquadramento a que hão de submeter-se as empresas dos outros setores.

ARTIGO 93º
(Estrutura)

A estrutura do Plano compreende, nomeadamente:

a) Plano a longo prazo, que define os grandes objetivos da economia portuguesa e os meios para os atingir;

b) Plano a médio prazo, cujo período de vigência deve ser o da legislatura e que contém os programas de ação globais, sectoriais e regionais para esse período;

c) Plano anual, que constitui a base fundamental da atividade do Governo e deve integrar o orçamento do Estado para esse período.

ARTIGO 94º
(Elaboração e execução)

1. Compete à Assembleia da República aprovar as grandes opções correspondentes a cada Plano e apreciar os respetivos relatórios de execução.

2. A elaboração do Plano é coordenada por um Conselho Nacional do Plano e nela devem participar as populações, através das autarquias e comunidades locais,

as organizações das classes trabalhadoras e entidades representativas de atividades económicas.

3. O implemento do Plano deve ser descentralizado, regional e sectorialmente, sem prejuízo da coordenação central, que compete, em última instância, ao Governo.

ARTIGO 95º
(Regiões Plano)

1. O país será dividido em regiões Plano com base nas potencialidades e nas características geográficas, naturais, sociais e humanas do território nacional, com vista ao seu equilibrado desenvolvimento e tendo em conta as carências e os interesses das populações.

2. A lei determina as regiões Plano e define o esquema dos órgãos de planificação regional que as integram.

TÍTULO IV
Reforma agrária

ARTIGO 96º
(Objetivos da reforma agrária)

A reforma agrária é um dos instrumentos fundamentais para a construção da sociedade socialista e tem como objetivos:

a) Promover a melhoria da situação económica, social e cultural dos trabalhadores rurais e dos pequenos e médios agricultores pela transformação das estruturas fundiárias e pela transferência progressiva da posse útil da terra e dos meios de produção diretamente utilizados na sua exploração para aqueles que a trabalham, como primeiro passo para a criação de novas relações de produção na agricultura;

b) Aumentar a produção e a produtividade da agricultura, dotando-a das infraestruturas e dos meios humanos, técnicos e financeiros adequados, tendentes a assegurar o melhor abastecimento do país, bem como o incremento da exportação;

c) Criar as condições necessárias para atingir a igualdade efetiva dos que trabalham na agricultura com os demais trabalhadores e evitar que o setor agrícola seja desfavorecido nas relações de troca com os outros setores.

ARTIGO 97º
(Eliminação dos latifúndios)

1. A transferência da posse útil da terra e dos meios de produção diretamente utilizados na sua exploração para aqueles que a trabalham será obtida através da expropriação dos latifúndios e das grandes explorações capitalistas.

2. As propriedades expropriadas serão entregues, para exploração, a pequenos agricultores, a cooperativas de trabalhadores rurais ou de pequenos agricultores ou a outras unidades de exploração coletiva por trabalhadores.

3. As operações previstas neste artigo efetuam-se nos termos que a lei da reforma agrária definir e segundo o esquema de ação do Plano.

ARTIGO 98º
(Minifúndios)

Sem prejuízo do direito de propriedade, a reforma agrária procurará nas regiões minifundiárias obter um adequado redimensionamento das explorações, mediante recurso preferencial à integração cooperativa das diversas unidades ou ainda, sempre que necessário, ao seu emparcelamento ou arrendamento por mediação do organismo coordenador da reforma agraria.

ARTIGO 99º
(Pequenos e médios agricultores)

1. A reforma agrária efetua-se com garantia da propriedade da terra dos pequenos e médios agricultores enquanto instrumento ou resultado do seu trabalho e salvaguardando os interesses dos emigrantes e dos que não tenham outro modo de subsistência.

2. A lei determina os critérios de fixação dos limites máximos das unidades de exploração agrícola privada.

ARTIGO 100º
(Cooperativas e outras formas de exploração coletiva)

A realização dos objetivos da reforma agrária implica a constituição por parte dos trabalhadores rurais e dos pequenos e médios agricultores, com o apoio do Estado, de cooperativas de produção, de compra, de venda, de transformação e de serviços e ainda de outras formas de exploração coletiva por trabalhadores.

ARTIGO 101º
(Formas de exploração de terra alheia)

1. Os regimes de arrendamento e de outras formas de exploração de terra alheia serão regulados por lei de modo a garantir a estabilidade e os legítimos interesses do cultivador.

2. Serão extintos os regimes de aforamento e colonia e criadas condições aos cultivadores para a efetiva abolição do regime da parceria agrícola.

ARTIGO 102º
(Auxílio do Estado)

1. Os pequenos e médios agricultores, individualmente ou agrupados em cooperativas, as cooperativas de trabalhadores agrícolas e as outras formas de exploração coletiva por trabalhadores têm direito ao auxílio do Estado.

2. O auxílio do Estado, segundo os esquemas da reforma agrária e do Plano, compreende, nomeadamente:

a) Concessão de crédito e assistência técnica;

b) Apoio de empresas públicas e de cooperativas de comercialização a montante e a jusante da produção;

c) Socialização dos riscos resultantes dos acidentes climatéricos e fitopatológicos imprevisíveis ou incontroláveis.

ARTIGO 103º
(Ordenamento, reconversão agrária e preços)

O Estado promoverá uma política de ordenamento e de reconversão agrária, de acordo com os condicionalismos ecológicos e sociais do país, e assegurará o escoamento dos produtos agrícolas no âmbito da orientação definida para as políticas agrícola e alimentar, fixando no início de cada campanha os respetivos preços de garantia.

ARTIGO 104º
(Participação na reforma agrária)

Na definição e execução da reforma agrária, nomeadamente nos organismos por ela criados, deve ser assegurada a participação dos trabalhadores rurais e dos pequenos e médios agricultores, através das suas organizações próprias, bem como das cooperativas e outras formas de exploração coletiva por trabalhadores.

TÍTULO V
Sistema financeiro e fiscal

ARTIGO 105º
(Sistema financeiro e monetário)

1. O sistema financeiro será estruturado por lei, de forma a garantir a captação e a segurança das poupanças, bem como a aplicação de meios financeiros necessários à expansão das forças produtivas, com vista à progressiva e efetiva socialização da economia.

2. O Banco de Portugal, como banco central, tem o exclusivo da emissão de moeda e, de acordo com o Plano e as diretivas do Governo, colabora na execução das políticas monetária e financeira.

ARTIGO 106º
(Sistema fiscal)

1. O sistema fiscal será estruturado por lei, com vista à repartição igualitária da riqueza e dos rendimentos e à satisfação das necessidades financeiras do Estado.

2. Os impostos são criados por lei, que determina a incidência, a taxa, os benefícios fiscais e as garantias dos contribuintes.

3. Ninguém pode ser obrigado a pagar impostos que não tenham sido criados nos termos da Constituição e cuja liquidação e cobrança se não façam nas formas prescritas na lei.

ARTIGO 107º
(Impostos)

1. O imposto sobre o rendimento pessoal visará a diminuição das desigualdades, será único e progressivo, tendo em conta as necessidades e os rendimentos do agregado familiar, e tenderá a limitar os rendimentos a um máximo nacional, definido anualmente pela lei.

2. A tributação das empresas incidirá fundamentalmente sobre o seu rendimento real.

3. O imposto sobre sucessões e doações será progressivo, de forma a contribuir para a igualdade entre os cidadãos, e tomará em conta a transmissão por herança dos frutos do trabalho.

4. A tributação do consumo visará adaptar a estrutura do consumo às necessidades da socialização da economia, isentando-se dela os bens necessários à subsistência dos mais desfavorecidos e suas famílias e onerando-se os consumos de luxo.

ARTIGO 108º
(Orçamento)

1. A lei do orçamento, a votar anualmente pela Assembleia da República, conterá:

a) A discriminação das receitas e a das despesas na parte respeitante às dotações globais correspondentes às funções e aos Ministérios e Secretarias de Estado;

b) As linhas fundamentais de organização do orçamento da segurança social.

2. O Orçamento Geral do Estado será elaborado pelo Governo, de harmonia com a lei do orçamento e o Plano e tendo em conta as obrigações decorrentes de lei ou de contrato.

3. O Orçamento será unitário e especificará as despesas, de modo a evitar a existência de dotações ou fundos secretos.

4. O Orçamento deverá prever as receitas necessárias para cobrir as despesas, definindo a lei as regras de elaboração e execução e o período de vigência do Orçamento, bem como as condições de recurso ao crédito público.

5. A execução do Orçamento será fiscalizada pelo Tribunal de Contas e pela Assembleia da República, que, precedendo parecer daquele tribunal, apreciará e aprovará a Conta Geral do Estado, incluindo a da segurança social.

TÍTULO VI
Circuitos comerciais

ARTIGO 109º
(Preços e circuitos de distribuição)

1. O Estado intervém na formação e no controlo dos preços, incumbindo-lhe racionalizar os circuitos de distribuição e eliminar os desnecessários.

2. É proibida a publicidade dolosa.

ARTIGO 110º
(Comércio externo)

Para desenvolver e diversificar as relações comerciais externas e salvaguardar a independência nacional, incumbe ao Estado:

a) Promover o controlo das operações de comércio externo, nomeadamente criando empresas públicas ou outros tipos de empresas;

b) Disciplinar e vigiar a qualidade e os preços das mercadorias importadas e exportadas.

PARTE III
Organização do poder político

TÍTULO I
Princípios gerais

ARTIGO 111º
(Titularidade e exercício do poder)

O poder político pertence ao povo e é exercido nos termos da Constituição.

ARTIGO 112º
(Participação política dos cidadãos)

A participação direta e ativa dos cidadãos na vida política constitui condição e instrumento fundamental de consolidação do sistema democrático.

ARTIGO 113º
(Órgãos de soberania)

1. São órgãos de soberania o Presidente da República, o Conselho da Revolução, a Assembleia da República, o Governo e os Tribunais.

2. A formação, a composição, a competência e o funcionamento dos órgãos de soberania são os definidos na Constituição.

ARTIGO 114º
(Separação e interdependência)

1. Os órgãos de soberania devem observar a separação e a interdependência estabelecidas na Constituição.

2. Nenhum órgão de soberania, de região autónoma ou de poder local pode delegar os seus poderes noutros órgãos, a não ser nos casos e nos termos expressamente previstos na Constituição e na lei.

ARTIGO 115º
(Conformidade dos atos com a Constituição)

A validade das leis e dos demais atos do Estado, das regiões autónomas e do poder local depende da sua conformidade com a Constituição.

ARTIGO 116º
(Princípios gerais de direito eleitoral)

1. O sufrágio direto, secreto e periódico constitui a regra geral de designação dos titulares dos órgãos eletivos da soberania, das regiões autónomas e do poder local.

2. O recenseamento eleitoral é oficioso, obrigatório e único para todas as eleições por sufrágio direto e universal.

3. As campanhas eleitorais regem-se pelos seguintes princípios:

a) Liberdade de propaganda;
b) Igualdade de oportunidades e de tratamento das diversas candidaturas;
c) Imparcialidade das entidades públicas perante as candidaturas;
d) Fiscalização das contas eleitorais.

4. Os cidadãos têm o dever de colaborar com a administração eleitoral, nas formas previstas na lei.

5. A conversão dos votos em mandatos far-se-á de harmonia com o princípio da representação proporcional.

6. O julgamento da validade dos atos eleitorais compete aos tribunais.

ARTIGO 117º
(Partidos políticos e direito de oposição)

1. Os partidos políticos participam nos órgãos baseados no sufrágio universal e direto. de acordo com a sua representatividade democrática.

2. É reconhecido às minorias o direito de oposição democrática, nos termos da Constituição.

ARTIGO 118º
(Organizações populares de base)

As organizações populares de base, formadas nos termos da Constituição, têm o direito de participar, segundo as formas previstas na lei, no exercício do poder local.

ARTIGO 119º
(Órgãos colegiais)

1. As reuniões das assembleias que funcionem como órgãos de soberania, das regiões autónomas ou do poder local são públicas, exceto nos casos previstos na lei.

2. Salvo quando a Constituição ou a lei exijam maioria qualificada, as deliberações dos órgãos colegiais são tomadas à pluralidade de votos, estando presente a maioria do número legal dos seus membros.

ARTIGO 120º
(Responsabilidade dos titulares de cargos políticos)

1. Os titulares de cargos políticos respondem política, civil e criminalmente pelos atos e omissões que pratiquem no exercício das suas funções.

2. A lei determina os crimes de responsabilidade dos titulares de cargos políticos, bem como as sanções aplicáveis e os respetivos efeitos.

ARTIGO 121º
(Princípio da renovação)

Ninguém pode exercer a título vitalício qualquer cargo político de âmbito nacional, regional ou local.

ARTIGO 122º
(Publicidade dos atos)

1. Os atos de eficácia externa dos órgãos de soberania, das regiões autónomas e do poder local carecem de publicidade.

2. São publicados no jornal oficial, *Diário da República*:

a) As leis constitucionais;
b) As convenções internacionais;
c) Os decretos do Presidente da República;
d) Os decretos e resoluções do Conselho da Revolução;
e) As leis e resoluções da Assembleia da República;
f) Os decretos e regulamentos do Governo;
g) As decisões dos tribunais a que a Constituição ou a lei confiram força obrigatória geral;
h) Os decretos das regiões autónomas.

3. A lei determina as formas de publicidade dos demais atos.
4. A falta de publicidade implica a inexistência jurídica do ato.

TÍTULO II
Presidente da República

CAPÍTULO I
Estatuto o eleição

ARTIGO 123º
(Definição)

O Presidente da República representa a República Portuguesa e desempenha, por inerência, as funções de Presidente do Conselho da Revolução e de Comandante Supremo das Forças Armadas.

ARTIGO 124º
(Eleição)

1. O Presidente da República é eleito por sufrágio universal, direto e secreto dos cidadãos portugueses eleitores, recenseados no território nacional.
2. O direito de voto é exercido presencialmente no território nacional.

ARTIGO 125º
(Elegibilidade)

São elegíveis os cidadãos eleitores, portugueses de origem, maiores de 35 anos.

ARTIGO 126º
(Reelegibilidade)

1. Não é admitida a reeleição para um terceiro mandato consecutivo, nem durante o quinquénio imediatamente subsequente ao termo do segundo mandato consecutivo.

2. Se o Presidente da República renunciar ao cargo no prazo de trinta dias após eleições para a Assembleia da República, efetuadas em consequência de dissolução desta, não poderá candidatar-se na eleição imediata.

ARTIGO 127º
(Candidaturas)

1. As candidaturas para Presidente da República são propostas por um mínimo de 7500 e um máximo de 15000 cidadãos eleitores.

2. As candidaturas devem ser apresentadas até trinta dias antes da data marcada para a eleição, perante o Supremo Tribunal de Justiça.

3. Em caso de morte de qualquer candidato, será reaberto o processo eleitoral, nos termos a definir por lei.

ARTIGO 128º
(Data da eleição)

1. O Presidente da República será eleito até trinta dias antes do termo do mandato do seu antecessor ou nos sessenta dias posteriores à vagatura do cargo.

2. A eleição não poderá efetuar-se nos sessenta dias anteriores ou posteriores à data das eleições para a Assembleia da República, sendo prolongado o mandato do Presidente cessante pelo período necessário.

3. Durante o prolongamento previsto no número anterior é vedada a dissolução da Assembleia da República, sem prejuízo do disposto no nº 3 do artigo 198º

ARTIGO 129º
(Sistema eleitoral)

1. Será eleito Presidente da República o candidato que obtiver mais de metade dos votos validamente expressos.

2. Se nenhum dos candidatos obtiver esse número de votos, proceder-se-á a segundo sufrágio até ao vigésimo primeiro dia subsequente à primeira votação.

3. A este sufrágio concorrerão apenas os dois candidatos mais votados que não tenham retirado a candidatura.

ARTIGO 130º
(Posse e Juramento)

1. O Presidente eleito toma posse perante a Assembleia da República ou, no caso de esta se encontrar dissolvida, perante o Supremo Tribunal de Justiça.

2. A posse efetua-se no último dia do mandato do Presidente cessante ou, no caso de eleição por vagatura, no oitavo dia subsequente ao da publicação dos resultados eleitorais.

3. No ato de posse o Presidente da República eleito prestará a seguinte declaração de compromisso:

Juro por minha honra desempenhar fielmente as funções em que fico investido e defender e fazer cumprir a Constituição da República Portuguesa.

ARTIGO 131º
(Mandato)

1. O mandato do Presidente da República tem a duração de cinco anos e termina com a posse do novo Presidente eleito.

2. Em caso de vagatura, o Presidente da República a eleger inicia um novo mandato.

ARTIGO 132º
(Ausência do território nacional)

1. O Presidente da República não pode ausentar-se do território nacional sem autorização do Conselho da Revolução e o assentimento da Assembleia da República, se esta estiver em funcionamento.

2. O assentimento da Assembleia da República é dispensado nos casos de passagem, em trânsito, ou de viagens sem caráter oficial de duração não superior a dez dias.

3. A inobservância do disposto no nº 1 envolve, de pleno direito, a perda do cargo.

ARTIGO 133º
(Responsabilidade criminal)

1. Por crimes praticados no exercício das suas funções, o Presidente da República responde perante o Supremo Tribunal de Justiça.

2. Ao Conselho da Revolução cabe a iniciativa do processo, que, todavia, só seguirá os seus termos obtida deliberação favorável da Assembleia da República, aprovada por maioria de dois terços dos Deputados em efetividade de funções.

3. A condenação implica a destituição do cargo.

4. Por crimes estranhos ao exercício das suas funções o Presidente da República responde depois de findo o mandato.

ARTIGO 134º
(Renúncia ao mandato)

1. O Presidente da República pode renunciar ao mandato em mensagem dirigida ao Conselho da Revolução e à Assembleia da República.

2. A renúncia torna-se efetiva com a publicação da mensagem no *Diário da República*.

ARTIGO 135º
(Substituição interina)

1. Durante a ausência ou o impedimento temporário do Presidente da República, bem como durante a vagatura do cargo até tomar posse o novo Presidente eleito, assumirá as funções o Presidente da Assembleia da República ou, no caso de esta se encontrar dissolvida, o membro do Conselho da Revolução que este designar.

2. Enquanto exercer interinamente as funções de Presidente da República, o Presidente da Assembleia da República não poderá exercer o seu mandato de Deputado.

CAPÍTULO II
Competência

ARTIGO 136º
(Competência quanto ao funcionamento de outros órgãos)

Compete ao Presidente da República, relativamente a outros órgãos:

a) Presidir ao Conselho da Revolução;
b) Marcar o dia das eleições dos Deputados, de harmonia com a lei eleitoral;
c) Convocar extraordinariamente a Assembleia da República:
d) Dirigir mensagens à Assembleia da República;
e) Dissolver a Assembleia da República, precedendo parecer favorável do Conselho da Revolução ou, obrigatoriamente, nos casos previstos no nº 3 do artigo 198º;
f) Nomear e exonerar o Primeiro-Ministro, nos termos do artigo 190º;
g) Nomear e exonerar os membros do Governo, sob proposta do Primeiro-Ministro;
h) Presidir ao Conselho de Ministros, quando o Primeiro-Ministro lho solicitar;
i) Dissolver ou suspender os órgãos das regiões autónomas, ouvido o Conselho da Revolução;
j) Nomear um dos membros da Comissão Constitucional e o presidente da comissão consultiva para os assuntos das regiões autónomas;
l) Nomear e exonerar, sob proposta do Governo, o presidente do Tribunal de Contas, o Procurador-Geral da República e os representantes do Estado nas regiões autónomas.

ARTIGO 137º
(Competência para a prática de atos próprios)

1. Compete ao Presidente da República, na prática de atos próprios:

a) Exercer o cargo de Comandante Supremo das Forças Armadas;
b) Promulgar e mandar publicar as leis da Assembleia da República e os decretos-leis e decretos regulamentares do Conselho da Revolução e do Governo, bem como assinar os restantes decretos;

c) Declarar o estado de sítio ou o estado de emergência, mediante autorização do Conselho da Revolução, em todo ou em parte do território nacional, nos casos de agressão efetiva ou iminente por forças estrangeiras, de grave ameaça ou perturbação da ordem democrática ou de calamidade pública;

d) Pronunciar-se sobre todas as emergências graves para a vida da República, ouvido o Conselho da Revolução;

e) Indultar e comutar penas.

2. A falta de promulgação ou de assinatura determina a inexistência jurídica do ato.

3. O estado de sítio ou o estado de emergência não podem prolongar-se para além de trinta dias sem ratificação pela Assembleia da República.

ARTIGO 138º
(Competência nas relações internacionais)

Compete ao Presidente da República, nas relações internacionais:

a) Nomear os embaixadores e os enviados extraordinários, sob proposta do Governo, e acreditar os representantes diplomáticos estrangeiros;

b) Ratificar os tratados internacionais, depois de devidamente aprovados;

c) Declarar a guerra em caso de agressão efetiva ou iminente e fazer a paz, mediante autorização do Conselho da Revolução.

ARTIGO 139º
(Promulgação e veto)

1. No prazo de quinze dias, contados da data da receção de qualquer decreto da Assembleia da República para promulgação como lei ou do termo do prazo previsto no artigo 277º, se o Conselho da Revolução não se pronunciar pela inconstitucionalidade, pode o Presidente da República, ouvido o Conselho da Revolução e em mensagem fundamentada, exercer o direito de veto, solicitando nova apreciação do diploma.

2. Se a Assembleia da República confirmar o voto pela maioria absoluta do número de Deputados em efetividade de funções, a promulgação não poderá ser recusada.

3. Será, porém, exigida maioria qualificada de dois terços dos Deputados presentes para a confirmação dos decretos que respeitem às seguintes matérias:

a) Limites entre os setores da propriedade pública, cooperativa e privada;

b) Relações externas;

c) Organização da defesa nacional e definição dos deveres dela decorrentes;

d) Regulamentação dos atos eleitorais previstos na Constituição.

4. O Presidente da República exerce ainda o direito de veto nos termos dos artigos 277º e 278º

ARTIGO 140º
(Atos do Presidente interino)

O Presidente da República interino não pode praticar qualquer dos atos previstos nas alíneas *b*), *c*), *f*) e *i*) do artigo 136º, *a*) do nº 1 do artigo 137º e *a*) do artigo 138º sem deliberação favorável do Conselho da Revolução.

ARTIGO 141º
(Referenda ministerial)

1. Carecem de referenda do Governo os atos do Presidente da República praticados ao abrigo das alíneas *g*), *i*) e *l*) do artigo 136º, *b*), *c*) e *e*) do nº 1 do artigo 137º e *a*), *b*) e *c*) do artigo 138º

2. A promulgação dos atos do Conselho da Revolução previstos na alínea *b*) do nº 1 do artigo 137º só carece de referenda quando envolvam aumento de despesa ou diminuição de receita.

3. A falta de referenda determina a inexistência jurídica do ato.

TÍTULO III
Conselho da Revolução

CAPÍTULO I
Função e estrutura

ARTIGO 142º
(Definição)

O Conselho da Revolução tem funções de Conselho do Presidente da República e de garante do regular funcionamento das instituições democráticas, de garante do cumprimento da Constituição e da fidelidade ao espírito da Revolução Portuguesa de 25 de Abril de 1974 e de órgão político e legislativo em matéria militar.

ARTIGO 143º
(Composição)

1. Compõem o Conselho da Revolução:

a) O Presidente da República;

b) O Chefe do Estado-Maior-General das Forças Armadas e o Vice-Chefe do Estado-Maior-General das Forças Armadas, quando exista;

c) Os Chefes de Estado-Maior dos três ramos das Forças Armadas;

d) O Primeiro-Ministro, quando seja militar;

e) Catorze oficiais, sendo oito do Exército, três da Força Aérea e três da Armada, designados pelos respetivos ramos das Forças Armadas.

2. Em caso de morte, renúncia ou impedimento permanente, verificado pelo próprio Conselho, de algum dos membros referidos na alínea *e*) do número anterior, será a vaga preenchida por designação do respetivo ramo das Forças Armadas.

ARTIGO 144º
(Organização e funcionamento)

1. Compete ao Conselho da Revolução regular a sua organização e o seu funcionamento e elaborar o regimento interno.
2. O Conselho da Revolução funciona em regime de permanência.
3. A competência do Conselho da Revolução não pode ser objeto de delegação total nem irrevogável em qualquer dos seus membros.

CAPÍTULO II
Competência

ARTIGO 145º
(Competência como Conselho do Presidente da República e como garante do regular funcionamento das instituições democráticas)

Na qualidade de Conselho do Presidente da República e de garante do regular funcionamento das instituições democráticas, compete ao Conselho da Revolução:

a) Aconselhar o Presidente da República no exercício das suas funções;
b) Autorizar o Presidente da República a declarar a guerra e a fazer a paz;
c) Autorizar o Presidente da República a declarar o estado de sítio ou o estado de emergência em todo ou em parte do território nacional;
d) Autorizar o Presidente da República a ausentar-se do território nacional;
e) Declarar a impossibilidade física permanente do Presidente da República e verificar os impedimentos temporários do exercício das suas funções.

ARTIGO 146º
(Competência como garante do cumprimento da Constituição)

Na qualidade de garante do cumprimento da Constituição, compete ao Conselho da Revolução:

a) Pronunciar-se, por iniciativa própria ou a solicitação do Presidente da República, sobre a constitucionalidade de quaisquer diplomas, antes de serem promulgados ou assinados;
b) Velar pela emissão das medidas necessárias ao cumprimento das normas constitucionais, podendo para o efeito formular recomendações;
c) Apreciar a constitucionalidade de quaisquer diplomas publicados e declarar a inconstitucionalidade com força obrigatória geral, nos termos do artigo 281º

ARTIGO 147º
(Competência como garante da fidelidade ao espírito da Revolução Portuguesa)

Na qualidade de garante da fidelidade ao espírito da Revolução Portuguesa de 25 de Abril de 1974, compete ao Conselho da Revolução:

a) Pronunciar-se junto do Presidente da República sobre a nomeação e a exoneração do Primeiro-Ministro;

b) Pronunciar-se junto do Presidente da República sobre o exercício do direito de veto suspensivo nos termos do disposto no artigo 139º

ARTIGO 148º
(Competência em matéria militar)

1. Na qualidade de órgão político e legislativo em matéria militar, compete ao Conselho da Revolução:

a) Fazer leis e regulamentos sobre a organização, o funcionamento e a disciplina das Forças Armadas;

b) Aprovar os tratados ou acordos internacionais que respeitem a assuntos militares.

2. A competência a que se refere a alínea *a)* do número anterior é exclusiva do Conselho da Revolução.

ARTIGO 149º
(Forma e valor dos atos)

1. Revestem a forma de decreto-lei ou de decreto regulamentar, respetivamente, os atos legislativos ou regulamentares do Conselho da Revolução previstos nos artigos 144º, 148º e 285º

2. Revestem a forma de resolução e são publicados, independentemente de promulgação pelo Presidente da República, os demais atos do Conselho da Revolução.

3. Os decretos-leis do Conselho da Revolução têm valor idêntico ao das leis da Assembleia da República ou decretos-leis do Governo e os decretos regulamentares têm valor idêntico aos decretos regulamentares do Governo.

TÍTULO IV
Assembleia da República

CAPÍTULO I
Estatuto o eleição

ARTIGO 150º
(Definição)

A Assembleia da República é a assembleia representativa de todos os cidadãos portugueses.

ARTIGO 151º
(Composição)

A Assembleia da República tem o mínimo de duzentos e quarenta e o máximo de duzentos e cinquenta Deputados, nos termos da lei eleitoral.

ARTIGO 152º
(Círculos eleitorais)

1. Os Deputados são eleitos pelos círculos eleitorais fixados na lei.

2. O número de Deputados por cada círculo do território nacional é proporcional ao número de cidadãos eleitores nele inscritos.

3. Os Deputados representam todo o país e não os círculos por que são eleitos.

ARTIGO 153º
(Condições de elegibilidade)

São elegíveis os cidadãos portugueses eleitores, salvas as restrições que a lei eleitoral estabelecer por virtude de incompatibilidades locais ou de exercício de certos cargos.

ARTIGO 154º
(Candidaturas)

1. As candidaturas são apresentadas, nos termos da lei, pelos partidos políticos, isoladamente ou em coligação, podendo as listas integrar cidadãos não inscritos nos respetivos partidos.

2. Ninguém pode ser candidato por mais de um círculo eleitoral ou figurar em mais de uma lista.

ARTIGO 155º
(Sistema eleitoral)

1. Os Deputados são eleitos segundo o sistema de representação proporcional e o método da média mais alta de *Hondt*.

2. A lei não pode estabelecer limites à conversão dos votos em mandatos por exigência de uma percentagem de votos nacional mínima.

ARTIGO 156º
(Vagas e substituição dos Deputados)

O preenchimento das vagas que ocorrerem na Assembleia, bem como a substituição temporária de Deputados por motivo relevante, são regulados pela lei eleitoral.

ARTIGO 157º
(Incompatibilidades)

1. Os Deputados que sejam funcionários do Estado ou de outras pessoas coletivas públicas não podem exercer as respetivas funções durante o período de funcionamento efetivo da Assembleia.

2. Os Deputados que forem nomeados membros do Governo não podem exercer o mandato até à cessação destas funções, sendo substituídos nos termos do artigo anterior.

ARTIGO 158º
(Exercício da função de Deputado)

1. Os Deputados não podem ser prejudicados na sua colocação, nos seus benefícios sociais ou no seu emprego permanente por virtude do desempenho do mandato.

2. A lei regula as condições em que a falta dos Deputados, por causa de reuniões ou missões da Assembleia, a atos ou diligências oficiais a ela estranhos constitui motivo justificado de adiamento destes.

ARTIGO 159º
(Poderes dos Deputados)

Constituem poderes dos Deputados, além dos que forem consignados no Regimento:

a) Apresentar projetos de lei ou de resolução e propostas de deliberação;

b) Fazer perguntas ao Governo sobre quaisquer atos deste ou da Administração Pública;

c) Requerer ao Governo ou aos órgãos de qualquer entidade pública os elementos, informações e publicações oficiais que considerem úteis para o exercício do seu mandato.

ARTIGO 160º
(Imunidades)

1. Os Deputados não respondem civil, criminal ou disciplinarmente pelos votos e opiniões que emitirem no exercício das suas funções.

2. Nenhum Deputado pode ser detido ou preso sem autorização da Assembleia, salvo por crime punível com pena maior e em flagrante delito.

3. Movido procedimento criminal contra algum Deputado e indiciado este por despacho de pronúncia ou equivalente, salvo no caso de crime punível com pena maior, a Assembleia decidirá se o Deputado deve ou não ser suspenso, para efeito de seguimento do processo.

ARTIGO 161º
(Direitos e regalias)

1. Os Deputados não podem ser jurados, peritos ou testemunhas sem autorização da Assembleia, durante o período de funcionamento efetivo desta.

2. Os Deputados gozam dos seguintes direitos e regalias:

a) Adiamento do serviço militar, do serviço cívico ou da mobilização civil;

b) Livre trânsito e direito a passaporte especial nas suas deslocações oficiais ao estrangeiro;

c) Cartão especial de identificação;

d) Subsídios que a lei prescrever.

ARTIGO 162º
(Deveres)

Constituem deveres dos Deputados:

a) Comparecer às reuniões do plenário e às das comissões a que pertençam;

b) Desempenhar os cargos na Assembleia e as funções para que sejam designados, sob proposta dos respetivos grupos parlamentares;

c) Participar nas votações.

ARTIGO 163º
(Perda e renúncia do mandato)

1. Perdem o mandato os Deputados que:

a) Venham a ser feridos por alguma das incapacidades ou incompatibilidades previstas na lei;

b) Não tomem assento na Assembleia ou excedam o número de faltas estabelecido no Regimento;

c) Se inscrevam em partido diverso daquele pelo qual foram apresentados a sufrágio;

d) Sejam judicialmente condenados por participação em organizações de ideologia fascista.

2. Os Deputados podem renunciar ao mandato, mediante declaração escrita.

CAPÍTULO II
Competência

ARTIGO 164º
(Competência política e legislativa)

Compete à Assembleia da República:

a) Aprovar alterações à Constituição, nos termos dos artigos 286º a 291º;

b) Aprovar os estatutos político-administrativos das regiões autónomas;

c) Aprovar o estatuto do território de Macau;

d) Fazer leis sobre todas as matérias, salvo as reservadas pela Constituição ao Conselho da Revolução ou ao Governo:

e) Conferir ao Governo autorizações legislativas;

f) Conceder amnistias;

g) Aprovar as leis do Plano e do orçamento;

h) Autorizar o Governo a realizar empréstimos e outras operações de crédito, que não sejam de dívida flutuante, estabelecendo as respetivas condições gerais;

i) Definir os limites das águas territoriais e os direitos de Portugal aos fundos marinhos contíguos;

j) Aprovar os tratados que versem matéria da sua competência legislativa exclusiva, os tratados de participação de Portugal em organizações internacionais, os tratados de amizade, de paz, de defesa e de retificação de fronteiras e ainda quaisquer outros que o Governo entenda submeter-lhe;

l) Desempenhar as demais funções que lhe sejam atribuídas pela Constituição e pela lei.

ARTIGO 165º
(Competência de fiscalização)

Compete à Assembleia da República, no exercício de funções de fiscalização:

a) Vigiar pelo cumprimento da Constituição e das leis e apreciar os atos do Governo e da Administração;

b) Ratificar a declaração do estado de sítio ou de emergência que exceda trinta dias, sob pena de caducidade no termo deste prazo;

c) Ratificar os decretos-leis do Governo, salvo os que sejam feitos no exercício da sua competência legislativa exclusiva;

d) Tomar as contas do Estado e das demais entidades públicas que a lei determinar, as quais serão apresentadas até 31 de dezembro do ano subsequente, com o relatório do Tribunal de Contas, se estiver elaborado, e os demais elementos necessários à sua apreciação;

e) Apreciar os relatórios de execução, anuais e final, do Plano, sendo aqueles apresentados conjuntamente com as contas públicas.

ARTIGO 166º
(Competência em relação a outros órgãos)

Compete à Assembleia da República, em relação a outros órgãos:

a) Apreciar o programa do Governo;

b) Votar moções de confiança e de censura ao Governo;

c) Pronunciar-se sobre a dissolução ou a suspensão dos órgãos das regiões autónomas;

d) Designar o Provedor de Justiça, um dos membros da Comissão Constitucional e dois dos membros da comissão consultiva para os assuntos das regiões autónomas.

ARTIGO 167º
(Reserva de competência legislativa)

É da exclusiva competência da Assembleia da República legislar sobre as seguintes matérias:

a) Aquisição, perda e reaquisição da cidadania portuguesa;

b) Estado e capacidade das pessoas;

c) Direitos, liberdades e garantias;

d) Regimes do estado de sítio e do estado de emergência;

e) Definição dos crimes, penas e medidas de segurança e processo criminal, salvo o disposto na alínea *a)* do nº 1 do artigo 148º;

f) Eleições dos titulares dos órgãos de soberania, das regiões autónomas e do poder local;

g) Associações e partidos políticos;

h) Organização das autarquias locais;

i) Participação das organizações populares de base no exercício do poder local;

j) Organização e competência dos tribunais e do Ministério Público e estatuto dos respetivos magistrados, salvo quanto aos tribunais militares, sem prejuízo do disposto no nº 2 do artigo 218º;

l) Organização da defesa nacional e definição dos deveres desta decorrentes;

m) Regime e âmbito da função pública e responsabilidade civil da Administração;

n) Bases do sistema de ensino;

o) Criação de impostos e sistema fiscal;

p) Definição dos setores de propriedade dos meios de produção, incluindo a dos setores básicos nos quais é vedada a atividade às empresas privadas e a outras entidades da mesma natureza;

q) Meios e formas de intervenção e de nacionalização e socialização dos meios de produção, bem como critérios de fixação de indemnizações;

r) Bases da reforma agrária, incluindo os critérios de fixação dos limites máximos das unidades de exploração agrícola privada;

s) Sistema monetário e padrão de pesos e medidas;

t) Sistema de planeamento, composição do Conselho Nacional do Plano, determinação das regiões-plano e definição do esquema dos órgãos de planificação regional;

u) Remuneração do Presidente da República, dos Deputados, dos membros do Governo e dos juízes dos tribunais superiores.

ARTIGO 168º
(Autorizações legislativas)

1. A Assembleia da República pode autorizar o Governo a fazer decretos-leis sobre matérias da sua exclusiva competência, devendo definir o objeto e a extensão da autorização, bem como a sua duração, que poderá ser prorrogada.

2. As autorizações legislativas não podem ser utilizadas mais de uma vez, sem prejuízo da sua execução parcelada.

3. As autorizações caducam com a exoneração do Governo a que foram concedidas, com o termo da legislatura ou com a dissolução da Assembleia da República.

ARTIGO 169º
(Forma dos atos)

1. Revestem a forma de lei constitucional os atos previstos na alínea *a)* do artigo 164º

2. Revestem a forma de lei os atos previstos nas alíneas *b)* a *j)* do artigo 164º e na alínea *b)* do artigo 165º

3. Revestem a forma de moção os atos previstos nas alíneas *a)* e *b)* do artigo 166º

4. Revestem a forma de resolução os demais atos da Assembleia da República.
5. As resoluções, salvo as de aprovação de tratados internacionais, são publicadas independentemente de promulgação.

ARTIGO 170º
(Iniciativa legislativa)

1. A iniciativa da lei compete aos Deputados e ao Governo, bem como, no respeitante às regiões autónomas, às respetivas assembleias regionais.
2. Os Deputados não podem apresentar projetos de lei ou propostas de alteração que envolvam aumento das despesas ou diminuição das receitas do Estado previstas na lei do orçamento.
3. Os projetos e as propostas de lei definitivamente rejeitados não podem ser renovados na mesma sessão legislativa, salvo nova eleição da Assembleia da República.
4. Os projetos e as propostas de lei não votados na sessão legislativa em que foram apresentados não carecem de ser renovados nas sessões Legislativas seguintes, salvo termo de legislatura, dissolução da Assembleia e, quanto às proposta de lei, exoneração do Governo.

ARTIGO 171º
(Discussão e votação)

1. A discussão dos projetos e propostas de lei compreende um debate na generalidade e outro na especialidade.
2. Se a Assembleia assim o deliberar, os textos aprovados na generalidade serão votados na especialidade pelas comissões, sem prejuízo do poder de avocação pela Assembleia e do voto final desta para aprovação global.
3. São obrigatoriamente votadas na especialidade as leis sobre as matérias abrangidas nas alíneas *a)*, *d)*, *g)*, *h)* e *i)* do artigo 167º

ARTIGO 172º
(Ratificação de decretos-leis)

1. No caso de decretos-leis publicados pelo Governo durante o funcionamento da Assembleia da República, considerar-se-á concedida a ratificação se, nas primeiras quinze reuniões posteriores à publicação do diploma, cinco Deputados, pelo menos, não requererem a sua sujeição a ratificação.
2. No caso de decretos-leis publicados pelo Governo fora do funcionamento da Assembleia da República ou no uso de autorizações legislativas, considerar-se-á concedida a ratificação se, nas primeiras cinco reuniões posteriores à publicação do diploma, vinte Deputados, pelo menos, não requererem a sua sujeição a ratificação.
3. A ratificação pode ser concedida com emendas e, neste caso, o decreto-lei ficará alterado nos termos da lei que a Assembleia votar.
4. Se a ratificação for recusada, o decreto-lei deixará de vigorar desde o dia em que a resolução for publicada no *Diário da República*.

ARTIGO 173º
(Processo de urgência)

A Assembleia da República pode, por iniciativa de qualquer Deputado ou do Governo, declarar a urgência do processamento de qualquer projeto ou proposta de lei ou de resolução, bem como da apreciação de decreto-lei cujo exame lhe seja recomendado pela Comissão Permanente.

CAPÍTULO III
Organização e funcionamento

ARTIGO 174º
(Legislatura)

1. A legislatura tem a duração de quatro anos.
2. No caso de dissolução, a Assembleia então eleita não iniciará nova legislatura.
3. Verificando-se a eleição, por virtude de dissolução, durante o tempo da última sessão legislativa, cabe à Assembleia eleita completar a legislatura em curso e perfazer a seguinte.

ARTIGO 175º
(Dissolução)

1. O decreto de dissolução da Assembleia da República terá de marcar a data de novas eleições que se realizarão no prazo de noventa dias, de harmonia com a lei eleitoral vigente ao tempo da dissolução.
2. A Assembleia da República não pode ser dissolvida durante a vigência do estado de sítio ou do estado de emergência.
3. A inobservância do disposto neste artigo determina a inexistência jurídica do decreto de dissolução.

ARTIGO 176º
(Reunião após as eleições)

1. A Assembleia de República reúne, por direito próprio, no décimo dia posterior ao apuramento dos resultados definitivos das eleições.
2. Recaindo aquela data fora da sessão legislativa, a Assembleia reunir-se-á para efeito do disposto no artigo 178º

ARTIGO 177º
(Sessão legislativa e convocação da Assembleia)

1. A sessão legislativa decorre de 15 de outubro a 15 de junho, sem prejuízo das suspensões que a Assembleia estabelecer.
2. Fora do período indicado no número anterior, a Assembleia reunir-se-á por iniciativa da Comissão Permanente ou, na impossibilidade desta e em caso de grave emergência, por iniciativa própria.

3. A Assembleia pode ainda ser convocada extraordinariamente pelo Presidente da República para se ocupar de assuntos específicos.

ARTIGO 178º
(Competência interna da Assembleia)

Compete à Assembleia da República elaborar e aprovar o seu regimento, nos termos da Constituição, eleger o seu Presidente e os demais membros da Mesa e constituir e eleger a Comissão Permanente e as restantes comissões.

ARTIGO 179º
(Ordem do dia das reuniões plenárias)

1. A ordem do dia é fixada pelo Presidente da Assembleia da República, segundo a prioridade de matérias definida no regimento.
2. O Governo pode solicitar prioridade para assuntos de interesse nacional de resolução urgente.
3. Todos os grupos parlamentares têm direito à determinação da ordem do dia de um certo número de reuniões, segundo critério a estabelecer no regimento, ressalvando-se sempre a posição dos partidos minoritários ou não representados no Governo.

ARTIGO 180º
(Participação dos membros do Governo nas reuniões plenárias)

1. Os membros do Governo têm direito de comparecer às reuniões plenárias da Assembleia, podendo usar da palavra, nos termos do regimento.
2. Podem ser marcadas, de acordo com o Governo, reuniões em que os seus membros estarão presentes para responder a perguntas e pedidos de esclarecimento dos Deputados, formulados oralmente ou por escrito.

ARTIGO 181º
(Comissões)

1. A Assembleia da República tem as comissões previstas no regimento e pode constituir comissões eventuais de inquérito ou para qualquer outro fim determinado.
2. As comissões podem solicitar a participação de membros do Governo nos seus trabalhos.
3. As petições dirigidas à Assembleia são apreciadas pelas comissões, que podem solicitar o depoimento de quaisquer cidadãos.

ARTIGO 182º
(Comissão Permanente)

1. Nos intervalos ou suspensões das sessões legislativas funcionará a Comissão Permanente da Assembleia da República.
2. Compete à Comissão Permanente:
a) Acompanhar a atividade do Governo e da Administração;

b) Exercer os poderes da Assembleia relativamente ao mandato dos Deputados;

c) Promover a convocação da Assembleia sempre que tal seja necessário;

d) Preparar a abertura da sessão legislativa;

e) Recomendar o exame de decretos-leis publicados pelo Governo fora do funcionamento efetivo da Assembleia.

ARTIGO 183º
(Grupos parlamentares)

1. Os Deputados eleitos por cada partido ou coligação de partidos podem constituir-se em grupo parlamentar.

2. Constituem direitos de cada grupo parlamentar:

a) Participar nas comissões da Assembleia em função do número dos seus membros, indicando os seus representantes nelas;

b) Ser ouvido na fixação da ordem do dia;

c) Provocar, por meio de interpelação ao Governo, a abertura de dois debates em cada sessão legislativa sobre assunto de política geral;

d) Solicitar à Comissão Permanente que promova a convocação da Assembleia;

e) Requerer a constituição de comissões parlamentares de inquérito.

3. Cada grupo parlamentar tem direito a dispor de locais de trabalho na sede da Assembleia, bem como de pessoal técnico e administrativo da sua confiança, nos termos que a lei determinar.

ARTIGO 184º
(Funcionários e especialistas ao serviço da Assembleia)

Os trabalhos da Assembleia e os das suas comissões serão coadjuvados por um corpo permanente de funcionários técnicos e administrativos e por especialistas requisitados ou temporariamente contratados, no número que o Presidente considerar necessário.

TÍTULO V
Governo

CAPÍTULO I
Função e estrutura

ARTIGO 185º
(Definição)

1. O Governo é o órgão de condução da política geral do país e o órgão superior da administração pública.

2. O Governo define e executa a sua política com respeito pela Constituição, por forma a corresponder aos objetivos da democracia e da construção do socialismo.

ARTIGO 186º
(Composição)

1. O Governo é constituído pelo Primeiro-Ministro, pelos Ministros e pelos Secretários e Subsecretários de Estado.
2. O Governo pode incluir um ou mais Vice-Primeiros-Ministros.
3. O número, a designação e as atribuições dos Ministérios e Secretarias de Estado, bem como as formas de coordenação entre eles, serão determinados, consoante os casos, pelos decretos de nomeação dos respetivos titulares ou por decreto-lei.

ARTIGO 187º
(Conselho de Ministros)

1. O Conselho de Ministros é constituído pelo Primeiro-Ministro, pelos Vice-Primeiros-Ministros, se os houver, e pelos Ministros.
2. A lei pode criar Conselhos de Ministros especializados em razão da matéria.
3. Podem ser convocados para participar nas reuniões do Conselho de Ministros os Secretários e Subsecretários de Estado.

ARTIGO 188º
(Substituição de membros do Governo)

1. Não havendo Vice-Primeiro-Ministro, o Primeiro-Ministro será substituído na sua ausência ou impedimento pelo Ministro que indicar ao Presidente da República ou, na falta de tal indicação, pelo Ministro que for designado pelo Presidente da República, ouvido o Conselho da Revolução.
2. Cada Ministro será substituído na sua ausência ou impedimento pelo Secretário de Estado que indicar ao Primeiro-Ministro ou, na falta de tal indicação, pelo membro do Governo que o Primeiro-Ministro designar.

ARTIGO 189º
(Cessação de funções)

1. As funções do Primeiro-Ministro cessam com a sua exoneração pelo Presidente da República.
2. As funções de todos os membros do Governo cessam com a exoneração do Primeiro-Ministro.
3. As funções dos Secretários e Subsecretários de Estado cessam com a exoneração do respetivo Ministro.
4. Em caso de demissão, os membros do Governo cessante permanecerão em funções até à posse do novo Governo.

CAPÍTULO II
Formação e responsabilidade

ARTIGO 190º
(Formação)

1. O Primeiro-Ministro é nomeado pelo Presidente da República, ouvidos o Conselho da Revolução e os partidos representados na Assembleia da República e tendo em conta os resultados eleitorais.
2. Os restantes membros do Governo são nomeados pelo Presidente da República, sob proposta do Primeiro-Ministro.

ARTIGO 191º
(Programa do Governo)

Do programa do Governo constarão as principais medidas políticas e legislativas a adotar ou a propor ao Presidente da República ou à Assembleia da República para execução da Constituição.

ARTIGO 192º
(Solidariedade governamental)

Os membros do Governo estão vinculados ao programa do Governo e às deliberações tomadas em Conselho de Ministros.

ARTIGO 193º
(Responsabilidade política do Governo)

O Governo é politicamente responsável perante o Presidente da República e a Assembleia da República.

ARTIGO 194º
(Responsabilidade política dos membros do Governo)

1. O Primeiro-Ministro é responsável politicamente perante o Presidente da República e, no âmbito da responsabilidade governamental, perante a Assembleia da República.
2. Os Vice-Primeiros-Ministros e os Ministros são responsáveis politicamente perante o Primeiro-Ministro e, no âmbito da responsabilidade governamental, perante a Assembleia da República.
3. Os Secretários e Subsecretários de Estado são responsáveis politicamente perante o Primeiro-Ministro e o respetivo Ministro.

ARTIGO 195º
(Apreciação do programa do Governo pela Assembleia da República)

1. O programa do Governo será apresentado à apreciação da Assembleia da República no prazo máximo de dez dias a seguir à nomeação do Primeiro-Ministro.
2. Se a Assembleia da República não se encontrar em funcionamento efetivo, será obrigatoriamente convocada para o efeito pelo seu presidente.

3. O debate não poderá exceder cinco dias, e até ao seu encerramento qualquer grupo parlamentar poderá propor a rejeição do programa do Governo.
4. A rejeição do programa do Governo exige maioria absoluta dos Deputados em efetividade de funções.

ARTIGO 196º
(Solicitação de voto de confiança)

O Governo pode solicitar à Assembleia da República a aprovação de um voto de confiança sobre uma declaração de política geral ou sobre qualquer assunto relevante de interesse nacional.

ARTIGO 197º
(Moções de censura)

1. A Assembleia da República pode votar moções de censura ao Governo sobre a execução do seu programa ou assunto relevante de interesse nacional, por iniciativa de um quarto dos Deputados em efetividade de funções ou de qualquer grupo parlamentar.
2. As moções de censura só podem ser apreciadas quarenta e oito horas após a sua apresentação, em debate de duração não superior a três dias.
3. Se a moção de censura não for aprovada, os seus signatários não podem apresentar outra durante a mesma sessão legislativa.

ARTIGO 198º
(Efeitos)

1. Implicam a demissão do Governo:

a) A rejeição do programa do Governo;
b) A não aprovação de uma moção de confiança;
c) A aprovação de duas moções de censura com, pelo menos, trinta dias de intervalo, por maioria absoluta dos Deputados em efetividade. de funções.

2. O Presidente da República não pode dissolver a Assembleia por efeito de rejeição do programa do Governo, salvo no caso de três rejeições consecutivas.
3. O Presidente da República dissolverá obrigatoriamente a Assembleia da República quando esta haja recusado a confiança ou votado a censura ao Governo, determinando por qualquer destes motivos a terceira substituição do Governo.

ARTIGO 199º
(Responsabilidade civil e criminal dos membros do Governo)

1. Os membros do Governo são civil e criminalmente responsáveis pelos atos que praticarem ou legalizarem.
2. Movido procedimento judicial contra um membro do Governo pela prática de qualquer crime e indiciado por despacho de pronúncia ou equivalente, o processo só seguirá os seus termos, no caso de ao facto corresponder pena maior, se o membro do Governo for suspenso do exercício das suas funções.

CAPÍTULO III
Competência

ARTIGO 200º
(Competência política)

Compete ao Governo, no exercício de funções políticas:

a) Referendar os atos do Presidente da República, nos termos do artigo 141º;
b) Negociar e ajustar convenções internacionais;
c) Aprovar os acordos internacionais, bem como os tratados cuja aprovação não seja da competência do Conselho da Revolução ou da Assembleia da República ou que a esta não tenham sido submetidos;
d) Praticar os demais atos que lhe sejam cometidos pela Constituição ou pela lei.

ARTIGO 201º
(Competência legislativa)

1. Compete ao Governo, no exercício de funções legislativas:

a) Fazer decretos-leis em matérias não reservadas ao Conselho da Revolução ou à Assembleia da República;
b) Fazer decretos-leis em matérias reservadas à Assembleia da República, mediante autorização desta;
c) Fazer decretos-leis de desenvolvimento dos princípios ou das bases gerais dos regimes jurídicos contidos em leis que a eles se circunscrevam.

2. É da exclusiva competência legislativa do Governo a matéria respeitante à sua própria organização e funcionamento.

3. Os decretos-leis não submetidos a Conselho de Ministros devem ser assinados pelo Primeiro-Ministro e pelos Ministros competentes.

ARTIGO 202º
(Competência administrativa)

Compete ao Governo, no exercício de funções administrativas:

a) Elaborar o Plano, com base na respetiva lei, e fazê-lo executar;
b) Elaborar o Orçamento Geral do Estado, com base na respetiva lei, e fazê-lo executar;
c) Fazer os regulamentos necessários à boa execução das leis;
d) Dirigir os serviços e a atividade da administração direta e indireta do Estado e superintender na administração autónoma;
e) Praticar todos os atos exigidos pela lei respeitantes aos funcionários e agentes do Estado e de outras pessoas coletivas públicas;
f) Defender a legalidade democrática;
g) Praticar todos os atos e tomar todas as providências necessárias à promoção do desenvolvimento económico-social e à satisfação das necessidades coletivas.

ARTIGO 203º
(Competência do Conselho de Ministros)

1. Compete ao Conselho de Ministros:

a) Definir as linhas gerais da política governamental bem como as da sua execução;
b) Deliberar sobre o pedido de confiança à Assembleia da República;
c) Aprovar as propostas de lei e de resolução;
d) Aprovar os decretos-leis que se traduzam em execução direta do programa do Governo;
e) Aprovar o Plano e o Orçamento;
f) Aprovar os atos do Governo que envolvam aumento ou diminuição das receitas ou despesas públicas;
g) Deliberar sobre outros assuntos da competência do Governo que lhe sejam atribuídos por lei ou apresentados pelo Primeiro-Ministro ou por qualquer Ministro.

2. Os Conselhos de Ministros especializados exercem a competência que lhes for atribuída por lei ou delegada pelo Conselho de Ministros.

ARTIGO 204º
(Competência dos membros do Governo)

1. Compete ao Primeiro-Ministro:

a) Dirigir a política geral do Governo, coordenando e orientando a ação de todos os Ministros;
b) Dirigir o funcionamento do Governo e estabelecer as relações de caráter geral entre ele e os outros órgãos do Estado;
c) Exercer as demais funções que lhe sejam atribuídas pela Constituição e pela lei.

2. Compete aos Ministros:

a) Executar a política definida para os seus Ministérios;
b) Estabelecer as relações de caráter geral entre o Governo e os demais órgãos do Estado no âmbito dos respetivos Ministérios.

TÍTULO VI
Tribunais

CAPÍTULO I
Princípios gerais

ARTIGO 205º
(Definição)

Os tribunais são os órgãos de soberania com competência para administrar a justiça em nome do povo.

ARTIGO 206º
(Função jurisdicional)

Na administração da justiça incumbe aos tribunais assegurar a defesa dos direitos e interesses legalmente protegidos dos cidadãos, reprimir a violação da legalidade democrática e dirimir os conflitos de interesses públicos e privados.

ARTIGO 207º
(Apreciação da inconstitucionalidade)

Nos feitos submetidos a julgamento não podem os tribunais aplicar normas inconstitucionais, competindo-lhes, para o efeito, e sem prejuízo do disposto no artigo 282º, apreciar a existência da inconstitucionalidade.

ARTIGO 208º
(Independência)

Os tribunais são independentes e apenas estão sujeitos à lei.

ARTIGO 209º
(Coadjuvação de outras autoridades)

No exercício das suas funções os tribunais têm direito à coadjuvação das outras autoridades.

ARTIGO 210º
(Execução das decisões)

1. As decisões dos tribunais são obrigatórias para todas as entidades públicas e privadas e prevalecem sobre as de quaisquer outras autoridades.

2. A lei regula os termos da execução das decisões dos tribunais relativamente a qualquer autoridade e determina as sanções a aplicar aos responsáveis pela sua inexecução.

ARTIGO 211º
(Audiências dos tribunais)

As audiências dos tribunais são públicas, salvo quando o próprio tribunal decidir o contrário, em despacho fundamentado, para salvaguarda da dignidade das pessoas e da moral pública ou para garantir o seu normal funcionamento.

CAPÍTULO II
Organização dos tribunais

ARTIGO 212º
(Categorias de tribunais)

1. Haverá tribunais judiciais de primeira instância, de segunda instância e o Supremo Tribunal de Justiça.

2. Haverá tribunais militares e um Tribunal de Contas.
3. Poderá haver tribunais administrativos e fiscais.

ARTIGO 213º
(Especialização)

1. Na primeira instância pode haver tribunais com competência específica e tribunais especializados para o julgamento de matérias determinadas.
2. Os tribunais da Relação e o Supremo Tribunal de Justiça podem funcionar em secções especializadas.
3. É proibida a existência de tribunais com competência exclusiva para o julgamento de certas categorias de crimes.

ARTIGO 214º
(Instâncias)

1. Os tribunais de primeira instância são, em regra, os tribunais de comarca, aos quais se equiparam os referidos no nº 1 do artigo anterior.
2. Os tribunais de segunda instância são, em regra, os tribunais da Relação.
3. O Supremo Tribunal de Justiça funcionará como tribunal de instância nos casos que a lei determinar.

ARTIGO 215º
(Supremo Tribunal de Justiça)

O Supremo Tribunal de Justiça é o órgão superior da hierarquia dos tribunais judiciais.

ARTIGO 216º
(Júri)

1. O júri é composto pelos juízes do tribunal coletivo e por jurados.
2. O júri intervém no julgamento dos crimes graves e funciona quando a acusação ou a defesa o requeiram.

ARTIGO 217º
(Participação popular e assessoria técnica)

1. A lei poderá criar juízes populares e estabelecer outras formas de participação popular na administração da justiça.
2. A lei poderá estabelecer a participação de assessores tecnicamente qualificados para o julgamento de determinadas matérias.

ARTIGO 218º
(Competência dos tribunais militares)

1. Os tribunais militares têm competência para o julgamento. em matéria criminal, dos crimes essencialmente militares.
2. A lei, por motivo relevante, poderá incluir na jurisdição dos tribunais militares crimes dolosos equiparáveis aos previstos no nº 1.

ARTIGO 219º
(Competência do Tribunal de Contas)

Compete ao Tribunal de Contas dar parecer sobre a Conta Geral do Estado, fiscalizar a legalidade das despesas públicas e julgar as contas que a lei mandar submeter-lhe.

CAPÍTULO III
Magistratura dos tribunais judiciais

ARTIGO 220º
(Unidade da magistratura)

Os juízes dos tribunais judiciais formam um corpo único e regem-se por um só estatuto.

ARTIGO 221º
(Garantias)

1. Os juízes são inamovíveis, não podendo ser transferidos, suspensos, aposentados ou demitidos senão nos casos previstos na lei.

2. Os juízes não podem ser responsabilizados pelas suas decisões, salvas as exceções consignadas na lei.

ARTIGO 222º
(Incompatibilidades)

1. Os juízes em exercício não podem desempenhar qualquer outra função pública ou privada remunerada.

2. Os juízes em exercício não podem ser nomeados para comissões de serviço estranhas à atividade judicial sem autorização do Conselho Superior da Magistratura.

ARTIGO 223º
(Conselho Superior da Magistratura)

1. A lei determina as regras de composição do Conselho Superior da Magistratura, o qual deverá incluir membros de entre si eleitos pelos juízes.

2. A nomeação, colocação, transferência e promoção dos juízes e o exercício da ação disciplinar competem ao Conselho Superior da Magistratura.

CAPÍTULO IV
Ministério Público

ARTIGO 224º
(Funções e estatuto)

1. Ao Ministério Público compete representar o Estado, exercer a ação penal, defender a legalidade democrática e os interesses que a lei determinar.

2. O Ministério Público goza de estatuto próprio.

ARTIGO 225º
(Agentes do Ministério Público)

1. Os agentes do Ministério Público são magistrados responsáveis, hierarquicamente subordinados, e não podem ser transferidos, suspensos, aposentados ou demitidos senão nos casos previstos na lei.
2. A nomeação, colocação, transferência e promoção dos agentes do Ministério Público e o exercício da ação disciplinar competem à Procuradoria-Geral da República

ARTIGO 226º
(Procuradoria-Geral da República)

1. A Procuradoria-Geral da República é o órgão superior do Ministério Público e é presidida pelo Procurador-Geral da República.
2. A lei determina as regras de organização e composição da Procuradoria-Geral da República.

TÍTULO VII
Regiões autónomas

ARTIGO 227º
(Regime político-administrativo dos Açores e da Madeira)

1. O regime político-administrativo próprio dos arquipélagos dos Açores e da Madeira fundamenta-se nos condicionalismos geográficos, económicos e sociais e nas históricas aspirações autonomistas das populações insulares.
2. A autonomia das regiões visa a participação democrática dos cidadãos, o desenvolvimento económico-social e a promoção e defesa dos interesses regionais, bem como o reforço da unidade nacional e dos laços de solidariedade entre todos os portugueses.
3. A autonomia político-administrativa regional não afeta a integridade da soberania do Estado e exerce-se no quadro da Constituição.

ARTIGO 228º
(Estatutos)

1. Os projetos de estatutos político-administrativos das regiões autónomas serão elaborados pelas assembleias regionais e enviados para discussão e aprovação à Assembleia da República.
2. Se a Assembleia da República rejeitar o projeto ou lhe introduzir alterações, remetê-lo-á à respetiva assembleia regional para apreciação e emissão de parecer.
3. Elaborado o parecer, a Assembleia da República tomará a decisão final.

ARTIGO 229º
(Poderes das regiões autónomas)

1. As regiões autónomas são pessoas coletivas de direito público e têm as seguintes atribuições, a definir nos respetivos estatutos:

a) Legislar, com respeito da Constituição e das leis gerais da República, em matérias de interesse específico para as regiões que não estejam reservadas à competência própria dos órgãos de soberania;

b) Regulamentar a legislação regional e as leis gerais emanadas dos órgãos de soberania que não reservem para estes o respetivo poder regulamentar;

c) Exercer iniciativa legislativa, mediante a apresentação de propostas de lei à Assembleia da República;

d) Exercer poder executivo próprio;

e) Administrar e dispor do seu património e celebrar os atos e contratos em que tenham interesse;

f) Dispor das receitas fiscais nelas cobradas e de outras que lhes sejam atribuídas e afetá-las às suas despesas;

g) Exercer poder de orientação e de tutela sobre as autarquias locais;

h) Superintender nos serviços, institutos públicos e empresas nacionalizadas que exerçam a sua atividade exclusivamente na região e noutros casos em que o interesse regional o justifique;

i) Elaborar o plano económico regional e participar na elaboração do Plano;

j) Participar na definição e execução das políticas fiscal, monetária, financeira e cambial, de modo a assegurar o controlo regional dos meios de pagamento em circulação e o financiamento dos investimentos necessários ao seu desenvolvimento económico-social;

l) Participar nas negociações de tratados e acordos internacionais que diretamente lhes digam respeito, bem como nos benefícios deles decorrentes.

2. As assembleias regionais podem solicitar ao Conselho da Revolução a declaração da inconstitucionalidade de normas jurídicas emanadas dos órgãos de soberania, por violação dos direitos das regiões consagrados na Constituição.

ARTIGO 230º
(Limites dos poderes)

Vedado às regiões autónomas:

a) Restringir os direitos legalmente reconhecidos aos trabalhadores;

b) Estabelecer restrições ao trânsito de pessoas e bens entre elas e o restante território nacional;

c) Reservar o exercício de qualquer profissão ou acesso a qualquer cargo público aos naturais ou residentes na região.

ARTIGO 231º
(Cooperação dos Órgãos de soberania o dos Órgãos regionais)

1. Os órgãos de soberania asseguram, em cooperação com os órgãos de governo regional, o desenvolvimento económico e social das regiões autónomas, visando, em especial, a correção das desigualdades derivadas da insularidade.
2. Os órgãos de soberania ouvirão sempre, relativamente às questões da sua competência respeitantes às regiões autónomas, os órgãos de governo regional.

ARTIGO 232º
(Representação da soberania da República)

1. A soberania da República é especialmente representada, em cada uma das regiões autónomas, por um Ministro da República, nomeado pelo Presidente da República, sob proposta do Primeiro-Ministro, ouvido o Conselho da Revolução.
2. Compete ao Ministro da República a coordenação da atividade dos serviços centrais do Estado no tocante aos interesses da região, dispondo para isso de competência ministerial e tendo assento em Conselho de Ministros nas reuniões que tratem de assuntos de interesse para a respetiva região.
3. O Ministro da República superintende nas funções administrativas exercidas pelo Estado na região e coordena-as com as exercidas pela própria região.
4. Nas suas ausências e impedimentos, o Ministro da República é substituído na região pelo presidente da assembleia regional.

ARTIGO 233º
(Órgãos de governo próprio das regiões)

1. São órgãos de governo próprio de cada região a assembleia regional e o governo regional.
2. A assembleia regional é eleita por sufrágio universal, direto e secreto, de harmonia com o princípio da representação proporcional.
3. É da exclusiva competência da assembleia regional o exercício das atribuições referidas na alínea a), na segunda parte da alínea b) e na alínea c) do artigo 229º, bem como a aprovação do orçamento e do plano económico regional.
4. O governo regional é politicamente responsável perante a assembleia regional e o seu presidente é nomeado pelo Ministro da República, tendo em conta os resultados eleitorais.
5. O Ministro da República nomeia e exonera os restantes membros do governo regional, sob proposta do respetivo presidente.

ARTIGO 234º
(Dissolução e suspensão dos órgãos regionais)

1. Os órgãos das regiões autónomas podem ser dissolvidos ou suspensos pelo Presidente da República, por prática de atos contrários à Constituição, ouvidos o Conselho da Revolução e a Assembleia da República.

2. A dissolução dos órgãos regionais obriga a realização de novas eleições no prazo máximo de noventa dias, pela lei eleitoral vigente ao tempo da dissolução, sob pena de nulidade do respetivo decreto.

3. A suspensão dos órgãos regionais deve ser feita por prazo fixo, que não excede quinze dias, não se podendo verificar mais de duas suspensões durante cada legislatura da assembleia regional.

4. Em caso de dissolução ou suspensão dos órgãos regionais, o governo da região será assegurado pelo Ministro da República.

ARTIGO 235º
(Decretos regionais)

1. Os decretos regionais, bem como os regulamentos das leis gerais da República, são enviados ao Ministro da República para serem assinados e publicados.

2. No prazo de quinze dias, contados da receção de qualquer dos diplomas previstos no número anterior, o Ministro da República pode, em mensagem fundamentada, exercer o direito de veto, solicitando nova apreciação do diploma.

3. Se a assembleia regional confirmar o voto por maioria absoluta dos seus membros em efetividade de funções, a assinatura não poderá ser recusada.

4. Se, porém, entender que o diploma é inconstitucional, o Ministro da República poderá suscitar a questão da inconstitucionalidade perante o Conselho da Revolução, nos termos e para os efeitos dos artigos 277º e 278º, com as devidas adaptações.

ARTIGO 236º
(Comissão consultiva para as regiões autónomas)

1. Junto do Presidente da República funcionará uma comissão consultiva para os assuntos das regiões autónomas, com a seguinte competência:

a) Emitir parecer, a solicitação do Ministro da República, acerca da legalidade dos diplomas emanados dos órgãos regionais;

b) Emitir parecer, a solicitação dos presidentes das assembleias regionais, acerca da conformidade das leis, dos regulamentos e de outros atos dos órgãos de soberania com os direitos das regiões, consagrados nos estatutos;

c) Emitir parecer sobre as demais questões cuja apreciação lhe seja solicitada pelo Presidente da República ou lhe seja atribuída pelos estatutos ou pelas leis gerais da República.

2. Compõem a comissão:

a) Um cidadão de reconhecido mérito, que presidirá, designado pelo Presidente da República;

b) Quatro cidadãos de reconhecido mérito e comprovada competência em matéria jurídica, sendo designados dois pela Assembleia da República e um por cada assembleia regional.

3. O julgamento das questões previstas nas alíneas *a)* e *b)* do nº 1 compete ao tribunal de última instância designado por lei da República.

TÍTULO VIII
Poder local

CAPÍTULO I
Princípios gerais

ARTIGO 237º
(Autarquias locais)

1. A organização democrática do Estado compreende a existência de autarquias locais.

2. As autarquias locais são pessoas coletivas territoriais dotadas de órgãos representativos, que visam a prossecução de interesses próprios das populações respetivas.

ARTIGO 238º
(Categorias de autarquias locais e divisão administrativa)

1. No continente as autarquias locais são as freguesias, os municípios e as regiões administrativas.

2. As regiões autónomas dos Açores e da Madeira compreendem freguesias e municípios.

3. Nas grandes áreas metropolitanas a lei poderá estabelecer, de acordo com as suas condições específicas, outras formas de organização territorial autárquica.

4. A divisão administrativa do território será estabelecida por lei.

ARTIGO 239º
(Atribuições e organização das autarquias locais)

As atribuições e a organização das autarquias locais, bem como a competência dos seus órgãos, serão reguladas por lei, de harmonia com o princípio da descentralização administrativa.

ARTIGO 240º
(Património e finanças locais)

1. As autarquias Locais têm património e finanças próprios.

2. O regime das finanças Locais será estabelecido por lei e visará a justa repartição dos recursos públicos pelo Estado e pelas autarquias e a necessária correção de desigualdades entre autarquias do mesmo grau.

3. As receitas próprias das autarquias locais incluem obrigatoriamente as provenientes da gestão do seu património e as cobradas pela utilização dos seus serviços.

ARTIGO 241º
(Órgãos deliberativos e executivos)

1. A organização das autarquias locais compreende uma assembleia eleita dotada de poderes deliberativos e um órgão colegial executivo perante ela responsável.

2. A assembleia será eleita por sufrágio universal, direto e secreto dos cidadãos residentes, segundo o sistema da representação proporcional.

ARTIGO 242º
(Poder regulamentar)

A assembleia das autarquias locais terá competência regulamentar própria nos limites da Constituição, das leis e dos regulamentos emanados das autarquias de grau superior ou das autoridades com poder tutelar.

ARTIGO 243º
(Tutela administrativa)

1. A tutela sobre as autarquias locais será exercida segundo as formas e nos casos previstos na lei, competindo no continente ao Governo e nos Açores e na Madeira aos respetivos órgãos regionais.

2. As medidas tutelares especialmente restritivas da autonomia local serão precedidas de parecer de um órgão autárquico a definir por lei.

3. A dissolução da assembleia será acompanhada da marcação de novas eleições, a realizar no prazo de sessenta dias, não podendo haver nova dissolução antes de decorrido um ano.

ARTIGO 244º
(Quadro geral de funcionários)

1. A fim de coadjuvar as autarquias locais e garantir a eficiência da sua ação, será organizado, na dependência do ministério competente, um quadro geral de funcionários, incluindo técnicos das especialidades de interesse para a administração local.

2. A nomeação dos funcionários administrativos integrados no quadro geral para os lugares das autarquias locais dependerá da audiência destas.

CAPÍTULO II
Freguesia

ARTIGO 245º
(Órgãos da freguesia)

Os órgãos representativos da freguesia são a assembleia de freguesia e a junta de freguesia.

ARTIGO 246º
(Assembleia de freguesia)

1. A assembleia de freguesia é eleita pelos cidadãos eleitores residentes na área da freguesia.

2. Podem apresentar candidaturas para as eleições dos órgãos das freguesias, além dos partidos políticos, outros grupos de cidadãos eleitores, nos termos estabelecidos por lei.

3. A lei pode determinar que nas freguesias de população diminuta a assembleia de freguesia seja substituída pelo plenário dos cidadãos eleitores.

ARTIGO 247º
(Junta de freguesia)

1. A junta de freguesia é o órgão executivo da freguesia, sendo eleita por escrutínio secreto pela assembleia de entre os seus membros.

2. O presidente da junta é o cidadão que encabeça a lista mais votada na eleição da assembleia ou, não existindo esta, o cidadão que para esse cargo for eleito pelo plenário.

ARTIGO 248º
(Delegação de tarefas)

A assembleia de freguesia pode delegar nas organizações populares de base territorial tarefas administrativas que não envolvam o exercício de poderes de autoridade.

CAPÍTULO III
Município

ARTIGO 249º
(Concelhos e municípios)

Os concelhos existentes são os municípios previstos na Constituição, podendo a lei criar outros ou extinguir os que forem manifestamente inviáveis.

ARTIGO 250º
(Órgãos do município)

Os órgãos representativos do município são a assembleia municipal, a câmara municipal e o conselho municipal.

ARTIGO 251º
(Assembleia municipal)

A assembleia municipal é constituída pelos presidentes das juntas de freguesia e por membros, em número não inferior ao daqueles, eleitos pelo colégio eleitoral do município.

ARTIGO 252º
(Câmara municipal)

A câmara municipal é o órgão executivo colegial do município, eleito pelos cidadãos eleitores residentes na sua área, tendo por presidente o primeiro candidato da lista mais votada.

ARTIGO 253º
(Conselho municipal)

O conselho municipal é o órgão consultivo do município, sendo a sua composição definida por lei, de modo a garantir adequada representação às organizações económicas, sociais, culturais e profissionais existentes na respetiva área.

ARTIGO 254º
(Associação e federação)

1. Os municípios podem constituir associações e federações para a administração de interesses comuns.
2. A lei poderá estabelecer a obrigatoriedade da federação.

ARTIGO 255º
(Participação nas receitas dos impostos diretos)

Os municípios participam, por direito próprio e nos termos definidos pela lei, nas receitas provenientes dos impostos diretos.

CAPÍTULO IV
Região administrativa

ARTIGO 256º
(Instituição das regiões)

1. As regiões serão instituídas simultaneamente, podendo o estatuto regional estabelecer diferenciações quanto ao regime aplicável a cada uma.
2. A área das regiões deverá corresponder às regiões-plano.
3. A instituição concreta de cada região dependerá do voto favorável da maioria das assembleias municipais que representem a maior parte da população da área regional.

ARTIGO 257º
(Atribuições)

Além de participação na elaboração e execução do plano regional, serão conferidas às regiões, designadamente, tarefas de coordenação e apoio à ação dos municípios, bem como de direção de serviços públicos.

ARTIGO 258º
(Órgãos da região)

Os órgãos representativos da região são a assembleia regional, a junta regional e o conselho regional.

ARTIGO 259º
(Assembleia regional)

A assembleia regional compreenderá, além dos representantes eleitos diretamente pelos cidadãos, membros eleitos pelas assembleias municipais, em número inferior ao daqueles.

ARTIGO 260º
(Junta regional)

A junta regional é o órgão colegial executivo da região e será eleita, por escrutínio secreto, pela assembleia regional de entre os seus membros.

ARTIGO 261º
(Conselho regional)

O conselho regional é o órgão consultivo da região e a sua composição será definida pela lei, de modo a garantir a adequada representação às organizações culturais, sociais, económicas e profissionais existentes na respetiva área.

ARTIGO 262º
(Representante do Governo)

Junto da região haverá um representante do Governo, nomeado em Conselho de Ministros, cuja competência se exerce igualmente junto das autarquias existentes na área respetiva.

ARTIGO 263º
(Distritos)

1. Enquanto as regiões não estiverem instituídas, subsistirá a divisão distrital.
2. Haverá em cada distrito, em termos a definir por lei, uma assembleia deliberativa, composta por representantes dos municípios e presidida pelo governador civil.
3. Compete ao governador civil, assistido por um conselho, representar o Governo e exercer os poderes de tutela na área do distrito.

CAPÍTULO V
Organizações populares de base territorial

ARTIGO 264º
(Constituição e área)

1. A fim de intensificar a participação das populações na vida administrativa local podem ser constituídas organizações populares de base territorial correspondentes a áreas inferiores à da freguesia.
2. A assembleia de freguesia, por sua iniciativa, ou a requerimento de comissões de moradores ou de um número significativo de moradores, demarcará as áreas territoriais das organizações referidas no número anterior, solucionando os eventuais conflitos daí resultantes.

ARTIGO 265º
(Estrutura)

1. A estrutura das organizações populares de base territorial será a fixada na lei e compreende a assembleia de moradores e a comissão de moradores.

2. A assembleia dos moradores é composta pelos residentes inscritos no recenseamento da freguesia e pelos não inscritos maiores de 16 anos que comprovem, documentalmente, a sua qualidade de residentes.

3. A assembleia reúne quando convocada publicamente, com a devida antecedência, pelo menos, por vinte dos seus membros ou pela comissão de moradores.

4. A comissão de moradores é eleita, por escrutínio secreto, pela assembleia dos moradores e por ela livremente destituída.

ARTIGO 266º
(Funções)

1. As organizações populares de base territorial têm direito:

a) De petição perante as autarquias locais relativamente a assuntos administrativos de interesse dos moradores;

b) De participação, sem voto, através de representantes seus, na assembleia de freguesia.

2. Às organizações populares de base territorial compete realizar as tarefas que a lei lhes confiar ou os órgãos de freguesia nelas delegarem.

TÍTULO IX
Administração Pública

ARTIGO 267º
(Princípios fundamentais)

1. A Administração Pública visa a prossecução do interesse público, no respeito pelos direitos e interesses legalmente protegidos dos cidadãos.

2. Os órgãos e agentes administrativos estão subordinados à Constituição e à lei e devem atuar com justiça e imparcialidade no exercício das suas funções.

ARTIGO 268º
(Estrutura da Administração)

1. A Administração Pública será estruturada de modo a aproximar os serviços das populações, a assegurar a participação dos interessados na sua gestão efetiva, designadamente por intermédio das organizações populares de base ou de outras formas de representação democrática, e a evitar a burocratização.

2. Para efeito do disposto no número anterior, a lei estabelecerá adequadas formas de descentralização e desconcentração administrativa, sem prejuízo da necessária eficácia e unidade de ação e dos poderes de direção e superintendência do Governo.

3. O processamento da atividade administrativa será objeto de lei especial, que assegurará a racionalização dos meios a utilizar pelos serviços e a participação dos cidadãos na formação das decisões ou deliberações que lhes disserem respeito.

ARTIGO 269º
(Direitos e garantias dos administrados)

1. Os cidadãos têm o direito de ser informados pela Administração, sempre que o requeiram, sobre o andamento dos processos em que sejam diretamente interessados, bem como o de conhecer as resoluções definitivas que sobre eles forem tomadas.

2. É garantido aos interessados recurso contencioso, com fundamento em ilegalidade, contra quaisquer atos administrativos definitivos e executórios.

ARTIGO 270º
(Regime da função pública)

1. Os funcionários e agentes do Estado e das demais entidades públicas estão exclusivamente ao serviço do interesse público, tal como é definido, nos termos da lei, pelos órgãos competentes da Administração.

2. Os funcionários e agentes do Estado e das demais entidades públicas não podem ser prejudicados ou beneficiados em virtude do exercício de quaisquer direitos políticos previstos na Constituição, nomeadamente por opção partidária.

3. Em processo disciplinar são garantidas ao arguido a sua audiência e defesa.

4. Não é permitida a acumulação de empregos ou cargos públicos, salvo nos casos expressamente admitidos por lei.

5. A lei determina as incompatibilidades entre o exercício de empregos ou cargos públicos e o de outras atividades.

ARTIGO 271º
(Responsabilidades dos funcionários e agentes)

1. Os funcionários e agentes do Estado e das demais entidades públicas são responsáveis civil, criminal e disciplinarmente pelas suas ações e omissões de que resulte violação dos direitos ou dos interesses legalmente protegidos dos cidadãos, não dependendo a ação ou procedimento, em qualquer fase, de autorização hierárquica.

2. É excluída a responsabilidade do funcionário ou agente que atue no cumprimento de ordens ou instruções emanadas de legítimo superior hierárquico e em matéria de serviço, se previamente delas tiver reclamado ou tiver exigido a sua transmissão ou confirmação por escrito.

3. Cessa o dever de obediência sempre que o cumprimento das ordens ou instruções implique a prática de qualquer crime.

4. A lei regula os termos em que o Estado e as demais entidades públicas têm direito de regresso contra os titulares dos seus órgãos, funcionários e agentes.

ARTIGO 272º
(Polícia)

1. A Polícia tem por função defender a legalidade democrática e os direitos dos cidadãos.

2. As medidas de polícia são as previstas na lei, não devendo ser utilizadas para além do estritamente necessário.

3. A prevenção dos crimes, incluindo a dos crimes contra a segurança do Estado, só pode fazer-se com observância das regras gerais sobre polícia e com respeito pelos direitos, liberdades e garantias dos cidadãos.

TÍTULO X
Forças Armadas

ARTIGO 273º
(Funções)

1. As Forças Armadas Portuguesas garantem a independência nacional, a unidade do Estado e a integridade do território.

2. As Forças Armadas Portuguesas são parte do povo e, identificadas com o espírito do Programa do Movimento das Forças Armadas, asseguram o prosseguimento da Revolução de 25 de Abril de 1974.

3. As Forças Armadas Portuguesas garantem o regular funcionamento das instituições democráticas e o cumprimento da Constituição.

4. As Forças Armadas Portuguesas têm a missão histórica de garantir as condições que permitam a transição pacífica e pluralista da sociedade portuguesa para a democracia e o socialismo.

5. As Forças Armadas Portuguesas colaboram nas tarefas de reconstrução nacional.

ARTIGO 274º
(Estrutura)

1. As Forças Armadas Portuguesas constituem uma instituição nacional e a sua organização, bem como a das forças militarizadas, é única para todo o território.

2. As Forças Armadas Portuguesas são compostas exclusivamente por cidadãos portugueses.

3. As Forças Armadas Portuguesas obedecem aos órgãos de soberania competentes, nos termos da Constituição.

ARTIGO 275º
(Isenção partidária)

1. As Forças Armadas Portuguesas estão ao serviço do povo português, e não de qualquer partido ou organização, sendo rigorosamente apartidárias.

2. Os elementos das Forças Armadas Portuguesas têm de observar os objetivos do povo português consignados na Constituição e não podem aproveitar-se da sua arma, posto ou função para impor, influenciar ou impedir a escolha de uma determinada via política democrática.

ARTIGO 276º
(Defesa da Pátria e serviço militar)

1. A defesa da Pátria é dever fundamental de todos os portugueses.

2. O serviço militar é obrigatório, nos termos e pelo período que a lei prescrever.

3. Os que forem considerados inaptos para o serviço militar armado e os objetores de consciência prestarão serviço militar não armado ou serviço cívico adequado à sua situação.

4. O serviço cívico pode ser estabelecido em substituição ou complemento do serviço militar e tornado obrigatório por lei para os cidadãos não sujeitos a deveres militares.

5. Nenhum cidadão poderá conservar nem obter emprego do Estado ou de outra entidade pública se deixar de cumprir os seus deveres militares ou de serviço cívico, quando obrigatório.

6. Nenhum cidadão pode ser prejudicado na sua colocação, nos seus benefícios sociais ou no seu emprego permanente por virtude do cumprimento do serviço militar ou do serviço cívico obrigatório.

PARTE IV
Garantia e revisão da Constituição

TÍTULO I
Garantia da Constituição

CAPÍTULO I
Fiscalização da constitucionalidade

ARTIGO 277º
(Fiscalização preventiva da constitucionalidade)

1. Todos os decretos remetidos ao Presidente da República para serem promulgados como lei ou decreto-lei ou que consistam na aprovação de tratados ou acordos internacionais serão simultaneamente enviados ao Conselho da Revolução, não podendo ser promulgados antes de passarem cinco dias sobre a sua receção no Conselho.

2. No caso de o Presidente da República reconhecer urgência na promulgação, deverá dar conhecimento ao Conselho da Revolução do propósito de promulgação imediata.

3. Se o Conselho da Revolução tiver dúvidas sobre a constitucionalidade de um decreto e deliberar apreciá-lo, comunicará o facto, no prazo referido no nº 1, ao Presidente da República para que não efetue a promulgação.

4. Deliberada pelo Conselho ou requerida pelo Presidente da República a apreciação da constitucionalidade de um diploma, o Conselho da Revolução terá de se pronunciar no prazo de vinte dias, que poderá ser encurtado pelo Presidente da República, no caso de urgência.

ARTIGO 278º
(Efeitos da decisão)

1. Se o Conselho da Revolução se pronunciar pela inconstitucionalidade de qualquer diploma, o Presidente da República deverá exercer o direito de veto, não o promulgando ou não o assinando.

2. Tratando-se de decreto da Assembleia da República, não poderá ser promulgado sem que a Assembleia de novo o aprove por maioria de dois terços dos Deputados presentes.

3. Tratando-se de decreto do Governo, não poderá ser promulgado ou assinado.

ARTIGO 279º
(Inconstitucionalidade por omissão)

Quando a Constituição não estiver a ser cumprida por omissão das medidas legislativas necessárias para tornar exequíveis as normas constitucionais, o Conselho da Revolução poderá recomendar aos órgãos Legislativos competentes que as emitam em tempo razoável.

ARTIGO 280º
(Inconstitucionalidade por ação)

1. São inconstitucionais as normas que infrinjam o disposto na Constituição ou os princípios nela consignados.

2. As normas inconstitucionais não podem ser aplicadas pelos tribunais, competindo ao Conselho da Revolução declarar a sua inconstitucionalidade com força obrigatória geral, nos termos dos artigos seguintes.

3. A inconstitucionalidade orgânica ou formal de convenções internacionais não impede a aplicação das suas normas na ordem interna portuguesa, salvo se a impedir na ordem interna da outra ou das outras partes.

ARTIGO 281º
(Declaração da inconstitucionalidade)

1. O Conselho da Revolução aprecia e declara, com força obrigatória geral, a inconstitucionalidade de quaisquer normas, precedendo solicitação do Presidente da República, do Presidente da Assembleia da República, do Primeiro-Ministro, do Provedor de Justiça, do Procurador-Geral da República ou, nos casos previstos no nº 2 do artigo 229º, das assembleias das regiões autónomas.

2. O Conselho da Revolução poderá declarar, com força obrigatória geral, a inconstitucionalidade de uma norma se a Comissão Constitucional a tiver julgado inconstitucional em três casos concretos, ou num só, se se tratar de inconstitucionalidade orgânica ou formal, sem ofensa dos casos julgados.

ARTIGO 282º
(Fiscalização judicial da constitucionalidade)

1. Sempre que os tribunais se recusem a aplicar uma norma constante de lei, decreto-lei, decreto regulamentar, decreto regional ou diploma equiparável, com

fundamento em inconstitucionalidade, e uma vez esgotados os recursos ordinários que caibam, haverá recurso gratuito, obrigatório quanto ao Ministério Público, e restrito à questão da inconstitucionalidade, para julgamento definitivo do caso concreto pela Comissão Constitucional.

2. Haverá também recurso gratuito para a Comissão Constitucional, obrigatório quanto ao Ministério Público, das decisões que apliquem uma norma anteriormente julgada inconstitucional por aquela Comissão.

3. Tratando-se de norma constante de diploma não previsto no nº 1, os tribunais julgam definitivamente acerca da inconstitucionalidade.

CAPÍTULO II
Comissão Constitucional

ARTIGO 283º
(Comissão Constitucional)

1. Junto do Conselho da Revolução funciona a Comissão Constitucional.

2. Compõem a Comissão Constitucional:

a) Um membro do Conselho da Revolução, por ele designado, como presidente e com voto de qualidade;

b) Quatro juízes, um designado pelo Supremo Tribunal de Justiça e os restantes pelo Conselho Superior da Magistratura, um dos quais juiz dos tribunais da Relação e dois dos tribunais de primeira instância;

c) Um cidadão de reconhecido mérito designado pelo Presidente da República;

d) Um cidadão de reconhecido mérito designado pela Assembleia da República;

e) Dois cidadãos de reconhecido mérito designados pelo Conselho da Revolução, sendo um deles jurista de comprovada competência.

3. Os membros da Comissão Constitucional exercem o cargo por quatro anos, são independentes e inamovíveis e, quando no exercício de funções jurisdicionais, gozam de garantias de imparcialidade e da garantia de irresponsabilidade própria dos juízes.

ARTIGO 284º
(Competência)

Compete à Comissão Constitucional:

a) Dar obrigatoriamente parecer sobre a constitucionalidade dos diplomas que hajam de ser apreciados pelo Conselho da Revolução, nos termos do artigo 277º e nº 1 do artigo 281º;

b) Dar obrigatoriamente parecer sobre a existência de violação das normas constitucionais por omissão, nos termos e para os efeitos do artigo 279º;

c) Julgar as questões de inconstitucionalidade que lhe sejam submetidas, nos termos do artigo 282º

ARTIGO 285º
(Organização, funcionamento e processo)

1. A organização, o funcionamento e o processo da Comissão Constitucional são regulados pelo Conselho da Revolução.

2. As normas de processo podem ser alteradas pela Assembleia da República.

TÍTULO II
Revisão constitucional

ARTIGO 286º
(Primeira revisão)

1. Na II Legislatura, a Assembleia da República tem poderes de revisão constitucional, que se esgotam com a aprovação da lei de revisão.

2. As alterações da Constituição terão de ser aprovadas por maioria de dois terços dos Deputados presentes, desde que superior à maioria absoluta dos Deputados em efetividade de funções, e o Presidente da República não poderá recusar a promulgação da lei de revisão.

ARTIGO 287º
(Revisões subsequentes)

1. A Assembleia da República pode rever a Constituição decorridos cinco anos sobre a data da publicação de qualquer lei de revisão.

2. A Assembleia da República pode, contudo, assumir em qualquer momento, após a revisão prevista no artigo anterior, poderes de revisão constitucional por maioria de quatro quintos dos Deputados em efetividade de funções.

3. As alterações da Constituição previstas neste artigo terão de ser aprovadas por maioria de dois terços dos Deputados em efetividade de funções.

ARTIGO 288º
(Processo de revisão)

1. A iniciativa da revisão compete aos Deputados.

2. Apresentado um projeto de revisão constitucional, quaisquer outros terão de ser apresentados no prazo de trinta dias.

3. As alterações da Constituição que forem aprovadas serão reunidas numa única lei de revisão.

ARTIGO 289º
(Novo texto da Constituição)

1. As alterações da Constituição serão inseridas no lugar próprio, mediante as substituições, as supressões e os aditamentos necessários.

2. A Constituição, no seu novo texto, será publicada conjuntamente com a lei de revisão.

ARTIGO 290º
(Limites materiais da revisão)
As leis de revisão constitucional terão de respeitar:

a) A independência nacional e a unidade do Estado;
b) A forma republicana de governo;
c) A separação das Igrejas do Estado;
d) Os direitos, liberdades e garantias dos cidadãos;
e) Os direitos dos trabalhadores, das comissões de trabalhadores e das associações sindicais;
f) O princípio da apropriação coletiva dos principais meios de produção e solos, bem como dos recursos naturais, e a eliminação dos monopólios e dos latifúndios;
g) A planificação democrática da economia;
h) O sufrágio universal, direto, secreto e periódico na designação dos titulares eletivos dos órgãos de soberania, das regiões autónomas e do poder local, bem como o sistema de representação proporcional;
i) O pluralismo de expressão e organização política, incluindo partidos políticos, e o direito de oposição democrática;
j) A participação das organizações populares de base no exercício do poder local;
l) A separação e a interdependência dos órgãos de soberania;
m) A fiscalização da constitucionalidade por ação ou por omissão de normas jurídicas;
n) A independência dos tribunais;
o) A autonomia das autarquias locais;
p) A autonomia político-administrativa dos arquipélagos dos Açores e da Madeira.

ARTIGO 291º
(Limites circunstanciais da revisão)
Não pode ser praticado nenhum ato de revisão constitucional na vigência de estado de sítio ou de estado de emergência.

DISPOSIÇÕES FINAIS E TRANSITÓRIAS

ARTIGO 292º
(Direito constitucional anterior)

1. As disposições da Constituição de 1933, revogada pela Revolução de 25 de Abril de 1974, que foram ressalvadas pela Lei nº 3/74, de 14 de maio, caducam com a entrada em vigor da Constituição.

2. As leis constitucionais posteriores a 25 de Abril de 1974 não referidas no artigo 294º, nem ressalvadas neste capítulo, passam a ser consideradas leis ordinárias, sem prejuízo do disposto no artigo 293º

ARTIGO 293º
(Direito ordinário anterior)

1. O direito anterior à entrada em vigor da Constituição mantém-se, desde que não seja contrário à Constituição ou aos princípios nela consignados.

2. São expressamente ressalvados o Código de Justiça Militar e legislação complementar, os quais devem ser harmonizados com a Constituição, sob pena de caducidade, no prazo de um ano, a contar da publicação desta.

3. A adaptação das normas anteriores atinentes ao exercício dos direitos, liberdades e garantias consignados na Constituição estará concluída até ao fim da primeira sessão legislativa.

ARTIGO 294º
(Entrada em funcionamento do sistema dos órgãos de soberania)

1. O sistema dos órgãos de soberania previsto na Constituição entra em funcionamento com a posse do Presidente da República eleito nos termos da Constituição.

2. Continuarão em vigor até à data referida no número anterior as leis constitucionais vigentes sobre a organização, a competência e o funcionamento dos órgãos de soberania posteriores a 25 de Abril de 1974.

ARTIGO 295º
(Eleição do Presidente da República)

1. A eleição do primeiro Presidente da República nos termos da Constituição efetuar-se-á, observado o disposto no nº 2 do artigo 128º, até ao septuagésimo dia posterior ao da eleição da Assembleia da República.

2. Compete ao Presidente da República em exercício, ouvido o Conselho da Revolução, marcar a data da eleição.

3. Por decreto-lei sancionado pelo Conselho da Revolução o Governo Provisório definirá, observados os preceitos aplicáveis da Constituição, a lei eleitoral para a eleição do Presidente da República, a qual vigorará até que a Assembleia da República legisle sobre a matéria.

4. O Presidente da República toma posse, nos termos do artigo 130º, no oitavo dia posterior ao apuramento dos resultados eleitorais.

ARTIGO 296º
(Primeiro mandato do Presidente da República)

1. O primeiro mandato do Presidente da República cessará três meses após o termo da primeira legislatura.

2. Se houver vagatura do cargo, o Presidente da República então eleito completará o mandato.

ARTIGO 297º
(Poderes constituintes do Conselho da Revolução)

Os poderes constituintes atribuídos ao Conselho da Revolução pelas leis constitucionais posteriores a 25 de Abril de 1974, cessam com a votação do decreto da Assembleia Constituinte que aprova a Constituição.

ARTIGO 298º
(Eleição da Assembleia da República)

1. A eleição dos Deputados à primeira Assembleia da República realizar-se-á até ao trigésimo dia posterior à data do decreto de aprovação da Constituição, em dia marcado pelo Presidente da República, ouvido o Conselho da Revolução.
2. O número de Deputados à primeira Assembleia da República será o que resultar da aplicação da respetiva lei eleitoral elaborada pelo Governo Provisório.

ARTIGO 299º
(Primeira legislatura)

1. A primeira legislatura termina em 14 de outubro de 1980, iniciando-se a primeira sessão legislativa no dia fixado no artigo 176º
2. O disposto no nº 3 do artigo 174º não se aplica à primeira legislatura.
3. Enquanto não aprovar o seu regimento, a primeira Assembleia da República reger-se-á pelas disposições aplicáveis do regimento da Assembleia Constituinte, sendo a Mesa formada por um Presidente e dois Secretários, aquele designado pelo partido maioritário e estes pelos dois partidos a seguir na ordem dos resultados eleitorais.

ARTIGO 300º
(Governo Provisório)

O Governo Provisório em funções na data da posse do Presidente da República manter-se-á em exercício, para a resolução dos assuntos correntes, até à posse do primeiro Governo nomeado nos termos da Constituição.

ARTIGO 301º
(Tribunais)

1. A revisão da legislação vigente sobre a organização dos tribunais e o estatuto dos juízes estará concluída até ao fim da primeira sessão legislativa.
2. Até 31 de dezembro de 1976 estarão publicadas as leis previstas no nº 1 do artigo 223º e no nº 2 do artigo 226º
3. Nas comarcas onde não houver juízos de instrução criminal, e enquanto estes não forem criados, em cumprimento do nº 4 do artigo 32º, a instrução criminal incumbirá ao Ministério Público, sob a direcção de um juiz.

ARTIGO 302º
(Regiões autónomas)

1. As primeiras eleições para as assembleias das regiões autónomas realizar-se-ão até 30 de junho de 1976, em data a marcar pelo Presidente da República em exercício, nos termos da lei eleitoral aplicável.
2. Até 30 de abril de 1976, o Governo, mediante proposta das juntas regionais, elaborará por decreto-lei, sancionado pelo Conselho da Revolução, estatutos provisórios para as regiões autónomas, bem como a lei eleitoral para as primeiras assembleias regionais.

3. Os estatutos provisórios das regiões autónomas estarão em vigor até serem promulgados os estatutos definitivos, a elaborar nos termos da Constituição.

ARTIGO 303º
(Primeiras eleições locais)

1. As primeiras eleições dos órgãos das autarquias locais realizar-se-ão até 15 de dezembro de 1976, no mesmo dia em todo o território nacional, em data a marcar pelo Governo.

2. Com vista à realização das eleições, o Governo fará legislação provisória para harmonizar a estrutura, a competência e o funcionamento dos órgãos do município e da freguesia com o disposto na Constituição, bem como para estabelecer o regime eleitoral respetivo.

3. A legislação referida no número anterior será sancionada pelo Conselho da Revolução, podendo a Assembleia da República sujeitá-la, nos termos gerais, a ratificação. se a publicação for posterior à data de posse do Presidente da República.

ARTIGO 304º
(Comissão Constitucional)

1. Até 30 de junho de 1976, o Conselho da Revolução elaborará a legislação prevista no artigo 285º

2. Até 31 de agosto de 1976 serão nomeados os membros da Comissão Constitucional cuja designação compete ao Presidente da República, à Assembleia da República, ao Conselho da Revolução e ao Supremo Tribunal de Justiça.

3. A Comissão Constitucional inicia as suas funções após a tomada de posse dos membros referidos no número anterior, podendo deliberar com a presença de cinco membro;

4. Os membros da Comissão a designar pelo Conselho Superior da Magistratura serão nomeados imediatamente após a sua constituição.

ARTIGO 305º
(Fiscalização da constitucionalidade)

O sistema de fiscalização da constitucionalidade previsto na Constituição funcionará, na parte aplicável, sem a intervenção da Comissão Constitucional até que esta seja constituída.

ARTIGO 306º
(Estatuto de Macau)

1. O estatuto do território de Macau, constante da Lei nº 1/76, de 17 de fevereiro, continua em vigor.

2. Mediante proposta da Assembleia Legislativa de Macau, e precedendo parecer do Conselho da Revolução, a Assembleia da República pode aprovar alterações ao estatuto ou a sua substituição.

3. No caso de a proposta ser aprovada com modificações, o Presidente da República não promulgará o decreto da Assembleia da República sem a Assembleia Legislativa de Macau se pronunciar favoravelmente.

ARTIGO 307º
(Independência de Timor)

1. Portugal continua vinculado às responsabilidades que lhe incumbem, de harmonia com o direito internacional, de promover e garantir o direito à independência de Timor Leste.

2. Compete ao Presidente da República, assistido pelo Conselho da Revolução, e ao Governo praticar todos o atos necessários à realização dos objetivos expressos no número anterior.

ARTIGO 308º
(Incapacidades cívicas)

1. As incapacidades eleitorais previstas no Decreto-Lei nº 621-B/74, de 15 de novembro, aplicam-se às eleições para os órgãos de soberania, das regiões autónomas e do poder local que devam iniciar funções durante o período da primeira legislatura.

2. A reabilitação judicial prevista no diploma referido no número anterior terá de obedecer aos princípios da publicidade e do contraditório, com ressalva dos casos julgados.

3. Não podem ser nomeados para os órgãos de soberania ou para o desempenho de quaisquer cargos políticos durante o período da primeira legislatura, os cidadãos que se encontrem abrangidos pelas incapacidades eleitorais passivas referidas no nº 1 deste artigo.

4. São igualmente inelegíveis para os órgãos das autarquias locais os cidadãos que nos cinco anos anteriores a 25 de Abril de 1974 tenham sido presidentes de quaisquer órgãos das autarquias locas.

5. aplicável às incapacidades previstas nos nºs 3 e 4 deste artigo o disposto no nº 2, bem como o artigo 3º do Decreto-Lei nº 621-B/74, de 15 de novembro.

ARTIGO 309º
(Incriminação e julgamento dos agentes e responsáveis da PIDE/DGS)

1. Mantém-se em vigor a Lei nº 8/75, de 25 de julho, com as alterações introduzidas pela Lei nº 16/75, de 23 de dezembro, e pela Lei nº 18/75, de 26 de dezembro.

2. A lei poderá precisar as tipificações criminais constantes do nº 2 do artigo 2º, do artigo 3º, da alínea *b*) do artigo 4º e do artigo 5º do diploma referido no número anterior.

3. A lei poderá regular especialmente a atenuação extraordinária prevista no artigo 7º do mesmo diploma.

ARTIGO 310º
(Saneamento da função pública)

1. A legislação respeitante ao saneamento da função pública mantém-se em vigor até 31 de dezembro de 1976, nos termos dos números seguintes.

2. Não é permitida a abertura de novos processos de saneamento e reclassificação depois da posse do Presidente da República eleito nos termos da Constituição.

3. Os processos de saneamento ou reclassificação pendentes na data prevista no número anterior terão de ser decididos, sob pena de caducidade, até 31 de dezembro de 1976, sem prejuízo de recurso.

4. Todos os interessados que não tenham oportunamente interposto recurso de medidas de saneamento ou reclassificação poderão fazê-lo até trinta dias depois da publicação da Constituição.

ARTIGO 311º
(Regras especiais sobre partidos)

1. O disposto no nº 3 do artigo 47º aplica-se aos partidos já constituídos, cabendo à lei regular a matéria.

2. Não podem constituir-se partidos que, pela sua designação ou pelos seus objetivos programáticos, tenham índole ou âmbito regional.

ARTIGO 312º
(Promulgação, publicação, data e entrada em vigor da Constituição)

1. O decreto de aprovação da Constituição será assinado pelo Presidente da Assembleia Constituinte, promulgado pelo Presidente da República e publicado até 10 de abril de 1976.

2. A Constituição da República Portuguesa terá a data da sua aprovação pela Assembleia Constituinte.

3. A Constituição da República Portuguesa entra em vigor no dia 25 de abril de 1976.

O Presidente da Assembleia Constituinte, *Henrique Teixeira Queiroz de Barros.*

Promulgado em 2 de abril de 1976.

Publique-se.

O Presidente da República, FRANCISCO DA COSTA GOMES.

III
Pactos MFA/Partidos Políticos
1ª Plataforma de Acordo Constitucional

1ª Plataforma de Acordo Constitucional

Assinada em 13 de abril de 1975

A) INTRODUÇÃO

1 – O movimento revolucionário iniciado pelas forças armadas a 25 de Abril de 1974 adquiriu uma dinâmica cada vez mais acentuada em resposta, aliás, quer às justas aspirações do povo português, quer às agressões sucessivas e sempre mais violentas da reação.

2 – Os graves acontecimentos contrarrevolucionários de 11 de março impuseram e tornaram inadiável a institucionalização do Movimento das Forças Armadas. É assim que a Lei Constitucional nº 5/75 criou o Conselho da Revolução, que ficou com as competências antes atribuídas à Junta de Salvação Nacional, ao Conselho de Estado e ao Conselho dos Chefes dos Estados-Maiores das Forças Armadas.

3 – A Lei nº 5/75 de forma alguma visa substituir ou marginalizar os partidos políticos autenticamente democráticos e empenhados sinceramente no cumprimento do Programa do MFA, antes visa a dinamização e a vigilância do processo revolucionário que se levará a cabo sempre em mais estreita aliança com o povo português e com os partidos políticos que defendam os seus mais legítimos interesses.

4 – O MFA, representado pelo Conselho da Revolução, estabelece uma plataforma política pública com os partidos que estejam empenhados no cumprimento dos princípios do Programa do MFA e na consolidação e alargamento das conquistas democráticas já alcançadas.

5 – Para a elaboração da presente plataforma foram levados cm consideração os resultados das conversações mantidas com os diferentes partidos e tomada em conta a situação resultante do esmagamento do golpe contrarrevolucionário de 11 de março.

B) OBJETIVOS DA PLATAFORMA

1 – Pretende-se estabelecer uma plataforma política comum que possibilite a continuação da revolução política, económica e social iniciada em 25 de Abril de 1974,

dentro do pluralismo político e da via socializante que permita levar a cabo, em liberdade, mas sem lutas partidárias estéreis e desagregadoras, um projeto comum de reconstrução nacional.

2 – Os termos da presente plataforma deverão integrar a futura Constituição Política a elaborar e aprovar pela Assembleia Constituinte.

3 – A presente plataforma será válida por um período designado por período de transição, com duração que será fixada na nova Constituição entre três e cinco anos, e que terminará com uma revisão constitucional.

C) ELEIÇÕES PARA A ASSEMBLEIA CONSTITUINTE. SEU FUNCIONAMENTO

Elaboração e promulgação da Constituição Política

1 – O Conselho da Revolução reafirma a sua determinação em fazer cumprir o que se encontra estabelecido quanto à realização de eleições verdadeiramente livres e responsáveis para a formação da Assembleia Constituinte.

2 – Durante os trabalhos de elaboração da futura Constituição Política será constituída uma comissão do MFA que, em colaboração com os partidos que assinem o presente acordo, acompanhará os trabalhos da Constituinte, de forma a facilitar a cooperação entre os partidos e a impulsionar o andamento dos trabalhos, dentro do espírito do Programa do MFA e da presente plataforma.

3 – Elaborada e aprovada pela Assembleia Constituinte a nova Constituição, deverá a mesma ser promulgada pelo Presidente da República, ouvido o Conselho da Revolução.

4 – Até à entrada em funcionamento dos novos Órgãos de Soberania definidos na nova Constituição Política, manter-se-ão com as suas atuais funções o Conselho da Revolução, a Assembleia do MFA e o Governo Provisório.

5 – Tendo em conta que as próximas eleições se destinam unicamente à designação de uma Assembleia Constituinte, cuja missão exclusiva será elaborar e aprovar a Constituição, as eventuais alterações à composição do Governo Provisório, até à eleição da Assembleia Legislativa e à consequente formação do Governo, competirão somente à iniciativa do Presidente da República, ouvido o Primeiro-Ministro e o Conselho da Revolução.

6 – Os partidos signatários desta plataforma comprometem-se a não pôr em causa a institucionalização do MFA, nos termos a seguir expostos, e a fazê-la incluir na nova Constituição juntamente com os restantes pontos acordados neste documento.

D) ESTRUTURA FUTURA DOS ÓRGÃOS DE PODER E SUAS ATRIBUIÇÕES

1 – Órgãos de Soberania

Os Órgãos de Soberania da República Portuguesa durante o período de transição serão os seguintes:

a) Presidente da República;
b) Conselho da Revolução;
c) Assembleia do MFA;
d) Assembleia Legislativa;
e) Governo;
f) Tribunais.

2 – Presidente da República

2.1 – O Presidente da República será por inerência o Presidente do Conselho da Revolução e o comandante supremo das forças armadas.

2.2. – O Presidente da República terá os poderes e funções que lhe forem atribuídos pela Constituição, entre os quais se incluirão os seguintes:

a) Presidir ao Conselho da Revolução;
b) Exercer o cargo de comandante supremo das forças armadas;
c) Escolher o Primeiro-Ministro, ouvido o Conselho da Revolução;
d) Nomear e exonerar os membros do Governo, de acordo com proposta do Primeiro-Ministro;
e) Dissolver a Assembleia Legislativa, sob deliberação do Conselho da Revolução, marcando a data para novas eleições, a realizar no prazo de noventa dias;
f) Promulgar e fazer publicar as leis do Conselho da Revolução e da Assembleia Legislativa, bem como os decretos-leis do Governo.

2.3 – O Presidente da República será eleito por um colégio eleitoral, para o efeito constituído pela Assembleia do MFA e Assembleia Legislativa.

2.3.1 – As candidaturas deverão ser subscritas por um mínimo de oitenta eleitores do colégio.

2.3.2 – A eleição será feita por maioria absoluta à primeira volta ou por maioria simples à segunda, sendo a esta admitidos apenas os candidatos que tiverem obtido mais de 20 % dos votos no primeiro escrutínio.

2.4 – Em caso de morte ou impedimento permanente do Presidente da República, assumirá as suas funções quem o Conselho da Revolução designar, devendo proceder-se a nova eleição no prazo de sessenta dias.

3 – Conselho da Revolução

3.1 – A constituição do Conselho da Revolução será a que se encontra definida na Lei Constitucional nº 5/75, de 14 de março.

3.1.1 – Qualquer alteração à composição do Conselho da Revolução só poderá ser feita por legislação do próprio Conselho, de acordo com a deliberação da Assembleia do MFA.

3.2 – O Conselho da Revolução terá por funções:

a) Definir, dentro do espírito da Constituição, as necessárias orientações programáticas da política interna e externa e velar pelo seu cumprimento;

b) Decidir, com força obrigatória geral, sobre a constitucionalidade das leis e outros diplomas legislativos, sem prejuízo da competência dos tribunais para apreciar a sua inconstitucionalidade formal;

c) Apreciar e sancionar os diplomas legislativos emanados da Assembleia ou do Governo quando respeitem às matérias seguintes:
1) Linhas gerais da política económica, social e financeira;
2) Relações externas, em especial com os novos países de expressão portuguesa e com os territórios ultramarinos em que ainda se mantenha a administração portuguesa;
3) Exercício de liberdades e direitos fundamentais;
4) Organização da defesa nacional e definição dos deveres desta decorrentes;
5) Regulamentação de atividades política, em especial a relativa a atos eleitorais.

d) Exercer a competência legislativa sobre matérias de interesse nacional de resolução urgente, quando a Assembleia Legislativa ou o Governo o não puderem fazer;

e) Vigiar pelo cumprimento das leis ordinárias e apreciar as atos do Governo ou da Administração;

f) Propor à Assembleia Legislativa alterações à Constituição em vigor;

g) Exercer a competência legislativa em matéria militar, devendo os respetivos diplomas, se envolverem aumento de despesas não comportáveis pelo orçamento aprovado, ser referendados pelo Primeiro-Ministro;

h) Autorizar o Presidente da República a fazer a guerra, em caso de agressão efetiva ou iminente, e a fazer a paz;

i) Pronunciar-se junto do Presidente da República sobre a escolha do Primeiro-Ministro e dos Ministros que devam ser da confiança do MFA;

j) Deliberar sobre a dissolução da Assembleia Legislativa quando o considere necessário à resolução de situações de impasse político;

k) Autorizar o Presidente da República a declarar o estado de sítio e pronunciar-se sobre todas as emergências graves para a vida da Nação;

l) Pronunciar-se sobre a impossibilidade física, temporária ou permanente, do Presidente da República;

m) Designar, em caso de morte ou impedimento do Presidente da República, quem desempenhará interinamente as suas funções.

3.3 – O Conselho da Revolução funcionará em regime de permanência, segundo regimento próprio, que elaborará.

4 – Governo

4.1 – O Primeiro-Ministro será escolhido pelo Presidente da República, ouvido o Conselho da Revolução e forças políticas e partidos que entender por convenientes.

III. PACTOS MFA/PARTIDOS POLÍTICOS – 1ª PLATAFORMA DE ACORDO CONSTITUCIONAL

4.2 – O Governo será escolhido pelo Primeiro-Ministro, tendo em atenção a representatividade dos partidos na Assembleia Legislativa e as possíveis coligações, e empossado pelo Presidente da República.

4.3 – Nos casos de formação inicial ou de recomposição ministerial que abranja pelo menos um terço dos Ministros, o novo Governo deverá ser submetido a voto de confiança da Assembleia Legislativa na sua primeira sessão.

4.4 – O Primeiro-Ministro é politicamente responsável perante o Presidente da República e perante a Assembleia Legislativa.

4.5 – A Assembleia Legislativa pode votar moções de desconfiança ao Governo. A aprovação de duas moções de desconfiança feitas com, pelo menos, trinta dias de intervalo obrigará a recomposição ministerial.

4.6 – O Governo terá competência para legislar por decretos-leis sobre matérias não reservadas ao Conselho da Revolução ou à Assembleia Legislativa.

Poderá ainda apresentar por sua iniciativa propostas de lei à Assembleia Legislativa.

4.7 – Serão obrigatoriamente da confiança do MFA os Ministros da Defesa, da Administração Interna e do Planeamento Económico, pelo que a sua nomeação não deverá ser feita antes de ouvido o Conselho da Revolução.

5 – Assembleia Legislativa

5.1 – A Assembleia Legislativa será eleita por sufrágio universal direto e secreto e terá um máximo de 250 Deputados.

5.2 – Os poderes legislativos da Assembleia serão apenas limitados pela sanção necessária do Conselho da Revolução nas matérias discriminadas no nº 3.2, alínea *c*), ficando-lhe vedada a legislação em matéria exclusiva do âmbito militar.

5.3 – Em caso de declaração de estado de sítio, este não poderá prolongar-se para além de trinta dias sem ser ratificado pela Assembleia Legislativa.

5.4 – A Assembleia Legislativa faz parte, com a totalidade dos seus membros eleitos, do colégio eleitoral para eleição do Presidente da República.

5.5 – A Assembleia Legislativa poderá ser investida pelo Conselho da Revolução de poderes constituintes, quando por iniciativa deste lhe sejam propostas alterações à Constituição.

5.6 – Os diplomas legislativos emanados da Assembleia que não tenham obtido a sanção do Conselho da Revolução poderão ser promulgados na sua forma inicial se em segunda votação obtiverem aprovação por maioria de dois terços do número total de Deputados.

6 – Assembleia do MFA

6.1 – A Assembleia do MFA será constituída por 240 representantes das forças armadas, sendo 120 do Exército, 60 da Armada e 60 da Força Aérea, sendo a sua composição determinada por lei do Conselho da Revolução.

6.2 – A Assembleia do MFA, da qual faz parte integrante o Conselho da Revolução, será presidida por este, através do seu próprio Presidente ou de quem as suas vezes fizer.

6.3 – A Assembleia do MFA faz parte, com a totalidade dos seus membros, do colégio eleitoral para a eleição do Presidente da República.

6.4 – A Assembleia do MFA funcionará em regime de permanência e segundo regulamentação própria, que será da competência legislativa do Conselho da Revolução.

E) DISPOSIÇÕES DIVERSAS

1 – Constituição, vigência e revisão

1.1 – A futura Constituição a elaborar pela Assembleia Constituinte terá um período de vigência igual ao do período de transição, que deverá ser fixado entre três e cinco anos.

1.2 – No fim do período de transição a Assembleia Legislativa será dissolvida e eleita nova Assembleia, que iniciará o seu mandato com poderes constituintes, procedendo então à revisão da Constituição.

Só quando esta Constituição revista entrar em vigor se considerará terminado o período de transição.

2 – Pontos programáticos a incluir na Constituição

Além das disposições que constituem a base deste acordo, a Constituição deverá consagrar os princípios do Programa do Movimento das Forças Armadas, as conquistas legitimamente obtidas ao longo do processo, bem como os desenvolvimentos ao Programa impostos pela dinâmica revolucionária que, aberta e irreversivelmente, empenhou o País na via original para um socialismo português.

3 – Forças armadas

3.1 – Durante todo o período de transição, o poder militar manter-se-á independente do poder civil.

3.2 – O comandante-chefe das Forças Armadas será o Chefe do Estado-Maior-General das Forças Armadas, que depende diretamente do Presidente da República.

3.3 – O CEMGFA poderá ser assistido por um vice-chefe do EMGFA, que o substituirá nos seus impedimentos.

3.4 – Cada um dos ramos das forças armadas será chefiado por um chefe do estado-maior.

3.5 – O CEMGFA, o Vice-Chefe do EMGFA e os CEMs dos três ramos das forças armadas terão competência ministerial.

3.6 – As forças armadas serão o garante e motor do processo revolucionário, conducente à construção de uma verdadeira democracia política, económica e social.

3.7 – Além da sua missão específica de defesa da integridade e independência nacionais, as forças armadas participarão no desenvolvimento económico, social, cultural e político do País no âmbito do seu Movimento.

III. PACTOS MFA/PARTIDOS POLÍTICOS – 1ª PLATAFORMA DE ACORDO CONSTITUCIONAL

Assinada em 13 de abril de 1975.
O Presidente da República, em nome do Conselho da Revolução, e representantes dos seguintes partidos: Partido Socialista, Partido Popular Democrático, Partido Comunista Português, Partido do Centro Democrático Social, Movimento Democrático Português – Comissão Democrática Eleitoral e Frente Socialista Popular. A Aliança Operário – Camponesa veio a assinar mais tarde.

IV
Pactos MFA/Partidos Políticos
2ª Plataforma de Acordo Constitucional

2ª Plataforma de Acordo Constitucional

Assinada em 26 de fevereiro de 1976

1 – Órgãos de Soberania
Os Órgãos de Soberania durante o período de transição serão os seguintes:
a) Presidente da República;
b) Conselho da Revolução;
c) Assembleia Legislativa;
d) Governo;
e) Tribunais.

2 – Presidente da República
2.1 – O Presidente da República será eleito por sufrágio universal, direto e secreto.
As candidaturas para a Presidência da República serão apresentadas por um mínimo de 7500 e um máximo de 15 000 cidadãos eleitores.

2.2 – O Presidente da República será, por inerência, Presidente do Conselho da Revolução e comandante supremo das forças armadas.

2.3 – O Presidente da República terá os poderes e funções que lhe forem atribuídos pela Constituição, entre os quais se incluirão os seguintes:

a) Presidir ao Conselho da Revolução;
b) Exercer o cargo de comandante supremo das forças armadas;
c) Declarar a guerra e fazer a paz, nos termos da Constituição e mediante autorização do Conselho da Revolução;
d) Declarar o estado de sítio ou de emergência, mediante autorização do Conselho da Revolução, em todo ou em parte do território nacional, nos termos constitucionais;
e) Nomear e exonerar o Primeiro-Ministro, ouvidos o Conselho da Revolução e os partidos políticos representados na Assembleia Legislativa e tendo em conta os resultados eleitorais;

f) Nomear e exonerar os membros do Governo, sob proposta do Primeiro-Ministro;

g) Promulgar e fazer publicar as leis da Assembleia Legislativa e os decretos-leis e decretos regulamentares, bem como os diplomas do Conselho da Revolução, e assinar os restantes decretos;

h) Dissolver a Assembleia Legislativa, marcando data para novas eleições, a realizar no prazo máximo de noventa dias;

i) Dissolver os órgãos das regiões autónomas, ouvido o Conselho da Revolução.

2.4 – O estado de sítio ou o estado de emergência não poderão prolongar-se para além de trinta dias sem ratificação da Assembleia Legislativa.

2.5.1 – No prazo de quinze dias, contados da data da receção de um decreto da Assembleia Legislativa para ser promulgado como lei, ou do termo do prazo previsto no nº 3.8.3, se o Conselho da Revolução não se pronunciar pela inconstitucionalidade, poderá o Presidente da República, ouvido o Conselho da Revolução e mediante mensagem fundamentada, exercer direito de veto, solicitando nova apreciação do diploma.

2.5.2 – Se a Assembleia confirmar o decreto pelo voto da maioria absoluta do número de Deputados em efetividade de funções, a promulgação não poderá ser recusada. Será, porém, exigida maioria qualificada de dois terços dos Deputados presentes para confirmação dos decretos que respeitem às seguintes matérias:

1) Limites entre os setores da propriedade estatal, coletiva e privada;
2) Relações externas;
3) Organização da defesa nacional e definição dos deveres dela decorrentes;
4) Regulamentação dos atos eleitorais previstos na Constituição.

2.6 – O exercício do poder de dissolução da Assembleia Legislativa pelo Presidente da República depende do parecer favorável do Conselho da Revolução, salvo nos casos de dissolução obrigatória previstos no nº 4.4.

2.7 – Em caso de vagatura do cargo de Presidente da República, assumirá as funções o Presidente da Assembleia Legislativa, devendo proceder-se a nova eleição no prazo máximo de sessenta dias.

2.8 – Se o Presidente da República renunciar ao cargo no prazo de trinta dias após eleições legislativas efetuadas em consequência da dissolução da Assembleia, não poderá candidatar-se nas eleições imediatamente seguintes.

3 – Conselho da Revolução

3.1 – O Conselho da Revolução será constituído por:

a) Presidente da República, que presidirá;

b) Chefe do Estado-Maior-General das Forças Armadas (CEMGFA), Vice-Chefe do Estado-Maior-General das Forças Armadas (se existir), Chefe do Estado-Maior do Exército, Chefe do Estado-Maior da Força Aérea, Chefe do Estado-Maior da Armada e Primeiro-Ministro (se for militar);

c) 14 oficiais, sendo 8 do Exército, 3 da Força Aérea e 3 da Armada, designados pelos respetivos ramos das forças armadas.

3.2 – Em caso de morte, renúncia ou impedimento permanente, verificado pelo próprio Conselho, de alguns dos membros referidos na alínea *c*) do número anterior, será o lugar preenchido por designação do respetivo ramo das forças armadas.

3.3 – Compete ao próprio Conselho regular a sua organização e funcionamento.

3.4 – O Conselho da Revolução funcionará em sessão permanente, segundo regimento interno por ele elaborado.

3.5 – O Conselho da Revolução tem funções de conselho do Presidente da República, de garante do regular funcionamento das instituições democráticas, do cumprimento da Constituição e da fidelidade ao espírito da revolução portuguesa de 25 de Abril de 1974 e ainda de órgão político e legislativo em matéria militar.

3.6 – Na qualidade de conselho do Presidente da República e de garante do regular funcionamento das instituições democráticas, compete ao Conselho da Revolução aconselhar o Presidente da República no exercício das suas funções e ainda:

a) Autorizar o Presidente da República a declarar a guerra e a fazer a paz;

b) Autorizar o Presidente da República a declarar o estado de sítio ou de emergência em todo ou em parte do território nacional;

c) Autorizar o Presidente da República a ausentar-se do território nacional;

d) Declarar a impossibilidade física permanente do Presidente da República e verificar os impedimentos temporários do exercício das funções.

3.7 – Na qualidade de garante do cumprimento da Constituição, compete ao Conselho da Revolução:

a) Pronunciar-se, por iniciativa própria ou a solicitação do Presidente da República, sobre a constitucionalidade de quaisquer diplomas, antes de os mesmos serem promulgados;

b) Velar pela emissão das medidas necessárias ao cumprimento das normas constitucionais, podendo emitir recomendações para o efeito;

c) Pronunciar-se, com força obrigatória geral, sobre a constitucionalidade de quaisquer diplomas já promulgados, a solicitação do Presidente da República, do Presidente da Assembleia Legislativa, do Primeiro-Ministro, do procurador-geral da República, do Provedor de Justiça e ainda nos casos previstos no nº 3.10.

3.8.1 – Para o efeito do disposto na alínea *a*) do número anterior, todos os decretos remetidos ao Presidente da República, para serem promulgados como lei ou decreto-lei, ou que consistam na aprovação de tratados ou acordos internacionais, serão simultaneamente enviados ao Conselho da Revolução e não poderão ser promulgados antes de passarem cinco dias sobre a sua receção no Conselho, salvo o caso de urgência reconhecida pelo Presidente da República, que deverá nessa altura dar conhecimento ao Conselho da Revolução do propósito de promulgação imediata.

3.8.2 – Se o Conselho tiver dúvidas sobre a constitucionalidade de um decreto e deliberar apreciá-lo, comunicará o facto ao Presidente da República, no referido prazo de cinco dias, para que este não efetue a promulgação.

3.8.3 – Deliberada pelo Conselho ou requerida; pelo Presidente da República a apreciação da constitucionalidade de um diploma, o Conselho da Revolução terá, para se pronunciar, prazo de vinte dias, o qual poderá, no entanto, ser encurtado pelo Presidente da República em caso de urgência.

3.8.4 – Se o Conselho da Revolução se pronunciar pela inconstitucionalidade de qualquer diploma, antes de o mesmo ser promulgado, o Presidente da República deverá exercer o direito de veto nos termos do nº 2.5.1, exigindo-se, no caso de decreto da Assembleia Legislativa, a maioria qualificada de dois terços do número de Deputados presentes para que o mesmo seja promulgado. Se se tratar de decreto do Governo, este não poderá ser promulgado.

3.9 – No caso de o Conselho da Revolução verificar que a Constituição não está a ser cumprida, por omissão das medidas legislativas necessárias para tornar exequíveis as normas constitucionais, poderá recomendar aos órgãos legislativos competentes que as adotem em tempo razoável.

3.10.1 – Nos feitos submetidos a julgamento não poderão os tribunais aplicar normas que infrinjam o disposto na Constituição ou nos princípios nela consignados, cabendo-lhes, para o efeito, apreciar a existência de inconstitucionalidade. Porém, as inconstitucionalidades orgânicas ou formais de tratados ou acordos internacionais não impedem a aplicação das respetivas disposições na ordem interna portuguesa, salvo se a impedirem na ordem interna da outra ou outras partes contratantes.

3.10.2 – Sempre que os tribunais se recusarem a aplicar uma norma constante de lei, decreto-lei ou decreto regulamentar ou diploma equiparável com fundamento em inconstitucionalidade, e uma vez esgotados os recursos ordinários que caibam, haverá recurso gratuito, obrigatório para o Ministério Público, e restrito à questão da inconstitucionalidade, para julgamento definitivo do caso concreto pela Comissão Constitucional.

3.10.3 – Haverá ainda sempre recurso gratuito para a Comissão Constitucional, obrigatório para o Ministério Público, das decisões que apliquem uma norma antes julgada inconstitucional por aquela Comissão.

3.10.4 – Se a Comissão Constitucional julgar inconstitucional, em três casos concretos, uma mesma norma, poderá o Conselho da Revolução declarar a inconstitucionalidade com força obrigatória geral, sem ofensa dos casos julgados.

3.10.5 – Quando a inconstitucionalidade seja orgânica ou formal, bastará um julgamento de inconstitucionalidade pela Comissão Constitucional, para que o Conselho da Revolução possa proceder à sua declararão com força obrigatória geral.

3.11.1 – A Comissão Constitucional será presidida por um membro do Conselho da Revolução, com voto de desempate, e composta, além do presidente, por:

a) Quatro juízes, sendo um designado pelo Supremo Tribunal de Justiça e os restantes designados pelo Conselho Superior da Magistratura, sendo um dos tribunais de relação e dois dos tribunais de 1ª instância;

b) Uma personalidade de reconhecido mérito, designada pelo Presidente da República;

c) Uma personalidade de reconhecido mérito, designada pela Assembleia Legislativa;

IV. PACTOS MFA/PARTIDOS POLÍTICOS – 2ª PLATAFORMA DE ACORDO CONSTITUCIONAL

d) Duas personalidades de reconhecido mérito, designadas pelo Conselho da Revolução, sendo uma, pelo menos, jurista de reconhecida competência.

3.11.2 – Os membros da Comissão Constitucional exercerão funções até ao termo do período de transição e serão independentes e inamovíveis, aplicando-se-lhes, quando no exercício de funções jurisdicionais, as regras sobre garantias de imparcialidade e irresponsabilidade próprias dos juízes.

3.11.3 – A organização e funcionamento da Comissão Constitucional serão aprovados pelo Conselho da Revolução. As normas de processo serão aprovadas pelo Conselho da Revolução, sem prejuízo da possibilidade de a Assembleia Legislativa as alterar.

3.12 – Compete à Comissão Constitucional:

a) Dar obrigatoriamente parecer sobre a constitucionalidade dos diplomas que hajam de ser apreciados pelo Conselho da Revolução, nos termos do nº 3.7, alíneas *a)* e *c)*;

b) Dar obrigatoriamente parecer sobre a existência de violação das normas constitucionais por omissão nos termos e para os efeitos do nº 3.7, alínea *b)*;

c) Julgar as questões de inconstitucionalidade que lhe sejam submetidas nos termos do disposto nos nºs 3.10.9 e 3.10.3.

3.13 – Na qualidade de garante da fidelidade ao espírito dia revolução portuguesa, cabe ao Conselho da Revolução:

a) Pronunciar-se junto do Presidente da República sobre a nomeação do Primeiro-Ministro;

b) Pronunciar-se junto do Presidente da República sobre o exercício do direito de veto suspensivo, nos termos do disposto no nº 2.5.

3.14 – Na qualidade de órgão político e legislativo em matéria militar, o Conselho da Revolução terá:

a) Competência exclusiva para legislar sobre organização, funcionamento e disciplina das forças armadas;

b) Competência para aprovar os tratado, ou acordos internacionais que respeitem a assuntos militares.

3.15.1 – Os atos do Conselho da Revolução que representem exercício das competências indicadas nos nºs 3.3, 3.11.3 e 3.14 revestirão, conforme os casos, a forma de diploma legislativo do Conselho da Revolução ou de diploma do Conselho da Revolução e serão promulgados pelo Presidente da República, carecendo de referenda ministerial os que envolverem aumento de despesa ou diminuição de receita.

3.15.2 – Os diplomas legislativos do Conselho da Revolução têm valor idêntico ao das leis e decretos-leis e os diplomas do Conselho da Revolução têm valor idêntico ao dos decretos regulamentares ou ao dos atos da Assembleia Legislativa ou do Governo de aprovação de tratados ou acordos intemacionais; os restantes atos do Conselho da Revolução revestirão a forma de resoluções e serão publicados independentemente de promulgação do Presidente da República.

4 – Relações entre o Presidente da Republica, a Assembleia Legislativa e o Governo

4.1 – O Governo é politicamente responsável perante o Presidente da República e perante a Assembleia Legislativa.

4.2 – A responsabilidade política do Governo perante a Assembleia Legislativa efetiva-se mediante a apreciação do Programa do Governo, a recusa de confiança por ele pedida ou a aprovação de moções de censura nos termos a definir pela Assembleia Constituinte.

4.3 – Em caso de demissão, os membros do Governo cessante permanecerão em funções até à posse do novo Governo.

4.4 – O Presidente da República dissolverá obrigatoriamente a Assembleia Legislativa quando esta haja recusado votos de confiança ou aprovado moções de censura que determinem, por qualquer destes motivos, a terceira substituição do Governo durante a mesma legislatura.

5 – Disposições finais e transitórias

5.1 – Será fixada em quatro anos a duração da primeira legislatura.

5.2 – O primeiro mandato do Presidente da República cessará três meses após o termo do período de transição ou cinco anos após a sua eleição, conforme o prazo que terminar mais cedo.

5.3 – Ainda que haja dissolução da Assembleia Legislativa ou vagatura do cargo de Presidente da República, não se começará a contar nova legislatura ou novo mandato, competindo aos eleitos completar a legislatura ou o mandato nos termos dos números anteriores.

5.4 – Na segunda legislatura a Assembleia Legislativa terá obrigatoriamente poderes de revisão constitucional, não podendo o Presidente da República recusar a promulgação da lei de revisão. Considera-se findo o período de transição quando entrar em vigor aquela lei.

5.5 – O presente pacto vigora durante o período de transição, que terá a duração de quatro anos, não podendo ser revisto durante esse período sem o acordo do Conselho da Revolução.

5.6 – O presente pacto substitui e revoga o anterior, obrigando-se os partidos políticos signatários a fazê-lo inserir no texto da Constituição.

5.7 – O sistema de Órgãos de Soberania previstos no presente pacto entrara em funcionamento logo que eleito o Presidente da República, mantendo-se até tal data em funções os atuais Órgãos de Soberania, nos termos das leis constitucionais aplicáveis.

Presidência da República, 26 de fevereiro de 1976. – *O Presidente da República, em nome do Conselho da Revolução – O Partido do Centro Democrático Social – O Movimento Democrático Português/Comissão Democrática Eleitoral – O Partido Comunista Português – O Partido Popular Democrático – O Partido Socialista.*

V
Junta de Salvação Nacional

Destituição das funções do Presidente da República e do Governo e dissolução da Assembleia Nacional e do Conselho de Estado – determina que todos os poderes atribuídos aos referidos órgãos passem a ser exercidos pela Junta de Salvação Nacional

Junta de Salvação Nacional
Lei nº 1/74, de 25 de abril

O programa do Movimento das Forças Armadas Portuguesas prevê a destituição imediata do Presidente da República e do atual Governo, a dissolução da Assembleia Nacional e do Conselho de Estado.

Nestes termos, a Junta de Salvação Nacional decreta, para valer como lei constitucional, o seguinte:

ARTIGO 1º

1. É destituído das funções de Presidente da República o almirante Américo Deus Rodrigues Tomás.

2. São exonerados das suas funções o Presidente do Conselho, Prof. Doutor Marcelo José das Neves Alves Caetano, e os Ministros, Secretários e Subsecretários de Estado do seu Gabinete.

3. A Assembleia Nacional e o Conselho de Estado são dissolvidos.

ARTIGO 2º

Os poderes atribuídos aos órgãos referidos no artigo anterior passam a ser exercidos pela Junta de Salvação Nacional.

ARTIGO 3º

Este diploma entra imediatamente em vigor.

Visto e aprovado pela Junta de Salvação Nacional em 25 de Abril de 1974.

Publique-se.

O Presidente da Junta de Salvação Nacional, António de Spínola.

Para ser publicada em todos os Boletins Oficiais dos Estados e províncias ultramarinos.

VI
Junta de Salvação Nacional
Extinção da Assembleia Nacional e da Câmara Corporativa

Junta de Salvação Nacional
Lei nº 2/74, de 14 de maio

A Junta de Salvação Nacional decreta, para valer como lei constitucional, o seguinte:

ARTIGO 1º
São extintas a Assembleia Nacional e a Câmara Corporativa.

ARTIGO 2º
Esta lei entra imediatamente em vigor.

Visto e aprovado pela Junta de Salvação Nacional em 14 de maio de 1974.

Publique-se.

O Presidente da Junta de Salvação Nacional, ANTÓNIO DE SPÍNOLA.

VII
Junta de Salvação Nacional

Definição da estrutura constitucional transitória que regerá a organização política do país até à entrada em vigor da nova Constituição Política da República Portuguesa

Junta de Salvação Nacional
Lei nº 3/74, de 14 de maio

Considerando que o Movimento das Forças Armadas, em 25 de Abril de 1974, restabeleceu as condições necessárias ao exercício da democracia e à realização da paz social na justiça e na liberdade;

Considerando que, de acordo com o Programa do Movimento das Forças Armadas, importa definir a estrutura constitucional transitória que regerá a organização política do País até à entrada em vigor da nova Constituição Política da República Portuguesa:

A Junta de Salvação Nacional decreta, para valer como lei constitucional, o seguinte:

ARTIGO 1º
(Normas constitucionais)

1. A Constituição Política de 1933 mantém-se transitoriamente em vigor naquilo que não contrariar os princípios expressos no Programa do Movimento das Forças Armadas, cujo texto autêntico se acha transcrito em anexo a esta lei e dela faz parte integrante.

2. Entender-se-á de igual modo revogada a Constituição Política de 1933 em tudo aquilo que for contrariado por disposição da Lei Constitucional nº 1/74, de 25 de abril, da Lei Constitucional nº 2/74, de 14 de maio, da presente lei ou de futura lei constitucional promulgada no exercício dos poderes assumidos em consequência daquele Movimento e ao abrigo do preceituado neste diploma.

3. As disposições da Constituição Política de 1933 serão interpretadas, na parte em que subsistirem, e as lacunas da mesma serão integradas de acordo com os referidos princípios expressos no Programa do Movimento das Forças Armadas.

ARTIGO 2º
(Órgãos de soberania)

Até que iniciem o exercício das suas funções os órgãos que vierem a ser instituídos pela nova Constituição Política, a aprovar nos termos da presente lei, exercerão o poder, além da Assembleia Constituinte, o Presidente da República, a Junta de Salvação Nacional, o Conselho de Estado, o Governo Provisório e os tribunais.

ARTIGO 3º
(Assembleia Constituinte)

1. À Assembleia Constituinte caberá elaborar e aprovar a nova Constituição Política.

2. A Assembleia Constituinte deverá aprovar a Constituição no prazo de noventa dias, contados a partir da data da verificação dos poderes dos seus membros, podendo esse prazo ser prorrogado por igual período pelo Presidente da República, ouvido o Conselho de Estado.

3. A Assembleia Constituinte dissolve-se automaticamente uma vez aprovada a Constituição ou decorrido que seja o prazo referido no número anterior, devendo, neste segundo caso, ser eleita nova Assembleia Constituinte no prazo de sessenta dias.

ARTIGO 4º
(Lei eleitoral)

1. A Assembleia Constituinte será eleita por sufrágio universal, direto e secreto. O número de membros da Assembleia, os requisitos de elegibilidade dos Deputados, a organização dos círculos eleitorais e o processo de eleição serão determinados pela lei eleitoral.

2. O Governo Provisório nomeará, no prazo de quinze dias, a contar da sua instalação, uma comissão para elaborar o projeto de lei eleitoral.

3. O Governo Provisório elaborará, com base no projeto da comissão referida no número anterior, uma proposta de lei eleitoral a submeter à aprovação do Conselho de Estado, de modo a estar publicada até 15 de novembro de 1974.

4. As eleições para Deputados à Assembleia Constituinte realizar-se-ão até 31 de março de 1975, em data a fixar pelo Presidente da República.

5. A Assembleia Constituinte será convocada dentro de quinze dias após a sua eleição.

ARTIGO 5º
(Presidente da República)

O Presidente da República é escolhido pela Junta de Salvação Nacional de entre os seus membros, e responde perante a Nação.

ARTIGO 6º
(Posse do Presidente da República)

O Presidente da República assume as suas funções no dia em que for designado e toma posse perante a Junta de Salvação Nacional, usando a seguinte declaração de compromisso:

Juro, por minha honra, garantir o exercício de todos os direitos e liberdades dos cidadãos, observar e fazer cumprir as leis, promover o bem geral da Nação e defender a independência da Pátria Portuguesa.

ARTIGO 7º
(Competência do Presidente da República)

Compete ao Presidente da República:

1º Vigiar pelo cumprimento das normas constitucionais e das restantes leis;
2º Presidir à Junta de Salvação Nacional e ao Conselho de Estado;
3º Nomear os membros do Governo Provisório de entre cidadãos portugueses que sejam representativos de grupos e correntes políticas ou sejam independentes, mas se identifiquem com o Programa do Movimento das Forças Armadas, e exonerá-los;
4º Convocar o Conselho de Estado;
5º Convocar e presidir ao Conselho de Ministros, quando o julgar conveniente;
6º Marcar, de harmonia com a lei eleitoral, a data das eleições dos Deputados à Assembleia Constituinte;
7º Convocar a Assembleia Constituinte e abrir a sua sessão;
8º Prorrogar, se necessário, a sessão da Assembleia Constituinte, nos termos do nº 2 do artigo 3º;
9º Representar a Nação e dirigir a política externa do Estado, concluir acordos e ajustar tratados internacionais, diretamente ou por intermédio de representantes, e ratificar os tratados depois de devidamente aprovados;
10º Exercer a chefia suprema das forças armadas, nos termos da lei;
11º Indultar e comutar penas;
12º Declarar, ouvido o Conselho de Estado, o estado de sítio, com suspensão, total ou parcial, das garantias constitucionais, em um ou mais pontos do território nacional, no caso de agressão efetiva ou iminente por forças estrangeiras ou no de a segurança e a ordem pública serem perturbadas ou ameaçadas;
13º Promulgar e fazer publicar as leis constitucionais e as resoluções emanadas do Conselho de Estado, bem como os decretos-leis e os decretos regulamentares, e assinar os restantes decretos. Os diplomas mencionados neste número que não sejam promulgados, assinados e publicados segundo nele se determina são juridicamente inexistentes.

ARTIGO 8º
(Regime de referenda)

1. Os atos do Presidente da República devem ser referendados pelo Primeiro-Ministro e pelo Ministro ou Ministros competentes, sem o que serão juridicamente inexistentes.

2. Não carecem de referenda:

a) A nomeação e exoneração dos membros do Governo Provisório;
b) A mensagem de renúncia ao cargo;
c) A promulgação das leis constitucionais e das resoluções do Conselho de Estado.

3. Salvo o disposto no número anterior, devem ser referendados por todos os Ministros os decretos-leis e os decretos que hajam de ser promulgados ou assinados pelo Presidente da República, se uns e outros não tiverem sido aprovados em Conselho de Ministros.

ARTIGO 9º
(Constituição da Junta de Salvação Nacional)

1. A Junta de Salvação Nacional é composta por sete militares, que para o efeito receberam mandato do Movimento das Forças Armadas.

2. O exercício das funções de membro da Junta prefere ao de qualquer outro cargo.

3. No caso de cessação, por parte de qualquer membro da Junta, das respetivas funções, o Conselho de Estado designará o novo membro no prazo de quinze dias após a verificação do respetivo evento.

ARTIGO 10º
(Competência da Junta de Salvação Nacional)

Compete à Junta de Salvação Nacional:

1º Vigiar pelo cumprimento do Programa do Movimento das Forças Armadas e das leis constitucionais;

2º Escolher de entre os seus membros o Presidente da República, o Chefe e Vice-Chefes do Estado-Maior-General das Forças Armadas, o Chefe do Estado-Maior da Armada, o Chefe do Estado-Maior do Exército e o Chefe do Estado-Maior da Força Aérea;

3º Designar, em caso de impedimento do Presidente da República, qual dos membros desempenhará interinamente as suas funções.

ARTIGO 11º
(Funcionamento da Junta de Salvação Nacional)

1. Até à sua dissolução, a Junta de Salvação Nacional considerar-se-á em reunião permanente.

2. As deliberações da Junta serão tomadas por maioria absoluta do número legal dos membros que a compõem.

ARTIGO 12º
(Composição do Conselho de Estado)

1. Constituem o Conselho de Estado:

a) Os membros da Junta de Salvação Nacional;
b) Sete representantes das forças armadas;
c) Sete cidadãos de reconhecido mérito, a designar pelo Presidente da República.

2. Os membros do Conselho de Estado referidos na alínea *b)* do número anterior serão investidos pelo Presidente da República, de acordo com as designações feitas pelo Movimento das Forças Armadas, não podendo estes ser colocados, sem prévio consentimento do Conselho de Estado, em situações que impeçam o exercício efetivo das suas funções.

3. O exercício das funções de Conselheiro de Estado, por parte dos membros referidos na alínea *b)* do nº 1, prefere ao de quaisquer outras.

4. No caso de morte, renúncia ou impossibilidade física permanente de qualquer dos membros do Conselho de Estado referidos nas alíneas *b)* e *c)* do nº 1 deste artigo, o Presidente da República designará o novo membro no prazo de quinze dias após a verificação do respetivo evento.

ARTIGO 13º
(Competência do Conselho de Estado)

1. Compete ao Conselho de Estado:

1º Exercer os poderes constituintes assumidos em consequência do Movimento das Forças Armadas até à eleição da Assembleia Constituinte;

2º Sancionar os diplomas do Governo Provisório que respeitem:
  a) À eleição da Assembleia Constituinte;
  b) À definição das linhas gerais da política económica, social e financeira;
  c) Ao exercício da liberdade de expressão de pensamento, de ensino, de reunião, de associação e de crenças e práticas religiosas;
  d) À organização da defesa nacional e à definição dos deveres desta decorrentes;
  e) À definição do regime geral do Governo das províncias ultramarinas;

3º Vigiar pelo cumprimento das normas constitucionais e das leis ordinárias e apreciar os atos do Governo ou da Administração, podendo declarar com força obrigatória geral, mas ressalvadas sempre as situações criadas pelos casos julgados, a inconstitucionalidade de quaisquer normas;

4º Autorizar o Presidente da República a fazer a guerra, se não couber o recurso à arbitragem, ou esta se malograr, salvo o caso de agressão efetiva ou iminente de forças estrangeiras, e a fazer a paz;

5º Pronunciar-se sobre a impossibilidade física do Presidente;

6º Pronunciar-se em todas as emergências graves para a vida da Nação e sobre outros assuntos de interesse nacional sempre que o Presidente da República o julgue conveniente.

2. Os diplomas que devem ser sancionados pelo Conselho de Estado não poderão ser promulgados pelo Presidente da República sem que a sanção tenha sido concedida.

ARTIGO 14º
(Constituição e formação do Governo Provisório)

1. O Governo Provisório é constituído pelo Primeiro-Ministro, que poderá gerir os negócios de um ou mais Ministérios, e pelos Ministros, Secretários e Subsecretários de Estado.
2. O Primeiro-Ministro e os Ministros são nomeados e exonerados pelo Presidente da República.
3. Os Secretários e Subsecretários de Estado são nomeados pelo Presidente da República, sob proposta do Primeiro-Ministro.
4. As funções dos Secretários e Subsecretários de Estado cessam com a exoneração do respetivo Ministro.
5. Poderá haver Ministros sem pasta que desempenhem missões de natureza específica e exerçam funções de coordenação entre Ministérios ou quaisquer outras que lhes sejam delegadas pelo Primeiro-Ministro.

ARTIGO 15º
(Responsabilidade política do Governo Provisório)

O Governo Provisório é responsável politicamente perante o Presidente da República.

ARTIGO 16º
(Competência do Governo Provisório)

1. Compete ao Governo Provisório:

1º Conduzir a política geral da Nação;
2º Referendar os atos do Presidente da República;
3º Fazer decretos-leis e aprovar os tratados ou acordos internacionais;
4º Elaborar os decretos, regulamentos e instruções para a boa execução das leis;
5º Superintender no conjunto da administração pública;
6º Elaborar a lei eleitoral.

2. Os atos do Governo Provisório que envolvam aumento de despesas ou diminuição de receitas são sempre referendados pelo Ministro da Coordenação Económica.

ARTIGO 17º
(Colegialidade do Gabinete)

1. Os Ministros do Governo Provisório definirão em Conselho as linhas de orientação governamental, em execução do Programa do Movimento das Forças Armadas.

2. A execução da orientação política definida em Conselho para cada Ministério será assegurada pelo respetivo Ministro.

3. Ao Primeiro-Ministro caberá convocar e presidir ao Conselho de Ministros e coordenar e fiscalizar a execução da política definida pelo Conselho.

ARTIGO 18º
(Exercício da função jurisdicional)

1. As funções jurisdicionais serão exercidas exclusivamente por tribunais integrados no Poder Judicial.

2. Não é permitida a existência de tribunais com competência específica para o julgamento de crimes contra a segurança do Estado.

3. Excetuam-se do disposto no nº 1 os tribunais militares.

ARTIGO 19º
(Forças armadas)

1. A estrutura das forças armadas é totalmente independente da estrutura do Governo Provisório.

2. A ligação entre as forças armadas e o Governo Provisório é feita através do Ministro da Defesa Nacional.

ARTIGO 20º
(Chefe do Estado-Maior-General das Forças Armadas)

O Chefe do Estado-Maior-General das Forças Armadas tem categoria idêntica à do Primeiro-Ministro, sucedendo-lhe imediatamente na hierarquia da função pública.

ARTIGO 21º
(Chefes dos estados-maiores dos três ramos das forças armadas)

Os chefes dos estados-maiores dos três ramos das forças armadas desempenharão todas as funções que correspondiam, até 25 de Abril de 1974, às dos Ministros das pastas militares, com exceção das de natureza exclusivamente civil, que transitarão para o Governo Provisório.

ARTIGO 22º
(Conselho Superior de Defesa Nacional)

1. Haverá um Conselho Superior de Defesa Nacional, com a atribuição de concertar a política e a ação de defesa nacional.

2. O Conselho Superior de Defesa Nacional é presidido pelo Presidente da República e dele fazem parte o Primeiro-Ministro, o Chefe do Estado-Maior-General das Forças Armadas, os Ministros da Defesa Nacional, Negócios Estrangeiros, Coordenação Económica e Coordenação Interterritorial e os chefes dos estados-maiores dos três ramos das forças armadas.

3. Quando o entender, o Presidente da República pode convocar outros Ministros, Governadores-Gerais ou Governadores de províncias ultramarinas e outras enti-

dades que, pelas suas funções, tenham direta interferência nos assuntos relativos à defesa nacional.

ARTIGO 23º
(Governadores-Gerais e Governadores de províncias ultramarinas)

Os Governadores-Gerais e os Governadores de províncias ultramarinas têm, na hierarquia da função pública, categorias idênticas, respetivamente, às de Ministros e de Secretários de Estado.

ARTIGO 24º
(Vigência)

1. A presente lei entra imediatamente em vigor.
2. As leis constitucionais a que se refere o artigo 1º deste diploma caducarão logo que a nova Constituição seja aprovada e promulgada e tomem posse os titulares dos órgãos que sejam previstos nela.

Visto e aprovado pela Junta de Salvação Nacional em 14 de maio de 1974.

Publique-se.

O Presidente da Junta de Salvação Nacional, ANTÓNIO DE SPÍNOLA.

(Em anexo segue o Programa do MFA)

VIII
Programa do Movimento das Forças Armadas

Programa do Movimento das Forças Armadas Portuguesas

Considerando que, ao fim de treze anos de luta em terras do ultramar, o sistema político vigente não conseguiu definir, concreta e objetivamente, uma política ultramarina que conduza à paz entre os Portugueses de todas as raças e credos;

Considerando que a definição daquela política só é possível com o saneamento da atual política interna e das suas instituições, tornando-as, pela via democrática, indiscutidas representantes do Povo Português;

Considerando ainda que a substituição do sistema político vigente terá de processar-se sem convulsões internas que afetem a paz, o progresso e o bem-estar da Nação:

O Movimento das Forças Armadas Portuguesas, na profunda convicção de que interpreta as aspirações e interesses da esmagadora maioria do Povo Português e de que a sua ação se justifica plenamente em nome da salvação da Pátria, fazendo uso da força que lhe é conferida pela Nação através dos seus soldados, proclama e compromete-se a garantir adoção das seguintes medidas, plataforma que entende necessária para a resolução da grande crise nacional que Portugal atravessa:

A – Medidas imediatas

1 – Exercício do poder político por uma Junta de Salvação Nacional até à formação, a curto prazo, de um Governo Provisório Civil.

A escolha do Presidente e Vice-Presidente será feita pela própria Junta.

2 – A Junta de Salvação Nacional decretará:

a) A destituição imediata do Presidente da República e do atual Governo, a dissolução da Assembleia Nacional e do Conselho de Estado, medidas que serão acompanhadas do anúncio público da convocação, no prazo de doze meses, de uma Assembleia Nacional Constituinte, eleita por sufrágio universal direto e secreto, segundo lei eleitoral a elaborar pelo futuro Governo Provisório;

b) A destituição de todos os governadores civis no continente, governadores dos distritos autónomos nas ilhas adjacentes e Governadores-Gerais nas províncias ultramarinas, bem como a extinção imediata da Ação Nacional Popular.

1) Os Governos-Gerais das províncias ultramarinas serão imediatamente assumidos pelos respetivos secretários-gerais, investidos nas funções de encarregados do Governo, até nomeação de novos Governadores-Gerais, pelo Governo Provisório;

2) Os assuntos correntes dos governos civis serão despachados pelos respetivos substitutos legais enquanto não forem nomeados novos governadores pelo Governo Provisório;

c) A extinção imediata da DGS, Legião Portuguesa e organizações políticas da juventude.

No ultramar a DGS será reestruturada e saneada, organizando-se como Polícia de Informação Militar enquanto as operações militares o exigirem;

d) A entrega às forças armadas de indivíduos culpados de crimes contra a ordem política instaurada enquanto durar o período de vigência da Junta de Salvação Nacional, para instrução de processo e julgamento;

e) Medidas que permitam vigilância e contrôle rigorosos de todas as operações económicas e financeiras com o estrangeiro;

f) A amnistia imediata de todos os presos políticos, salvo os culpados de delitos comuns, os quais serão entregues ao foro respetivo, e reintegração voluntária dos servidores do Estado destituídos por motivos políticos;

g) A abolição da censura e exame prévio;

1) Reconhecendo-se a necessidade de salvaguardar os segredos dos aspetos militares e evitar perturbações na opinião pública, causadas por agressões ideológicas dos meios mais reacionários, será criada uma comissão *ad hoc* para contrôle da imprensa, rádio, televisão, teatro e cinema, de caráter transitório, diretamente dependente da Junta de Salvação Nacional, a qual se manterá em funções até à publicação de novas leis de imprensa, rádio, televisão, teatro e cinema pelo futuro Governo Provisório.

h) Medidas para a reorganização e saneamento das forças armadas e militarizadas (GNR, PSP, GF, etc.);

i) O contrôle de fronteiras será das atribuições das forças armadas e militarizadas enquanto não for criado um serviço próprio;

j) Medidas que conduzam ao combate eficaz contra a corrupção e especulação.

B – Medidas a curto prazo

1 – No prazo máximo de três semanas após a conquista do Poder, a Junta de Salvação Nacional escolherá, de entre os seus membros, o que exercerá as funções de Presidente da República Portuguesa, que manterá poderes semelhantes aos previstos na atual Constituição.

a) Os restantes membros da Junta de Salvação Nacional assumirão as funções de Chefe do Estado-Maior-General das Forças Armadas, Vice-Chefes do Estado-Maior-General das Forças Armadas, Chefe do Estado-Maior da Armada, Chefe do Estado-Maior do Exército e Chefe do Estado-Maior da Força Aérea e farão parte do Conselho de Estado.

2 – Após assumir as suas funções, o Presidente da República nomeará o Governo Provisório Civil, que será composto por personalidades representativas de grupos e correntes políticas e personalidades independentes que se identifiquem com o presente programa.

3 – Durante o período de exceção do Governo Provisório, imposto pela necessidade histórica de transformação política, manter-se-á a Junta de Salvação Nacional, para salvaguarda dos objetivos aqui proclamados.

a) O período de exceção terminará logo que, de acordo com a nova Constituição Política, estejam eleitos o Presidente da República e a Assembleia Legislativa.

4 – O Governo Provisório governará por decretos-leis, que obedecerão obrigatoriamente ao espírito da presente proclamação.

5 – O Governo Provisório, tendo em atenção que as grandes reformas de fundo só poderão ser adotadas no âmbito da futura Assembleia Nacional Constituinte, obrigar-se-á a promover imediatamente:

a) A aplicação de medidas que garantam o exercício formal da ação do Governo e o estudo e aplicação de medidas preparatórias de caráter material, económico, social e cultural que garantam o futuro exercício efetivo da liberdade política dos cidadãos;

b) A liberdade de reunião e de associação.

Em aplicação deste princípio será permitida a formação de «associações políticas», possíveis embriões de futuros partidos políticos, e garantida a liberdade sindical, de acordo com lei especial que regulará o seu exercício;

c) A liberdade de expressão e pensamento sob qualquer forma;

d) A promulgação de uma nova Lei de Imprensa, Rádio, Televisão, Teatro e Cinema;

e) Medidas e disposições tendentes a assegurar, a curto prazo, a independência e a dignificação do Poder Judicial;

    1) A extinção dos «tribunais especiais» e dignificação do processo penal em todas as suas fases;

    2) Os crimes cometidos contra o Estado no novo regime serão instruídos por juízes de direito e julgados em tribunais ordinários, sendo dadas todas as garantias aos arguidos.

As averiguações serão cometidas à Polícia Judiciária.

6 – O Governo Provisório lançará os fundamentos de:

a) Uma nova política económica, posta ao serviço do Povo Português, em particular das camadas da população até agora mais desfavorecidas, tendo como preocupação imediata a luta contra a inflação e a alta excessiva do custo de vida, o que necessariamente implicará uma estratégia antimonopolista;

b) Uma nova política social que, em todos os domínios, terá essencialmente como objetivo a defesa dos interesses das classes trabalhadoras e o aumento progressivo, mas acelerado, da qualidade da vida de todos os Portugueses.

7 – O Governo Provisório orientar-se-á em matéria de política externa pelos princípios da independência e da igualdade entre os Estados, da não ingerência nos assuntos internos dos outros países e da defesa da paz, alargando e diversificando relações internacionais com base na amizade e cooperação:

a) O Governo Provisório respeitará os compromissos internacionais decorrentes dos tratados em vigor.

8 – A política ultramarina do Governo Provisório, tendo em atenção que a sua definição competirá à Nação, orientar-se-á pelos seguintes princípios:

a) Reconhecimento de que a solução das guerras no ultramar é política, e não militar;

b) Criação de condições para um debate franco e aberto, a nível nacional, do problema ultramarino;

c) Lançamento dos fundamentos de uma política ultramarina que conduza à paz.

C – Considerações finais

1 – Logo que eleitos pela Nação a Assembleia Legislativa e o novo Presidente da República, será dissolvida a Junta de Salvação Nacional e a ação das forças armadas será restringida à sua missão específica de defesa da soberania nacional.

2 – O Movimento das Forças Armadas, convicto de que os princípios e os objetivos aqui proclamados traduzem um compromisso assumido perante o País e são imperativos para servir os superiores interesses da Nação, dirige a todos os Portugueses um veemente apelo à participação sincera, esclarecida e decidida na vida pública nacional e exorta-os a garantirem, pelo seu trabalho e convivência pacífica, qualquer que seja a posição social que ocupem, as condições necessárias à definição, em curto prazo, de uma política que conduza à solução dos graves problemas nacionais e à harmonia, progresso e justiça social indispensáveis ao saneamento da nossa vida pública e à obtenção do lugar a que Portugal tem direito entre as Nações.

O Presidente da Junta de Salvação Nacional, António de Spínola.

IX
Presidência da República
Lei nº 5/75, de 14 de março

Presidência da República
Lei nº 5/75, de 14 de março

Considerando que os acontecimentos ocorridos em 11 de março de 1975 impõem uma tomada de atitudes muito firmes por parte do Movimento das Forças Armadas;

Considerando a determinação do Movimento das Forças Armadas em serem atingidos o mais rapidamente possível os objetivos constantes do seu Programa;

Considerando a necessidade de garantir ao povo português a segurança, a confiança e a tranquilidade que lhe permitam continuar com determinação a obra de reconstrução nacional;

Considerando que o Movimento das Forças Armadas decidiu institucionalizar-se, mediante a criação desde já de um Conselho da Revolução e de uma Assembleia do Movimento das Forças Armadas;

Visto o disposto no nº 1 do artigo 13º da Lei Constitucional nº 3/74, de 14 de maio, o Conselho de Estado decreta e eu promulgo, para valer como lei constitucional, o seguinte:

ARTIGO 1º

São extintos a Junta de Salvação Nacional e o Conselho de Estado.

ARTIGO 2º

1. É instituído o Conselho da Revolução, sob a presidência do Presidente da República e constituído por:

a) Presidente da República;
b) Chefe e Vice-Chefe do Estado-Maior-General das Forças Armadas;
c) Chefes dos Estados-Maiores dos três ramos das forças armadas;
d) Comandante-adjunto do COPCON;
e) Comissão Coordenadora do Programa do Movimento das Forças Armadas, constituída por três elementos do Exército, dois da Armada e dois da Força Aérea;

f) Oito elementos a designar pelo Movimento das Forças Armadas, sendo quatro do Exército, dois da Armada e dois da Força Aérea.

2. Do Conselho da Revolução fazem também parte todos os membros da Junta de Salvação Nacional, extinta pelo artigo 1º do presente diploma.

3. O Primeiro-Ministro, se militar, será igualmente membro do Conselho da Revolução.

ARTIGO 3º

É instituída a Assembleia do Movimento das Forças Armadas, constituída por representantes dos três ramos das forças armadas, competindo ao Conselho da Revolução definir a sua composição.

ARTIGO 4º

O Conselho da Revolução faz parte da Assembleia do Movimento das Forças Armadas, à qual presidirá através do seu próprio presidente ou de quem as suas vezes fizer.

ARTIGO 5º

O Conselho da Revolução funcionará em plenário ou por secções, conforme vier a ser definido por diploma regulamentar.

ARTIGO 6º

1. Ao Conselho da Revolução são conferidas desde já as atribuições que pertenciam aos órgãos a que se refere o artigo 1º e ainda os poderes legislativos atualmente atribuídos ao Conselho dos Chefes dos Estados-Maiores.

2. Os poderes constituintes, até agora pertencentes ao Conselho de Estado e transferidos para o Conselho da Revolução, manter-se-ão até à promulgação da nova Constituição, a elaborar pela Assembleia Constituinte.

ARTIGO 7º

Os atos legislativos emanados do Conselho da Revolução não carecem de referenda e são promulgados e feitos publicar pelo Presidente da República.

ARTIGO 8º

As referências à Junta de Salvação Nacional e ao Conselho de Estado, contidas nas leis em vigor, consideram-se feitas ao Conselho da Revolução.

ARTIGO 9º

Esta lei entra imediatamente em vigor.

Vista e aprovada em Conselho de Estado.

Promulgada em 14 de março de 1975.

Publique-se.

O Presidente da República, FRANCISCO DA COSTA GOMES.

X
Regime do Estado de Sítio e do Estado de Emergência

Regime do Estado de Sítio e do Estado de Emergência

Lei nº 44/86, de 30 de setembro, alterada pela Lei Orgânica nº 1/2011, de 30 de novembro, e pela Lei Orgânica nº 1/2012, de 11 de maio

CAPÍTULO I
Disposições gerais

ARTIGO 1º
Estados de exceção

1. O estado de sítio ou o estado de emergência só podem ser declarados nos casos de agressão efetiva ou iminente por forças estrangeiras, de grave ameaça ou perturbação da ordem constitucional democrática ou de calamidade pública.

2. O estado de sítio ou o estado de emergência, declarados pela forma prevista na Constituição, regem-se pelas normas constitucionais aplicáveis e pelo disposto na presente lei.

ARTIGO 2º
Garantias dos direitos dos cidadãos

1. A declaração do estado de sítio ou do estado de emergência em nenhum caso pode afetar os direitos à vida, à integridade pessoal, à identidade pessoal, à capacidade civil e à cidadania, a não retroatividade da lei criminal, o direito de defesa dos arguidos e a liberdade de consciência e de religião.

2. Nos casos em que possa ter lugar, a suspensão do exercício de direitos, liberdades e garantias respeitará sempre o princípio da igualdade e não discriminação e obedecerá aos seguintes limites:

a) A fixação de residência ou detenção de pessoas com fundamento em violação das normas de segurança em vigor será sempre comunicada ao juiz de instrução competente, no prazo máximo de 24 horas após a ocorrência, assegurando-se designadamente o direito de *habeas corpus;*

b) A realização de buscas domiciliárias e a recolha dos demais meios de obtenção de prova serão reduzidas a auto, na presença de duas testemunhas, sempre que possível residentes na respetiva área, e comunicadas ao juiz de instrução, acompanhadas de informação sobre as causas e os resultados respetivos;

c) Quando se estabeleça o condicionamento ou a interdição do trânsito de pessoas e da circulação de veículos, cabe às autoridades assegurar os meios necessários ao cumprimento do disposto na declaração, particularmente no tocante ao transporte, alojamento e manutenção dos cidadãos afetados;

d) Poderá ser suspenso qualquer tipo de publicações, emissões de rádio e televisão e espetáculos cinematográficos ou teatrais, bem como ser ordenada a apreensão de quaisquer publicações, não podendo estas medidas englobar qualquer forma de censura prévia;

e) As reuniões dos órgãos estatutários dos partidos políticos, sindicatos e associações profissionais não serão em caso algum proibidas, dissolvidas ou submetidas a autorização prévia.

3. Os cidadãos cujos direitos, liberdades e garantias tiverem sido violados por declaração do estado de sítio ou do estado de emergência, ou por providência adotada na sua vigência, ferida de inconstitucionalidade ou ilegalidade, designadamente por privação ilegal ou injustificada da liberdade, têm direito à correspondente indemnização, nos termos gerais.

ARTIGO 3º
Proporcionalidade e adequação das medidas

1. A suspensão ou a restrição de direitos, liberdades e garantias previstas nos artigos 8º e 9º devem limitar-se, nomeadamente quanto à sua extensão, à sua duração e aos meios utilizados, ao estritamente necessário ao pronto restabelecimento da normalidade.

2. A declaração do estado de sítio ou do estado de emergência só pode alterar a normalidade constitucional nos termos previstos na própria Constituição e na presente lei, não podendo nomeadamente afetar a aplicação das regras constitucionais relativas à competência e ao funcionamento dos órgãos de soberania e dos órgãos de governo próprio das regiões autónomas e bem assim os direitos e imunidades dos respetivos titulares.

ARTIGO 4º
Âmbito territorial

O estado de sítio ou o estado de emergência podem ser declarados em relação ao todo ou parte do território nacional, consoante o âmbito geográfico das suas causas determinantes, só podendo sê-lo relativamente à área em que a sua aplicação se mostre necessária para manter ou restabelecer a normalidade.

ARTIGO 5º
Duração

1. O estado de sítio ou o estado de emergência terão duração limitada ao necessário à salvaguarda dos direitos e interesses que visam proteger e ao restabelecimento da normalidade, não podendo prolongar-se por mais de 15 dias, sem prejuízo de eventual renovação por um ou mais períodos, com igual limite, no caso de subsistência das suas causas determinantes.

2. A duração do estado de sítio ou do estado de emergência deve ser fixada com menção do dia e hora dos seus início e cessação.

3. Sempre que as circunstâncias o permitam, deve a renovação da declaração do estado de sítio ser substituída por declaração do estado de emergência.

ARTIGO 6º
Acesso aos tribunais

Na vigência do estado de sítio ou do estado de emergência, os cidadãos mantêm, na sua plenitude, o direito de acesso aos tribunais, de acordo com a lei geral, para defesa dos seus direitos, liberdades e garantias lesados ou ameaçados de lesão por quaisquer providências inconstitucionais ou ilegais.

ARTIGO 7º
Crime de desobediência

A violação do disposto na declaração do estado de sítio ou do estado de emergência ou na presente lei, nomeadamente quanto à execução daquela, faz incorrer os respetivos autores em crime de desobediência.

CAPÍTULO II
Do estado de sítio e do estado de emergência

ARTIGO 8º
Estado de sítio

1. O estado de sítio é declarado quando se verifiquem ou estejam iminentes atos de força ou insurreição que ponham em causa a soberania, a independência, a integridade territorial ou a ordem constitucional democrática e não possam ser eliminados pelos meios normais previstos na Constituição e na lei.

2. Nos termos da declaração do estado de sítio será total ou parcialmente suspenso ou restringido o exercício de direitos, liberdades e garantias, sem prejuízo do disposto no artigo 2º, e estabelecida a subordinação das autoridades civis às autoridades militares ou a sua substituição por estas.

3. As forças de segurança, durante o estado de sítio, ficarão colocadas, para efeitos operacionais, sob o comando do Chefe do Estado-Maior-General das Forças Armadas, por intermédio dos respetivos comandantes-gerais.

4. As autoridades administrativas civis continuarão no exercício das competências que, nos termos da presente lei e da declaração do estado de sítio, não

tenham sido afetadas pelos poderes conferidos às autoridades militares, mas deverão em qualquer caso facultar a estas os elementos de informação que lhes forem solicitados.

ARTIGO 9º
Estado de emergência

1. O estado de emergência é declarado quando se verifiquem situações de menor gravidade, nomeadamente quando se verifiquem ou ameacem verificar-se casos de calamidade pública.

2. Na declaração do estado de emergência apenas pode ser determinada a suspensão parcial do exercício de direitos, liberdades e garantias, sem prejuízo do disposto no artigo 2º, prevendo-se, se necessário, o reforço dos poderes das autoridades administrativas civis e o apoio às mesmas por parte das Forças Armadas.

CAPÍTULO III
Da declaração

ARTIGO 10º
Competência

1. A declaração do estado de sítio ou do estado de emergência compete ao Presidente da República e depende da audição do Governo e da autorização da Assembleia da República ou, quando esta não estiver reunida nem for possível a sua reunião imediata, da respetiva comissão permanente.

2. Quando autorizada pela Comissão Permanente da Assembleia da República, a declaração do estado de sítio ou do estado de emergência terá de ser ratificada pelo Plenário logo que seja possível reuni-lo.

3. Nem a Assembleia da República nem a sua Comissão Permanente podem, respetivamente, autorizar e confirmar a autorização com emendas.

ARTIGO 11º
Forma

A declaração do estado de sítio ou do estado de emergência reveste a forma de decreto do Presidente da República e carece da referenda do Governo.

ARTIGO 12º
Modificação

Em caso de alteração das circunstâncias que tiverem determinado a declaração do estado de sítio ou do estado de emergência, as providências e medidas constantes da declaração poderão ser objeto de adequada extensão ou redução, nos termos do artigo 26º

ARTIGO 13º
Cessação

1. Em caso de cessação das circunstâncias que tiverem determinado a declaração do estado de sítio ou do estado de emergência, será esta imediatamente revogada, mediante decreto do Presidente da República referendado pelo Governo.

2. O estado de sítio ou o estado de emergência cessam automaticamente pelo decurso do prazo fixado na respetiva declaração e, em caso de autorização desta pela Comissão Permanente da Assembleia da República, pela recusa da sua ratificação pelo Plenário.

ARTIGO 14º
Conteúdo

1. A declaração do estado de sítio ou do estado de emergência conterá clara e expressamente os seguintes elementos:
a) Caracterização e fundamentação do estado declarado;
b) Âmbito territorial;
c) Duração;
d) Especificação dos direitos, liberdades e garantias cujo exercício fica suspenso ou restringido;
e) Determinação, no estado de sítio, dos poderes conferidos às autoridades militares, nos termos do nº 2 do artigo 8º;
f) Determinação, no estado de emergência, do grau de reforço dos poderes das autoridades administrativas civis e do apoio às mesmas pelas Forças Armadas, sendo caso disso.

2. A fundamentação será feita por referência aos casos determinantes previstos no nº 2 do artigo 19º da Constituição, bem como às suas consequências já verificadas ou previsíveis no plano da alteração da normalidade.

ARTIGO 15º
Forma da autorização, confirmação ou recusa

1. A autorização, confirmação ou recusa da declaração do estado de sítio ou do estado de emergência pela Assembleia da República assumem a forma de resolução.

2. Quando a autorização ou a sua recusa forem deliberadas pela Comissão Permanente da Assembleia da República, assumirão a forma de resolução.

ARTIGO 16º
Conteúdo da resolução de autorização ou confirmação

1. A resolução de autorização da declaração do estado de sítio ou do estado de emergência conterá a definição do estado a declarar e a delimitação pormenorizada do âmbito da autorização concedida em relação a cada um dos elementos referidos no artigo 14º

2. A resolução de confirmação da declaração do estado de sítio ou do estado de emergência deverá igualmente conter os elementos referidos no número anterior, não podendo, contudo, restringir o conteúdo do decreto de declaração.

CAPÍTULO IV
Da execução da declaração

ARTIGO 17º
Competência do Governo

A execução da declaração do estado de sítio ou do estado de emergência compete ao Governo, que dos respetivos atos manterá informados o Presidente da República e a Assembleia da República.

ARTIGO 18º
Funcionamento dos órgãos de direção e fiscalização

1. Em estado de sítio ou em estado de emergência que abranja todo o território nacional, o Conselho Superior de Defesa Nacional mantém-se em sessão permanente.
2. Mantêm-se igualmente em sessão permanente, com vista ao pleno exercício das suas competências de defesa da legalidade democrática e dos direitos dos cidadãos, a Procuradoria-Geral da República e o Serviço do Provedor de Justiça.

ARTIGO 19º
Competência das autoridades

Com salvaguarda do disposto nos artigos 8º e 9º e respetiva declaração, compete às autoridades, durante o estado de sítio ou do estado de emergência, a tomada das providências e medidas necessárias e adequadas ao pronto restabelecimento da normalidade.

ARTIGO 20º
Execução a nível regional e local

1. Com observância do disposto no artigo 17º, e sem prejuízo das competências do Representante da República e dos órgãos de governo próprio, o emprego das Forças Armadas para execução da declaração do estado de sítio nas regiões autónomas é assegurado pelo respetivo comandante-chefe.
2. Com observância do disposto no artigo 17º, a execução da declaração do estado de emergência nas regiões autónomas é assegurado pelo Representante da República, em cooperação com o governo regional.
3. No âmbito dos poderes conferidos às autoridades militares, nos termos do disposto no nº 2 do artigo 8º, a execução da declaração do estado de sítio no território continental, a nível local, é assegurada pelos comandantes militares, na área do respetivo comando.

4. Compete ao Governo da República, sem prejuízo das suas atribuições, nomear as autoridades que coordenam a execução da declaração do estado de emergência no território continental, a nível local, sem embargo de, em situações de calamidade pública, a coordenação mencionada ser assegurada pelos comandantes operacionais distritais de operações de socorro, na área da respetiva jurisdição.

ARTIGO 21º
Comissários governamentais

Em estado de sítio ou em estado de emergência, pode o Governo nomear comissários da sua livre escolha para assegurar o funcionamento de institutos públicos, empresas públicas e nacionalizadas e outras empresas de vital importância nessas circunstâncias, sem prejuízo do disposto na presente lei quanto à intervenção das autoridades militares.

ARTIGO 22º
Foro

1. Com salvaguarda do que sobre esta matéria constar da declaração do estado de sítio ou do estado de emergência quanto aos direitos, liberdades e garantias cujo exercício tiver sido suspenso ou restringido, nos termos da Constituição e da presente lei, os tribunais comuns mantêm-se, na vigência daqueles estados, no pleno exercício das suas competências e funções.

2. Cabe-lhes em especial, durante a mesma vigência, velar pela observância das normas constitucionais e legais que regem o estado de sítio e o estado de emergência.

CAPÍTULO V
Do processo da declaração

ARTIGO 23º
Pedido de autorização à Assembleia da República

1. O Presidente da República solicitará à Assembleia da República, em mensagem fundamentada, autorização para declarar o estado de sítio ou o estado de emergência.

2. Da mensagem constarão os factos justificativos do estado a declarar, os elementos referidos no nº 1 do artigo 14º e a menção da audição do Governo, bem como da resposta deste.

ARTIGO 24º
Deliberação da Assembleia da República

1. A Assembleia da República ou, quando esta não estiver reunida nem for possível a sua reunião imediata, a respetiva Comissão Permanente pronunciar-se-ão sobre o pedido de autorização da declaração do estado de sítio ou do estado de emergência, nos termos do Regimento e do disposto no artigo 27º

2. A autorização e a confirmação da declaração do estado de sítio ou do estado de emergência ou a sua recusa pelo Plenário da Assembleia da República têm a forma de resolução, revestindo a sua autorização ou recusa pela Comissão Permanente a forma de resolução.

3. Para além do disposto no nº 3 do artigo 10º, a autorização ou a confirmação não poderão ser condicionadas, devendo conter todos os elementos referidos no nº 1 do artigo 14º

4. Pela via mais rápida e adequada às circunstâncias, a Assembleia da República consultará os órgãos de governo próprio das regiões autónomas, nos termos do nº 2 do artigo 229º da Constituição, sempre que a declaração do estado de sítio ou do estado de emergência se refira ao respetivo âmbito geográfico.

ARTIGO 25º
Confirmação da declaração pelo Plenário

1. A confirmação pelo Plenário da Assembleia da República da declaração do estado de sítio ou do estado de emergência autorizada pela Comissão Permanente da Assembleia da República processar-se-á nos termos do Regimento.

2. Para o efeito do número anterior, o Plenário deve ser convocado no prazo mais curto possível.

3. A recusa de confirmação não acarreta a invalidade dos atos praticados ao abrigo da declaração não confirmada e no decurso da sua vigência, sem prejuízo do disposto nos artigos 6º e 7º

ARTIGO 26º
Renovação, modificação e revogação da declaração

1. A renovação da declaração do estado de sítio ou do estado de emergência, bem como a sua modificação no sentido da extensão das respetivas providências ou medidas, seguem os trâmites previstos para a declaração inicial.

2. A modificação da declaração do estado de sítio ou do estado de emergência no sentido da redução das respetivas providências ou medidas, bem como a sua revogação, operam-se por decreto do Presidente da República, referendado pelo Governo, independentemente de prévia audição deste e de autorização da Assembleia da República.

ARTIGO 27º
Caráter urgentíssimo

1. Os atos de processo previstos nos artigos anteriores revestem natureza urgentíssima e têm prioridade sobre quaisquer outros.

2. Para a execução dos mesmos atos, a Assembleia da República ou a sua Comissão Permanente reúnem e deliberam com dispensa dos prazos regimentais, em regime de funcionamento permanente.

3. A resolução da Assembleia da República que conceder ou recusar a autorização e o decreto do Presidente da República que declarar o estado de sítio, o estado

de emergência ou a modificação de qualquer deles no sentido da sua extensão ou redução são de publicação imediata, mantendo-se os serviços necessários àquela publicação, para o efeito, em regime de funcionamento permanente.

ARTIGO 28º
Apreciação de aplicação da declaração

1. Até 15 dias após a cessação do estado de sítio ou do estado de emergência ou, tendo ocorrido a renovação da respetiva declaração, até 15 dias após o termo de cada período, o Governo remeterá à Assembleia da República relatório pormenorizado e tanto quanto possível documentado das providências e medidas adotadas na vigência da respetiva declaração.

2. A Assembleia da República, com base nesse relatório e em esclarecimentos e documentos que eventualmente entenda dever solicitar, apreciará a aplicação da respetiva declaração, em forma de resolução votada pelo respetivo Plenário, da qual constarão, nomeadamente, as providências necessárias e adequadas à efetivação de eventual responsabilidade civil e criminal por violação do disposto na declaração do estado de sítio ou do estado de emergência ou na presente lei.

3. Quando a competência fiscalizadora prevista no número antecedente for exercida pela Comissão Permanente da Assembleia da República, a resolução desta será ratificada pelo Plenário logo que seja possível reuni-lo.

XI
Estatuto Político-Administrativo da Região Autónoma dos Açores

Estatuto Político-Administrativo da Região Autónoma dos Açores

Lei nº 39/80, de 5 de agosto, com as alterações introduzidas pela Lei nº 9/87, de 26 de março, pela Lei nº 61/98, de 27 de agosto e pela Lei nº 2/2009, de 12 de janeiro. Cfr. Acórdão do Tribunal Constitucional nº 206/87, de 10 de julho, Acórdão do Tribunal Constitucional nº 630/99, de 23 de dezembro e Acórdão do Tribunal Constitucional nº 403/2009, de 16 de setembro

PREÂMBULO

Reconhecendo as históricas aspirações autonomistas do povo açoriano que, há mais de um século, iniciou a luta pela conquista do direito à livre administração dos Açores pelos açorianos;

Honrando a memória dos primeiros autonomistas que afirmaram a identidade açoriana e a unidade do seu povo e homenageando o ingente combate de todos quantos, sucedendo-lhes no tempo, mantiveram e mantêm vivo o ideal autonomista;

Afirmando-se herdeiros daqueles que historicamente resistiram ao isolamento e ao abandono, às intempéries e a outros cataclismos da natureza, aos ciclos de escassez material e às mais variadas contrariedades, forjando assim um singular e orgulhoso portuguesismo a que ousaram nomear de açorianidade;

Partilhando com os demais portugueses a vitória e a instauração da democracia que consagrou o reconhecimento constitucional da autonomia política e legislativa açoriana;

Proclamando que a autonomia expressa a identidade açoriana, o livre exercício do seu autogoverno e a promoção do bem-estar do seu povo;

Exercitando uma prerrogativa constitucional exclusiva, o povo açoriano, através dos seus legítimos representantes, apresentou à Assembleia da República um projeto de estatuto, que foi debatido e votado, tendo dado origem ao presente Estatuto Político-Administrativo da Região Autónoma dos Açores.

TÍTULO I
Região Autónoma dos Açores

ARTIGO 1º
Autonomia regional

1. O arquipélago dos Açores constitui uma Região Autónoma da República Portuguesa, dotada de personalidade jurídica de direito público.

2. A autonomia política, legislativa, administrativa, financeira e patrimonial da Região exerce-se no quadro da Constituição e do presente Estatuto.

ARTIGO 2º
Território regional

1. O território da Região Autónoma abrange o arquipélago dos Açores, composto pelas ilhas de Santa Maria, São Miguel, Terceira, Graciosa, São Jorge, Pico, Faial, Flores e Corvo, bem como os seus ilhéus.

2. Constituem ainda parte integrante do território regional as águas interiores, o mar territorial e a plataforma continental contíguos ao arquipélago.

ARTIGO 3º
Objetivos fundamentais da autonomia

A Região prossegue, através da ação dos órgãos de governo próprio, os seguintes objetivos:

a) A participação livre e democrática dos cidadãos;

b) O reforço da unidade nacional e dos laços de solidariedade entre todos os portugueses;

c) A defesa e promoção da identidade, valores e interesses dos açorianos e do seu património histórico;

d) O desenvolvimento económico e social da Região e o bem-estar e qualidade de vida das populações, baseados na coesão económica, social e territorial e na convergência com o restante território nacional e com a União Europeia;

e) A garantia do desenvolvimento equilibrado de todas e cada uma das ilhas;

f) A atenuação dos efeitos desfavoráveis da localização ultraperiférica da Região, da insularidade e do isolamento;

g) A adaptação do sistema fiscal nacional à Região, segundo os princípios da solidariedade, equidade e flexibilidade e da concretização de uma circunscrição fiscal própria;

h) A efetivação dos direitos fundamentais constitucionalmente consagrados;

i) A proteção do direito ao trabalho, promovendo a conciliação entre a vida familiar e a laboral;

j) O acesso universal, em condições de igualdade e qualidade, aos sistemas educativo, de saúde e de proteção social;

l) A promoção do ensino superior, multipolar e adequado às necessidades da Região;

m) A defesa e proteção do ambiente, da natureza, do território, da paisagem e dos recursos naturais;

n) O seu reconhecimento institucional como região ultraperiférica e a consolidação da integração europeia;

o) O fomento e fortalecimento dos laços económicos, sociais e culturais com as comunidades açorianas residentes fora da Região.

ARTIGO 4º
Símbolos da Região

1. A Região tem bandeira, brasão de armas, selo e hino próprios, aprovados pela Assembleia Legislativa.

2. Aos símbolos da Região são devidos respeito e consideração por todos.

3. A bandeira e o hino da Região são utilizados conjuntamente com os correspondentes símbolos nacionais e com a salvaguarda da precedência e do destaque que a estes são devidos.

4. A bandeira da Região é hasteada nas instalações dependentes *dos órgãos de soberania na Região*[1] e dos órgãos de governo próprio ou de entidades por eles tuteladas, bem como nas autarquias locais dos Açores.

5. A utilização dos símbolos da Região é regulada por decreto legislativo regional.

ARTIGO 5º
Órgãos de governo próprio

1. São órgãos de governo próprio da Região a Assembleia Legislativa e o Governo Regional.

2. Os órgãos de governo próprio da Região assentam na vontade dos açorianos.

ARTIGO 6º
Representação da Região

1. A Região é representada pelo Presidente da Assembleia Legislativa.

2. A Região é ainda representada pelo Presidente do Governo Regional, nos casos previstos na Constituição e nas leis e nos decorrentes do exercício de competências próprias do Governo Regional.

ARTIGO 7º
Direitos da Região

1. São direitos da Região, para além dos enumerados no nº 1 do artigo 227º da Constituição:

a) O direito à autonomia política, legislativa, administrativa, financeira e patrimonial;

---

[1] A primeira parte desta norma foi declarada inconstitucional, com força obrigatória geral, pelo Acórdão do Tribunal Constitucional nº 403/2009, de 16 de setembro.

b) O direito à justa compensação e à discriminação positiva com vista à atenuação dos custos da insularidade e do caráter ultraperiférico da Região;

c) O direito à cooperação do Estado e demais entidades públicas na prossecução das suas atribuições, nomeadamente através da celebração de acordos de cooperação;

d) O direito à informação que o Estado ou demais entidades públicas disponham relacionada com a Região;

e) O direito ao domínio público e privado regionais;

f) O direito a uma organização judiciária que tenha em conta as especificidades da Região;

g) O direito a ser sempre ouvida pelos órgãos de soberania e a pronunciar-se por iniciativa própria, relativamente às questões da competência destes que digam respeito à Região;

h) O direito a ter uma participação significativa nos benefícios decorrentes de tratados ou de acordos internacionais que digam respeito à Região;

i) [1]

j) [1]

l) O direito a uma Administração Pública com quadros próprios fixados pela Região, bem como à garantia da mobilidade dos trabalhadores entre as várias administrações públicas;

m) O direito ao reconhecimento da complexidade administrativa decorrente do seu caráter arquipelágico ao nível da administração regional autónoma e da organização dos serviços do Estado na Região;

n) O direito a criar entidades administrativas independentes;

o) [1]

p) O direito ao reconhecimento da realidade específica de ilha na organização municipal;

q) O direito de acesso ao Tribunal Constitucional para defesa dos seus direitos reconhecidos pela Constituição e pelo presente Estatuto.

2. A Região tem direito de participação, quando estejam em causa questões que lhe digam respeito:

a) Na definição, condução e execução da política geral do Estado, incluindo a negociação e celebração de tratados e acordos internacionais;

b) Nos processos de formação da vontade do Estado no âmbito da construção europeia.

3. São também direitos da Região os restantes elencados neste Estatuto.

---

[1] Estas normas foram declaradas inconstitucionais, com força obrigatória geral, pelo Acórdão do Tribunal Constitucional nº 403/2009, de 16 de setembro.

ARTIGO 8º
Direitos da Região sobre as zonas marítimas portuguesas

1. A Região tem o direito de exercer conjuntamente com o Estado poderes de gestão sobre as águas interiores e o mar territorial que pertençam ao território regional e que sejam compatíveis com a integração dos bens em causa no domínio público marítimo do Estado.
2. A Região é a entidade competente para o licenciamento, no âmbito da utilização privativa de bens do domínio público marítimo do Estado, das atividades de extração de inertes, da pesca e de produção de energias renováveis.
3. Os demais poderes reconhecidos ao Estado Português sobre as zonas marítimas sob soberania ou jurisdição nacional adjacentes ao arquipélago dos Açores, nos termos da lei e do direito internacional, são exercidos no quadro de uma gestão partilhada com a Região, salvo quando esteja em causa a integridade e soberania do Estado.
4. Os bens pertencentes ao património cultural subaquático situados nas águas interiores e no mar territorial que pertençam ao território regional e não tenham proprietário conhecido ou que não tenham sido recuperados pelo proprietário dentro do prazo de cinco anos a contar da data em que os perdeu, abandonou ou deles se separou de qualquer modo, são propriedade da Região.

ARTIGO 9º
Direito de petição aos órgãos de governo próprio

1. Todos os cidadãos portugueses podem, individual ou coletivamente, exercer o direito de petição, dirigido aos órgãos de governo próprio da Região, para defesa dos seus direitos, da Constituição, do presente Estatuto, das demais leis ou do interesse geral, mediante a apresentação de petições, representações, reclamações ou queixas.
2. O exercício do direito de petição obriga a entidade destinatária a receber e examinar as petições, representações, reclamações ou queixas, bem como a comunicar as decisões que forem tomadas.
3. O exercício do direito de petição é livre e gratuito, não podendo a recolha de assinaturas e os demais atos necessários para a sua efetivação ser dificultada ou impedida por qualquer entidade pública ou privada, nem dar lugar ao pagamento de quaisquer impostos ou taxas.

TÍTULO II
Princípios fundamentais

ARTIGO 10º
Princípio da subsidiariedade

A Região assume as funções que possa prosseguir de forma mais eficiente e mais adequada do que o Estado.

ARTIGO 11º
Princípio de cooperação entre a República e a Região
A República e a Região devem cooperar mutuamente na prossecução das respetivas atribuições.

ARTIGO 12º
Princípio da solidariedade nacional
1. Nos termos da Lei de Finanças das Regiões Autónomas, a Região tem direito a ser compensada financeiramente pelos custos das desigualdades derivadas da insularidade, designadamente no respeitante a comunicações, transportes, educação, cultura, segurança social e saúde, incentivando a progressiva inserção da Região em espaços económicos mais amplos, de dimensão nacional e internacional.
2. Constitui obrigação do Estado assegurar os encargos para garantia da efetiva universalidade das prestações sociais quando não for possível assegurá-las na Região, nos termos da Lei de Finanças das Regiões Autónomas.

ARTIGO 13º
Princípio da continuidade territorial e ultraperiferia
1. Os órgãos de soberania e os órgãos de governo próprio da Região, no exercício das respetivas atribuições e competências, devem promover a eliminação das desigualdades estruturais, sociais e económicas entre portugueses, causadas pela insularidade e pelo afastamento da Região e de todas e cada uma das ilhas em relação aos centros de poder.
2. A condição ultraperiférica do arquipélago dos Açores em relação aos territórios nacional e comunitário, caracterizada pela insularidade, pela reduzida dimensão e relevo das ilhas, pelo clima e pela dependência económica em relação a um pequeno número de produtos, deve constituir um fator determinante na definição e condução da política interna e externa do Estado.

ARTIGO 14º
Princípio do adquirido autonómico
1. O processo de autonomia regional é de aprofundamento gradual e dinâmico.
2. A eventual suspensão, redução ou supressão, por parte dos órgãos de soberania, dos direitos, atribuições e competências da Região, resultantes da transferência operada pela legislação da República ou fundadas em legislação regional, deve ser devidamente fundamentada em razões ponderosas de interesse público e precedida de audição qualificada da Região.

ARTIGO 15º
Princípio da supletividade da legislação nacional
Na falta de legislação regional própria sobre matéria não reservada à competência dos órgãos de soberania, aplicam-se na Região as normas legais em vigor.

ARTIGO 16º
Execução dos atos legislativos

No exercício das competências dos órgãos regionais, a execução dos atos legislativos no território da Região é assegurada pelo Governo Regional.

TÍTULO III
Regime económico e financeiro

CAPÍTULO I
Princípios gerais

ARTIGO 17º
Política de desenvolvimento económico e social da Região

1. A orientação e definição da política de desenvolvimento económico e social da Região tem em conta as características intrínsecas do arquipélago.
2. O plano de desenvolvimento económico e social e o orçamento regionais enquadram e promovem o desenvolvimento da Região.
3. De harmonia com o princípio da solidariedade nacional, o Estado assegura à Região os meios financeiros necessários à realização dos investimentos constantes do plano de desenvolvimento económico e social regional que excedam a capacidade de financiamento dela, de acordo com o programa de transferências de fundos, nos termos da Lei de Finanças das Regiões Autónomas.

ARTIGO 18º
Autonomia financeira e patrimonial da Região

1. A autonomia financeira e patrimonial da Região exerce-se no quadro da Constituição, do presente Estatuto e da Lei de Finanças das Regiões Autónomas.
2. A autonomia financeira e patrimonial visa garantir aos órgãos de governo próprio da Região os meios necessários à prossecução das suas atribuições, bem como a disponibilidade dos instrumentos adequados à prossecução dos objetivos da autonomia.

CAPÍTULO II
Autonomia financeira da Região

ARTIGO 19º
Receitas da Região

1. A Região dispõe, para as suas despesas, nos termos da Constituição, do presente Estatuto e da Lei de Finanças das Regiões Autónomas, das receitas fiscais nela cobradas ou geradas, de uma participação nas receitas tributárias do Estado, estabelecida de acordo com o princípio da solidariedade nacional, bem como de outras receitas que lhe sejam atribuídas.

2. Constituem, em especial, receitas da Região:

a) Os rendimentos do seu património;

b) Todos os impostos, taxas, multas, coimas e adicionais cobrados no seu território, incluindo o imposto do selo, os direitos aduaneiros e demais imposições cobradas pela alfândega, nomeadamente impostos e diferenciais de preços sobre a gasolina e outros derivados do petróleo;

c) Os impostos incidentes sobre mercadorias destinadas à Região e liquidadas fora do seu território, incluindo o imposto sobre o valor acrescentado e o imposto sobre a venda de veículos;

d) Outros impostos que devam pertencer-lhe, nos termos do presente Estatuto e da lei, nomeadamente em função do lugar da ocorrência do facto gerador da obrigação do imposto;

e) As participações mencionadas na alínea *h)* do nº 1 do artigo 7º;

f) O produto de empréstimos;

g) O apoio financeiro do Estado a que a Região tem direito, de harmonia com o princípio da solidariedade nacional;

h) O produto da emissão de selos e de moedas com interesse numismático;

i) As comparticipações financeiras da União Europeia;

j) O produto das privatizações, reprivatizações e venda de participações financeiras;

l) As heranças e os legados deixados à Região;

m) As outras receitas que lhe sejam atribuídas.

3. As receitas da Região são afetas às suas despesas, segundo o orçamento anual aprovado pela Assembleia Legislativa.

4. O Estado assegura que a Região beneficia do apoio dos fundos da União Europeia, tendo em conta as especificidades do arquipélago.

ARTIGO 20º
Poder tributário da Região

1. A Região exerce poder tributário próprio, nos termos da lei, e pode adaptar o sistema fiscal nacional às especificidades regionais, nos termos de lei quadro da Assembleia da República.

2. O sistema fiscal regional é estruturado de forma a assegurar a correção das desigualdades derivadas da insularidade e com vista à repartição justa da riqueza e dos rendimentos e à concretização de uma política de desenvolvimento económico e de maior justiça social.

ARTIGO 21º
Legalidade das despesas públicas

A apreciação da legalidade das despesas públicas é feita, na Região, por uma secção regional do Tribunal de Contas, com os poderes e funções atribuídos pela lei.

CAPÍTULO III
Autonomia patrimonial da Região

ARTIGO 22º
Domínio público regional

1. Os bens situados no arquipélago historicamente englobados no domínio público do Estado ou dos extintos distritos autónomos integram o domínio público da Região.

2. Pertencem, nomeadamente, ao domínio público regional:

a) Os lagos, lagoas, ribeiras e outros cursos de água, com os respetivos leitos e margens e, bem assim, os que por lei forem reconhecidos como aproveitáveis para produção de energia elétrica ou para irrigação;

b) As valas e os canais de irrigação abertos pela Região e as barragens de utilidade pública;

c) Os jazigos minerais;

d) Os recursos hidrominerais, incluindo as nascentes de águas minerais naturais e as águas mineroindustriais;

e) As cavidades naturais subterrâneas existentes no subsolo, com exceção das rochas, terras comuns e outros materiais habitualmente usados na construção;

f) Os recursos geotérmicos;

g) As estradas regionais, vias rápidas e autoestradas com os seus acessórios e obras de arte;

h) As redes de distribuição pública de energia;

i) Os portos artificiais, as docas e os ancoradouros;

j) Os aeroportos e aeródromos de interesse público;

l) Os palácios, monumentos, museus, bibliotecas, arquivos e teatros;

m) Os direitos públicos sobre imóveis privados classificados ou de uso e fruição sobre quaisquer bens privados;

n) As servidões administrativas e as restrições de utilidade pública ao direito de propriedade.

3. Excetuam-se do domínio público regional os bens afetos ao domínio público militar, ao domínio público marítimo, ao domínio público aéreo e, salvo quando classificados como património cultural, os bens dominiais afetos a serviços públicos não regionalizados.

ARTIGO 23º
Domínio público do Estado na Região

1. A cessação da efetiva e direta afetação de bens do domínio público do Estado a serviços públicos não regionalizados e a manutenção dessa situação por um período de três anos determina a faculdade de a Região requerer a respetiva desafetação e vincula o Estado, em caso de oposição, a indicar os fins a que os destina.

2. O decurso de dois anos sobre a indicação referida no número anterior, sem que haja efetiva e direta afetação dos bens a serviços públicos não regionalizados,

determina a sua transferência automática para a esfera patrimonial da Região, conferindo a esta o correspondente direito de posse.

ARTIGO 24º
Domínio privado regional

1. São bens do domínio privado regional aqueles que, sendo da titularidade da Região, não estão englobados no seu domínio público.

2. Os bens que pertenciam aos extintos distritos autónomos e os bens situados em território regional historicamente englobados no domínio privado do Estado, com exceção dos afetos aos serviços do Estado não regionalizados, integram o domínio privado da Região.

3. Pertencem, nomeadamente, ao domínio privado regional:
   a) Os imóveis da Região e os direitos a eles inerentes;
   b) Os direitos de arrendamento de que a Região é titular como arrendatária;
   c) Os valores e títulos representativos de participações no capital de sociedades comerciais ou de obrigações emitidas por estas;
   d) Os contratos de futuros ou de opções cujo ativo subjacente seja constituído por participações em sociedades comerciais;
   e) Os direitos de propriedade intelectual;
   f) Os direitos de qualquer natureza que derivem da titularidade de bens e direitos patrimoniais;
   g) As coisas e direitos afetos a serviços estaduais transferidos para a Região;
   h) Os bens que sejam declarados perdidos a favor do Estado e aos quais lei especial não dê destino específico;
   i) Os bens abandonados e os que integrem heranças declaradas vagas para o Estado, desde que uns e outros se situem dentro dos limites territoriais da Região.

4. A desafetação de uma parcela do domínio público do Estado na Região implica a sua integração automática no domínio privado regional, conferindo ainda à Região o direito de posse sobre a mesma.

TÍTULO IV
Órgãos de governo próprio

CAPÍTULO I
Assembleia Legislativa

SECÇÃO I
Estatuto e eleição

ARTIGO 25º
Definição e sede da Assembleia Legislativa

1. A Assembleia Legislativa é o órgão representativo da Região com poderes legislativos e de fiscalização da ação governativa regional.

2. A Assembleia Legislativa tem a sua sede na cidade da Horta, ilha do Faial, e delegações nas restantes ilhas.

ARTIGO 26º
Composição e mandatos

A Assembleia Legislativa é composta por deputados eleitos mediante sufrágio universal, direto e secreto, de harmonia com o princípio da representação proporcional e por círculos eleitorais, nos termos da lei eleitoral, para um mandato de quatro anos.

ARTIGO 27º
Círculos eleitorais

1. Cada ilha constitui um círculo eleitoral, designado pelo respetivo nome.

2. Cada círculo eleitoral de ilha elege dois deputados e ainda deputados em número proporcional ao dos cidadãos eleitores nele inscritos.

3. A lei eleitoral prevê também a existência de um círculo regional de compensação, reforçando a proporcionalidade global do sistema.

4. A lei eleitoral pode atribuir direito de voto aos cidadãos com dupla residência, na Região e noutras parcelas do território português ou no estrangeiro.

5. Na atribuição dos mandatos aplica-se, dentro de cada círculo, o sistema de representação proporcional e o método da média mais alta de Hondt, nos termos definidos pela lei eleitoral.

ARTIGO 28º
Candidaturas

1. Os deputados são eleitos por listas apresentadas pelos partidos políticos concorrentes em cada círculo eleitoral, isoladamente ou em coligação, podendo as listas integrar cidadãos não inscritos nos respetivos partidos.

2. Ninguém pode ser candidato por mais de um círculo eleitoral, excetuando o círculo regional de compensação, ou figurar em mais de uma lista.

ARTIGO 29º
Representação política

Os deputados são representantes de toda a Região e não apenas do círculo por que são eleitos.

ARTIGO 30º
Exercício da função de deputado

1. Os deputados exercem livremente o seu mandato, sendo-lhes garantidas condições adequadas ao eficaz exercício das suas funções, designadamente ao indispensável contacto com os cidadãos eleitores e à sua informação regular.

2. A falta dos deputados a atos ou diligências oficiais, por causa de reuniões ou missões da Assembleia Legislativa, constitui motivo justificado para o adiamento destes, sem qualquer encargo.

3. O deputado não pode invocar o fundamento previsto no número anterior mais de uma vez em qualquer ato ou diligência oficial.

4. Todas as entidades têm, nos termos da lei, o dever de cooperar com os deputados no exercício das suas funções.

ARTIGO 31º
Poderes dos deputados

1. Os deputados têm o poder de:

a) Apresentar anteprojetos de Estatuto Político-Administrativo;

b) Apresentar anteprojetos de lei relativa à eleição dos deputados à Assembleia Legislativa;

c) Apresentar antepropostas que respeitem à iniciativa legislativa da Assembleia Legislativa;

d) Apresentar projetos de decreto legislativo regional, de Regimento da Assembleia Legislativa e de resolução;

e) Apresentar antepropostas de referendo regional;

f) Apresentar moções de censura;

g) Participar e intervir nos debates parlamentares, nos termos do Regimento da Assembleia Legislativa;

h) Requerer e obter do Governo Regional ou dos órgãos de qualquer entidade pública regional os elementos, informações e publicações oficiais que considerem úteis para o exercício do seu mandato;

i) Formular perguntas orais ou escritas ao Governo Regional, nos termos da lei e do Regimento da Assembleia Legislativa;

j) Suscitar a realização de dois debates em cada sessão legislativa sobre assuntos de política regional, nos termos do Regimento da Assembleia Legislativa;

l) Requerer a constituição de comissões parlamentares de inquérito ou de comissões eventuais;

m) Requerer ao Tribunal Constitucional a declaração de inconstitucionalidade de qualquer norma com fundamento na violação de direitos da Região, a declaração de ilegalidade de qualquer norma constante de diploma regional com fundamento na violação do presente Estatuto, ou a declaração de ilegalidade de qualquer norma constante de diploma emanado dos órgãos de soberania com fundamento em violação dos direitos da Região consagrados no presente Estatuto;

n) Exercer os demais poderes consignados na lei e no Regimento da Assembleia Legislativa.

2. Os poderes constantes das alíneas *f)*, *j)* e *l)* do número anterior só podem ser exercidos por um mínimo de cinco deputados ou por um grupo parlamentar.

3. O poder constante da alínea *m)* do nº 1 só pode ser exercido por um décimo dos deputados.

ARTIGO 32º
Deveres dos deputados

1. Constituem deveres dos deputados:

a) Participar nos trabalhos parlamentares;
b) Comparecer às reuniões plenárias e às das comissões a que pertençam;
c) Desempenhar os cargos da Assembleia Legislativa e as funções para que sejam eleitos ou designados;
d) Participar nas votações;
e) Respeitar a dignidade da Assembleia Legislativa e de todos os que nela têm assento;
f) Observar a ordem e a disciplina fixadas no Regimento da Assembleia Legislativa;
g) Contribuir para a eficácia e o prestígio dos trabalhos da Assembleia Legislativa e, em geral, para a observância da Constituição e do Estatuto.

2. Os deputados devem visitar cada uma das ilhas da Região, pelo menos, uma vez em cada legislatura.

ARTIGO 33º
Substituição, suspensão, perda e renúncia do mandato

1. Os deputados têm direito à sua substituição e a requererem a suspensão do seu mandato, nos termos do regime de execução do estatuto dos titulares dos órgãos de governo próprio.

2. Perdem o mandato os deputados que:

a) Venham a incorrer em alguma das incapacidades ou incompatibilidades previstas no presente Estatuto, sem prejuízo do disposto nos regimes de substituição e suspensão de mandato;
b) Não tomem assento na Assembleia Legislativa ou excedam o número de faltas fixado no seu Regimento;
c) Se inscrevam em partido político diverso daquele pelo qual foram eleitos;
d) Sejam judicialmente condenados por crime de responsabilidade no exercício da sua função em tal pena ou por participação em organizações racistas ou que perfilhem a ideologia fascista.

3. Os deputados podem renunciar ao mandato, mediante declaração escrita dirigida ao Presidente da Assembleia Legislativa.

SECÇÃO II
Competência da Assembleia Legislativa

SUBSECÇÃO I
Competência em geral

ARTIGO 34º
Competência política da Assembleia Legislativa

Compete à Assembleia Legislativa:

a) Dar posse ao Governo Regional e aprovar o respetivo programa;

b) Aprovar o plano de desenvolvimento económico e social, discriminado por programas de investimento;

c) Aprovar o orçamento regional, discriminado por despesas e receitas, incluindo os dos serviços e fundos autónomos regionais e os programas de investimento de cada secretaria regional;

d) Autorizar o Governo Regional a realizar empréstimos e outras operações de crédito que não sejam de dívida flutuante, estabelecendo as respetivas condições gerais;

e) Estabelecer o limite máximo dos avales a conceder pelo Governo Regional em cada ano;

f) Votar moções de rejeição ao programa do Governo Regional;

g) Votar moções de confiança e de censura ao Governo Regional;

h) Apresentar propostas de referendo regional ao Presidente da República;

i) Pronunciar-se, por sua iniciativa ou sob consulta dos órgãos de soberania, sobre as questões da competência destes;

j) Participar na definição das posições do Estado Português, no âmbito do processo da construção europeia, nas matérias que sejam da sua competência política e legislativa;

l) Participar no estabelecimento de laços de cooperação com entidades regionais estrangeiras;

m) Aprovar acordos de cooperação com entidades regionais ou locais estrangeiras que versem sobre matérias da sua competência ou sobre a participação em organizações que tenham por objeto fomentar o diálogo e a cooperação inter-regional;

n) Eleger os titulares de órgãos ou cargos que, por lei ou acordo, lhe caiba designar;

o) Participar nas reuniões das comissões da Assembleia da República em que se discutam iniciativas legislativas regionais, através de representantes seus, nos termos do Regimento da Assembleia da República.

ARTIGO 35º
Participação e acompanhamento no processo de construção da União Europeia

Compete à Assembleia Legislativa, no exercício de poderes de participação e acompanhamento no processo de construção europeia:

a) Definir as grandes orientações de intervenção da Região no processo de construção europeia e acompanhar e apreciar a atividade desenvolvida nesse domínio pelo Governo Regional;

b) Participar no processo de construção europeia, mediante representação nas respetivas instituições regionais e nas delegações envolvidas em processo de decisão comunitária, quando estejam em causa matérias que sejam da sua competência política e legislativa;

c) Promover a cooperação interparlamentar regional na União Europeia;

d) Fiscalizar a aplicação dos fundos estruturais na Região e de outros programas comunitários de âmbito regional ou de âmbito nacional com incidência na Região;

e) Participar, nos termos da lei, na fixação das dotações a atribuir às autarquias locais e correspondentes à repartição dos recursos públicos aplicados em programas comunitários específicos à Região;

f) Apreciar relatório semestral do Governo Regional sobre a participação da Região na União Europeia.

ARTIGO 36º
Iniciativa legislativa

1. Compete à Assembleia Legislativa, no exercício da sua competência de iniciativa legislativa:

a) Elaborar os projetos de Estatuto Político-Administrativo da Região e de lei relativa à eleição dos deputados à Assembleia Legislativa, bem como emitir parecer sobre a respetiva rejeição ou introdução de alterações pela Assembleia da República, nos termos do artigo 226º da Constituição;

b) Exercer iniciativa legislativa, mediante a apresentação de propostas de lei ou de alteração à Assembleia da República.

2. No exercício da competência prevista no número anterior, a Assembleia Legislativa pode requerer a declaração de urgência do respetivo processamento e ainda o seu agendamento.

ARTIGO 37º
Competência legislativa própria

1. Compete à Assembleia Legislativa legislar, para o território regional, nas matérias da competência legislativa própria da Região e que não estejam constitucionalmente reservadas aos órgãos de soberania.

2. São matérias da competência legislativa própria da Região as referidas na subsecção II da presente secção.

ARTIGO 38º
Competência legislativa complementar

1. Compete à Assembleia Legislativa desenvolver, para o território regional, os princípios ou as bases gerais dos regimes jurídicos contidos em lei ou decreto-lei que

a eles se circunscrevam, salvo quando estejam em causa matérias cujo regime seja integralmente reservado aos órgãos de soberania.

2. Os decretos legislativos regionais aprovados ao abrigo do presente artigo devem invocar expressamente as leis ou decretos-leis cujos princípios ou bases gerais desenvolvem.

3. A competência enunciada no nº 1 não se limita às matérias da competência legislativa própria da Região, enunciadas na subsecção II da presente secção.

4. Quando leis ou decretos-leis de bases incidam sobre matérias abrangidas na competência legislativa própria da Assembleia Legislativa, esta pode optar por desenvolver, para o território regional, os princípios ou as bases gerais dos regimes jurídicos neles contidos, nos termos do presente artigo ou, em alternativa, exercer a competência legislativa própria, nos termos do artigo anterior.

ARTIGO 39º
Competência legislativa delegada

1. Compete à Assembleia Legislativa legislar, mediante autorização desta, nas matérias de reserva relativa da Assembleia da República previstas na segunda parte da alínea *d*), nas alíneas *e*), *g*), *h*), *j*) e *l*), primeira parte da alínea *m*), e alíneas *n*), *r*), *u*) e *z*) do nº 1 do artigo 165º da Constituição.

2. As propostas de lei de autorização devem ser acompanhadas do anteprojeto do decreto legislativo regional a autorizar, aplicando-se às correspondentes leis de autorização o disposto nos nºs 2 e 3 do artigo 165º da Constituição.

3. As autorizações referidas no número anterior caducam com o termo da legislatura ou com a dissolução da Assembleia da República ou da Assembleia Legislativa.

4. Os decretos legislativos regionais aprovados ao abrigo do presente artigo devem invocar expressamente as leis de autorização ao abrigo das quais foram elaborados.

5. A Assembleia da República pode submeter os decretos legislativos regionais aprovados ao abrigo do presente artigo à sua apreciação para efeitos de cessação de vigência, nos termos do artigo 169º da Constituição.

6. A competência enunciada no nº 1 não se limita às matérias da competência legislativa própria da Região, enunciadas na subsecção II da presente secção.

ARTIGO 40º
Competência legislativa de transposição de atos jurídicos da União Europeia

Compete à Assembleia Legislativa transpor os atos jurídicos da União Europeia para o território da Região, nas matérias de competência legislativa própria.

ARTIGO 41º
Competência regulamentar da Assembleia Legislativa

É da exclusiva competência da Assembleia Legislativa regulamentar as leis e decretos-leis emanados dos órgãos de soberania que não reservem para o Governo Regional o respetivo poder regulamentar.

ARTIGO 42º
Outras competências

1. Compete à Assembleia Legislativa, no exercício de funções de fiscalização:

a) Vigiar pelo cumprimento da Constituição, do Estatuto e das leis e apreciar os atos do Governo e da administração regional autónoma;

b) Aprovar as contas da Região respeitantes a cada ano económico e apreciar os relatórios de execução do plano de desenvolvimento económico e social regional;

c) Solicitar ao Tribunal Constitucional a declaração de inconstitucionalidade de qualquer norma com fundamento na violação de direitos da Região, a declaração de ilegalidade de qualquer norma constante de diploma regional com fundamento na violação do presente Estatuto, ou a declaração de ilegalidade de qualquer norma constante de diploma emanado dos órgãos de soberania com fundamento em violação dos direitos da Região consagrados no presente Estatuto.

2. Compete à Assembleia Legislativa, no exercício de funções de acompanhamento:

a) Acompanhar a atividade dos titulares de órgãos ou cargos designados pela Assembleia Legislativa;

b) Acompanhar a tutela do Governo Regional sobre a atividade das autarquias locais dos Açores;

c) Apreciar relatórios das entidades criadas nos termos do presente Estatuto;

d) Proceder à audição anual do diretor do Centro Regional dos Açores da rádio e televisão públicas e do responsável na Região da agência noticiosa pública.

3. Compete também à Assembleia Legislativa aprovar o seu Regimento.

ARTIGO 43º
Referendo regional

1. Compete à Assembleia Legislativa apresentar propostas de referendo regional ao Presidente da República.

2. O colégio eleitoral para o referendo regional é constituído pelo conjunto de cidadãos eleitores recenseados no território da Região.

3. O referendo regional pode ter por objeto questões de relevante interesse regional que sejam da competência legislativa da Assembleia Legislativa, à exceção de questões e de atos de conteúdo orçamental, tributário ou financeiro.

4. A regulação do referendo regional é estabelecida por lei.

ARTIGO 44º
Forma dos atos

1. Revestem a forma de decreto legislativo regional os atos previstos nas alíneas *b)*, *c)*, *d)* e *e)* do artigo 34º, no artigo 37º, no nº 1 do artigo 38º, no nº 1 do artigo 39º, no artigo 40º e no artigo 41º

2. Revestem a forma de projeto os atos previstos na alínea *a)* do nº 1 do artigo 36º e de proposta os atos previstos na alínea *b)* do nº 1 do mesmo artigo.

3. Revestem a forma de resolução os demais atos da Assembleia Legislativa, incluindo os previstos na segunda parte da alínea *a*) e na alínea *h*) do artigo 34º e no nº 3 do artigo 42º

4. Revestem a forma de moção os atos previstos nas alíneas *f*) e *g*) do artigo 34º

5. Os atos previstos no nºs 1, 3 e 4 do presente artigo são publicados no *Diário da República* e no *Jornal Oficial da Região*.

ARTIGO 45º
Iniciativa legislativa e referendária regional

1. A iniciativa legislativa e referendária regional compete aos deputados, aos grupos e representações parlamentares, ao Governo Regional e ainda, nos termos e condições estabelecidos no artigo seguinte, a grupos de cidadãos eleitores.

2. Os deputados e os grupos e representações parlamentares não podem apresentar projetos ou propostas de alteração de decreto legislativo regional ou antepropostas de referendo regional que envolvam, no ano económico em curso, aumento das despesas ou diminuição das receitas da Região previstas no orçamento.

3. Os projetos e as propostas de decreto legislativo regional ou de referendo regional definitivamente rejeitados não podem ser renovados na mesma sessão legislativa.

4. Os projetos e as propostas de decreto legislativo regional e de referendo regional não votados na sessão legislativa em que tiverem sido apresentados não carecem de ser renovados nas sessões legislativas seguintes, salvo termo da legislatura ou dissolução da Assembleia Legislativa.

5. As propostas de decreto legislativo regional e de referendo caducam com a demissão do Governo Regional.

6. As comissões parlamentares podem apresentar textos de substituição, sem prejuízo dos projetos e das propostas a que se referem.

7. O presente artigo aplica-se, com as devidas adaptações, aos anteprojetos e antepropostas de lei.

ARTIGO 46º
Iniciativa legislativa e referendária dos cidadãos

1. Os cidadãos regularmente inscritos no recenseamento eleitoral no território da Região são titulares do direito de iniciativa legislativa, do direito de participação no procedimento legislativo a que derem origem e do direito de iniciativa referendária.

2. A iniciativa legislativa dos cidadãos pode ter por objeto todas as matérias incluídas na competência legislativa da Assembleia Legislativa, à exceção das que revistam natureza ou tenham conteúdo orçamental, tributário ou financeiro.

3. Os grupos de cidadãos eleitores não podem apresentar iniciativas legislativas que:

a) Violem a Constituição da República Portuguesa ou o presente Estatuto;

b) Não contenham uma definição concreta do sentido das modificações a introduzir na ordem legislativa;

c) Envolvam, no ano económico em curso, aumento das despesas ou diminuição das receitas previstas no orçamento da Região.

4. A iniciativa referendária dos cidadãos pode ter por objeto as matérias referidas no nº 3 do artigo 43º e não pode envolver, no ano económico em curso, um aumento das despesas ou uma diminuição das receitas previstas no orçamento da Região.

5. O exercício do direito de iniciativa é livre e gratuito, não podendo ser dificultada ou impedida, por qualquer entidade pública ou privada, a recolha de assinaturas e os demais atos necessários para a sua efetivação, nem dar lugar ao pagamento de quaisquer impostos ou taxas.

6. O direito de iniciativa legislativa de cidadãos é exercido através da apresentação à Assembleia Legislativa de projeto de decreto legislativo regional, subscrito por um mínimo de 1500 cidadãos eleitores recenseados no território da Região.

ARTIGO 47º
Discussão e votação

1. A discussão de projetos e propostas de decreto legislativo regional e de anteprojetos ou antepropostas de lei compreende um debate na generalidade e outro na especialidade.

2. A votação compreende uma votação na generalidade, uma votação na especialidade e uma votação final global.

3. Os projetos de Estatuto Político-Administrativo e de lei relativa à eleição dos deputados à Assembleia Legislativa são aprovados por maioria de dois terços dos deputados em efetividade de funções.

4. Carecem de maioria de dois terços dos deputados presentes, desde que superior à maioria absoluta dos deputados em efetividade de funções:

a) A aprovação do Regimento da Assembleia Legislativa;

b) A eleição dos membros de entidades administrativas independentes regionais que lhe couber designar;

c) [1]

5. Carecem de maioria absoluta dos deputados em efetividade de funções:

a) A rejeição do programa do Governo Regional;

b) A aprovação de moções de censura;

c) A rejeição de moções de confiança;

d) A criação ou extinção de autarquias locais;

e) A eleição de titulares de cargos ou órgãos, em representação da Região, previstos na lei.

---

[1] Esta norma foi declarada inconstitucional, com força obrigatória geral, pelo Acórdão do Tribunal Constitucional nº 403/2009, de 16 de setembro.

ARTIGO 48º
Assinatura do Representante da República

Os decretos da Assembleia Legislativa são enviados ao Representante da República para serem assinados e publicados.

SUBSECÇÃO II
Matérias de competência legislativa própria

ARTIGO 49º
Organização política e administrativa da Região

1. Compete à Assembleia Legislativa legislar em matéria de organização política e administrativa da Região.
2. A matéria da organização política da Região abrange, designadamente:

a) A concretização do Estatuto e sua regulamentação;
b) A orgânica da Assembleia Legislativa;
c) O regime de execução do estatuto dos titulares dos órgãos de governo próprio;
d) A cooperação inter-regional de âmbito nacional, europeu ou internacional;
e) O modo de designação de titulares de cargos ou órgãos em representação da Região.

3. A matéria da organização administrativa da Região abrange, designadamente:

a) A organização da administração regional autónoma direta e indireta, incluindo o âmbito e regime dos trabalhadores da Administração Pública regional autónoma e demais agentes da Região;
b) O regime jurídico dos institutos públicos, incluindo as fundações públicas e os fundos regionais autónomos, das empresas públicas e das instituições particulares de interesse público que exerçam as suas funções exclusiva ou predominantemente na Região;
c) O estatuto das entidades administrativas independentes regionais;
d) A criação dos órgãos representativos das ilhas;
e) A criação e extinção de autarquias locais, bem como modificação da respetiva área, e elevação de populações à categoria de vilas ou cidades.

ARTIGO 50º
Poder tributário próprio e adaptação do sistema fiscal

1. Compete à Assembleia Legislativa legislar em matérias do seu poder tributário próprio e da adaptação do sistema fiscal nacional.
2. As matérias do poder tributário próprio e de adaptação do sistema fiscal nacional abrangem, designadamente:

a) O poder de criar e regular impostos, definindo a respetiva incidência, a taxa, a liquidação, a cobrança, os benefícios fiscais e as garantias dos contribuintes, nos termos da Lei das Finanças das Regiões Autónomas, incluindo o poder de criar e regular contribuições de melhoria para tributar aumentos de valor dos imóveis decorrentes de obras e de investimentos públicos regionais e de criar e regular outras contribuições especiais tendentes a compensar as maiores despesas regionais decorrentes de atividades privadas desgastantes ou agressoras dos bens públicos ou do ambiente regional;

b) O poder de adaptar os impostos de âmbito nacional às especificidades regionais, em matéria de incidência, taxa, benefícios fiscais e garantias dos contribuintes, nos termos da Lei das Finanças das Regiões Autónomas;

c) O poder para lançar adicionais sobre a coleta dos impostos em vigor na Região Autónoma dos Açores;

d) O poder de, nos termos da Lei das Finanças das Regiões Autónomas, diminuir as taxas nacionais dos impostos sobre o rendimento e do imposto sobre o valor acrescentado, e dos impostos especiais de consumo, de acordo com a legislação em vigor;

e) O poder de determinar a aplicação, na Região Autónoma dos Açores, de taxas reduzidas do Imposto Sobre o Rendimento das Pessoas Coletivas (IRC) definida em legislação nacional;

f) O poder de conceder deduções à coleta relativa aos lucros comerciais, industriais e agrícolas reinvestidos pelos sujeitos passivos;

g) O poder de autorizar o Governo Regional a conceder benefícios fiscais temporários e condicionados, relativos a impostos de âmbito nacional e regional, em regime contratual, aplicáveis a projetos de investimento significativos, nos termos da Lei das Finanças das Regiões Autónomas.

ARTIGO 51º
Autonomia patrimonial

1. Compete à Assembleia Legislativa legislar em matérias de património próprio e de autonomia patrimonial.

2. As matérias de património próprio e de autonomia patrimonial abrangem, designadamente:

a) Os bens de domínio privado da Região;

b) Os regimes especiais de expropriação e requisição, por utilidade pública, de bens situados na Região.

ARTIGO 52º
Política agrícola

1. Compete à Assembleia Legislativa legislar em matéria de política agrícola.

2. A matéria de política agrícola abrange, designadamente:

a) A agricultura, incluindo a agricultura biológica, silvicultura, pecuária, bem como o setor agroalimentar;

b) A reserva agrícola regional;

c) Os pastos, baldios e reservas florestais;

d) O emparcelamento rural e a estrutura fundiária das explorações agrícolas;

e) A saúde animal e vegetal;

f) A investigação, o desenvolvimento e a inovação nos setores agrícola, florestal e agroalimentar, incluindo a melhoria genética e a utilização de organismos geneticamente modificados;

g) A defesa, promoção e apoio dos produtos regionais, incluindo as denominações geográficas de origem e de qualidade.

ARTIGO 53º
Pescas, mar e recursos marinhos

1. Compete à Assembleia Legislativa legislar em matéria de pescas, mar e recursos marinhos.

2. As matérias das pescas, mar e recursos marinhos abrangem, designadamente:

a) As condições de acesso às águas interiores e mar territorial pertencentes ao território da Região;

b) Os recursos piscatórios e outros recursos aquáticos, incluindo a sua conservação, gestão e exploração;

c) A atividade piscatória em águas interiores e mar territorial pertencentes ao território da Região ou por embarcações registadas na Região;

d) A aquicultura e transformação dos produtos da pesca em território regional;

e) As embarcações de pesca que exerçam a sua atividade nas águas interiores e mar territorial pertencentes ao território da Região ou que sejam registadas na Região;

f) A pesca lúdica;

g) As atividades de recreio náutico, incluindo o regime aplicável aos navegadores de recreio;

h) As tripulações.

ARTIGO 54º
Comércio, indústria e energia

1. Compete à Assembleia Legislativa legislar em matérias de comércio, indústria e energia.

2. As matérias relativas ao comércio, indústria e energia abrangem, designadamente:

a) O funcionamento dos mercados regionais e da atividade económica;

b) O regime de abastecimento;

c) A promoção da concorrência;

d) A defesa dos consumidores e o fomento da qualidade dos produtos regionais;

e) A resolução alternativa de litígios relacionados com o consumo;

f) As privatizações e reprivatizações de empresas públicas;

g) A modernização e a competitividade das empresas privadas;

h) Os mercados, as feiras e o comércio em geral, incluindo os estabelecimentos de restauração e bebidas, as grandes superfícies comerciais, bem como os respetivos calendários e horários;

i) O artesanato;

j) O licenciamento e fiscalização da atividade industrial;

l) As instalações de produção, distribuição, armazenamento e transporte de energia e a energia de produção regional, incluindo energias renováveis e eficiência energética.

ARTIGO 55º
Turismo

1. Compete à Assembleia Legislativa legislar em matéria de turismo.

2. A matéria de turismo abrange, designadamente:

a) O regime de utilização dos recursos turísticos;

b) A formação turística de recursos humanos, incluindo atividades e profissões turísticas, bem como a certificação de escolas e cursos;

c) Os regimes jurídicos dos empreendimentos turísticos e das agências e operadores de viagens e turismo, incluindo os respetivos licenciamento, classificação e funcionamento;

d) A utilização turística de sítios, locais ou monumentos de interesse turístico regional, incluindo áreas marinhas classificadas com especial interesse para o turismo subaquático;

e) As atividades marítimo-turísticas;

f) O investimento turístico;

g) O regime da declaração de utilidade turística e de interesse para o turismo;

h) A delimitação e concessão de zonas de jogo de fortuna ou azar, e o respetivo regime de funcionamento, fiscalização e quadro sancionatório;

i) O regime de denominações de origem e de qualidade dos equipamentos, atividades e produtos turísticos.

ARTIGO 56º
Infraestruturas, transportes e comunicações

1. Compete à Assembleia Legislativa legislar em matérias de infra-estruturas, transportes e comunicações.

2. As matérias de infraestruturas, transportes e comunicações abrangem, designadamente:

a) Os equipamentos sociais;

b) O regime de empreitadas e obras públicas;

c) As concessões de obras públicas e de serviços públicos;

d) A construção civil;

e) O trânsito e vias de circulação, incluindo a fixação dos limites de velocidade;

f) Os portos, marinas e outras infraestruturas portuárias civis;

g) Os aeroportos, aeródromos, heliportos e outras infraestruturas aeroportuárias civis;

h) Os transportes terrestres, marítimos e aéreos;

i) As telecomunicações;

j) A distribuição postal e de mercadorias.

ARTIGO 57º
Ambiente e ordenamento do território

1. Compete à Assembleia Legislativa legislar em matérias de ambiente e ordenamento do território.

2. As matérias do ambiente e ordenamento do território abrangem, designadamente:

a) A proteção do ambiente, promoção do equilíbrio ecológico e defesa da natureza e dos recursos naturais, incluindo a fiscalização e monitorização dos recursos naturais;
b) As áreas protegidas e classificadas e as zonas de conservação e de proteção, terrestres e marinhas;
c) A reserva ecológica regional;
d) Os recursos naturais, incluindo *habitats*, biodiversidade, fauna e flora, recursos geotérmicos, florestais e geológicos;
e) A avaliação do impacte ambiental;
f) A caça e restantes atividades de exploração cinegética;
g) Os recursos hídricos, incluindo águas minerais e termais, superficiais e subterrâneas, canais e regadios;
h) A captação, tratamento e distribuição de água;
i) A recolha, tratamento e rejeição de efluentes;
j) A recolha, gestão, tratamento e valorização de resíduos;
l) O controlo da contaminação do solo e subsolo;
m) O controlo da qualidade ambiental;
n) A informação, sensibilização e educação ambientais;
o) O associativismo ambiental;
p) O planeamento do território e instrumentos de gestão territorial;
q) O urbanismo, incluindo o regime da urbanização e edificação e a utilização dos solos.

ARTIGO 58º
Solidariedade e segurança social

1. Compete à Assembleia Legislativa legislar em matérias de solidariedade e segurança social.

2. As matérias de solidariedade e segurança social abrangem, designadamente:

a) A gestão e o regime económico da segurança social;
b) A instituição de complemento regional de pensão, reforma e prestações sociais;
c) A regulação de serviços sociais, de apoio social e de solidariedade social;
d) O regime de cooperação entre a administração regional e as instituições particulares de solidariedade social;
e) O combate à exclusão social e a promoção da igualdade de oportunidades e da inclusão social;

f) O apoio aos cidadãos portadores de deficiência;
g) A ação social, o voluntariado e a organização dos tempos livres.

ARTIGO 59º
Saúde

1. Compete à Assembleia Legislativa legislar em matéria de política de saúde.
2. A matéria correspondente à política de saúde abrange, designadamente:

a) O serviço regional de saúde, incluindo a sua organização, planeamento, funcionamento, financiamento e recursos humanos;
b) A atividade privada de saúde e sua articulação com o serviço regional de saúde;
c) A saúde pública e comunitária;
d) A medicina preventiva, curativa e de reabilitação;
e) O regime de licenciamento e funcionamento das farmácias e o acesso ao medicamento.

ARTIGO 60º
Família e migrações

1. Compete à Assembleia Legislativa legislar em matérias de apoio à família e às migrações.
2. As matérias de apoio à família e às migrações abrangem, designadamente:

a) A proteção de menores, a promoção da infância e o apoio à maternidade e à paternidade;
b) O apoio aos idosos;
c) A integração dos imigrantes;
d) O apoio às comunidades de emigrantes;
e) O associativismo e a difusão da cultura portuguesa e açoriana na diáspora;
f) A reintegração dos emigrantes regressados.

ARTIGO 61º
Trabalho e formação profissional

1. Compete à Assembleia Legislativa legislar em matérias de trabalho e formação profissional.
2. As matérias relativas ao trabalho e formação profissional abrangem, designadamente:

a) A promoção dos direitos fundamentais dos trabalhadores e a proteção no desemprego;
b) A instituição e a regulamentação do complemento regional à retribuição mínima mensal garantida;
c) A formação profissional e a valorização de recursos humanos, a obtenção e homologação de títulos profissionais e a certificação de trabalhadores;
d) A concertação social e mecanismos de resolução alternativa dos conflitos laborais.

ARTIGO 62º
Educação e juventude

1. Compete à Assembleia Legislativa legislar em matérias de educação e juventude.

2. As matérias de educação e juventude abrangem, designadamente:

a) O sistema educativo regional, incluindo as respetivas organização, funcionamento, recursos humanos, equipamentos, administração e gestão dos estabelecimentos de educação e de ensino;
b) A avaliação no sistema educativo regional e planos curriculares;
c) A atividade privada de educação e sua articulação com o sistema educativo regional;
d) A ação social escolar no sistema educativo regional;
e) Os incentivos ao estudo e meios de combate ao insucesso e abandono escolares;
f) O associativismo estudantil e juvenil;
g) A mobilidade e o turismo juvenis;
h) A regulação e a gestão de atividades e instalações destinadas aos jovens.

ARTIGO 63º
Cultura e comunicação social

1. Compete à Assembleia Legislativa legislar em matérias de cultura e comunicação social.

2. As matérias de cultura e comunicação social abrangem, designadamente:

a) O património histórico, etnográfico, artístico, monumental, arquitetónico, arqueológico e científico;
b) Os equipamentos culturais, incluindo museus, bibliotecas, arquivos e outros espaços de fruição cultural ou artística;
c) O apoio e a difusão da criação e produção teatral, musical, audiovisual, literária e de dança, bem como outros tipos de criação intelectual e artística;
d) O folclore;
e) Os espetáculos e os divertimentos públicos na Região, incluindo touradas e tradições tauromáquicas nas suas diversas manifestações;
f) O mecenato cultural;
g) A comunicação social, incluindo o regime de apoio financeiro.

ARTIGO 64º
Investigação e inovação tecnológica

1. Compete à Assembleia Legislativa legislar em matérias de investigação e inovação tecnológica.

2. As matérias de investigação e inovação tecnológica abrangem, designadamente:

a) Os centros de investigação e de inovação tecnológica, incluindo a sua organização, coordenação, funcionamento, e regimes de apoio e acreditação;

b) O apoio à investigação científica e tecnológica;
c) A formação de investigadores;
d) A difusão do conhecimento científico e das tecnologias.

ARTIGO 65º
Desporto

1. Compete à Assembleia Legislativa legislar em matéria de desporto.
2. A matéria de desporto abrange, designadamente:

a) O sistema desportivo regional e o sistema de informação desportiva, incluindo organização, administração, planeamento, financiamento e fiscalização;
b) A atividade desportiva profissional e não profissional, incluindo o intercâmbio desportivo, o desporto escolar, o desporto de alta competição e o voluntariado desportivo;
c) As infraestruturas, instalações e equipamentos desportivos;
d) Os recursos humanos no desporto;
e) O mecenato desportivo;
f) O movimento associativo desportivo e as sociedades desportivas.

ARTIGO 66º
Segurança pública e proteção civil

1. Compete à Assembleia Legislativa legislar em matérias de ordem e segurança pública e de proteção civil.
2. As matérias de ordem e segurança pública e de proteção civil abrangem, designadamente:

a) O regime jurídico do licenciamento de armeiro;
b) A proteção civil, bombeiros, paramédicos e emergência médica;
c) A monitorização e vigilância meteorológica, oceanográfica, sismológica e vulcanológica, bem como a mitigação de riscos geológicos;
d) A assistência e vigilância em praias e zonas balneares e socorro costeiro.

ARTIGO 67º
Outras matérias

Compete ainda à Assembleia Legislativa legislar nas seguintes matérias:

a) Os símbolos da Região;
b) O protocolo e o luto regionais;
c) Os feriados regionais;
d) [1]

---

[1] Esta norma foi declarada inconstitucional, com força obrigatória geral, pelo Acórdão do Tribunal Constitucional nº 403/2009, de 16 de setembro.

e) As fundações de direito privado;
f) A instituição de remuneração complementar aos funcionários, agentes e demais trabalhadores da administração regional autónoma;
g) As políticas de género e a promoção da igualdade de oportunidades;
h) Os regimes especiais de atos ilícitos de mera ordenação social e do respetivo processo;
i) Os regimes especiais de arrendamento rural e urbano;
j) Os sistemas de incentivos e de contratualização de incentivos nos casos de investimentos estruturantes ou de valor estratégico para a economia;
l) O investimento estrangeiro relevante;
m) O regime das parcerias público-privadas em que intervenha a Região;
n) A estatística;
o) O *marketing* e a publicidade;
p) A prevenção e segurança rodoviárias.

SECÇÃO III
Organização e funcionamento da Assembleia Legislativa

ARTIGO 68º
Legislatura

1. A legislatura tem a duração de quatro sessões legislativas.
2. A sessão legislativa tem a duração de um ano e inicia-se a 1 de setembro.
3. A Assembleia reúne em plenário, no mínimo, em nove períodos legislativos por sessão legislativa, entre 1 de setembro e 31 de julho.
4. Fora dos períodos legislativos previstos no número anterior, a Assembleia Legislativa pode reunir extraordinariamente, em plenário, mediante convocação do seu presidente, nos seguintes casos:
   a) Por iniciativa da comissão permanente;
   b) Por iniciativa de um terço dos deputados;
   c) Por solicitação do Governo Regional.

ARTIGO 69º
Dissolução da Assembleia

1. A Assembleia Legislativa pode ser dissolvida pelo Presidente da República, ouvidos o Conselho de Estado e os partidos nela representados.
2. A Assembleia Legislativa não pode ser dissolvida nos seis meses posteriores à sua eleição ou durante a vigência do estado de sítio ou do estado de emergência em território da Região.
3. A inobservância do disposto no número anterior determina a inexistência jurídica do decreto de dissolução.
4. A dissolução da Assembleia Legislativa não prejudica a subsistência do mandato dos deputados, nem da competência da comissão permanente, até à primeira reunião da Assembleia após as subsequentes eleições.

5. Em caso de dissolução da Assembleia Legislativa, as eleições têm lugar no prazo máximo de 60 dias, sob pena de inexistência jurídica daquele ato.

6. No caso de dissolução, a Assembleia Legislativa então eleita inicia nova legislatura cuja duração será inicialmente acrescida do tempo necessário para se completar o período correspondente à sessão legislativa em curso à data da eleição.

ARTIGO 70º
Início da legislatura

1. A Assembleia Legislativa reúne, por direito próprio, no 10º dia posterior ao apuramento geral dos resultados eleitorais.

2. Na primeira reunião a Assembleia Legislativa verifica os poderes dos seus membros e elege a sua mesa.

ARTIGO 71º
Funcionamento

1. A Assembleia Legislativa funciona em reuniões plenárias e em comissões.

2. As reuniões plenárias são públicas e as das comissões podem sê-lo.

3. É publicado um *Diário da Assembleia Legislativa* com o relato integral das reuniões plenárias da Assembleia Legislativa, bem como os relatórios e pareceres das comissões, de cujas reuniões são lavradas atas.

4. A Assembleia Legislativa considera-se constituída em reunião plenária achando-se presente a maioria do número legal dos seus membros.

5. A Assembleia Legislativa pode, por sua iniciativa ou a solicitação do Governo Regional, declarar a urgência de qualquer iniciativa, que deve seguir tramitação especial.

ARTIGO 72º
Participação dos membros do Governo Regional

1. Os membros do Governo Regional têm assento nas reuniões da Assembleia Legislativa e o direito de usar da palavra para a apresentação de qualquer comunicação ou prestação de esclarecimentos.

2. Os membros do Governo Regional podem solicitar a sua participação nos trabalhos das comissões e devem comparecer perante as mesmas quando tal seja requerido.

ARTIGO 73º
Comissões

1. A Assembleia Legislativa tem as comissões previstas no seu Regimento e pode constituir comissões eventuais, de inquérito ou para qualquer outro fim determinado.

2. A composição das comissões corresponde à representatividade dos partidos na Assembleia Legislativa.

3. As presidências das comissões são, em cada conjunto, repartidas pelos grupos parlamentares, em proporção com o número dos seus deputados.

4. As petições dirigidas à Assembleia Legislativa são apreciadas pelas comissões ou por comissão especialmente constituída para o efeito, que pode ouvir as demais comissões competentes em razão da matéria, bem como solicitar o depoimento de quaisquer cidadãos.

5. Sem prejuízo da sua constituição nos termos gerais, as comissões parlamentares de inquérito são obrigatoriamente constituídas sempre que tal seja requerido por um quinto dos deputados em efetividade de funções, até ao limite de uma por deputado e por sessão legislativa.

6. As comissões parlamentares de inquérito gozam de poderes de investigação próprios das autoridades judiciais.

7. O regime jurídico das comissões parlamentares de inquérito é estabelecido por decreto legislativo regional.

ARTIGO 74º
Comissão permanente

1. Fora dos períodos legislativos, durante o período em que se encontrar dissolvida e nos restantes casos previstos na Constituição e no Estatuto, funciona a comissão permanente da Assembleia Legislativa.

2. A comissão permanente é presidida pelo Presidente da Assembleia Legislativa e composta pelos vice-presidentes e por deputados indicados por todos os partidos, de acordo com a respetiva representatividade na Assembleia Legislativa.

3. Compete à comissão permanente:

a) Vigiar pelo cumprimento da Constituição, do Estatuto e das leis e apreciar os atos do Governo Regional e da administração regional autónoma;

b) Pronunciar-se, por sua iniciativa ou sob consulta dos órgãos de soberania, relativamente às questões de competência destes que respeitem à Região;

c) Exercer os poderes da Assembleia Legislativa relativamente ao mandato dos deputados;

d) Promover a convocação da Assembleia Legislativa sempre que tal seja necessário;

e) Preparar a abertura da sessão legislativa.

ARTIGO 75º
Grupos parlamentares e representações parlamentares

1. Os deputados eleitos por cada partido ou coligação de partidos podem constituir-se em grupo parlamentar.

2. Constituem direitos de cada grupo parlamentar:

a) Participar nas comissões da Assembleia Legislativa em função do número dos seus membros, indicando os seus representantes nelas;

b) Ser ouvido na fixação da ordem do dia e interpor recurso para o plenário da ordem do dia fixada;

c) Provocar, com a presença do Governo Regional, o debate de questões de interesse público atual e urgente;

d) Provocar, por meio de interpelação ao Governo Regional, a abertura de dois debates em cada sessão legislativa, sobre assuntos de política geral ou sectorial;

e) Solicitar à comissão permanente que promova a convocação da Assembleia Legislativa;

f) Requerer a constituição de comissões parlamentares de inquérito;

g) Exercer iniciativa legislativa;

h) Apresentar moções de rejeição do programa do Governo Regional;

i) Apresentar moções de censura;

j) Ser informado, regular e diretamente, pelo Governo Regional sobre o andamento dos principais assuntos de interesse público.

3. O deputado que seja o único representante de um partido ou coligação pode constituir-se como representação parlamentar.

4. Constituem direitos das representações parlamentares os previstos nas alíneas *a)*, *b)*, *d)*, *g)* e *j)* do nº 2 do presente artigo.

5. Cada grupo parlamentar ou representação parlamentar tem direito a dispor de locais de trabalho na sede e restantes instalações da Assembleia Legislativa, bem como de pessoal técnico e administrativo da sua confiança, nos termos que a lei determinar.

6. Aos deputados não integrados em grupos parlamentares ou representações parlamentares são assegurados direitos e garantias mínimos, nos termos do Regimento da Assembleia Legislativa.

CAPÍTULO II
Governo Regional

SECÇÃO I
Função, estrutura, formação e responsabilidade

ARTIGO 76º
Definição e sede do Governo Regional

1. O Governo Regional é o órgão executivo de condução da política da Região e o órgão superior da administração regional autónoma.

2. A presidência e as secretarias regionais constituem os departamentos do Governo Regional e têm a sua sede nas cidades de Angra do Heroísmo, Horta e Ponta Delgada.

ARTIGO 77º
Composição do Governo Regional

1. O Governo Regional é constituído pelo presidente e pelos secretários regionais.

2. O Governo Regional pode incluir vice-presidentes e subsecretários regionais.

3. O número e a denominação dos membros do Governo Regional, a área da sua competência e a orgânica dos departamentos governamentais são fixados por decreto regulamentar regional.

4. Os subsecretários regionais têm os poderes que lhes sejam delegados pelos respetivos membros do Governo Regional.

ARTIGO 78º
Conselho do Governo Regional

1. Constituem o Conselho do Governo Regional, o presidente, os vice-presidentes, se os houver, e os secretários regionais.
2. Podem ser convocados para participar nas reuniões do Governo Regional os subsecretários regionais.
3. O Conselho do Governo Regional reúne sempre que seja convocado pelo seu presidente, cabendo-lhe a definição da orientação geral da política governamental.

ARTIGO 79º
Presidente do Governo Regional

1. O Governo Regional é representado, dirigido e coordenado pelo seu presidente.
2. O Presidente do Governo Regional pode ter a seu cargo qualquer dos departamentos governamentais.

ARTIGO 80º
Substituição de membros do Governo Regional

1. Nas suas ausências e impedimentos, o Presidente do Governo Regional designa para o substituir um vice-presidente, se o houver, ou um secretário regional.
2. Cada vice-presidente ou secretário regional é substituído, na sua ausência ou impedimento, pelo membro do Governo Regional indicado pelo Presidente do Governo Regional.

ARTIGO 81º
Início e cessação de funções

1. O Presidente do Governo Regional é nomeado pelo Representante da República, tendo em conta os resultados das eleições para a Assembleia Legislativa, ouvidos os partidos políticos nela representados.
2. Os vice-presidentes, os secretários e os subsecretários regionais são nomeados e exonerados pelo Representante da República, sob proposta do Presidente do Governo Regional.
3. O Governo Regional toma posse perante a Assembleia Legislativa.
4. As funções dos vice-presidentes e dos secretários regionais cessam com as do Presidente do Governo Regional e as dos subsecretários com as dos membros do Governo de que dependem.
5. Em caso de demissão do Governo Regional, o Presidente do Governo Regional permanece em funções, sendo exonerado na data da posse do novo Presidente do Governo Regional.

6. Antes da aprovação do seu programa pela Assembleia Legislativa ou após a sua demissão, o Governo Regional limita-se à prática dos atos estritamente necessários a assegurar a gestão corrente dos negócios públicos.

7. Para efeitos do número anterior, consideram-se atos estritamente necessários a assegurar a gestão corrente dos negócios públicos:

a) Os atos que, cumulativamente, sejam urgentes ou inadiáveis, tenham como objetivo a prossecução de um interesse público de relevo e que sejam adequados à realização do objetivo invocado;

b) Os atos de administração ordinária, de manutenção do funcionamento ou de conservação;

c) Os atos de mera execução ou concretização de medidas tomadas em momento anterior à demissão do Governo Regional.

ARTIGO 82º
Responsabilidade política

O Governo Regional é politicamente responsável perante a Assembleia Legislativa.

ARTIGO 83º
Programa do Governo Regional

1. O programa do Governo Regional contém as principais orientações políticas e medidas a adotar ou a propor no exercício da atividade governativa.

2. O programa do Governo Regional é entregue à Assembleia Legislativa no prazo máximo de 10 dias após a tomada de posse do Governo Regional.

3. O programa do Governo Regional é submetido para apreciação e votação à Assembleia Legislativa, que reúne obrigatoriamente para o efeito, até ao 15º dia após a posse do Governo Regional.

4. O debate sobre o programa do Governo Regional não pode exceder três dias.

5. Até ao encerramento do debate qualquer grupo parlamentar pode propor a rejeição do programa do Governo Regional sob a forma de moção devidamente fundamentada.

ARTIGO 84º
Moções e votos de confiança

1. O Governo Regional pode solicitar à Assembleia Legislativa, por uma ou mais vezes, a aprovação de uma moção de confiança sobre a sua atuação.

2. O Governo Regional pode, também, solicitar à Assembleia Legislativa a aprovação de voto de confiança sobre quaisquer assuntos de política sectorial.

ARTIGO 85º
Moção de censura

1. A Assembleia Legislativa pode votar moções de censura ao Governo Regional sobre a execução do seu Programa ou assunto de interesse relevante para a Região.

2. A moção de censura não pode ser apreciada antes de decorridos sete dias após a sua apresentação, não devendo o debate ter uma duração superior a dois dias.

3. Se a moção de censura não for aprovada, os seus signatários não podem apresentar outra durante a mesma sessão legislativa.

ARTIGO 86º
Demissão do Governo Regional

1. Implicam a demissão do Governo Regional:

a) O início de nova legislatura;

b) A apresentação de pedido de demissão pelo Presidente do Governo Regional ao Representante da República;

c) A morte ou impossibilidade física duradoura do Presidente do Governo Regional;

d) A rejeição do programa do Governo Regional;

e) A não aprovação de moção de confiança;

f) A aprovação de moção de censura.

2. Nos casos de demissão do Governo Regional nas situações previstas nas alíneas *b)* a *f)* e sem prejuízo do poder de dissolução da Assembleia Legislativa pelo Presidente da República, o Representante da República nomeia novo Presidente do Governo Regional, a não ser que, após a audição dos partidos representados na Assembleia Legislativa, constate não haver condições para tal tendo em conta os resultados eleitorais.

ARTIGO 87º
Visitas obrigatórias do Governo Regional

1. O Governo Regional visita cada uma das ilhas da Região pelo menos uma vez por ano.

2. Por ocasião de uma das visitas referidas no número anterior, o Conselho do Governo Regional reúne na ilha visitada.

SECÇÃO II
Competência do Governo Regional

ARTIGO 88º
Competência política do Governo Regional

Compete ao Governo Regional, no exercício de funções políticas:

a) Conduzir a política da Região, defendendo a legalidade democrática;

b) Pronunciar-se, por sua iniciativa ou sob consulta dos órgãos de soberania, sobre as questões da competência destes que digam respeito à Região;

c) Participar na elaboração dos planos nacionais;

d) Participar na definição e execução das políticas fiscal, monetária, financeira e cambial, de modo a assegurar o controlo regional dos meios de pagamento em circulação e o financiamento dos investimentos necessários ao desenvolvimento económico-social da Região;

e) Participar na definição das políticas respeitantes às águas interiores, ao mar territorial, à zona contígua, à zona económica exclusiva e à plataforma continental contíguas ao arquipélago;

f) Apresentar à Assembleia Legislativa propostas de decreto legislativo regional, de referendo regional e antepropostas de lei;

g) Elaborar o seu programa e apresentá-lo, para aprovação, à Assembleia Legislativa;

h) Elaborar as propostas de plano de desenvolvimento económico e social da Região;

i) Elaborar a proposta de orçamento e submetê-la à aprovação da Assembleia Legislativa;

j) Apresentar à Assembleia Legislativa as contas da Região;

l) Participar na definição das posições do Estado Português no âmbito do processo de construção europeia em matérias de interesse da Região;

m) Participar nas negociações de tratados e acordos internacionais que diretamente digam respeito à Região e administrar os benefícios deles decorrentes;

n) Estabelecer relações de cooperação com entidades regionais estrangeiras, nomeadamente através da negociação e ajuste de acordos;

o) Representar a Região em organizações que tenham por objeto fomentar o diálogo e a cooperação inter-regional;

p) Participar no processo de construção europeia, mediante representação nas respetivas instituições regionais e nas delegações envolvidas em processos de decisão comunitária, quando estejam em causa matérias do interesse regional.

ARTIGO 89º
Competência regulamentar do Governo Regional

1. Compete ao Governo Regional, no exercício de funções regulamentares:

   a) Aprovar a sua própria organização e funcionamento;
   b) Regulamentar a legislação regional;
   c) Regulamentar atos jurídicos da União Europeia;
   d) Elaborar os regulamentos necessários ao eficaz funcionamento da administração regional autónoma e à boa execução das leis.

2. A matéria enunciada na alínea *a)* do número anterior é da exclusiva competência do Governo Regional.

ARTIGO 90º
Competência executiva do Governo Regional

1. Compete ao Governo Regional, no exercício de competências administrativas:

   a) Exercer poder executivo próprio;
   b) Dirigir os serviços e atividades de administração regional autónoma;

c) Coordenar a elaboração do plano e do orçamento regionais e velar pela sua boa execução;

d) Adotar as medidas necessárias à promoção e desenvolvimento económico e social e à satisfação das necessidades coletivas regionais;

e) Administrar e dispor do património regional e celebrar os atos e contratos em que a Região tenha interesse;

f) Administrar, nos termos do presente Estatuto e da Lei de Finanças das Regiões Autónomas, as receitas fiscais cobradas ou geradas na Região, bem como a participação nas receitas tributárias do Estado, e outras receitas que lhe sejam atribuídas e afetá-las às suas despesas;

g) Exercer poder de tutela sobre as autarquias locais;

h) Superintender nos serviços, institutos públicos e empresas públicas e nacionalizadas que exerçam a sua atividade exclusiva ou predominantemente na Região, e noutros casos em que o interesse regional o justifique;

i) Proceder à requisição civil e à expropriação por utilidade pública, nos termos da lei;

j) Praticar todos os atos exigidos pela lei respeitantes aos funcionários e agentes da administração regional autónoma;

l) Exercer as demais funções executivas que lhe sejam cometidas por lei.

2. Compete ainda ao Governo Regional em matéria tributária, nos termos da lei:

a) Lançar, liquidar e cobrar impostos e taxas através de serviços próprios ou recorrendo aos serviços do Estado;

b) Arrecadar as receitas de outros impostos, taxas ou receitas equivalentes;

c) Exercer a posição de sujeito ativo nas relações tributárias em que a Região seja parte;

d) Conceder benefícios fiscais.

ARTIGO 91º
Forma dos atos do Governo Regional

1. Revestem a forma de decreto regulamentar regional os atos do Governo Regional previstos nas alíneas *a)* a *d)* do nº 1 do artigo 89º

2. São aprovados em Conselho do Governo Regional os decretos regulamentares regionais, as propostas de decretos legislativos regionais e de referendos regionais e as antepropostas de lei.

3. Os decretos regulamentares regionais são enviados ao Representante da República para assinatura e são mandados publicar no *Diário da República* e no *Jornal Oficial da Região*.

4. Todos os demais atos do Governo Regional e dos seus membros devem ser publicados no *Jornal Oficial da Região*, nos termos definidos por decreto legislativo regional.

CAPÍTULO III
Estatuto dos titulares de cargos políticos

SECÇÃO I
Disposições comuns

ARTIGO 92º
Titulares de cargos políticos dos órgãos de governo próprio

São titulares de cargos políticos dos órgãos de governo próprio da Região Autónoma dos Açores os deputados à Assembleia Legislativa e os membros do Governo Regional.

ARTIGO 93º
Estatuto remuneratório dos titulares de cargos políticos

1. O Presidente da Assembleia Legislativa e o Presidente do Governo Regional têm estatuto remuneratório idêntico ao de ministro.

2. Os deputados à Assembleia Legislativa percebem mensalmente um vencimento correspondente ao dos deputados à Assembleia da República, deduzido da percentagem de 3,5%.

3. O Vice-Presidente do Governo Regional percebe mensalmente um vencimento correspondente à metade da soma do vencimento do Presidente do Governo Regional com o vencimento de um Secretário Regional.

4. O Vice-Presidente do Governo Regional tem direito a uma verba para despesas de representação igual à metade da soma da verba equivalente auferida pelo Presidente do Governo Regional com a verba equivalente auferida por um Secretário Regional.

5. Os Secretários Regionais têm estatuto remuneratório idêntico ao dos Secretários de Estado e os Subsecretários Regionais ao dos Subsecretários de Estado.

6. Os Vice-Presidentes da Assembleia Legislativa e os presidentes dos grupos parlamentares têm direito a um abono mensal para despesas de representação no montante de 25% do vencimento do Presidente da Assembleia Legislativa.

7. Os vice-presidentes dos grupos parlamentares, os deputados constituídos em representação parlamentar e os presidentes das comissões parlamentares têm direito a um abono mensal para despesas de representação no montante de 20% do vencimento do Presidente da Assembleia Legislativa.

8. Os secretários da mesa e os relatores das comissões parlamentares têm direito a um abono mensal para despesas de representação no montante de 15% do vencimento do Presidente da Assembleia Legislativa.

9. Os restantes deputados não referidos nos nºs 6, 7 e 8 têm direito a um abono mensal para despesas de representação no montante de 10% do vencimento do Presidente da Assembleia Legislativa, desde que desempenhem o respetivo mandato em regime de dedicação exclusiva.

ARTIGO 94º
Ajudas de custo

1. Os titulares de cargos políticos que se desloquem para fora da ilha da sua residência em serviço oficial podem optar por uma das seguintes prestações:

a) Abono de ajudas de custo diárias igual ao fixado para os membros do Governo da República;

b) Alojamento em estabelecimento hoteleiro, acrescido do montante correspondente a 50% ou 70% das ajudas de custo diárias, conforme a deslocação se efetue no território nacional ou no estrangeiro.

2. O disposto no número anterior aplica-se também aos titulares de cargos políticos que se desloquem dentro da ilha da sua residência, em serviço oficial, salvo quando a distância entre a sua morada e o local de trabalho não exceda 40 km, caso em que têm direito a um terço da ajuda de custo fixada nos termos da alínea *a)* do número anterior.

3. Os deputados têm direito à ajuda de custo fixada nos termos do presente artigo por cada dia de presença em trabalho parlamentar, à qual se deve somar o abono correspondente a dois dias por cada semana em que ocorram trabalhos parlamentares.

ARTIGO 95º
Contagem de tempo

O tempo de exercício de qualquer cargo político nos órgãos de governo próprio da Região acresce ao exercido como titular de cargo político nos órgãos de soberania.

ARTIGO 96º
Registo de interesses

1. É criado um registo público de interesses na Assembleia Legislativa, a ser regulado por decreto legislativo regional.

2. O registo de interesses consiste na inscrição, em documento próprio, de todas as atividades de titulares de cargos políticos suscetíveis de relevar em matéria de incompatibilidade ou impedimento.

3. O registo é público e pode ser consultado por quem o solicitar.

SECÇÃO II
Estatuto dos Deputados à Assembleia Legislativa

ARTIGO 97º
Direitos, regalias e imunidades dos deputados

O Estatuto dos Deputados à Assembleia da República é aplicável aos deputados à Assembleia Legislativa no que se refere aos direitos, regalias e imunidades constitucional e legalmente consagrados, com as necessárias adaptações e de acordo com as especificidades consagradas no presente Estatuto e no respetivo regime legal de execução.

ARTIGO 98º
Segurança social dos deputados

1. Os deputados têm direito ao regime de segurança social dos funcionários públicos.

2. No caso de algum deputado optar pelo regime de segurança social da sua atividade profissional, cabe à Assembleia Legislativa a satisfação dos encargos que corresponderiam à respetiva entidade patronal.

ARTIGO 99º
Deputados não afetos permanentemente

1. Os deputados podem optar por não estar permanentemente afetos à Assembleia Legislativa.

2. No caso previsto no número anterior, o deputado encontra-se obrigatoriamente afeto à Assembleia Legislativa apenas nos períodos de funcionamento do plenário ou durante o desempenho de trabalhos ou missões oficiais para que tenha sido especialmente eleito ou designado.

3. Os deputados não afetos permanentemente à Assembleia Legislativa têm direito a dispensa de todas as atividades profissionais, públicas ou privadas:

a) Durante o funcionamento efetivo do plenário da Assembleia Legislativa, da mesa e das comissões ou deputações a que pertençam;

b) Durante os cinco dias que precedem o plenário da Assembleia Legislativa ou a sua partida para o mesmo e durante igual período de tempo a seguir ao fim do plenário ou do seu regresso, no seu círculo eleitoral;

c) Até cinco dias por mês, seguidos ou interpolados, no seu círculo eleitoral;

d) Durante a deslocação à sua residência no final de cada semana de trabalhos da Assembleia, quer em plenário, quer em comissões;

e) Durante a deslocação entre a sua residência e o círculo por que foi eleito, caso estes não coincidam e o deputado resida na Região, até cinco vezes por sessão legislativa;

f) Durante a deslocação entre a sua residência e as ilhas da Região, designadamente para os fins previstos no nº 2 do artigo 32º, uma vez por ano.

ARTIGO 100º
Deslocações

Nas deslocações efetuadas no exercício das suas funções ou por causa delas, os deputados têm direito ao transporte correspondente, a seguro de vida e a assistência médica de emergência.

ARTIGO 101º
Incompatibilidades

1. São incompatíveis com o exercício do mandato de deputado à Assembleia Legislativa os seguintes cargos ou funções:

a) Presidente da República, deputado à Assembleia da República e membro do Governo da República;

b) Representante da República e membro do Governo Regional;

c) Membro do Tribunal Constitucional, do Supremo Tribunal de Justiça, do Supremo Tribunal Administrativo, do Tribunal de Contas e do Conselho Superior da Magistratura e Provedor de Justiça;

d) Deputado ao Parlamento Europeu;

e) Embaixador;

f) Governador e vice-governador civil;

g) Presidente e vereador a tempo inteiro ou em regime de meio-tempo de câmara municipal;

h) Funcionário do Estado, da Região ou de outra entidade pública;

i) Membro da Comissão Nacional de Eleições;

j) Membro de gabinete do Governo da República, do Representante da República ou do Governo Regional ou legalmente equiparado;

l) Funcionário de organização internacional ou de Estado estrangeiro;

m) Presidente e vice-presidente do Conselho Económico e Social e do Conselho Económico e Social dos Açores;

n) [1]

o) Membro de órgão de direção ou administração de entidade reguladora independente, de empresa pública ou de instituto público.

2. O disposto na alínea *h)* do número anterior não abrange o exercício gratuito de funções docentes no ensino superior, de atividade de investigação ou de relevante interesse social, se previamente autorizado pela comissão parlamentar competente em matéria de incompatibilidades e impedimentos.

ARTIGO 102º
Impedimentos

1. O deputado à Assembleia Legislativa pode exercer outras atividades, dentro dos limites do presente Estatuto e da lei, devendo comunicar a sua natureza e identificação ao Tribunal Constitucional e à comissão parlamentar competente em matéria de incompatibilidades e impedimentos.

2. Sem prejuízo do disposto em lei especial, é impeditivo do exercício do mandato de deputado à Assembleia Legislativa:

a) Participação em órgão com funções de direção ou administração de concessionárias que tenham atividade na Região;

b) Presidência de órgão executivo de associação ou fundação privada que tenha acordo de cooperação financeira de caráter duradouro com o Estado, a Região, as autarquias ou as demais entidades públicas.

---

[1] Esta norma foi declarada inconstitucional, com força obrigatória geral, pelo Acórdão do Tribunal Constitucional nº 403/2009, de 16 de setembro.

3. Sem prejuízo do disposto em lei especial, é igualmente vedado aos deputados:

a) Participar no exercício de atividade de comércio ou indústria, diretamente, por si, ou indiretamente, designadamente pelo cônjuge não separado de pessoas e bens ou através de entidade em que detenha participação relevante ou influência dominante, em procedimentos abertos obrigatoriamente, nos termos da lei, a diversos concorrentes ou candidatos, no âmbito da formação de contratos públicos cujo objeto abranja prestações que estão ou sejam suscetíveis de estar submetidas à concorrência de mercado e cuja entidade adjudicante seja a Região, as autarquias locais dos Açores ou qualquer entidade integrada nas suas administrações indiretas;

b) Exercer mandato judicial como autor em ações cíveis, em qualquer foro, contra a Região;

c) Patrocinar Estados estrangeiros;

d) Beneficiar, pessoal e indevidamente, de atos ou tomar parte em contratos em cujo processo de formação intervenham órgãos ou serviços colocados sob sua direta influência;

e) Figurar ou participar de qualquer forma em atos de publicidade comercial.

4. O deputado carece de autorização da Assembleia Legislativa, sob pena de impedimento, através da comissão parlamentar competente, para:

a) Ser árbitro, jurado, perito ou testemunha;

b) Ser titular de cargo de nomeação governamental.

5. A autorização a que se refere a alínea *a)* do número anterior deve ser solicitada pelo juiz competente ou pelo instrutor do processo, em documento dirigido ao Presidente da Assembleia Legislativa, sendo a deliberação precedida de audição do deputado.

6. Não deve ser autorizado o exercício da função de perito ou árbitro a título remunerado em qualquer processo em que sejam parte a Região, as autarquias locais dos Açores ou qualquer entidade integrada nas suas administrações indiretas.

7. A infração ao disposto nos nºs 1, 2, 3 e 4 do presente artigo determina, para o deputado em causa, sem prejuízo da sua responsabilização a outros títulos:

a) Advertência;

b) Suspensão do mandato enquanto durar o impedimento, por período nunca inferior a 50 dias;

c) Reposição obrigatória da totalidade da remuneração que o titular aufira pelo exercício de funções públicas, desde o momento e enquanto ocorrer a situação de impedimento.

ARTIGO 103º
Controlo de impedimentos e incompatibilidades

Verificado qualquer impedimento ou incompatibilidade pela comissão parlamentar competente em razão da matéria e aprovado o respetivo parecer pelo plenário, o deputado é notificado para, no prazo de 30 dias, pôr termo a tal situação.

SECÇÃO III
Estatuto dos membros do Governo Regional

ARTIGO 104º
Estatuto dos membros do Governo Regional

O estatuto dos membros do Governo da República é aplicável aos membros do Governo Regional, no que se refere aos deveres, responsabilidades, incompatibilidades, direitos, regalias e imunidades, com as necessárias adaptações e de acordo com as especificidades consagradas no presente Estatuto e no respetivo regime legal de execução.

ARTIGO 105º
Limitação de mandatos do Presidente do Governo Regional

1. O Presidente do Governo Regional só pode ser nomeado para três mandatos consecutivos.

2. O Presidente do Governo Regional, depois de concluídos os mandatos referidos no número anterior, não pode assumir novo mandato durante o quadriénio imediatamente subsequente ao último mandato consecutivo permitido.

3. No caso de apresentação de pedido de demissão, no decurso do seu terceiro mandato consecutivo, o Presidente do Governo Regional não pode ser nomeado na sequência das eleições imediatas nem nas que se realizem no quadriénio imediatamente subsequente à demissão.

CAPÍTULO IV
Representante da República

ARTIGO 106º
Representante da República

1. O Representante da República da Região é nomeado e exonerado pelo Presidente da República, ouvido o Governo da República.

2. Salvo em caso de exoneração, o mandato do Representante da República tem a duração do mandato do Presidente da República e termina com a posse do novo Representante da República.

3. Em caso de vacatura do cargo, bem como nas suas ausências e impedimentos, o Representante da República é substituído pelo Presidente da Assembleia Legislativa.

ARTIGO 107º
Competências

1. Compete ao Representante da República:

a) Nomear o Presidente do Governo Regional, tendo em conta os resultados eleitorais;

b) Nomear e exonerar os restantes membros do Governo Regional, sob proposta do respetivo presidente;
c) Assinar e mandar publicar os decretos legislativos regionais e os decretos regulamentares regionais;
d) Exercer o direito de veto, designadamente nos termos dos artigos 278º e 279º da Constituição da República Portuguesa.

2. No prazo de 15 dias, contados da receção de qualquer decreto da Assembleia Legislativa da Região que lhe seja enviado para assinatura, ou da publicação da decisão do Tribunal Constitucional que não se pronuncie pela inconstitucionalidade de norma dele constante, deve o Representante da República assiná-lo ou exercer o direito de veto, solicitando nova apreciação do diploma em mensagem fundamentada.

3. Se a Assembleia Legislativa da Região confirmar o voto por maioria absoluta dos seus membros em efetividade de funções, o representante da República deverá assinar o diploma no prazo de oito dias a contar da sua receção.

4. No prazo de 20 dias, contados da receção de qualquer decreto do Governo Regional que lhe tenha sido enviado para assinatura, deve o Representante da República assiná-lo ou recusar a assinatura, comunicando por escrito o sentido dessa recusa ao Governo Regional, o qual poderá converter o decreto em proposta a apresentar à Assembleia Legislativa da Região.

TÍTULO V
Relação da Região com outras pessoas coletivas públicas

CAPÍTULO I
Da cooperação em geral

ARTIGO 108º
Princípios gerais

As relações entre a Região e outras pessoas coletivas públicas regem-se segundo os princípios da cooperação, da partilha de informação e transparência, da lealdade institucional, da solidariedade nacional, da subsidiariedade e da descentralização.

ARTIGO 109º
Instrumentos de cooperação com a República

A Região e a República, no âmbito das respetivas atribuições, podem celebrar acordos e recorrer a quaisquer outros meios de cooperação adequados à prossecução dos seus objetivos comuns.

ARTIGO 110º
Acordos de cooperação

1. O Governo Regional e o Governo da República podem celebrar acordos juridicamente vinculativos sobre matérias de interesse comum com os objetivos, de

âmbito sectorial ou geral, de criação de órgãos de composição mista, empresas públicas ou privadas de capitais mistos, de prossecução de planos, programas ou projetos conjuntos, ou ainda de gestão ou exploração de serviços correspondentes às suas atribuições.

2. Os acordos que impliquem a prossecução, pela Região, de atribuições do Estado são acompanhados da transferência para a Região dos meios financeiros suficientes.

ARTIGO 111º
Participação em órgãos da República

A Região participa na determinação, condução e execução das políticas gerais do Estado sobre matérias que lhe digam respeito através dos órgãos competentes, de acordo com o estabelecido no presente Estatuto e na lei.

ARTIGO 112º
Delegação de poderes do Governo da República no Governo Regional

1. Em matérias cuja competência regulamentar esteja reservada ao Governo da República, nos termos da Constituição, pode este delegar, através de resolução do Conselho de Ministros, a competência para o exercício da função administrativa, total ou parcialmente, no Governo Regional.

2. A competência para o exercício da função administrativa, para os efeitos do número anterior, engloba a emissão de regulamentos, a prática de atos administrativos e a celebração de contratos administrativos, bem como o exercício conjunto de competências.

3. O Governo da República pode também delegar no Governo Regional poderes de coordenação dos serviços do Estado na Região com os serviços regionais.

4. A delegação de poderes prevista no nº 1 do presente artigo não se extingue pela mudança dos titulares do Governo da República ou do Governo Regional.

5. Ao ato de delegação de poderes do Governo da República no Governo Regional aplica-se o disposto no Código do Procedimento Administrativo, com as devidas adaptações.

ARTIGO 113º
Relações com entidades locais e regionais

A Região, através do Governo Regional, pode estabelecer relações especiais de coordenação, de colaboração ou de cooperação, incluindo através da celebração de acordos, com outras entidades públicas, nomeadamente a Região Autónoma da Madeira, as regiões administrativas e demais autarquias locais ou suas associações, aplicando-se o regime previsto para a celebração de acordos de cooperação com o Estado, com as devidas adaptações.

CAPÍTULO II
Da audição dos órgãos de governo próprio pelos órgãos de soberania

ARTIGO 114º[1]
Audição pelo Presidente da República sobre o exercício de competências políticas

Os órgãos de governo regional devem ser ouvidos pelo Presidente da República antes da dissolução da Assembleia Legislativa e da marcação da data para a realização de eleições regionais ou de referendo regional, nos termos do nº 2 do artigo 229º da Constituição.

ARTIGO 115º
Audição pela Assembleia da República e pelo Governo sobre o exercício de competências políticas

A Assembleia da República e o Governo devem ouvir a Região, através do Governo Regional, sobre o exercício das suas atribuições e competências políticas, bem como quando participem, no âmbito das instituições comunitárias, no exercício de competências políticas, sobre matérias que digam respeito à Região.

ARTIGO 116º
Audição sobre o exercício de competências legislativas

1. A aprovação de leis e decretos-leis aplicáveis no território regional deve ser precedida de audição da Assembleia Legislativa sobre as questões respeitantes à Região.

2. Consideram-se respeitantes à Região as normas que nela incidam especialmente ou que versem sobre interesses predominantemente regionais, nomeadamente sobre:

a) As águas interiores, o mar territorial, a zona contígua, a zona económica exclusiva e a plataforma continental contíguas ao arquipélago;
b) O regime do referendo regional;
c) O regime das finanças regionais;
d) O estatuto das autarquias locais dos Açores e respetivo financiamento;
e) O regime geral da elaboração e organização do orçamento regional;
f) A definição e regime dos bens de domínio público regional e de domínio público estadual situados no território regional;
g) A organização judiciária no território regional;
h) A segurança pública e a organização das forças de segurança no território regional;
i) O planeamento e a regulação do ordenamento do território e o urbanismo, no que diz respeito ao território regional;
j) O regime regional dos meios de produção integrados no setor cooperativo e social de propriedade.

---

[1] Esta norma foi declarada inconstitucional, com força obrigatória geral, pelo Acórdão do Tribunal Constitucional nº 403/2009, de 16 de setembro, apenas na parte relativa à dissolução da Assembleia Legislativa.

3. A Região deve também ser ouvida pela Assembleia da República quando esta exerça a sua competência legislativa, com especial incidência na competência legislativa regional de desenvolvimento, sobre as seguintes matérias:

a) Bases do sistema de ensino;
b) Bases do sistema de segurança social e do serviço nacional de saúde;
c) Bases do sistema de proteção da natureza e do equilíbrio ecológico;
d) Bases do património cultural;
e) Bases da política agrícola;
f) Bases do regime e âmbito da função pública;
g) Bases gerais do regime das empresas públicas e fundações públicas;
h) Bases do ordenamento do território e urbanismo.

ARTIGO 117º
Audição sobre exercício de competências administrativas

O Governo da República deve ouvir a Região, através do Governo Regional, sobre o exercício de competências administrativas, bem como quando participe, no âmbito das instituições comunitárias, no exercício de competências administrativas, sobre matérias que digam respeito à Região.

ARTIGO 118º
Forma e prazo da audição

1. Os órgãos de governo próprio pronunciam-se através da emissão de parecer fundamentado.

2. Em situações de manifesta urgência declarada pelo órgão de soberania ou quando tal se justifique, nomeadamente em relação a órgãos unipessoais, a audição pode ser feita por forma oral.

3. Os órgãos de soberania podem determinar o caráter sigiloso da audição quando a natureza da situação ou da matéria o justifiquem ou quando esteja em causa a defesa nacional.

4. O prazo para a pronúncia deve ser razoável e é fixado pelo órgão de soberania, não podendo ser inferior a 15 dias para o Governo Regional e a 20 dias para a Assembleia Legislativa.

5. Os prazos previstos no número anterior podem ser prolongados, quando a complexidade da matéria o justifique, ou encurtados, em situações de manifesta urgência devidamente fundamentada, declarada pelo órgão de soberania, não podendo, salvo o disposto no nº 2, serem inferiores a cinco dias.

6. Os órgãos de governo próprio podem pedir uma prorrogação do prazo concedido pelo órgão de soberania para se pronunciarem, através de decisão fundamentada.

7. Podem ser acordadas outras formas de audição dos órgãos de governo próprio sobre a atividade dos órgãos de soberania que diga respeito à Região, bem como os termos da sua colaboração nessa atividade.

ARTIGO 119º[1]
Audição qualificada

ARTIGO 120º
Pronúncia dos órgãos de Governo próprio

1. Os órgãos de governo próprio podem ainda, por sua iniciativa, pronunciar-se sobre matérias da competência dos órgãos de soberania que digam respeito à Região, através da emissão de parecer fundamentado.

2. Os órgãos de soberania devem tomar em consideração na sua atuação as pronúncias emitidas pelos órgãos de governo próprio, nos termos do número anterior.

TÍTULO VI
Das relações internacionais da Região

ARTIGO 121º
Participação da Região na política externa da República

1. A Região, através do Governo Regional, participa na determinação e condução da política externa da República quando estejam em causa matérias que lhe digam respeito.

2. São matérias que dizem respeito à Região, para os efeitos do número anterior, nomeadamente:

a) As suscetíveis de implicações especiais nas suas atribuições e competências;

b) As políticas respeitantes ao mar territorial, à zona económica exclusiva e à plataforma continental;

c) As políticas fiscal, monetária, financeira e cambial, de modo a assegurar o controlo regional dos meios de pagamento em circulação e o financiamento dos investimentos necessários ao seu desenvolvimento económico-social;

d) A condição de região ultraperiférica e a insularidade;

e) A utilização de bases militares no território regional;

f) A segurança pública no território regional;

g) A política agrícola e piscatória, quando incida sobre o território da Região;

h) A regulação de denominações de origem protegida, indicações geográficas protegidas ou outros sistemas de proteção e de valorização dos produtos e marcas da Região;

i) A política ambiental, de gestão dos recursos e de proteção da fauna e flora da Região;

---

[1] Esta norma foi declarada inconstitucional, com força obrigatória geral, pelo Acórdão do Tribunal Constitucional nº 403/2009, de 16 de setembro.

j) O comércio internacional, quando incida sobre produtos de produção regional;
l) Os investimentos na Região;
m) O património cultural localizado na Região;

3. No âmbito do direito de participação referido no n.º 1 do presente artigo, a Região tem o direito de:

a) Requerer à República a celebração ou a adesão a tratados ou acordos internacionais que se afigurem adequados à prossecução dos objetivos fundamentais da Região;
b) Ser informada, pela República, da negociação de tratados ou acordos;
c) Participar, integrada na delegação portuguesa, na negociação de tratados ou acordos internacionais e em outras negociações internacionais ou cimeiras;
d) Participar nas representações portuguesas perante organizações internacionais;
e) Dirigir aos órgãos de soberania, através da Assembleia Legislativa ou do Governo Regional, as observações e propostas que entenda pertinentes no âmbito das alíneas anteriores do presente número.

4. No âmbito das suas atribuições e competências próprias, a Região deve executar, no seu território, os tratados e acordos internacionais, bem como as decisões vinculativas de organizações internacionais.

ARTIGO 122.º
Participação na construção europeia

1. A Região tem direito de participar nos processos de formação da vontade do Estado Português no âmbito da construção europeia quando estejam em causa matérias que lhe digam respeito, nos termos do n.º 2 do artigo anterior.

2. Para efeitos do número anterior, a Região tem o direito de:

a) Integrar as delegações do Estado Português para negociações no âmbito da revisão do direito originário da União, da aprovação de novos tratados, ou do processo decisório;
b) Participar no Comité das Regiões, através do Presidente do Governo Regional ou de quem por ele for indicado, bem como noutros organismos da União;
c) Ser consultada, através da Assembleia Legislativa, sobre as iniciativas normativas da União, no âmbito do procedimento de verificação do cumprimento do princípio da subsidiariedade, quando estas afetem as suas atribuições e competências ou a sua condição ultraperiférica;
d) Ser informada, pelos órgãos de soberania, das iniciativas ou propostas que estes apresentem perante instituições europeias, ou dos procedimentos em que estejam diretamente envolvidos;
e) Estabelecer relações de colaboração, através da Assembleia Legislativa, com o Parlamento Europeu;

f) Propor ações judiciais nas instâncias europeias, na medida da sua legitimidade ou requerer à República o recurso ao meio jurisdicional adequado junto dos tribunais comunitários para defesa dos seus direitos.

3. Quando estejam em causa questões que digam exclusivamente respeito à Região, o Estado deve assegurar-lhe uma posição preponderante nas respetivas negociações.

ARTIGO 123º
Cooperação externa da Região

1. A Região, através do Governo Regional e sob a orientação e fiscalização da Assembleia Legislativa, exerce a sua ação no âmbito da política externa e dos negócios estrangeiros, em defesa e promoção dos interesses que lhe incumbe constitucional e estatutariamente prosseguir.

2. A Região coordena a sua atuação internacional com as orientações definidas pelos órgãos de soberania com competência em matéria de política externa.

3. Os serviços de representação externa do Estado prestam à Região todo o auxílio necessário para a prossecução da sua política de cooperação externa.

ARTIGO 124º
Relações externas com outras entidades

1. No âmbito das suas relações externas com outras entidades, compete à Região, em especial:

a) Impulsionar o desenvolvimento de laços culturais, económicos e sociais com territórios onde residam comunidades de emigrantes portugueses provenientes da Região e seus descendentes ou de onde provenham comunidades de imigrantes que residam na Região;

b) Desenvolver relações privilegiadas com entidades dos países com língua oficial portuguesa, nomeadamente através da participação em projetos e ações de cooperação no âmbito da Comunidade de Países de Língua Portuguesa;

c) Estabelecer relações de cooperação e colaboração com entidades de Estados europeus, em particular, de Estados membros da União Europeia, nomeadamente ao nível da prestação e exploração de serviços públicos;

d) Desenvolver parcerias com outras regiões ultraperiféricas, nomeadamente no âmbito de programas de cooperação territorial europeia e aprofundar a cooperação no âmbito da Macaronésia;

e) Participar em organizações internacionais que tenham por objeto fomentar o diálogo e a cooperação inter-regional.

2. No âmbito do número anterior, a Região pode, através do Governo Regional, estabelecer ou aceder a acordos de cooperação com entidades de outros Estados.

TÍTULO VII
Organização das administrações públicas

CAPÍTULO I
Administração regional autónoma

ARTIGO 125º
Organização administrativa da Região

A organização administrativa da Região deve refletir a realidade geográfica, económica, social e cultural do arquipélago, de forma a melhor servir a respetiva população e, simultaneamente, a incentivar a unidade dos açorianos.

ARTIGO 126º
Serviços regionais

1. A administração regional autónoma visa a prossecução do interesse público, no respeito pelos direitos e interesses legalmente protegidos dos cidadãos e dos princípios da igualdade, proporcionalidade, justiça, imparcialidade e boa fé.

2. A organização da administração regional autónoma obedece aos princípios da descentralização e da desconcentração de serviços, tem em consideração os condicionalismos de cada ilha e visa assegurar uma atividade administrativa rápida, eficaz e de qualidade.

3. O Governo Regional, com vista a assegurar uma efetiva aproximação dos serviços às populações, promove a existência em cada ilha de serviços dos seus departamentos ou de uma delegação do Governo Regional.

ARTIGO 127º
Função pública regional

1. A administração regional autónoma tem quadros próprios que devem obedecer a critérios de economia de meios, de qualificação e de eficiência profissional.

2. As bases e o regime geral do recrutamento para a função pública nos serviços regionais, da formação técnica, do regime de quadros e carreiras, do estatuto disciplinar e do regime de aposentação são os definidos por lei para a Administração Pública do Estado.

3. É garantida a mobilidade entre os quadros da administração regional autónoma, administração local e administração do Estado, sem prejuízo dos direitos adquiridos, designadamente em matéria de antiguidade e carreira.

CAPÍTULO II
Outros órgãos regionais

ARTIGO 128º
Órgãos representativos das ilhas

1. Cada ilha tem um órgão representativo dos seus interesses.

2. Aos órgãos representativos das ilhas compete:

a) Emitir parecer sobre matérias com interesse para a ilha, por sua iniciativa ou a solicitação de um dos órgãos de governo próprio;

b) Fomentar a colaboração e cooperação entre autarquias da mesma ilha e a uniformização de regulamentos municipais;

c) Exercer as demais competências que lhe sejam atribuídas por decreto legislativo regional.

3. Os órgãos representativos das ilhas devem ser compostos por representantes dos órgãos de governo próprio, das autarquias locais e da sociedade.

4. A constituição, organização e funcionamento dos órgãos representativos das ilhas, bem como os direitos e deveres dos seus membros, são regulados por decreto legislativo regional.

ARTIGO 129º
Entidades administrativas independentes regionais

1. A Região pode, no âmbito das suas atribuições e por meio de decreto legislativo regional, criar entidades administrativas independentes regionais, sempre que a natureza da atividade administrativa em causa o justifique.

2. As entidades administrativas independentes regionais podem assumir funções de regulação, fiscalização e supervisão.

3. As entidades administrativas independentes regionais são pessoas coletivas de direito público e dispõem de autonomia orçamental e financeira.

4. O seu âmbito específico de atuação, composição, organização e funcionamento são regulados por decreto legislativo regional.

ARTIGO 130º
Provedores sectoriais regionais[1]

ARTIGO 131º
Conselho Económico e Social dos Açores

1. O Conselho Económico e Social dos Açores é o órgão colegial independente de caráter consultivo e de acompanhamento junto dos órgãos de governo próprio para matérias de caráter económico, laboral, social e ambiental, tendo por objetivo fomentar o diálogo entre poder político e sociedade civil.

2. O Conselho Económico e Social dos Açores participa na elaboração dos planos de desenvolvimento económico e social, exerce funções de concertação social e pode

---

[1] Esta norma foi declarada inconstitucional, com força obrigatória geral, pelo Acórdão do Tribunal Constitucional nº 403/2009, de 16 de setembro.

pronunciar-se, a pedido dos órgãos de governo próprio ou por sua iniciativa, sobre as matérias da sua competência.

3. A composição, as competências, a organização e o funcionamento do Conselho Económico e Social dos Açores são regulados por decreto legislativo regional, garantindo a participação equitativa dos grupos sociais, empresariais, económicos e profissionais da Região.

CAPÍTULO III
Administração do Estado

ARTIGO 132º
Princípios gerais da administração do Estado na Região

1. A administração do Estado na Região é organizada de forma a combater as consequências negativas da insularidade e ultraperiferia do arquipélago e tem em conta as especificidades regionais.

2. O Estado assegura uma distribuição equilibrada dos seus serviços entre as diversas ilhas.

3. A Região pode solicitar ao Estado a criação de delegações regionais no âmbito da sua administração direta ou indireta, quando a sua natureza ou as suas atribuições o justifiquem.

ARTIGO 133º
Organização judiciária

1. A organização judiciária regional tem em consideração as especificidades e necessidades próprias da Região.

2. A cada ilha, com exceção do Corvo, deve corresponder, pelo menos, um juízo do tribunal de 1ª instância.

CAPÍTULO IV
Administração local

ARTIGO 134º
Relações com entidades locais dos Açores

1. A Região tem relações especiais de cooperação, coordenação e colaboração com as autarquias locais e respetivas associações localizadas no seu território.

2. A Região encoraja o estabelecimento de mecanismos de cooperação intermunicipal no seu território.

ARTIGO 135º
Reserva de competência administrativa da Região

A transferência de atribuições e competências da administração do Estado para as autarquias locais dos Açores deve ter em conta as especificidades regionais, no respeito pelo princípio da subsidiariedade, devendo ser, em qualquer caso, precedida do procedimento de audição qualificada da Região.

ARTIGO 136º
Município da ilha do Corvo

O município da ilha do Corvo, por condicionalismos que lhe são próprios, é o titular das competências genéricas das freguesias, com as devidas adaptações, no respetivo território.

TÍTULO VIII
Revisão do Estatuto

ARTIGO 137º
Reserva de iniciativa legislativa

O presente Estatuto apenas pode ser revisto por iniciativa da Assembleia Legislativa, através da elaboração e aprovação de um projeto a ser enviado à Assembleia da República.

ARTIGO 138º
Elaboração do projeto

1. A iniciativa de abertura do processo de revisão do Estatuto pertence aos deputados.

2. A assunção de poderes de revisão estatutária, a definição do respetivo procedimento e a consequente abertura do processo de revisão do Estatuto é deliberada pela maioria absoluta dos deputados em efetividade de funções.

ARTIGO 139º
Apreciação do projeto pela Assembleia da República

1. A Assembleia da República, ao apreciar o projeto de revisão do Estatuto, deve ouvir a Assembleia Legislativa sempre que considerar adequado.

2. A Assembleia Legislativa designa uma delegação representativa dos partidos que nela têm assento para apresentar o projeto de revisão do Estatuto à Assembleia da República, a qual pode solicitar ser ouvida pelo Presidente da Assembleia da República, pelas comissões encarregadas de discutir o projeto, pelos grupos parlamentares ou pelos deputados, em qualquer momento do procedimento legislativo na Assembleia da República.

3. A Assembleia Legislativa pode deliberar, por maioria absoluta dos deputados em efetividade de funções, retirar o projeto de revisão do Estatuto, até à votação da proposta na generalidade.

ARTIGO 140º
Alteração do projeto pela Assembleia da República

1. Se a Assembleia da República alterar o projeto de revisão do Estatuto deve remetê-lo à Assembleia Legislativa para que esta aprecie todas as alterações introduzidas e sobre elas emita parecer.

2. [1]

ARTIGO 141º
Novo texto do Estatuto

As alterações ao Estatuto são inseridas no lugar próprio, mediante as substituições, as supressões e os aditamentos necessários, sendo o Estatuto, no seu novo texto, republicado em anexo à lei de revisão.

---

[1] Esta norma foi declarada inconstitucional, com força obrigatória geral, pelo Acórdão do Tribunal Constitucional nº 403/2009, de 16 de setembro.

XII
Estatuto Político-Administrativo da Região Autónoma da Madeira

Estatuto Político-Administrativo da Região Autónoma da Madeira

Lei nº 13/91, de 5 de junho, com as alterações introduzidas pela Lei nº 130/99, de 21 de agosto e pela Lei nº 12/2000, de 21 de junho. Cfr. Acórdão do Tribunal Constitucional nº 199/2000, de 2 de maio

A Assembleia da República decreta, nos termos da alínea *b*) do artigo 164º, do nº 3 do artigo 169º e do artigo 228º da Constituição, precedendo proposta da Assembleia Regional da Madeira, nos termos do nº 1 do artigo 228º e da alínea *e*) do nº 1 do artigo 229º da Constituição, o seguinte:

TÍTULO I
Princípios fundamentais

ARTIGO 1º
Região Autónoma da Madeira

O arquipélago da Madeira constitui uma Região Autónoma da República Portuguesa, dotada de Estatuto Político-Administrativo e de órgãos de governo próprio.

ARTIGO 2º
Pessoa coletiva territorial

A Região Autónoma da Madeira é uma pessoa coletiva territorial, dotada de personalidade jurídica de direito público.

ARTIGO 3º
Território

1. O arquipélago da Madeira é composto pelas ilhas da Madeira, do Porto Santo, Desertas, Selvagens e seus ilhéus.

2. A Região Autónoma da Madeira abrange ainda o mar circundante e seus fundos, designadamente as águas territoriais e a zona económica exclusiva, nos termos da lei.

ARTIGO 4º
Regime autonómico

1. O Estado respeita, na sua organização e funcionamento, o regime autonómico insular e a identidade regional como expressão do seu direito à diferença.

2. O regime autonómico próprio da Região Autónoma da Madeira fundamenta-se nas suas características geográficas, económicas, sociais e culturais e nas históricas aspirações autonomistas do seu povo.

ARTIGO 5º
Autonomia política, administrativa, financeira, económica e fiscal

1. A autonomia política, administrativa, financeira, económica e fiscal da Região Autónoma da Madeira não afeta a integridade da soberania do Estado e exerce-se no quadro da Constituição e deste Estatuto.

2. A autonomia da Região Autónoma da Madeira visa a participação democrática dos cidadãos, o desenvolvimento económico e social integrado do arquipélago e a promoção e defesa dos valores e interesses do seu povo, bem como o reforço da unidade nacional e dos laços de solidariedade entre todos os portugueses.

ARTIGO 6º
Órgãos de governo próprio

1. São órgãos de governo próprio da Região a Assembleia Legislativa Regional e o Governo Regional.

2. As instituições autonómicas regionais assentam na vontade dos cidadãos, democraticamente expressa.

3. Os órgãos de governo próprio da Região participam no exercício do poder político nacional.

ARTIGO 7º
Representação da Região

1. A representação da Região cabe aos respetivos órgãos de governo próprio.

2. No âmbito das competências dos órgãos de governo próprio, a execução dos atos legislativos no território da Região é assegurada pelo Governo Regional.

ARTIGO 8º
Símbolos regionais

1. A Região tem bandeira, brasão de armas, selo e hino próprios, aprovados pela Assembleia Legislativa Regional.

2. Os símbolos regionais são utilizados nas instalações e atividades dependentes dos órgãos de governo próprio da Região ou por estes tutelados, bem como nos ser-

viços da República sediados na Região nos termos definidos pelos competentes órgãos.

3. Os símbolos regionais são utilizados conjuntamente com os correspondentes símbolos nacionais e com salvaguarda da precedência e do destaque que a estes são devidos, nos termos da lei.

4. A Bandeira da União Europeia é utilizada ao lado das Bandeiras Nacional e Regional nos edifícios públicos onde estejam instalados serviços da União Europeia ou com ela relacionados, designadamente por ocasião de celebrações europeias e durante as eleições para o Parlamento Europeu.

ARTIGO 9º
Referendo regional

1. Em matéria de interesse específico regional os cidadãos eleitores na Região Autónoma da Madeira podem ser chamados a pronunciar-se, a título vinculativo, através de referendo, por decisão do Presidente da República, mediante proposta da Assembleia Legislativa Regional.

2. São aplicáveis aos referendos regionais as regras e os limites previstos para os referendos nacionais.

ARTIGO 10º
Princípio da continuidade territorial

O princípio da continuidade territorial assenta na necessidade de corrigir as desigualdades estruturais, originadas pelo afastamento e pela insularidade, e visa a plena consagração dos direitos de cidadania da população madeirense, vinculando, designadamente, o Estado ao seu cumprimento, de acordo com as suas obrigações constitucionais.

ARTIGO 11º
Princípio da subsidiariedade

No relacionamento entre os órgãos do Estado e os órgãos de governo próprio da Região é aplicável o princípio da subsidiariedade, segundo o qual, e fora do âmbito das atribuições exclusivas do Estado, a intervenção pública faz-se preferencialmente pelo nível da Administração que estiver mais próximo e mais apto a intervir, a não ser que os objetivos concretos da ação em causa não possam ser suficientemente realizados senão pelo nível da Administração superior.

ARTIGO 12º
Princípio da regionalização de serviços

A regionalização de serviços e a transferência de poderes prosseguem de acordo com a Constituição e a lei, devendo ser sempre acompanhadas dos correspondentes meios financeiros para fazer face aos respetivos encargos.

TÍTULO II
Órgãos de governo próprio e administração pública regional

CAPÍTULO I
Assembleia Legislativa Regional

SECÇÃO I
Definição, eleição e composição

ARTIGO 13º
Definição

A Assembleia Legislativa Regional é o órgão representativo da população da Região Autónoma da Madeira e exerce o poder legislativo e fiscalizador da ação governativa.

ARTIGO 14º
Composição e modo de eleição

A Assembleia Legislativa Regional é composta por deputados eleitos por sufrágio universal, direto e secreto, de harmonia com o princípio da representação proporcional e por círculos eleitorais.

ARTIGO 15º
Círculos eleitorais

1. Cada município constitui um círculo eleitoral, designado pelo respetivo nome.
2. Cada um dos círculos referidos no número anterior elegerá um deputado por cada 3500 eleitores recenseados, ou fração superior a 1750, não podendo em qualquer caso resultar a eleição de um número de deputados inferior a dois em cada círculo, de harmonia com o princípio da representação proporcional constitucionalmente consagrado.[1]

ARTIGO 16º
Eleitores

São eleitores nos círculos referidos no nº 1 do artigo anterior os cidadãos portugueses inscritos no recenseamento eleitoral da respetiva área.

ARTIGO 17º
Capacidade eleitoral

São elegíveis os cidadãos portugueses eleitores, salvas as restrições que a lei estabelecer, desde que tenham residência habitual na Região.

---

[1] *Esta norma, na redação e numeração da Lei nº 130/99, de 21 de agosto, foi declarada inconstitucional, com força obrigatória geral, pelo Acórdão do Tribunal Constitucional nº 199/2000, de 2 de maio. O texto que se publica é o previsto no artigo único da Lei nº 12/2000, de 21 de junho.*

ARTIGO 18º
Incapacidades eleitorais

As incapacidades eleitorais, ativas e passivas, são as que constem da lei geral.

ARTIGO 19º
Listas de candidaturas

1. Os deputados são eleitos por listas apresentadas pelos partidos políticos, isoladamente ou em coligação, concorrentes em cada círculo eleitoral e contendo um número de candidatos efetivos igual ao dos mandatos atribuídos ao respetivo círculo, além de suplentes no mesmo número, mas nunca inferior a três.

2. As listas podem integrar cidadãos não inscritos nos correspondentes partidos.

3. Ninguém pode ser candidato por mais de um círculo eleitoral ou figurar em mais de uma lista.

4. No apuramento dos resultados aplica-se, dentro de cada círculo, o sistema da representação proporcional e o método da média mais alta de *Hondt*.

5. Os mandatos que couberem a cada lista são conferidos aos respetivos candidatos pela ordem de precedência indicada na declaração de candidatura.

SECÇÃO II
Estatuto dos deputados

ARTIGO 20º
Representatividade e âmbito

Os deputados representam toda a Região, e não os círculos por que tiverem sido eleitos.

ARTIGO 21º
Mandato

1. Os deputados são eleitos para um mandato de quatro anos.

2. O mandato dos deputados inicia-se com a primeira reunião da Assembleia Legislativa Regional após eleições, nos termos deste Estatuto, e cessa com o início do mandato dos deputados da legislatura subsequente, sem prejuízo da suspensão ou da cessação individual do mandato.

ARTIGO 22º
Poderes dos deputados

1. Constituem poderes dos deputados:

   a) Apresentar projetos que respeitem à iniciativa legislativa da Assembleia Legislativa Regional;
   b) Apresentar projetos de decreto legislativo regional;
   c) Apresentar propostas de alteração;
   d) Apresentar propostas de resolução;

e) Participar e intervir nos debates parlamentares nos termos do Regimento;

f) Requerer e obter do Governo Regional ou dos órgãos de qualquer entidade pública regional os elementos, informações e publicações oficiais que considerem úteis para o exercício do seu mandato;

g) Formular perguntas ao Governo Regional sobre quaisquer atos deste ou da administração pública regional;

h) Requerer ao Tribunal Constitucional a declaração de inconstitucionalidade ou ilegalidade de normas nos termos constitucionais;

i) Os demais consignados no Regimento da Assembleia Legislativa Regional.

2. O poder referido na alínea *h)* do nº 1 só pode ser exercido, no mínimo, por um décimo dos deputados.

3. Os deputados, individual ou coletivamente, podem ainda exercer outros poderes, previstos no Estatuto e no Regimento da Assembleia Legislativa Regional.

ARTIGO 23º
Imunidades

1. Os deputados não respondem civil, criminal ou disciplinarmente pelos votos e opiniões que emitirem no exercício das suas funções.

2. Os deputados não podem ser ouvidos como declarantes nem como arguidos sem autorização da Assembleia, sendo obrigatória a decisão de autorização, no segundo caso, quando houver fortes indícios de prática de crime doloso a que corresponda pena de prisão cujo limite máximo seja superior a três anos.

3. Nenhum deputado pode ser detido ou preso sem autorização da Assembleia Legislativa Regional, salvo por crime doloso a que corresponda a pena de prisão referida no número anterior e em flagrante delito.

4. Movido procedimento criminal contra um deputado e acusado este definitivamente, a Assembleia Legislativa Regional decide se o deputado deve ou não ser suspenso para efeito do seguimento do processo, nos termos seguintes:

a) A suspensão é obrigatória quando se tratar de crime referido no nº 3;

b) A Assembleia Legislativa Regional pode limitar a suspensão do deputado ao tempo que considerar mais adequado, segundo as circunstâncias, ao exercício do mandato e ao andamento do processo criminal.

5. A autorização a que se referem os números anteriores é solicitada pelo juiz competente em documento dirigido ao Presidente da Assembleia Legislativa Regional.

6. As decisões a que se refere o presente artigo são tomadas por escrutínio secreto e maioria absoluta dos deputados presentes, precedendo parecer da comissão competente.

ARTIGO 24º
Direitos

1. Os deputados gozam dos seguintes direitos:

a) Adiamento do serviço militar, do serviço cívico ou da mobilização civil;

b) Livre trânsito em locais públicos de acesso condicionado, no exercício das suas funções ou por causa delas;
c) Cartão especial de identificação;
d) Passaporte diplomático;
e) Subsídios e outras regalias que a lei prescreva;
f) Seguros pessoais;
g) Prioridade nas reservas de passagem nas empresas de navegação aérea que prestem serviço público durante o funcionamento efetivo da Assembleia ou por motivos relacionados com o desempenho do seu mandato.

2. Os deputados têm direito, por sessão legislativa, a duas passagens aéreas entre a Região e qualquer destino em território nacional.

3. Os deputados têm ainda direito, por sessão legislativa, a duas passagens, aéreas ou marítimas, entre a Madeira e o Porto Santo.

4. A falta de deputados por causa de reuniões ou missões da Assembleia Legislativa Regional a atos ou diligências oficiais a ela estranhos constitui sempre motivo justificado de adiamento destes, sem qualquer encargo.

5. Ao deputado que frequentar curso de qualquer grau ou natureza oficial é aplicável, quanto a aulas e exames, o regime mais favorável entre os que estejam previstos para outras situações.

6. Os deputados que, no exercício das suas funções ou por causa delas, sejam vítimas de atos que impliquem ofensa à vida, à integridade física, à liberdade ou a bens patrimoniais têm direito a indemnização.

7. Os factos que justificam a indemnização são objeto de inquérito determinado pelo Presidente da Assembleia, o qual decide da sua atribuição, salvo e na medida em que os danos estejam cobertos por outros meios.

8. Por equiparação os deputados gozam ainda dos demais direitos, regalias e imunidades atribuídos aos Deputados à Assembleia da República, consagrados constitucionalmente ou no respetivo Estatuto.

ARTIGO 25º
Garantias profissionais

1. Os deputados não podem ser prejudicados na sua colocação, no seu emprego permanente ou nos seus benefícios sociais, por causa do desempenho do mandato.

2. O desempenho do mandato conta como tempo de serviço para todos os efeitos.

3. É facultado aos deputados o regime de afetação permanente durante o exercício do seu mandato.

4. No caso de exercício temporário de funções, por virtude de lei ou contrato, o desempenho do mandato de deputado suspende a contagem do respetivo prazo.

ARTIGO 26º
Segurança social

1. Os deputados beneficiam do regime de segurança social aplicável aos funcionários públicos.

2. No caso de algum deputado optar pelo regime de previdência da sua atividade profissional, cabe à Assembleia Legislativa Regional a satisfação dos encargos que corresponderiam à respetiva entidade patronal.

ARTIGO 27º
Deveres

Constituem deveres dos deputados:

a) Comparecer às reuniões plenárias e às comissões a que pertençam;
b) Desempenhar os cargos na Assembleia Legislativa Regional e as funções para que forem designados, nomeadamente sob proposta dos respetivos grupos ou representações parlamentares;
c) Participar nas votações.

ARTIGO 28º
Suspensão do mandato

1. Determina a suspensão de mandato:

a) O deferimento do requerimento da substituição temporária por motivo relevante;
b) O procedimento criminal, nos termos do nº 4 do artigo 23º;
c) O início de qualquer das funções referidas no nº 1 do artigo 34º;
d) A nomeação para funções que, nos termos deste Estatuto, deva ter tal efeito.

2. Determina a suspensão do mandato do Presidente da Assembleia Legislativa Regional a substituição interina do Ministro da República, nos termos do nº 4 do artigo 230º da Constituição.

ARTIGO 29º
Substituição temporária

Os deputados podem solicitar ao Presidente da Assembleia, por motivo relevante, a sua substituição, por uma ou mais vezes, por períodos não inferiores a 30 dias.

ARTIGO 30º
Cessação da suspensão

1. A suspensão do mandato cessa:

a) No caso da alínea *a)* do nº 1 do artigo 28º pelo decurso do período de substituição ou pelo regresso antecipado do deputado, devidamente comunicado através do presidente do grupo parlamentar ou do órgão competente do partido, ao Presidente da Assembleia;
b) No caso da alínea *b)* do nº 1 do artigo 28º por decisão absolutória ou equivalente, ou após o cumprimento da pena;
c) Nos casos das alíneas *c)* e *d)* do nº 1 e do nº 2 do artigo 28º pela cessação das funções incompatíveis com as de deputado.

2. O deputado retoma o exercício do seu mandato, cessando automaticamente nessa data todos os poderes de quem o tenha substituído.

3. Nas situações previstas na alínea *b*) do nº 1, perante decisão absolutória ou equivalente, o deputado perceberá todas as remunerações vencidas e não será afetado nos demais direitos e regalias, designadamente o tempo efetivo de funções.

ARTIGO 31º
Perda do mandato

1. Perdem o mandato os deputados que:

a) Incorrerem em violação do regime de incapacidades ou incompatibilidades aplicável;

b) Sem motivo justificado não tomarem assento na Assembleia Legislativa Regional até à quinta reunião, deixarem de comparecer a cinco reuniões consecutivas do Plenário ou das comissões ou derem 10 faltas interpoladas na mesma sessão legislativa;

c) Se inscreverem, se candidatarem ou assumirem funções em partido diverso daquele pelo qual foram apresentados a sufrágio;

d) Forem judicialmente condenados por participação em organização de ideologia fascista ou racista.

2. A perda de mandato será declarada pelo Presidente da Assembleia Legislativa Regional, ouvido o deputado, sem prejuízo do direito de recurso para o Plenário.

ARTIGO 32º
Renúncia ao mandato

Os deputados podem renunciar ao mandato mediante declaração escrita.

ARTIGO 33º
Preenchimento de vagas

1. O preenchimento das vagas que ocorrerem na Assembleia Legislativa Regional, bem como a substituição temporária de deputados legalmente impedidos do exercício de funções, são assegurados, segundo a ordem de precedência indicada na declaração de candidatura, pelos candidatos não eleitos da respetiva lista.

2. Se da lista já não constarem mais candidatos, não há lugar ao preenchimento da vaga ou à substituição.

ARTIGO 34º
Incompatibilidades

1. É incompatível com o exercício do mandato de deputado à Assembleia Legislativa Regional o desempenho dos cargos seguintes:

a) Presidente da República, membro do Governo e Ministro da República;

b) Membro do Tribunal Constitucional, do Supremo Tribunal de Justiça, do Tribunal de Contas e do Conselho Superior da Magistratura e Provedor de Justiça;

c) Deputado ao Parlamento Europeu;

d) Deputado à Assembleia da República;
e) Membro dos demais órgãos de governo próprio das Regiões Autónomas;
f) Embaixador não oriundo da carreira diplomática;
g) Governador e vice-governador civil;
h) Presidente e vereador a tempo inteiro das câmaras municipais;
i) Funcionário do Estado, da Região ou de outras pessoas coletivas de direito público;
j) Membro da Comissão Nacional de Eleições;
l) Membro dos gabinetes ministeriais ou legalmente equiparados;
m) Funcionário de organização internacional ou de Estado estrangeiro;
n) Presidente e vice-presidente do Conselho Económico e Social;
o) Membro da Alta Autoridade para a Comunicação Social;
p) Membro dos conselhos de administração das empresas públicas;
q) Membro dos conselhos de administração das empresas de capitais públicos maioritariamente participadas pelo Estado ou pela Região;
r) Membro dos conselhos de administração de institutos públicos autónomos.

2. É ainda incompatível com a função de deputado:

a) O exercício das funções previstas no nº 2 do artigo 28º
b) O exercício do cargo de delegado do Governo Regional no Porto Santo;
c) O exercício do cargo de diretor regional no Governo Regional.

3. O disposto na alínea *i)* do nº 1 não abrange o exercício gratuito de funções docentes, de atividade de investigação e outras similares como tal reconhecidas caso a caso pela Assembleia Legislativa Regional.

ARTIGO 35º
Impedimentos

1. Os deputados carecem de autorização da Assembleia Legislativa Regional para serem jurados, árbitros, peritos ou testemunhas.

2. A autorização a que se refere o número anterior deve ser solicitada pelo juiz competente ou pelo instrutor do processo em documento dirigido ao Presidente da Assembleia Legislativa Regional e a decisão será precedida de audição do deputado.

3. É vedado aos deputados da Assembleia Legislativa Regional:

a) Exercer o mandato judicial como autores nas ações cíveis contra o Estado e contra a Região;
b) Servir de peritos ou árbitros a título remunerado em qualquer processo em que sejam parte o Estado, a Região e demais pessoas coletivas de direito público;
c) Integrar a administração de sociedades concessionárias de serviços públicos;
d) Figurar ou de qualquer forma participar em atos de publicidade comercial.

4. Os impedimentos constantes da alínea *b)* do número anterior poderão ser supridos, em razão de interesse público, por deliberação da Assembleia Legislativa Regional.

SECÇÃO III
Competência

ARTIGO 36º
Competência política

1. Compete à Assembleia Legislativa Regional da Madeira, no exercício de funções políticas:

a) Aprovar o Programa do Governo Regional;
b) Aprovar o Plano de Desenvolvimento Económico e Social Regional;
c) Aprovar o Orçamento Regional, incluindo os dos fundos autónomos regionais e os programas de investimento de cada secretaria regional;
d) Autorizar o Governo Regional a realizar empréstimos internos e externos e outras operações de crédito de médio e longo prazo de acordo com o Estatuto e com a lei;
e) Estabelecer o limite máximo dos avales a conceder pelo Governo Regional em cada ano;
f) Votar moções de confiança e de censura ao Governo Regional;
g) Apresentar propostas de referendo regional acerca de questões de relevante interesse específico regional, nos termos deste Estatuto e da lei;
h) Definir as grandes orientações de intervenção da Região no processo de construção europeia e acompanhar e apreciar a atividade desenvolvida nesse domínio pelo Governo Regional, designadamente através da aprovação de moções de orientação e de instrumentos de enquadramento do desenvolvimento económico e social;
i) Pronunciar-se, por sua iniciativa ou sob consulta dos órgãos de soberania, sobre as questões da competência destes que respeitarem à Região;
j) Participar na definição das posições do Estado Português no âmbito do processo da construção europeia, em matérias do interesse específico da Região;
l) Participar no processo de construção europeia nos ternos da Constituição e do artigo 96º deste Estatuto;
m) Estabelecer cooperação com outras entidades regionais estrangeiras e participar em organizações que tenham por objeto fomentar o diálogo e a cooperação inter-regional, de acordo com as orientações definidas pelos órgãos de soberania com competência em matéria de política externa;
n) Eleger personalidades para quaisquer cargos que, por lei, lhe compete designar;
o) Participar através de seus representantes nas reuniões das comissões da Assembleia da República nos termos do artigo 88º

2. As competências previstas na alínea *i)* do número anterior poderão ser delegadas na Comissão Permanente ou nas comissões especializadas permanentes.

ARTIGO 37º
Competência legislativa

1. Compete à Assembleia Legislativa Regional, no exercício de funções legislativas:

a) Exercer, por direito próprio e exclusivo, o poder de elaborar, modificar e retirar projetos ou propostas de alteração do Estatuto Político-Administrativo da Região, bem como emitir parecer sobre a respetiva rejeição ou introdução de alterações pela Assembleia da República, nos termos do artigo 226º da Constituição;

b) Exercer iniciativa legislativa mediante a apresentação de propostas de lei ou de alteração à Assembleia da República, bem como requerer a declaração de urgência do respetivo processamento;

c) Legislar, com respeito pelos princípios fundamentais das leis gerais da República, em matérias de interesse específico para a Região que não estejam reservadas à competência própria dos órgãos de soberania;

d) Legislar, sob autorização da Assembleia da República, em matérias de interesse específico para a Região que não estejam reservadas à competência própria dos órgãos de soberania;

e) Desenvolver, em função do interesse específico da Região, as leis de bases em matérias não reservadas à competência da Assembleia da República, bem como as previstas nas alíneas *f)*, *g)*, *h)*, *n)*, *t)* e *u)* do nº 1 do artigo 165º da Constituição;

f) Exercer poder tributário próprio e adaptar o sistema fiscal nacional à Região nos termos do presente Estatuto e da lei;

g) Criar e extinguir autarquias locais, bem como modificar a respetiva área, nos termos da lei;

h) Elevar povoações à categoria de vilas ou cidades;

i) Criar serviços públicos personalizados, institutos, fundos públicos e empresas públicas que exerçam a sua atividade exclusiva ou predominante na Região;

j) Definir atos ilícitos de mera ordenação social e respetivas sanções, sem prejuízo do disposto na alínea *d)* do nº 1 do artigo 165º da Constituição.

2. As propostas de lei de autorização devem ser acompanhadas do anteprojeto do decreto legislativo regional a autorizar, aplicando-se às correspondentes leis de autorização o disposto nos nºs 2 e 3 do artigo 165º da Constituição.

3. As autorizações referidas no número anterior caducam com o termo da legislatura ou com a dissolução, quer da Assembleia da República quer da Assembleia Legislativa Regional.

4. Os decretos legislativos regionais previstos nas alíneas *d)* e *e)* do nº 1 deste artigo devem invocar expressamente as respetivas leis de autorização ou leis de base, sendo aplicável aos primeiros o disposto no artigo 169º da Constituição, com as necessárias adaptações.

ARTIGO 38º
Competência de fiscalização

Compete à Assembleia Legislativa Regional da Madeira, no exercício de funções de fiscalização:

a) Zelar pelo cumprimento da Constituição, do Estatuto e das leis e apreciar os atos do Governo e da administração regional;

b) Aprovar as contas da Região respeitantes a cada ano económico e apreciar os relatórios de execução do Plano Regional de Desenvolvimento Económico e Social;

c) Solicitar ao Tribunal Constitucional a declaração de inconstitucionalidade e de ilegalidade de normas emanadas dos órgãos de soberania por violação de direitos da Região, designadamente dos direitos previstos no presente Estatuto;

d) Fiscalizar a aplicação dos fundos estruturais na Região e de outros programas comunitários de âmbito regional ou de âmbito nacional com incidência na Região.

ARTIGO 39º
Competência regulamentar

Compete à Assembleia Legislativa Regional da Madeira, no exercício de funções regulamentares, proceder à regulamentação das leis gerais emanadas dos órgãos de soberania que não reservem para estes o respetivo poder regulamentar.

ARTIGO 40º
Matérias de interesse específico

Para efeitos de definição dos poderes legislativos ou de iniciativa legislativa da Região, bem como dos motivos de consulta obrigatória pelos órgãos de soberania, nos termos do nº 2 do artigo 229º da Constituição, constituem matérias de interesse específico, designadamente:

a) Política demográfica, de emigração e estatuto dos residentes;
b) Tutela sobre as autarquias locais e sua demarcação territorial;
c) Orientação, direção, coordenação e fiscalização dos serviços e institutos públicos e das empresas nacionalizadas ou públicas que exerçam a sua atividade exclusiva ou predominantemente na Região e noutros casos em que o interesse regional o justifique;
d) Infraestruturas e transportes marítimos e aéreos, incluindo escalas e tarifas;
e) Administração de portos e aeroportos, incluindo impostos e taxas portuárias e aeroportuárias entre ilhas e destas para o exterior;
f) Pescas e aquicultura;
g) Agricultura, silvicultura, pecuária;
h) Regime jurídico e exploração da terra, incluindo arrendamento rural;
i) Política de solos, ordenamento do território e equilíbrio ecológico;
j) Recursos hídricos, minerais e termais;
l) Energia de produção local;
m) Saúde de e segurança social;
n) Trabalho, emprego e formação profissional;
o) Educação pré-escolar, ensino básico, secundário, superior e especial;
p) Classificação, proteção e valorização do património cultural;
q) Museus, bibliotecas e arquivos;
r) Espetáculos e divertimentos públicos;
s) Desporto;

t) Turismo e hotelaria;
u) Artesanato e folclore;
v) Expropriação, por utilidade pública, de bens situados na Região, bem como requisição civil;
x) Obras públicas e equipamento social;
z) Habitação e urbanismo;
aa) Comunicação social;
bb) Comércio interno, externo e abastecimento;
cc) Investimento direto estrangeiro e transferência de tecnologia;
dd) Mobilização de poupanças formadas na Região com vista ao financiamento dos investimentos nela efetuados;
ee) Desenvolvimento industrial;
ff) Adaptação do sistema fiscal à realidade económica regional;
gg) Concessão de benefícios fiscais;
hh) Articulação do Serviço Regional de Proteção Civil com as competentes entidades nacionais;
ii) Estatística regional;
jj) Florestas, parques e reservas naturais;
ll) Vias de circulação, trânsito e transportes terrestres;
mm) Orla marítima;
nn) Valorização dos recursos humanos e qualidade de vida;
oo) Defesa do ambiente e equilíbrio ecológico;
pp) Proteção da natureza e dos recursos naturais, bem como da sanidade pública, animal e vegetal;
qq) Organização da administração regional e dos serviços nela inseridos, incluindo de administração central;
rr) Manutenção da ordem pública;
ss) Cooperação e diálogo inter-regional nos termos da alínea *u)* do n.º 1 do artigo 227.º da Constituição;
tt) Construção, instalação ou utilização de bases militares, bem como infraestruturas e equipamentos afins;
uu) Construção, instalação ou utilização de infraestruturas com fins de observação, estudo e investigação científica;
vv) Outras matérias que respeitem exclusivamente à Região ou que nela assumam particular configuração.

ARTIGO 41º
Forma dos atos

1. Revestem a forma de decreto legislativo regional os atos previstos nas alíneas *b)*, *c)* e *d)* do n.º 1 do artigo 36.º, nas alíneas *c)*, *d)*, *e)*, *f)*, *g)*, *h)*, *i)* e *j)* do n.º 1 do artigo 37.º e no artigo 39.º

2. Revestem a forma de moção os atos previstos nas alíneas *a)* e *i)* do n.º 1 do artigo 36.º

3. Os restantes atos previstos nos artigos 36º, 37º e 38º revestem a forma de resolução.

4. Serão publicados no *Diário da República* e no Jornal Oficial da Região os atos previstos neste artigo.

SECÇÃO IV
Funcionamento

ARTIGO 42º
Legislatura

1. A Assembleia Legislativa Regional reúne por direito próprio até ao 15º dia posterior ao apuramento dos resultados eleitorais.

2. A legislatura tem a duração de quatro sessões legislativas.

ARTIGO 43º
Sessão legislativa

1. A sessão legislativa, salvo a primeira, tem a duração de um ano e inicia-se a 1 de outubro.

2. O Plenário da Assembleia Legislativa Regional reúne em sessão ordinária de 1 de outubro a 31 de julho do ano seguinte.

3. O Plenário da Assembleia Legislativa Regional é convocado extraordinariamente fora do período previsto no número anterior pelo seu Presidente, nos seguintes casos:

a) Por iniciativa do Presidente ou da Comissão Permanente;
b) Por iniciativa de um terço dos deputados;
c) A pedido do Governo Regional.

ARTIGO 44º
Iniciativa legislativa

1. A iniciativa legislativa compete aos deputados, aos grupos parlamentares, ao Governo Regional e ainda, nos termos e condições estabelecidas em decreto legislativo regional, a grupos de cidadãos eleitores.

2. A iniciativa originária toma a forma de projeto, quando exercida pelos deputados, e de proposta, quando exercida pelo Governo Regional.

ARTIGO 45º
Limites da iniciativa

1. Os deputados não podem apresentar projetos de decreto legislativo regional ou propostas de alteração que envolvam aumento das despesas ou diminuição das receitas da Região previstas no Orçamento.

2. Os projetos e propostas definitivamente rejeitados não podem ser renovados na mesma sessão legislativa.

ARTIGO 46º
Processos legislativos

1. O processo legislativo comum é o adotado para a discussão e votação dos decretos legislativos regionais.
2. O processo comum aplica-se aos diplomas que sejam propostos com a forma de resolução.
3. São processos legislativos especiais:

a) Projetos de alteração ao Estatuto Político-Administrativo da Região;
b) Propostas de lei à Assembleia da República;
c) Pedidos de autorização legislativa;
d) Outros previstos no Regimento.

ARTIGO 47º
Processos de orientação e fiscalização política

São processos de orientação e fiscalização política:

a) Programa do Governo;
b) Moções de confiança ao Governo;
c) Moção de censura ao Governo;
d) Perguntas ao Governo;
e) Interpelações;
f) Petições;
g) Inquéritos.

ARTIGO 48º
Processo de urgência

A Assembleia Legislativa Regional pode, por sua iniciativa ou a solicitação do Governo Regional, declarar a urgência de qualquer projeto ou proposta.

ARTIGO 49º
Competência interna da Assembleia

Compete à Assembleia Legislativa Regional:

a) Elaborar o seu Regimento;
b) Verificar os poderes dos seus membros;
c) Eleger, por maioria absoluta dos deputados em efetividade de funções, o seu Presidente e demais membros da Mesa;
d) Eleger os três vice-presidentes, dois sob proposta do maior grupo parlamentar e um sob proposta do segundo maior grupo parlamentar, em listas separadas;
e) Constituir a Comissão Permanente e as restantes comissões.

ARTIGO 50º
Plenário e comissões

1. A Assembleia Legislativa Regional funciona em Plenário e em comissões.

2. A Assembleia Legislativa Regional tem comissões especializadas permanentes e pode constituir comissões eventuais ou de inquérito.

3. A composição das comissões corresponde à representatividade dos partidos na Assembleia Legislativa Regional.

4. As comissões funcionam validamente com a presença da maioria dos seus membros.

5. As comissões podem solicitar a participação dos membros do Governo Regional nos seus trabalhos, devendo estes comparecer quando tal seja requerido.

6. As comissões podem ainda solicitar os depoimentos de quaisquer associações, instituições ou cidadãos, os quais poderão ser prestados por escrito, se os mesmos não residirem na Região.

7. As presidências das comissões especializadas permanentes são, no conjunto, repartidas pelos partidos representados na Assembleia em proporção com o número dos seus deputados através da aplicação do método da média mais alta de *Hondt*.

8. As comissões podem reunir extraordinariamente, fora do período de funcionamento do Plenário, para tratamento de assuntos de natureza inadiável.

9. Pode ser exercido por comissão especializada competente em função da matéria a competência referida na alínea *i*) do nº 1 do artigo 36º

10. As reuniões plenárias são públicas e as das comissões podem ou não sê-lo.

11. É publicado um Diário de Sessões, com o relato integral das reuniões plenárias da Assembleia Legislativa Regional.

12. Das reuniões das comissões são lavradas atas.

13. As presidências das comissões não permanentes são, no conjunto, repartidas em cada sessão legislativa pelos partidos representados nas comissões, em proporção com o número dos seus deputados, através da aplicação do método da média mais alta de *Hondt*.

14. As comissões parlamentares de inquérito têm os poderes previstos na legislação aplicável e são obrigatoriamente constituídas sempre que tal seja requerido por um quinto dos deputados em efectividade de funções, até ao limite de uma por deputado e por sessão legislativa.

ARTIGO 51º
Comissão Permanente

1. Fora do período de funcionamento em Plenário da Assembleia Legislativa Regional, durante o período em que se encontrar dissolvida e nos restantes casos previstos na Constituição e no Estatuto funciona a Comissão Permanente.

2. A Comissão Permanente é presidida pelo Presidente da Assembleia Legislativa Regional e composta pelos vice-presidentes e por deputados indicados por todos os partidos de acordo com a respetiva representatividade na Assembleia.

3. Compete à Comissão Permanente:

a) Zelar pelo cumprimento da Constituição, do Estatuto e das leis e apreciar os atos do Governo e da administração regional;

b) Exercer os poderes da Assembleia relativamente ao mandato dos deputados;

c) Promover a convocação da Assembleia, sempre que tal seja necessário;
d) Preparar a abertura da sessão legislativa;
e) Exercer o poder referido na alínea *i)* do nº 1 do artigo 36º

ARTIGO 52º
Quórum

A Assembleia Legislativa Regional considera-se constituída em reunião plenária encontrando-se presente a maioria dos seus membros.

ARTIGO 53º
Presença do Governo Regional

Os membros do Governo Regional têm assento nas reuniões da Assembleia Legislativa Regional e o direito ao uso da palavra para efeitos de apresentação de comunicação, de intervenção e de prestação de esclarecimentos, de acordo com o Regimento.

ARTIGO 54º
Grupos parlamentares

1. Os deputados eleitos por cada partido ou coligação de partidos podem constituir-se em grupo parlamentar.

2. Constituem poderes de cada grupo parlamentar:

a) Exercer iniciativa legislativa;

b) Participar nas comissões da Assembleia em função do número dos seus membros, indicando os seus representantes;

c) Ser ouvido na fixação da ordem do dia e interpor recurso para o Plenário da ordem do dia fixada;

d) Provocar, com a presença do Governo, o debate de questões de interesse público atual e urgente;

e) Determinar a ordem do dia de um certo número de reuniões nos termos do Regimento da Assembleia Legislativa Regional;

f) Provocar, por meio de interpelação ao Governo Regional, a abertura de dois debates em cada sessão legislativa sobre assunto de política geral ou sectorial;

g) Propor à Comissão Permanente que promova a convocação da Assembleia;

h) Requerer a constituição de comissões parlamentares de inquérito;

i) Requerer a constituição de comissões eventuais;

j) Requerer o processamento de urgência de projetos ou propostas;

l) Ser informado pelo Governo Regional, regular e diretamente, sobre o andamento dos principais assuntos de interesse público, nos termos deste Estatuto;

m) Apresentar propostas de moção.

3. Cada grupo parlamentar tem direito a dispor de locais de trabalho na sede da Assembleia ou fora dela, bem como de pessoal técnico e administrativo da sua confiança.

4. Ao deputado que seja único representante de um partido ou aos deputados eleitos por um partido que não se constituam em grupo parlamentar são atribuídos os poderes enunciados nas alíneas *a)*, *b)*, *c)*, *d)*, *e)*, *i)*, e *l)* do nº 2 e no nº 3.

5. Os partidos políticos representados na Assembleia Legislativa Regional e que não façam parte do Governo Regional gozam ainda dos direitos da oposição consagrados neste Estatuto e na lei, designadamente o de ser informados sobre o andamento dos principais assuntos de interesse público.

CAPÍTULO II
Governo Regional

SECÇÃO I
Definição, constituição e responsabilidade

ARTIGO 55º
Definição

O Governo Regional é o órgão executivo de condução da política regional e o órgão superior da administração pública regional.

ARTIGO 56º
Composição

1. O Governo Regional é formado pelo Presidente e pelos Secretários Regionais, podendo existir vice-presidentes e subsecretários regionais.

2. O número e a designação dos membros do Governo Regional são fixados no diploma de nomeação.

3. A organização e funcionamento do Governo Regional e a orgânica e atribuições dos departamentos governamentais serão fixados por decreto regulamentar regional.

ARTIGO 57º
Nomeação

1. O Presidente do Governo Regional é nomeado pelo Ministro da República, tendo em conta os resultados das eleições para a Assembleia Legislativa Regional e ouvidos os partidos políticos nela representados.

2. Os restantes membros do Governo Regional são nomeados e exonerados pelo Ministro da República, sob proposta do Presidente do Governo Regional.

3. As funções dos vice-presidentes e dos secretários regionais cessam com as do Presidente do Governo regional, e as dos subsecretários regionais com as dos respetivos secretários regionais.

ARTIGO 58º
Responsabilidade política

O Governo Regional é politicamente responsável perante a Assembleia Legislativa Regional.

ARTIGO 59º
Programa do Governo Regional

1. O Programa do Governo Regional é apresentado à Assembleia Legislativa Regional, no prazo máximo de 30 dias a contar do ato de posse do Presidente do Governo Regional, sob a forma de moção de confiança.

2. Se o Plenário da Assembleia Legislativa Regional não se encontrar em funcionamento, é obrigatoriamente convocado para o efeito pelo Presidente.

ARTIGO 60º
Moção de confiança

1. Independentemente do disposto no nº 1 do artigo anterior, o Governo Regional pode solicitar, por uma ou mais vezes, à Assembleia Legislativa Regional a aprovação de um voto de confiança sobre qualquer assunto de relevante interesse para a Região, sobre a sua atuação ou sobre uma declaração de política geral.

2. A recusa de aprovação de propostas de decreto legislativo regional apresentadas pelo Governo Regional não envolve, de per si, recusa de confiança.

ARTIGO 61º
Moções de censura

1. Por iniciativa dos grupos parlamentares, pode a Assembleia Legislativa Regional votar moções de censura ao Governo Regional sobre a execução do seu Programa ou assunto relevante de interesse regional.

2. As moções de censura não podem ser apreciadas antes de decorridos sete dias após a sua apresentação.

3. Se uma moção de censura não for aprovada, os seus subscritores não podem apresentar outra durante a mesma sessão legislativa.

ARTIGO 62º
Demissão do Governo Regional

1. Implicam a demissão do Governo Regional:

a) O início de nova legislatura;

b) A apresentação, pelo Presidente do Governo Regional, do pedido de exoneração;

c) A morte ou impossibilidade física, duradoura, do Presidente do Governo Regional;

d) A aprovação de uma moção de censura por maioria absoluta dos deputados em efetividade de funções.

2. Em caso de demissão, os membros do Governo Regional cessante permanecem em funções até à posse do novo governo.

ARTIGO 63º
Atos de gestão

Antes da aprovação do seu Programa pela Assembleia Legislativa Regional, ou após a sua demissão, o Governo Regional limitar-se-á à prática dos atos estritamente necessários para assegurar a gestão dos negócios públicos da Região.

SECÇÃO II
Estatuto dos membros do Governo Regional

ARTIGO 64º
Responsabilidade civil e criminal

1. Os membros do Governo Regional são civil e criminalmente responsáveis pelos atos que praticarem ou legalizarem.
2. Os membros do Governo Regional não podem, sem autorização da Assembleia, ser jurados, peritos ou testemunhas nem ser ouvidos como declarantes nem como arguidos, exceto, neste último caso, quando presos em flagrante delito, ou quando houver fortes indícios de prática de crime doloso a que corresponda pena de prisão cujo limite máximo seja superior a três anos.
3. Nenhum membro do Governo Regional pode ser detido ou preso sem autorização da Assembleia Legislativa Regional, salvo por crime doloso a que corresponda a pena de prisão referida no número anterior e em flagrante delito.
4. Movido procedimento criminal contra algum membro do Governo Regional, e acusado este definitivamente, salvo no caso de crime punível com a pena referida nos números anteriores, a Assembleia Legislativa Regional decidirá se este deve ou não ser suspenso para efeito de seguimento do processo.

ARTIGO 65º
Direitos

1. Os membros do Governo Regional gozam dos seguintes direitos:

a) Adiamento do serviço militar, do serviço cívico ou da mobilização civil;
b) Livre trânsito em locais públicos de acesso condicionado, no exercício das suas funções ou por causa delas;
c) Cartão especial de identificação;
d) Passaporte diplomático;
e) Subsídios e outras regalias que a lei prescrever;
f) Seguros pessoais;
g) Prioridade nas reservas de passagem nas empresas de navegação aérea que prestem serviço público por motivos relacionados com o desempenho do seu mandato.

2. A falta de qualquer membro do Governo Regional, por causa das suas funções, a atos ou diligências oficiais a elas estranhos constitui sempre motivo de justificação de adiamento destes, sem qualquer encargo.
3. Por equiparação, os membros do Governo Regional gozam ainda dos demais direitos, regalias e imunidades atribuídos aos membros do Governo da República, consagrados constitucionalmente ou na lei.

ARTIGO 66º
Garantias profissionais

1. Os membros do Governo Regional não podem ser prejudicados na sua colocação, nos seus benefícios sociais ou no seu emprego permanente por virtude do desempenho das suas funções.
2. Os membros do Governo Regional estão dispensados de todas as atividades profissionais, públicas ou privadas, durante o período do exercício do cargo.
3. O desempenho da função de membro do Governo Regional conta como tempo de serviço para todos os efeitos.
4. No caso de exercício temporário de funções públicas, por virtude de lei ou contrato, a atividade de membro do Governo Regional suspende a contagem do respetivo prazo.

ARTIGO 67º
Segurança social

1. Os membros do Governo Regional beneficiam do regime de segurança social aplicável aos funcionários públicos.
2. No caso de algum membro do Governo Regional optar pelo regime de previdência da sua atividade profissional, cabe à Região a satisfação dos encargos que corresponderiam à respetiva entidade patronal.

ARTIGO 68º
Incompatibilidades

Os membros do Governo Regional não podem exercer quaisquer outras funções públicas ou privadas, exceto cargos sociais não remunerados, nem executivos, em organizações filantrópicas, humanitárias ou culturais.

SECÇÃO III
Competência

ARTIGO 69º
Competência

Compete ao Governo Regional:

a) Exercer poder executivo próprio, conduzindo a política da Região e defendendo a legalidade democrática;

b) Adotar as medidas necessárias a promoção e desenvolvimento económico e social e à satisfação das necessidades coletivas regionais;

c) Aprovar a sua própria organização e funcionamento;

d) Elaborar os decretos regulamentares regionais, necessários à execução dos decretos legislativos e ao bom funcionamento da administração da Região, bem como outros regulamentos, nomeadamente portarias;

e) Dirigir os serviços e a atividade da administração regional e exercer o poder de tutela sobre as autarquias locais, nos termos da lei;

f) Praticar todos os atos exigidos pela lei respeitantes aos funcionários e agentes da administração pública regional;

g) Orientar, coordenar, dirigir e fiscalizar os serviços, os institutos públicos e as empresas públicas e nacionalizadas que exerçam a sua atividade exclusiva ou predominantemente na Região e noutros casos em que o interesse regional o justifique;

h) Exercer, em matéria fiscal, os poderes referidos neste Estatuto e na lei;

i) Administrar e dispor do património regional e celebrar os atos e contratos em que a Região tenha interesse;

j) Elaborar o seu Programa e apresentá-lo, para aprovação, à Assembleia Legislativa Regional;

l) Apresentar à Assembleia Legislativa Regional propostas de decreto legislativo regional e antepropostas de lei;

m) Elaborar a proposta de plano de desenvolvimento económico e social da Região e submetê-la à aprovação da Assembleia Legislativa Regional;

n) Elaborar a proposta de orçamento regional e submetê-la à aprovação da Assembleia Legislativa Regional;

o) Apresentar à Assembleia Legislativa Regional as contas da Região;

p) Coordenar o Plano e o Orçamento Regionais e velar pela sua boa execução;

q) Participar na elaboração dos planos nacionais;

r) Participar na negociação de tratados e acordos internacionais que digam diretamente respeito à Região bem como nos benefícios deles decorrentes;

s) Participar na definição das políticas respeitantes às águas territoriais, à zona económica exclusiva e aos fundos marítimos contíguos;

t) Proceder à requisição civil, nos termos da lei;

u) Pronunciar-se, por sua iniciativa ou sob consulta dos órgãos de soberania, relativamente às questões da competência destes que respeitarem à Região;

v) Participar na definição das posições do Estado Português no âmbito do processo da construção europeia em matérias do interesse específico da Região;

x) Participar no processo de construção europeia nos termos da Constituição e do artigo 96º deste Estatuto;

z) Participar na definição e execução das políticas fiscal, monetária, financeira e cambial, de modo a assegurar o controlo regional dos meios de pagamento em circulação e o financiamento dos investimentos necessários ao desenvolvimento económico e social da Região;

aa) Administrar, nos termos deste Estatuto e da lei, as receitas fiscais cobradas ou geradas na Região, bem como a participação nas receitas tributárias do Estado, e outras receitas que lhe sejam atribuídas e afetá-las às suas despesas;

bb) Orientar a cooperação inter-regional;

cc) Emitir passaportes, nos termos da lei;

dd) Exercer as demais funções executivas ou outras previstas no presente Estatuto ou na lei.

ARTIGO 70º
Forma dos atos do Governo Regional

1. Revestem a forma de decreto regulamentar regional os atos do Governo Regional previstos nas alíneas *c*), na primeira parte da alínea *d*) e na alínea *h*) do artigo anterior.

2. Todos os atos do Governo Regional e dos seus membros devem ser publicados no *Jornal Oficial da Região*, nos termos definidos por decreto legislativo regional.

3. Os decretos regulamentares regionais devem ainda ser publicados no *Diário da República*.

SECÇÃO IV
Funcionamento

ARTIGO 71º
Conselho do Governo Regional

1. A orientação geral do Governo Regional é definida pelo Conselho do Governo Regional.

2. Constituem o Conselho do Governo Regional o Presidente, os vice-presidentes, quando existam, e os secretários regionais.

ARTIGO 72º
Reuniões

1. O Governo Regional reúne sempre que convocado pelo Presidente.

2. Podem ser convocados para as reuniões do Conselho do Governo Regional os subsecretários, quando a natureza dos assuntos em apreciação o justifique.

3. Podem realizar-se reuniões restritas do Governo Regional sempre que a natureza da matéria em apreciação o justifique.

4. De cada reunião é lavrada ata.

ARTIGO 73º
Presidente do Governo Regional

1. O Presidente do Governo Regional representa o Governo Regional, coordena o exercício das funções deste, convoca e dirige as respetivas reuniões.

2. O Presidente do Governo Regional pode ter a seu cargo qualquer dos departamentos regionais.

3. Nas suas ausências e impedimentos o Presidente é substituído pelo vice-presidente por si designado.

4. Não existindo vice-presidentes, ou verificando-se igualmente a sua ausência ou impedimento, o Presidente é substituído pelo secretário regional por si designado.

5. Durante a vacatura do cargo, as funções do Presidente do Governo Regional são asseguradas pelo Presidente da Assembleia Legislativa Regional.

ARTIGO 74º
Secretarias regionais

1. Os departamentos regionais denominam-se secretarias regionais e são dirigidos por um secretário regional, sem prejuízo do disposto no nº 2 do artigo anterior.

2. Os subsecretários regionais têm os poderes que lhes sejam delegados pelos respetivos secretários regionais.

CAPÍTULO III
Estatuto remuneratório

ARTIGO 75º
Estatuto dos titulares de cargos políticos

1. Na Região, são titulares de cargos políticos dos órgãos de governo próprio os deputados à Assembleia Legislativa Regional e os membros do Governo Regional.

2. Aplica-se aos titulares dos órgãos de governo próprio da Região o estatuto remuneratório constante da presente lei.

3. O Presidente da Assembleia Legislativa Regional e o Presidente do Governo Regional têm estatuto remuneratório idêntico ao de ministro.

4. Os deputados à Assembleia Legislativa Regional percebem mensalmente um vencimento correspondente a 75% do vencimento do Presidente da Assembleia Legislativa Regional.

5. Os vice-presidentes do Governo Regional auferem um vencimento e uma verba para despesas de representação que correspondem, respetivamente, a metade da soma dos vencimentos e da soma das referidas verbas auferidas pelo Presidente do Governo Regional e por um secretário regional.

6. Os secretários regionais têm estatuto remuneratório idêntico ao dos secretários de Estado e os subsecretários regionais ao dos subsecretários de Estado.

7. Os titulares dos cargos políticos a que se refere o nº 1 deste artigo têm direito a perceber um vencimento extraordinário, de montante igual ao do correspondente vencimento mensal, nos meses de junho e de novembro de cada ano.

8. Se o cargo político tiver sido exercido durante um ano por vários titulares, o vencimento extraordinário referido no número anterior será repartido por eles, proporcionalmente ao tempo em que exerceram funções, não se considerando períodos inferiores a 15 dias.

9. Os vice-presidentes da Assembleia Legislativa Regional percebem um abono mensal correspondente a um terço do respetivo vencimento.

10. Os presidentes dos grupos parlamentares da Assembleia Legislativa Regional ou quem os substituir percebem um abono mensal correspondente a um quarto do respetivo vencimento.

11. Os secretários da Mesa da Assembleia Legislativa Regional percebem um abono mensal correspondente a um quinto do respetivo vencimento.

12. Os vice-secretários da Mesa, quando no exercício efetivo de funções, percebem 1/30 por dia do abono atribuído aos secretários da Mesa.

13. O abono mensal atribuído aos titulares dos cargos referidos nos nºs 9 a 11 deste artigo é considerado para efeitos dos vencimentos extraordinários de junho e novembro.

14. Nas deslocações oficiais fora da ilha, o Presidente da Assembleia Legislativa Regional, o Presidente do Governo Regional e demais membros do Governo têm direito a ajudas de custo nos termos fixados na lei.

15. Nas deslocações fora da ilha, em missão oficial da Assembleia Legislativa Regional, os deputados têm direito a ajudas de custo idênticas às previstas para os membros do Governo.

16. Nas deslocações dentro da ilha, os deputados à Assembleia Legislativa Regional têm direito:

a) A subsídio de transporte de acordo com o valor fixado na lei para transporte em automóvel próprio entre a residência oficial e o local onde se desenvolverem os trabalhos parlamentares por cada dia de reunião do plenário ou de Comissão e a ajudas de custo no valor de 10% ou 20% do valor das ajudas de custo diárias fixadas para os membros do Governo, consoante os trabalhos envolvam uma ou duas refeições, se residirem em círculo diferente do Funchal;

b) A subsídio de transporte de acordo com o valor fixado na lei para transporte em automóvel próprio entre a residência oficial e o círculo pelo qual foram eleitos, caso residam em círculo diferente, uma vez por semana;

c) A ajudas de custo no valor previsto para os membros do Governo, quando em missão oficial da Assembleia Legislativa Regional, desde que a distância entre a sua residência e o local de trabalho exceda 5 km.

17. O deputado eleito pelo círculo do Porto Santo tem direito a passagem aérea ou marítima, mediante requisição oficial, entre aquela ilha e a da Madeira, sempre que necessário, e vence ajudas de custo de acordo com o previsto no nº 15 deste artigo.

18. O tempo de exercício de qualquer cargo político nos órgãos de governo próprio da Região acresce ao exercido como titular de cargo político nos órgãos de soberania.

19. O regime constante do título II da Lei nº 4/85, de 9 de abril, com as alterações introduzidas pelas Leis nºs 16/87, de 1 de junho, 102/88, de 25 de agosto, e 26/95, de 18 de agosto, aplica-se aos deputados à Assembleia Legislativa Regional e aos membros do Governo Regional.

20. O estatuto remuneratório constante da presente lei não poderá, designadamente em matéria de vencimentos, subsídios, subvenções, abonos e ajudas de custo, lesar direitos adquiridos.

CAPÍTULO IV
Administração pública regional

ARTIGO 76º
Princípios

A administração pública regional rege-se pelos princípios da descentralização e da desconcentração de serviços e visa a prossecução do interesse público, no respeito pelos direitos e interesses legalmente protegidos dos cidadãos.

ARTIGO 77º
Serviços e institutos públicos

Os órgãos regionais podem criar os serviços e os institutos públicos que se mostrem necessários à Administração da Região.

ARTIGO 78º
Quadros regionais

1. Haverá quadros regionais de funcionalismo nos diversos departamentos dependentes do Governo Regional e quadros únicos interdepartamentais nos serviços, funções e categorias em que tal seja conveniente.

2. O número e a dimensão dos quadros regionais devem obedecer a critérios de economia de meios, de qualificação e de eficiência profissional.

ARTIGO 79º
Estatuto dos funcionários

1. A capacidade para o exercício de funções públicas nos serviços regionais, o regime de aposentação e o estatuto disciplinar são os definidos na lei geral.

2. As habilitações literárias, a formação técnica e o regime de quadros e carreiras dos funcionários dos serviços regionais regem-se pelos princípios fundamentais estabelecidos para os funcionários do Estado.

3. A legislação sobre o regime da função pública procurará ter em conta as condicionantes da insularidade.

ARTIGO 80º
Mobilidade profissional e territorial

Aos funcionários dos quadros de administração regional e da administração central é garantida a mobilidade profissional e territorial entre os respetivos quadros, sem prejuízo dos direitos adquiridos em matéria de antiguidade e carreira.

ARTIGO 81º
Desenvolvimento da lei de bases da função pública

A Região pode desenvolver, de acordo com a Constituição e em função do interesse específico, a lei de bases do regime e âmbito da função pública.

TÍTULO III
Relações entre o Estado e a Região

CAPÍTULO I
Representação do Estado

ARTIGO 82º
Ministro da República

O Estado é representado na Região por um Ministro da República nos termos definidos na Constituição e com as competências nesta previstas.

ARTIGO 83º
Intervenção no processo legislativo

Compete ao Ministro da República assinar e mandar publicar os decretos legislativos regionais e os decretos regulamentares regionais.

ARTIGO 84º
Assinatura e veto

1. No prazo de 15 dias, contados da receção de qualquer decreto da Assembleia Legislativa Regional que lhe haja sido enviado para assinatura, ou da publicação da decisão do Tribunal Constitucional que não se pronuncie pela inconstitucionalidade de norma dele constante, deve o Ministro da República assiná-lo ou exercer o direito de veto, solicitando nova apreciação do diploma em mensagem fundamentada.

2. Se a Assembleia Legislativa Regional confirmar o voto por maioria absoluta dos seus membros em efetividade de funções, o Ministro da República deve assinar o diploma no prazo de oito dias a contar da sua receção.

3. No prazo de 20 dias, contados da receção de qualquer decreto do Governo Regional que lhe tenha sido enviado para assinatura, deve o Ministro da República assiná-lo ou recusar a assinatura, comunicando por escrito o sentido dessa recusa ao Governo Regional, o qual poderá converter o decreto em proposta a apresentar à Assembleia Legislativa Regional.

4. O Ministro da República exerce ainda o direito de veto, nos termos dos artigos 278º e 279º da Constituição.

CAPÍTULO II
Relações entre os órgãos de soberania e os órgãos de governo próprio

SECÇÃO I
Relacionamento entre a Assembleia da República e a Assembleia Legislativa Regional

ARTIGO 85º
Iniciativa legislativa

1. A Região através da Assembleia Legislativa Regional tem o poder de exercer iniciativa legislativa, nos termos do nº 1 do artigo 167º da Constituição, mediante a

apresentação à Assembleia da República de propostas de lei e respetivas propostas de alteração.

2. A Região através da Assembleia Legislativa Regional tem o poder exclusivo de perante a Assembleia da República exercer a iniciativa estatutária nos termos do artigo 226º da Constituição.

ARTIGO 86º
Autorização legislativa

A Região através da Assembleia Legislativa Regional pode solicitar à Assembleia da República autorização para legislar em matérias do seu interesse específico que não estejam reservadas à competência própria dos órgãos de soberania.

ARTIGO 87º
Direito de agendamento e prioridade

1. Na sequência de iniciativa da Assembleia Legislativa Regional, a Assembleia da República pode declarar a urgência do processamento de qualquer proposta de lei da iniciativa daquela.

2. A Assembleia Legislativa Regional pode igualmente solicitar à Assembleia da República prioridade para assuntos de interesse regional de resolução urgente, na apreciação em comissão especializada e em Plenário.

ARTIGO 88º
Participação

Nas reuniões das comissões especializadas da Assembleia da República em que se discutam propostas legislativas da Assembleia Legislativa Regional podem participar representantes desta.

SECÇÃO II
Audição dos órgãos de governo próprio

ARTIGO 89º
Audição

1. A Assembleia e o Governo da República ouvem os órgãos de governo próprio da Região Autónoma sempre que exerçam poder legislativo ou regulamentar em matérias da respetiva competência que à Região diga respeito.

2. Estão igualmente sujeitos a audição outros atos do Governo da República sobre questões de natureza política e administrativa que sejam de relevante interesse para a Região.

ARTIGO 90º
Forma da audição

1. Os órgãos de soberania solicitam a audição do competente órgão de governo próprio da Região.

2. O competente órgão de governo próprio da Região pronuncia-se através de parecer fundamentado, especialmente emitido para o efeito.

ARTIGO 91º
Formas complementares de participação

Entre os órgãos de soberania e os órgãos de governo próprio da Região podem ser acordadas formas complementares de participação no exercício de competências de relevante interesse para a Região.

ARTIGO 92º
Incumprimento

A não observância do dever de audição por parte dos órgãos de soberania determina, conforme a natureza dos atos, a sua inconstitucionalidade ou ilegalidade.

SECÇÃO III
Protocolos

ARTIGO 93º
Protocolos de interesse comum

Tendo em vista o exercício efetivo dos direitos de audição e participação conferidos à Região, o Governo da República e o Governo Regional podem elaborar protocolos de colaboração permanente sobre matéria de interesse comum ao Estado e à Região, designadamente sobre:

a) Situação económica e financeira nacional;
b) Definição das políticas fiscal, monetária e financeira;
c) Trabalhos preparatórios, acordos, tratados e textos de direito internacional;
d) Benefícios decorrentes de tratados ou de acordos internacionais que digam diretamente respeito à Região;
e) Emissão de empréstimos;
f) Prestação de apoios técnicos.

ARTIGO 94º
Matérias de direito internacional

Constituem, designadamente, matérias de direito internacional, geral ou comum, respeitando diretamente à Região, para efeitos do artigo anterior:

a) Utilização do território regional por entidades estrangeiras, em especial para bases militares;
b) Protocolos celebrados com a NATO e outras organizações internacionais, em especial sobre instalações de natureza militar ou paramilitar;
c) Participação de Portugal na União Europeia;
d) Lei do mar;

e) Utilização da zona económica exclusiva;
f) Plataforma continental;
g) Poluição do mar;
h) Conservação, investigação e exploração de espécies vivas;
i) Navegação aérea;
j) Exploração do espaço aéreo controlado.

SECÇÃO IV
Participação da Região em negociações internacionais

ARTIGO 95º
Negociações internacionais

A participação nas negociações de tratados e acordos que interessem especificamente à Região realiza-se através de representação efetiva na delegação nacional que negociar o tratado ou o acordo, bem como nas respetivas comissões de execução ou fiscalização.

ARTIGO 96º
Integração europeia

A Região tem o direito de participar no processo de construção europeia mediante representação nas respetivas instituições regionais e nas delegações envolvidas em processos de decisão comunitária quando estejam em causa matérias do seu interesse específico.

CAPÍTULO III
Fiscalização da constitucionalidade e da legalidade

ARTIGO 97º
Fiscalização abstrata

1. O Tribunal Constitucional, nos termos do artigo 281º da Constituição, aprecia e declara com força obrigatória geral:

a) A inconstitucionalidade de quaisquer normas com fundamento em violação dos direitos da Região;

b) A ilegalidade de quaisquer normas constantes de diploma regional, com fundamento em violação do Estatuto da Região ou de lei geral da República;

c) A ilegalidade de quaisquer normas constantes de diploma emanado de órgãos de soberania com fundamento em violação dos direitos da Região consagrados no Estatuto.

2. Podem requerer a declaração de inconstitucionalidade ou de ilegalidade com força obrigatória geral quando o pedido de declaração de inconstitucionalidade se

fundar em violação dos direitos da Região ou pedido de declaração de ilegalidade se fundar em violação deste Estatuto ou de lei geral da República:

a) O Ministro da República;
b) A Assembleia Legislativa Regional;
c) O Presidente da Assembleia Legislativa Regional;
d) O Presidente do Governo Regional;
e) Um décimo dos deputados da Assembleia Legislativa Regional.

ARTIGO 98º
Inconstitucionalidade por omissão

1. A requerimento do Presidente da Assembleia Legislativa Regional, com fundamento na violação dos direitos da Região, o Tribunal Constitucional aprecia e verifica o não cumprimento da Constituição por omissão das medidas legislativas necessárias para tomar exequíveis as normas constitucionais.

2. Quando o Tribunal Constitucional verificar a existência de inconstitucionalidade por omissão, dará disso conhecimento ao órgão legislativo competente.

ARTIGO 99º
Fiscalização preventiva

1. O Ministro da República pode requerer ao Tribunal Constitucional a apreciação preventiva da constitucionalidade de qualquer norma constante de decreto legislativo regional ou de decreto regulamentar de lei geral da República que lhe tenha sido enviado para assinatura.

2. A apreciação preventiva da constitucionalidade deve ser requerida no prazo de oito dias a contar da data de receção do diploma.

3. Se o Tribunal Constitucional se pronunciar pela inconstitucionalidade de norma constante de qualquer decreto, deverá o diploma ser vetado pelo Ministro da República e devolvido à Assembleia Legislativa Regional.

4. No caso previsto no número anterior, o decreto não poderá ser promulgado ou assinado sem que a Assembleia Legislativa Regional expurgue a norma julgada inconstitucional.

5. Se o diploma vier a ser reformulado, poderá o Ministro da República requerer a apreciação preventiva da constitucionalidade de qualquer das suas normas.

ARTIGO 100º
Fiscalização concreta

Cabe recurso para o Tribunal Constitucional das decisões dos tribunais:

a) Que recusem a aplicação de norma constante de diploma regional com fundamento na sua ilegalidade por violação do Estatuto da Região ou de lei geral da República;

b) Que recusem a aplicação de norma constante de diploma emanado de um órgão de soberania com fundamento na sua ilegalidade por violação do Estatuto da Região;

c) Que apliquem norma cuja ilegalidade haja sido suscitada durante o processo com qualquer dos fundamentos referidos nas alíneas *a)* e *b)*.

TÍTULO IV
Do regime financeiro, económico e fiscal

CAPÍTULO I
Princípios gerais

ARTIGO 101º
Principio da cooperação

Os órgãos de soberania asseguram, em cooperação com os órgãos de governo próprio da Região, o desenvolvimento económico e social do arquipélago da Madeira, visando em especial a correção das desigualdades derivadas da insularidade e ultraperificidade.

ARTIGO 102º
Princípio da participação

A Assembleia Legislativa Regional e o Governo Regional participam na definição das políticas fiscal, monetária, financeira e cambial, mediante proposta a apresentar aos órgãos de soberania, de modo a assegurarem o controlo regional dos meios de pagamento em circulação e o financiamento dos investimentos necessários ao desenvolvimento económico-social.

ARTIGO 103º
Princípio da solidariedade

1. A solidariedade nacional vincula o Estado a suportar os custos das desigualdades derivadas da insularidade, designadamente no respeitante a transportes, comunicações, energia, educação, cultura, saúde e segurança social, incentivando a progressiva inserção da Região em espaços económicos amplos, de dimensão nacional ou internacional.

2. A solidariedade nacional traduz-se, designadamente, no plano financeiro, nas transferências orçamentais e deverá adequar-se, em cada momento, ao nível de desenvolvimento da Região, visando sobretudo criar as condições que venham a permitir uma melhor cobertura financeira pelas suas receitas próprias.

3. O Estado assegura que a Região Autónoma da Madeira beneficie do apoio de todos os fundos da União Europeia, tendo em conta as especificidades próprias do arquipélago e o disposto na Lei de Finanças das Regiões Autónomas e no artigo 299º do Tratado da União Europeia.

4. O Estado garante as obrigações de serviço público à Região nos termos do presente Estatuto, nomeadamente no transporte de passageiros e de mercadorias, no abastecimento público, nas comunicações e no acesso à cultura e ao desporto.

5. A solidariedade nacional traduz-se também na obrigação de o Estado cofinanciar os projetos de interesse comum levados a cabo no território da Região, tal como definidos neste Estatuto e na lei.

6. A solidariedade nacional vincula o Estado a apoiar a Região em situações imprevistas resultantes de catástrofes naturais e para as quais esta não disponha dos necessários meios financeiros.

7. A solidariedade nacional tem ainda expressão no facto de a comparticipação nacional nos sistemas comunitários de incentivos financeiros nacionais de apoio ao setor produtivo ser assegurada pelo Orçamento do Estado ou pelos orçamentos das entidades que tutelam as respetivas áreas.

ARTIGO 104º
Ultraperifericidade

1. O Estado tem por objetivo promover o desenvolvimento harmonioso de todo o território nacional, tendo em conta as desvantagens resultantes do caráter ultraperiférico do arquipélago da Madeira.

2. O estatuto de região ultraperiférica tem em vista a adoção de um sistema integrado de desenvolvimento, no quadro do princípio da coesão económica e social.

3. Enquanto região ultraperiférica, a Região Autónoma da Madeira beneficiará de políticas comunitárias específicas e adequadas às suas necessidades que possam contribuir para atenuar o afastamento dos centros económicos e a insularidade.

4. A promoção do desenvolvimento económico e social da Região justifica a adoção de um conjunto estável de medidas de caráter económico e fiscal adequadas à sua realidade.

ARTIGO 105º
Da autonomia financeira regional

1. A autonomia financeira da Região exerce-se no quadro da Constituição, do presente Estatuto e da lei.

2. A autonomia financeira visa garantir aos órgãos de governo próprio da Região os meios necessários à prossecução das suas atribuições, bem como a disponibilidade dos instrumentos adequados à promoção do desenvolvimento económico e social e do bem-estar e da qualidade de vida das populações, à eliminação das desigualdades resultantes da situação de insularidade e de ultraperiferia e à realização da convergência económica com o restante território nacional e com a União Europeia.

3. A autonomia financeira da Região deve prosseguir a realização do equilíbrio sustentável das finanças públicas e o desenvolvimento da economia regional.

4. A participação financeira do Estado na autonomia financeira da Região concretiza-se nas transferências do Orçamento do Estado e em outros instrumentos de natureza financeira e contabilística, incluindo a comparticipação nacional nos sistemas comunitários de incentivos financeiros de apoio ao setor produtivo.

ARTIGO 106º
Do desenvolvimento económico

1. A política de desenvolvimento económico da Região tem vetores de orientação específica que assentam nas características intrínsecas do arquipélago.

2. O desenvolvimento económico e social da Região deve processar-se dentro das linhas definidas pelo Governo Regional através dos planos de desenvolvimento económico e social e dos orçamentos, que visarão o aproveitamento das potencialidades regionais e a promoção do bem-estar, do nível da qualidade de vida de todo o povo madeirense, com vista à realização dos princípios constitucionais.

ARTIGO 107º
Do poder tributário próprio

1. A Região Autónoma da Madeira exerce poder tributário próprio, nos termos deste Estatuto e da lei.

2. A Região tem ainda o poder de adaptar o sistema fiscal nacional às especificidades regionais nos termos da lei.

3. A Região dispõe, nos termos do Estatuto e da lei, das receitas fiscais nela cobradas ou geradas, bem como de uma participação nas receitas tributárias do Estado, estabelecida de acordo com um princípio que assegure a efetiva solidariedade nacional, e de outras receitas que lhe sejam atribuídas e afeta-as às suas despesas.

4. O sistema fiscal regional será estruturado por forma a assegurar a correção das desigualdades derivadas da insularidade, a justa repartição da riqueza e dos rendimentos e a concretização de uma política de desenvolvimento económico e de justiça social.

CAPÍTULO II
Do regime financeiro

SECÇÃO I
Receitas regionais

SUBSECÇÃO I
Receitas e despesas

ARTIGO 108º
Receitas

Constituem receitas da Região:

a) Os rendimentos do seu património;

b) Todos os impostos, taxas, multas, coimas e adicionais cobrados ou gerados no seu território, incluindo o imposto do selo, os direitos aduaneiros e demais imposições cobradas pela alfândega, nomeadamente impostos e diferenciais de preços sobre a gasolina e outros derivados do petróleo;

c) Os impostos incidentes sobre mercadorias destinadas à Região e liquidadas fora do seu território, incluindo o IVA e o imposto sobre a venda de veículos;

d) Outros impostos que devam pertencer-lhe, nos termos do presente Estatuto e da lei, nomeadamente em função do lugar da ocorrência do facto gerador da obrigação do imposto;

e) Os benefícios decorrentes de tratados e acordos internacionais respeitantes à Região, tal como definida nos artigos 1º, 2º e 3º deste Estatuto;

f) O produto de empréstimos;

g) O apoio financeiro do Estado, nomeadamente aquele a que a Região tem direito, de harmonia com o princípio da solidariedade nacional;

h) O produto da emissão de selos e moedas com interesse numismático;

i) Os apoios da União Europeia;

j) O produto das privatizações, reprivatizações ou venda de participações patrimoniais ou financeiras públicas, existentes no todo ou em parte, no arquipélago.

ARTIGO 109º
Afetação das receitas às despesas

1. As receitas da Região são afetadas às suas despesas, segundo orçamento anual aprovado pela Assembleia Legislativa Regional, nos termos da alínea *c)* do nº 1 do artigo 36º

2. A apreciação da legalidade das despesas públicas é feita na Região por uma secção regional do Tribunal de Contas, nos termos da lei.

ARTIGO 110º
Cobrança coerciva de dívidas

A cobrança coerciva de dívidas à Região é efetuada nos termos das dívidas ao Estado através do respetivo processo de execução fiscal.

SUBSECÇÃO II
Receitas fiscais

ARTIGO 111º
Obrigações do Estado

A Região Autónoma da Madeira tem direito à entrega pelo Governo da República das receitas fiscais relativas a impostos sobre mercadorias destinadas à Região e às receitas dos impostos que devam pertencer-lhe, de harmonia com o lugar de ocorrência do facto gerador dos respetivos impostos, e outras que lhe sejam atribuídas por lei.

ARTIGO 112º
Receitas fiscais

1. São receitas fiscais da Região, nos termos da lei, as relativas ou que resultem, nomeadamente, dos seguintes impostos:

a) Do imposto sobre o rendimento das pessoas singulares;
b) Do imposto sobre o rendimento das pessoas coletivas;
c) Do imposto sobre as sucessões e doações;
d) Dos impostos extraordinários;
e) Do imposto do selo;
f) Do imposto sobre o valor acrescentado;
g) Dos impostos especiais de consumo.

2. Constituem ainda receitas da Região:

a) As multas ou coimas;
b) Os juros de mora e os juros compensatórios liquidados sobre os impostos que constituam receitas próprias.

SUBSECÇÃO III
Dívida pública regional

ARTIGO 113º
Empréstimos públicos

1. A Região Autónoma da Madeira pode recorrer a empréstimos em moeda com curso legal em Portugal ou em moeda estrangeira, a curto e a longo prazo, nos termos da lei.
2. A contração de empréstimos a longo prazo destinar-se-á exclusivamente a financiar investimentos ou a substituir e amortizar empréstimos anteriormente contraídos e obedecerá aos limites fixados por lei.
3. A contração de empréstimos externos ou em moeda estrangeira é feita nos termos deste Estatuto e da lei.

ARTIGO 114º
Empréstimos a longo prazo

A contração de empréstimos de prazo superior a um ano carece de autorização da Assembleia Legislativa Regional.

ARTIGO 115º
Empréstimos a curto prazo

Para fazer face a dificuldades de tesouraria, a Região Autónoma da Madeira poderá recorrer a empréstimos de curto prazo.

ARTIGO 116º
Tratamento fiscal da dívida pública regional

A dívida pública regional goza do mesmo tratamento fiscal que a dívida pública do Estado.

ARTIGO 117º
Garantia do Estado

Os empréstimos a emitir pela Região Autónoma da Madeira poderão beneficiar de garantia pessoal do Estado, nos termos da respetiva lei.

SUBSECÇÃO IV
Transferências do Estado

ARTIGO 118º
Transferências orçamentais

1. Em cumprimento do princípio da solidariedade consagrado na Constituição, neste Estatuto e na lei, o Orçamento do Estado de cada ano incluirá verbas a transferir para a Região Autónoma da Madeira, nos termos estabelecidos na Lei de Finanças das Regiões Autónomas ou de outra mais favorável que vier a ser aprovada.
2. Em caso algum, as verbas a transferir pelo Estado podem ser inferiores ao montante transferido pelo Orçamento do ano anterior multiplicado pela taxa de crescimento da despesa pública corrente no Orçamento do ano respetivo.
3. Serão também transferidas para a Região as importâncias correspondentes ao pagamento de bonificações devidas no respetivo território e resultantes da aplicação de sistemas de incentivos criados a nível nacional.
4. Enquadra-se na situação prevista no número anterior o sistema nacional de bonificação de juros de crédito à habitação concedido nos termos da legislação nacional aplicável e que deverá ser assegurado pelo Orçamento do Estado.

ARTIGO 119º
Fundo de Coesão para as Regiões Ultraperiféricas

1. Tendo em conta o preceituado na Constituição e com vista a assegurar a convergência económica com o restante território nacional, a Região Autónoma da Madeira tem acesso ao Fundo de Coesão para as Regiões Ultraperiféricas previsto na lei, destinado a apoiar, exclusivamente, programas e projetos de investimento constantes dos planos anuais de investimento das Regiões Autónomas.
2. Além das transferências previstas no artigo anterior, serão transferidas para o orçamento regional para financiar os programas e projetos de investimento que preencham os requisitos do número anterior as verbas do Orçamento do Estado que o Fundo de Coesão para as Regiões Autónomas disporá em cada ano.

SUBSECÇÃO V
Apoios especiais

ARTIGO 120º
Projetos de interesse comum

1. Nos termos da lei, são projetos de interesse comum para efeitos do nº 5 do artigo 103º deste Estatuto aqueles que são promovidos por razões de interesse ou de

estratégia nacional e ainda os suscetíveis de produzir um efeito económico positivo para o conjunto da economia nacional, aferido, designadamente, pelas suas consequências em termos de balança de pagamentos ou de criação de postos de trabalho, e, bem assim, aqueles que tenham por efeito uma diminuição dos custos da insularidade ou uma melhor comunicação entre os diferentes pontos do território nacional.

2. As condições de financiamento pelo Estado dos projetos previstos no número anterior serão fixadas por decreto-lei, ouvidos os órgãos de governo próprio da Região.

ARTIGO 121º
Protocolos financeiros

Em casos excecionais, o Estado e a Região Autónoma da Madeira podem celebrar protocolos financeiros.

SECÇÃO II
Relações financeiras entre a Região e as autarquias locais

ARTIGO 122º
Finanças das autarquias locais

1. As finanças das autarquias locais da Região Autónoma da Madeira são independentes.

2. Qualquer forma de apoio financeiro regional às autarquias locais, para além do já previsto na lei, deve ter por objetivo o reforço da capacidade de investimento das autarquias.

3. O disposto neste Estatuto não prejudica o regime financeiro das autarquias locais, definido na lei, o qual, no arquipélago, igualizará a capitação da Região à média nacional.

CAPÍTULO III
Do regime económico

SECÇÃO I
Da economia regional

ARTIGO 123º
Objetivos

1. A organização económico-social tem em conta o princípio da subordinação do poder económico ao poder político democrático.

2. A política de desenvolvimento económico e social da Região assenta em princípios e prioridades que tenham em conta as características especificas do arquipélago visando a promoção do bem-estar e do nível da qualidade de vida de todo o povo madeirense.

SECÇÃO II
Da concretização dos princípios da solidariedade e da continuidade territorial

SUBSECÇÃO I
Transportes

ARTIGO 124º
Deveres do Estado

1. Os princípios da solidariedade e da continuidade territorial vinculam o Estado a suportar os custos das desigualdades derivadas da insularidade no respeitante aos transportes.

2. Constitui serviço mínimo indispensável, a ser obrigatoriamente assegurado em caso de greve, o transporte aéreo de passageiros entre o continente e a Madeira.

ARTIGO 125º
Competitividade

1. O transporte marítimo e aéreo, quer de pessoas quer de mercadorias, incluindo os serviços nos portos e aeroportos, devem ser prestados em condições que garantam a competitividade da economia da Região.

2. Na Região estabelecer-se-ão tarifas portuárias e aeroportuárias mais favoráveis pela utilização das respetivas infraestruturas, procurando a competitividade com os portos e aeroportos concorrentes.

ARTIGO 126º
Princípio da liberdade de transporte

1. O transporte aéreo e marítimo de pessoas e mercadorias, de e para a Região Autónoma da Madeira, reger-se-á pelo princípio da liberdade de transporte, nos termos previstos neste Estatuto e na lei, no quadro dos compromissos da União Europeia assumidos por Portugal e sem prejuízo do disposto no artigo 153º.

2. O princípio da liberdade de transporte, marítimo e aéreo, consagrado no número anterior envolve todo o tipo de serviços, regulares ou não, de caráter interinsular, nacional e internacional e ainda os serviços auxiliares de transporte marítimo e aéreo, prestados ou não diretamente pelas próprias companhias.

ARTIGO 127º
Transporte marítimo e aéreo de passageiros e mercadorias

O Estado adota, de acordo com as regras da União Europeia e a legislação aplicável, medidas tendentes a, em conformidade com os princípios da solidariedade e da continuidade territorial, baixar o custo efetivo do transporte marítimo e aéreo de passageiros e mercadorias interinsular e entre as ilhas do arquipélago e o continente, ouvindo o Governo Regional.

SUBSECÇÃO II
Telecomunicações

ARTIGO 128º
Telecomunicações

1. O Estado adota medidas tendentes a assegurar o cumprimento na Região Autónoma do serviço universal de telecomunicações, de acordo com as regras da União Europeia e a legislação aplicável.

2. A lei regula a projeção do princípio da continuidade territorial na elaboração das convenções tarifárias aplicáveis na Região.

ARTIGO 129º
Rádio e televisão

1. Nos termos constitucionais o Estado assegura a existência e o funcionamento de um serviço público de rádio e de televisão.

2. O Estado assegura a cobertura da integralidade do território da Região Autónoma da Madeira pelo serviço público de rádio e televisão.

3. O serviço público de rádio e televisão compreende igualmente na Região a existência de centros regionais com autonomia de produção, emissão e informação.

4. O Estado garantirá igualmente o acesso da Região aos canais nacionais de cobertura geral, nos termos da lei.

SUBSECÇÃO III
Energia

ARTIGO 130º
Energia e combustíveis

Às pessoas singulares e coletivas é garantido, pelo Estado, o acesso à energia e aos combustíveis em condições que compensem os sobrecustos da insularidade, nos termos decorrentes do artigo 10º do presente Estatuto e da lei.

SUBSECÇÃO IV
Outras áreas específicas

ARTIGO 131º
Sistemas de incentivos

Todos os sistemas de incentivos à atividade económica de âmbito nacional serão objeto de modulação regional, nomeadamente na majoração dos apoios e nas condições de acesso.

ARTIGO 132º
Promoção

1. A Região beneficia na íntegra, e em plano de igualdade com o restante território nacional, da atividade dos departamentos nacionais encarregados da promoção

externa do País, nomeadamente nas áreas do turismo, do comércio externo e da captação de investimentos estrangeiros.

2. A promoção externa nacional terá em conta os interesses e características da oferta de bens e serviços da Região Autónoma da Madeira.

3. Nas campanhas de promoção turística do País no exterior realizadas pelo Estado será dado, a solicitação do Governo Regional, o devido relevo aos destinos turísticos da Região Autónoma.

ARTIGO 133º
Custo de livros, revistas e jornais

O Estado suporta, nos termos da lei, os encargos totais correspondentes à expedição, por via aérea e marítima, dos livros, revistas e jornais de natureza pedagógica, técnica, científica, literária, recreativa e informativa:

   a) Entre o continente e a Região;
   b) Entre a Região e o continente;
   c) Entre a Região Autónoma da Madeira e a Região Autónoma dos Açores.

CAPÍTULO IV
Do regime fiscal

SECÇÃO I
Enquadramento geral

ARTIGO 134º
Princípios gerais

As competências tributárias atribuídas aos órgãos de governo próprio da Região exercem-se no respeito pelos limites constitucionais, no quadro deste Estatuto e da lei, tendo em conta:

   a) Que a determinação normativa regional da incidência da taxa dos benefícios fiscais e das garantias dos contribuintes, nos termos dos artigos seguintes, será da competência da Assembleia Legislativa Regional mediante decreto legislativo regional;

   b) Que o sistema fiscal regional deve adaptar-se às especificidades regionais, quer podendo criar impostos vigentes apenas na Região quer adaptando os impostos de âmbito nacional às especificidades regionais;

   c) Que as cobranças tributárias regionais, em princípio, visarão a cobertura das despesas públicas regionais;

   d) Que a estruturação do sistema fiscal regional deverá incentivar o investimento na Região e assegurar o seu desenvolvimento económico e social.

ARTIGO 135º
Competências tributárias

1. Os órgãos de governo próprio da Região têm competências tributárias de natureza normativa e administrativa, nos termos do número seguinte e das secções II e III deste capítulo.

2. A competência legislativa regional, em matéria fiscal, é exercida pela Assembleia Legislativa Regional, mediante decreto legislativo, e compreende os seguintes poderes:

a) O poder de criar e regular impostos, vigentes apenas na Região, definindo a respetiva incidência, a taxa, os benefícios fiscais e as garantias dos contribuintes nos termos da presente lei;

b) O poder de adaptar os impostos de âmbito nacional às especificidades regionais, em matéria de incidência, taxa, benefícios fiscais e garantias dos contribuintes, dentro dos limites fixados na lei e nos termos dos artigos seguintes.

SECÇÃO II
Competências legislativas e regulamentares

ARTIGO 136º
Impostos regionais

1. A Assembleia Legislativa Regional, mediante decreto legislativo regional, poderá criar e regular contribuições de melhoria vigentes na Região, para tributar aumentos de valor dos imóveis decorrentes de obras e de investimentos públicos regionais e, bem assim, criar e regular outras contribuições especiais tendentes a compensar as maiores despesas regionais decorrentes de atividades privadas desgastantes ou agressoras dos bens públicos ou do ambiente regional.

2. A Assembleia Legislativa Regional poderá igualmente, através de decreto legislativo regional, definir medidas, designadamente de natureza fiscal, para compensar diminuições de valor de imóveis que resultem de decisões administrativas ou de investimentos públicos regionais.

ARTIGO 137º
Adicionais aos impostos

A Assembleia Legislativa Regional tem competência para lançar adicionais sobre os impostos em vigor na Região, nos termos da legislação tributária aplicável.

ARTIGO 138º
Adaptação do sistema fiscal nacional às especificidades regionais

1. A Assembleia Legislativa Regional pode conceder deduções à coleta relativa aos lucros comerciais, industriais e agrícolas reinvestidos pelos sujeitos passivos.

2. A Assembleia Legislativa Regional pode, nos termos da lei, diminuir as taxas nacionais dos impostos sobre o rendimento (IRS e IRC) e do imposto sobre o valor acrescentado até ao limite de 30%, e dos impostos especiais de consumo, de acordo com a legislação em vigor.

3. A Assembleia Legislativa Regional pode autorizar o Governo Regional a conceder benefícios fiscais temporários e condicionados, relativos a impostos de âmbito nacional e regional, em regime contratual, aplicáveis a projetos de investimento significativos, nos termos do Estatuto dos Benefícios Fiscais e legislação complementar em vigor, com as necessárias adaptações.

4. A Assembleia Legislativa Regional pode ainda:

a) Fixar diferentes limites para a taxa de contribuição autárquica aplicável a imóveis situados no território da Região;

b) Isentar, reduzir ou bonificar derramas aplicáveis no território da Região.

ARTIGO 139º
Competências regulamentares

O Governo Regional tem competência regulamentar fiscal relativa às matérias objeto de competência legislativa regional.

SECÇÃO III
Competências administrativas

ARTIGO 140º
Competências administrativas regionais

1. As competências administrativas regionais, em matéria a exercer pelo Governo e administração regional, compreendem:

a) A capacidade fiscal de a Região Autónoma da Madeira ser sujeito ativo dos impostos nela cobrados, quer de âmbito regional quer de âmbito nacional, nos termos do número seguinte;

b) O direito à entrega, pelo Estado, das receitas fiscais que devam pertencer-lhe;

c) A tutela dos serviços de administração fiscal no arquipélago.

2. A capacidade de a Região Autónoma da Madeira ser sujeito ativo dos impostos nela cobrados compreende:

a) O poder de o Governo Regional criar os serviços fiscais competentes para o lançamento, liquidação e cobrança dos impostos de que é sujeito ativo;

b) O poder de regulamentar as matérias a que se refere a alínea anterior, sem prejuízo das garantias dos contribuintes, de âmbito nacional;

c) O poder de a Região recorrer aos serviços fiscais do Estado nos termos definidos na lei ou pela respetiva tutela.

3. Os impostos nacionais que constituem receitas regionais e os impostos e taxas regionais devem ser como tal identificados aos contribuintes nos impressos e formu-

lários fiscais, sempre que possível, mesmo que sejam cobrados pela administração fiscal do Estado.

ARTIGO 141º
Competências para a concessão de benefícios e incentivos fiscais

1. Em matéria de benefícios e incentivos fiscais, qualquer que seja a sua natureza e finalidade, do interesse específico e exclusivo da Região, as competências atribuídas, na lei geral, ao Ministro das Finanças serão exercidas pelo membro do Governo Regional responsável pela área das finanças.

2. Os benefícios ou incentivos fiscais de interesse ou âmbito nacional ou do interesse específico de mais de uma circunscrição são da competência do Ministro das Finanças, ouvido o Governo Regional.

SECÇÃO IV
Taxas e preços públicos regionais

ARTIGO 142º
Taxas, tarifas e preços públicos regionais

O Governo Regional e a administração regional podem fixar o quantitativo das taxas, tarifas e preços devidos pela prestação de serviços regionais, ainda que concessionadas, pela outorga regional de licenças, alvarás e outras remoções dos limites jurídicos às atividades regionais dos particulares e pela utilização dos bens do domínio público regional.

CAPÍTULO V
Património da Região

ARTIGO 143º
Património próprio

1. A Região Autónoma da Madeira dispõe de património próprio e de autonomia patrimonial.

2. A Região tem ativo e passivo próprios, competindo-lhe administrar e dispor do seu património.

ARTIGO 144º
Domínio público

1. Os bens do domínio público situados no arquipélago, pertencentes ao Estado, bem como ao antigo distrito autónomo, integram o domínio público da Região.

2. Excetuam-se do domínio público regional os bens afetos à defesa nacional e a serviços públicos não regionalizados não classificados como património cultural.

ARTIGO 145º
Domínio privado

Integram o domínio privado da Região:

a) Os bens do domínio privado do Estado existentes no território regional, exceto os afetos aos serviços estaduais não regionalizados;

b) Os bens do domínio privado do antigo distrito autónomo;

c) As coisas e os direitos afetos a serviços estaduais transferidos para a Região;

d) Os bens adquiridos pela Região dentro ou fora do seu território ou que por lei lhe pertençam;

e) Os bens abandonados e os que integram heranças declaradas vagas para o Estado, desde que uns e outros se situem dentro dos limites territoriais da Região;

f) Os bens doados à Região;

g) Os bens que, na Região, sejam declarados perdidos a favor do Estado e a que lei especial, em virtude da razão que determine tal perda, não dê outro destino.

CAPÍTULO VI
Centro Internacional de Negócios

ARTIGO 146º
Centro Internacional de Negócios

1. A Região dispõe de um Centro Internacional de Negócios nos termos da lei.
2. O Centro Internacional de Negócios compreende:

a) Zona franca industrial;
b) Serviços financeiros;
c) Serviços internacionais;
d) MAR – Registo Internacional de Navios da Madeira.

3. Os órgãos de soberania, no domínio das respetivas competências, criarão os mecanismos adequados à rentabilidade e à competitividade internacional dos instrumentos de desenvolvimento económico referidos no número anterior.

4. O regime jurídico-fiscal do Centro Internacional de Negócios é o constante do Estatuto dos Benefícios Fiscais e demais legislação aplicável.

TÍTULO V
Disposições finais e transitórias

ARTIGO 147º
Dissolução

1. Os órgãos de governo próprio podem ser dissolvidos pelo Presidente da República por prática de atos graves contrários à Constituição, ouvidos a Assembleia da República e o Conselho de Estado.

2. Em caso de dissolução da Assembleia Legislativa Regional, as eleições têm lugar no prazo máximo de 60 dias e para uma nova legislatura.

ARTIGO 148º
Iniciativa estatutária e alterações subsequentes

1. O projeto de Estatuto Político-Administrativo é elaborado pela Assembleia Legislativa Regional e enviado para discussão e aprovação à Assembleia da República.
2. Se a Assembleia da República rejeitar o projeto ou lhe introduzir alterações, remetê-lo-á à Assembleia Legislativa Regional para apreciação e envio de parecer.
3. Elaborado o parecer, a Assembleia da República procede à discussão e deliberação final.
4. O regime previsto nos números anteriores é aplicável às alterações do Estatuto.

ARTIGO 149º
Organização judiciária

A organização judiciária nacional toma em conta e é adaptada às necessidades próprias da Região.

ARTIGO 150º
Condições excecionais de acesso ao ensino superior

1. O Estado garante no acesso ao ensino superior a quota de entrada que, por motivos justificados, seja imprescindível para suprir, a prazo, situações graves e de extrema carência na Região Autónoma da Madeira, aos candidatos dela oriundos.
2. O diferencial entre a quota atual e a alargada é exclusivo para os candidatos que se comprometam a voltar à Região para o exercício da sua profissão.
3. A Região Autónoma da Madeira poderá assinar protocolos com o Estado através das suas universidades para garantir a execução do previsto nos números anteriores.
4. O estabelecido neste artigo não se aplica aos cursos que são lecionados na Universidade da Madeira.
5. A Região Autónoma da Madeira através da sua Universidade, reciprocamente, assinará os protocolos necessários para que esta alargue as suas quotas de acesso aos candidatos oriundos das várias regiões do País nos mesmos termos do nº 1.

ARTIGO 151º
Conta-corrente da Região junto do Banco de Portugal

Para fazer face a dificuldades de tesouraria, a Região pode levantar junto do Banco de Portugal, sem quaisquer encargos de juros, até 10% do valor correspondente ao das receitas correntes cobradas no penúltimo ano, nos termos e prazos decorrentes do Tratado da União Europeia.

ARTIGO 152º
Sucessão da Região em posições contratuais e competências

1. A Região sucede nas posições contratuais emergentes de instrumentos outorgados pela Junta Geral ou pela Junta Regional da Madeira.

2. As competências, designadamente de caráter tributário, conferidas por lei à Junta Geral ou à Junta Regional da Madeira consideram-se atribuídas aos órgãos de governo próprio da Região.

ARTIGO 153º
Regime transitório aplicável aos transportes

O disposto no artigo 126º não prejudicará a vigência das disposições da legislação que garante obrigações de serviço público transitórias ou permanentes e direitos presentemente assegurados a operadores.

ARTIGO 154º
Vigência do regime de incompatibilidades e impedimentos

As novas incompatibilidades e impedimentos decorrentes dos artigos 34º e 35º são aplicáveis a partir do início da VII Legislatura da Assembleia Legislativa Regional.

Aprovada em 24 de abril de 1991.

O Presidente da Assembleia da República, *Vítor Pereira Crespo.*

Promulgada em 9 de maio de 1991.

Publique-se.

O Presidente da República, MÁRIO SOARES.

Referendada em 14 de maio de 1991.

O Primeiro-Ministro, *Aníbal António Cavaco Silva.*

XIII
Estatuto do Representante da República nas Regiões Autónomas dos Açores e da Madeira

Estatuto do Representante da República nas Regiões Autónomas dos Açores e da Madeira

Lei nº 30/2008, de 10 de Julho

A Assembleia da República decreta, nos termos da alínea *c*) do artigo 161º da Constituição, o seguinte:

ARTIGO 1º
Objecto

A República é representada em cada uma das regiões autónomas por um Representante da República, cujo estatuto é estabelecido na presente lei.

ARTIGO 2º
Nomeação, exoneração, mandato e substituição

1. O Representante da República é nomeado e exonerado pelo Presidente da República, ouvido o Governo.

2. Salvo o caso de exoneração, o mandato do Representante da República tem a duração do mandato do Presidente da República e termina com a posse do novo Representante da República.

3. Em caso de vagatura do cargo, bem como nas suas ausências e impedimentos, o Representante da República é substituído pelo Presidente da Assembleia Legislativa.

ARTIGO 3º
Responsabilidade política

O Representante da República é responsável perante o Presidente da República.

ARTIGO 4º
Competências

1. O Representante da República detém as competências que lhe são constitucionalmente conferidas e exerce-as, no âmbito da região autónoma, tendo em conta

o regime das autonomias insulares, definido na Constituição e nos respectivos Estatutos Político-Administrativos.

2. O Representante da República detém e exerce ainda as competências conferidas pela presente lei.

ARTIGO 5º
Administração eleitoral

O Representante da República detém a competência em matéria de administração eleitoral cometida pelas leis eleitorais do Presidente da República, da Assembleia da República, das Assembleias Legislativas das Regiões Autónomas, dos órgãos das autarquias locais, do Parlamento Europeu e pelo regime do referendo.

ARTIGO 6º
Conselho Superior de Defesa Nacional

O Representante da República integra o Conselho Superior de Defesa Nacional.

ARTIGO 7º
Conselho Superior de Segurança Interna

1. O Representante da República integra o Conselho Superior de Segurança Interna.

2. O Representante da República tem direito a ser informado pelos comandantes regionais das forças da PSP de tudo o que disser respeito à segurança pública no território da respectiva região autónoma, podendo, quando o julgar adequado, colher sobre a mesma matéria informações das demais forças de segurança.

ARTIGO 8º
Estado de sítio e estado de emergência

O Representante da República assegura, na respectiva região autónoma, a execução da declaração do estado de sítio e do estado de emergência, nos termos da lei, em cooperação com o Governo Regional.

ARTIGO 9º
Decretos do Representante da República

1. O Representante da República emite decretos para a nomeação e exoneração do Presidente e dos demais membros do Governo Regional, nos termos estabelecidos na Constituição e na lei.

2. Os decretos do Representante da República são publicados na 1ª série do Diário da República e na 1ª série do Jornal Oficial da respectiva região autónoma.

ARTIGO 10º
Titular de cargo político

O Representante da República, como titular de cargo político, está sujeito ao respectivo regime jurídico para efeitos de:

a) Estatuto remuneratório;
b) Incompatibilidades e impedimentos;
c) Controlo público de riqueza;
d) Crimes de responsabilidade.

ARTIGO 11º
Vencimentos e remunerações

1. O Representante da República percebe mensalmente um vencimento correspondente a 65% do vencimento do Presidente da República.

2. O Representante da República tem direito a um abono mensal para despesas de representação no valor de 40% do respectivo vencimento.

3. O Representante da República tem ainda o direito a perceber um vencimento complementar, de montante igual ao do correspondente vencimento mensal, nos meses de Junho e de Novembro de cada ano.

4. Se o cargo for exercido durante o ano por vários titulares o vencimento complementar será repartido por eles proporcionalmente ao tempo em que exercerem funções, não se considerando períodos inferiores a 15 dias.

ARTIGO 12º
Transporte e ajudas de custo

Nas suas deslocações oficiais, no País ou ao estrangeiro, o Representante da República tem direito a transporte e ajudas de custo em termos idênticos aos ministros.

ARTIGO 13º
Viaturas oficiais

O Representante da República tem direito a veículos do Estado para uso pessoal, tanto na respectiva região autónoma como no território continental da República.

ARTIGO 14º
Residência oficial

O Representante da República tem direito a residência oficial.

ARTIGO 15º
Outros direitos

1. O Representante da República tem direito a livre-trânsito, porte de arma, segurança pessoal, colaboração de todas as autoridades, passaporte diplomático e cartão especial de identificação.

2. O cartão especial de identificação tem o modelo definido por despacho do Presidente da República e é por ele mesmo assinado.

3. O Representante da República tem direito a prioridade nas reservas de passagens nas empresas de serviço de transporte aéreo, quando, no exercício de funções, se desloque na, de e para a respectiva região autónoma.

ARTIGO 16º
Regime fiscal

As remunerações e subsídios percebidos pelo Representante da República estão sujeitos ao regime fiscal aplicável aos funcionários públicos.

ARTIGO 17º
Regime de previdência

1. O Representante da República tem direito ao regime de previdência social mais favorável ao funcionalismo público.

2. No caso de opção pelo regime de previdência da sua actividade profissional de origem, cabe ao Estado a satisfação dos encargos que caberiam à correspondente entidade patronal.

ARTIGO 18º
Protocolo

1. Ao Representante da República cabe, para efeitos protocolares, o lugar que lhe estiver atribuído na lista de precedências definida por lei.

2. Nas cerimónias civis e militares que tenham lugar na respectiva região autónoma, o Representante da República tem a primeira precedência, que cede quando estiverem presentes o Presidente da República, o Presidente da Assembleia da República ou o Primeiro-Ministro.

ARTIGO 19º
Insígnia e pavilhão

O Representante da República tem, na respectiva região autónoma, direito ao uso da insígnia e pavilhão próprios, de modelo a definir por despacho do Presidente da República.

ARTIGO 20º
Gabinete e serviços de apoio

1. O Representante da República dispõe de um gabinete, ao qual se aplicam as disposições que regem os gabinetes ministeriais.

2. O Representante da República dispõe ainda de um serviço de apoio administrativo, dotado de um quadro de pessoal próprio a definir por portaria conjunta do

Representante da República e do membro do Governo responsável pela Administração Pública.

3. Para efeitos administrativos e financeiros o Representante da República dispõe de competência equivalente à de Ministro.

ARTIGO 21º
Orçamento

1. O orçamento referente ao Representante da República e aos respectivos serviços de apoio consta, autonomamente, dos Encargos Gerais do Estado.

2. O orçamento referido no número anterior inclui apenas as dotações correspondentes às despesas de funcionamento e de investimento.

ARTIGO 22º
Divulgação de comunicados pelos serviços públicos
de rádio e televisão

São obrigatoriamente divulgadas nas respectivas regiões autónomas através dos serviços públicos de rádio e televisão, com o devido relevo e a máxima urgência, os comunicados cuja difusão lhes seja solicitada pelo Representante da República.

ARTIGO 23º
Disposições transitórias

1. As competências cometidas nas leis eleitorais aos Ministros da República consideram-se atribuídas aos Representantes da República.

2. Até à aprovação da portaria referida no nº 2 do artigo 20º, o apoio administrativo do Representante da República é prestado pelo quadro de pessoal constante do Decreto-Lei nº 291/83, de 23 de Junho.

3. Fica o Governo autorizado a fazer no Orçamento do Estado em vigor, as alterações necessárias à execução do disposto na presente lei.

ARTIGO 24º
Norma revogatória

São revogadas:

a) As disposições das Leis nºs 4/83, de 2 de Abril, 4/85, de 9 de Abril, 34/87, de 16 de Julho, e 64/93, de 26 de Agosto, na sua redacção em vigor, na parte respeitante aos Ministros da República;

b) As disposições da Lei nº 168/99, de 18 Setembro, e dos Decretos-Leis nºs 153//91, de 23 de Abril e 442/91, de 15 de Novembro, na sua redacção em vigor, na parte respeitante aos Ministros da República.

ARTIGO 25º
Entrada em vigor

A presente lei entra em vigor no primeiro dia do mês seguinte à sua publicação.

Aprovada em 2 de Maio de 2008

O Presidente da Assembleia da República, *Jaime Gama*.

Promulgada em 20 de Junho de 2008.

Publique-se.

O Presidente da República, ANÍBAL CAVACO SILVA.

Referendada em 23 de Junho de 2008.

O Primeiro-Ministro, *José Sócrates Carvalho Pinto de Sousa*.

XIV
Iniciativa Legislativa de Cidadãos

Iniciativa Legislativa de Cidadãos

Lei nº 17/2003, de 4 de junho, alterada pela Lei nº 26/2012, de 24 de julho e pela Lei Orgânica n.º 1/2016, de 26 de agosto

A Assembleia da República decreta, nos termos da alínea *c*) do artigo 161º da Constituição, para valer como lei geral da República, o seguinte:

CAPÍTULO I
Disposições gerais

ARTIGO 1º
Iniciativa legislativa de cidadãos

A presente lei regula os termos e condições em que grupos de cidadãos eleitores exercem o direito de iniciativa legislativa junto da Assembleia da República, nos termos do artigo 167º da Constituição, bem como a sua participação no procedimento legislativo a que derem origem.

ARTIGO 2º
Titularidade

São titulares do direito de iniciativa legislativa os cidadãos definitivamente inscritos no recenseamento eleitoral, quer no território nacional, quer no estrangeiro.

ARTIGO 3º
Objeto

A iniciativa legislativa de cidadãos pode ter por objeto todas as matérias incluídas na competência legislativa da Assembleia da República, salvo:

a) As alterações à Constituição;

b) As reservadas pela Constituição ao Governo;
c) As reservadas pela Constituição às Assembleias Legislativas Regionais dos Açores e da Madeira;
d) As do artigo 164º da Constituição, com exceção da alínea *i*);
e) As amnistias e perdões genéricos;
f) As que revistam natureza ou conteúdo orçamental, tributário ou financeiro.

ARTIGO 4º
Limites da iniciativa

Os grupos de cidadãos eleitores não podem apresentar iniciativas legislativas que:

a) Violem a Constituição ou os princípios nela consignados;
b) Não contenham uma definição concreta do sentido das modificações a introduzir na ordem legislativa;
c) Envolvam, no ano económico em curso, aumento das despesas ou diminuição das receitas previstas no Orçamento do Estado.

ARTIGO 5º
Garantias

O exercício do direito de iniciativa é livre e gratuito, não podendo ser dificultada ou impedida, por qualquer entidade pública ou privada, a recolha de assinaturas e os demais atos necessários para a sua efetivação, nem dar lugar ao pagamento de quaisquer impostos ou taxas.

CAPÍTULO II
Requisitos e tramitação

ARTIGO 6º
Requisitos

1. O direito de iniciativa legislativa de cidadãos é exercido através da apresentação à Assembleia da República de projetos de lei subscritos por um mínimo de 20 000 cidadãos eleitores.

2. Os projetos de lei referidos no número anterior são apresentados por escrito, em papel ou por via eletrónica, ao Presidente da Assembleia da República, revestem a forma articulada e devem conter:

a) Uma designação que descreva sinteticamente o seu objeto principal;
b) Uma justificação ou exposição de motivos de onde conste a descrição sumária da iniciativa, os diplomas legislativos a alterar ou com ela relacionados, as principais consequências da sua aplicação e os seus fundamentos, em especial as respetivas motivações sociais, económicas, financeiras e políticas;
c) As assinaturas de todos os proponentes, em suporte papel ou eletrónicas, consoante a modalidade de submissão, com indicação do nome completo, do número

do bilhete de identidade ou do cartão de cidadão e da data de nascimento correspondentes a cada cidadão subscritor;

d) A identificação dos elementos que compõem a comissão representativa dos cidadãos subscritores, bem como a indicação de um domicílio para a mesma;

e) A listagem dos documentos juntos.

3. É permitida a submissão da iniciativa legislativa através de plataforma eletrónica disponibilizada pela Assembleia da República, que garanta a validação das assinaturas dos cidadãos a partir do certificado disponível no cartão de cidadão e que permita a recolha dos elementos referidos no número anterior.

4. Para efeitos da obtenção do número previsto no n.º 1, podem ser remetidas cumulativamente assinaturas em suporte papel e através da plataforma eletrónica referida no número anterior.

5. A Assembleia da República pode solicitar aos serviços competentes da Administração Pública, nos termos do Regimento, a verificação administrativa, por amostragem, da autenticidade das assinaturas e da identificação dos subscritores da iniciativa legislativa.

ARTIGO 7º
Comissão representativa

1. Os cidadãos subscritores da iniciativa designam entre si uma comissão representativa, com um mínimo de 5 e o máximo de 10 elementos, para os efeitos previstos na presente lei, designadamente em termos de responsabilidade e de representação.

2. A comissão é notificada de todos os atos respeitantes ao processo legislativo decorrente da iniciativa apresentada ou com ele conexos, podendo exercer junto da Assembleia da República diligências tendentes à boa execução do disposto na presente lei.

ARTIGO 8º
Admissão

1. A iniciativa é admitida pelo Presidente da Assembleia da República, salvo se:

a) Tratar matérias não incluídas no seu objeto legal;

b) Não respeitar os limites consignados no artigo 4º;

c) Não cumprir os requisitos previstos nos nºs 1 e 2 do artigo 6º

2. Nos casos previstos na alínea *c)* do número anterior, a decisão é precedida de notificação à comissão representativa dos cidadãos subscritores, no sentido de, no prazo máximo de 30 dias úteis, serem supridas as deficiências encontradas.

3. Da decisão de não admissão cabe recurso pelos Deputados nos termos do Regimento da Assembleia da República.

ARTIGO 9º
Exame em comissão

1. Admitida a iniciativa, o Presidente da Assembleia da República ordena a sua publicação no *Diário da Assembleia da República* e remete-a à comissão especializada competente para, no prazo de 30 dias, elaborar o respetivo relatório e parecer.

2. Tratando-se de matéria constitucional ou legalmente sujeita a participação ou consulta obrigatórias, a comissão promove o cumprimento das disposições legais, estatutárias e regimentais aplicáveis.

3. Em razão da especial relevância da matéria, a comissão pode propor ao Presidente da Assembleia da República a discussão pública da iniciativa.

4. É obrigatoriamente ouvida a comissão representativa dos cidadãos subscritores.

5. O prazo referido no nº 1 suspende-se durante:

a) O prazo fixado para consulta pública obrigatória, quando a ela houver lugar;
b) O prazo da discussão pública da iniciativa;
c) O período necessário à efetivação da diligência prevista no nº 3 do artigo 6º, quando seja a comissão a solicitá-la.

ARTIGO 10º
Apreciação e votação na generalidade

1. Recebido o parecer da comissão ou esgotado o prazo referido no nº 1 do artigo anterior, o Presidente da Assembleia da República promove o agendamento da iniciativa para uma das 10 reuniões plenárias seguintes, para efeito de apreciação e votação na generalidade.

2. A comissão representativa dos cidadãos subscritores é notificada da data da reunião plenária para que a iniciativa é agendada.

ARTIGO 11º
Apreciação e votação na especialidade

1. Aprovada na generalidade, e salvo nos casos em que a Constituição, a lei ou o Regimento disponham de modo diferente, a iniciativa é remetida à comissão competente em razão da matéria para efeitos de apreciação e votação na especialidade.

2. A comissão pode apresentar textos de substituição, sem prejuízo da iniciativa, quando não retirada.

3. A votação na especialidade é precedida de audição da comissão representativa dos subscritores e deve ocorrer no prazo máximo de 30 dias.

ARTIGO 12º
Votação final global

1. Finda a apreciação e votação na especialidade, a respetiva votação final global ocorre no prazo máximo de 15 dias.

2. A comissão representativa dos cidadãos subscritores é notificada da data da reunião plenária para que a iniciativa é agendada.

CAPÍTULO III
Disposições finais

ARTIGO 13º
Caducidade e renovação

1. A iniciativa legislativa de cidadãos eleitores caduca com o fim da legislatura.
2. A iniciativa não votada na legislatura em que tiver sido apresentada pode, todavia, ser renovada na legislatura seguinte, mediante simples requerimento dirigido ao Presidente da Assembleia da República pela comissão representativa dos cidadãos subscritores, desde que não tenha decorrido mais de um ano entre a data da entrada da iniciativa na Assembleia da República e a data de entrada do requerimento de renovação.
3. A iniciativa legislativa definitivamente rejeitada não pode ser renovada na mesma sessão legislativa.

ARTIGO 14º
Direito subsidiário

Em tudo o que não se encontrar regulado na presente lei, aplicam-se, com as necessárias adaptações, as normas procedimentais do Regimento da Assembleia da República.

ARTIGO 15º
Entrada em vigor

A presente lei entra em vigor no 30º dia posterior ao da sua publicação.

Aprovada em 24 de abril de 2003.

O Presidente da Assembleia da República, *João Bosco Mota Amaral.*

Promulgada em 19 de maio de 2003.

Publique-se.

O Presidente da República, JORGE SAMPAIO.

Referendada em 26 de maio de 2003.

O Primeiro-Ministro, *José Manuel Durão Barroso.*

XV
Regimento da Assembleia da República

Regimento da Assembleia da República

Regimento da Assembleia da República nº 1/2007, de 20 de agosto alterado pelo Regimento da Assembleia da República nº 1/2010, de 14 de outubro

A Assembleia da República, nos termos da alínea *a*) do artigo 175º da Constituição, aprova o seguinte:

REGIMENTO DA ASSEMBLEIA DA REPÚBLICA

TÍTULO I
Deputados e grupos parlamentares

CAPÍTULO I
Deputados

SECÇÃO I
Mandato dos Deputados

ARTIGO 1º
Início e termo do mandato

O início e o termo do mandato dos Deputados, bem como a suspensão, substituição e renúncia, efetuam-se nos termos do Estatuto dos Deputados e demais legislação aplicável.

ARTIGO 2º
Verificação de poderes

1. Os poderes dos Deputados são verificados pela Assembleia da República, precedendo parecer da comissão parlamentar competente ou, na sua falta, de uma

comissão parlamentar de verificação de poderes, de composição consonante com os critérios do artigo 29º

2. A verificação de poderes consiste na apreciação da regularidade formal dos mandatos e na apreciação da elegibilidade dos Deputados cujos mandatos sejam impugnados por facto que não tenha sido objeto de decisão judicial com trânsito em julgado.

3. O direito de impugnação cabe a qualquer Deputado e é exercido até ao encerramento da discussão do parecer.

4. O Deputado cujo mandato seja impugnado tem o direito de defesa perante a comissão parlamentar competente e perante o Plenário, e de exercer as suas funções até deliberação definitiva deste, por escrutínio secreto.

5. Para exercer o direito de defesa previsto no número anterior, o Deputado pode usar da palavra por tempo não superior a 15 minutos.

6. No caso de ter havido impugnação, o prazo para instrução do processo não pode exceder 30 dias, improrrogáveis.

ARTIGO 3º
Perda do mandato

1. A perda do mandato verifica-se:

a) Nos casos previstos no Estatuto dos Deputados;

b) Quando o Deputado não tome assento na Assembleia até à quarta reunião ou deixe de comparecer a quatro reuniões do Plenário por cada sessão legislativa, salvo motivo justificado.

2. A justificação das faltas a que se refere a alínea *b)* do nº 1 deve ser apresentada ao Presidente da Assembleia no prazo de cinco dias a contar do termo do facto justificativo.

3. A perda de mandato é declarada pela Mesa em face do conhecimento comprovado de qualquer dos factos referidos no nº 1, precedendo parecer da comissão parlamentar competente, de acordo com o disposto no Estatuto dos Deputados.

4. A decisão da Mesa é notificada ao interessado e publicada no *Diário da Assembleia da República*.

5. O Deputado posto em causa tem o direito de ser ouvido e de recorrer para o Plenário nos 10 dias subsequentes, mantendo-se em funções até deliberação definitiva deste, por escrutínio secreto.

6. Qualquer outro Deputado tem igualmente o direito de recorrer no mesmo prazo, mediante requerimento escrito e fundamentado, que é publicado no *Diário*.

7. O Plenário delibera sem debate prévio, tendo o Deputado posto em causa o direito de usar da palavra por tempo não superior a 15 minutos.

8. Da deliberação do Plenário que confirma a declaração de perda do mandato, ou a declara, há lugar a recurso para o Tribunal Constitucional, nos termos da alínea *g)* do nº 2 do artigo 223º da Constituição e da lei que regula a organização, funcionamento e processo do Tribunal Constitucional.

SECÇÃO II
Poderes

ARTIGO 4º
Poderes dos Deputados

1. Constituem poderes dos Deputados, a exercer singular ou conjuntamente, nos termos do Regimento, designadamente os seguintes:

a) Apresentar projetos de revisão constitucional;

b) Apresentar projetos de lei, de Regimento ou de resolução, designadamente de referendo, e propostas de deliberação, e requerer o respetivo agendamento;

c) Participar e intervir nos debates parlamentares, nos termos do Regimento;

d) Fazer perguntas ao Governo sobre quaisquer atos deste ou da Administração Pública, salvo o disposto na lei em matéria de segredo de Estado;

e) Requerer e obter do Governo ou dos órgãos de qualquer entidade pública os elementos, informações e publicações oficiais que considerem úteis para o exercício do seu mandato;

f) Requerer a constituição de comissões parlamentares de inquérito;

g) Apresentar propostas de alteração;

h) Requerer a apreciação de decretos-lei para efeitos de cessação de vigência ou de alteração;

i) Requerer a urgência do processamento de qualquer projeto ou proposta de lei ou de resolução ou de projeto de deliberação, bem como da apreciação de qualquer decreto-lei para efeitos de cessação de vigência ou de alteração;

j) Apresentar moções de censura ao Governo;

l) Participar nas discussões e votações;

m) Propor a constituição de comissões parlamentares eventuais;

n) Propor a realização de audições parlamentares;

o) Requerer ao Tribunal Constitucional a fiscalização da constitucionalidade e da legalidade de normas nos termos dos artigos 278º e 281º da Constituição;

p) Interpor recurso para o Tribunal Constitucional da deliberação do Plenário da Assembleia que confirma a declaração de perda de mandato, ou a declara, nos termos da alínea *g)* do nº 2 do artigo 223º da Constituição e da lei.

2. Para o regular exercício do seu mandato constituem poderes dos Deputados:

a) Tomar lugar nas salas do Plenário e das comissões parlamentares e usar da palavra nos termos do Regimento;

b) Desempenhar funções específicas na Assembleia;

c) Propor alterações ao Regimento.

SECÇÃO III
Direitos e deveres

ARTIGO 5º
Direitos e deveres dos Deputados

Os direitos e deveres dos Deputados estão definidos na Constituição e no Estatuto dos Deputados.

CAPÍTULO II
Grupos parlamentares

ARTIGO 6º
Constituição dos grupos parlamentares

1. Os Deputados eleitos por cada partido ou coligação de partidos podem constituir-se em grupo parlamentar.

2. A constituição de cada grupo parlamentar efetua-se mediante comunicação dirigida ao Presidente da Assembleia, assinada pelos Deputados que o compõem, indicando a sua designação, bem como o nome do respetivo presidente e dos vice-presidentes, se os houver.

3. Qualquer alteração na composição ou presidência do grupo parlamentar é comunicada ao Presidente da Assembleia.

4. As comunicações a que se referem os nºs 2 e 3 são publicadas no *Diário*.

ARTIGO 7º
Organização dos grupos parlamentares

1. Cada grupo parlamentar estabelece livremente a sua organização.

2. As funções de Presidente, de Vice-Presidente ou de membro da Mesa são incompatíveis com as de presidente de grupo parlamentar.

ARTIGO 8º
Poderes dos grupos parlamentares

Constituem poderes de cada grupo parlamentar:

a) Participar nas comissões parlamentares em função do número dos seus membros, indicando os seus representantes nelas;

b) Determinar a ordem do dia de um certo número de reuniões plenárias, nos termos do artigo 64º;

c) Provocar, com a presença do Governo, a realização de debates de urgência, nos termos do artigo 74º;

d) Provocar, por meio de interpelação ao Governo, a realização de dois debates em cada sessão legislativa sobre assunto de política geral ou sectorial;

e) Provocar a realização de debates de atualidade, nos termos do artigo 72º;
f) Exercer iniciativa legislativa;
g) Apresentar moções de rejeição ao programa do Governo;
h) Apresentar moções de censura ao Governo;
i) Requerer a constituição de comissões parlamentares de inquérito;
j) Produzir declarações de voto orais após cada votação final global, nos termos do artigo 155º

ARTIGO 9º
Direitos dos grupos parlamentares

Constituem direitos de cada grupo parlamentar:

a) Eleger a sua direção e determinar a sua organização e regulamento internos;
b) Escolher a presidência de comissões parlamentares e subcomissões, nos termos dos artigos 29º e 33º;
c) Ser ouvido na fixação da ordem do dia e interpor recurso para o Plenário da ordem do dia fixada;
d) Solicitar à Comissão Permanente a convocação do Plenário;
e) Produzir declarações políticas em Plenário, nos termos do artigo 71º;
f) Requerer a interrupção da reunião plenária, nos termos do artigo 69º;
g) Ser informado, regular e diretamente, pelo Governo, sobre o andamento dos principais assuntos de interesse público;
h) Dispor de locais de trabalho na sede da Assembleia, bem como de pessoal técnico e administrativo da sua confiança, nos termos da lei.

ARTIGO 10º
Único representante de um partido

Ao Deputado que seja único representante de um partido é atribuído o direito de intervenção como tal, a efetivar nos termos do Regimento.

ARTIGO 11º
Deputados não inscritos em grupo parlamentar

Os Deputados que não integrem qualquer grupo parlamentar, e que não sejam únicos representantes de partido político, comunicam o facto ao Presidente da Assembleia da República e exercem o seu mandato como Deputados não inscritos.

TÍTULO II
Organização da Assembleia

CAPÍTULO I
Presidente da Mesa

SECÇÃO I
Presidente

DIVISÃO I
Estatuto e eleição

ARTIGO 12º
Presidente da Assembleia da República

1. O Presidente representa a Assembleia da República, dirige e coordena os seus trabalhos e exerce autoridade sobre todos os funcionários e agentes e sobre as forças de segurança postas ao serviço da Assembleia.

2. O Presidente da Assembleia da República substitui interinamente o Presidente da República, nos termos do artigo 132º da Constituição.

ARTIGO 13º
Eleição do Presidente da Assembleia

1. As candidaturas para Presidente da Assembleia da República devem ser subscritas por um mínimo de um décimo e um máximo de um quinto do número de Deputados.

2. As candidaturas são apresentadas ao Presidente em exercício até duas horas antes do momento da eleição.

3. A eleição tem lugar na primeira reunião plenária da legislatura.

4. É eleito Presidente da Assembleia o candidato que obtiver a maioria absoluta dos votos dos Deputados em efetividade de funções.

5. Se nenhum dos candidatos obtiver esse número de votos, procede-se imediatamente a segundo sufrágio, ao qual concorrem apenas os dois candidatos mais votados que não tenham retirado a candidatura.

6. Se nenhum candidato for eleito, é reaberto o processo.

ARTIGO 14º
Mandato do Presidente da Assembleia

1. O Presidente da Assembleia é eleito por legislatura.

2. O Presidente da Assembleia pode renunciar ao cargo mediante comunicação à Assembleia, tornando-se a renúncia efetiva imediatamente, sem prejuízo da sua ulterior publicação no *Diário*.

3. No caso de renúncia ao cargo ou vagatura, procede-se a nova eleição no prazo de 15 dias.

4. A eleição do novo Presidente da Assembleia é válida pelo período restante da legislatura.

ARTIGO 15º
Substituição do Presidente da Assembleia

1. O Presidente da Assembleia é substituído nas suas faltas ou impedimentos por cada um dos Vice-Presidentes.

2. Em caso de doença, impedimento oficial de duração superior a sete dias ou ausência no estrangeiro, o Presidente da Assembleia é substituído pelo Vice-Presidente da Assembleia do grupo parlamentar a que pertence o Presidente, ou pelo Vice-Presidente que o Presidente designar.

3. Sem prejuízo do disposto no número anterior, a cada Vice-Presidente cabe assegurar as substituições do Presidente da Assembleia por período correspondente ao quociente da divisão do número de meses da sessão legislativa pelo número de Vice-Presidentes.

4. Para os efeitos do número anterior, os Vice-Presidentes iniciam o exercício das funções por ordem decrescente da representatividade dos grupos parlamentares por que tenham sido propostos.

DIVISÃO II
Competência do Presidente da Assembleia

ARTIGO 16º
Competência quanto aos trabalhos da Assembleia

1. Compete ao Presidente da Assembleia quanto aos trabalhos da Assembleia da República:

a) Representar a Assembleia e presidir à Mesa;

b) Marcar as reuniões plenárias e fixar a ordem do dia de harmonia com o disposto nos artigos 59º e seguintes;

c) Admitir ou rejeitar os projetos e as propostas de lei ou de resolução, os projetos de deliberação e os requerimentos, verificada a sua regularidade regimental, sem prejuízo do direito de recurso para a Assembleia;

d) Submeter às comissões parlamentares competentes, para efeito de apreciação, o texto dos projetos ou propostas de lei e dos tratados ou acordos, indicando, se o tema respeitar a várias, qual de entre elas é responsável pela preparação do parecer referido no nº 1 do artigo 129º, cabendo à outra ou outras habilitar aquela com os respetivos contributos;

e) Promover a constituição das comissões parlamentares, acompanhar e incentivar os respetivos trabalhos e velar pelo cumprimento dos prazos que lhes forem fixados pela Assembleia;

f) Promover a constituição das delegações parlamentares, acompanhar e incentivar os respetivos trabalhos e velar para que contribuam para a visibilidade externa e para o prestígio da Assembleia e do País;

g) Dinamizar a constituição dos grupos parlamentares de amizade, das comissões mistas interparlamentares e de outros organismos que se ocupem do diálogo da Assembleia com os países amigos de Portugal, acompanhar e incentivar os respetivos trabalhos e velar pelo cumprimento dos regulamentos sobre a matéria;

h) Convocar os presidentes das comissões parlamentares e das subcomissões para se inteirar dos respetivos trabalhos;

i) Receber e encaminhar para as comissões parlamentares competentes as representações ou petições dirigidas à Assembleia;

j) Propor suspensões do funcionamento efetivo da Assembleia;

l) Presidir à Comissão Permanente;

m) Presidir à Conferência de Líderes;

n) Presidir à Conferência dos Presidentes das Comissões Parlamentares;

o) Pedir parecer à comissão parlamentar competente sobre conflitos de competências entre comissões parlamentares;

p) Mandar publicar no *Diário da República* as resoluções da Assembleia, nos termos do nº 6 do artigo 166º da Constituição;

q) Manter a ordem e a disciplina, bem como a segurança da Assembleia, podendo para isso requisitar e usar os meios necessários e tomar as medidas que entender convenientes;

r) Ordenar retificações no *Diário*;

s) Apreciar a regularidade das candidaturas apresentadas por Deputados para cargos eletivos, bem como anunciar os resultados da eleição e proclamar os candidatos eleitos;

t) Superintender o pessoal ao serviço da Assembleia;

u) Em geral, assegurar o cumprimento do Regimento e das deliberações da Assembleia.

2. Compete ao Presidente da Assembleia, ouvida a Conferência de Líderes:

a) Promover a criação de gabinetes de atendimento aos eleitores a funcionar nos círculos eleitorais;

b) Estabelecer protocolos de acordo e de assistência com as universidades;

c) Superintender o portal da Assembleia da República na *Internet* e o Canal Parlamento;

d) Convidar, a título excecional, individualidades nacionais e estrangeiras a tomar lugar na sala das reuniões plenárias e a usar da palavra.

3. O Presidente da Assembleia pode delegar nos Vice-Presidentes o exercício dos seus poderes e competências, por despacho publicado no *Diário*.

ARTIGO 17º
Competência quanto às reuniões plenárias

1. Compete ao Presidente da Assembleia quanto às reuniões plenárias:

a) Presidir às reuniões plenárias, declarar a sua abertura, suspensão e encerramento, e dirigir os respetivos trabalhos;

b) Conceder a palavra aos Deputados e aos membros do Governo e assegurar a ordem dos debates;

c) Dar oportuno conhecimento à Assembleia das mensagens, informações, explicações e convites que lhe sejam dirigidos;

d) Pôr à discussão e votação as propostas e os requerimentos admitidos.

2. O Presidente da Assembleia pode pedir esclarecimentos e tomar a iniciativa de conceder a palavra a Deputados, sempre que tal se torne necessário para a boa condução dos trabalhos.

3. Das decisões do Presidente da Assembleia tomadas em reunião plenária cabe sempre reclamação, bem como recurso para o Plenário.

ARTIGO 18º
Competência quanto aos Deputados

Compete ao Presidente da Assembleia quanto aos Deputados:

a) Julgar as justificações das faltas dos Deputados às reuniões plenárias, nos termos do artigo 3º;

b) Deferir os pedidos de substituição temporária, nos termos do Estatuto dos Deputados;

c) Receber e mandar publicar as declarações de renúncia ao mandato;

d) Promover junto da comissão parlamentar competente as diligências necessárias à verificação de poderes dos Deputados:

e) Dar seguimento aos requerimentos e perguntas apresentados pelos Deputados, nos termos do artigo 4º;

f) Autorizar as deslocações de caráter oficial.

ARTIGO 19º
Competência relativamente a outros órgãos

Compete ao Presidente da Assembleia relativamente a outros órgãos:

a) Enviar ao Presidente da República, para os efeitos da alínea *b)* do artigo 134º da Constituição, os decretos da Assembleia da República;

b) Enviar ao Presidente da República, para os efeitos da alínea *b)* do artigo 135º da Constituição, os tratados internacionais, depois de aprovados;

c) Comunicar, para os efeitos previstos no artigo 195º da Constituição, ao Presidente da República e ao Primeiro-Ministro os resultados das votações sobre moções de rejeição do programa do Governo, bem como sobre moções de confiança e de censura ao Governo;

d) Marcar, de acordo com o Governo, as reuniões plenárias em que os seus membros estão presentes para responder a perguntas e pedidos de esclarecimento dos Deputados;
e) Assinar os documentos expedidos em nome da Assembleia;
f) Chefiar as delegações da Assembleia de que faça parte.

DIVISÃO III
Conferência de Líderes

ARTIGO 20º
Funcionamento da Conferência de Líderes

1. O Presidente da Assembleia reúne-se com os presidentes dos grupos parlamentares, ou seus substitutos, para apreciar os assuntos previstos na alínea *b)* do nº 1 do artigo 16º e outros previstos no Regimento, sempre que o entender necessário para o regular funcionamento da Assembleia.

2. O Governo tem o direito de se fazer representar na Conferência de Líderes e pode intervir nos assuntos que não se relacionem exclusivamente com a Assembleia.

3. Os representantes dos grupos parlamentares têm na Conferência de Líderes um número de votos igual ao número dos Deputados que representam.

4. As decisões da Conferência de Líderes, na falta de consenso, são tomadas por maioria, estando representada a maioria absoluta dos Deputados em efetividade de funções.

DIVISÃO IV
Conferência dos Presidentes das Comissões Parlamentares

ARTIGO 21º
Funcionamento e competências da Conferência dos Presidentes das Comissões Parlamentares

1. A Conferência dos Presidentes das Comissões Parlamentares reúne com regularidade, a fim de acompanhar os aspetos funcionais da atividade destas, bem como avaliar as condições gerais do processo legislativo e a boa execução das leis.

2. A Conferência dos Presidentes das Comissões Parlamentares é presidida pelo Presidente da Assembleia, o qual pode delegar.

3. À Conferência dos Presidentes das Comissões Parlamentares compete, em especial:

a) Participar na coordenação dos aspetos de organização funcional e de apoio técnico às comissões parlamentares;

b) Avaliar as condições gerais do processo legislativo, na ótica da boa elaboração das leis e da eficiência dos trabalhos parlamentares;

c) Promover a elaboração, no início de cada sessão legislativa, de um relatório de progresso relativo à aprovação e entrada em vigor das leis e da consequente regulamentação, incluindo o cumprimento dos respetivos prazos;

d) Definir, relativamente às leis aprovadas, aquelas sobre as quais deve recair uma análise qualitativa de avaliação dos conteúdos, dos seus recursos de aplicação e dos seus efeitos práticos.

4. Sem prejuízo do número anterior, as comissões parlamentares podem solicitar um relatório de acompanhamento qualitativo da regulamentação e aplicação de determinada legislação ao Deputado relator respetivo ou, na sua impossibilidade, a um Deputado da comissão parlamentar.

SECÇÃO II
Mesa da Assembleia

ARTIGO 22º
Composição da Mesa da Assembleia

1. O Presidente da Assembleia e os Vice-Presidentes constituem a Presidência da Assembleia.

2. A Mesa da Assembleia é composta pelo Presidente da Assembleia, por quatro Vice-Presidentes, quatro Secretários e quatro Vice-Secretários.

3. Nas reuniões plenárias, a Mesa é constituída pelo Presidente da Assembleia e pelos Secretários.

4. Na falta do Presidente da Assembleia e do seu substituto nos termos do artigo 15º, as reuniões são presididas rotativamente pelos outros Vice-Presidentes ou, na sua falta, pelo Deputado mais idoso.

5. Os Secretários são substituídos nas suas faltas pelos Vice-Secretários.

6. Os Vice-Secretários são substituídos nas suas faltas pelos Deputados que o Presidente da Assembleia designar.

ARTIGO 23º
Eleição da Mesa da Assembleia

1. Os Vice-Presidentes, Secretários e Vice-Secretários são eleitos por sufrágio de lista completa e nominativa.

2. Cada um dos quatro maiores grupos parlamentares propõe um Vice-Presidente e, tendo um décimo ou mais do número de Deputados, pelo menos um Secretário e um Vice-Secretário.

3. Consideram-se eleitos os candidatos que obtiverem a maioria absoluta dos votos dos Deputados em efetividade de funções.

4. Se algum dos candidatos não tiver sido eleito, procede-se de imediato, na mesma reunião, a novo sufrágio para o lugar por ele ocupado na lista, até se verificar o disposto no número seguinte.

5. Eleitos o Presidente e metade dos restantes membros da Mesa, considera-se atingido o quórum necessário ao seu funcionamento.

6. Terminada a reunião, mesmo não estando preenchidos todos os lugares vagos, o Presidente comunica a composição da Mesa, desde que nela incluídos os Vice-Presidentes, ao Presidente da República e ao Primeiro-Ministro.

7. A Mesa mantém-se em funções até ao início da nova legislatura.

ARTIGO 24º
Mandato

1. Os Vice-Presidentes, Secretários e Vice-Secretários são eleitos por legislatura.

2. Os Vice-Presidentes, Secretários e Vice-Secretários podem renunciar ao cargo mediante declaração escrita, dirigida à Assembleia, tornando-se a renúncia efetiva imediatamente, sem prejuízo da sua ulterior publicação no *Diário*.

3. No caso de renúncia ao cargo, vagatura ou suspensão do mandato de Deputado, procede-se, até à quinta reunião imediata, à eleição de novo titular, segundo o regime do nº 4 do artigo anterior.

ARTIGO 25º
Competência geral da Mesa

1. Compete à Mesa:

a) Declarar, nos termos do artigo 3º, a perda do mandato em que incorra qualquer Deputado;

b) Assegurar o cabal desempenho dos serviços de secretaria;

c) Estabelecer o regulamento da entrada e frequência das galerias destinadas ao público;

d) Em geral, coadjuvar o Presidente da Assembleia no exercício das suas funções.

2. A Mesa pode delegar num dos Secretários a superintendência dos serviços de secretaria.

ARTIGO 26º
Competência da Mesa da Assembleia quanto às reuniões plenárias

1. Compete à Mesa quanto às reuniões plenárias:

a) Integrar nas formas previstas no Regimento as iniciativas orais e escritas dos Deputados, dos grupos parlamentares e do Governo;

b) Decidir as questões de interpretação e integração de lacunas do Regimento;

c) Apreciar e decidir as reclamações relativas ao *Diário*.

2. Das deliberações da Mesa cabe reclamação e recurso para o Plenário.

ARTIGO 27º
Vice-Presidentes

Compete aos Vice-Presidentes:

a) Aconselhar o Presidente da Assembleia no desempenho das suas funções;

b) Substituir o Presidente da Assembleia nos termos do artigo 15º;
c) Exercer os poderes e competências que lhes forem delegados pelo Presidente da Assembleia;
d) Exercer a vice-presidência da Comissão Permanente;
e) Desempenhar as funções de representação da Assembleia de que sejam incumbidos pelo Presidente da Assembleia.

ARTIGO 28º
Secretários e Vice-Secretários

1. Compete aos Secretários o expediente da Mesa, nomeadamente:

a) Proceder à verificação das presenças nas reuniões plenárias, bem como verificar em qualquer momento o quórum e registar as votações;
b) Ordenar as matérias a submeter à votação;
c) Organizar as inscrições dos Deputados e dos membros do Governo que pretendam usar da palavra;
d) Fazer as leituras indispensáveis durante as reuniões plenárias;
e) Promover a publicação do *Diário*;
f) Assinar, por delegação do Presidente da Assembleia, a correspondência expedida em nome da Assembleia.

2. Compete aos Vice-Secretários:

a) Substituir os Secretários nas suas faltas ou impedimentos;
b) Servir de escrutinadores.

CAPÍTULO II
Comissões parlamentares

SECÇÃO I
Disposições gerais

ARTIGO 29º
Composição das comissões parlamentares

1. A composição das comissões parlamentares deve ser proporcional à representatividade dos grupos parlamentares.
2. As presidências das comissões parlamentares são no conjunto repartidas pelos grupos parlamentares em proporção do número dos seus Deputados.
3. Para efeitos do número anterior, e sem prejuízo do princípio da proporcionalidade, os grupos parlamentares escolhem as presidências que lhes caibam, por ordem de prioridade, a começar pelo grupo parlamentar com maior representatividade.
4. O número de membros de cada comissão parlamentar e a sua distribuição pelos diversos grupos parlamentares são fixados, por deliberação da Assembleia, sob proposta do Presidente da Assembleia ouvida a Conferência de Líderes.

5. A deliberação referida no número anterior deve mencionar os Deputados não inscritos e os Deputados únicos representantes de um partido que integram as comissões parlamentares.

6. Excecionalmente, atendendo à sua natureza, as comissões parlamentares podem ter uma composição mista, com membros permanentes e membros não permanentes em função dos pontos constantes nas ordens de trabalho, obedecendo ao seguinte:

a) Os membros permanentes são distribuídos em obediência ao princípio da proporcionalidade da representação dos grupos parlamentares;

b) Os membros não permanentes são indicados e mandatados por cada comissão parlamentar permanente, gozando de todos os direitos dos membros permanentes, salvo o direito de voto.

ARTIGO 30º
Indicação dos membros das comissões parlamentares

1. A indicação dos Deputados para as comissões parlamentares compete aos respetivos grupos parlamentares e deve ser efetuada no prazo fixado pelo Presidente da Assembleia.

2. Se algum grupo parlamentar não quiser ou não puder indicar representantes, não há lugar ao preenchimento das vagas por Deputados de outros grupos parlamentares.

3. Cada Deputado só pode ser membro efetivo de uma comissão parlamentar permanente e suplente de outra.

4. Sem prejuízo do disposto no número anterior, um Deputado pode ser indicado, como membro efetivo ou membro suplente:

a) Até três comissões parlamentares permanentes, se o seu grupo parlamentar, em função do número dos seus Deputados, não puder ter representantes em todas as comissões parlamentares;

b) Até duas comissões parlamentares permanentes, se tal for necessário para garantir o fixado no nº 1 do artigo anterior.

5. Os membros suplentes gozam de todos os direitos dos efetivos exceto o de votar, salvo quando estejam em substituição de um membro efetivo.

6. Na falta ou impedimento do membro suplente, os efetivos podem fazer-se substituir, ocasionalmente, por outros Deputados do mesmo grupo parlamentar.

7. Os Deputados não inscritos indicam as opções sobre as comissões parlamentares que desejam integrar e o Presidente da Assembleia, ouvida a Conferência de Líderes, designa aquela ou aquelas a que o Deputado deve pertencer, acolhendo, na medida do possível, as opções apresentadas.

ARTIGO 31º
Exercício das funções

1. A designação dos Deputados nas comissões parlamentares permanentes faz-se por legislatura.

2. Perde a qualidade de membro da comissão parlamentar o Deputado que:

a) Deixe de pertencer ao grupo parlamentar pelo qual foi indicado;
b) O solicite;
c) Seja substituído na comissão parlamentar, em qualquer momento, pelo seu grupo parlamentar;
d) Deixe de comparecer a quatro reuniões da comissão parlamentar, por cada sessão legislativa, salvo motivo justificado.

3. Compete aos presidentes das comissões parlamentares justificar as faltas dos seus membros efetivos, nos termos do nº 2 do artigo 3º

4. Os serviços de apoio às comissões parlamentares assinalam oficiosamente na folha de presenças, a partir dos elementos de informação na sua posse, os membros efetivos das comissões que, por se encontrarem em trabalhos parlamentares, previstos no artigo 53º, não comparecerem à reunião, não se considerando essas ausências como faltas.

ARTIGO 32º
Mesa das comissões parlamentares

1. A mesa das comissões parlamentares é constituída por um presidente e por dois ou mais vice-presidentes.

2. Os membros da mesa são eleitos por sufrágio uninominal, na primeira reunião da comissão parlamentar, que é convocada e dirigida pelo Presidente da Assembleia.

3. O Presidente da Assembleia promove as diligências necessárias para o cumprimento do disposto no nº 2 do artigo 29º

4. A composição da mesa de cada comissão parlamentar deve ser comunicada ao Presidente da Assembleia, que a faz publicar no *Diário*.

ARTIGO 33º
Subcomissões e grupos de trabalho

1. Em cada comissão parlamentar podem ser constituídas subcomissões e grupos de trabalho.

2. A constituição de subcomissões é objeto de autorização prévia do Presidente da Assembleia, ouvida a Conferência dos Presidentes das Comissões Parlamentares.

3. Compete às comissões parlamentares definir a composição e o âmbito das subcomissões e dos grupos de trabalho.

4. As presidências das subcomissões são, no conjunto, repartidas pelos grupos parlamentares, nos termos do nº 2 do artigo 29º, orientando-se a escolha delas segundo um princípio de alternância entre si e em relação à presidência da comissão parlamentar.

5. As conclusões dos trabalhos das subcomissões devem ser apresentadas à comissão parlamentar.

6. O presidente da comissão parlamentar comunica ao Presidente da Assembleia para efeitos de publicação no *Diário*, a designação da subcomissão criada e o nome do respetivo presidente e dos seus membros.

SECÇÃO II
Comissões parlamentares permanentes e eventuais

DIVISÃO I
Comissões parlamentares permanentes

ARTIGO 34º
Elenco das comissões parlamentares permanentes

1. O elenco das comissões parlamentares permanentes e a competência específica de cada uma delas são fixados no início de cada legislatura por deliberação do Plenário, sob proposta do Presidente da Assembleia, ouvida a Conferência de Líderes, sem prejuízo da atribuição por lei de competências específicas às comissões parlamentares.

2. Excecionalmente, e quando tal se justifique, o Plenário delibera, sob proposta do Presidente da Assembleia, ouvida a Conferência de Líderes, ou de um grupo parlamentar, alterar o elenco das comissões parlamentares permanentes, ou a repartição de competências entre elas.

ARTIGO 35º
Competência das comissões parlamentares permanentes

Compete às comissões parlamentares permanentes:

a) Apreciar os projetos e as propostas de lei, as propostas de alteração, os tratados e acordos submetidos à Assembleia, e produzir os competentes pareceres;

b) Apreciar a apresentação de iniciativas legislativas, nos termos do artigo 132º;

c) Votar na especialidade os textos aprovados na generalidade pelo Plenário, nos termos e com os limites estabelecidos no artigo 168º da Constituição e no Regimento;

d) Acompanhar, apreciar e pronunciar-se, nos termos da Constituição e da lei, sobre a participação de Portugal no processo de construção da União Europeia e elaborar relatórios sobre as informações referidas na alínea *i)* do nº 1 do artigo 197º da Constituição, sem prejuízo das competências do Plenário;

e) Apreciar as petições dirigidas à Assembleia;

f) Inteirar-se dos problemas políticos e administrativos que sejam da sua competência e fornecer à Assembleia, quando esta o julgar conveniente, os elementos necessários à apreciação dos atos do Governo e da Administração;

g) Verificar o cumprimento pelo Governo e pela Administração das leis e resoluções da Assembleia, podendo sugerir a esta as medidas consideradas convenientes;

h) Propor ao Presidente da Assembleia a realização no Plenário de debates temáticos, sobre matéria da sua competência, para que a Conferência de Líderes julgue da sua oportunidade e interesse;

i) Elaborar relatórios sobre matérias da sua competência;

j) Elaborar e aprovar o seu regulamento;

l) Apreciar as questões relativas ao Regimento e mandatos.

ARTIGO 36º
Articulação entre as comissões parlamentares, as delegações parlamentares e os grupos parlamentares de amizade

As comissões parlamentares competentes em razão da matéria garantem a articulação com as delegações parlamentares e os grupos parlamentares de amizade, nomeadamente:

a) Promovendo, periodicamente, reuniões conjuntas;
b) Apreciando em tempo útil as respetivas agendas e relatórios;
c) Promovendo a participação nas suas reuniões e atividades específicas.

DIVISÃO II
Comissões parlamentares eventuais

ARTIGO 37º
Constituição das comissões parlamentares eventuais

1. A Assembleia da República pode constituir comissões parlamentares eventuais para qualquer fim determinado.

2. A iniciativa de constituição de comissões parlamentares eventuais, salvo as de inquérito, pode ser exercida por um mínimo de 10 Deputados ou por um grupo parlamentar.

ARTIGO 38º
Competência das comissões parlamentares eventuais

Compete às comissões parlamentares eventuais apreciar os assuntos objeto da sua constituição, apresentando os respetivos relatórios nos prazos fixados pela Assembleia.

CAPÍTULO III
Comissão Permanente

ARTIGO 39º
Funcionamento da Comissão Permanente

Fora do período de funcionamento efetivo da Assembleia da República, durante o período em que ela se encontrar dissolvida, e nos restantes casos previstos na Constituição, funciona a Comissão Permanente da Assembleia da República.

ARTIGO 40º
Composição da Comissão Permanente

1. A Comissão Permanente é presidida pelo Presidente da Assembleia e composta pelos Vice-Presidentes e por Deputados indicados por todos os grupos parlamentares, de acordo com a respetiva representatividade na Assembleia.

2. Aplicam-se à Comissão Permanente os preceitos dos artigos 29º, 30º e 31º

ARTIGO 41º
Competência da Comissão Permanente

1. Compete à Comissão Permanente:

a) Acompanhar a atividade do Governo e da Administração;

b) Exercer os poderes da Assembleia relativamente ao mandato dos Deputados, sem prejuízo da competência própria do Presidente da Assembleia e da comissão parlamentar competente;

c) Promover a convocação da Assembleia sempre que tal seja necessário;

d) Preparar a abertura da sessão legislativa;

e) Dar assentimento à ausência do Presidente da República do território nacional;

f) Autorizar o Presidente da República a declarar o estado de sítio ou o estado de emergência, a declarar a guerra e a fazer a paz;

g) Autorizar o funcionamento das comissões parlamentares durante os períodos de suspensão da sessão legislativa, se tal for necessário ao bom andamento dos seus trabalhos;

h) Decidir as reclamações sobre inexatidões dos textos de redação final dos decretos e resoluções da Assembleia;

i) Designar as delegações parlamentares;

j) Elaborar o seu regulamento.

2. No caso da alínea *f)* do número anterior, a Comissão Permanente promove a convocação da Assembleia no prazo mais curto possível, por qualquer meio de comunicação que assegure o seu efetivo conhecimento e publicidade.

CAPÍTULO IV
Delegações da Assembleia da República

ARTIGO 42º
Delegações parlamentares

1. As delegações parlamentares podem ter caráter permanente ou eventual.

2. As delegações da Assembleia da República devem respeitar os princípios estabelecidos nos artigos 29º e 30º

3. Quando as delegações não possam incluir representantes de todos os grupos parlamentares, a sua composição é fixada pela Conferência de Líderes e, na falta de acordo, pelo Plenário.

4. As delegações da Assembleia da República elaboram um relatório com as informações necessárias à avaliação das suas finalidades, finda a sua missão ou, sendo permanentes, no final de cada sessão legislativa, o qual é remetido ao Presidente da Assembleia e, se este o decidir, apresentado em Plenário, sendo, em qualquer caso, distribuído às comissões parlamentares competentes em razão da matéria e publicado no *Diário*.

5. Sempre que se justifique, as delegações permanentes devem elaborar um relatório dirigido ao Presidente da Assembleia.

CAPÍTULO V
Grupos parlamentares de amizade

ARTIGO 43º
Noção e objeto

1. Os grupos parlamentares de amizade são organismos da Assembleia da República, vocacionados para o diálogo e a cooperação com os Parlamentos dos países amigos de Portugal.

2. Os grupos parlamentares de amizade promovem as ações necessárias à intensificação das relações com o Parlamento e os parlamentares de outros Estados, designadamente:

a) Intercâmbio geral de conhecimentos e experiências;

b) Estudo das relações bilaterais e do seu enquadramento nas alianças e instituições em que ambos os Estados participam;

c) Divulgação e promoção dos interesses e objetivos comuns, nos domínios político, económico, social e cultural;

d) Troca de informações e consultas mútuas tendo em vista a eventual articulação de posições em organismos internacionais de natureza interparlamentar, sem prejuízo da plena autonomia de cada grupo nacional;

e) Reflexão conjunta sobre problemas envolvendo os dois Estados e os seus nacionais, e busca de soluções que relevem da competência legislativa de cada um;

f) Valorização do papel, histórico e atual, das comunidades de emigrantes respetivos, porventura existentes.

ARTIGO 44º
Composição dos grupos parlamentares de amizade

1. A composição dos grupos parlamentares de amizade deve refletir a composição da Assembleia.

2. As presidências e vice-presidências são, no conjunto, repartidas pelos grupos parlamentares em proporção do número dos seus Deputados.

3. Para efeitos do número anterior, e sem prejuízo do princípio da proporcionalidade, os grupos parlamentares escolhem as presidências que lhes caibam, por ordem de prioridade, a começar pelo maior grupo parlamentar.

4. O número de membros de cada grupo parlamentar de amizade e a sua distribuição pelos diversos grupos parlamentares são fixados, por deliberação da Assembleia, sob proposta do Presidente, ouvida a Conferência de Líderes.

5. A deliberação referida no número anterior deve mencionar os Deputados não inscritos e os Deputados únicos representantes de um partido que integram os grupos parlamentares de amizade.

6. A indicação dos Deputados para os grupos parlamentares de amizade compete aos respetivos grupos parlamentares e deve ser efetuada no prazo fixado pelo Presidente da Assembleia.

ARTIGO 45º
Elenco dos grupos parlamentares de amizade

1. O elenco dos grupos parlamentares de amizade é fixado no início da legislatura por deliberação do Plenário, sob proposta do Presidente da Assembleia, ouvida a Conferência de Líderes.

2. Quando tal se justifique, o Plenário delibera, igualmente sob proposta do Presidente da Assembleia, ouvida a Conferência de Líderes, a criação de outros grupos parlamentares de amizade.

ARTIGO 46º
Poderes dos grupos parlamentares de amizade

Os grupos parlamentares de amizade podem, designadamente:

a) Realizar reuniões com os grupos seus homólogos, numa base de intercâmbio e reciprocidade;

b) Relacionar-se com outras entidades que visem a aproximação entre os Estados e entre os povos a que digam respeito, apoiando iniciativas e realizando ações conjuntas ou outras formas de cooperação;

c) Convidar a participar nas suas reuniões, ou nas atividades que promovam ou apoiem, membros do corpo diplomático, representantes de organizações internacionais, peritos e outras entidades cuja contribuição considerem relevante para a prossecução dos seus fins próprios.

ARTIGO 47º
Disposições gerais sobre grupos parlamentares de amizade

A Assembleia define, através de resolução, as restantes matérias relativas aos grupos parlamentares de amizade, nomeadamente a organização, funcionamento e apoio, bem como o programa, o orçamento e o relatório de atividades.

TÍTULO III
Funcionamento

CAPÍTULO I
Regras gerais de funcionamento

ARTIGO 48º
Sede da Assembleia

1. A Assembleia da República tem a sua sede em Lisboa, no Palácio de São Bento.

2. Os trabalhos da Assembleia podem decorrer noutro local, quando assim o imponham as necessidades do seu funcionamento.

ARTIGO 49º
Sessão legislativa e período normal de funcionamento

1. A sessão legislativa tem a duração de um ano e inicia-se a 15 de setembro.
2. O período normal de funcionamento da Assembleia da República decorre de 15 de setembro a 15 de junho, sem prejuízo das suspensões que a Assembleia deliberar por maioria de dois terços dos Deputados presentes.
3. Antes do termo de cada sessão legislativa, o Plenário aprova, sob proposta do Presidente da Assembleia, ouvida a Conferência de Líderes, o calendário das atividades parlamentares da sessão legislativa seguinte.
4. No caso previsto no nº 2 do artigo 171º da Constituição, os direitos potestativos fixados neste Regimento acrescem na proporção da duração desse período, salvo o disposto em matéria de interpelações ao Governo.

ARTIGO 50º
Reunião extraordinária de comissões parlamentares

1. Qualquer comissão parlamentar pode funcionar fora do período normal de funcionamento e durante as suspensões da Assembleia, se tal for indispensável ao bom andamento dos seus trabalhos e a Assembleia o deliberar com a anuência da maioria dos membros da comissão parlamentar.
2. O Presidente da Assembleia pode promover a convocação de qualquer comissão parlamentar para os 15 dias anteriores ao início da sessão legislativa a fim de preparar os trabalhos desta.
3. O disposto no nº 1 não se aplica à comissão parlamentar competente para se pronunciar sobre matéria de verificação de poderes, perda de mandato ou inviolabilidade dos Deputados, nos termos do Regimento ou do Estatuto dos Deputados.

ARTIGO 51º
Convocação fora do período normal de funcionamento

1. A Assembleia da República pode funcionar, por deliberação do Plenário, fora do período indicado no nº 2 do artigo 49º, prorrogando o período normal de funcionamento, por iniciativa da Comissão Permanente, ou, por impossibilidade desta e em caso de grave emergência, por iniciativa de mais de metade dos Deputados.
2. No caso de convocação por iniciativa de mais de metade dos Deputados, o anúncio da convocação deve ser tornado público através dos meios de comunicação adequados.
3. A Assembleia pode ainda ser convocada extraordinariamente pelo Presidente da República para se ocupar de assuntos específicos.

ARTIGO 52º
Suspensão das reuniões plenárias

1. Durante o funcionamento efetivo da Assembleia, pode esta deliberar suspender as suas reuniões plenárias para efeito de trabalho de comissões parlamentares.
2. A suspensão não pode exceder 10 dias.

ARTIGO 53º
Trabalhos parlamentares

1. São considerados trabalhos parlamentares as reuniões do Plenário, da Comissão Permanente da Assembleia, das comissões parlamentares, das subcomissões, dos grupos de trabalho criados no âmbito das comissões parlamentares, dos grupos parlamentares, da Conferência de Líderes, da Conferência dos Presidentes das Comissões Parlamentares e das delegações parlamentares.

2. É, ainda, considerado trabalho parlamentar:

   a) A participação de Deputados em reuniões de organizações internacionais;
   b) As jornadas parlamentares, promovidas pelos grupos parlamentares;
   c) As demais reuniões convocadas pelo Presidente da Assembleia;
   d) As reuniões dos grupos parlamentares de preparação da legislatura, realizadas entre as eleições e a primeira reunião da Assembleia.

3. Os trabalhos dos grupos parlamentares realizam-se nos termos do regulamento próprio de cada grupo, a publicar no *Diário*.

ARTIGO 54º
Dias parlamentares

1. A Assembleia funciona todos os dias úteis.

2. A Assembleia funciona ainda, excecionalmente, em qualquer dia imposto pela Constituição e pelo Regimento, ou quando assim o delibere.

3. Quando o termo de qualquer prazo recair em sábado, domingo ou feriado, é transferido para o dia parlamentar seguinte.

ARTIGO 55º
Convocação de reuniões

1. Salvo marcação na reunião anterior, as reuniões do Plenário são convocadas pelo Presidente da Assembleia com a antecedência mínima de vinte e quatro horas.

2. Sem prejuízo do número anterior, as convocatórias do Plenário e das comissões parlamentares são obrigatoriamente feitas por escrito e de modo a que o Deputado delas tome efetivo conhecimento com a antecedência mínima de vinte e quatro horas.

3. É obrigatória, em qualquer circunstância, a convocatória por escrito aos Deputados que tenham faltado à reunião anterior ou não tenham estado presentes aquando da convocatória oral.

ARTIGO 56º
Faltas às reuniões do Plenário e das comissões parlamentares

1. A falta a uma reunião do Plenário ou a uma reunião de comissão parlamentar é comunicada ao Deputado no dia útil seguinte.

2. As faltas às reuniões do Plenário são publicadas no portal da Assembleia da República na *Internet*, com a respetiva natureza da justificação, se houver.

ARTIGO 57º
Organização e funcionamento dos trabalhos parlamentares

1. Os trabalhos parlamentares são organizados de modo a reservar períodos para as reuniões do Plenário, das comissões parlamentares e dos grupos parlamentares, e para o contacto dos Deputados com os eleitores.

2. O Presidente da Assembleia, a solicitação da Conferência de Líderes, pode organizar os trabalhos parlamentares para que os Deputados realizem trabalho político junto dos eleitores, por períodos não superiores a uma semana, nomeadamente aquando da realização de processos eleitorais, para divulgação e discussão pública de assuntos de especial relevância.

3. O Presidente pode ainda suspender os trabalhos da Assembleia quando solicitado por qualquer grupo parlamentar, para o efeito da realização das suas jornadas parlamentares e dos congressos do respetivo partido.

4. As reuniões plenárias têm lugar nas tardes de quarta-feira e quinta-feira e na manhã de sexta-feira.

5. As reuniões plenárias iniciam-se às 10 horas, se tiverem lugar de manhã, e às 15 horas, se tiverem lugar à tarde.

6. As reuniões das comissões parlamentares têm lugar à terça-feira e na parte da manhã de quarta-feira, e, sendo necessário, na parte da tarde de quarta-feira, de quinta-feira e de sexta-feira, após o final das reuniões plenárias.

7. Havendo conveniência para os trabalhos, mediante autorização do Presidente da Assembleia, as comissões parlamentares podem reunir em qualquer local do território nacional, bem como aos sábados, domingos e feriados.

8. O contacto dos Deputados com os eleitores ocorre à segunda-feira.

9. A manhã de quinta-feira é reservada para as reuniões dos grupos parlamentares.

10. O Presidente da Assembleia, ouvida a Conferência de Líderes, pode organizar os trabalhos parlamentares de modo a concentrar numa semana dois dias de contactos dos Deputados com os eleitores e, na semana seguinte, três dias destinados às reuniões e outras atividades das comissões parlamentares, sem prejuízo do referido no nº 4.

11. Por deliberação da Assembleia ou da Conferência de Líderes podem ser marcadas, excecionalmente, mais do que uma reunião para o mesmo dia, bem como reuniões plenárias em dias e horas diferentes dos referidos nos nºs 4 e 5.

ARTIGO 58º
Quórum

1. A Assembleia da República só pode funcionar em reunião plenária com a presença de, pelo menos, um quinto do número de Deputados em efetividade de funções.

2. As deliberações do Plenário são tomadas com a presença de mais de metade dos seus membros em efetividade de funções.

3. Determinada pelo Presidente da Assembleia a verificação do quórum de funcionamento ou de deliberação, os Deputados são convocados ao Plenário e, caso o

mesmo não se encontre preenchido, registam-se as ausências para os efeitos previstos no regime geral de faltas, encerrando-se logo a sessão.

4. No caso previsto no número anterior, os pontos não concluídos acrescem, com precedência, à ordem do dia da sessão ordinária seguinte, sem prejuízo das prioridades referidas nos artigos 62º e 63º, nem do direito dos grupos parlamentares à fixação da ordem do dia.

5. As comissões parlamentares funcionam e deliberam com a presença de mais de metade dos seus membros em efetividade de funções, devendo as restantes regras sobre o seu funcionamento ser definidas nos respetivos regulamentos.

CAPÍTULO II
Organização dos trabalhos e ordem do dia

ARTIGO 59º
Fixação da ordem do dia

1. A ordem do dia é fixada pelo Presidente da Assembleia com a antecedência mínima de 15 dias, de acordo com as prioridades definidas no Regimento.

2. Antes da fixação da ordem do dia, o Presidente da Assembleia ouve, a título indicativo, a Conferência de Líderes, que, na falta de consenso, decide nos termos dos nºs 3 e 4 do artigo 20º

3. Das decisões do Presidente da Assembleia que fixam a ordem do dia cabe recurso para o Plenário, que delibera em definitivo.

4. O recurso da decisão do Presidente da Assembleia que fixa a ordem do dia é votado sem precedência de debate, podendo, todavia, o recorrente expor verbalmente os respetivos fundamentos por tempo não superior a dois minutos.

ARTIGO 60º
Divulgação da ordem do dia

As ordens do dia fixadas são mandadas divulgar pelo Presidente da Assembleia, no prazo de vinte e quatro horas.

ARTIGO 61º
Garantia de estabilidade da ordem do dia

1. A ordem do dia não pode ser preterida nem interrompida, a não ser nos casos expressamente previstos no Regimento ou por deliberação do Plenário, sem votos contra.

2. A sequência das matérias fixadas para cada reunião pode ser modificada por deliberação do Plenário.

ARTIGO 62º
Prioridades das matérias a atender na fixação da ordem do dia

1. Na fixação da ordem do dia, o Presidente da Assembleia respeita as prioridades e precedências fixadas nos seguintes números.

2. Constituem matérias de prioridade absoluta:

a) Autorização ao Presidente da República para declarar a guerra e fazer a paz;
b) Autorização e confirmação da declaração do estado de sítio e do estado de emergência, nos termos da alínea *l)* do artigo 161º da Constituição, e apreciação da sua aplicação nos termos da alínea *b)* do artigo 162º da Constituição;
c) Apreciação do programa do Governo;
d) Votação de moções de confiança ou de censura ao Governo;
e) Aprovação das leis das grandes opções dos planos nacionais e do Orçamento do Estado;
f) Debates sobre política geral provocados por interpelação ao Governo, nos termos da alínea *d)* do nº 2 do artigo 180º da Constituição.

3. Constituem matérias de prioridade relativa:

a) Reapreciação em caso de veto do Presidente da República, nos casos do artigo 136º da Constituição;
b) Aprovação de leis e tratados sobre matérias que constituam reserva absoluta de competência legislativa da Assembleia da República;
c) Apreciação da participação de Portugal no processo de construção da União Europeia;
d) Autorização ao Governo para contrair e conceder empréstimos e realizar outras operações de crédito que não sejam de dívida flutuante, e estabelecer o limite máximo dos avales a conceder em cada ano pelo Governo;
e) Apreciação das contas do Estado e das demais entidades públicas que a lei determinar;
f) Apreciação de decretos-leis aprovados no uso de autorização legislativa;
g) Debate e votação dos estatutos político-administrativos das regiões autónomas;
h) Concessão de amnistias e perdões genéricos;
i) Aprovação de leis e tratados sobre matérias que constituam reserva relativa da competência legislativa da Assembleia da República;
j) Apreciação dos relatórios de execução anuais e finais dos planos;
l) Apreciação de decretos-leis;
m) Aprovação de leis e tratados sobre as restantes matérias.

4. As iniciativas legislativas são integradas na ordem do dia por ordem temporal de emissão de parecer ou, nos casos em que não exista parecer, de admissão, observando-se a representatividade dos grupos parlamentares e o princípio da alternância.

5. Nas restantes matérias, a ordem do dia é fixada segundo a precedência temporal da emissão de parecer ou, na sua inexistência, no da sua apresentação.

6. O Presidente da Assembleia inclui ainda na ordem do dia a apreciação das seguintes matérias:

a) Deliberações sobre o mandato de Deputados;
b) Recursos das suas decisões;
c) Eleições suplementares da Mesa;

d) Constituição de comissões e delegações parlamentares;
e) Comunicações das comissões parlamentares;
f) Recursos da decisão sobre as reclamações, nos termos do artigo 157º, e da determinação da comissão competente, nos termos do artigo 130º;
g) Inquéritos, nos termos dos artigos 233º e 236º;
h) Assentimento à ausência do Presidente da República do território nacional;
i) Designação de titulares de cargos exteriores à Assembleia;
j) Alterações ao Regimento.

ARTIGO 63º
Prioridade a solicitação do Governo e dos grupos parlamentares

1. O Governo e os grupos parlamentares podem solicitar prioridade para assuntos de interesse nacional de resolução urgente.

2. A concessão de prioridade é decidida pelo Presidente da Assembleia, ouvida a Conferência de Líderes, podendo os grupos parlamentares e o Governo recorrer da decisão para o Plenário.

3. A prioridade solicitada pelo Governo e pelos grupos parlamentares não pode prejudicar o disposto no nº 2 do artigo anterior.

ARTIGO 64º
Direito dos grupos parlamentares à fixação da ordem do dia

1. Os grupos parlamentares têm direito à fixação da ordem do dia de reuniões plenárias, durante cada sessão legislativa, nos termos da grelha de direitos potestativos constante do anexo II.

2. Os Deputados únicos representantes de um partido têm direito à fixação da ordem do dia de uma reunião plenária em cada legislatura.

3. A cada uma das reuniões previstas nos números anteriores pode corresponder:

a) Uma iniciativa legislativa, sem prejuízo de a Conferência de Líderes, de acordo com o titular do respetivo direito de agendamento, poder agendar outras do mesmo ou de outro grupo parlamentar que com aquela estejam relacionadas; ou

b) Um debate político, no qual o Governo pode participar.

4. Quando a ordem do dia, fixada nos termos do presente artigo, tiver por base uma iniciativa legislativa, não é aplicável o prazo disposto no artigo 136º e o seu autor pode optar pela sua apresentação em Plenário.

5. O exercício do direito previsto no presente artigo é anunciado ao Presidente da Assembleia, em Conferência de Líderes, até ao dia 15 de cada mês para que possa produzir efeitos no mês seguinte, em conformidade com o disposto no artigo 59º

6. O autor do agendamento referido na alínea *a)* do nº 3 tem direito a requerer a votação na generalidade no próprio dia.

7. No caso previsto no número anterior, se o projeto for aprovado na generalidade, o grupo parlamentar ou o seu autor tem o direito de obter a votação na especialidade e a votação final global no prazo máximo de 30 dias.

CAPÍTULO III
Reuniões plenárias

SECÇÃO I
Realização das reuniões

ARTIGO 65º
Realização das reuniões plenárias

1. Durante o funcionamento do Plenário não podem ocorrer reuniões de comissões parlamentares, salvo autorização excecional do Presidente da Assembleia.
2. Sempre que ocorram reuniões de comissões parlamentares em simultâneo com as reuniões do Plenário, o Presidente da Assembleia deve fazer o seu anúncio público no Plenário e mandar interromper obrigatoriamente os trabalhos daquelas para que os Deputados possam exercer, no Plenário, o seu direito de voto.

ARTIGO 66º
Lugar na sala das reuniões plenárias

1. Os Deputados tomam lugar na sala pela forma acordada entre o Presidente da Assembleia e os representantes dos grupos parlamentares.
2. Na falta de acordo, a Assembleia delibera.
3. Na sala de reuniões há lugares reservados para os membros do Governo.

ARTIGO 67º
Presenças dos Deputados

A presença dos Deputados nas reuniões plenárias é objeto de registo obrigatoriamente efetuado pelos próprios.

ARTIGO 68º
Proibição da presença de pessoas estranhas

Durante o funcionamento das reuniões não é permitida a presença de pessoas que não tenham assento na Assembleia ou não estejam em serviço.

ARTIGO 69º
Continuidade das reuniões

1. As reuniões só podem ser interrompidas nos seguintes casos:

a) Por deliberação do Plenário, a requerimento de um grupo parlamentar;
b) Por decisão do Presidente da Assembleia, para obviar a situação de falta de quórum, procedendo-se a nova contagem quando o Presidente assim o determinar;
c) Por decisão do Presidente da Assembleia, para garantir o bom andamento dos trabalhos.

2. A interrupção a que se refere a alínea *a)* do número anterior, se deliberada, não pode exceder 30 minutos.

ARTIGO 70º
Expediente e informação

Aberta a reunião, a Mesa procede:

a) À menção ou leitura de qualquer reclamação, sobre omissões ou inexatidões do *Diário*, apresentada por qualquer Deputado ou membro do Governo interessado;

b) À menção dos projetos e propostas de lei ou de resolução e das moções presentes na Mesa;

c) À comunicação das decisões do Presidente da Assembleia e das deliberações da Mesa, bem como de qualquer facto ou situação cujo anúncio o Regimento impuser ou seja de interesse para a Assembleia.

ARTIGO 71º
Declarações políticas

1. Cada grupo parlamentar tem direito a produzir, semanalmente, uma declaração política com a duração máxima de seis minutos.

2. Cada Deputado único representante de um partido tem direito a produzir três declarações políticas por sessão legislativa, e cada Deputado não inscrito tem direito a produzir duas declarações políticas por sessão legislativa.

3. Os grupos parlamentares, os Deputados não inscritos e os Deputados únicos representantes de partido que queiram usar do direito consignado nos números anteriores devem comunicá-lo à Mesa até ao início da respetiva reunião.

4. Em caso de conflito na ordem das inscrições, a Mesa garante o equilíbrio semanal no uso da palavra entre os grupos parlamentares.

5. As declarações políticas são produzidas imediatamente a seguir ao expediente, salvo nos casos previstos no nº 2 do artigo 72º

6. Cada grupo parlamentar dispõe de dois minutos para solicitar esclarecimentos ao orador, e este de igual tempo para dar explicações.

ARTIGO 72º
Debate de atualidade

1. Em cada quinzena pode realizar-se um debate de atualidade a requerimento potestativo de um grupo parlamentar.

2. O debate de atualidade realiza-se imediatamente a seguir ao expediente, sem prejuízo da existência de declarações políticas dos grupos parlamentares.

3. Cada grupo parlamentar pode, por sessão legislativa, requerer potestativamente a realização de debates de atualidade, nos termos da grelha de direitos potestativos constante do anexo II.

4. O tema do debate é fixado por cada grupo parlamentar e comunicado ao Presidente da Assembleia até às 11 horas, no caso de a reunião plenária se realizar na parte da tarde, ou às 18 horas do dia anterior, no caso de a reunião ocorrer da parte da manhã.

5. O Presidente da Assembleia manda, de imediato, comunicar o tema aos restantes grupos parlamentares e ao Governo.

6. O Governo faz-se representar obrigatoriamente no debate através de um dos seus membros.

7. O debate é aberto pelo grupo parlamentar que fixou o tema, através de uma intervenção com a duração máxima de seis minutos.

8. Segue-se um período de pedidos de esclarecimento e de debate, onde podem intervir qualquer Deputado e o Governo.

9. Cada grupo parlamentar dispõe do tempo global de cinco minutos para o debate e o Governo dispõe de seis minutos.

10. Para além do direito potestativo referido no nº 1, o debate de atualidade pode ainda realizar-se pela iniciativa conjunta de três grupos parlamentares, por troca com as respetivas declarações políticas semanais, não sendo obrigatória a presença do Governo.

11. Na modalidade referida no número anterior, o debate inicia-se com as intervenções dos grupos parlamentares requerentes, pela ordem por estes indicada, seguindo-se o debate.

ARTIGO 73º
Debate temático

1. O Presidente da Assembleia, as comissões parlamentares, os grupos parlamentares ou o Governo podem propor, à Conferência de Líderes, a realização de um debate sobre um tema específico.

2. A data em que se realiza o debate deve ser fixada com 15 dias de antecedência.

3. Quando a realização do debate decorrer por força de disposição legal, a Assembleia delibera, em prazo não superior a 10 dias, sobre a sua realização ou agendamento.

4. O Governo tem a faculdade de participar nos debates.

5. O proponente do debate deve, previamente, entregar aos Deputados, aos grupos parlamentares e ao Governo um documento enquadrador do debate, bem como outra documentação pertinente relativa ao mesmo.

6. Quando a iniciativa for da comissão parlamentar competente em razão da matéria, esta aprecia o assunto do debate e elabora relatório que contenha, se for caso disso, os seguintes elementos:

a) Uma justificação dos motivos e da sua oportunidade;
b) Os factos e situações que lhe respeitem;
c) O enquadramento legal e doutrinário do tema em debate;
d) As conclusões.

ARTIGO 74º
Debates de urgência

1. Os grupos parlamentares e o Governo podem requerer fundamentadamente ao Presidente da Assembleia a realização de debates de urgência.

2. Os requerimentos para a realização dos debates de urgência são apreciados e aprovados pela Conferência de Líderes, na primeira reunião posterior à apresentação do requerimento.

3. Na falta de consenso quanto à marcação da data para a sua realização, o debate de urgência realiza-se numa reunião plenária da semana da sua aprovação pela Conferência de Líderes.

4. O debate é organizado em duas voltas, de forma a permitir pedidos adicionais de esclarecimento.

5. Durante a sessão legislativa, cada grupo parlamentar tem direito à marcação de debates de urgência, nos termos da grelha de direitos potestativos constante do anexo II.

6. Nos casos em que a realização do debate decorre do exercício do direito referido no número anterior, cabe ao grupo parlamentar proponente o encerramento do debate.

ARTIGO 75º
Emissão de votos

1. Os votos de congratulação, protesto, condenação, saudação ou pesar podem ser propostos pelos Deputados, pelos grupos parlamentares ou pela Mesa.

2. Os Deputados que queiram propor qualquer voto devem comunicar à Mesa a sua intenção até ao início da reunião.

3. A discussão e votação são feitas, em regra, no início de cada período regimental de votações, dispondo cada grupo parlamentar de dois minutos para o uso da palavra.

4. No caso de haver mais de um voto sobre assuntos diversos, o tempo de cada grupo parlamentar pode ser alargado a quatro minutos e desdobrado de acordo com a organização da sua apresentação.

5. Nos casos em que o voto não tenha sido distribuído em reunião plenária anterior, a discussão e a votação são adiadas para o período regimental de votações seguinte, a requerimento de, pelo menos, 10 Deputados ou de um grupo parlamentar.

SECÇÃO II
Uso da palavra

ARTIGO 76º
Uso da palavra pelos Deputados

1. A palavra é concedida aos Deputados para:
   a) Fazer declarações políticas;
   b) Apresentar projetos de lei, de resolução ou de deliberação;
   c) Exercer o direito de defesa, nos casos previstos nos artigos 2º e 3º;
   d) Participar nos debates;
   e) Fazer perguntas ao Governo sobre quaisquer atos deste ou da Administração Pública;

f) Invocar o Regimento ou interpelar a Mesa;
g) Fazer requerimentos;
h) Formular ou responder a pedidos de esclarecimento;
i) Reagir contra ofensas à honra ou consideração ou dar explicações nos termos do artigo 84º;
j) Interpor recursos;
l) Fazer protestos e contraprotestos;
m) Produzir declarações de voto.

2. Sem prejuízo do que se dispõe do número anterior, cada Deputado tem direito a produzir uma intervenção por cada sessão legislativa, pelo período máximo de 10 minutos, não contabilizável nos tempos do seu grupo parlamentar.

3. A intervenção a que se refere o número anterior é feita imediatamente a seguir à última declaração política, pela ordem de inscrição, alternando Deputados de diferentes grupos parlamentares, sem exclusão dos Deputados únicos representantes de partidos e dos Deputados não inscritos.

ARTIGO 77º
Ordem no uso da palavra

1. A palavra é dada pela ordem das inscrições, mas o Presidente da Assembleia promove de modo a que não intervenham seguidamente, havendo outros inscritos, Deputados do mesmo grupo parlamentar ou membros do Governo.

2. É autorizada, a todo o tempo, a troca entre quaisquer oradores inscritos.

3. A ordem dos oradores deve ser visível para o hemiciclo.

ARTIGO 78º
Uso da palavra pelos membros do Governo

1. A palavra é concedida aos membros do Governo para:

a) Apresentar propostas de lei e de resolução, propostas de alteração e moções;
b) Participar nos debates;
c) Responder a perguntas de Deputados sobre quaisquer atos do Governo ou da Administração Pública;
d) Invocar o Regimento ou interpelar a Mesa;
e) Formular ou responder a pedidos de esclarecimento;
f) Reagir contra ofensas à honra ou consideração ou dar explicações nos termos do artigo 84º;
g) Fazer protestos e contraprotestos.

2. A seu pedido, o Governo pode intervir, semanalmente, para produzir uma declaração, desde que dê conhecimento prévio do tema aos grupos parlamentares através do Presidente da Assembleia.

3. A intervenção a que se refere o número anterior tem lugar após as declarações políticas dos grupos parlamentares e as referidas no nº 3 do artigo 76º, se as houver,

e não pode exceder seis minutos, abrindo-se depois dela um período de debate de duração não superior a 30 minutos.

ARTIGO 79º
Fins do uso da palavra

1. Quem solicitar a palavra deve declarar para que fim a pretende.
2. Quando o orador se afaste da finalidade para que lhe foi concedida a palavra, é advertido pelo Presidente da Assembleia, que pode retirá-la se o orador persistir na sua atitude.

ARTIGO 80º
Invocação do Regimento e perguntas à Mesa

1. O Deputado que pedir a palavra para invocar o Regimento indica a norma infringida, com as considerações estritamente indispensáveis para o efeito.
2. Os Deputados podem interpelar a Mesa quando tenham dúvidas sobre as decisões desta ou a orientação dos trabalhos.
3. Não há justificação nem discussão das perguntas dirigidas à Mesa.
4. O uso da palavra para invocar o Regimento e interpelar a Mesa não pode exceder dois minutos.

ARTIGO 81º
Requerimentos à Mesa

1. São considerados requerimentos à Mesa apenas os pedidos que lhe sejam dirigidos sobre o processo de apresentação, discussão e votação de qualquer assunto ou funcionamento da reunião.
2. Os requerimentos podem ser formulados por escrito ou oralmente.
3. Os requerimentos escritos são imediatamente anunciados pela Mesa e distribuídos pelos grupos parlamentares.
4. Os requerimentos orais, assim como a leitura dos requerimentos escritos, se pedida, não podem exceder dois minutos.
5. Admitido qualquer requerimento, nos termos da alínea *c*) do nº 1 do artigo 16º, é imediatamente votado sem discussão.
6. A votação dos requerimentos é feita pela ordem da sua apresentação.
7. Não são admitidas declarações de voto orais.

ARTIGO 82º
Reclamações e recursos

1. Qualquer Deputado pode reclamar das decisões do Presidente da Assembleia ou da Mesa, bem como recorrer delas para o Plenário.
2. O Deputado que tiver recorrido pode usar da palavra para fundamentar o recurso por tempo não superior a três minutos.
3. No caso de recurso apresentado por mais de um Deputado, só pode intervir na respetiva fundamentação um dos seus apresentantes, pertençam ou não ao mesmo grupo parlamentar.

4. Havendo vários recursos com o mesmo objeto, só pode intervir na respetiva fundamentação um Deputado de cada grupo parlamentar a que os recorrentes pertençam.

5. Pode ainda usar da palavra pelo período de três minutos um Deputado de cada grupo parlamentar que não se tenha pronunciado nos termos dos números anteriores.

6. Não há lugar a declarações de voto orais.

ARTIGO 83º
Pedidos de esclarecimento

1. Os Deputados que queiram formular pedidos de esclarecimento sobre matéria em dúvida enunciada pelo orador que tiver acabado de intervir devem inscrever-se até ao termo da intervenção que os suscitou, sendo formulados e respondidos pela ordem de inscrição.

2. O orador interrogante e o orador respondente dispõem de dois minutos por cada intervenção, não podendo, porém, o orador respondente acumular tempos de resposta por período superior a três minutos se não desejar usar da palavra a seguir a cada orador interrogante.

ARTIGO 84º
Reação contra ofensas à honra ou consideração

1. Sempre que um Deputado ou membro do Governo considere que foram proferidas expressões ofensivas da sua honra ou consideração pode, para se defender, usar da palavra por tempo não superior a dois minutos.

2. O autor das expressões consideradas ofensivas pode dar explicações por tempo não superior a dois minutos.

3. O Presidente da Assembleia anota o pedido para a defesa referido no nº 1, para conceder o uso da palavra e respetivas explicações, a seguir ao termo do debate em curso, sem prejuízo de a poder conceder imediatamente, quando considere que as situações especialmente o justificam.

4. Quando for invocada por um membro da respetiva direção a defesa da consideração devida a todo um grupo parlamentar, ou pelo Governo, o Presidente da Assembleia, verificado o agravo, concede de imediato a palavra.

ARTIGO 85º
Protestos e contraprotestos

1. Por cada grupo parlamentar e sobre a mesma intervenção apenas é permitido um protesto.

2. O tempo para o protesto é de dois minutos.

3. Não são admitidos protestos a pedidos de esclarecimento e às respetivas respostas, bem como a declarações de voto.

4. O contraprotesto tem lugar imediatamente a seguir ao protesto a que respeite e não pode exceder um minuto.

ARTIGO 86º
Proibição do uso da palavra no período da votação

Anunciado o início da votação, nenhum Deputado pode usar da palavra até à proclamação do resultado, exceto para apresentar requerimentos respeitantes ao processo de votação.

ARTIGO 87º
Declarações de voto

1. Cada Deputado, a título pessoal, ou grupo parlamentar tem direito a produzir, no final de cada votação, uma declaração de voto escrita esclarecendo o sentido da sua votação.

2. As declarações de voto orais que incidam sobre moção de rejeição do programa do Governo, sobre moção de confiança ou de censura ou sobre votações finais das grandes opções dos planos nacionais e do Orçamento do Estado não podem exceder cinco minutos.

3. As declarações de voto por escrito devem ser entregues na Mesa, impreterivelmente, até ao terceiro dia útil após a votação que lhes deu origem.

ARTIGO 88º
Uso da palavra pelos membros da Mesa

Se os membros da Mesa quiserem usar da palavra em reunião plenária na qual se encontram em funções não podem reassumi-las até ao termo do debate ou da votação, se a esta houver lugar.

ARTIGO 89º
Modo de usar a palavra

1. No uso da palavra, os oradores dirigem-se ao Presidente e à Assembleia e devem manter-se de pé.

2. O orador não pode ser interrompido sem o seu consentimento, não sendo, porém, consideradas interrupções as vozes de concordância, discordância, ou análogas.

3. O orador é advertido pelo Presidente da Assembleia quando se desvie do assunto em discussão ou quando o discurso se torne injurioso ou ofensivo, podendo retirar-lhe a palavra.

4. O orador pode ser avisado pelo Presidente da Assembleia para resumir as suas considerações quando se aproxime o termo do tempo regimental.

ARTIGO 90º
Organização dos debates

1. Quando o Regimento o não fixar, a Conferência de Líderes delibera sobre o tempo global de cada debate, bem como sobre a sua distribuição.

2. O tempo gasto com pedidos de esclarecimento e resposta, protestos e contraprotestos é considerado no tempo atribuído ao grupo parlamentar a que pertence o Deputado.

SECÇÃO III
Deliberações e votações

ARTIGO 91º
Deliberações

Todas as deliberações são tomadas no período regimental das votações, salvo sobre os votos previstos no artigo 75º quando, pela sua natureza, urgência ou oportunidade, devam ser apreciados e votados noutra altura, havendo consenso, e ainda sobre os pareceres relativos à substituição de Deputados ou a diligências judiciais urgentes.

ARTIGO 92º
Requisitos e condições da votação

1. As deliberações são tomadas à pluralidade de votos, com a presença da maioria legal de Deputados em efetividade de funções, previamente verificada por recurso ao mecanismo eletrónico de voto e anunciada pela Mesa, salvo nos casos especialmente previstos na Constituição ou no Regimento.

2. As abstenções não contam para o apuramento da maioria.

3. O resultado de cada votação é imediatamente anunciado pela Mesa, com menção expressa do preenchimento dos requisitos constitucionais ou regimentais aplicáveis.

4. As deliberações sem eficácia externa, tomadas sobre aspetos circunscritos à coordenação de trabalhos ou seus procedimentos, são válidas desde que verificado o quórum de funcionamento.

ARTIGO 93º
Voto

1. Cada Deputado tem um voto.

2. Nenhum Deputado presente pode deixar de votar sem prejuízo do direito de abstenção.

3. Não é admitido o voto por procuração ou por correspondência.

4. O Presidente da Assembleia só exerce o direito de voto quando assim o entender.

ARTIGO 94º
Forma das votações

1. As votações são realizadas pelas seguintes formas:

   a) Por levantados e sentados, que constitui a forma usual de votar;
   b) Por recurso ao voto eletrónico;
   c) Por votação nominal;
   d) Por escrutínio secreto.

2. Não são admitidas votações em alternativa.

3. Nas votações por levantados e sentados, a Mesa apura os resultados de acordo com a representatividade dos grupos parlamentares, especificando o número de votos individualmente expressos em sentido distinto da respetiva bancada e a sua influência no resultado, quando a haja.

4. Nos casos em que a Constituição exija a obtenção de uma maioria qualificada, as votações são realizadas também por recurso ao voto eletrónico.

5. A votação por recurso ao voto eletrónico deve ser organizada de modo a permitir conhecer o resultado global quantificado e a registar a orientação individual dos votos expressos.

ARTIGO 95º
Hora de votação

1. A votação realiza-se na última reunião plenária de cada semana em que constem da ordem do dia a discussão de matérias que exijam deliberação dos Deputados.

2. Se a reunião decorrer na parte da manhã, a votação realiza-se às 12 horas; se decorrer da parte da tarde, realiza-se às 18 horas.

3. O Presidente da Assembleia, ouvida a Conferência de Líderes, pode fixar outra hora para votação, a qual deve ser divulgada com uma semana de antecedência.

4. Antes da votação, o Presidente da Assembleia faz acionar a campainha de chamada e manda avisar as comissões parlamentares que se encontrem em funcionamento.

ARTIGO 96º
Guião das votações

1. A Mesa da Assembleia é responsável pela elaboração do guião das votações, o qual deve ser distribuído por todos os Deputados:

a) Até às 18 horas de quarta-feira, quando as votações ocorram à sexta-feira;

b) Com a antecedência de vinte e quatro horas, quando as votações ocorram noutro dia.

2. Após os prazos referidos no número anterior, o guião só pode ser objeto de alteração desde que nenhum grupo parlamentar se oponha.

3. Do guião de votações devem constar, discriminadas, todas as votações que vão ter lugar, incluindo, sempre que possível, as relativas aos pareceres da comissão parlamentar competente quanto à aplicação do Estatuto dos Deputados.

ARTIGO 97º
Escrutínio secreto

Fazem-se por escrutínio secreto:

a) As eleições;

b) As deliberações que, segundo o Regimento ou o Estatuto dos Deputados, devam observar essa forma.

ARTIGO 98º
Votação nominal e votação sujeita a contagem

1. A requerimento de um décimo dos Deputados, a votação é nominal quando incida sobre as seguintes matérias:

a) Autorização para declarar a guerra e para fazer a paz;
b) Autorização e confirmação da declaração do estado de sítio ou de estado de emergência;
c) Acusação do Presidente da República;
d) Concessão de amnistias ou perdões genéricos;
e) Reapreciação de decretos ou resoluções sobre os quais tenha sido emitido veto presidencial.

2. Pode ainda ter lugar votação nominal sobre quaisquer outras matérias, se a Assembleia ou a Conferência de Líderes assim o deliberarem.

3. A votação nominal é feita por chamada dos Deputados, segundo a ordem alfabética, sendo a expressão do voto também registada por meio eletrónico.

4. Para além das situações em que é exigível maioria qualificada, a votação pode ser sujeita a contagem, realizando-se por meio eletrónico nos casos previamente estabelecidos pela Conferência de Líderes ou, quando a Assembleia o delibere, a requerimento de, pelo menos, 10 Deputados.

5. As deliberações previstas nos nºs 2 e 4 são tomadas nos termos do disposto no nº 3 do artigo 94º

ARTIGO 99º
Empate na votação

1. Quando a votação produza empate, a matéria sobre a qual ela tiver recaído entra de novo em discussão.

2. Se o empate se tiver dado em votação não precedida de discussão, por não ter sido pedida a palavra, a votação repete-se na reunião imediata, com possibilidade de discussão.

3. O empate na segunda votação equivale a rejeição.

CAPÍTULO IV
Reuniões das comissões parlamentares

ARTIGO 100º
Convocação e ordem do dia

1. As reuniões de cada comissão parlamentar são marcadas pela própria comissão ou pelo seu presidente.

2. A ordem do dia é fixada por cada comissão parlamentar ou pelo seu presidente, ouvidos os representantes dos grupos parlamentares na comissão parlamentar.

ARTIGO 101º
Colaboração ou presença de outros Deputados

1. Nas reuniões das comissões parlamentares podem participar, sem direito a voto, os Deputados autores do projeto de lei ou de resolução em apreciação.

2. Qualquer outro Deputado pode assistir às reuniões e, se a comissão parlamentar o autorizar, pode participar nos trabalhos sem direito a voto.

3. Os Deputados podem enviar observações escritas às comissões parlamentares sobre matéria da sua competência.

ARTIGO 102º
Participação de membros do Governo e outras entidades

1. Os membros do Governo podem participar nos trabalhos das comissões parlamentares a solicitação destas ou por sua iniciativa.

2. As comissões parlamentares podem solicitar a participação nos seus trabalhos de quaisquer cidadãos, e designadamente:

a) Dirigentes e funcionários da administração direta do Estado;

b) Dirigentes, funcionários e contratados da administração indireta do Estado e do setor empresarial do Estado.

3. As comissões parlamentares podem admitir a participação nos seus trabalhos das entidades referidas na alínea *a)* do número anterior, desde que autorizadas pelos respetivos ministros.

4. As diligências previstas no presente artigo são efetuadas através do presidente da comissão parlamentar, delas sendo dado conhecimento ao Presidente da Assembleia.

ARTIGO 103º
Poderes das comissões parlamentares

1. As comissões parlamentares podem requerer ou proceder a quaisquer diligências necessárias ao bom exercício das suas funções, nomeadamente:

a) Proceder a estudos;
b) Requerer informações ou pareceres;
c) Solicitar depoimentos de quaisquer cidadãos;
d) Realizar audições parlamentares;
e) Requisitar e contratar especialistas para as coadjuvar nos seus trabalhos;
f) Efetuar missões de informação ou de estudo.

2. Todos os documentos em análise, ou já analisados, pelas comissões parlamentares, que não contenham matéria reservada, devem ser disponibilizados no portal da Assembleia na *Internet*.

3. Os jornalistas têm direito a aceder a todos os documentos distribuídos para cada reunião da comissão parlamentar, exceto se contiverem matéria reservada.

ARTIGO 104º
Audições parlamentares

1. A Assembleia da República pode realizar audições parlamentares, individuais ou coletivas, que têm lugar nas comissões parlamentares por deliberação das mesmas.

2. Os ministros devem ser ouvidos em audição pelas respetivas comissões parlamentares pelo menos quatro vezes por cada sessão legislativa, de acordo com o calendário fixado até à primeira semana da respetiva sessão legislativa, em Conferência de Líderes.

3. Qualquer das entidades referidas no artigo 102º pode ser ouvida em audição parlamentar.

4. Cada grupo parlamentar pode, em cada sessão legislativa, requerer potestativamente a presença de membros do Governo, e das entidades referidas na alínea *b*) do nº 2 do artigo 102º, nos termos da grelha de direitos potestativos constante do anexo II.

5. Os direitos potestativos referidos no número anterior não podem ser utilizados mais do que duas vezes consecutivas para o mesmo membro do Governo.

ARTIGO 105º
Colaboração entre comissões parlamentares

Duas ou mais comissões parlamentares podem reunir em conjunto para o estudo de assuntos de interesse comum, não podendo, porém, tomar deliberações.

ARTIGO 106º
Regulamentos das comissões parlamentares

1. Cada comissão parlamentar elabora o seu regulamento.

2. Na falta ou insuficiência do regulamento da comissão parlamentar, aplica-se, por analogia, o Regimento.

ARTIGO 107º
Atas das comissões parlamentares

1. De cada reunião das comissões parlamentares é lavrada uma ata da qual devem constar a indicação das presenças e faltas, um sumário dos assuntos tratados, as posições dos Deputados, dos grupos parlamentares e o resultado das votações, com as respetivas declarações de voto individuais ou coletivas.

2. Por deliberação da comissão parlamentar, as reuniões ou parte delas podem ser gravadas.

3. As atas das comissões parlamentares relativas às reuniões públicas são publicadas integralmente no portal da Assembleia da República na *Internet*.

4. São referidos nominalmente nas atas os Deputados que votaram, assim como o sentido do seu voto, desde que um membro da comissão parlamentar o requeira.

ARTIGO 108º
Plano e relatório de atividades das comissões parlamentares

1. As comissões parlamentares elaboram, no final da sessão legislativa, a sua proposta de plano de atividades, acompanhada da respetiva proposta de orçamento, para

a sessão legislativa seguinte, que submetem à apreciação do Presidente da Assembleia, ouvida a Conferência dos Presidentes das Comissões Parlamentares.

2. O plano de atividades para a primeira sessão legislativa, bem como a respetiva proposta de orçamento, devem ser elaborados, pelos presidentes das comissões parlamentares, no prazo de 15 dias após a sua instalação.

3. As comissões parlamentares informam a Assembleia, no final da sessão legislativa, sobre o andamento dos seus trabalhos, através de relatórios da competência dos respetivos presidentes, publicados no *Diário*, cabendo à Conferência dos Presidentes das Comissões Parlamentares propor os modos da sua apreciação.

ARTIGO 109º
Instalações e apoio das comissões parlamentares

1. As comissões parlamentares dispõem de instalações próprias na sede da Assembleia.

2. Os trabalhos de cada comissão parlamentar são apoiados por funcionários administrativos e assessorias adequadas, nos termos da lei.

CAPÍTULO V
Publicidade dos trabalhos e atos da Assembleia

SECÇÃO I
Publicidade dos trabalhos da Assembleia

ARTIGO 110º
Publicidade das reuniões

1. As reuniões plenárias e das comissões parlamentares são públicas.

2. As comissões parlamentares podem, excecionalmente, reunir à porta fechada, quando o caráter reservado das matérias a tratar o justifique.

ARTIGO 111º
Colaboração dos meios de comunicação social

1. Para o exercício da sua função, são reservados lugares na sala das reuniões para os representantes dos órgãos de comunicação social, devidamente credenciados.

2. Achando-se esgotados os lugares reservados aos representantes dos órgãos de comunicação social, os serviços da Assembleia asseguram a sua assistência às reuniões plenárias noutro local disponível.

3. A Mesa providencia a distribuição de textos dos assuntos em discussão e das intervenções aos representantes dos órgãos de comunicação social.

ARTIGO 112º
Diário da Assembleia da República

1. O jornal oficial da Assembleia é o *Diário da Assembleia da República*.

2. A Assembleia aprova através de resolução, designadamente, a organização do *Diário*, o seu conteúdo, a sua elaboração e o respetivo índice.

3. As séries do *Diário* são publicadas integralmente no portal da Assembleia da República na *Internet*.

ARTIGO 113º
Divulgação eletrónica

Todos os atos e documentos de publicação obrigatória em *Diário*, bem como todos os documentos cuja produção e tramitação seja imposta pelo Regimento, devem ser disponibilizados, em tempo real, no portal da Assembleia da *Internet* e na *intranet*.

ARTIGO 114º
Informação

Para informação dos Deputados, dos órgãos de comunicação social e do público em geral, a Mesa promove, em articulação com o Secretário-Geral:

a) A distribuição, antes de cada reunião plenária, de um boletim com a ordem do dia e outras informações sobre as atividades parlamentares;

b) A publicação anual, em edições especiais, de relatórios elaborados no âmbito das diferentes comissões parlamentares, ouvidas as respetivas mesas;

c) Outras iniciativas destinadas a ampliar o conhecimento das múltiplas atividades da Assembleia da República.

SECÇÃO II
Publicidade dos atos da Assembleia

ARTIGO 115º
Publicação na 1ª série do *Diário da República*

1. Os atos da Assembleia da República que, nos termos da lei, devam ser publicados na 1ª série do *Diário da República* são remetidos à Imprensa Nacional pelo Presidente da Assembleia, no mais curto prazo.

2. Qualquer Deputado ou grupo parlamentar pode solicitar a rectificação dos textos dos atos publicados no *Diário da República*, a qual é apreciada pelo Presidente, que, ouvida a Mesa, a remete à Imprensa Nacional em prazo compatível com o legalmente previsto para a publicação de retificações.

ARTIGO 116º
Publicação de deliberações no *Diário da Assembleia da República*

1. As deliberações da Assembleia da República, da Comissão Permanente, da Mesa da Assembleia e da Conferência de Líderes são reduzidas a escrito, obedecem a formulário inicial e são assinadas pelo Presidente da Assembleia.

2. As deliberações, quando não devam revestir as formas previstas no artigo 166º da Constituição, são identificadas, obedecem a numeração comum, por anos civis e com referência aos órgãos de que provêm, e são publicadas na 2ª série do *Diário*.

CAPÍTULO VI
Relatório da atividade da Assembleia da República

ARTIGO 117º
Periodicidade e conteúdo

1. No início de cada sessão legislativa é editado, sob responsabilidade da Mesa da Assembleia, o relatório da atividade da Assembleia da República na sessão legislativa anterior.

2. Do relatório consta, designadamente, a descrição sumária das iniciativas legislativas e de fiscalização apresentadas e respetiva tramitação, bem como a indicação dos demais atos praticados no exercício da competência da Assembleia.

TÍTULO IV
Formas de processo

CAPÍTULO I
Processo legislativo

SECÇÃO I
Processo legislativo comum

DIVISÃO I
Iniciativa

ARTIGO 118º
Poder de iniciativa

A iniciativa da lei compete aos Deputados, aos grupos parlamentares e ao Governo, bem como, no respeitante às regiões autónomas, às respetivas Assembleias Legislativas, e ainda, nos termos e condições estabelecidos na lei, a grupos de cidadãos eleitores.

ARTIGO 119º
Formas de iniciativa

1. A iniciativa originária da lei toma a forma de projeto de lei quando exercida pelos Deputados ou grupos parlamentares, e de proposta de lei quando exercida pelo Governo ou pelas Assembleias Legislativas das regiões autónomas.

2. A iniciativa superveniente toma a forma de proposta de alteração.

ARTIGO 120º
Limites da iniciativa

1. Não são admitidos projetos e propostas de lei ou propostas de alteração que:

a) Infrinjam a Constituição ou os princípios nela consignados;
b) Não definam concretamente o sentido das modificações a introduzir na ordem legislativa.

2. Os Deputados, os grupos parlamentares, as Assembleias Legislativas das regiões autónomas e os grupos de cidadãos eleitores não podem apresentar projetos de lei, propostas de lei ou propostas de alteração que envolvam, no ano económico em curso, aumento das despesas ou diminuição das receitas do Estado previstas no Orçamento.

3. Os projetos e as propostas de lei definitivamente rejeitados não podem ser renovados na mesma sessão legislativa.

ARTIGO 121º
Renovação da iniciativa

1. Os projetos e as propostas de lei não votados na sessão legislativa em que foram apresentados não carecem de ser renovados nas sessões legislativas seguintes, salvo termo da legislatura.

2. As propostas de lei caducam com a demissão do Governo ou, quando da iniciativa da Assembleia Legislativa de uma região autónoma, com o termo da respetiva legislatura.

ARTIGO 122º
Cancelamento da iniciativa

1. Admitido qualquer projeto ou proposta de lei ou qualquer proposta de alteração, os seus autores podem retirá-lo até à votação na generalidade.

2. Se outro Deputado ou o Governo adotar como seu o projeto ou proposta que se pretende retirar, a iniciativa segue os termos do Regimento como projeto ou proposta do adotante.

ARTIGO 123º
Exercício da iniciativa

1. Nenhum projeto de lei pode ser subscrito por mais de 20 Deputados.

2. As propostas de lei são subscritas pelo Primeiro-Ministro e ministros competentes em razão da matéria e devem conter a menção de que foram aprovadas em Conselho de Ministros.

3. As propostas de lei de iniciativa das Assembleias Legislativas das regiões autónomas são assinadas pelos respetivos presidentes.

ARTIGO 124º
Requisitos formais dos projetos e propostas de lei

1. Os projetos e propostas de lei devem:

a) Ser redigidos sob a forma de artigos, eventualmente divididos em números e alíneas;
b) Ter uma designação que traduza sinteticamente o seu objeto principal;
c) Ser precedidos de uma breve justificação ou exposição de motivos.

2. O requisito referido na alínea *c)* do número anterior implica, no que diz respeito às propostas de lei e na medida do possível, a apresentação, de modo abreviado, dos seguintes elementos:
a) Uma memória descritiva das situações sociais, económicas, financeiras e políticas a que se aplica;
b) Uma informação sobre os benefícios e as consequências da sua aplicação;
c) Uma resenha da legislação vigente referente ao assunto.

3. As propostas de lei devem ser acompanhadas dos estudos, documentos e pareceres que as tenham fundamentado.

4. Não são admitidos os projetos e as propostas de lei que hajam preterido o prescrito na alínea *a)* do nº 1.

5. A falta dos requisitos das alíneas *b)* e *c)* do nº 1 implica a necessidade de suprimento no prazo de cinco dias, ou, tratando-se de proposta de lei de Assembleia Legislativa de região autónoma, no prazo que o Presidente da Assembleia fixar.

ARTIGO 125º
Processo

1. Os projetos e propostas de lei são entregues na Mesa para efeitos de admissão pelo Presidente da Assembleia e de publicação no *Diário*, nos termos da Constituição e do Regimento.

2. No prazo de quarenta e oito horas, o Presidente da Assembleia deve comunicar ao autor ou ao primeiro signatário a decisão de rejeição.

3. Os projetos e propostas de lei e as propostas de alteração são registados e numerados pela ordem da sua entrega na Mesa.

4. Os projetos e propostas de lei são identificados, em epígrafe, pelo número, legislatura e sessão legislativa.

5. Por indicação dos subscritores, os projetos de lei podem ainda conter em epígrafe o nome do grupo parlamentar proponente ou do primeiro Deputado subscritor, pelo qual deve ser designado durante a sua tramitação.

ARTIGO 126º
Recurso

1. Admitido um projeto ou proposta de lei e distribuído à comissão parlamentar competente, ou rejeitado, o Presidente comunica o facto à Assembleia.

2. Até ao termo da reunião subsequente, qualquer Deputado pode recorrer, por requerimento escrito e fundamentado, da decisão do Presidente da Assembleia.

3. Interposto recurso, o Presidente submete-o à apreciação da comissão parlamentar pelo prazo de quarenta e oito horas.

4. A comissão parlamentar elabora parecer fundamentado, o qual é agendado para votação na reunião plenária subsequente ao termo do prazo referido no número anterior.

5. O parecer é lido e votado no Plenário, podendo cada grupo parlamentar produzir uma intervenção de duração não superior a dois minutos, salvo decisão da Conferência de Líderes que aumente os tempos do debate.

ARTIGO 127º
Natureza das propostas de alteração

1. As propostas de alteração podem ter a natureza de propostas de emenda, substituição, aditamento ou eliminação.

2. Consideram-se propostas de emenda as que, conservando todo ou parte do texto em discussão, restrinjam, ampliem ou modifiquem o seu sentido.

3. Consideram-se propostas de substituição as que contenham disposição diversa daquela que tenha sido apresentada.

4. Consideram-se propostas de aditamento as que, conservando o texto primitivo e o seu sentido, contenham a adição de matéria nova.

5. Consideram-se propostas de eliminação as que se destinem a suprimir a disposição em discussão.

ARTIGO 128º
Projetos e propostas de resolução

1. Os projetos e propostas de resolução são discutidos na comissão parlamentar competente em razão da matéria e votados em reunião plenária.

2. A discussão realiza-se em reunião plenária sempre que um grupo parlamentar o solicite.

DIVISÃO II
Apreciação de projetos e propostas de lei em comissão parlamentar

ARTIGO 129º
Envio de projetos e propostas de lei

1. Admitido qualquer projeto ou proposta de lei, o Presidente da Assembleia envia o seu texto à comissão parlamentar competente para apreciação e emissão de parecer.

2. No caso de o Presidente da Assembleia enviar o texto referido no número anterior a mais do que uma comissão parlamentar, deve indicar qual delas é a comissão parlamentar responsável pela elaboração e aprovação do parecer.

3. A Assembleia pode constituir uma comissão parlamentar eventual para apreciação do projeto ou da proposta, quando a sua importância e especialidade o justifiquem.

ARTIGO 130º
Determinação da comissão parlamentar competente

Quando uma comissão parlamentar discorde da decisão do Presidente da Assembleia de determinação da comissão competente, deve comunicá-lo, no prazo de cinco dias úteis, ao Presidente da Assembleia para que reaprecie o correspondente despacho.

ARTIGO 131º
Nota técnica

1. Os serviços da Assembleia elaboram uma nota técnica para cada um dos projetos e propostas de lei.
2. Sempre que possível, a nota técnica deve conter, designadamente:

   a) Uma análise da conformidade dos requisitos formais, constitucionais e regimentais previstos;

   b) Um enquadramento legal e doutrinário do tema, incluindo no plano europeu e internacional;

   c) A indicação de outras iniciativas pendentes, nacionais e comunitárias, sobre idênticas matérias;

   d) A verificação do cumprimento da lei formulário;

   e) Uma análise sucinta dos factos, situações e realidades que lhe respeitem;

   f) Um esboço histórico dos problemas suscitados;

   g) Apreciação das consequências da aprovação e dos previsíveis encargos com a respetiva aplicação;

   h) Referências a contributos de entidades que tenham interesse nas matérias a que respeitem, designadamente os pareceres por elas emitidos.

3. Os serviços da Assembleia enviam a nota técnica à comissão parlamentar competente, no prazo de 15 dias a contar da data do despacho de admissibilidade do respetivo projeto ou da respetiva proposta de lei.
4. A nota técnica deve ser junta, como anexo, ao parecer a elaborar pela comissão parlamentar, e acompanhar a iniciativa legislativa ao longo de todo o processo legislativo.

ARTIGO 132º
Apresentação em comissão parlamentar

1. Admitido um projeto ou proposta de lei, o seu autor, ou um dos seus autores, tem o direito de o apresentar perante a comissão parlamentar competente.
2. Após a apresentação, segue-se um período de esclarecimento por parte do autor, ou autores, aos Deputados presentes na reunião da comissão parlamentar.

ARTIGO 133º
Envio de propostas de alteração

O Presidente da Assembleia pode também enviar à comissão parlamentar que se tenha pronunciado sobre o projeto ou proposta de lei qualquer proposta de alteração que afete os princípios e o sistema do texto a que se refere.

ARTIGO 134º
Legislação do trabalho

1. Tratando-se de legislação do trabalho, a comissão parlamentar promove a apreciação do projeto ou proposta de lei, para efeitos da alínea *d*) do nº 5 do artigo 54º e da alínea *a*) do nº 2 do artigo 56º da Constituição.

2. As comissões de trabalhadores, as associações sindicais e as associações de empregadores podem enviar à comissão parlamentar, no prazo por ela fixado, nos termos da lei, as sugestões que entenderem convenientes e solicitar a audição de representantes seus.

3. Para efeitos do disposto nos números anteriores, os projetos e propostas de lei são publicados previamente em separata eletrónica do *Diário*.

4. A data da separata é a da sua publicação, coincidente com a do seu anúncio, entendendo-se como tal o dia em que fica disponível no portal da Assembleia da República na *Internet*.

ARTIGO 135º
Elaboração do parecer

1. Compete à mesa de cada comissão parlamentar a designação do Deputado responsável pela elaboração do parecer.

2. Quando se justifique, a mesa da comissão parlamentar pode designar mais do que um Deputado responsável por partes do projeto ou da proposta de lei.

3. Na designação dos Deputados responsáveis pela elaboração do parecer, deve atender-se:

   a) A uma distribuição equilibrada entre os membros da comissão parlamentar;
   b) Aos Deputados que não são autores da iniciativa;
   c) À vontade expressa de um Deputado.

ARTIGO 136º
Prazo de apreciação e emissão de parecer

1. A comissão parlamentar aprova o seu parecer, devidamente fundamentado, e envia-o ao Presidente da Assembleia no prazo de 30 dias a contar da data do despacho de admissibilidade.

2. O prazo referido no número anterior pode ser prorrogado, por 30 dias, por decisão do Presidente da Assembleia, a requerimento da comissão parlamentar competente.

3. A não aprovação do parecer não prejudica o curso do processo legislativo da respetiva iniciativa.

4. O parecer ou pareceres são mandados publicar no *Diário*, pelo Presidente da Assembleia.

ARTIGO 137º
Conteúdo do parecer

1. O parecer da comissão parlamentar à qual compete a apreciação do projeto ou da proposta de lei compreende quatro partes:

a) Parte I, destinada aos considerandos;
b) Parte II, destinada à opinião do Deputado autor do parecer;
c) Parte III, destinada às conclusões;
d) Parte IV, destinada aos anexos.

2. O parecer deve, obrigatoriamente, conter as partes I e III, as quais são objeto de deliberação por parte da comissão parlamentar, e, ainda, incluir, num dos anexos da parte IV, a nota técnica referida no artigo 131º

3. A parte II, de elaboração facultativa, é da exclusiva responsabilidade do seu autor e não pode ser objeto de votação, modificação ou eliminação.

4. Qualquer Deputado ou grupo parlamentar pode mandar anexar ao parecer, na parte IV, as suas posições políticas.

ARTIGO 138º
Projetos ou propostas sobre matérias idênticas

1. Se até metade do prazo assinado à comissão parlamentar para emitir parecer lhe forem enviados outro ou outros projetos ou propostas sobre a mesma matéria, a comissão parlamentar deve fazer a sua apreciação conjunta, sem prejuízo da emissão de parecer em separado.

2. Não se verificando a circunstância prevista no número anterior, têm precedência na emissão de parecer o texto ou os textos que tiverem sido primeiramente recebidos.

ARTIGO 139º
Textos de substituição

1. A comissão parlamentar pode apresentar textos de substituição tanto na generalidade como na especialidade, sem prejuízo dos projetos e das propostas de lei a que se referem, quando não retirados.

2. O texto de substituição é discutido na generalidade em conjunto com o texto do projeto ou proposta e, finda a discussão, procede-se à votação sucessiva dos textos pela ordem da sua apresentação.

ARTIGO 140º
Discussão pública

1. Em razão da especial relevância da matéria, a comissão parlamentar competente pode propor ao Presidente a discussão pública de projetos ou propostas de lei, nos termos dos nºs 3 e 4 do artigo 134º

2. O disposto nos números anteriores não prejudica as iniciativas que as comissões parlamentares competentes em razão da matéria entendam desenvolver de modo a recolher os contributos dos interessados, designadamente através de audições parlamentares ou do sítio da Assembleia da República na *Internet*.

ARTIGO 141º
Audição da ANMP e da ANAFRE

A comissão parlamentar competente deve promover a consulta da Associação Nacional de Municípios Portugueses e da Associação Nacional de Freguesias sempre que se trate de projetos ou propostas de lei respeitantes às autarquias locais ou outras iniciativas que o justifiquem.

DIVISÃO III
Audição dos órgãos de governo próprio das regiões autónomas

ARTIGO 142º
Audição dos órgãos de governo próprio das regiões autónomas

Tratando-se de iniciativa que verse matéria respeitante às regiões autónomas, o Presidente da Assembleia promove a sua apreciação pelos órgãos de governo próprio das regiões autónomas, para os efeitos do disposto no nº 2 do artigo 229º da Constituição.

DIVISÃO IV
Discussão e votação de projetos e de propostas de lei

SUBDIVISÃO I
Disposições gerais

ARTIGO 143º
Regra

1. Os projetos e propostas de lei admitidos pela Mesa devem, obrigatoriamente, ser discutidos e votados na generalidade de acordo com os prazos fixados e previstos no Regimento.

2. Excetuam-se do número anterior os projetos ou propostas de lei cujo autor comunique, por escrito, ao Presidente da Assembleia, até ao final da reunião em que o parecer é aprovado, em fase de generalidade, na comissão parlamentar competente, que não pretende ver a iniciativa discutida e votada na generalidade de acordo com os prazos fixados no Regimento.

3. O efeito previsto no número anterior pode ser revogado, a qualquer momento, mediante comunicação do respetivo autor.

4. Quando haja projetos ou propostas de lei que versem matérias idênticas, a sua discussão e votação devem ser feitas em conjunto, desde que os mesmos tenham sido admitidos até 10 dias antes da data agendada para discussão.

ARTIGO 144º
Conhecimento prévio dos projetos e das propostas de lei

1. Nenhum projeto ou proposta de lei pode ser apreciado em comissão parlamentar ou agendado para discussão em reunião plenária sem ter sido distribuído antes aos Deputados e aos grupos parlamentares.

2. Nenhum projeto ou proposta de lei pode ser discutido em reunião plenária sem ter sido publicado, com a antecedência mínima de cinco dias, no *Diário*.

3. Em caso de urgência, porém, a Conferência de Líderes pode, por maioria de dois terços, ponderada em função do número de Deputados nela representados, reduzir a antecedência do número anterior para quarenta e oito horas, no mínimo.

4. O disposto nos números anteriores não prejudica o consenso estabelecido na Conferência de Líderes no sentido de a discussão em comissão parlamentar ou em reunião plenária poder ter lugar com dispensa dos prazos estabelecidos.

5. A discussão relativa à autorização para a declaração de guerra ou feitura da paz, bem como para a declaração do estado de sítio e do estado de emergência, pode ter lugar independentemente da observância de qualquer prazo.

ARTIGO 145º
Início e tempos do debate em Plenário

1. Os debates em reunião plenária dos projetos e propostas de lei apreciadas em comissão parlamentar iniciam-se com as intervenções dos seus autores.

2. Os grupos parlamentares e o Governo dispõem de três minutos, cada, para intervirem no debate.

3. Aos Deputados não inscritos e aos Deputados únicos representantes de um partido, é garantido um tempo de intervenção de um minuto.

4. Os autores dos projetos e das propostas de lei dispõem de mais um minuto cada.

5. Nos casos de agendamento conjunto, os autores das iniciativas admitidas à data do agendamento têm mais um minuto, cada.

6. A Conferência de Líderes fixa um tempo global para o debate, de acordo com a grelha de tempos constante do anexo I, nas seguintes situações:

a) Nos casos previstos nos artigos 64º e 169º;
b) Por proposta do Presidente da Assembleia, desde que nenhum grupo parlamentar se oponha;
c) Quando estejam em causa matérias de reserva de competência legislativa da Assembleia e seja requerido por um grupo parlamentar;
d) A solicitação do Governo.

7. Para efeitos do número anterior, a Conferência de Líderes deve, obrigatoriamente, optar por uma das grelhas normais de tempos constantes do anexo referido no número anterior.

8. Nos casos de agendamento conjunto, os autores das iniciativas admitidas à data do agendamento dispõem de tempo igual ao do maior grupo parlamentar.

9. O uso da palavra para invocação do Regimento, perguntas à Mesa, requerimentos, recursos e reações contra ofensas à honra não é considerado nos tempos atribuídos a cada grupo parlamentar ou ao Governo.

ARTIGO 146º
Requerimento de reapreciação pela comissão parlamentar

Até ao anúncio da votação, um grupo parlamentar ou 10 Deputados, pelo menos, desde que obtida a anuência do autor, podem requerer nova apreciação do texto a qualquer comissão parlamentar, no prazo que for designado, não se aplicando neste caso o disposto no artigo 144º

SUBDIVISÃO II
Discussão e votação dos projetos e propostas de lei na generalidade

ARTIGO 147º
Objeto da discussão na generalidade

1. A discussão na generalidade versa sobre os princípios e o sistema de cada projeto ou proposta de lei.
2. A Assembleia pode deliberar que a discussão e a votação incidam sobre uma divisão do projeto ou proposta cuja autonomia o justifique.

ARTIGO 148º
Objeto da votação na generalidade

1. A votação na generalidade versa sobre cada projeto ou proposta de lei.
2. O Plenário pode deliberar que a votação incida sobre uma divisão do projeto ou proposta cuja autonomia o justifique.

ARTIGO 149º
Prazos da discussão e votação na generalidade

O debate e a votação na generalidade dos projetos e das propostas de lei realizam-se em Plenário, no prazo de 18 reuniões plenárias a contar da aprovação do parecer referido no artigo 136º, sem prejuízo do disposto no nº 4 do artigo 62º

SUBDIVISÃO III
Discussão e votação de projetos e propostas de lei na especialidade

ARTIGO 150º
Regra na discussão e votação na especialidade

1. Salvo o disposto nos nºs 4 e 5 do artigo 168º da Constituição, e no Regimento, a discussão e votação na especialidade cabem à comissão parlamentar competente em razão da matéria.
2. A discussão e votação na especialidade realizam-se no prazo fixado pelo Presidente da Assembleia aquando do anúncio da apreciação pela comissão parlamentar.
3. O prazo referido no número anterior pode ser objeto de reapreciação pelo Presidente da Assembleia, desde que solicitado pela comissão parlamentar.

ARTIGO 151º
Avocação pelo Plenário

1. O Plenário da Assembleia pode deliberar, a qualquer momento, a avocação de um texto, ou parte dele, para votação na especialidade.

2. A deliberação prevista no número anterior depende de requerimento de, pelo menos, 10 Deputados ou de um grupo parlamentar.

ARTIGO 152º
Objeto da discussão e votação na especialidade

1. A discussão na especialidade versa sobre cada artigo, podendo a Assembleia deliberar que se faça sobre mais de um artigo simultaneamente, ou, com fundamento na complexidade da matéria ou das propostas de alteração apresentadas, que se faça por números.

2. A votação na especialidade versa sobre cada artigo, número ou alínea.

ARTIGO 153º
Propostas de alteração

1. O presidente da comissão parlamentar competente fixa, no início da discussão na especialidade, os prazos para a entrega de propostas de alteração e para a distribuição do guião de votações, bem como a data das votações.

2. Qualquer Deputado, mesmo que não seja membro da comissão parlamentar competente, pode apresentar propostas de alteração e defendê-las.

ARTIGO 154º
Ordem da votação

1. A ordem da votação é a seguinte:

a) Propostas de eliminação;
b) Propostas de substituição;
c) Propostas de emenda;
d) Texto discutido, com as alterações eventualmente já aprovadas;
e) Propostas de aditamento ao texto votado.

2. Quando haja duas ou mais propostas de alteração da mesma natureza, são submetidas à votação pela ordem da sua apresentação.

SUBDIVISÃO IV
Votação final global

ARTIGO 155º
Votação final global e declaração de voto oral

1. Finda a discussão e votação na especialidade, procede-se à votação final global.

2. Se aprovado em comissão parlamentar, o texto é enviado ao Plenário para votação final global na segunda reunião posterior à sua publicação no *Diário* ou à sua distribuição em folhas avulsas aos grupos parlamentares.

3. A votação final global não é precedida de discussão, podendo cada grupo parlamentar produzir uma declaração de voto oral por tempo não superior a dois minu-

tos, sem prejuízo da faculdade de apresentação por qualquer Deputado ou grupo parlamentar de uma declaração de voto escrita nos termos do artigo 87º

4. Tendo lugar sucessivamente várias votações finais globais, a declaração de voto oral a que se refere o número anterior só é produzida no termo dessas votações, da seguinte forma:

a) Uma declaração de voto, de dois minutos cada, até ao limite de duas declarações;
b) Uma declaração de voto, de quatro minutos, para as restantes votações.

DIVISÃO V
Redação final de projetos e de propostas de lei

ARTIGO 156º
Redação final

1. A redação final dos projetos e propostas de lei aprovados incumbe à comissão parlamentar competente.

2. A comissão parlamentar não pode modificar o pensamento legislativo, devendo limitar-se a aperfeiçoar a sistematização do texto e o seu estilo, mediante deliberação sem votos contra.

3. A redação final efetua-se no prazo que a Assembleia ou o Presidente estabeleçam ou, na falta de fixação, no prazo de cinco dias.

4. Concluída a elaboração do texto, este é publicado no *Diário*.

ARTIGO 157º
Reclamações contra inexatidões

1. As reclamações contra inexatidões podem ser apresentadas por qualquer Deputado até ao terceiro dia útil após a data de publicação no *Diário* do texto de redação final.

2. O Presidente decide sobre as reclamações no prazo de vinte e quatro horas, podendo os Deputados reclamantes recorrer para o Plenário ou para a Comissão Permanente até à reunião imediata à do anúncio da decisão.

ARTIGO 158º
Texto definitivo

Considera-se definitivo o texto sobre o qual não tenham recaído reclamações ou aquele a que se chegou depois de decididas as reclamações apresentadas.

DIVISÃO VI
Promulgação e reapreciação dos decretos da Assembleia

ARTIGO 159º
Decretos da Assembleia da República

Os projetos e as propostas de lei aprovados denominam-se decretos da Assembleia da República e são enviados ao Presidente da República para promulgação.

ARTIGO 160º
Reapreciação de decreto objeto de veto político

1. No caso de exercício do direito de veto pelo Presidente da República, nos termos do artigo 136º da Constituição, a nova apreciação do diploma efetua-se a partir do décimo quinto dia posterior ao da receção da mensagem fundamentada, em reunião marcada pelo Presidente da Assembleia, por sua iniciativa ou de um décimo dos Deputados.
2. Na discussão apenas intervêm, e uma só vez, um dos autores do projeto ou da proposta e um Deputado por cada grupo parlamentar.
3. A votação pode versar sobre a confirmação do decreto da Assembleia da República ou sobre propostas para a sua alteração.
4. No caso de serem apresentadas propostas de alteração, a votação incide apenas sobre os artigos objeto das propostas.
5. Não carece de voltar à comissão parlamentar competente, para efeito de redação final, o texto do decreto que não sofra alterações.

ARTIGO 161º
Efeitos da deliberação

1. Se a Assembleia confirmar o voto, nos termos dos nºs 2 e 3 do artigo 136º da Constituição, o decreto é enviado ao Presidente da República para promulgação no prazo de oito dias a contar da sua receção.
2. Se a Assembleia introduzir alterações, o novo decreto é enviado ao Presidente da República para promulgação.
3. Se a Assembleia não confirmar o decreto, a iniciativa legislativa não pode ser renovada na mesma sessão legislativa.

ARTIGO 162º
Reapreciação de decreto objeto de veto por inconstitucionalidade

1. No caso de veto pelo Presidente da República, nos termos do artigo 279º da Constituição, é aplicável o artigo 160º, com as exceções constantes do presente artigo.
2. A votação pode versar sobre o expurgo da norma ou normas por cuja inconstitucionalidade o Tribunal Constitucional se tenha pronunciado, sobre a reformulação do decreto ou sobre a sua confirmação.
3. O decreto que seja objeto de reformulação ou de expurgo das normas inconstitucionais pode, se a Assembleia assim o deliberar, voltar à comissão parlamentar competente para efeito de redação final.

ARTIGO 163º
Envio para promulgação

1. Se a Assembleia expurgar as normas inconstitucionais ou se confirmar o decreto por maioria de dois terços dos Deputados presentes, desde que superior à

maioria absoluta dos Deputados em efetividade de funções, o decreto é enviado ao Presidente da República para promulgação.

2. Se a Assembleia introduzir alterações, o novo decreto é enviado ao Presidente da República para promulgação.

SECÇÃO II
Processos legislativos especiais

DIVISÃO I
Aprovação dos estatutos das regiões autónomas

ARTIGO 164º
Iniciativa em matéria de estatutos político-administrativos

1. A iniciativa legislativa em matéria de estatutos político-administrativos das regiões autónomas compete exclusivamente às respectivas Assembleias Legislativas, nos termos do artigo 226º da Constituição.

2. Podem apresentar propostas de alteração as Assembleias Legislativas das regiões autónomas, os Deputados e o Governo.

ARTIGO 165º
Apreciação em comissão parlamentar, discussão e votação

A apreciação em comissão parlamentar, bem como a discussão e votação, efetuam-se nos termos gerais do processo legislativo.

ARTIGO 166º
Aprovação sem alterações

Se o projeto de estatuto for aprovado sem alterações, o decreto da Assembleia da República é enviado ao Presidente da República para promulgação.

ARTIGO 167º
Aprovação com alterações ou rejeição

1. Se o projeto de estatuto for aprovado com alterações ou rejeitado, é remetido à respetiva Assembleia Legislativa da região autónoma para apreciação e emissão de parecer.

2. Depois de recebido, o parecer da Assembleia Legislativa da região autónoma é submetido à comissão parlamentar competente da Assembleia da República.

3. As sugestões de alteração eventualmente contidas no parecer da Assembleia Legislativa da região autónoma podem ser incluídas em texto de substituição ou ser objeto de propostas de alteração a apresentar ao Plenário.

4. A Assembleia da República procede à discussão e deliberação final.

ARTIGO 168º
Alterações supervenientes

O regime previsto nos artigos anteriores é aplicável às alterações dos estatutos.

DIVISÃO II
Apreciação de propostas de lei de iniciativa das Assembleias Legislativas das regiões autónomas

ARTIGO 169º
Direito das Assembleias Legislativas das regiões autónomas à fixação da ordem do dia

1. As Assembleias Legislativas das regiões autónomas dos Açores e da Madeira têm direito à inclusão na ordem do dia de duas propostas de lei da sua autoria, em cada sessão legislativa.

2. O exercício do direito previsto no número anterior é comunicado ao Presidente da Assembleia da República até ao dia 15 de cada mês para que possa produzir efeitos no mês seguinte, em conformidade com o artigo 59º

3. A Assembleia Legislativa da região autónoma proponente pode ainda requerer que a votação na generalidade de proposta de lei agendada ao abrigo do presente artigo tenha lugar no próprio dia em que ocorra a discussão.

4. O requerimento referido no número anterior deve ser enviado ao Presidente da Assembleia pelo Presidente da Assembleia Legislativa da região autónoma, e preclude o exercício do direito consagrado no artigo 146º

5. Nos casos previstos no presente artigo, se a proposta de lei for aprovada na generalidade, a votação na especialidade e a votação final global devem ocorrer no prazo de 30 dias.

ARTIGO 170º
Apreciação de propostas legislativas das regiões autónomas em comissão parlamentar

1. Nas reuniões das comissões parlamentares em que se discutam na especialidade propostas legislativas das regiões autónomas, podem participar representantes da Assembleia Legislativa da região autónoma proponente.

2. Para o efeito previsto no número anterior, a comissão parlamentar competente deve comunicar ao Presidente da Assembleia da República a inclusão na sua ordem de trabalhos da discussão na especialidade de proposta legislativa da região autónoma, com a antecedência mínima de oito dias em relação à data da reunião.

3. Recebida a comunicação referida no número anterior, o Presidente da Assembleia da República informa a Assembleia Legislativa da região autónoma da data e hora da reunião.

DIVISÃO III
Autorização e confirmação da declaração do estado de sítio ou do estado de emergência

SUBDIVISÃO I
Reunião da Assembleia para autorização da declaração do estado de sítio ou do estado de emergência

ARTIGO 171º
Reunião da Assembleia

1. Tendo o Presidente da República solicitado autorização à Assembleia da República para a declaração do estado de sítio ou do estado de emergência, nos termos do artigo 19º, da alínea *d*) do artigo 134º e do artigo 138º da Constituição, o Presidente da Assembleia promove a sua imediata apreciação pelo Plenário ou pela Comissão Permanente, no caso de a Assembleia não estar reunida nem ser possível a sua reunião imediata.

2. A inscrição na ordem do dia da apreciação do pedido de autorização para a declaração do estado de sítio ou do estado de emergência, bem como a marcação da reunião do Plenário ou a convocação da Comissão Permanente, têm lugar independentemente de qualquer prazo ou formalidades previstos no Regimento, sem prejuízo do disposto no nº 2 do artigo 41º

ARTIGO 172º
Debate sobre a autorização da declaração do estado de sítio ou do estado de emergência

1. O debate tem por base a mensagem do Presidente da República que, nos termos do artigo 19º da Constituição, constitui o pedido de autorização da declaração do estado de sítio ou do estado de emergência.

2. O debate não pode exceder um dia e nele têm direito a intervir, prioritariamente, o Primeiro-Ministro, por uma hora, e um Deputado de cada grupo parlamentar, por 30 minutos cada um.

3. A requerimento do Governo ou de um grupo parlamentar, o debate pode ser encerrado logo que um Deputado de cada partido tenha intervindo.

4. Ao debate na Comissão Permanente aplicam-se, com as devidas adaptações, as disposições constantes dos números anteriores.

ARTIGO 173º
Votação da autorização

A votação incide sobre a concessão de autorização.

ARTIGO 174º
Forma da autorização

A autorização toma a forma de lei quando concedida pelo Plenário, e de resolução quando concedida pela Comissão Permanente.

SUBDIVISÃO II
Confirmação da declaração do estado de sítio ou do estado de emergência

ARTIGO 175º
Confirmação da autorização concedida pela Comissão Permanente

Sempre que a autorização para a declaração do estado de sítio ou do estado de emergência seja concedida pela Comissão Permanente, esta convoca de imediato a Assembleia para reunir no mais curto prazo possível, para efeito da sua confirmação.

ARTIGO 176º
Duração do debate sobre a confirmação

O debate não pode exceder um dia, aplicando-se, com as necessárias adaptações, o disposto no artigo 172º

ARTIGO 177º
Votação da confirmação

A votação incide sobre a confirmação.

ARTIGO 178º
Forma

1. A confirmação toma a forma de lei.
2. A recusa de confirmação toma a forma de resolução.

ARTIGO 179º
Renovação da autorização

No caso de o Presidente da República ter solicitado a renovação da autorização da Assembleia da República para a declaração do estado de sítio ou do estado de emergência, aplicam-se, com as necessárias adaptações, as disposições constantes dos artigos anteriores.

SUBDIVISÃO III
Apreciação da aplicação da declaração do estado de sítio ou do estado de emergência

ARTIGO 180º
Apreciação da aplicação

1. O Presidente da Assembleia da República promove, nos termos constitucionais, a apreciação pelo Plenário da aplicação da declaração do estado de sítio ou do estado de emergência, nos 15 dias subsequentes ao termo destes.
2. Ao debate aplicam-se, com as necessárias adaptações, as disposições constantes do artigo 172º

DIVISÃO IV
Autorização para declarar a guerra e para fazer a paz

ARTIGO 181º
Reunião da Assembleia para apreciação do pedido de autorização para declarar a guerra e para fazer a paz

1. Quando o Presidente da República solicitar autorização à Assembleia da República para declarar a guerra ou para fazer a paz, nos termos da alínea *c*) do artigo 135º da Constituição, o Presidente da Assembleia promove a sua imediata apreciação pelo Plenário ou pela Comissão Permanente, no caso de a Assembleia não estar reunida nem ser possível a sua reunião imediata.

2. A inscrição na ordem do dia da apreciação do pedido de autorização para a declaração da guerra ou para a feitura da paz, a marcação da reunião do Plenário ou a convocação da Comissão Permanente, têm lugar independentemente de qualquer prazo ou formalidades previstos no Regimento, sem prejuízo do disposto no nº 2 do artigo 41º.

ARTIGO 182º
Debate sobre a autorização para declarar a guerra e para fazer a paz

1. O debate não pode exceder um dia e é iniciado e encerrado por intervenções do Primeiro-Ministro, com a duração máxima de uma hora cada.

2. No debate tem direito a intervir um Deputado de cada grupo parlamentar.

3. A requerimento do Governo ou de um grupo parlamentar, o debate pode ser encerrado logo que um Deputado de cada partido tenha intervindo.

4. Ao debate na Comissão Permanente aplicam-se, com as devidas adaptações, as disposições constantes dos números anteriores.

ARTIGO 183º
Votação da autorização para declarar a guerra e para fazer a paz

A votação incide sobre a concessão de autorização.

ARTIGO 184º
Forma da autorização para declarar a guerra e para fazer a paz

A autorização toma a forma de resolução.

ARTIGO 185º
Convocação imediata da Assembleia

Sempre que a autorização para a declaração da guerra ou para a feitura da paz seja concedida pela Comissão Permanente, esta convoca de imediato a Assembleia para reunir no mais curto prazo possível, para efeito da sua confirmação.

ARTIGO 186º
Debate para confirmação da declaração de guerra ou feitura da paz

O debate não pode exceder um dia, aplicando-se, com as necessárias adaptações, o disposto no artigo 182º

DIVISÃO V
Autorizações legislativas

ARTIGO 187º
Objeto, sentido, extensão e duração

1. A Assembleia da República pode autorizar o Governo a fazer decretos-lei, nos termos do artigo 165º da Constituição.
2. A lei de autorização deve definir o objeto, o sentido, a extensão e a duração da autorização.
3. A duração da autorização legislativa pode ser prorrogada por período determinado, mediante nova lei.

ARTIGO 188º
Iniciativa das autorizações legislativas e informação

1. Nas autorizações legislativas, a iniciativa originária é da exclusiva competência do Governo.
2. O Governo, quando tenha procedido a consultas públicas sobre um anteprojeto de decreto-lei, deve, a título informativo, juntá-lo à proposta de lei de autorização legislativa, acompanhado das tomadas de posição assumidas pelas diferentes entidades interessadas na matéria.

CAPÍTULO II
Apreciação de decretos-leis

ARTIGO 189º
Requerimento de apreciação de decretos-leis

1. O requerimento de apreciação de decretos-leis para efeito de cessação de vigência ou de alteração deve ser subscrito por 10 Deputados e apresentado por escrito na Mesa nos 30 dias subsequentes à publicação, descontados os períodos de suspensão do funcionamento da Assembleia da República.
2. O requerimento deve indicar o decreto-lei e a sua data de publicação, bem como, tratando-se de decreto-lei no uso de autorização legislativa, a respetiva lei, devendo ainda conter uma sucinta justificação de motivos.
3. À admissão do requerimento são aplicáveis as regras dos artigos 125º e 126º, com as devidas adaptações.

ARTIGO 190º
Prazo de apreciação de decretos-leis

Se o decreto-lei sujeito a apreciação tiver sido emitido ao abrigo de autorização legislativa, o Presidente da Assembleia deve agendar o seu debate até à sexta reunião subsequente à apresentação do requerimento de sujeição a apreciação.

ARTIGO 191º
Suspensão da vigência

1. Requerida a apreciação de um decreto-lei elaborado no uso de autorização legislativa, e no caso de serem apresentadas propostas de alteração, a Assembleia pode suspender, no todo ou em parte, mediante resolução, a vigência do decreto-lei até à publicação da lei que o vier a alterar ou até à rejeição de todas aquelas propostas.
2. A suspensão caduca decorridas 10 reuniões plenárias sem que a Assembleia se tenha pronunciado a final.

ARTIGO 192º
Apreciação de decretos-leis na generalidade

1. O decreto-lei é apreciado em reunião plenária.
2. O debate é aberto por um dos autores do requerimento, tendo o Governo direito a intervir.
3. A Conferência de Líderes fixa o tempo global do debate, optando por uma das grelhas de tempo constantes do anexo a este Regimento.
4. Sem prejuízo do disposto no nº 2, a apreciação do decreto-lei pode ser efetuada na comissão parlamentar competente, em razão da matéria, desde que nenhum grupo parlamentar se oponha.

ARTIGO 193º
Votação e forma

1. A votação na generalidade incide sobre a cessação de vigência.
2. A cessação de vigência toma a forma de resolução.

ARTIGO 194º
Cessação de vigência

No caso de cessação de vigência, o decreto-lei deixa de vigorar no dia da publicação da resolução no *Diário da República*, não podendo voltar a ser publicado no decurso da mesma sessão legislativa.

ARTIGO 195º
Repristinação

A resolução deve especificar se a cessação de vigência implica a repristinação das normas eventualmente revogadas pelo diploma em causa.

ARTIGO 196º
Alteração do decreto-lei

1. Se não for aprovada a cessação da vigência do decreto-lei e tiverem sido apresentadas propostas de alteração, o decreto-lei, bem como as respetivas propostas, baixam à comissão parlamentar competente para proceder à discussão e votação na especialidade, salvo se a Assembleia deliberar a análise em Plenário.

2. As propostas de alteração podem ser apresentadas até ao termo da discussão na generalidade, sem prejuízo da apresentação de novas propostas relativas aos artigos objeto de discussão e votação na especialidade.

3. Se forem aprovadas alterações na comissão parlamentar, a Assembleia decide em votação final global, que se realizará na reunião plenária imediata, ficando o decreto-lei modificado nos termos da lei na qual elas se traduzam.

4. Se forem rejeitadas todas as propostas de alteração e a vigência do decreto-lei se encontrar suspensa, o Presidente da Assembleia, para os efeitos do nº 2 do artigo 169º da Constituição, remete para publicação no *Diário da República* a declaração do termo da suspensão.

5. Se todas as propostas de alteração forem rejeitadas pela comissão parlamentar, considera-se caduco o processo de apreciação, sendo o Plenário de imediato informado do facto, e a respetiva declaração remetida para publicação no *Diário da República*.

6. Se, requerida a apreciação, a Assembleia não se tiver pronunciado ou, havendo deliberado introduzir emendas, não tiver votado a respetiva lei até ao termo da sessão legislativa em curso, desde que decorridas 15 reuniões plenárias, considerar-se-á caduco o processo.

ARTIGO 197º
Revogação do decreto-lei

1. Se o Governo, em qualquer momento, revogar o decreto-lei objeto de apreciação, o respetivo processo é automaticamente encerrado.

2. Se a revogação ocorrer durante o debate na especialidade, pode qualquer Deputado adotar o decreto-lei como projeto de lei, nos termos do nº 2 do artigo 122º

CAPÍTULO III
Aprovação de tratados e acordos

ARTIGO 198º
Iniciativa em matéria de tratados e acordos

1. Os tratados e os acordos sujeitos à aprovação da Assembleia da República, nos termos da alínea *i)* do artigo 161º da Constituição, são enviados pelo Governo à Assembleia da República.

2. O Presidente da Assembleia manda publicar os respetivos textos no *Diário* e submete-os à apreciação da comissão parlamentar competente em razão da matéria e, se for caso disso, de outra ou outras comissões parlamentares.

3. Quando o tratado ou o acordo diga respeito às regiões autónomas, nos termos da alínea t) do nº 1 do artigo 227º da Constituição, o texto é remetido aos respetivos órgãos de governo próprio, a fim de sobre ele se pronunciarem.

ARTIGO 199º
Exame de tratados e acordos em comissão parlamentar

1. A comissão parlamentar emite parecer no prazo de 30 dias, se outro não for solicitado pelo Governo ou estabelecido pelo Presidente da Assembleia.
2. Por motivo de relevante interesse nacional, pode o Governo, a título excecional, requerer que a reunião da comissão parlamentar se faça à porta fechada.

ARTIGO 200º
Discussão e votação dos tratados e acordos

1. A discussão na generalidade e na especialidade dos tratados e acordos é feita na comissão parlamentar competente, exceto se algum grupo parlamentar invocar a sua realização no Plenário.
2. A votação global é realizada no Plenário.

ARTIGO 201º
Efeitos da votação de tratados e acordos

1. Se o tratado ou acordo for aprovado, é enviado ao Presidente da República para ratificação.
2. A resolução de aprovação ou rejeição do tratado ou acordo é mandada publicar pelo Presidente da Assembleia no *Diário da República*.

ARTIGO 202º
Resolução de aprovação

A resolução de aprovação do tratado ou acordo contém o respetivo texto.

ARTIGO 203º
Reapreciação de norma constante de tratado ou acordo

1. No caso de o Tribunal Constitucional se pronunciar pela inconstitucionalidade de norma constante de tratado ou acordo, a resolução que o aprova deve ser confirmada por maioria de dois terços dos Deputados presentes, desde que superior à maioria absoluta dos Deputados em efetividade de funções.
2. Quando a norma do tratado submetida a reapreciação diga respeito às regiões autónomas, nos termos da alínea t) do nº 1 do artigo 227º da Constituição, o Presidente solicita aos respetivos órgãos de governo próprio que se pronunciem sobre a matéria, com urgência.
3. A nova apreciação efetua-se em reunião marcada pelo Presidente da Assembleia, por sua iniciativa ou de um décimo dos Deputados em efetividade de funções, que se realiza a partir do décimo quinto dia posterior ao da receção da mensagem fundamentada do Presidente da República.

4. Na discussão apenas intervêm, e uma só vez, um membro do Governo e um Deputado por cada grupo parlamentar, salvo deliberação da Conferência de Líderes.

5. A discussão e votação versam somente sobre a confirmação da aprovação do tratado.

6. Se a Assembleia confirmar o voto, o tratado é reenviado ao Presidente da República para efeitos do nº 4 do artigo 279º da Constituição.

ARTIGO 204º
Resolução com alterações

1. Se o tratado admitir reservas, a resolução da Assembleia que o confirme em segunda deliberação pode introduzir alterações à primeira resolução de aprovação do tratado, formulando novas reservas ou modificando as anteriormente formuladas.

2. No caso previsto no número anterior, o Presidente da República pode requerer a apreciação preventiva da constitucionalidade de qualquer das normas do tratado.

CAPÍTULO IV
Processos de finanças públicas

SECÇÃO I
Grandes opções dos planos nacionais e relatórios de execução dos planos, Orçamento do Estado, Conta Geral do Estado e outras contas públicas

DIVISÃO I
Disposições gerais em matéria de finanças públicas

ARTIGO 205º
Apresentação e distribuição

1. As propostas de lei das grandes opções dos planos e do Orçamento do Estado referente a cada ano económico, a Conta Geral do Estado e outras contas públicas são apresentadas à Assembleia da República nos prazos legalmente fixados.

2. Admitidas as propostas de lei, a Conta Geral do Estado ou outras contas públicas, o Presidente da Assembleia ordena a sua publicação no *Diário* e a distribuição imediata aos Deputados e aos grupos parlamentares.

3. As propostas de lei, a Conta Geral do Estado ou outras contas públicas são remetidas à comissão parlamentar competente em razão da matéria, para elaboração de relatório, e às restantes comissões parlamentares permanentes, para efeitos de elaboração de parecer.

4. São igualmente publicados no *Diário* e remetidos à comissão parlamentar competente em razão da matéria, os pareceres que o Tribunal de Contas ou o Conselho Económico e Social tenham enviado à Assembleia.

ARTIGO 206º
Exame

1. As comissões parlamentares elaboram o respetivo parecer e enviam-no à comissão parlamentar competente em razão da matéria no prazo de:

a) 15 dias, referente às propostas de lei das grandes opções dos planos;
b) 15 dias, referente à proposta de lei do Orçamento do Estado;
c) 20 dias, referente à Conta Geral do Estado.

2. A referida comissão parlamentar competente em razão da matéria elabora o relatório final e envia-o ao Presidente da Assembleia no prazo de:

a) 25 dias, referente às propostas de lei das grandes opções dos planos;
b) 20 dias, referente à proposta de lei do Orçamento do Estado;
c) 30 dias, referente à Conta Geral do Estado.

3. Os serviços da Assembleia procedem a uma análise técnica da proposta de lei do Orçamento do Estado e da Conta Geral do Estado, discriminada por áreas de governação, remetendo-a à comissão parlamentar competente em razão da matéria no prazo de:

a) 10 dias, referente à proposta de lei do Orçamento do Estado;
b) 90 dias, referente à Conta Geral do Estado.

4. Os prazos do presente artigo contam a partir da data de entrega da proposta de lei das grandes opções do plano e da proposta de lei do Orçamento do Estado, da Conta Geral do Estado e de outras contas públicas.

5. Para os efeitos da alínea *b)* do nº 1 do presente artigo, os membros do Governo devem enviar às comissões parlamentares competentes uma informação escrita, preferencialmente antes da reunião prevista no número seguinte, acerca das propostas de orçamento das áreas que tutelam.

6. Para efeitos de apreciação da proposta de lei do Orçamento, no prazo previsto nos nºs 1 e 3, terá lugar uma reunião da comissão parlamentar competente em razão da matéria, com a presença obrigatória dos ministros responsáveis pelas áreas das Finanças e da Segurança Social, aberta à participação de todos os Deputados.

ARTIGO 207º
Termos do debate em Plenário

1. O tempo global do debate em plenário da proposta de lei das grandes opções do plano, da proposta de lei do Orçamento do Estado referente a cada ano económico, da Conta Geral do Estado e de outras contas públicas tem a duração definida em Conferência de Líderes.

2. O debate inicia-se e encerra-se com uma intervenção do Governo.

3. Antes do encerramento do debate, cada grupo parlamentar tem o direito de produzir uma declaração.

4. O debate referido no nº 2 efetua-se nos termos fixados pela Conferência de Líderes, nos termos do artigo 90º

DIVISÃO II
Contas de outras entidades públicas

ARTIGO 208º
Apreciação de contas de outras entidades públicas

As disposições dos artigos anteriores referentes ao processo de apreciação da Conta Geral do Estado, são aplicáveis, com as devidas adaptações, à apreciação das contas das demais entidades públicas que, nos termos da lei, as devam submeter à Assembleia da República.

DIVISÃO III
Planos nacionais e relatórios de execução

ARTIGO 209º
Apresentação e apreciação

1. Os planos nacionais e os relatórios de execução são apresentados pelo Governo à Assembleia da República, nos prazos legalmente fixados.

2. O Presidente da Assembleia remete o texto do relatório de execução dos planos ao Conselho Económico e Social, para os efeitos do disposto na respetiva lei.

3. À apreciação dos planos nacionais e dos relatórios de execução são aplicáveis, com as devidas adaptações, as disposições dos artigos anteriores.

DIVISÃO IV
Orçamento do Estado

ARTIGO 210º
Discussão e votação na generalidade do Orçamento do Estado

1. Terminado o prazo de apreciação pelas comissões parlamentares, a proposta de lei é debatida e votada na generalidade em Plenário exclusivamente convocado para o efeito.

2. O número de reuniões plenárias e o tempo global do debate, bem como a sua distribuição, são fixados pelo Presidente da Assembleia, ouvida a Conferência de Líderes.

3. O debate na generalidade do Orçamento do Estado tem a duração mínima de dois dias e a máxima de três.

4. O debate inicia-se e encerra-se com uma intervenção do Governo.

5. Antes do encerramento do debate, cada grupo parlamentar tem o direito de produzir uma declaração sobre a proposta de lei.

6. No termo do debate, a proposta de lei do Orçamento do Estado é votada na generalidade.

ARTIGO 211º
Discussão e votação na especialidade do Orçamento do Estado

1. A apreciação na especialidade do Orçamento do Estado tem a duração máxima de 20 dias, sendo organizada e efetuada pela comissão parlamentar competente em razão da matéria, ouvida a Conferência dos Presidentes das Comissões Parlamentares, de modo a discutir-se, sucessivamente, o orçamento de cada ministério, nele intervindo os respetivos membros do Governo.

2. A discussão do orçamento de cada ministério efetua-se numa reunião conjunta da comissão referida no número anterior com a comissão ou as comissões parlamentares competentes em razão da matéria.

3. O debate na especialidade dos artigos da proposta de lei e das respetivas propostas e alteração decorre no Plenário da Assembleia da República, tendo a duração mínima de três dias e a máxima de quatro.

4. A votação na especialidade dos artigos da proposta de lei e dos mapas orçamentais bem como das respetivas propostas de alteração tem lugar na comissão parlamentar competente em razão da matéria.

5. Concluído o debate e a votação na especialidade, cada grupo parlamentar, por ordem crescente de representatividade, e o Governo, que encerra, têm direito a efetuar declarações que antecedem a votação final global.

6. Os tempos destinados a cada grupo parlamentar, observando a sua representatividade, e ao Governo, são fixados pelo Presidente da Assembleia, ouvida a Conferência de Líderes.

7. Os partidos podem propor a avocação pelo Plenário de artigos do Orçamento do Estado e de propostas de alteração, ficando dispensada a aplicação do disposto no artigo 151º até ao limite definido na grelha constante do anexo III.

ARTIGO 212º
Votação final global e redação final do Orçamento do Estado

1. A proposta de lei é objeto de votação final global.

2. A redação final incumbe à comissão parlamentar competente em razão da matéria, que dispõe, para o efeito, de um prazo de 10 dias.

SECÇÃO II
Outros debates sobre finanças públicas

ARTIGO 213º
Debates sobre políticas de finanças públicas

1. Os debates ocorrem em reuniões da comissão parlamentar competente em razão da matéria, salvo quando a lei disponha em contrário, ou por decisão do Presidente da Assembleia, ouvida a Conferência de Líderes.

2. O debate é iniciado e encerrado com uma intervenção do Governo.

3. O Governo apresenta à Assembleia, nos prazos fixados, os documentos de suporte ao debate.

CAPÍTULO V
Processos de orientação e fiscalização política

SECÇÃO I
Apreciação do programa do Governo

ARTIGO 214º
Reunião para apresentação do programa de Governo

1. A reunião da Assembleia para apresentação do programa do Governo, nos termos do artigo 192º da Constituição, é fixada pelo Presidente da Assembleia, de acordo com o Primeiro-Ministro.
2. Se a Assembleia da República não se encontrar em funcionamento efetivo, é obrigatoriamente convocada pelo Presidente da Assembleia.
3. O debate não pode exceder três dias de reuniões consecutivas.

ARTIGO 215º
Apreciação do programa do Governo

1. O programa do Governo é submetido à apreciação da Assembleia da República através de uma declaração do Primeiro-Ministro.
2. Finda a apresentação, há um período para pedidos de esclarecimento pelos Deputados.

ARTIGO 216º
Debate sobre o programa do Governo

1. O debate sobre o programa do Governo inicia-se findos os esclarecimentos previstos no artigo anterior ou, a solicitação de qualquer Deputado, no prazo máximo de quarenta e oito horas após a distribuição do texto do programa.
2. O debate é organizado pela Conferência de Líderes, nos termos do artigo 90º
3. O debate termina com as intervenções de um Deputado de cada grupo parlamentar e do Governo, que o encerra.
4. A ordem do dia terá como ponto único o debate sobre o programa do Governo.

ARTIGO 217º
Rejeição do programa do Governo e voto de confiança

1. Até ao encerramento do debate, e sem prejuízo deste, pode qualquer grupo parlamentar propor a rejeição do programa, ou o Governo solicitar a aprovação de um voto de confiança.
2. Encerrado o debate, procede-se, na mesma reunião e após o intervalo máximo de uma hora, se requerido por qualquer grupo parlamentar, à votação das moções de rejeição do programa e de confiança ao Governo.

3. Até à votação, as moções de rejeição ou de confiança podem ser retiradas.

4. Se for apresentada mais de uma moção de rejeição do programa, a votação realizar-se-á pela ordem da sua apresentação, sem prejuízo da eventual não aprovação de qualquer delas.

5. A rejeição do programa do Governo exige maioria absoluta dos Deputados em efetividade de funções.

6. O Presidente da Assembleia comunica ao Presidente da República, para os efeitos do artigo 195º da Constituição, a aprovação da ou das moções de rejeição, ou a não aprovação da moção de confiança.

SECÇÃO II
Moções de confiança

ARTIGO 218º
Reunião da Assembleia para apreciação da moção de confiança

1. Se o Governo, nos termos do artigo 193º da Constituição, solicitar à Assembleia da República a aprovação de um voto de confiança sobre uma declaração de política geral ou sobre qualquer assunto relevante de interesse nacional, a discussão iniciar-se-á no terceiro dia parlamentar subsequente à apresentação ao Presidente da Assembleia do requerimento do voto de confiança.

2. Fora do funcionamento efetivo da Assembleia da República, o requerimento do Governo só determina a convocação do Plenário mediante prévia deliberação da Comissão Permanente, nos termos do artigo 41º

ARTIGO 219º
Debate da moção de confiança

1. O debate não pode exceder três dias, e a ordem do dia tem como ponto único o debate da moção de confiança.

2. São aplicáveis à discussão das moções de confiança as regras constantes do artigo 90º

3. Aplicam-se ainda as regras constantes do artigo 215º e do nº 2 do artigo 216º

4. A moção de confiança pode ser retirada, no todo ou em parte, pelo Governo até ao fim do debate.

ARTIGO 220º
Votação da moção de confiança

1. Encerrado o debate, procede-se à votação da moção de confiança na mesma reunião e após intervalo de uma hora, se requerido por qualquer grupo parlamentar.

2. Se a moção de confiança não for aprovada, o facto é comunicado pelo Presidente da Assembleia ao Presidente da República para efeitos do disposto no artigo 195º da Constituição.

SECÇÃO III
Moções de censura

ARTIGO 221º
Iniciativa de moção de censura

Podem apresentar moções de censura ao Governo, sobre a execução do seu programa ou assunto relevante de interesse nacional, nos termos do artigo 194º da Constituição, um quarto dos Deputados em efetividade de funções, ou qualquer grupo parlamentar.

ARTIGO 222º
Debate da moção de censura

1. O debate inicia-se no terceiro dia parlamentar subsequente à apresentação da moção de censura, não pode exceder três dias e a ordem do dia tem como ponto único o debate da moção de censura.
2. O debate é aberto e encerrado pelo primeiro dos signatários da moção.
3. O Primeiro-Ministro tem o direito de intervir imediatamente após e antes das intervenções previstas no número anterior.
4. O debate é organizado pela Conferência de Líderes, nos termos do artigo 90º
5. A moção de censura pode ser retirada até ao termo do debate, mas, neste caso, o debate conta para o efeito previsto na alínea *d*) do nº 2 do artigo 180º da Constituição.

ARTIGO 223º
Votação de moção de censura

1. Encerrado o debate, e após intervalo de uma hora, se requerido por qualquer grupo parlamentar, procede-se à votação.
2. A moção de censura só se considera aprovada quando tiver obtido os votos da maioria absoluta dos Deputados em efetividade de funções.
3. Se a moção de censura não for aprovada, os seus signatários não poderão apresentar outra durante a mesma sessão legislativa.
4. No caso de aprovação de uma moção de censura, o Presidente da Assembleia comunica o facto ao Presidente da República, para efeitos do disposto no artigo 195º da Constituição, e remete-a para publicação no *Diário da República*.

SECÇÃO IV
Debates com o Governo

ARTIGO 224º
Debate com o Primeiro-Ministro

1. O Primeiro-Ministro comparece quinzenalmente perante o Plenário para uma sessão de perguntas dos Deputados, em data fixada pelo Presidente da Assembleia, ouvidos o Governo e a Conferência de Líderes.

2. A sessão de perguntas desenvolve-se em dois formatos alternados:

a) No primeiro, o debate é aberto por uma intervenção inicial do Primeiro-Ministro, por um período não superior a 10 minutos, a que se segue a fase de perguntas dos Deputados desenvolvida numa única volta;

b) No segundo, o debate inicia-se com a fase de perguntas dos Deputados desenvolvida numa única volta.

3. Cada grupo parlamentar dispõe de um tempo global para efetuar as suas perguntas, podendo utilizá-lo de uma só vez ou por diversas vezes.

4. Cada pergunta é seguida, de imediato, pela resposta do Primeiro-Ministro.

5. O Primeiro-Ministro dispõe de um tempo global para as respostas igual ao de cada um dos grupos parlamentares que o questiona.

6. No formato referido na alínea *a)* do nº 2, os grupos parlamentares não representados no Governo intervêm por ordem decrescente da sua representatividade, a que se seguem os grupos parlamentares representados no Governo por ordem crescente de representatividade.

7. No formato referido na alínea *b)* do nº 2, os grupos parlamentares intervêm por ordem decrescente da sua representatividade, sendo, porém, concedida prioridade de acordo com a grelha constante do anexo II.

8. No formato referido na alínea *b)* do nº 2, o Primeiro-Ministro pode solicitar a um dos ministros presentes que complete ou responda a determinada pergunta.

9. Os tempos globais dos debates e a sua distribuição constam das grelhas de tempos do anexo I.

10. O Governo, no formato referido na alínea *a)* do nº 2, e os grupos parlamentares, no formato referido na alínea *b)* do nº 2, comunicam à Assembleia da República e ao Governo, respetivamente, com a antecedência de vinte e quatro horas, os temas das suas intervenções.

ARTIGO 225º
Debate com os ministros

1. Cada ministro deve comparecer perante o Plenário pelo menos uma vez por sessão legislativa, para uma sessão de perguntas dos Deputados.

2. O debate incide sobre todas as matérias constantes das áreas tuteladas pelo ministro, que, para o efeito, poderá fazer-se acompanhar da sua equipa ministerial.

3. O Presidente da Assembleia fixa, com um mês de antecedência, as datas para a realização dos debates referidos no número anterior, ouvidos o Governo e a Conferência de Líderes.

4. O debate tem a duração máxima de 120 minutos, cabendo à Conferência de Líderes fixar a distribuição das perguntas de acordo com a representatividade de cada grupo parlamentar.

5. Cada pergunta tem a duração máxima de dois minutos, sendo, de imediato, seguida pela resposta do ministro, em tempo igual, havendo direito a réplica com a duração máxima de um minuto.

SECÇÃO V
Interpelações ao Governo

ARTIGO 226º
Reunião para interpelação ao Governo

No caso do exercício do direito previsto na alínea *d)* do nº 2 do artigo 180º da Constituição, o debate sobre política geral inicia-se até ao décimo dia posterior à publicação da interpelação no *Diário* ou à sua distribuição em folhas avulsas.

ARTIGO 227º
Debate por meio de interpelação ao Governo

1. O debate é aberto com as intervenções de um Deputado do grupo parlamentar interpelante e de um membro do Governo.
2. O debate é organizado pela Conferência de Líderes, nos termos do artigo 90º

SECÇÃO VI
Debate sobre o estado da Nação

ARTIGO 228º
Reunião para o debate sobre o estado da Nação

1. Em cada sessão legislativa tem lugar, em data a fixar por acordo entre o Presidente da Assembleia e o Governo, numa das últimas 10 reuniões da sessão legislativa, um debate de política geral, iniciado com uma intervenção do Primeiro-Ministro sobre o estado da Nação, sujeito a perguntas dos grupos parlamentares, seguindo-se o debate generalizado que é encerrado pelo Governo.
2. O debate é organizado pela Conferência de Líderes, nos termos do artigo 90º

SECÇÃO VII
Perguntas e requerimentos

ARTIGO 229º
Apresentação e tratamento das perguntas e requerimentos

1. As perguntas e os requerimentos apresentados ao abrigo das alíneas *d)* e *e)* do artigo 156º da Constituição são numerados, publicados e remetidos pelo Presidente da Assembleia à entidade competente.
2. As perguntas e os requerimentos devem identificar claramente o destinatário competente para prestar os esclarecimentos.
3. O Governo e a Administração Pública devem responder com a urgência que a questão justificar, não devendo a resposta exceder os 30 dias.
4. Sempre que o Governo ou a Administração Pública não possam responder no prazo fixado, devem comunicar este facto por escrito ao Presidente da Assembleia, apresentando a respetiva fundamentação também por escrito.

5. As perguntas, os requerimentos e as respostas, bem como as respetivas datas e prazos regimentais, devem constar do portal da Assembleia na *Internet*.

ARTIGO 230º
Perguntas e requerimentos não respondidos

1. Na primeira semana de cada mês são publicados no *Diário* e no portal da Assembleia da República na *Internet*, por ordem cronológica, as perguntas e os requerimentos não respondidos no prazo previsto no nº 3 do artigo anterior.

2. A publicação deve distinguir os casos que se integram no nº 4 do artigo anterior, fazendo-os acompanhar da respetiva fundamentação, bem como dos que foram respondidos fora do prazo.

SECÇÃO VIII
Audições aos indigitados para altos cargos do Estado

ARTIGO 231º
Realização de audições aos indigitados para altos cargos do Estado

A audição dos indigitados dirigentes das Autoridades Reguladoras independentes e titulares de altos cargos do Estado que, nos termos da lei, compete à Assembleia da República, é realizada na comissão parlamentar competente em razão da matéria.

SECÇÃO IX
Petições

ARTIGO 232º
Exercício do direito de petição

1. O direito de petição, previsto no artigo 52º da Constituição, exerce-se perante a Assembleia da República nos termos da lei.

2. A Assembleia da República deve apreciar e elaborar relatório final sobre as petições, nos prazos legais.

3. Quando, nos termos da lei, a petição deva ser apreciada pelo Plenário, o debate inicia-se com a apresentação do relatório da comissão parlamentar, intervindo seguidamente um representante de cada grupo parlamentar, por tempo a fixar pela Conferência de Líderes, nos termos do nº 7 do artigo 145º

SECÇÃO X
Inquéritos parlamentares

ARTIGO 233º
Objeto dos inquéritos parlamentares

1. Os inquéritos parlamentares destinam-se a averiguar do cumprimento da Constituição e das leis, e a apreciar os atos do Governo e da Administração.

2. Qualquer requerimento ou proposta tendente à realização de um inquérito deve indicar os seus fundamentos e delimitar o seu âmbito, sob pena de rejeição liminar pelo Presidente.

ARTIGO 234º
Constituição da comissão, iniciativa e realização do inquérito

A constituição das comissões parlamentares de inquérito, a iniciativa do inquérito e a sua realização processam-se nos termos previstos na lei.

ARTIGO 235º
Apreciação dos inquéritos parlamentares

1. A Assembleia pronuncia-se sobre o requerimento ou a proposta até ao décimo quinto dia posterior ao da sua publicação no *Diário* ou à sua distribuição em folhas avulsas aos grupos parlamentares.

2. No debate intervêm um dos requerentes ou proponentes do inquérito, o Primeiro-Ministro ou outro membro do Governo e um representante de cada grupo parlamentar.

ARTIGO 236º
Deliberação sobre a realização do inquérito e relatório

1. Deliberada a realização do inquérito, quando aquela for exigível, é constituída, nos termos da lei, uma comissão parlamentar eventual para o efeito.

2. O Plenário fixa a data, nos termos e limites previstos na lei, até à qual a comissão parlamentar deve apresentar o relatório.

3. Se o relatório não for apresentado no prazo fixado, a comissão parlamentar deve justificar a falta e solicitar ao Plenário a prorrogação do prazo, nos termos e limites previstos na lei.

ARTIGO 237º
Poderes das comissões parlamentares de inquérito

As comissões parlamentares de inquérito gozam dos poderes de investigação próprios das autoridades judiciais e demais poderes e direitos previstos na lei.

SECÇÃO XI
Relatórios e recomendações do Provedor de Justiça

ARTIGO 238º
Relatório anual do Provedor de Justiça

1. O relatório anual do Provedor de Justiça, depois de recebido, é remetido à comissão parlamentar competente em razão da matéria.

2. A comissão parlamentar procede ao exame do relatório até 60 dias após a respetiva receção, devendo requerer as informações complementares e os esclarecimentos que entenda necessários.

3. Para os efeitos do número anterior, pode a comissão parlamentar solicitar a comparência do Provedor de Justiça.

ARTIGO 239º
Apreciação pelo Plenário do relatório anual do Provedor de Justiça

1. A Comissão parlamentar emite parecer fundamentado que remete ao Presidente da Assembleia, a fim de ser publicado no *Diário*.

2. Até ao 30º dia posterior à receção do parecer, o Presidente da Assembleia inclui na ordem do dia a apreciação do relatório do Provedor de Justiça.

3. O debate é generalizado, nos termos do nº 7 do artigo 145º

ARTIGO 240º
Relatórios especiais do Provedor de Justiça

Quando o Provedor de Justiça se dirija à Assembleia por a Administração não atuar de acordo com as recomendações ou se recusar a prestar a colaboração pedida, o Presidente da Assembleia envia a respetiva comunicação, bem como os documentos que a acompanhem, à comissão parlamentar competente em razão da matéria e aos grupos parlamentares, e determina a sua publicação no *Diário*.

ARTIGO 241º
Recomendações do Provedor de Justiça

Quando o Provedor de Justiça dirija recomendações legislativas à Assembleia, são estas remetidas, com os documentos que as acompanhem, aos grupos parlamentares para os fins que estes entendam convenientes, e são publicadas no *Diário*.

SECÇÃO XII
Relatórios de outras entidades

ARTIGO 242º
Outros relatórios apresentados à Assembleia

As disposições da secção anterior são aplicáveis, com as devidas adaptações, aos relatórios que legalmente devam ser apresentados à Assembleia da República.

CAPÍTULO VI
Processos relativos a outros órgãos

SECÇÃO I
Processos relativos ao Presidente da República

DIVISÃO I
Posse do Presidente da República

ARTIGO 243º
Reunião da Assembleia para a posse do Presidente da República

1. A Assembleia da República reúne especialmente para a posse do Presidente da República, nos termos do artigo 127º da Constituição.

2. Se a Assembleia não estiver em funcionamento efetivo, reúne-se por iniciativa da Comissão Permanente ou, na impossibilidade desta e em caso de grave emergência, por iniciativa de mais de metade dos Deputados.

ARTIGO 244º
Formalidades da posse do Presidente da República

1. Aberta a reunião, o Presidente da Assembleia suspende-a para receber o Presidente da República eleito e os convidados.
2. Reaberta a reunião, o Presidente da Assembleia manda ler a ata de apuramento geral da eleição por um dos Secretários da Mesa.
3. O Presidente da República eleito presta a declaração de compromisso estabelecida no nº 3 do artigo 127º da Constituição, sendo em seguida executado o Hino Nacional.
4. O auto de posse é assinado pelo Presidente da República e pelo Presidente da Assembleia.

ARTIGO 245º
Atos subsequentes à posse do Presidente da República

1. Após a assinatura do auto de posse, o Presidente da Assembleia saúda o novo Presidente da República.
2. Querendo, o Presidente da República responde, em mensagem dirigida à Assembleia, nos termos da alínea *d*) do artigo 133º da Constituição.
3. Após as palavras do Presidente da República, o Presidente da Assembleia declara encerrada a reunião, sendo de novo executado o Hino Nacional.

DIVISÃO II
Assentimento para a ausência do Presidente da República do território nacional

ARTIGO 246º
Assentimento à ausência

1. O Presidente da República solicita o assentimento da Assembleia da República para se ausentar do território nacional, por meio de mensagem a ela dirigida, nos termos do artigo 129º e da alínea *d*) do artigo 133º da Constituição.
2. Se a Assembleia não se encontrar em funcionamento, o assentimento é dado pela Comissão Permanente, nos termos da alínea *e*) do nº 3 do artigo 179º da Constituição.
3. A mensagem é publicada no *Diário*.

ARTIGO 247º
Exame em comissão parlamentar sobre o assentimento à ausência

Logo que recebida a mensagem do Presidente da República, e no caso de a Assembleia se encontrar em funcionamento efetivo, o Presidente da Assembleia promove a convocação da comissão parlamentar competente em razão da matéria, assinando-lhe um prazo para emitir parecer.

ARTIGO 248º
Discussão sobre o assentimento à ausência

A discussão em reunião plenária tem por base a mensagem do Presidente da República e nela têm direito a intervir um Deputado por cada grupo parlamentar e o Governo.

ARTIGO 249º
Forma do ato de assentimento à ausência

A deliberação da Assembleia toma a forma de resolução.

DIVISÃO III
Renúncia do Presidente da República

ARTIGO 250º
Reunião da Assembleia em caso de renúncia do Presidente da República

1. No caso de renúncia do Presidente da República, a Assembleia reúne-se para tomar conhecimento da mensagem prevista no artigo 131º da Constituição, no prazo de quarenta e oito horas após a receção.
2. Não há debate.

DIVISÃO IV
Acusação do Presidente da República

ARTIGO 251º
Reunião da Assembleia para acusação do Presidente da República

Para efeitos do disposto no nº 2 do artigo 130º da Constituição, a Assembleia reúne nas quarenta e oito horas subsequentes à apresentação de proposta subscrita por um quinto dos Deputados em efetividade de funções.

ARTIGO 252º
Constituição de comissão parlamentar especial

A Assembleia deve constituir uma comissão parlamentar especial a fim de elaborar relatório no prazo que lhe for assinado.

ARTIGO 253º
Discussão e votação

1. Recebido o relatório da comissão parlamentar, o Presidente da Assembleia marca, dentro das quarenta e oito horas subsequentes, uma reunião plenária para dele se ocupar.

2. No termo do debate, o Presidente da Assembleia põe à votação a questão da iniciativa do processo, a qual depende de deliberação aprovada por maioria de dois terços dos Deputados em efetividade de funções.

SECÇÃO II
Efetivação da responsabilidade criminal dos membros do Governo

ARTIGO 254º
Discussão e votação sobre suspensão dos membros do Governo

1. Movido procedimento criminal contra algum membro do Governo e indiciado este definitivamente por despacho de pronúncia ou equivalente, salvo no caso de crime punível com pena de prisão cujo limite máximo seja superior a três anos, a Assembleia decide se o membro do Governo em causa deve ou não ser suspenso, para efeito do seguimento do processo.

2. A deliberação prevista no presente artigo é tomada por escrutínio secreto e maioria absoluta dos Deputados presentes, precedendo parecer de comissão parlamentar especialmente constituída para o efeito.

SECÇÃO III
Designação de titulares de cargos exteriores à Assembleia

ARTIGO 255º
Eleição dos titulares de cargos exteriores à Assembleia

A Assembleia da República elege, nos termos estabelecidos na Constituição ou na lei, os titulares dos cargos exteriores à Assembleia cuja designação lhe compete.

ARTIGO 256º
Apresentação de candidaturas

1. As candidaturas são apresentadas por um mínimo de 10 e um máximo de 20 Deputados.

2. A apresentação é feita perante o Presidente da Assembleia até 30 dias antes da data da eleição, acompanhada do *curriculum vitae*, do candidato e da declaração de aceitação de candidatura.

3. Durante o período que decorre entre a apresentação das candidaturas referidas no número anterior e a data das eleições, a Assembleia, através da comissão parlamentar competente, procede à audição de cada um dos candidatos.

ARTIGO 257º
Audição dos candidatos a titulares de cargos exteriores à Assembleia

A Assembleia da República promove a audição prévia dos candidatos a titulares dos seguintes cargos exteriores à Assembleia cuja designação lhe compete, designadamente:

a) Os membros do Conselho Superior do Ministério Público;
b) 10 juízes do Tribunal Constitucional;
c) O Provedor de Justiça;
d) O Presidente do Conselho Económico e Social;
e) Sete vogais do Conselho Superior da Magistratura.

ARTIGO 258º
Sufrágio na eleição de titulares de cargos exteriores à Assembleia

1. Sem prejuízo do disposto na Constituição, considera-se eleito o candidato que obtiver mais de metade dos votos validamente expressos.

2. Se nenhum dos candidatos obtiver esse número de votos, procede-se a segundo sufrágio, ao qual concorrem apenas os dois candidatos mais votados cuja candidatura não tenha sido retirada.

ARTIGO 259º
Sistema de representação proporcional

1. Sempre que se aplique o sistema de representação proporcional, a eleição é por lista completa, adotando-se o método da média mais alta de Hondt.

2. Quando seja eleito um candidato que já pertença, ou venha a pertencer, por inerência ao órgão a que se refere a eleição, é chamado à efetividade de funções o primeiro candidato não eleito da respetiva lista.

ARTIGO 260º
Reabertura do processo

No caso de não eleição de candidatos, o processo é reaberto em relação aos lugares ainda não preenchidos, no prazo máximo de 15 dias.

CAPÍTULO VII
Processo relativo ao acompanhamento, apreciação e pronúncia no âmbito do processo de construção europeia

SECÇÃO I
Acompanhamento, apreciação e pronúncia no âmbito do processo de construção europeia

ARTIGO 261º
Disposições gerais no âmbito do processo de construção europeia

1. A Assembleia da República emite pareceres sobre matérias da esfera da sua competência legislativa reservada pendentes de decisão em órgãos da União Europeia e em conformidade com o princípio da subsidiariedade, além de acompanhar e apreciar a participação de Portugal na construção da União Europeia, nos termos da lei.

2. Para efeitos do disposto no número anterior, a Assembleia e o Governo desenvolvem um processo regular de consulta de acordo com a lei.

CAPÍTULO VIII
Processo de urgência

ARTIGO 262º
Objeto do processo de urgência

Pode ser objeto de processo de urgência qualquer projeto ou proposta de lei ou de resolução.

ARTIGO 263º
Deliberação da urgência

1. A iniciativa da adoção de processo de urgência compete a qualquer Deputado ou grupo parlamentar, ao Governo e, em relação a qualquer proposta de lei da sua iniciativa, às Assembleias Legislativas das regiões autónomas.

2. O Presidente da Assembleia envia o pedido de urgência à comissão parlamentar competente, que o aprecia e elabora um parecer fundamentado no prazo de quarenta e oito horas.

3. Elaborado o parecer, o Plenário pronuncia-se sobre a urgência, sendo o debate organizado pela Conferência de Líderes, nos termos do nº 7 do artigo 145º

ARTIGO 264º
Parecer da comissão parlamentar sobre a urgência

1. Do parecer da comissão parlamentar consta a organização do processo legislativo do projeto ou proposta de lei ou de resolução para a qual tenha sido pedida a urgência, podendo propor:

a) A dispensa do exame em comissão parlamentar ou a redução do respetivo prazo;

b) A redução do número de intervenções e de duração do uso da palavra dos Deputados e do Governo;

c) A dispensa do envio à comissão parlamentar para a redação final ou a redução do respetivo prazo.

2. Se a comissão parlamentar não apresentar nenhuma proposta de organização do processo legislativo, este terá a tramitação que for definida na Conferência de Líderes, nos termos do artigo 90º

ARTIGO 265º
Regra supletiva em caso de declaração de urgência

Declarada a urgência, se nada tiver sido determinado nos termos do artigo anterior, o processo legislativo tem a tramitação seguinte:

a) O prazo para exame em comissão parlamentar é, no máximo, de cinco dias;

b) O prazo para a redação final é de dois dias.

TÍTULO V
Disposições relativas ao Regimento

ARTIGO 266º
Interpretação e integração de lacunas do Regimento

1. Compete à Mesa, com recurso para o Plenário, interpretar o presente Regimento e integrar as lacunas, ouvindo a comissão parlamentar competente sempre que o julgue necessário.
2. As decisões da Mesa sobre interpretação e integração de lacunas do Regimento, quando escritas, são publicadas no *Diário*.

ARTIGO 267º
Alterações ao Regimento

1. O presente Regimento pode ser alterado pela Assembleia da República, por iniciativa de qualquer Deputado.
2. Os projetos de regimento devem observar as regras do nº 1 do artigo 120º e dos artigos 124º e seguintes.
3. Admitido qualquer projeto de regimento, o Presidente da Assembleia envia o seu texto à comissão parlamentar competente para discussão e votação.
4. O Regimento, integrando as alterações aprovadas em comissão parlamentar, é sujeito a votação final global, a qual deve obter o voto favorável da maioria absoluta dos Deputados presentes.
5. A comissão parlamentar competente procede à redação final do texto, nos termos do artigo 156º, quando se verificar qualquer revisão ou alteração do Regimento.
6. O Regimento, com as alterações inscritas no lugar próprio, é objeto de nova publicação no *Diário da República*.

TÍTULO VI
Disposições finais e transitórias

ARTIGO 268º
Disposições transitórias

1. A Conferência de Líderes decide até 15 de setembro de 2007 a composição das comissões parlamentares permanentes, de acordo com os artigos 29º e 30º
2. O disposto no artigo 143º não se aplica às iniciativas legislativas admitidas até à data da entrada em vigor do presente Regimento.

ARTIGO 269º
Norma revogatória

É revogada a Resolução da Assembleia da República nº 4/93, de 2 de março, com as alterações introduzidas pelas Resoluções da Assembleia da República nºs 15/

/96, de 2 de maio, 3/99, de 20 de janeiro, 75/99, de 25 de novembro, e 2/2003, de 17 de janeiro.

ARTIGO 270º
Anexos ao Regimento

Fazem parte integrante deste Regimento:

a) As grelhas de tempos, como anexo I;

b) As grelhas de direitos potestativos, como anexo II.

c) A grelha de avocações pelo Plenário em matéria de votação na especialidade do Orçamento do Estado, como anexo III.

ARTIGO 271º
Entrada em vigor

O Regimento entra em vigor no dia 1 de setembro de 2007.

Aprovado em 19 de julho de 2007.

O Presidente da Assembleia da República, *Jaime Gama*.

ANEXO I
Grelhas de tempos

Grelha para o Processo Legislativo Comum
Cada Grupo Parlamentar e o Governo dispõe de 3 minutos.

	PS	PSD	PCP	CDS	BE	PEV	Total
D..............	3	3	3	3	3	3	18

Os autores das iniciativas dispõem de mais 1 minuto, cada.

Grelhas normais

	PS	PSD	PCP	CDS	BE	PEV	Total
A..............	30	25	10	10	8	6	89
B..............	20	16	9	9	7	6	67
C..............	10	9	6	6	5	3	39
D..............	3	3	3	3	3	3	18

1. Os autores das iniciativas e o Governo dispõem de tempo igual ao do grupo parlamentar com maior representatividade.

2. Quando houver lugar ao debate conjunto de iniciativas legislativas, aplica-se o disposto no número anterior, exclusivamente, para as iniciativas que foram admitidas antes da data do agendamento da que provoca o agendamento conjunto.

Grelhas especiais
1. Debate com o Primeiro-Ministro:

Grupos parlamentares	Tempos	Primeiro-Ministro
Intervenção inicial		10 [no formato da alínea *a*) do n.° 2 do artigo 224.°]
PS.........................	9	9
PSD	9	9
PCP.........................	6	6
CDS	6	6
BE	5	5
PEV	3	3

Debate	Tempo global
Formato da alínea *a*) do n.° 2 do artigo 224.° ...	86
Formato da alínea *b*) do n.° 2 do artigo 224.° ...	76

2. Outras grelhas especiais. – O Presidente da Assembleia, ouvida a Conferência de Líderes, estabelece as grelhas de tempos para os restantes debates, designadamente:

> Programa do Governo;
> Moção de confiança;
> Moção de censura;
> Interpelações ao Governo;
> Grandes opções dos planos nacionais;
> Orçamento do Estado;
> Conta Geral do Estado e outras contas públicas;
> Estado da Nação;
> Debate de urgência;
> Debate temático.

ANEXO II

1. Grelhas de direitos potestativos por sessão legislativa:

Interpelações ao Governo:
> Cada Grupo Parlamentar – 2 interpelações;

Debates de urgência:
> Até 15 Deputados – 1 debate;
> Até um décimo do número de Deputados – 2 debates;
> Por cada décimo do número de Deputados – mais 2 debates;

Fixação da ordem do dia:

Grupos Parlamentares representados no Governo:
> Por cada décimo do número de Deputados – 1 reunião;

Grupos Parlamentares não representados no Governo:
> Até 10 Deputados – 1 reunião;
> Até 15 Deputados – 2 reuniões;
> Até um quinto do número de Deputados – 4 reuniões;
> Por cada decimo do número de Deputados – mais 2 reuniões;

Debates de atualidade:
> Até 5 Deputados – 1 debate;
> Até 10 Deputados – 2 debates;
> Até 15 Deputados – 3 debates;
> Até um quinto do número de Deputados – 4 debates;
> Um quinto ou mais do número de Deputados – 5 debates;

Potestativos nas comissões parlamentares:
> Até 5 Deputados – 1;

Até 10 Deputados – 2;
Até 15 Deputados – 3;
Até um quinto do número de Deputados – 4;
Um quinto ou mais do número de Deputados – 5.

2. Grelha de potestativos para a legislatura:

Debates com o Primeiro-Ministro [no formato da alínea *b*) do nº 2 do artigo 224º]:
Até 5 Deputados – 1 debate;
Até 10 Deputados – 2 debates;
Até 15 Deputados – 3 debates;
Até um quinto do número de Deputados – 4 debates;
Um quinto ou mais do número de Deputados – 5 debates.

Nota. – Esta distribuição de direitos potestativos corresponde a uma série que se repete ao longo da legislatura.

ANEXO III
(a que se refere o nº 7 do artigo 211º do Regimento)

Avocações em matéria de Orçamento do Estado:
Até 5 Deputados – 2 avocações;
Até 10 Deputados – 5 avocações;
Até 15 Deputados – 7 avocações;
Até um quinto do número de Deputados – 10 avocações;
Um quinto ou mais do número de Deputados – 12 avocações.

XVI
Organização, Funcionamento e Processo do Tribunal Constitucional

Organização, Funcionamento e Processo do Tribunal Constitucional

Lei nº 28/82, de 15 de novembro, alterada pela Lei nº 143/85, de 26 de novembro, pela Lei nº 85/89, de 7 de setembro, pela Lei nº 88/95, de 1 de setembro, pela Lei nº 13-A/98, de 26 de fevereiro, pela Lei Orgânica nº 1/2011, de 30 de novembro, pela Lei Orgânica nº 5/2015, de 10 de abril e pela Lei Orgânica nº 11/2015, de 28 de agosto. Cfr. Declaração de Retificação nº 10/98, de 23 de maio e Decreto-Lei nº 91/2008, de 2 de junho

A Assembleia da República decreta, nos termos do artigo 244º da Lei Constitucional nº 1/82, de 30 de setembro, o seguinte:

TÍTULO I
Disposições gerais

ARTIGO 1º
(Jurisdição e sede)

O Tribunal Constitucional exerce a sua jurisdição no âmbito de toda a ordem jurídica portuguesa e tem sede em Lisboa.

ARTIGO 2º
(Decisões)

As decisões do Tribunal Constitucional são obrigatórias para todas as entidades públicas e privadas e prevalecem sobre as dos restantes tribunais e de quaisquer outras autoridades.

ARTIGO 3º
(Publicação das decisões)

1. São publicadas na 1ª Série-A do *Diário da República* as decisões do Tribunal Constitucional que tenham por objeto:

a) Declarar a inconstitucionalidade ou a ilegalidade de quaisquer normas;
b) Verificar a existência de inconstitucionalidade por omissão;
c) Verificar a morte, a impossibilidade física permanente ou a perda do cargo de Presidente da República;
d) Verificar o impedimento temporário do Presidente da República para o exercício das suas funções ou a cessação desse impedimento;
e) Verificar a morte ou a incapacidade para o exercício da função presidencial de qualquer candidato a Presidente da República;
f) Declarar que uma qualquer organização perfilha a ideologia fascista e decretar a respetiva extinção;
g) Verificar a constitucionalidade e a legalidade das propostas de referendo nacional, regional e local;
h) Apreciar a regularidade e a legalidade das contas dos partidos políticos.

2. São publicados na 2ª série do *Diário da República as* demais decisões do Tribunal Constitucional, salvo as de natureza meramente interlocutória ou simplesmente repetitivas de outras anteriores.

ARTIGO 4º
(Coadjuvação de outros tribunais e autoridades)

No exercício das suas funções o Tribunal Constitucional tem direito à coadjuvação dos restantes tribunais e das outras autoridades.

ARTIGO 5º
(Regime administrativo e financeiro)

O Tribunal Constitucional é dotado de autonomia administrativa e financeira, e dispõe de orçamento próprio, inscrito nos encargos gerais do Estado no Orçamento do Estado.

TÍTULO II
Competência, organização e funcionamento

CAPÍTULO I
Competência

ARTIGO 6º
(Apreciação da inconstitucionalidade e da ilegalidade)

Compete ao Tribunal Constitucional apreciar a inconstitucionalidade e a ilegalidade nos termos dos artigos 277º e seguintes da Constituição e nos da presente lei.

ARTIGO 7º
(Competência relativa ao Presidente da República)

Compete ao Tribunal Constitucional:

a) Verificar a morte e declarar a impossibilidade física permanente do Presidente da República, bem como verificar os impedimentos temporários do exercício das suas funções;

b) Verificar a perda do cargo de Presidente da República, nos casos previstos no nº 3 do artigo 129º da Constituição e no nº 3 do artigo 130º da Constituição.

ARTIGO 7º-A
(Competência relativa ao contencioso da perda do mandato de Deputados)

Compete ao Tribunal Constitucional julgar os recursos relativos à perda do mandato de Deputado à Assembleia da República ou de deputado a uma das Assembleias Legislativas Regionais.

ARTIGO 8º
(Competência relativa a processos eleitorais)

Compete ao Tribunal Constitucional:

a) Receber e admitir as candidaturas para Presidente da República;

b) Verificar a morte e declarar a incapacidade para o exercício da função presidencial de qualquer candidato a Presidente da República, para o efeito do disposto no nº 3 do artigo 124º da Constituição;

c) Julgar os recursos interpostos de decisões sobre reclamações e protestos apresentados nos atos de apuramento parcial, distrital e geral da eleição do Presidente da República, nos termos dos artigos 114º e 115º do Decreto-Lei nº 319-A/76, de 3 de maio;

d) Julgar os recursos em matéria de contencioso de apresentação de candidaturas e de contencioso eleitoral relativamente às eleições para o Presidente da República, Assembleia da República, assembleias regionais e órgãos do poder local;

e) Receber e admitir as candidaturas relativas à eleição dos Deputados ao Parlamento Europeu e julgar os correspondentes recursos e, bem assim, julgar os recursos em matéria de contencioso eleitoral referente à mesma eleição;

f) Julgar os recursos contenciosos interpostos de atos administrativos definitivos e executórios praticados pela Comissão Nacional de Eleições ou por outros órgãos da administração eleitoral;

g) Julgar os recursos relativos às eleições realizadas na Assembleia da República e nas Assembleias Legislativas Regionais.

ARTIGO 9º
(Competência relativa a partidos políticos, coligações e frentes)

Compete ao Tribunal Constitucional:

a) Aceitar a inscrição de partidos políticos em registo próprio existente no Tribunal;

b) Apreciar a legalidade das denominações, siglas e símbolos dos partidos políticos e das coligações e frentes de partidos, ainda que constituídas apenas para fins eleitorais, bem como apreciar a sua identidade ou semelhança com as de outros partidos, coligações ou frentes;

c) Proceder às anotações referentes a partidos políticos, coligações ou frentes de partidos exigidas por lei;

d) Julgar as ações de impugnarão de eleições e de deliberações de órgãos de partidos políticos, que, nos termos da lei, sejam recorríveis;

e) Apreciar a regularidade e a legalidade das contas dos partidos políticos, nelas incluindo as dos grupos parlamentares, de Deputado único representante de um partido e de Deputados não inscritos em grupo parlamentar ou de deputados independentes na Assembleia da República e nas Assembleias Legislativas das regiões autónomas, e das campanhas eleitorais, nos termos da lei, e aplicar as correspondentes sanções;

f) Ordenar a extinção de partidos e de coligações de partidos nos termos da lei.

ARTIGO 10º
(Competência relativa a organizações que perfilhem a ideologia fascista)

Compete ao Tribunal Constitucional declarar, nos termos e para os efeitos da Lei nº 64/78, de 6 de outubro, que uma qualquer organização perfilha a ideologia fascista e decretar a respetiva extinção.

ARTIGO 11º
(Competência relativa a referendos nacionais, regionais e locais)

Compete ao Tribunal Constitucional verificar previamente a constitucionalidade e a legalidade das propostas de referendo nacional, regional e local, previstos no nº 1 do artigo 115º, no nº 2 do artigo 232º e nos artigos 240º e 256º da Constituição, incluindo a apreciação dos requisitos relativos ao respetivo universo eleitoral, e o mais que, relativamente à realização desses referendos, lhe for cometido por lei.

ARTIGO 11º-A
(Competência relativa a declarações de titulares de cargos políticos)

Compete ao Tribunal Constitucional receber as declarações de património e rendimentos, bem como as declarações de incompatibilidades e impedimentos dos titulares de cargos políticos, e tomar as decisões sobre essas matérias que se encontrem previstas nas respetivas leis.

CAPÍTULO II
Organização

SECÇÃO I
Composição e constituição do Tribunal

ARTIGO 12º
(Composição)

1. O Tribunal Constitucional é composto por 13 juízes sendo 10 designados pela Assembleia da República e 3 cooptados por estes.

2. Seis de entre os juízes designados pela Assembleia da República ou cooptados são obrigatoriamente escolhidos de entre juízes dos restantes tribunais e os demais de entre os juristas.

ARTIGO 13º
(Requisitos de elegibilidade)

1. Podem ser eleitos juízes do Tribunal Constitucional os cidadãos portugueses no pleno gozo dos seus direitos civis e políticos que sejam doutores, mestres ou licenciados em Direito ou juízes dos restantes tribunais.
2. Para efeito do número anterior só são considerados os doutoramentos, os mestrados e as licenciaturas por escola portuguesa ou oficialmente reconhecidos em Portugal.

ARTIGO 14º
(Candidaturas)

1. As candidaturas, devidamente instruídas com os elementos de prova da elegibilidade dos candidatos e respetivas declarações de aceitação de candidatura, são apresentadas em lista completa por um mínimo de 25 e um máximo de 50 Deputados, perante o Presidente da Assembleia da República, até 5 dias antes da reunião marcada para a eleição.
2. As listas propostas à eleição devem conter a indicação de candidatos em número igual ao dos mandatos vagos a preencher.
3. Nenhum Deputado pode subscrever mais de uma lista de candidatura.
4. Compete ao Presidente da Assembleia da República verificar os requisitos de elegibilidade dos candidatos e demais requisitos de admissibilidade das candidaturas, devendo notificar, em caso de obscuridade ou irregularidade, o primeiro subscritor para, no prazo de 2 dias, esclarecer as dúvidas ou suprir as deficiências.
5. Da decisão do Presidente cabe recurso para o Plenário da Assembleia da República.

ARTIGO 15º
(Relação nominal dos candidatos)

Até 2 dias antes da reunião marcada para a eleição, o Presidente da Assembleia da República organiza a relação nominal dos candidatos, a qual é publicado no *Diário da Assembleia da República*.

ARTIGO 16º
(Votação)

1. Os boletins de voto contêm todas as listas de candidatura apresentadas, integrando cada uma delas os nomes de todos os candidatos, por ordem alfabética, com identificação dos que são juízes dos restantes tribunais.
2. Ao lado de cada lista de candidatura figura um quadrado em branco destinado a ser assinalado com a escolha do eleitor.

3. Cada Deputado assinala com uma cruz o quadrado correspondente à lista de candidatura em que vota, não podendo votar em mais de uma lista, sob pena de inutilizarão do respetivo boletim.

4. Consideram-se eleitos os candidatos que obtiverem o voto de dois terços dos deputados presentes, desde que superior à maioria absoluta dos deputados em efetividade de funções.

5. A lista dos eleitos é publicado na 1ª Série-A do *Diário da República*, sob a forma de resolução da Assembleia da República, no dia seguinte ao da eleição.

ARTIGO 17º
(Reunião para cooptação)

1. Ocorrendo vagas de juízes cooptados, são as mesmas preenchidas pelos juízes eleitos pela Assembleia da República em reunião a realizar no prazo de 10 dias.

2. Cabe ao juiz mais idoso marcar o dia, hora e local da reunião e dirigir os trabalhos e ao mais novo servir de secretário.

3. Ocorrendo vagas de juízes eleitos pela Assembleia da República e de juízes cooptados, são aquelas preenchidas em primeiro lugar.

ARTIGO 18º
(Relação nominal dos indigitados)

1. Após discussão prévia, cada juiz eleito pela Assembleia da República indica em boletim, que introduz na urna, o nome de um juiz dos restantes tribunais ou de um jurista, devendo o presidente da reunião, findo o escrutínio, organizar a relação nominal dos indigitados.

2. A relação deve conter nomes em número igual ou superior ao das vagas a preencher, incluindo os de juízes dos restantes tribunais em número pelo menos suficiente para preenchimento da quota de lugares a estes reservada e ainda não completada, repetindo-se a operação as vezes necessárias para aquele efeito.

ARTIGO 19º
(Votação e designação)

1. A cada juiz cooptante é distribuído um boletim de voto do qual constem, por ordem alfabética, os nomes de todos os indigitados.

2. À frente de cada nome figura um quadrado em branco destinado a ser assinalado com a escolha do cooptante.

3. Cada cooptante assinala com uma cruz os quadrados correspondentes aos indigitados em que vota, não podendo votar num número de indigitados superior ao das vagas a preencher, nem num número de indigitados que não sejam juízes dos restantes tribunais que afete a quota de lugares a estes reservada, sob pena de inutilizarão do respetivo boletim.

4. Considera-se designado o indigitado que obtiver um mínimo de 7 votos na mesma votação e que aceitar a designação.

5. Se após 5 votações não tiverem sido preenchidas todas as vagas, organiza-se nova relação nominal para preenchimento das restantes, observando-se o disposto no artigo anterior e nos nºs 1 a 4 do presente artigo.

6. Feita a votação, o presidente da reunião comunica aos juízes que tiverem obtido o número de votos previstos no nº 4 para que declarem por escrito, no prazo de 5 dias, se aceitam a designação.

7. Em caso de recusa, repete-se, para preenchimento da respetiva vaga, o processo previsto nos números e artigos anteriores.

8. A cooptação de cada indigitado só se considera definitiva depois de preenchidas todas as vagas.

9. A lista dos cooptados é publicado na 1ª Série-A do *Diário da República,* sob forma de declaração assinada pelo juiz que tiver dirigido a reunião, no dia seguinte ao da cooptação.

ARTIGO 20º
(Posse e juramento)

1. Os juízes do Tribunal Constitucional tomam posse perante o Presidente da República no prazo de 10 dias a contar da data da publicação da respetiva eleição ou cooptação.

2. No ato de posse prestam o seguinte juramento: «Juro por minha honra cumprir a Constituição da República Portuguesa e desempenhar fielmente as funções em que fico investido».

ARTIGO 21º
(Período de exercício)

1. Os juízes do Tribunal Constitucional são designados por um período de 9 anos, contados da data da posse, e cessam funções com a posse do juiz designado para ocupar o respetivo lugar.

2. O mandato dos juízes do Tribunal Constitucional não é renovável.

3. Os juízes dos restantes tribunais designados para o Tribunal Constitucional que, durante o período de exercício, completem 70 anos mantêm-se em funções até ao termo do mandato.

SECÇÃO II
Estatuto dos juízes

ARTIGO 22º
(Independência e inamovibilidade)

Os juízes do Tribunal Constitucional são independentes e inamovíveis, não podendo as suas funções cessar antes do termo do mandato para que foram designados, salvo nos casos previstos no artigo seguinte.

ARTIGO 23º
(Cessação de funções)

1. As funções dos juízes do Tribunal Constitucional cessam antes do termo do mandato quando se verifique qualquer das situações seguintes:

   a) Morte ou impossibilidade física permanente;
   b) Renúncia;
   c) Aceitação de lugar ou prática de ato legalmente incompatível com o exercício das suas funções;
   d) Demissão ou aposentarão compulsiva, em consequência de processo disciplinar ou criminal.

2. A renúncia é declarada por escrito ao Presidente do Tribunal, não dependendo de aceitação.

3. Compete ao Tribunal verificar a ocorrência de qualquer das situações previstas nas alíneas *a*), *c*) e *d*) do nº 1, devendo a impossibilidade física permanente ser previamente comprovada por 2 peritos médicos designados também pelo Tribunal.

4. A cessação de funções em virtude do disposto no nº 1 é objeto de declaração que o Presidente do Tribunal fará publicar na 1ª Série-A do *Diário da República*.

ARTIGO 23º-A
(Regime de previdência e aposentação)

1. Os juízes do Tribunal Constitucional beneficiam do regime de previdência mais favorável aplicável ao funcionalismo público.

2. No caso de os juízes do Tribunal Constitucional optarem pelo regime de previdência da sua atividade profissional, cabe ao Tribunal Constitucional a satisfação dos encargos que corresponderiam à entidade patronal.

3. Nos 180 dias seguintes à cessação das respetivas funções, os juízes do Tribunal Constitucional podem requerer a aposentação voluntária por aquele cargo, independentemente de apresentação a junta médica desde que preencham uma das seguintes condições:

   a) tenham 12 anos de serviço, qualquer que seja a sua idade;
   b) possuam 40 anos de idade e reunam 10 anos de serviço para efeitos de aposentação.

4. Salvo no caso de cessação de funções por impossibilidade física permanente, verificado de acordo com o disposto no nº 3 do artigo 23º, a aposentação voluntária só pode ser requerida, nos termos do número anterior, quando o subscritor tiver exercido o cargo de juiz do Tribunal Constitucional até ao termo do respetivo mandato ou, ao menos, durante dez anos, consecutivos ou interpolados.

5. A eliminação da qualidade de subscritor da Caixa Geral de Aposentações, decorrente da cessação de funções como juiz do Tribunal Constitucional, não extingue o direito de requerer a aposentação voluntária nos termos do nº 3.

6. Quanto aos juízes do Tribunal Constitucional, o limite a que se refere o nº 1 do artigo 27º da Lei nº 4/85, de 9 de abril, na redação que lhe foi dada pelo artigo 1º da Lei nº 26/95, de 18 de agosto, é o do respetivo vencimento

7. Aos juízes do Tribunal Constitucional que se aposentarem por incapacidade ou nos termos do nº 3 é aplicável o disposto nos artigos 67º e 68º do Estatuto dos Magistrados Judiciais.

8. A pensão de aposentação dos juízes do Tribunal Constitucional é sempre calculada em função do preceituado nas correspondentes disposições do Estatuto dos Magistrados Judiciais.

ARTIGO 24º
(Irresponsabilidade)

Os juízes do Tribunal Constitucional não podem ser responsabilizados pelas suas decisões, salvo nos termos e limites em que o são os juízes dos tribunais judiciais.

ARTIGO 25º
(Regime disciplinar)

1. Compete exclusivamente ao Tribunal Constitucional o exercício do poder disciplinar sobre os seus juízes, ainda que a ação disciplinar respeite a atos praticados no exercício de outras funções, pertencendo-lhe, designadamente, instaurar o processo disciplinar, nomear o respetivo instrutor de entre os seus membros, deliberar sobre a eventual suspensão preventiva e julgar definitivamente.

2. Das decisões do Tribunal Constitucional em matéria disciplinar cabe recurso para o próprio Tribunal.

3. Salvo o disposto nos números anteriores, aplica-se aos juízes do Tribunal Constitucional o regime disciplinar estabelecido na lei para os magistrados judiciais.

ARTIGO 26º
(Responsabilidade civil e criminal)

1. São aplicáveis aos juízes do Tribunal Constitucional, com as necessárias adaptações, as normas que regulam a efetivarão da responsabilidade civil e criminal dos juízes do Supremo Tribunal de Justiça, bem como as normas relativas à respetiva prisão preventiva.

2. Movido procedimento criminal contra juiz do Tribunal Constitucional e acusado este por crime praticado no exercício das suas funções, o seguimento do processo depende de deliberação da Assembleia da República.

3. Quando, na situação prevista no número anterior, for autorizado o seguimento do processo, o Tribunal suspenderá o juiz do exercício das suas funções.

4. Deduzida acusação contra juiz do Tribunal Constitucional por crime estranho ao exercício das suas funções, o Tribunal decidirá se o juiz deve ou não ser suspenso de funções para o efeito de seguimento do processo, sendo obrigatória a decisão de suspensão quando se trate de crime doloso a que corresponda pena de prisão cujo limite máximo seja superior a 3 anos.

ARTIGO 27º
(Incompatibilidades)

1. É incompatível com o desempenho do cargo de juiz do Tribunal Constitucional o exercício de funções em órgãos de soberania, das regiões autónomas ou do poder local, bem como o exercício de qualquer outro cargo ou função de natureza pública ou privada.

2. Excetua-se do disposto na parte final do número anterior o exercício não remunerado de funções docentes ou de investigação científica de natureza jurídica.

ARTIGO 28º
(Proibição de atividades políticas)

1. Os juízes do Tribunal Constitucional não podem exercer quaisquer funções em órgãos de partidos, de associações políticas ou de fundações com eles conexas, nem desenvolver atividades político-partidárias de caráter público.

2. Durante o período de desempenho do cargo fica suspenso o estatuto decorrente da filiação em partidos ou associações políticas.

ARTIGO 29º
(Impedimentos e suspeições)

1. É aplicável aos juízes do Tribunal Constitucional o regime de impedimentos e suspeições dos juízes dos tribunais judiciais.

2. A filiação em partido ou associação política não constitui fundamento de suspeição.

3. A verificação do impedimento e a apreciação da suspeição competem ao Tribunal.

ARTIGO 30º
(Direitos, categorias, vencimentos e regalias)

Os juízes do Tribunal Constitucional têm honras, direitos, categorias, tratamento, vencimentos e regalias iguais aos dos juízes do Supremo Tribunal de Justiça.

ARTIGO 30º-A
(Trajo profissional)

No exercício das suas funções no Tribunal e, quando o entendam, nas solenidades em que devam participar, os juízes do Tribunal Constitucional usam beca e um colar com as insígnias do Tribunal, de modelo a definir por este, podendo ainda usar capa sobre a beca.

ARTIGO 31º
(Abonos complementares)

1. O Presidente do Tribunal Constitucional tem direito a um subsídio de 20% do vencimento, a título de despesas de representação, e ao uso de viatura oficial.

2. No caso de o Presidente não residir habitualmente em qualquer dos concelhos referidos no nº 1 do artigo seguinte, terá ainda direito ao subsídio atribuído aos ministros em iguais circunstâncias.

3. O Vice-Presidente do Tribunal Constitucional tem os direitos referidos nos números anteriores, sendo o subsídio para despesas de representação de 15%.

ARTIGO 32º
(Ajudas de custo)

1. Os juízes residentes fora dos concelhos de Lisboa, Oeiras, Cascais, Loures, Sintra, Vila Franca de Xira, Almada, Seixal, Barreiro e Amadora têm direito à ajuda de custo fixada para os membros do Governo, abonada por cada dia de sessão do Tribunal em que participem, e mais 2 dias por semana.

2. Os juízes residentes nos concelhos indicados no número anterior têm direito, nos mesmos termos, a um terço da ajuda de custo aí referida.

3. Os juízes não residentes nos concelhos referidos no nº 1 que se façam transportar em automóvel próprio entre Lisboa e a sua residência, e volta, têm direito ao reembolso das correspondentes despesas, segundo o regime aplicável aos funcionários públicos, uma vez por semana por razões de funcionamento do Tribunal.

4. Os juízes residentes nos concelhos referidos no nº 1 com exceção do de Lisboa quando se façam transportar em automóvel próprio entre a sua residência e o Tribunal têm direito ao reembolso das correspondentes despesas segundo regime análogo ao dos funcionários públicos, mas tendo em conta os quilómetros efetivamente percorridos.

ARTIGO 33º
(Passaporte)

Os juízes do Tribunal Constitucional têm direito a passaporte diplomático.

ARTIGO 34º
(Distribuição de publicações oficiais)

1. Os juízes do Tribunal Constitucional têm direito à distribuição gratuita das 1ª e 2ª séries do *Diário da República,* do *Diário da Assembleia da República,* dos jornais oficiais das Regiões Autónomas e do *Boletim Oficial de Macau,* bem como do *Boletim do Ministério da Justiça* e do *Boletim do Trabalho e Emprego,* podendo ainda requerer, através do Presidente, as publicações oficiais que considerem necessárias ao exercício das suas funções.

2. Os juízes do Tribunal Constitucional têm livre acesso às bibliotecas do Ministério da Justiça, dos tribunais superiores e da Procuradoria-Geral da República e, bem assim, direito a consultar nos mesmos serviços os dados doutrinais e jurisprudenciais que tenham sido objeto de tratamento informático.

ARTIGO 35º
(Estabilidade de emprego)

1. Os juízes do Tribunal Constitucional não podem ser prejudicados na estabilidade do seu emprego, na sua carreira e no regime de segurança social de que beneficiem por causa do exercício das suas funções.

2. Os juízes que cessem funções no Tribunal Constitucional retomam automaticamente as que exerciam à data da posse, ou aquelas para que foram transferidos ou nomeados durante o período de funções no Tribunal, designadamente por virtude de promoção, só podendo os respetivos lugares ser providos a título interino.

3. Durante o exercício das suas funções os juízes não perdem a antiguidade nos seus empregos nem podem ser prejudicados nas promoções a que entretanto tenham adquirido direito.

4. No caso de os juízes se encontrarem à data da posse investidos em função pública temporária, por virtude de lei, ato ou contrato, ou em comissão de serviço, o exercício de funções no Tribunal Constitucional suspende o respetivo prazo.

SECÇÃO III
Organização interna

ARTIGO 36º
(Competência interna)

Compete ainda ao Tribunal Constitucional:

a) Eleger o Presidente e o Vice-Presidente;

b) Elaborar os regulamentos internos necessários ao seu bom funcionamento;

c) Aprovar a proposta do orçamento anual do Tribunal;

d) Fixar no início de cada ano judicial os dias e horas em que se realizam as sessões ordinárias;

e) Exercer as demais competências atribuídas por lei.

ARTIGO 37º
(Eleição do Presidente e do Vice-Presidente)

1. Os juízes do Tribunal Constitucional elegem de entre si o Presidente e o Vice-Presidente do Tribunal Constitucional, os quais exercem funções por um período igual a metade do mandato de juiz do Tribunal Constitucional, podendo ser reconduzidos.

2. A eleição do Presidente precede a do Vice-Presidente quando os 2 lugares se encontrem vagos.

ARTIGO 38º
(Forma de eleição e posse)

1. O Presidente e o Vice-Presidente são eleitos por voto secreto, sem discussão ou debate prévios, em sessão presidida, na falta do Presidente ou do Vice-Presidente, pelo juiz mais idoso e secretariada pelo mais novo.

2. Cada juiz assinala o nome por si escolhido num boletim que introduz na urna.

3. Considera-se eleito Presidente o juiz que, na mesma votação, obtiver o mínimo de 9 votos; se, após 4 votações, nenhum juiz tiver reunido este número de votos, são admitidos às votações ulteriores somente os 2 nomes mais votados na quarta votação; se, ao fim de mais 4 votações, nenhum dos 2 tiver obtido aquele número de votos, considera-se eleito o juiz que primeiro obtiver 8 votos na mesma votação.

4. As votações são realizadas sem interrupção da sessão.

5. Considera-se eleito Vice-Presidente o juiz que obtiver o mínimo de 8 votos, após as votações necessárias, efetuadas nos termos dos números anteriores.

6. A eleição do Presidente e do Vice-Presidente do Tribunal Constitucional é publicada na 1ª Série-A do *Diário da República*, sob a forma de declaração assinada pelo juiz que tiver dirigido a reunião.

7. Uma vez eleitos, o Presidente e o Vice-Presidente do Tribunal Constitucional tomam posse perante o plenário de juízes do Tribunal.

ARTIGO 39º
(Competência do Presidente e do Vice-Presidente)

1. Compete ao Presidente do Tribunal Constitucional:

a) Representar o Tribunal e assegurar as suas relações com os outros órgãos de soberania e demais órgãos e autoridades públicas;

b) Receber as candidaturas e as declarações de desistência de candidatos a Presidente da República;

c) Presidir à assembleia de apuramento geral da eleição do Presidente da República e dos Deputados ao Parlamento Europeu;

d) Presidir às sessões do Tribunal e dirigir os trabalhos;

e) Apurar o resultado das votações;

f) Convocar sessões extraordinárias;

g) Presidir à distribuição dos processos, assinar o expediente e ordenar a passagem de certidões;

h) Mandar organizar e afixar a tabela dos recursos e demais processos preparados para julgamento em cada sessão, conferindo prioridade aos referidos nos nºs 3 e 5 do artigo 43º e, bem assim, àqueles em que estiverem em causa direitos, liberdades e garantias pessoais;

i) Organizar anualmente o turno para assegurar o julgamento de processos durante as férias dos juízes, ouvidos estes em conferência;

j) Superintender na gestão e administração do Tribunal, bem como na secretaria e nos serviços de apoio;

l) Dar posse ao pessoal do Tribunal e exercer sobre ele o poder disciplinar, com recurso para o próprio Tribunal;

m) Exercer outras competências atribuídas por lei ou que o Tribunal nele delegar.

2. Compete ao Vice-Presidente substituir o Presidente nas suas faltas e impedimentos, coadjuvá-lo no exercício das suas funções, nomeadamente presidindo a uma

das secções a que não pertença, e praticar os atos respeitantes ao exercício das competências que por aquele lhe forem delegadas.

3. Nas sessões presididas pelo Vice-Presidente não poderão ser apreciados processos de que ele seja relator.

CAPÍTULO III
Funcionamento

SECÇÃO I
Funcionamento do Tribunal

ARTIGO 40º
(Sessões)

1. O Tribunal Constitucional funciona em sessões plenárias e por secções.

2. O Tribunal Constitucional reúne ordinariamente segundo a periodicidade a definir no regimento interno e extraordinariamente sempre que o Presidente o convocar, por iniciativa própria ou a requerimento da maioria dos juízes em efetividade de funções.

ARTIGO 41º
(Secções)

1. Haverá três secções não especializadas, cada uma delas constituída pelo Presidente ou pelo Vice-Presidente do Tribunal e por mais quatro juízes.

2. A distribuição dos juízes, incluindo o Vice-Presidente, pelas secções e a determinação da secção normalmente presidida pelo Vice-Presidente serão feitas pelo Tribunal no início de cada ano judicial.

ARTIGO 42º
(Quorum e deliberações)

1. O Tribunal Constitucional, em plenário ou em secção, só pode funcionar estando presente a maioria dos respetivos membros em efetividade de funções, incluindo o Presidente ou o Vice-Presidente.

2. As deliberações são tomadas à pluralidade de votos dos membros presentes.

3. Cada juiz dispõe de 1 voto e o Presidente, ou Vice-Presidente, quando o substitua, dispõe de voto de qualidade.

4. Os juízes do Tribunal Constitucional têm o direito de fazer lavrar voto de vencido.

ARTIGO 43º
(Férias)

1. Aplica-se ao Tribunal Constitucional o regime geral sobre férias judiciais relativamente aos processos de fiscalização abstrata não preventiva da constitucionalidade e legalidade de normas jurídicas, aos recursos de decisões judiciais e às respostas

nos processos de apreciação da regularidade e da legalidade das contas de partidos políticos e de campanhas eleitorais.

2. Relativamente aos restantes processos não há férias judiciais.

3. Nos recursos interpostos de decisões judiciais proferidas em matéria penal em que algum dos interessados esteja detido ou preso ainda sem condenação definitiva, os prazos processuais previstos na lei correm em férias judiciais, salvo o disposto no número seguinte.

4. Suspendem-se durante o mês de agosto os prazos destinados à apresentação de alegações ou respostas pelos interessados detidos ou presos, sem prejuízo, porém, da possibilidade de o relator determinar o contrário ou de o interessado praticar o ato durante esse período.

5. Podem ainda correr em férias judiciais, por determinação do relator a requerimento de qualquer dos interessados no recurso, os prazos processuais previstos na lei, quando se trate de recurso de constitucionalidade interposto de decisão proferida em processo qualificado como urgente pela respetiva lei processual.

6. Os juízes gozarão as suas férias de 15 de agosto a 14 de setembro, devendo ficar assegurada a permanente existência do *quorum de* funcionamento do plenário e de cada uma das secções do Tribunal.

7. Na secretaria não há férias judiciais.

ARTIGO 44º
(Representação do Ministério Público)

O Ministério Público é representado junto do Tribunal Constitucional pelo Procurador-Geral da República, que poderá delegar as suas funções no Vice-Procurador-Geral ou num ou mais Procuradores-Gerais Adjuntos.

SECÇÃO II
Secretaria e serviços de apoio

ARTIGO 45º
(Organização)

O Tribunal Constitucional tem uma secretaria e serviços de apoio, cuja organização, composição e funcionamento são regulados por decreto-lei.

ARTIGO 46º
(Secretaria)

1. A secretaria e os serviços de apoio, salvo os gabinetes, são coordenados por um secretário-geral, sob a superintendência do Presidente do Tribunal.

2. Os direitos, deveres e regalias do pessoal do Tribunal constam de decreto-lei.

3. O pessoal da secretaria tem os direitos e regalias e está sujeito aos deveres e incompatibilidades do pessoal da secretaria do Supremo Tribunal de Justiça.

ARTIGO 47º
(Provimento)

O provimento do pessoal da secretaria e dos serviços de apoio do Tribunal Constitucional compete ao presidente do Tribunal.

CAPÍTULO IV
Regime Financeiro

ARTIGO 47º-A
(Orçamento)

1. O Tribunal aprova o projeto do seu orçamento e apresenta-o ao Governo nos prazos determinados para a elaboração da proposta de lei do Orçamento do Estado, a submeter à Assembleia da República, devendo ainda fornecer os elementos que esta lhe solicite sobre a matéria.

2. O Tribunal aprova o orçamento das suas receitas próprias, previstas no artigo seguinte, e das correspondente despesas, inscritas segundo o regime de compensação em receitas.

ARTIGO 47º-B
(Receitas próprias)

1. Além das dotações do Orçamento do Estado, são receitas próprias do Tribunal Constitucional o saldo da gerência do ano anterior, o produto de custas e multas, o produto da venda de publicações por ele editadas ou de serviços prestados pelo seu núcleo de apoio documental e ainda quaisquer outras que lhe sejam atribuídas por lei, contrato ou outro título.

2. O produto das receitas próprias referidas no número anterior pode ser aplicado na realização de despesas correntes e de capital que, em cada ano, não possam ser suportadas pelas verbas inscritas no Orçamento do Estado, de despesas resultantes da edição de publicações ou da prestação de serviços pelo núcleo de apoio documental e, bem assim, de despesas derivadas da realização de estudos, análises e outros trabalhos extraordinários, incluindo a correspondente remuneração ao pessoal do quadro ou contratado.

ARTIGO 47º-C
(Gestão financeira)

1. Cabe ao Tribunal Constitucional, relativamente à execução do seu orçamento, a competência ministerial comum em matéria de administração financeira, nomeadamente a prevista no artigo 3º e no artigo 4º do Decreto-Lei nº 71/95, de 15 de abril, podendo delegá-la no Presidente.

2. Cabe ao Presidente do Tribunal autorizar a realização de despesas até aos limites estabelecidos na alínea *b*) do nº 2, na alínea *b*) do nº 3 e na alínea *b*) do nº 4 do

artigo 7º, e ainda na alínea *b*) do nº 1 do artigo 8º do Decreto-Lei nº 55/95, de 23 de março, podendo delegá-la, quanto a certas despesas e dentro dos limites fixados no correspondente despacho, no chefe do seu gabinete ou no secretário-geral.

3. As despesas que, pela sua natureza ou montante, ultrapassem a competência referida no número anterior e, bem assim, as que o Presidente entenda submeter-lhe, serão autorizadas pelo Tribunal.

ARTIGO 47º-D
(Conselho Administrativo)

1. O Tribunal Constitucional disporá de um conselho administrativo, constituído pelo Presidente do Tribunal, por 2 juízes designados pelo Tribunal, pelo secretário-geral e pelo chefe de secção de expediente e contabilidade.

2. Cabe ao conselho administrativo promover e acompanhar a gestão financeira do Tribunal, competindo-lhe, designadamente:

a) Elaborar os projetos de orçamento do Tribunal e pronunciar-se, quando para tal solicitado, sobre as propostas de alteração orçamental que se mostrem necessárias;

b) Autorizar o pagamento de despesas, qualquer que seja a entidade que tenha autorizado a sua realização;

c) Autorizar a constituição, no gabinete do presidente, na secretaria e no núcleo de apoio documental, de fundos permanentes, a cargo dos respetivos responsáveis, para o pagamento direto de pequenas despesas, estabelecendo as regras a que obedecerá o seu controlo;

d) Orientar a contabilidade e fiscalizar a sua escrituração;

e) Exercer as demais funções previstas na lei.

ARTIGO 47º-E
(Requisição de fundos)

1. O Tribunal requisita mensalmente à Direção-Geral do Orçamento as importâncias que forem necessárias por conta da dotação global que lhe é atribuída.

2. As requisições referidas no número anterior, depois de visadas pela Direção-Geral do Orçamento, são transmitidas, com as competentes autorizações para pagamento ao Banco de Portugal, sendo as importâncias levantadas e depositadas, à ordem daquele, na Caixa Geral de Depósitos.

3. O Presidente do Tribunal pode autorizar a dispensa do regime duodecimal de qualquer das dotações orçamentais do Tribunal Constitucional e, bem assim, solicitar a antecipação, total ou parcial, dos respetivos duodécimos.

ARTIGO 47º-F
(Conta)

A conta de gerência anual do Tribunal Constitucional é organizada pelo conselho administrativo e submetida, no prazo legal, ao julgamento do Tribunal de Contas.

TÍTULO III
Processo

CAPÍTULO I
Distribuição

ARTIGO 48º
(Legislação aplicável)

A distribuição de processos são aplicáveis as normas do Código de Processo Civil que regulam a distribuição nos tribunais superiores em tudo o que não se achar especialmente regulado nesta lei.

ARTIGO 49º
(Espécies)

Para efeitos de distribuição há as seguintes espécies de processos:

1ª Processos de fiscalização preventiva da constitucionalidade;
2ª Outros processos de fiscalização abstrata da constitucionalidade ou legalidade;
3ª Recursos;
4ª Reclamações;
5ª Outros processos.

ARTIGO 50º
(Relatores)

1. Para efeitos de distribuição e substituição de relatores, a ordem dos juízes é sorteada anualmente na 1ª sessão do ano judicial.
2. Ao Presidente não são distribuídos processos para relato.
3. O Vice-Presidente fica isento da distribuição de processos da 2ª e da 4ª espécies, sendo-lhe distribuído apenas um quarto dos processos da 3ª a espécie que couberem a cada um dos restantes juízes.

CAPÍTULO II
Processos de fiscalização da constitucionalidade e da legalidade

SUBCAPÍTULO I
Processos de fiscalização abstrata

SECÇÃO I
Disposições comuns

ARTIGO 51º
(Recebimento e admissão)

1. O pedido de apreciação da constitucionalidade ou da legalidade das normas jurídicas referidas nos artigos 278º e 281º da Constituição é dirigido ao Presidente

do Tribunal Constitucional e deve especificar, além da normas cuja apreciação se requer, as normas ou os princípios constitucionais violados.

2. Autuado pela secretaria e registado no competente livro é o requerimento concluso ao Presidente do Tribunal, que decide sobre a sua admissão, sem prejuízo dos números e do artigo seguintes.

3. No caso de falta, insuficiência ou manifesta obscuridade das indicações a que se refere o nº 1, o Presidente notifica o autor do pedido para suprir as deficiências, após o que os autos lhe serão novamente conclusos para o efeito do número anterior.

4. A decisão do Presidente que admite o pedido não faz precludir a possibilidade do Tribunal vir, em definitivo, a rejeitá-lo.

5. O Tribunal só pode declarar a inconstitucionalidade ou a ilegalidade de normas cuja apreciação tenha sido requerido, mas pode fazê-lo com fundamentação na violação de normas ou princípios constitucionais diversos daqueles cuja violação foi invocada.

ARTIGO 52º
(Não admissão do pedido)

1. O pedido não deve ser admitido quando formulado por pessoa ou entidade sem legitimidade, quando as deficiências que apresentar não tiverem sido supridas ou quando tiver sido apresentado fora do prazo.

2. Se o Presidente entender que o pedido não deve ser admitido, submete os autos à conferência, mandando simultaneamente entregar cópias do requerimento aos restantes juízes.

3. O Tribunal decide no prazo de 10 dias ou, tratando-se de fiscalização preventiva, de 2 dias.

4. A decisão que não admita o pedido é notificada à entidade requerente.

ARTIGO 53º
(Desistência do pedido)

Só é admitida a desistência do pedido nos processos de fiscalização preventiva da constitucionalidade.

ARTIGO 54º
(Audição do órgão autor da norma)

Admitido o pedido, o Presidente notifica o órgão de que tiver emanado a norma impugnada para, querendo, se pronunciar sobre ele no prazo de 30 dias ou, tratando-se de fiscalização preventiva, de 3 dias.

ARTIGO 55º
(Notificação)

1. As notificações referidas nos artigos anteriores são efetuadas mediante protocolo ou por via postal, telegráfica, telex ou telecópia, consoante as circunstâncias.

2. As notificações são acompanhadas, conforme os casos, de cópia do despacho ou da decisão, com os respetivos fundamentos, ou da petição apresentada.

3. Tratando-se de órgão colegial ou seus titulares, as notificações são feitas na pessoa do respetivo presidente ou de quem o substitua.

ARTIGO 56º
(Prazos)

1. Os prazos referidos nos artigos anteriores e nas secções seguintes são contínuos.

2. Quando o prazo para a prática de ato processual terminar em dia em que o Tribunal esteja encerrado, incluindo aqueles em que for concedida tolerância de ponto, transfere-se o seu termo para o primeiro dia útil seguinte.

3. Os prazos nos processos regulados nas secções III e IV suspendem-se, no entanto, durante as férias judiciais.

4. Aos mesmos prazos acresce a dilação de 10 dias ou, tratando-se de fiscalização preventiva, de 2 dias quando os atos respeitem a órgão ou entidade sediados fora do continente da República.

SECÇÃO II
Processos de fiscalização preventiva

ARTIGO 57º
(Prazos para apresentação e recebimento)

1. Os pedidos de apreciação da inconstitucionalidade a que se referem os nºs 1, 2 e 4 do artigo 278º da Constituição devem ser apresentados no prazo de 8 dias referido, consoante os casos, nos nºs 3 e 6 do mesmo artigo.

2. É de 1 dia o prazo para o Presidente do Tribunal Constitucional admitir o pedido, usar da faculdade prevista no nº 3 do artigo 51º ou submeter os autos à conferência para os efeitos do nº 2 do artigo 52º

3. O prazo para o autor do pedido suprir deficiências é de 2 dias.

ARTIGO 58º
(Distribuição)

1. A distribuição é feita no prazo de 1 dia, contado do dia da entrada do pedido no Tribunal.

2. O processo é imediatamente concluso ao relator, a fim de, no prazo de 5 dias, elaborar um memorando contendo o enunciado das questões sobre que o Tribunal deverá pronunciar-se e da solução que para elas propõe, com indicação sumária dos respetivos fundamentos, cabendo à secretaria comunicar-lhe a resposta do órgão de que emanou o diploma, logo que recebida.

3. Distribuído o processo, são entregues cópias do pedido a todos os juízes, do mesmo modo se procedendo com a resposta e o memorando, logo que recebidos pela secretaria.

ARTIGO 59º
(Formação da decisão)

1. Com a entrega ao Presidente da cópia do memorando é-lhe concluso o respetivo processo, para o inscrever na ordem do dia da sessão plenária a realizar no prazo de 10 dias a contar do recebimento do pedido.

2. A decisão não deve ser proferida antes de decorridos 2 dias sobre a entrega das cópias do memorando a todos os juízes.

3. Concluída a discussão e tomada a decisão do Tribunal, será o processo concluso ao relator ou, no caso de este ficar vencido, ao juiz que deva substituí-lo para elaboração do acórdão, no prazo de 7 dias, e sua subsequente assinatura.

ARTIGO 60º
(Processo de urgência)

Os prazos referidos nos artigos anteriores são encurtados pelo Presidente do Tribunal, quando o Presidente da República haja usado a faculdade que lhe é conferida pelo nº 8 do artigo 278º da Constituição.

ARTIGO 61º
(Efeito da decisão)

A decisão em que o Tribunal Constitucional se pronuncie pela inconstitucionalidade em processo de fiscalização preventiva tem os efeitos previstos no artigo 279º da Constituição.

SECÇÃO III
Processos de fiscalização sucessiva

ARTIGO 62º
(Prazo para admissão do pedido)

1. Os pedidos de apreciação da inconstitucionalidade ou da ilegalidade a que se referem as alíneas *a)* a *c)* do nº 1 do artigo 281º da Constituição podem ser apresentados a todo o tempo.

2. É de 5 dias o prazo para a secretaria autuar e apresentar o pedido ao Presidente do Tribunal e de 10 dias o prazo para este decidir da sua admissão ou fazer uso das faculdades previstas no nº 3 do artigo 51º e no nº 2 do artigo 52º.

3. O prazo para o autor do pedido suprir deficiências é de 10 dias.

ARTIGO 63º
(Debate preliminar e distribuição)

1. Junta a resposta do órgão de que emanou a norma, ou decorrido o prazo fixado para o efeito sem que haja sido recebida, é entregue uma cópia dos autos a cada um dos juízes, acompanhada de um memorando onde são formuladas pelo Presidente do Tribunal as questões prévias e de fundo a que o Tribunal há de responder, bem como de quaisquer elementos documentais reputados de interesse.

2. Decorridos 15 dias, pelo menos, sobre a entrega do memorando, é o mesmo submetido a debate e, fixada a orientação do Tribunal sobre as questões a resolver, é o processo distribuído a um relator designado por sorteio ou, se o Tribunal assim o entender, pelo Presidente.

ARTIGO 64º
(Pedidos com objeto idêntico)

1. Admitido um pedido, quaisquer outros com objeto idêntico que venham a ser igualmente admitidos são incorporados no processo respeitante ao primeiro.

2. O órgão de que emanou a norma é notificado da apresentação dos pedidos subsequentes, mas o Presidente do Tribunal ou o relator podem dispensar a sua audição sobre os mesmos, sempre que a julguem desnecessária.

3. Entendendo-se que não deve ser dispensada nova audição é concedido para o efeito o prazo de 15 dias, ou prorrogado por 10 dias o prazo inicial, se ainda não estiver esgotado.

4. No caso de já ter havido distribuição, considera-se prorrogado por 15 dias o prazo a que se refere o nº 1 do artigo 65º

ARTIGO 64º-A
(Requisição de elementos)

O Presidente do Tribunal, o relator ou o próprio Tribunal podem requisitar a quaisquer órgãos ou entidades os elementos que julguem necessários ou convenientes para a apreciação do pedido e a decisão do processo.

ARTIGO 65º
(Formação da decisão)

1. Concluso o processo ao relator, é por este elaborado, no prazo de 40 dias, um projeto de acórdão, de harmonia com a orientação fixada pelo Tribunal.

2. A secretaria distribui por todos os juízes cópias do projeto referido no número anterior e conclui o processo ao Presidente, com a entrega da cópia que lhe é destinada, para inscrição em tabela na sessão do Tribunal que se realize decorridos 15 dias, pelo menos, sobre a distribuição das cópias.

3. Quando ponderosas razões o justifiquem, pode o Presidente, ouvido o Tribunal, encurtar até metade os prazos referidos nos números anteriores.

4. Havendo solicitação fundamentada do requerente nesse sentido e acordo do órgão autor da norma, o Presidente, ouvido o Tribunal, decidirá sobre a atribuição de prioridade à apreciação e decisão do processo.

ARTIGO 66º
(Efeitos da declaração)

A declaração de inconstitucionalidade ou de ilegalidade com força obrigatória geral tem os efeitos previstos no artigo 282º da Constituição.

SECÇÃO IV
Processos de fiscalização da inconstitucionalidade por omissão

ARTIGO 67º
(Remissão)

Ao processo de apreciação do não cumprimento da Constituição por omissão das medidas legislativas necessárias para tomar exequíveis as normas constitucionais, é aplicável o regime estabelecido na secção anterior, salvo quanto aos efeitos.

ARTIGO 68º
(Efeitos da verificação)

A decisão em que o Tribunal Constitucional verifique a existência de inconstitucionalidade por omissão tem o efeito previsto no nº 2 do artigo 283º da Constituição.

SUBCAPÍTULO II
Processos de fiscalização concreta

ARTIGO 69º
(Legislação aplicável)

À tramitação dos recursos para o Tribunal Constitucional são subsidiariamente aplicáveis as normas do Código do Processo Civil, em especial as respeitantes ao recurso de apelação.

ARTIGO 70º
(Decisões de que pode recorrer-se)

1. Cabe recurso para o Tribunal Constitucional, em secção, das decisões dos tribunais:

a) Que recusem a aplicação de qualquer norma, com fundamento em inconstitucionalidade;

b) Que apliquem norma cuja inconstitucionalidade haja sido suscitada durante o processo;

c) Que recusem a aplicação de norma constante de ato legislativo, com fundamento na sua ilegalidade por violação de lei com valor reforçado;

d) Que recusem a aplicação de norma constante de diploma regional, com fundamento na sua ilegalidade por violação do estatuto da região autónoma ou de lei geral da República;

e) Que recusem a aplicação de norma emanada de um órgão de soberania, com fundamento na sua ilegalidade por violação do estatuto de uma região autónoma;

f) Que apliquem norma cuja ilegalidade haja sido suscitada durante o processo com qualquer dos fundamentos referidos nas alíneas *c)*, *d)* e *e)*;

g) Que apliquem norma já anteriormente julgada inconstitucional ou ilegal pelo próprio Tribunal Constitucional;

h) Que apliquem norma já anteriormente julgada inconstitucional pela Comissão Constitucional, nos precisos termos em que seja requerido a sua apreciação ao Tribunal Constitucional;

i) Que recusem a aplicação de norma constante de ato legislativo, com fundamento na sua contrariedade com uma convenção internacional, ou a apliquem em desconformidade com o anteriormente decidido sobre a que questão pelo Tribunal Constitucional.

2. Os recursos previstos nas alíneas *b)* e *f)* do número anterior apenas cabem de decisões que não admitam recurso ordinário, por a lei o não prever ou por já haverem sido esgotados todos os que no caso cabiam, salvo os destinados a uniformização de jurisprudência.

3. São equiparadas a recursos ordinários as reclamações para os presidentes dos tribunais superiores, nos casos de não admissão ou de retenção do recurso, bem como as reclamações dos despachos dos juízes relatores para a conferência.

4. Entende-se que se acham esgotados todos os recursos ordinários, nos termos do nº 2, quando tenha havido renúncia, haja decorrido o respetivo prazo sem a sua interposição ou os recursos interpostos não possam ter seguimento por razões de ordem processual.

5. Não é admitido recurso para o Tribunal Constitucional de decisões sujeitas a recurso ordinário obrigatório, nos termos da respetiva lei processual.

6. Se a decisão admitir recurso ordinário, mesmo que para uniformização de jurisprudência, a não interposição de recurso para o Tribunal Constitucional não faz precludir o direito de interpô-lo de ulterior decisão que confirme a primeira.

ARTIGO 71º
(Âmbito do recurso)

1. Os recursos de decisões judiciais para o Tribunal Constitucional são restritos à questão da inconstitucionalidade ou da ilegalidade suscitada.

2. No caso previsto na alínea *i)* do nº 1 do artigo anterior, o recurso é restrito às questões de natureza jurídico-constitucional e jurídico-internacional implicadas na decisão recorrida.

ARTIGO 72º
(Legitimidade para recorrer)

1. Podem recorrer para o Tribunal Constitucional:

a) O Ministério Público;

b) As pessoas que, de acordo com a lei reguladora do processo em que a decisão foi proferida, tenham legitimidade para dela interpor recurso.

2. Os recursos previstos nas alíneas *b)* e *f)* do nº 1 do artigo 70º só podem ser interpostos pela parte que haja suscitado a questão da inconstitucionalidade ou da ilegalidade de modo processualmente adequado perante o tribunal que proferiu a decisão recorrida, em termos de este estar, obrigado a dela conhecer.

3. O recurso é obrigatório para o Ministério Público quando a norma cuja aplicação haja sido recusada, por inconstitucionalidade ou ilegalidade, conste de convenção internacional, ato legislativo ou decreto regulamentar, ou quando se verifiquem os casos previstos nas alíneas *g)*, *h)* e *i)* do nº 1 do artigo 70º, salvo o disposto no número seguinte.

4. O Ministério Público pode abster-se de interpor recurso de decisões conformes com a orientação que se encontre já estabelecido, a respeito da questão em causa, em jurisprudência constante do Tribunal Constitucional.

ARTIGO 73º
(Irrenunciabilidade do direito ao recurso)

O direito de recorrer para o Tribunal Constitucional é irrenunciável.

ARTIGO 74º
(Extensão do recurso)

1. O recurso interposto pelo Ministério Público aproveita a todos os que tiverem legitimidade para recorrer.

2. O recurso interposto por um interessado nos casos previstos nas alíneas *a)*, *c)*, *d)*, *e)*, *g)*, *h)* e *i)* do nº 1 do artigo 70º aproveita aos restantes interessados.

3. O recurso interposto por um interessado nos casos previstos nas alíneas *b)* e *j)* do nº 1 do artigo 70º aproveita aos restantes, nos termos e limites estabelecidos na lei reguladora do processo em que a decisão tiver sido proferida.

4. Não pode haver recurso subordinado nem adesão ao recurso para o Tribunal Constitucional.

ARTIGO 75º
(Prazo)

1. O prazo de interposição de recurso para o Tribunal Constitucional é de 10 dias e interrompe os prazos para a interposição de outros que porventura caibam da decisão, os quais só podem ser interpostos depois de cessada a interrupção.

2. Interposto recurso ordinário, mesmo que para uniformização de jurisprudência, que não seja admitido com fundamento em irrecorribilidade da decisão, o prazo para recorrer para o Tribunal Constitucional conta-se do momento em que se torna definitiva a decisão que não admite recurso.

ARTIGO 75º-A
(Interposição do recurso)

1. O recurso para o Tribunal Constitucional interpõe-se por meio de requerimento, no qual se indique a alínea do nº 1 do artigo 70º ao abrigo da qual o recurso

é interposto e a norma cuja inconstitucionalidade ou ilegalidade se pretende que o Tribunal aprecie.

2. Sendo o recurso interposto ao abrigo das alíneas *b)* e *f)* do nº 1 do artigo 70º, do requerimento deve ainda constar a indicação da norma ou princípio constitucional ou legal que se considera violado, bem como da peça processual em que o recorrente suscitou a questão da inconstitucionalidade ou ilegalidade.

3. No caso dos recursos previstos nas alíneas *g)* e *h)* do artigo 70º, no requerimento deve identificar-se também a decisão do Tribunal Constitucional ou da Comissão Constitucional que, com anterioridade, julgou inconstitucional ou ilegal a norma aplicada pela decisão recorrida.

4. O disposto nos números anteriores é aplicável, com as necessárias adaptações, ao recurso previsto na alínea *i)* do nº 1 do artigo 70º

5. Se o requerimento de interposição do recurso não indicar algum dos elementos previstos no presente artigo, o juiz convidará o requerente a prestar essa indicação no prazo de 10 dias.

6. O disposto nos números anteriores é aplicável pelo relator no Tribunal Constitucional, quando o juiz ou o relator que admitiu o recurso de constitucionalidade não tiver feito o convite referido no nº 5.

7. Se o requerente não responder ao convite efetuado pelo relator no Tribunal Constitucional, o recurso é logo julgado deserto.

ARTIGO 76º
(Decisão sobre a admissibilidade)

1. Compete ao tribunal que tiver proferido a decisão recorrida apreciar a admissão do respetivo recurso.

2. O requerimento de interposição de recurso para o Tribunal Constitucional deve ser indeferido quando não satisfaça os requisitos do artigo 75º-A, mesmo após o suprimento previsto no seu nº 5, quando a decisão o não admita, quando o recurso haja sido interposto fora do prazo, quando o requerente careça de legitimidade ou ainda, no caso dos recursos previstos nas alíneas *b)* e *f)* do nº 1 do artigo 70º, quando forem manifestamente infundados.

3. A decisão que admita o recurso ou lhe determine o efeito não vincula o Tribunal Constitucional e as partes só podem impugná-la nas suas alegações.

4. Do despacho que indefira o requerimento de interposição do recurso ou retenha a sua subida cabe reclamação para o Tribunal Constitucional.

ARTIGO 77º
(Reclamação do despacho que indefira a admissão do recurso)

1. O julgamento da reclamação de despacho que indefira o requerimento de recurso ou retenha a sua subida cabe à conferência a que se refere o nº 3 do artigo 78º-A, aplicando-se igualmente o nº 4 da mesma disposição.

2. O prazo de vista é de 10 dias para o relator e de 5 dias para o Ministério Público e os restantes juízes.

3. Se entender que a questão é simples, o relator, após o visto do Ministério Público, pode dispensar os vistos dos restantes juízes e promover a imediata inscrição do processo em tabela, lavrando o Tribunal decisão sumária.

4. A decisão não pode ser impugnada e, se revogar o despacho de indeferimento, faz caso julgado quanto à admissibilidade do recurso.

ARTIGO 78º
(Efeitos e regime de subida)

1. O recurso interposto de decisão que não admita outro, por razões de valor ou alçada, tem os efeitos e o regime de subida do recurso que no caso caberia se o valor ou a alçada o permitissem.

2. O recurso interposto de decisão da qual coubesse recurso ordinário, não interposto ou declarado extinto, tem os efeitos e o regime de subida deste recurso.

3. O recurso interposto de decisão proferida já em fase de recurso mantém os efeitos e o regime de subida do recurso anterior, salvo no caso de ser aplicável o disposto no número anterior.

4. Nos restantes casos, o recurso tem efeito suspensivo e sobe nos próprios autos.

5. Quando, por aplicação das regras dos números anteriores, ao recurso couber efeito suspensivo, o Tribunal, em conferência, pode, oficiosamente e a título excecional, fixar-lhe efeito meramente devolutivo, se, com isso, não afetar a utilidade da decisão a proferir.

ARTIGO 78º-A
(Exame preliminar e decisão sumária do relator)

1. Se entender que não poder conhecer-se do objeto do recurso ou que a questão a decidir é simples, designadamente por a mesma já ter sido objeto de decisão anterior do Tribunal ou por ser manifestamente infundada, o relator profere decisão sumária, que pode consistir em simples remissão para anterior jurisprudência do Tribunal.

2. O disposto no número anterior é aplicável quando o recorrente, depois de notificado nos termos dos nºs 5 ou 6 do artigo 75º-A, não indique integralmente os elementos exigidos pelos seus nºs 1 a 4.

3. Da decisão sumária do relator pode reclamar-se para a conferência, a qual é constituída pelo Presidente ou pelo Vice-Presidente, pelo relator e por outro juiz da respetiva secção, indicado pelo pleno da secção em cada ano judicial.

4. A conferência decide definitivamente as reclamações, quando houver unanimidade dos juízes intervenientes, cabendo essa decisão ao pleno da secção quando não haja unanimidade.

5. Quando não deva aplicar-se o disposto no nº 1 e, bem assim, quando a conferência ou o pleno da secção decidam que deve conhecer-se do objeto do recurso ou ordenem o respetivo prosseguimento, o relator manda notificar o recorrente para apresentar alegações.

ARTIGO 78º-B
(Poderes do relator)

1. Compete ainda aos relatores julgar desertos os recursos, declarar a suspensão da instância quando imposta por lei, admitir a desistência do recurso, corrigir o efeito atribuído à sua interposição, convidar as partes a aperfeiçoar as conclusões das respetivas alegações, ordenar ou recusar a junção de documentos e pareceres, julgar extinta a instância por causa diversa do julgamento, julgar os incidentes suscitados, mandar baixar os autos para conhecimento de questões de que possa resultar a inutilidade superveniente do recurso, bem como os demais poderes previstos na lei e no regimento do Tribunal.

2. Das decisões dos relatores pode reclamar-se para a conferência, nos termos do nº 3 do artigo 78º-A, aplicando-se igualmente o nº 4 da mesma disposição.

ARTIGO 79º
(Alegações)

1. As alegações de recurso são sempre produzidas no Tribunal Constitucional.

2. Os prazos para alegações são de 30 dias, contados da respetiva notificação, salvo nos recursos previstos no nºs 3 a 5 do artigo 43º, em que serão fixados pelo relator entre 10 e 20 dias.

ARTIGO 79º-A
(Intervenção do plenário)

1. O Presidente pode, com a concordância do Tribunal, determinar que o julgamento se faça com intervenção do plenário, quando o considerar necessário para evitar divergências jurisprudenciais ou quando tal se justifique em razão da natureza da questão a decidir, caso em que o processo irá com vista, por 10 dias, a cada um dos juízes que ainda o não tenham examinado, com cópia do memorando, se este já tiver sido apresentado.

2. Tratando-se de recursos interpostos em processo penal, a faculdade prevista no número anterior deve ser exercida antes da distribuição do processo, podendo nos restantes casos essa faculdade ser exercida até ao momento em que seja ordenada a inscrição do processo em tabela para julgamento.

3. O disposto nos números anteriores, salvo quanto aos prazos de vista, é igualmente aplicável às reclamações previstas no artigo 77º

ARTIGO 79º-B
(Julgamento do objeto do recurso)

1. Fora dos casos do artigo 78º-A, observa-se o que no Código de Processo Civil se dispõe e não contrarie a natureza do recurso, devendo, porém, o processo ir com vista, pelo prazo de 10 dias, a cada um dos juízes da secção, acompanhado do memorando ou projeto de acórdão elaborado pelo relator, o qual dispõe para essa elaboração de um prazo de 30 dias.

2. No caso de ter sido elaborado memorando, uma vez concluída a discussão e formada a decisão quanto às questões a que o mesmo se refere, é o processo concluso

ao relator ou, no caso de este ter ficado vencido, ao juiz que deva substituí-lo, para elaboração do acórdão, no prazo de 30 dias.

3. Nos processos referidos nos nºs 3 e 5 do artigo 43º e, bem assim, naqueles em que estiverem em causa direitos, liberdades e garantias pessoais, os prazos estabelecidos nos números anteriores são reduzidos a metade, devendo o relator conferir prioridade a tais processos.

ARTIGO 79º-C
(Poderes de cognição do Tribunal)

O Tribunal só pode julgar inconstitucional ou ilegal a norma que a decisão recorrida, conforme os casos, tenha aplicado ou a que haja recusado aplicação, mas pode fazê-lo com fundamento na violação de normas ou princípios constitucionais ou legais diversos daqueles cuja violação foi invocado.

ARTIGO 79º-D
(Recurso para o plenário)

1. Se o Tribunal Constitucional vier julgar a questão da inconstitucionalidade ou ilegalidade em sentido divergente do anteriormente adotado quanto à mesma norma, por qualquer das suas secções, dessa decisão cabe recurso para o plenário do Tribunal, obrigatório para o Ministério Público quando intervier no processo como recorrente ou recorrido.

2. O recurso previsto no número anterior é processado sem nova distribuição e seguirá ainda que não tenham sido apresentadas alegações pelo recorrente.

3. Concluído o prazo para apresentação de alegações, irá o processo com vista ao Ministério Público, se este não for recorrente, por 10 dias, e depois a todos os juízes, por 5 dias.

4. Terminados os vistos, o processo é inscrito em tabela para julgamento.

5. A discussão tem por base o acórdão recorrido e, concluída ela e tomada a decisão do Tribunal, o acórdão é lavrado pelo relator ou, se este ficar vencido, pelo juiz que deva substituí-lo.

6. Se o Tribunal mantiver a decisão recorrida, o acórdão pode limitar-se a confirmá-la, remetendo para a respetiva fundamentação.

7. O disposto neste artigo é correspondentemente aplicável no caso de divergência jurisprudencial verificado no âmbito do recurso previsto na alínea *i*) do nº 1 do artigo 70º

ARTIGO 80º
(Efeitos da decisão)

1. A decisão do recurso faz caso julgado no processo quanto à questão da inconstitucionalidade ou ilegalidade suscitada.

2. Se o Tribunal Constitucional der provimento ao recurso, ainda que só parcialmente, os autos baixam ao tribunal de onde provieram, a fim de que este, consoante for o caso, reforme a decisão ou a mande reformar em conformidade com o julgamento sobre a questão da inconstitucionalidade ou da ilegalidade.

3. No caso de o juízo de constitucionalidade ou de legalidade sobre a norma que a decisão recorrida tiver aplicado, ou a que tiver recusado aplicação, se fundar em determinada interpretação da mesma norma, esta deve ser aplicada com tal interpretação, no processo em causa.

4. Transitada em julgado a decisão que não admita o recurso ou lhe negue provimento, transita também a decisão recorrida, se estiverem esgotados os recursos ordinários, ou começam a correr os prazos para estes recursos, no caso contrário.

5. O disposto nos números anteriores é aplicável, com as necessárias adaptações, à decisão do recurso previsto na alínea *i*) do nº 1 do artigo 70º

ARTIGO 81º
(Registo de decisões)

De todas as decisões do Tribunal Constitucional em que se declare a inconstitucionalidade ou a ilegalidade de uma norma é lavrado registo em livro próprio e guardada cópia, autenticada pelo secretário, no arquivo do Tribunal.

ARTIGO 82º
(Processo aplicável à repetição do julgado)

Sempre que a mesma norma tiver sido julgada inconstitucional ou ilegal em 3 casos concretos, pode o Tribunal Constitucional, por iniciativa de qualquer dos seus juízes ou do Ministério Público, promover a organização de um processo com as cópias das correspondentes decisões, o qual é concluso ao Presidente, seguindo-se os termos do processo de fiscalização abstrata sucessiva da constitucionalidade ou da ilegalidade previstos na presente lei.

ARTIGO 83º
(Patrocínio judiciário)

1. Nos recursos para o Tribunal Constitucional é obrigatória a constituição de advogado, sem prejuízo do disposto no nº 3.

2. Só pode advogar perante o Tribunal Constitucional quem o puder fazer junto do Supremo Tribunal de Justiça.

3. Nos recursos interpostos de decisões dos tribunais administrativos e fiscais é aplicável o disposto na alínea *a*) do artigo 73º do Decreto-Lei nº 129/84, de 27 de abril, e nos artigos 104º, nº 2, e 131º, nº 3, do Decreto-Lei nº 267/85, de 16 de julho.

ARTIGO 84º[1]
(Custas, multa e indemnização)

1. Os recursos para o Tribunal Constitucional são isentos de custas, salvo o disposto nos números seguintes.

---

[1] *Vide* Decreto-Lei nº 91/2008, de 2 de junho.

2. O Tribunal condenará em custas a parte que decair, nos recursos previstos nas alíneas *b)* e *f)* do n.º 1 do artigo 70º em que conheça do respetivo objeto.

3. O Tribunal condenará o recorrente em custas quando não tomar conhecimento do recurso, por não verificação de qualquer pressuposto da sua admissibilidade

4. As reclamações para o Tribunal Constitucional, e bem assim as reclamações de decisões por este proferidas, estão sujeitas a custas, quando indeferidas.

5. O regime das custas previstas nos números anteriores, incluindo o das respetivas isenções, será definido por decreto-lei.

6. O Tribunal Constitucional pode, sendo caso disso, condenar qualquer das partes em multa e indemnização como litigante de má fé, nos termos da lei de processo.

7. Quando entender que alguma das partes deve ser condenada como litigante de má fé, o relator dirá nos autos sucintamente a razão do seu parecer e mandará ouvir o interessado por 2 dias.

8. Sendo manifesto que, com determinado requerimento, se pretende obstar ao cumprimento da decisão proferida no recurso ou na reclamação ou à baixa do processo, observar-se-á o disposto no artigo 720º do Código de Processo Civil, mas, só depois de pagas as custas contadas no Tribunal, as multas que este tiver aplicado e as indemnizações que houver fixado, se proferirá decisão no traslado.

ARTIGO 85º
(Apoio judiciário)

Nos recursos para o Tribunal Constitucional podem as partes litigar com benefício de apoio judiciário, nos termos da lei.

CAPÍTULO III
Outros processos

SUBCAPÍTULO I
Processos relativos à morte, impossibilidade física permanente, impedimento temporário, perda de cargo e destituição do Presidente da República

ARTIGO 86º
(Iniciativa dos processos)

1. Cabe ao Procurador-Geral da República promover junto do Tribunal Constitucional a verificação e declaração da morte ou da impossibilidade física permanente do Presidente da República.

2. A iniciativa do processo de verificação e declaração do impedimento temporário do Presidente da República, quando não desencadeada por este, cabe ao Procurador-Geral da República.

3. Cabe ao Presidente da Assembleia da República promover junto do Tribunal Constitucional o processo relativo à perda do cargo de Presidente da República no caso do n.º 3 do artigo 129º da Constituição.

4. Cabe ao Presidente do Supremo Tribunal de Justiça a iniciativa do processo de destituição do Presidente da República no caso do nº 4 do artigo 130º da Constituição.

ARTIGO 87º
(Morte do Presidente da República)

1. Ocorrendo a morte do Presidente da República, o Procurador-Geral da República requer imediatamente a sua verificação pelo Tribunal Constitucional, apresentando prova do óbito.
2. O Tribunal Constitucional, em plenário, verifica de imediato a morte e declara a vagatura do cargo de Presidente da República.
3. A declaração de vagatura por morte do Presidente da República é logo notificada ao Presidente da Assembleia da República, o qual fica automaticamente investido nas funções de Presidente da República interino.

ARTIGO 88º
(Impossibilidade física permanente do Presidente da República)

1. Ocorrendo impossibilidade física permanente do Presidente da República, o Procurador-Geral da República requer ao Tribunal Constitucional a sua verificação, devendo logo apresentar todos os elementos de prova de que disponha.
2. Recebido o requerimento, o Tribunal, em plenário, procede de imediato à designação de 3 peritos médicos, os quais devem apresentar um relatório no prazo de 2 dias.
3. O Tribunal, ouvido sempre que possível o Presidente da República, decide em plenário no dia seguinte ao da apresentação do relatório.
4. É aplicável o disposto no nº 3 do artigo anterior à declaração de vacatura do cargo por impossibilidade física permanente do Presidente da República.

ARTIGO 89º
(Impedimento temporário do Presidente da República)

1. A verificação e a declaração do impedimento temporário do Presidente da República para o exercício das suas funções pode ser requerido por este ou pelo Procurador-Geral da República e rege-se em tudo quanto seja aplicável pelo disposto no artigo anterior.
2. O Procurador-Geral da República ouve previamente, sempre que possível, o Presidente da República.
3. O Tribunal, em plenário, ordena as diligências probatórias que julgue necessárias, ouve, sempre que possível, o Presidente da República e decide no prazo de 5 dias a contar da apresentação do requerimento.
4. O Presidente da República comunica a cessação do seu impedimento temporário ao Tribunal Constitucional, o qual, ouvido o Procurador-Geral da República, declara a cessação do impedimento temporário do Presidente da República.

ARTIGO 90º
(Perda do cargo de Presidente da República por ausência do território nacional)

1. O Presidente da Assembleia da República requer ao Tribunal Constitucional a verificação da perda do cargo de Presidente da República no caso previsto no nº 3 do artigo 129º da Constituição.

2. O Tribunal reúne em sessão plenária no prazo de 2 dias e declara verificado a perda do cargo se julgar provada a ocorrência do respetivo pressuposto ou ordena as diligências probatórias que julgar necessárias, ouvido designadamente, sempre que possível, o Presidente da República e o Presidente da Assembleia da República, após o que decide.

ARTIGO 91º
(Destituição do cargo de Presidente da República)

1. Transitada em julgado a decisão do Supremo Tribunal de Justiça condenatória do Presidente da República por crime praticado no exercício das suas funções, o Presidente do Supremo Tribunal de Justiça envia de imediato certidão da mesma ao Tribunal Constitucional para os efeitos do nº 3 do artigo 130º da Constituição.

2. Recebida a certidão, o Tribunal reúne em sessão plenária no dia seguinte.

3. Verificada a autenticidade da certidão, o Tribunal declara o Presidente da República destituído do seu cargo.

4. À declaração de destituição é aplicável o disposto no artigo 87º

SUBCAPÍTULO I-A
Processos relativos ao contencioso da perda de mandato de Deputados

ARTIGO 91º-A
(Contencioso da perda de mandato de Deputados)

1. A deliberação da Assembleia da República que declare a perda de mandato de Deputados pode ser impugnada com fundamento em violação da Constituição, das leis ou do Regimento, no prazo de cinco dias a contar da data da mesma.

2. Têm legitimidade para recorrer o Deputado cujo mandato haja sido declarado perdido, qualquer grupo parlamentar ou um mínimo de 10 Deputados no exercício efetivo de funções.

3. O processo é distribuído e autuado no prazo de 2 dias, sendo a Assembleia da República notificada, na pessoa do seu Presidente, para responder ao pedido de impugnação, no prazo de 5 dias.

4. Decorrido o prazo da resposta, é o processo concluso ao relator, seguindo-se os termos dos nºs 4 a 6 do artigo 102º-B, sendo de 5 dias o prazo para a decisão.

ARTIGO 91º-B
(Contencioso da perda do mandato de deputado regional)

O disposto no artigo anterior é aplicável, com as adaptações necessárias, à perda do mandato de deputados regionais.

SUBCAPÍTULO II
Processos eleitorais

SECÇÃO I
Processo relativo à eleição do Presidente da República

SUBSECÇÃO I
Candidaturas

ARTIGO 92º
(Apresentação e sorteio)

1. As candidaturas são recebidas pelo Presidente do Tribunal.

2. No dia seguinte ao termo do prazo para a apresentação das candidaturas o Presidente procede, na presença dos candidatos ou seus mandatários, ao sorteio do número de ordem a atribuir às candidaturas nos boletins de voto.

3. O Presidente manda imediatamente afixar por edital, à porta do Tribunal, uma relação com os nomes dos candidatos ordenados em conformidade com o sorteio.

4. Do sorteio é lavrado auto, do qual são enviadas cópias à Comissão Nacional de Eleições e à Direcção-Geral de Administração Interna.

ARTIGO 93º
(Admissão)

1. Findo o prazo para a apresentação das candidaturas, o Tribunal Constitucional, em secção designada por sorteio, verifica a regularidade dos processos, a autenticidade dos documentos e a elegibilidade dos candidatos.

2. São rejeitados os candidatos inelegíveis.

3. Verificando-se irregularidades processuais, será notificado imediatamente o mandatário do candidato para as suprir no prazo de 2 dias.

4. A decisão é proferida no prazo de 6 dias a contar do termo do prazo para a apresentação de candidaturas, abrange todas as candidaturas e é imediatamente notificada aos mandatários.

ARTIGO 94º
(Recurso)

1. Da decisão final relativa à apresentação de candidaturas cabe recurso para o plenário do Tribunal, a interpor no prazo de um dia.

2. O requerimento de interposição do recurso, do qual constarão os seus fundamentos, será acompanhado de todos os elementos de prova.

3. Tratando-se de recurso contra a admissão de qualquer candidatura, será notificado imediatamente o respetivo mandatário, para ele ou o candidato responder, querendo, no prazo de um dia.

4. Tratando-se de recurso contra a não admissão de qualquer candidatura, serão notificados imediatamente os mandatários das outras candidaturas, ainda que não admitidas, para eles ou os candidatos responderem, querendo, no prazo de um dia.

5. O recurso será decidido no prazo de um dia a contar do termo do prazo referido nos dois números anteriores.

ARTIGO 95º
(Comunicação das candidaturas admitidas)
A relação das candidaturas definitivamente admitidas é enviada à Comissão Nacional de Eleições e à Direcção-Geral de Administração Interna, no prazo de três dias.

SUBSECÇÃO II
Desistência, morte e incapacidade de candidatos

ARTIGO 96º
(Desistência de candidatura)
1. Qualquer candidato que pretenda desistir da candidatura deve fazê-lo mediante declaração por ele escrita, com a assinatura reconhecida por notário, apresentada ao Presidente do Tribunal Constitucional.
2. Verificada a regularidade da declaração de desistência, o presidente do tribunal imediatamente manda afixar cópia à porta do edifício do tribunal e notifica a Comissão Nacional de Eleições e a Direcção-Geral de Administração Interna.

ARTIGO 97º
(Morte ou incapacidade permanente de candidato)
1. Cabe ao Procurador-Geral da República promover a verificação da morte ou a declaração de incapacidade de qualquer candidato a Presidente da República, para os efeitos do nº 3 do artigo 124º da Constituição.
2. O Procurador-Geral da República deve apresentar prova do óbito ou requerer a designação de 3 peritos médicos para verificarem a incapacidade do candidato, fornecendo neste caso ao Tribunal todos os elementos de prova de que disponha.
3. O Tribunal, em plenário, verifica a morte do candidato ou designa os peritos em prazo não superior a 1 dia.
4. Os peritos apresentam o seu relatório no prazo de 1 dia se outro não for fixado pelo Tribunal, após o que este, em plenário, decide sobre a capacidade do candidato.
5. Verificado o óbito ou declarada a incapacidade do candidato, o Presidente do Tribunal comunica imediatamente ao Presidente da República a correspondente declaração.

SUBSECÇÃO III
Apuramento geral da eleição e respetivo contencioso

ARTIGO 98º
(Assembleia de apuramento geral)
1. A assembleia de apuramento geral é constituída pelo Presidente do Tribunal Constitucional e por uma das secções, determinada por sorteio, que não tenha sido designada no sorteio previsto no nº 1 do artigo 93º

2. Os recursos contenciosos das deliberações da assembleia de apuramento geral são interpostos para o Tribunal Constitucional, em plenário.

ARTIGO 99º
[Revogado pela Lei nº 143/85, de 26 de novembro]

ARTIGO 100º
(Tramitação e julgamento)

1. Apresentado o recurso, o processo é imediatamente concluso ao Presidente do Tribunal, a fim de ser designado, por sorteio, um relator.
2. Os demais candidatos definitivamente admitidos são imediatamente notificados para responderem no dia seguinte ao da notificação.
3. O relator elabora o projeto de acórdão no prazo de 1 dia, a contar do termo do prazo para as respostas dos candidatos, dele sendo imediatamente distribuídas cópias aos restantes juízes.
4. A sessão plenária para julgamento do recurso tem lugar no dia seguinte ao da distribuição das cópias.
5. A decisão é de imediato comunicado ao Presidente da República e à Comissão Nacional de Eleições.

SECÇÃO II
Outros processos eleitorais

ARTIGO 101º
(Contencioso de apresentação de candidaturas)

1. Das decisões dos tribunais de 1ª instância em matéria de contencioso de apresentação de candidaturas, relativamente às eleições para a Assembleia da República, assembleias regionais e órgãos do poder local, cabe recurso para o Tribunal Constitucional que decide em plenário.
2. O processo relativo ao contencioso de apresentação de candidaturas é regulado pelas leis eleitorais.
3. De acordo com o disposto nos números anteriores são atribuídas ao Tribunal Constitucional as competências dos tribunais da relação previstas no nº 1 do artigo 32º, no nº 2 do artigo 3º e no artigo 35º da Lei nº 14/79, de 16 de maio, no nº 1 do artigo 32º e nos artigos 34º e 35º do Decreto-Lei nº 267/80, de 8 de agosto, no nº 1 do artigo 260º e nos artigos 28º e 29º do Decreto-Lei nº 318-E/76, de 30 de abril, e nos artigos 25º e 28º do Decreto-Lei nº 701-B/76, de 29 de setembro.

ARTIGO 102º
(Contencioso eleitoral)

1. Das decisões sobre reclamações ou protestos relativos a irregularidades ocorridas no decurso das votações e nos apuramentos parciais ou gerais respeitan-

tes a eleições para a Assembleia da República, assembleias regionais ou órgãos do poder local cabe recurso para o Tribunal Constitucional, que decide em plenário.

2. O processo relativo ao contencioso eleitoral é regulado pelas leis eleitorais.

3. De acordo com o disposto nos números anteriores são atribuídas ao Tribunal Constitucional as competências dos tribunais da relação previstas no nº 1 do artigo 118º da Lei nº 14/79, de 16 de maio, no nº 1 do artigo 118º do Decreto-Lei nº 267/80, de 8 de agosto, no nº 1 do artigo 111º do Decreto-Lei nº 318-E/76, de 30 de abril, e no nº 1 do artigo 104º, bem como no nº 2 do artigo 83º do Decreto-Lei nº 701-B/76, de 29 de setembro.

ARTIGO 102º-A
(Parlamento Europeu)

1. A apresentação de candidaturas à eleição para o Parlamento Europeu, o recurso da respetiva decisão final e os correspondentes processos, bem como o processo relativo ao contencioso eleitoral no âmbito da mesma eleição são regulados pela respetiva lei eleitoral.

2. Ao apuramento geral da eleição para o Parlamento Europeu aplica-se o disposto no artigo 98º da presente lei.

ARTIGO 102º-B
(Recursos de atos de administração eleitoral)

1. A interposição de recurso contencioso de deliberações da Comissão Nacional de Eleições faz-se por meio de requerimento apresentado nessa Comissão, contendo a alegação do recorrente e a indicação das peças de que pretende certidão.

2. O prazo para a interposição do recurso é de 1 dia a contar da data do conhecimento pelo recorrente da deliberação impugnada.

3. A Comissão Nacional de Eleições remeterá imediatamente os autos, devidamente instruídos, ao Tribunal Constitucional.

4. Se o entender possível e necessário, o Tribunal Constitucional ouvirá outros eventuais interessados, em prazo que fixará.

5. O Tribunal Constitucional decidirá o recurso em plenário, em prazo que assegure utilidade à decisão, mas nunca superior a 3 dias.

6. Nos recursos de que trata este artigo não é obrigatória a constituição de advogado.

7. O disposto nos números anteriores é aplicável ao recurso interposto de decisões de outros órgãos da administração eleitoral.

ARTIGO 102º-C
(Recurso de aplicação de coima)

1. A interposição do recurso previsto no nº 3 do artigo 26º da Lei nº 72/93, de 30 de novembro, faz-se por meio de requerimento apresentado ao Presidente da Comissão Nacional de Eleições, acompanhado da respetiva motivação e da prova documen-

tal tida por conveniente. Em casos excecionais, o recorrente poderá ainda solicitar no requerimento a produção de outro meio de prova.

2. O prazo para a interposição do recurso é de 10 dias, a contar da data da notificação ao recorrente da decisão impugnada.

3. O Presidente da Comissão Nacional de Eleições poderá sustentar a sua decisão, após o que remeterá os autos ao Tribunal Constitucional.

4. Recebidos os autos no Tribunal Constitucional, o relator poderá ordenar as diligências que forem tidas por convenientes, após o que o Tribunal decidirá em sessão plenária.

ARTIGO 102º-D
(Recursos relativos às eleições realizadas na Assembleia da República e nas Assembleias Legislativas Regionais)

1. A interposição de recurso contencioso relativo a eleições realizadas na Assembleia da República e nas Assembleias Legislativas Regionais, com fundamento em violação de lei ou do regimento da respetiva assembleia, faz-se por meio de requerimento apresentado por qualquer deputado, contendo a alegação e a indicação dos documentos de que pretende certidão, e entregue ao respetivo Presidente.

2. O prazo para a interposição do recurso é de 5 dias a contar da data da realização da eleição.

3. A Assembleia da República ou a Assembleia Legislativa Regional em causa, no prazo de 5 dias, remeterá os autos, devidamente instruídos e acompanhados da sua resposta, ao Tribunal Constitucional.

4. É aplicável a este processo o disposto nos nºs 4 a 6 do artigo 102º-B, com as adaptações necessárias, devendo a decisão do Tribunal ser tomada no prazo de 5 dias.

SUBCAPÍTULO III
Processos relativos a partidos políticos, coligações e frentes

ARTIGO 103º
(Registo e contencioso relativo a partidos, coligações e frentes)

1. Os processos respeitantes ao registo e ao contencioso relativos a partidos políticos e coligações ou frentes de partidos, ainda que constituídas para fins meramente eleitorais, regem-se pela legislação aplicável.

2. De acordo com o disposto no número anterior é atribuída ao Tribunal Constitucional, em secção:

a) A competência do Presidente do Supremo Tribunal de Justiça prevista no nº 6 do artigo 5º do Decreto-Lei nº 595/74, de 7 de novembro, na redação que lhe foi dada pelo Decreto-Lei nº 126/75, de 13 de março;

b) A competência para apreciar a legalidade das denominações, siglas e símbolos das coligações para fins eleitorais bem como a sua identidade ou semelhança com as de outros partidos, coligações ou frentes e proceder à respetiva anotação, nos termos do disposto nos artigos 22º e 22º-A da Lei nº 14/79, de 16 de maio, e 16º e 16º-A do Decreto-Lei nº 701-B/76, de 29 de setembro, todos na redação dada pela Lei nº 14-A/85, de 10 de julho;

c) A competência da Comissão Nacional de Eleições prevista no artigo 22º do Decreto-Lei nº 267/80, de 8 de agosto, e no nº 2 do artigo 12º do Decreto-Lei nº 318-E/76, de 30 de abril, passando a aplicar-se o regime sobre apreciação e anotação constante do disposto nas normas indicados na alínea anterior.

3. De acordo com o disposto no nº 1 são atribuídas ao Tribunal Constitucional, em plenário, as competências:

a) Do Supremo Tribunal de Justiça previstas no Decreto-Lei nº 595/ /74, de 7 de novembro;

b) Dos tribunais comuns de jurisdição ordinária previstas no artigo 21º do Decreto-Lei nº 595/74, de 7 de novembro.

ARTIGO 103º-A
(Aplicação de coimas em matéria de partidos políticos)

1. Quando, ao exercer a competência prevista no nº 2 do artigo 13º da Lei nº 72/93, de 30 de novembro, o Tribunal Constitucional verificar que ocorreu o incumprimento de qualquer das obrigações que, nos termos do capítulo II do mesmo diploma legal, impendem sobre os partidos políticos, dar-se-á vista nos autos ao Ministério Público, para que este possa promover a aplicação da respetiva coima.

2. Quando, fora da hipótese contemplada no número anterior, se verifique que ocorreu o incumprimento de qualquer das obrigações nele referidas, o Presidente do Tribunal Constitucional determinará a autuação do correspondente processo, que irá de imediato com vista ao Ministério Público, para que este possa promover a aplicação da respetiva coima.

3. Promovida a aplicação de coima pelo Ministério Público, o Presidente do Tribunal ordenará a notificação do partido político arguido, para este responder, no prazo de 20 dias, e, sendo caso disso, juntar a prova documental que tiver por conveniente ou, em casos excecionais, requerer a produção de outro meio de prova, após o que o Tribunal decidirá, em sessão plenária.

ARTIGO 103º-B
(Não apresentação de contas pelos partidos políticos)

1. Quando, decorrido o prazo estabelecido no nº 1 do artigo 13º da Lei nº 72/93, de 30 de novembro, se verificar que não foram apresentadas as contas relativas ao ano anterior por partido político com direito a subvenção estatal, o Presidente do Tribunal Constitucional comunicará o facto ao Presidente da Assembleia da República para o efeito previsto no nº 5 do artigo 149º da mesma lei.

2. Idêntico procedimento será adotado logo que sejam apresentadas as contas pelo partido em falta.

3. Num e noutro caso, será dado conhecimento ao partido político em causa, pelo Presidente do Tribunal, das comunicações efetuadas ao Presidente da Assembleia da República.

ARTIGO 103º-C
(Ações de impugnação de eleição de titulares de órgãos de partidos políticos)

1. As ações de impugnação de eleições de titulares de órgãos de partidos políticos podem ser instauradas por qualquer militante que, na eleição em causa, seja eleitor ou candidato ou, quanto à omissão nos cadernos ou listas eleitorais, também pelos militantes cuja inscrição seja omitida.

2. O impugnante deve justificar a qualidade de militante com legitimidade para o pedido e deduzir na petição os fundamentos de facto e de direito, indicando, designadamente, as normas da Constituição, da lei ou dos estatutos que considere violadas.

3. A impugnação só é admissível depois de esgotados todos os meios internos previstos nos estatutos para apreciação da validade e regularidade do ato eleitoral.

4. A petição deve ser apresentada no Tribunal Constitucional no prazo de 5 dias a contar da notificação da deliberação do órgão que, segundo os estatutos, for competente para conhecer em última instância da validade ou regularidade do ato eleitoral.

5. Distribuído o processo no Tribunal Constitucional, o relator ordenará a citação do partido político para responder, no prazo de 5 dias, com a advertência de que a resposta deve ser acompanhada da ata da eleição, dos requerimentos apresentados nas instâncias internas pelo impugnante, das deliberações dos competentes órgãos e de outros documentos respeitantes à impugnação.

6. Aplica-se ao julgamento da impugnação o disposto nos nºs 4 a 6 do artigo 102º-B, com as adaptações necessárias, devendo a decisão do Tribunal, em secção, ser tomada no prazo de 20 dias a contar do termo das diligências instrutórias.

7. Se os estatutos do partido não previrem meios internos de apreciação da validade e regularidade do ato eleitoral, o prazo para impugnação é de 5 dias a contar da data da realização da eleição, salvo se o impugnante não tiver estado presente, caso em que esse prazo se contará da data em que se tornar possível o conhecimento do ato eleitoral, seguindo-se os trâmites previstos nos dois números anteriores, com as adaptações necessárias, uma vez apresentada a petição.

8. Da decisão final cabe recurso, restrito à matéria de direito, para o plenário do Tribunal, a interpor no prazo de 5 dias, com a apresentação da respetiva alegação, sendo igualmente de 5 dias o prazo para contra-alegar, após o que, distribuído o processo a outro relator, a decisão será tomada no prazo de 20 dias.

ARTIGO 103º-D
(Ações de impugnação de deliberação tomada por órgãos de partidos políticos)

1. Qualquer militante de um partido político pode impugnar, com fundamento em ilegalidade ou violação de regra estatuária, as decisões punitivas dos respetivos

órgãos partidários, tomadas em processo disciplinar em que seja arguido, e bem assim as deliberações dos mesmos órgãos que afetem direta e pessoalmente os seus direitos de participação nas atividades do partido.

2. Pode ainda qualquer militante impugnar as deliberações dos órgãos partidários com fundamento em grave violação de regras essenciais relativas à competência ou ao funcionamento democrático do partido.

3. É aplicável ao processo de impugnação o disposto nos nºs 2 a 8 do artigo 103º-C, com as adaptações necessárias.

ARTIGO 103º-E
(Medidas cautelares)

1. Como preliminar ou incidente das ações reguladas nos artigos 103º-C e 103º-D podem os interessados requerer a suspensão de eficácia das eleições ou deliberações impugnáveis, nos prazos previstos no nº 7 do artigo 103º-C, com fundamento na probabilidade de ocorrência de danos apreciáveis causados pela eficácia do ato eleitoral ou pela execução da deliberação.

2. É aplicável ao pedido de suspensão de eficácia o disposto nos artigos 396º e 397º do Código de Processo Civil, com as adaptações necessárias, sendo competente para o apreciar o Tribunal Constitucional, em secção.

ARTIGO 103º-F
(Extinção de partidos políticos)

Para além do que se encontra previsto na legislação aplicável, o Ministério Público deve ainda requerer a extinção dos partidos políticos que:

a) Não apresentem as suas contas em 3 anos consecutivos;

b) Não procedam à anotação dos titulares dos seus órgãos centrais, num período superior a 6 anos;

c) Não seja possível citar ou notificar na pessoa de qualquer dos titulares dos seus órgãos centrais, conforme a anotação constante do registo existente no Tribunal.

SUBCAPÍTULO IV
Processos relativos a organizações que perfilhem a ideologia fascista

ARTIGO 104º
(Declaração)

1. Os processos relativos à declaração de que uma qualquer organização perfilha a ideologia fascista e à sua consequente extinção regem-se pela legislação especial aplicável.

2. De acordo com o disposto no número anterior são atribuídas ao Tribunal Constitucional, em plenário, as competências do Supremo Tribunal de Justiça previstas no artigo 6º, no nº 2 do artigo 7º e no artigo 8º da Lei nº 64/78, de 6 de outubro.

SUBCAPÍTULO V
Processos relativos à realização de referendos e de consultas diretas aos eleitores a nível local

ARTIGO 105º
(Remissão)

Os processos relativos à realização de referendos nacionais, regionais e locais são regulados pelas leis orgânicas que disciplinam os respetivos regimes.

SUBCAPÍTULO VI
Processos relativos a declarações de rendimentos e património dos titulares de cargos públicos

ARTIGO 106º
(Registo e arquivo das declarações)

1. O procedimento a adotar no registo e arquivo das declarações de rendimentos e património de titulares de cargos públicos será definido em regulamento interno do Tribunal Constitucional.

2. É vedada a transcrição em suporte informático do conteúdo das declarações, sem prejuízo de o Tribunal Constitucional poder organizar um ficheiro informatizado contendo os seguintes dados: identificação, cargo e número do processo individual do declarante, datas do início ou da cessação de funções, datas da comunicação daqueles factos pelas secretarias administrativas competentes e, eventualmente, da notificação a que há lugar em caso de não apresentação de declaração no prazo inicial e, bem assim, da apresentação atempada da declaração e ainda a referência identificativa das decisões proferidas no caso de falta dessa apresentação.

ARTIGO 107º
(Oposição à divulgação das declarações)

1. Quando o apresentante de uma declaração tenha invocado a sua oposição à divulgação integral ou parcelar do conteúdo da mesma, o secretário do Tribunal procederá à autuação dos documentos e abrirá seguidamente conclusão ao Presidente.

2. O Presidente do Tribunal Constitucional promoverá as diligências instrutórias tidas por convenientes, após o que o Tribunal decidirá em sessão plenária.

3. Quando reconheça a ocorrência de motivo relevante suscetível de justificar a oposição, o acórdão do Tribunal determinará a proibição da divulgação ou condicionará os termos e prazos em que ela pode ser efetuada.

4. É vedada a divulgação da declaração desde a invocação da oposição até ao trânsito em julgado do acórdão que sobre ela decida.

ARTIGO 108º
(Modo de acesso)

1. O acesso aos dados constantes das declarações é efetuado através da sua consulta na secretaria do Tribunal, durante as horas de expediente, podendo o consulente, no caso de se tratar de uma entidade pública, credenciar para o efeito agente ou funcionário com qualificação e grau de responsabilidade adequados.

2. O ato de consulta deverá ser registado no próprio processo, mediante cota, na qual se identificará o consulente e anotará a data da consulta.

3. No seguimento da consulta, e mediante requerimento devidamente fundamentado, pode ser autorizada a passagem de certidão das declarações ou de elementos dela constantes.

ARTIGO 109º
(Não apresentação da declaração)

1. Continuando a verificar-se a falta de entrega da declaração após a notificação por não apresentação no prazo inicial, e decorrido o subsequente prazo, o secretário do Tribunal Constitucional extrairá certidão do facto, a qual deverá conter a menção de todos os elementos e circunstâncias necessários à comprovação da falta e apresentá-la-á ao Presidente, com vista à sua remessa ao representante do Ministério Público junto do Tribunal, para os fins convenientes.

2. Ocorrendo dúvida, mesmo após a notificação referida no número anterior, sobre a existência, no caso, do dever de declaração, o Presidente submeterá a questão ao Tribunal, que decidirá em sessão plenária.

3. O acórdão do Tribunal faz caso julgado sobre a existência, nesse caso concreto, do dever de apresentação da declaração.

ARTIGO 110º
(Comunicação ao Tribunal Constitucional das decisões condenatórias)

Proferida decisão condenatória de titular de cargo político ou equiparado pela não apresentação de declaração de património e rendimentos ou pela falsidade desta, o tribunal competente, logo que tal decisão haja transitado em julgado, comunicá-la-á, por certidão, ao Tribunal Constitucional.

SUBCAPÍTULO VII
Processo relativo a declarações de incompatibilidades e impedimentos de titulares de cargos políticos

ARTIGO 111º
(Registo e arquivo das declarações)

1. O procedimento a adotar no registo e arquivo das declarações previstas no nº 1 do artigo 10º da Lei nº 64/93, de 26 de agosto, será definido em regulamento interno do Tribunal Constitucional.

2. O Tribunal poderá organizar um ficheiro informatizado relativo às declarações referidas no número anterior, contendo os seguintes dados: identificação, cargo e número do processo individual do declarante, datas do início de funções, da apresentação da declaração e eventualmente da notificação prevista no nº 1 do artigo 10º daquela lei, bem como da comunicação a que se refere o nº 2 do artigo 12º da mesma lei; número e data de decisões proferidas pelo Tribunal Constitucional ao abrigo do mesmo diploma legal referentes ao declarante.

ARTIGO 112º
(Apreciação das declarações)

1. Recebidas as declarações a que se refere o artigo anterior, o secretário do Tribunal Constitucional organiza ou instrui o processo individual do respetivo declarante e abre vista ao Ministério Público, para que este promova a intervenção do Tribunal, se entender que se verifica incumprimento da lei.

2. Ocorrendo a hipótese prevista na parte final do número anterior, o Presidente do Tribunal ordenará a notificação do declarante, para este responder, no prazo de 20 dias, à promoção do Ministério Público e, sendo caso disso, juntar a prova documental que tiver por conveniente ou, em casos excecionais, requerer a produção de outro meio de prova, após o que o Tribunal decidirá em sessão plenária.

3. O Tribunal, se considerar fundada a existência de dúvida sobre a ocorrência de uma situação de incompatibilidade, limitar-se-á a ordenar a sua cessação, fixando prazo para o efeito.

4. A decisão do Tribunal que determine, nos termos do nº 3 do artigo 10º da Lei nº 64/93, de 26 de agosto, a perda do mandato ou a demissão de titular de cargo político será publicado na 1ª Série-B do *Diário da República* ou naquela em que tiver sido publicado a designação do mesmo titular para o cargo, e produzirá efeitos desde a publicação.

ARTIGO 113º
(Não apresentação da declaração)

O disposto no artigo anterior é correspondentemente aplicável quando ocorra a situação prevista na parte final do nº 1 do artigo 12º da Lei nº 64/93, de 26 de agosto.

TÍTULO IV
Disposições finais e transitórias

ARTIGO 114º
(Vogais da Comissão Constitucional)

O tempo de exercício de funções como vogal da Comissão Constitucional é equiparado, para todos os efeitos, ao tempo de exercício de funções como juiz do Tribunal Constitucional.

ARTIGO 115º
(Publicação oficial de acórdãos)

1. Sem prejuízo do disposto no artigo 3º, serão publicados no *Boletim do Ministério da Justiça* todos os acórdãos do Tribunal Constitucional com interesse doutrinário, cabendo a seleção ao Presidente.

2. O Tribunal Constitucional promove a publicação dos seus acórdãos com interesse doutrinário em coletânea anual.

Aprovado em 28 de outubro de 1982.

O Presidente da Assembleia da República, *Francisco Manuel Lopes Vieira de Oliveira Dias.*

Promulgada em 3 de novembro de 1982.

Publique-se.

O Presidente da República, ANTÓNIO RAMALHO EANES.

O Primeiro-Ministro, *Francisco José Pereira Pinto Balsemão.*

XVII
Estatuto do Provedor de Justiça

Estatuto do Provedor de Justiça

Lei nº 9/91, de 9 de abril, alterada pela Lei nº 30/96, de 14 de agosto, pela Lei nº 52-A/2005, de 10 de outubro, e pela Lei nº 17/2013, de 18 de fevereiro

CAPÍTULO I
Princípios gerais

ARTIGO 1º
Funções

1. O Provedor de Justiça é, nos termos da Constituição, um órgão do Estado eleito pela Assembleia da República, que tem por função principal a defesa e promoção dos direitos, liberdades, garantias e interesses legítimos dos cidadãos, assegurando, através de meios informais, a justiça e a legalidade do exercício dos poderes públicos.

2. O Provedor de Justiça pode exercer também funções de instituição nacional independente de monitorização da aplicação de tratados e convenções internacionais em matéria de direitos humanos, quando para o efeito for designado.

3. O Provedor de Justiça assegura a cooperação com instituições congéneres e com as organizações da União Europeia e internacionais no âmbito da defesa e promoção dos direitos, liberdades e garantias dos cidadãos.

4. O Provedor de Justiça goza de total independência no exercício das suas funções.

ARTIGO 2º
Âmbito de atuação

1. As ações do Provedor de Justiça exercem-se, nomeadamente, no âmbito da atividade dos serviços da administração pública central, regional e local, das

Forças Armadas, dos institutos públicos, das empresas públicas ou de capitais maioritariamente públicos ou concessionárias de serviços públicos ou de exploração de bens do domínio público, das entidades administrativas independentes, das associações públicas, designadamente das ordens profissionais, das entidades privadas que exerçam poderes públicos ou que prestem serviços de interesse geral.

2. O âmbito de atuação do Provedor de Justiça pode ainda incidir em relações entre particulares que impliquem uma especial relação de domínio, no âmbito da proteção de direitos, liberdades e garantias.

ARTIGO 3º
Direito de queixa

Os cidadãos, pessoas singulares ou coletivas, podem apresentar queixas por ações ou omissões dos poderes públicos ao Provedor de Justiça, que as aprecia sem poder decisório, dirigindo aos órgãos competentes as recomendações necessárias para prevenir e reparar injustiças.

ARTIGO 4º
Autonomia

1. A atividade do Provedor de Justiça pode ser exercida por iniciativa própria, na defesa e promoção dos direitos, liberdades e garantias dos cidadãos, e interesses legítimos destes, designadamente os mais vulneráveis em razão da idade, da raça ou da etnia, do género ou da deficiência.

2. A atividade do Provedor de Justiça é independente dos meios graciosos e contenciosos previstos na Constituição e nas leis.

CAPÍTULO II
Estatuto

ARTIGO 5º
Designação

1. O Provedor de Justiça é designado pela Assembleia da República por maioria de dois terços dos Deputados presentes, desde que superior à maioria absoluta dos Deputados em efetividade de funções.

2. A designação recai em cidadão que preencha os requisitos de elegibilidade para a Assembleia da República e goze de comprovada reputação de integridade e independência.

3. O Provedor de Justiça toma posse perante o Presidente da Assembleia da República.

ARTIGO 6º
Duração do mandato

1. O Provedor de Justiça é eleito por quatro anos, podendo ser reeleito apenas uma vez, por igual período.
2. Após o termo do período por que foi designado, o Provedor de Justiça mantém-se em exercício de funções até à posse do seu sucessor.
3. A designação do Provedor deve efetuar-se nos 30 dias anteriores ao termo do quadriénio.
4. Quando a Assembleia da República se encontrar dissolvida, ou não estiver em sessão, a eleição tem lugar dentro dos 15 dias a partir da primeira reunião da Assembleia eleita ou a partir do início de nova sessão, sem prejuízo de convocação extraordinária para o efeito.

ARTIGO 7º
Independência e inamovibilidade

O Provedor de Justiça é independente e inamovível, não podendo as suas funções cessar antes do termo do período por que foi designado, salvo nos casos previstos na presente lei.

ARTIGO 8º
Imunidades

1. O Provedor de Justiça não responde civil ou criminalmente pelas recomendações, reparos ou opiniões que emita ou pelos atos que pratique no exercício das suas funções.
2. O Provedor de Justiça não pode ser detido ou preso sem autorização da Assembleia da República, salvo por crime punível com a pena de prisão superior a 3 anos e em flagrante delito.
3. Movido procedimento criminal contra o Provedor de Justiça, e acusado definitivamente, a Assembleia da República delibera se o Provedor de Justiça deve ou não ser suspenso para efeito de seguimento do processo, salvo no caso de crime punível com a pena referida no número anterior.
4. Na hipótese prevista no nº 2 do presente artigo, a prisão implica a suspensão do exercício das funções do Provedor de Justiça pelo período em que aquela se mantiver.

ARTIGO 9º
Honras, direitos e garantias

O Provedor de Justiça tem os direitos, honras, precedência, categoria, remunerações e regalias idênticas às de ministro, incluindo as constantes da Lei nº 4/85, de 9 de abril, designadamente nos nºs 1 e 2 do seu artigo 12º[1]

---

[1] Alteração introduzida pelo art. 3º da Lei nº 52-A/2005, de 10 de outubro.

ARTIGO 10º
Gabinete do Provedor de Justiça

1. É criado um gabinete do Provedor de Justiça, que presta apoio direto e pessoal ao Provedor de Justiça.

2. O Provedor de Justiça tem um gabinete composto por um lugar de chefe de gabinete, por três lugares de adjuntos e por quatro lugares de secretariado.

3. Os membros do gabinete são livremente nomeados e exonerados pelo Provedor de Justiça.

4. São aplicáveis aos membros do gabinete o regime de provimento e de remuneração, bem como as normas relativas a garantias e deveres, dos membros dos gabinetes ministeriais.

ARTIGO 11º
Incompatibilidades

1. O Provedor de Justiça está sujeito às incompatibilidades dos magistrados judiciais em exercício.

2. O Provedor de Justiça não pode exercer quaisquer funções em órgãos de partidos ou associações políticas, nem desenvolver atividades partidárias de caráter público.

ARTIGO 12º
Dever de sigilo

1. O Provedor de Justiça é obrigado a guardar sigilo relativamente aos factos de que tome conhecimento no exercício das suas funções, se tal sigilo se impuser em virtude da natureza dos mesmos factos.

2. *(Revogado.)*

ARTIGO 13º
Garantias de trabalho

1. O Provedor de Justiça não pode ser prejudicado na estabilidade do seu emprego, na sua carreira e no regime de segurança social de que beneficie.

2. O tempo de serviço prestado como Provedor de Justiça conta, para todos os efeitos, como prestado nas funções de origem, bem como para aposentação e reforma, mesmo que no momento da designação não exercesse funções que lhe conferissem tal direito.

3. O Provedor de Justiça beneficia do regime de segurança social.[1]

ARTIGO 14º
Identificação e livre-trânsito

1. O Provedor de Justiça tem direito a cartão especial de identificação emitido pelos serviços competentes da Assembleia da República.

---

[1] Alteração introduzida pelo art. 3º da Lei nº 52-A/2005, de 10 de outubro.

2. O cartão de identificação é simultaneamente de livre-trânsito e acesso a todos os locais de funcionamento da administração central, regional, local e institucional, serviços civis e militares e demais entidades sujeitas ao controlo do Provedor de Justiça.

ARTIGO 15º
Vagatura do cargo

1. As funções de Provedor de Justiça só cessam antes do termo do quadriénio nos seguintes casos:

   a) Morte ou impossibilidade física permanente;
   b) Perda dos requisitos de elegibilidade para a Assembleia da República;
   c) Incompatibilidade superveniente;
   d) Renúncia.

2. Os motivos de cessação de funções são verificados pela Assembleia da República nos termos do seu Regimento.

3. No caso de vagatura do cargo, a designação do Provedor de Justiça deve ter lugar dentro dos 30 dias imediatos, observando-se o disposto no nº 4 do artigo 6º

4. O Provedor de Justiça não está sujeito às disposições legais em vigor sobre a aposentação e reforma por limite de idade.

ARTIGO 16º
Provedores-adjuntos

1. O Provedor de Justiça pode nomear e exonerar a todo o tempo dois provedores-adjuntos, de entre indivíduos habilitados com o curso superior adequado e comprovada reputação de integridade e independência.

2. O Provedor de Justiça pode delegar num dos provedores-adjuntos as atribuições relativas aos direitos da criança, para que este as exerça de forma especializada.

3. O Provedor de Justiça pode delegar nos provedores-adjuntos os poderes referidos nos artigos 21º, 27º, 28º, 30º a 34º e 42º, e designar aquele que deve assegurar o funcionamento dos serviços no caso de cessação ou interrupção do respetivo mandato.

4. Aplicam-se aos provedores-adjuntos as disposições dos artigos 11º, 12º, 13º e 14º

ARTIGO 17º
Coadjuvação nas funções

1. O Provedor de Justiça é coadjuvado no exercício das suas funções por coordenadores e assessores.

2. A organização das áreas de coadjuvação dos coordenadores e assessores, bem como a sua articulação com o gabinete e o secretário-geral, consta de regulamento aprovado pelo Provedor de Justiça e publicado no *Diário da República*.

3. Por regulamento aprovado pelo Provedor de Justiça e publicado no *Diário da República* podem ser criadas extensões da Provedoria de Justiça nas Regiões Autónomas dos Açores e da Madeira.

ARTIGO 18º
Garantia de autoridade

O Provedor de Justiça, os provedores-adjuntos de Justiça, os coordenadores e os assessores são considerados autoridades públicas, inclusive para efeitos penais.

ARTIGO 19º
Auxílio das autoridades

Todas as autoridades e agentes de autoridade devem prestar ao Provedor de Justiça o auxílio que lhes for solicitado para o bom desempenho das suas funções.

CAPÍTULO III
Atribuições

ARTIGO 20º
Competências

1. Ao Provedor de Justiça compete:

a) Dirigir recomendações aos órgãos competentes com vista à correção de atos ilegais ou injustos dos poderes públicos ou à melhoria da organização e procedimentos administrativos dos respetivos serviços;

b) Assinalar as deficiências de legislação que verificar, emitindo recomendações para a sua interpretação, alteração ou revogação, ou sugestões para a elaboração de nova legislação, as quais serão enviadas ao Presidente da Assembleia da República, ao Primeiro-Ministro e aos ministros diretamente interessados e, igualmente, se for caso disso, aos Presidentes das Assembleias Legislativas das regiões autónomas e aos Presidentes dos Governos Regionais;

c) Emitir parecer, a solicitação da Assembleia da República, sobre quaisquer matérias relacionadas com a sua atividade;

d) Promover a divulgação do conteúdo e da significação de cada um dos direitos e liberdades fundamentais, bem como da finalidade da instituição do Provedor de Justiça, dos meios de ação de que dispõe e de como a ele se pode fazer apelo;

e) Intervir, nos termos da lei aplicável, na tutela dos interesses coletivos ou difusos, quando estiverem em causa entidades públicas, empresas e serviços de interesse geral, qualquer que seja a sua natureza jurídica.

2. Compete ao Provedor de Justiça integrar o Conselho de Estado.

3. Compete ao Provedor de Justiça requerer ao Tribunal Constitucional a declaração de inconstitucionalidade ou de ilegalidade de normas, nos termos do artigo 281º, nºs 1 e 2, alínea *d*), da Constituição.

4. Compete ao Provedor de Justiça requerer ao Tribunal Constitucional a apreciação e verificação de inconstitucionalidade por omissão, nos termos do nº 1 do artigo 283º

5. As recomendações à Assembleia da República e às Assembleias Legislativas das regiões autónomas são publicadas nos respetivos jornais oficiais.

ARTIGO 21º
Poderes

1. No exercício das suas funções, o Provedor de Justiça tem poderes para:

a) Efetuar, com ou sem aviso, visitas de inspeção a todo e qualquer setor da atividade da administração central, regional e local, designadamente serviços públicos e estabelecimentos prisionais civis e militares, empresas e serviços de interesse geral, qualquer que seja a sua natureza jurídica, ou a quaisquer entidades sujeitas ao seu controlo, ouvindo os respetivos órgãos e agentes e pedindo as informações, bem como a exibição de documentos, que reputar convenientes;

b) Proceder a todas as investigações e inquéritos que considere necessários ou convenientes, podendo adotar, em matéria de recolha e produção de provas, todos os procedimentos razoáveis, desde que não colidam com os direitos e interesses legítimos dos cidadãos;

c) Procurar, em colaboração com os órgãos e serviços competentes, as soluções mais adequadas à tutela dos interesses legítimos dos cidadãos e ao aperfeiçoamento da ação administrativa.

2 – A atuação e intervenção do Provedor de Justiça não são limitadas pela utilização de meios graciosos e contenciosos previstos na Constituição e nas leis nem pela pendência desses meios, sem prejuízo do disposto no artigo seguinte.

ARTIGO 22º
Limites de intervenção

1. O Provedor de Justiça não tem competência para anular, revogar ou modificar os atos dos poderes públicos e a sua intervenção não suspende o decurso de quaisquer prazos, designadamente os de recurso hierárquico e contencioso.

2. Ficam excluídos dos poderes de inspeção e fiscalização do Provedor de Justiça os órgãos de soberania e os órgãos de governo próprio das regiões autónomas, com exceção da sua atividade administrativa e dos atos praticados na superintendência da Administração Pública.

3. As queixas relativas à atividade judicial que, pela sua natureza, não estejam fora do âmbito da atividade do Provedor de Justiça serão tratadas através do Conselho Superior da Magistratura, do Conselho Superior do Ministério Público ou do Conselho Superior dos Tribunais Administrativos e Fiscais, conforme os casos.

ARTIGO 23º
Relatório e colaboração com a Assembleia da República

1. O Provedor de Justiça envia anualmente à Assembleia da República, até 30 de abril, um relatório da sua atividade, anotando as iniciativas tomadas, as queixas rece-

bidas, as diligências efetuadas e os resultados obtidos, o qual é publicado no *Diário da Assembleia da República*.

2. A atividade referida no nº 2 do artigo 1º consta de anexo autónomo ao relatório mencionado no número anterior e é remetido pelo Provedor de Justiça ao organismo internacional a que disser respeito.

3. A fim de tratar de assuntos da sua competência, o Provedor de Justiça pode tomar parte nos trabalhos das comissões parlamentares competentes, quando o julgar conveniente e sempre que estas solicitem a sua presença.

CAPÍTULO IV
Procedimento

ARTIGO 24º
Iniciativa

1. O Provedor de Justiça exerce as suas funções com base em queixas apresentadas pelos cidadãos, individual ou coletivamente, ou por iniciativa própria, relativamente a factos que por qualquer outro modo cheguem ao seu conhecimento.

2. As queixas ao Provedor de Justiça não dependem de interesse direto, pessoal e legítimo, nem de quaisquer prazos.

ARTIGO 25º
Apresentação de queixas

1. As queixas podem ser apresentadas oralmente ou por escrito, por simples carta, fax, correio eletrónico ou outro meio de comunicação, e devem conter a identidade e morada do queixoso e, sempre que possível, a sua assinatura e meios adicionais de contacto, bem como a identificação da entidade visada.

2. Quando apresentadas oralmente, são reduzidas a auto, que o queixoso assina sempre que saiba e possa fazê-lo.

3. As queixas podem ser apresentadas diretamente ao Provedor de Justiça ou a qualquer agente do Ministério Público, que lhas transmite imediatamente.

4. Quando as queixas não forem apresentadas em termos adequados, é ordenada a sua substituição.

5. É garantido o sigilo sobre a identidade do queixoso sempre que tal seja solicitado pelo próprio e quando razões de segurança o justifiquem.

ARTIGO 26º
Queixas transmitidas pela Assembleia da República

A Assembleia da República, as comissões parlamentares e os Deputados podem ouvir o Provedor de Justiça e solicitar-lhe as diligências necessárias à prossecução das petições ou queixas que lhes sejam enviadas.

ARTIGO 27º
Apreciação preliminar das queixas

1. As queixas são objeto de uma apreciação preliminar tendente a avaliar da sua admissibilidade.

2. São indeferidas liminarmente as queixas:

a) Sem qualquer possibilidade de identificação do queixoso, se tal elemento for essencial à apreciação da matéria, ou da entidade visada;

b) Manifestamente apresentadas de má fé ou desprovidas de fundamento;

c) Que não sejam da competência do Provedor de Justiça.

3. As decisões de abertura do processo, bem como de indeferimento liminar, devem ser levadas ao conhecimento do queixoso, pelo meio mais célere e eficaz.

ARTIGO 28º
Instrução

1. A instrução consiste em pedidos de informação, inspeções, exames, inquirições ou qualquer outro procedimento razoável que não colida com os direitos fundamentais dos cidadãos e é efetuada por meios informais e expeditos, sem sujeição às regras processuais relativas à produção de prova.

2. As diligências são efetuadas pelo Provedor de Justiça e seus colaboradores, podendo também a sua execução ser solicitada diretamente aos agentes do Ministério Público ou quaisquer outras entidades públicas com prioridade e urgência, quando for caso disso.

ARTIGO 29º
Dever de cooperação

1. Os órgãos e agentes das entidades referidas no nº 1 do artigo 2º têm o dever de prestar todos os esclarecimentos e informações que lhes sejam solicitados pelo Provedor de Justiça.

2. As entidades referidas no número anterior prestam ao Provedor de Justiça toda a colaboração que por este lhes for solicitada, designadamente informações, efetuando inspeções através dos serviços competentes e facultando documentos e processos para exame, remetendo-os ao Provedor, se tal lhes for pedido.

3. O disposto nos números anteriores não prejudica as restrições legais respeitantes ao segredo de justiça nem a invocação de interesse superior do Estado, nos casos devidamente justificados pelos órgãos competentes, em questões respeitantes à segurança, à defesa ou às relações internacionais.

4. O Provedor de Justiça pode fixar por escrito prazo não inferior a 10 dias para satisfação de pedido que formule com nota de urgência.

5. O Provedor de Justiça pode determinar a presença na Provedoria de Justiça, ou noutro qualquer local que indicar e que as circunstâncias justifiquem, de qualquer

trabalhador ou representante das entidades referidas no nº 1, mediante requisição à entidade hierarquicamente competente, ou de qualquer titular de órgão sujeito ao seu controlo, a fim de lhe ser prestada a cooperação devida.

6. O incumprimento não justificado do dever de cooperação previsto nos nºs 1, 2, 4 e 5 do presente artigo, por parte de trabalhador ou representante das entidades referidas no nº 1, constitui crime de desobediência, sem prejuízo do procedimento disciplinar que no caso couber.

ARTIGO 30º
Depoimentos

1. O Provedor de Justiça pode solicitar a qualquer cidadão depoimentos ou informações sempre que os julgar necessários para apuramento de factos.

2. O mero dever de sigilo, que não decorra da Constituição ou da lei, de quaisquer cidadãos ou entidades, cede perante o dever de cooperação com o Provedor de Justiça no âmbito da competência deste.

3. Considera-se justificada a falta ao serviço determinada pelo dever de comparência.

4. Em caso de recusa de depoimento ou falta de comparência no dia e hora designados, o Provedor de Justiça pode notificar, mediante aviso postal registado, as pessoas que devam ser ouvidas, constituindo crime de desobediência qualificada a falta injustificada de comparência ou a recusa de depoimento.

5. As despesas de deslocação e outras que, a pedido do convocado, forem autorizadas pelo Provedor de Justiça são pagas por conta do orçamento da Provedoria de Justiça.

ARTIGO 31º
Arquivamento

1. São mandados arquivar os processos:

a) Quando o Provedor de Justiça conclua não serem da sua competência;

b) Quando o Provedor conclua que a queixa não tem fundamento ou que não existem elementos bastantes para ser adotado qualquer procedimento;

c) Quando a ilegalidade ou injustiça invocadas já tenham sido reparadas.

2. As decisões de arquivamento devem ser levadas ao conhecimento do queixoso, pelo meio mais célere e eficaz.

ARTIGO 32º
Encaminhamento

1. Quando o Provedor de Justiça reconheça que o queixoso tem ao seu alcance um meio gracioso ou contencioso, especialmente previsto na lei, pode limitar-se a encaminhá-lo para a entidade competente.

2. Independentemente do disposto no número anterior, o Provedor deve informar sempre o queixoso dos meios contenciosos que estejam ao seu alcance.

ARTIGO 33º
Casos de pouca gravidade

Nos casos de pouca gravidade, sem caráter continuado, o Provedor de Justiça pode limitar-se a uma chamada de atenção ao órgão ou serviço competente ou dar por encerrado o assunto com as explicações fornecidas.

ARTIGO 34º
Audição prévia

Fora dos casos previstos nos artigos 30º e 32º, o Provedor de Justiça deve sempre ouvir os órgãos ou agentes postos em causa, permitindo-lhes que prestem todos os esclarecimentos necessários antes de formular quaisquer recomendações.

ARTIGO 35º
Participação de infrações e publicidade

1. Quando no decurso do processo resultarem indícios suficientes da prática de infrações criminais ou disciplinares ou contraordenações, o Provedor de Justiça deve dar conhecimento delas, conforme os casos, ao Ministério Público ou à entidade hierarquicamente competente para a instauração de processo disciplinar ou contraordenacional.

2. Quando as circunstâncias o aconselhem, o Provedor pode ordenar a publicação de comunicados ou informações sobre as conclusões alcançadas nos processos ou sobre qualquer outro assunto relativo à sua atividade, utilizando, se necessário, os meios de comunicação social estatizados e beneficiando, num e noutro caso, do regime legal de publicação de notas oficiosas, nos termos das respetivas leis.

ARTIGO 36º
Irrecorribilidade dos atos do Provedor

Sem prejuízo do disposto no artigo 44º, os atos do Provedor de Justiça não são suscetíveis de recurso e só podem ser objeto de reclamação para o próprio Provedor.

ARTIGO 37º
Queixas de má fé

Quando se verifique que a queixa foi feita de má fé, o Provedor de Justiça participa o facto ao agente do Ministério Público competente, para a instauração do procedimento criminal nos termos da lei geral.

ARTIGO 38º
Recomendações

1. As recomendações do Provedor de Justiça são dirigidas ao órgão competente para corrigir o ato ilegal ou injusto ou a situação irregular dos respetivos serviços.

2. O órgão destinatário da recomendação deve, no prazo de 60 dias a contar da sua receção, comunicar ao Provedor de Justiça a posição que quanto a ela assume.

3. O não acatamento da recomendação tem sempre de ser fundamentado.

4. Se as recomendações não forem atendidas, e sempre que o Provedor não obtiver a colaboração devida, pode dirigir-se ao superior hierárquico competente ou, sendo caso disso, ao respetivo ministro da tutela.

5. Se o órgão executivo da autarquia local não acatar as recomendações do Provedor, este pode dirigir-se à respetiva assembleia deliberativa.

6. Se a Administração não atuar de acordo com as suas recomendações ou se recusar a prestar a colaboração pedida, o Provedor pode dirigir-se à Assembleia da República, expondo os motivos da sua tomada de posição.

7. As recomendações do Provedor de Justiça são sempre comunicadas aos órgãos ou agentes visados e, se tiverem origem em queixa apresentada, aos queixosos.

ARTIGO 39º
Isenção de custos e selos e dispensa de advogado

Os processos organizados perante o Provedor de Justiça são isentos de custos e selos e não obrigam à constituição de advogado.

CAPÍTULO V
Provedoria de Justiça

ARTIGO 40º
Autonomia, instalação e fim

1. A Provedoria de Justiça tem por função prestar o apoio técnico e administrativo necessário ao desempenho das atribuições definidas na presente lei.

2. A Provedoria de Justiça é dotada de autonomia administrativa e financeira.

3. A Provedoria de Justiça funciona em instalações próprias.

ARTIGO 41º
Pessoal

A Provedoria de Justiça dispõe de um mapa de pessoal próprio, nos termos da respetiva lei orgânica.

ARTIGO 42º
Competências administrativa e disciplinar

Compete ao Provedor de Justiça praticar todos os atos relativos ao provimento e à situação funcional do pessoal da Provedoria de Justiça, e exercer sobre ele o poder disciplinar.

ARTIGO 43º
Orçamento do serviço e respetivas verbas

1. A Provedoria de Justiça tem um orçamento anual, elaborado nos termos da respetiva lei orgânica.

2. A dotação orçamental da Provedoria de Justiça consta de verba inscrita no orçamento da Assembleia da República.

3. O Provedor de Justiça tem competência idêntica à de ministro para efeitos de autorização de despesas.

ARTIGO 44º
Recurso contencioso

Das decisões do Provedor de Justiça, praticadas no âmbito da sua competência de gestão da Provedoria de Justiça, cabe recurso para o Supremo Tribunal Administrativo, nos termos gerais.

CAPÍTULO VI
Disposições finais e transitórias

ARTIGO 45º
Remissão

A designação «Provedoria de Justiça» substitui, para todos os efeitos, a de «Serviço do Provedor de Justiça» constante da legislação em vigor ou de quaisquer outros atos com eficácia legal.

ARTIGO 46º
Alterações à Lei Orgânica

O Governo procederá por decreto-lei às alterações necessárias à Lei Orgânica da Provedoria de Justiça, Lei nº 10/78, de 2 de março, no prazo de 180 dias.

ARTIGO 47º
Norma revogatória

É revogada a Lei nº 81/77, de 22 de novembro.

XVIII
Direito de Petição

Direito de Petição

Lei nº 43/90, 10 de agosto, alterada pela Lei nº 6/93, de 1 de março, pela Lei nº 15/2003, de 4 de junho, e pela Lei nº 45/2007, de 24 de agosto

A Assembleia da República decreta, nos termos dos artigos 52º, 164º, alínea *d*), 168º, alínea *b*), e 169º, nº 3, da Constituição, o seguinte:

CAPÍTULO I
Disposições Gerais

ARTIGO 1º
(Âmbito da presente lei)

1. A presente lei regula e garante o exercício do direito de petição, para defesa dos direitos dos cidadãos, da Constituição, das leis ou do interesse geral, mediante a apresentação aos órgãos de soberania, ou a quaisquer autoridades públicas, com exceção dos tribunais, de petições, representações, reclamações ou queixas.

2. São regulados por legislação especial:

a) A impugnação dos atos administrativos, através de reclamação ou de recursos hierárquicos;

b) O direito de queixa ao Provedor de Justiça e à Entidade Reguladora para a Comunicação Social;

c) O direito de petição das organizações de moradores perante as autarquias locais;

d) O direito de petição coletiva dos militares e agentes militarizados dos quadros permanentes em serviço efetivo.

ARTIGO 2º
Definições

1. Entende-se por petição, em geral, a apresentação de um pedido ou de uma proposta, a um órgão de soberania ou a qualquer autoridade pública, no sentido de que tome, adote ou proponha determinadas medidas.

2. Entende-se por representação a exposição destinada a manifestar opinião contrária da perfilhada por qualquer entidade, ou a chamar a atenção de uma autoridade pública relativamente a certa situação ou ato, com vista à sua revisão ou à ponderação dos seus efeitos.

3. Entende-se por reclamação a impugnação de um ato perante o órgão, funcionário ou agente que o praticou, ou perante o seu superior hierárquico.

4. Entende-se por queixa a denúncia de qualquer inconstitucionalidade ou ilegalidade, bem como do funcionamento anómalo de qualquer serviço, com vista à adoção de medidas contra os responsáveis.

5. As petições, representações, reclamações e queixas dizem-se coletivas quando apresentadas por um conjunto de pessoas através de um único instrumento e em nome coletivo quando apresentadas por uma pessoa coletiva em representação dos respetivos membros.

6. Sempre que, nesta lei, se empregue unicamente o termo «petição», entende-se que o mesmo se aplica a todas as modalidades referidas no presente artigo.

ARTIGO 3º
Cumulação

O direito de petição é cumulável com outros meios de defesa de direitos e interesses previstos na Constituição e na lei e não pode ser limitado ou restringido no seu exercício por qualquer órgão de soberania ou por qualquer autoridade pública.

ARTIGO 4º
Titularidade

1. O direito de petição, enquanto instrumento de participação política democrática, pertence aos cidadãos portugueses, sem prejuízo de igual capacidade jurídica para cidadãos de outros Estados, que a reconheçam, aos portugueses, em condições de igualdade e reciprocidade, nomeadamente no âmbito da União Europeia e no da Comunidade dos Países de Língua Portuguesa.

2. Os estrangeiros e os apátridas que residam em Portugal gozam sempre do direito de petição para defesa dos seus direitos e interesses legalmente protegidos.

3. O direito de petição é exercido individual ou coletivamente.

4. Gozam igualmente do direito de petição quaisquer pessoas coletivas legalmente constituídas.

ARTIGO 5º
Universalidade e gratuitidade

A apresentação de petições constitui direito universal e gratuito e não pode, em caso algum, dar lugar ao pagamento de quaisquer impostos ou taxas.

ARTIGO 6º
Liberdade de petição

1. Nenhuma entidade, pública ou privada, pode proibir, ou por qualquer forma impedir ou dificultar, o exercício do direito de petição, designadamente na livre recolha de assinaturas e na prática dos demais atos necessários.

2. O disposto no número anterior não prejudica a faculdade de verificação, completa ou por amostragem, da autenticidade das assinaturas e da identificação dos subscritores.

3. Os peticionários devem indicar o nome completo e o número do bilhete de identidade ou, não sendo portador deste, qualquer outro documento de identificação válido.

ARTIGO 7º
Garantias

1. Ninguém pode ser prejudicado, privilegiado ou privado de qualquer direito em virtude do exercício do direito de petição.

2. O disposto no número anterior não exclui a responsabilidade criminal, disciplinar ou civil do peticionário se do seu exercício resultar ofensa ilegítima de interesse legalmente protegido.

ARTIGO 8º
Dever de exame e de comunicação

1. O exercício do direito de petição obriga a entidade destinatária a receber e examinar as petições, representações, reclamações ou queixas, bem como a comunicar as decisões que forem tomadas.

2. O erro na qualificação da modalidade do direito de petição, de entre as que se referem no artigo 2º, não justifica a recusa da sua apreciação pela entidade destinatária.

3. Os peticionários indicam um único endereço para efeito das comunicações previstas na presente lei.

4. Quando o direito de petição for exercido coletivamente, as comunicações e notificações, efetuadas nos termos do número anterior, consideram-se válidas quanto à totalidade dos peticionários.

CAPÍTULO II
Forma e tramitação

ARTIGO 9º
Forma

1. O exercício do direito de petição não está sujeito a qualquer forma ou a processo específico.

2. A petição, a representação, a reclamação e a queixa devem, porém, ser reduzidas a escrito, podendo ser em linguagem braille, e devidamente assinadas pelos

titulares, ou por outrem a seu rogo, se aqueles não souberem ou não puderem assinar.

3. O direito de petição pode ser exercido por via postal ou através de telégrafo, telex, telefax, correio eletrónico e outros meios de telecomunicação.

4. Os órgãos de soberania, de governo próprio das Regiões Autónomas e das autarquias locais, bem como os departamentos da Administração Pública onde ocorra a entrega de instrumentos do exercício do direito de petição, organizam sistemas de receção eletrónica de petições.

5. A entidade destinatária convida o peticionário a completar o escrito apresentado quando:

a) Aquele não se mostre corretamente identificado e não contenha menção do seu domicílio;

b) O texto seja ininteligível ou não especifique o objeto de petição.

6. Para os efeitos do número anterior, a entidade destinatária fixa um prazo não superior a 20 dias, com a advertência de que o não suprimento das deficiências apontadas determina o arquivamento liminar da petição.

7. Em caso de petição coletiva, ou em nome coletivo, é suficiente a identificação completa de um dos signatários.

ARTIGO 10º
Apresentação em território nacional

1. As petições devem, em regra, ser apresentadas nos serviços das entidades a quem são dirigidas.

2. As petições dirigidas a órgãos centrais de entidades públicas podem ser apresentadas nos serviços dos respetivos órgãos locais, quando os interessados residam na respetiva área ou nela se encontrem.

3. Quando sejam dirigidas a órgãos da Administração Pública que não disponham de serviços nas áreas do distrito ou do município de residência do interessado ou interessados ou onde eles se encontrem, as petições podem ser entregues na secretaria do governo civil do distrito respetivo.

4. As petições apresentadas nos termos dos números anteriores são remetidas, pelo registo do correio, aos órgãos a quem sejam dirigidas no prazo de vinte e quatro horas após a sua entrega, com a indicação da data desta.

ARTIGO 11º
Apresentação no estrangeiro

1. As petições podem também ser apresentadas nos serviços das representações diplomáticas e consulares portuguesas no país em que se encontrem ou residam os interessados.

2. As representações diplomáticas ou consulares remeterão os requerimentos às entidades a quem sejam dirigidas, nos termos fixados no nº 4 do artigo anterior.

ARTIGO 12º
Indeferimento liminar

1. A petição é liminarmente indeferida quando for manifesto que:

a) A pretensão deduzida é ilegal;
b) Visa a reapreciação de decisões dos tribunais, ou de atos administrativos insuscetíveis de recurso;
c) Visa a reapreciação, pela mesma entidade, de casos já anteriormente apreciados na sequência do exercício do direito de petição, salvo se forem invocados ou tiverem ocorrido novos elementos de apreciação.

2. A petição é ainda liminarmente indeferida se:

a) For apresentada a coberto de anonimato e do seu exame não for possível a identificação da pessoa ou pessoas de quem provém;
b) Carecer de qualquer fundamento.

ARTIGO 13º
Tramitação

1. A entidade que recebe a petição, se não ocorrer indeferimento liminar referido no artigo anterior, decide sobre o seu conteúdo, com a máxima brevidade compatível com a complexidade do assunto nela versado.

2. Se a mesma entidade se julgar incompetente para conhecer da matéria que é objeto da petição, remete-a à entidade para o efeito competente, informando do facto o autor da petição.

3. Para ajuizar sobre os fundamentos invocados, a entidade competente pode proceder às averiguações que se mostrem necessárias e, conforme os casos, tomar as providências adequadas à satisfação da pretensão ou arquivar o processo.

ARTIGO 14º
Controlo informático e divulgação da tramitação

Os órgãos de soberania, de governo próprio das Regiões Autónomas e das autarquias locais, bem como os departamentos da Administração Pública onde ocorra a entrega de instrumentos do exercício do direito de petição, organizarão sistemas de controlo informático de petições, bem como de divulgação das providências tomadas, nos respetivos sítios da *Internet*.

ARTIGO 15º
Enquadramento orgânico

Sem prejuízo do disposto em especial para a Assembleia da República, os órgãos de soberania, do governo próprio das Regiões Autónomas e das autarquias locais, bem como os departamentos da Administração Pública onde seja mais frequente a entrega de instrumentos do exercício do direito de petição, organizarão esquemas adequados de receção, tratamento e decisão das petições recebidas.

ARTIGO 16º
Desistência

1. O peticionário pode, a todo o tempo, desistir da petição, mediante requerimento escrito apresentado perante a entidade que recebeu a petição ou perante aquela que a esteja a examinar.

2. Quando sejam vários os peticionários, o requerimento deve ser assinado por todos eles.

3. A entidade competente para o exame da petição decide se deve aceitar o requerimento, declarar finda a petição e proceder ao seu arquivamento ou se, dada a matéria objeto da mesma, se justifica o seu prosseguimento para defesa do interesse público.

CAPÍTULO III
Petições dirigidas à Assembleia da República

ARTIGO 17º
Tramitação das petições dirigidas à Assembleia da República

1. As petições dirigidas à Assembleia da República são endereçadas ao Presidente da Assembleia da República e apreciadas pelas comissões competentes em razão da matéria ou por comissão especialmente constituída para o efeito, que poderá ouvir aquelas, e pelo Plenário, nos casos previstos no artigo 24º

2. O registo e numeração das petições é feito pelos serviços competentes.

3. Recebida a petição, a comissão parlamentar competente toma conhecimento do objeto da mesma, delibera sobre a sua admissão, com base na nota de admissibilidade elaborada pelos serviços parlamentares, nomeia o Deputado relator e aprecia, nomeadamente:

a) Se ocorre alguma das causas legalmente previstas que determinem o seu indeferimento liminar;

b) Se foram observados os requisitos de forma mencionados no artigo 9º;

c) As entidades às quais devem ser imediatamente solicitadas informações.

4. O peticionário é imediatamente notificado da deliberação a que se refere o número anterior.

5. O Presidente da Assembleia da República, por iniciativa própria ou a solicitação de qualquer comissão parlamentar, pode determinar a junção de petições num único processo de tramitação, sempre que se verifique manifesta identidade de objeto e pretensão.

6. A comissão parlamentar competente deve apreciar e deliberar sobre as petições no prazo de 60 dias a contar da data da sua admissão.

7. Se ocorrer o caso previsto no nº 5 do artigo 9º, o prazo estabelecido no número anterior só começa a correr na data em que se mostrem supridas as deficiências verificadas.

8. Findo o exame da petição, é elaborado um relatório final, que deverá ser enviado ao Presidente da Assembleia da República, contendo as providências julgadas adequadas, nos termos do artigo 19º

ARTIGO 18º
Registo informático

1. Por forma a assegurar a gestão e publicitação adequadas das petições que lhe sejam remetidas, a Assembleia da República organiza e mantém atualizado um sistema de registo informático da receção e tramitação de petições.

2. O sistema faculta informação completa sobre os dados constantes das petições apresentadas, incluindo o seu texto integral e informação sobre cada uma das fases da sua tramitação, devendo centralizar os dados disponíveis em todos os serviços envolvidos.

3. O sistema faculta um modelo, de preenchimento simples, para envio e receção de petições pela *Internet*.

4. Qualquer cidadão que goze de legitimidade nos termos do artigo 4º pode tornar-se peticionário por adesão a uma petição pendente, num prazo de 30 dias a contar da data da sua admissão, mediante comunicação escrita à comissão parlamentar competente em que declare aceitar os termos e a pretensão expressa na petição, indicando os elementos de identificação referidos no artigo 6º

5. A adesão conta para todos os efeitos legais e deve ser comunicada aos peticionários originários.

ARTIGO 19º
Efeitos

1. Do exame das petições e dos respetivos elementos de instrução feito pela comissão pode, nomeadamente, resultar:

a) A sua apreciação pelo Plenário da Assembleia da República, nos termos do artigo 24º;

b) A sua remessa, por cópia, à entidade competente em razão da matéria para a sua apreciação e para a eventual tomada de decisão que no caso lhe caiba;

c) A elaboração, para ulterior subscrição por qualquer Deputado ou grupo parlamentar, da medida legislativa que se mostre justificada;

d) O conhecimento dado ao ministro competente em razão da matéria, através do Primeiro-Ministro, para eventual medida legislativa ou administrativa;

e) O conhecimento dado, pelas vias legais, a qualquer outra autoridade competente em razão da matéria na perspetiva de ser tomada qualquer medida conducente à solução do problema suscitado;

f) A remessa ao Procurador-Geral da República, no pressuposto da existência de indícios para o exercício de ação penal;

g) A sua remessa à Polícia Judiciária, no pressuposto da existência de indícios que justifiquem uma investigação policial;

h) A sua remessa ao Provedor de Justiça, para os efeitos do disposto no artigo 23º da Constituição;

i) A iniciativa de inquérito parlamentar;

j) A informação ao peticionário de direitos que revele desconhecer, de vias que eventualmente possa seguir ou de atitudes que eventualmente possa tomar para obter o reconhecimento de um direito, a proteção de um interesse ou a reparação de um prejuízo;

l) O esclarecimento dos peticionários, ou do público em geral, sobre qualquer ato do Estado e demais entidades públicas relativo à gestão dos assuntos públicos que a petição tenha colocado em causa ou em dúvida;

m) O seu arquivamento, com conhecimento ao peticionário ou peticionários.

2. As diligências previstas nas alíneas *b)*, *d)*, *e)*, *f)*, *g)*, *h)*, *j)* e *l)* do número anterior são efetuadas pelo Presidente da Assembleia da República, a solicitação e sob proposta da comissão.

ARTIGO 20º
Poderes da comissão

1. A comissão parlamentar, durante o exame e instrução, pode ouvir os peticionários, solicitar depoimentos de quaisquer cidadãos e requerer e obter informações e documentos de outros órgãos de soberania ou de quaisquer entidades públicas ou privadas, sem prejuízo do disposto na lei sobre segredo de Estado, segredo de justiça ou sigilo profissional, podendo solicitar à Administração Pública as diligências que se mostrem necessárias.

2. A comissão parlamentar pode deliberar ouvir em audição o responsável pelo serviço da Administração visado na petição.

3. Após exame da questão suscitada pelo peticionário, a comissão poderá solicitar, sob proposta do relator, que as entidades competentes tomem posição sobre a matéria.

4. O cumprimento do solicitado pela comissão parlamentar, nos termos do presente artigo, tem prioridade sobre quaisquer outros serviços da Administração Pública, devendo ser efetuado no prazo máximo de 20 dias.

5. As solicitações previstas neste artigo devem referir a presente lei e transcrever o número anterior, bem como o artigo 23º

ARTIGO 21º
Audição dos peticionários

1. A audição dos peticionários, durante o exame e instrução, é obrigatória, perante a comissão parlamentar, ou delegação desta, sempre que a petição seja subscrita por mais de 1000 cidadãos.

2. A audição pode ainda ser decidida pela comissão parlamentar, por razões de mérito, devidamente fundamentadas, tendo em conta, em especial, o âmbito dos interesses em causa, a sua importância social, económica ou cultural e a gravidade da situação objeto da petição.

3. O disposto nos números anteriores não prejudica as diligência que o relator entenda fazer para obtenção de esclarecimento e preparação do relatório, incluindo junto dos peticionários.

ARTIGO 22º
Diligência conciliadora

1. Concluídos os procedimentos previstos nos artigos 20º e 21º, a comissão parlamentar pode ainda realizar uma diligência conciliadora, desde que esta seja devidamente justificada.

2. Havendo diligência conciliadora, o presidente da comissão convidará a entidade em causa no sentido de poder corrigir a situação ou reparar os efeitos que deram origem à petição.

ARTIGO 23º
Sanções

1. A falta de comparência injustificada, a recusa de depoimento ou o não cumprimento das diligências previstas no nº 1 do artigo 20º constituem crime de desobediência, sem prejuízo do procedimento disciplinar que no caso couber.

2. A falta de comparência injustificada por parte dos peticionários pode ter como consequência o arquivamento do respetivo processo, nos termos do nº 3 do artigo 16º, não lhes sendo aplicado o previsto no número anterior.

ARTIGO 24º
Apreciação pelo Plenário

1. As petições são apreciadas em Plenário sempre que se verifique uma das condições seguintes:

a) Sejam subscritas por mais de 4000 cidadãos;

b) Seja elaborado relatório e parecer favorável à sua apreciação em Plenário, devidamente fundamentado, tendo em conta, em especial, o âmbito dos interesses em causa, a sua importância social, económica ou cultural e a gravidade da situação objeto de petição.

2. As petições que, nos termos do número anterior, estejam em condições de ser apreciadas pelo Plenário são enviadas ao Presidente da Assembleia da República, para agendamento, acompanhadas dos relatórios devidamente fundamentados e dos elementos instrutórios, se os houver.

3. As petições são agendadas para Plenário no prazo máximo de 30 dias após o seu envio ao Presidente da Assembleia da República, nos termos do número anterior.

4. A matéria constante da petição não é submetida a votação, sem prejuízo do disposto nos números seguintes.

5. A comissão competente pode apresentar, juntamente com o relatório, um projeto de resolução, o qual é debatido e votado aquando da apreciação da petição pelo Plenário.

6. Com base na petição, pode igualmente qualquer Deputado apresentar uma iniciativa, a qual, se requerido pelo Deputado apresentante, é debatida e votada nos termos referidos no número anterior.

7. Se a iniciativa a que se refere o número anterior vier a ser agendada para momento diferente, a petição é avocada a Plenário para apreciação conjunta.

8. Sempre que for agendado debate em Plenário cuja matéria seja idêntica a petição pendente, que reúna as condições estabelecidas no nº 1, será esta igualmente avocada, desde que o peticionário manifeste o seu acordo.

9. Do que se passar é dado conhecimento ao primeiro signatário da petição, a quem é enviado um exemplar do número do *Diário da Assembleia da República* em que se mostre reproduzido o debate, a eventual apresentação de qualquer proposta com ele conexa e o resultado da respetiva votação.

ARTIGO 25º
Não caducidade

As petições não apreciadas na legislatura em que foram apresentadas não carecem de ser renovadas na legislatura seguinte.

ARTIGO 26º
Publicação

1. São publicadas na íntegra no *Diário da Assembleia da República* as petições:

a) Assinadas por um mínimo de 1000 cidadãos;

b) Que o Presidente da Assembleia da República mandar publicar em conformidade com a deliberação da comissão.

2. São igualmente publicados os relatórios relativos às petições referidas no número anterior.

3. O Plenário será informado do sentido essencial das petições recebidas e das medidas sobre elas tomadas pelo menos duas vezes por sessão legislativa.

ARTIGO 27º
Controlo de resultado

1. Por iniciativa dos peticionários ou de qualquer Deputado, a comissão parlamentar, a todo o tempo, pode deliberar averiguar o estado de evolução ou os resultados das providências desencadeadas em virtude da apreciação da petição.

2. O relatório que sobre o caso for aprovado pode determinar novas diligências e será, em qualquer caso, dado a conhecer ao peticionário e divulgado na *Internet*.

CAPÍTULO IV
Disposição final

ARTIGO 28º
Regulamentação complementar

No âmbito das respetivas competências constitucionais, os órgãos e autoridades abrangidos pela presente lei devem elaborar normas e outras medidas tendentes ao seu eficaz cumprimento.

Aprovada em 12 de junho de 1990.

O Presidente da Assembleia da República, *Vítor Pereira Crespo.*

Promulgada em 24 de julho de 1990.

Publique-se.

O Presidente da República, MÁRIO SOARES.

Referendada em 26 de julho de 1990.

O Primeiro-Ministro, *Aníbal António Cavaco Silva.*

XIX
Referendo Nacional

Referendo Nacional

Lei nº 15-A/98, de 3 de abril, alterada pela Lei Orgânica nº 4/2005, de 8 de setembro, pela Lei Orgânica nº 3/2010, de 15 de dezembro, pela Lei Orgânica nº 1/2011, de 30 de novembro, pela Lei nº 72-A/2015, de 23 de julho e pela Lei Orgânica nº 1/2016, de 26 de agosto

A Assembleia da República decreta, nos termos dos artigos 161º, alínea c), 164º, alínea b), 166º, nº 2, 115º, 256º, nº 3, e 112º, nº 5, da Constituição, para valer como lei geral da República, o seguinte:

TÍTULO I
Âmbito e objecto do referendo

ARTIGO 1º
Âmbito da presente lei

1. A presente lei orgânica rege os casos e os termos da realização do referendo de âmbito nacional previsto no artigo 115º da Constituição.

2. A presente lei regula ainda as condições e os termos das consultas directas para a instituição em concreto das regiões administrativas previstas no artigo 256º da Constituição.

ARTIGO 2º
Objecto do referendo

O referendo só pode ter por objecto questões de relevante interesse nacional que devam ser decididas pela Assembleia da República ou pelo Governo através da aprovação de convenção internacional ou de acto legislativo.

ARTIGO 3º
Matérias excluídas

1. São excluídas do âmbito do referendo:

a) As alterações à Constituição;
b) As questões e os actos de conteúdo orçamental, tributário ou financeiro;
c) As matérias previstas no artigo 161º da Constituição, sem prejuízo do disposto no número seguinte;
d) As matérias previstas no artigo 164º da Constituição, com excepção do disposto na alínea *i)* sobre bases do sistema de ensino.

2. O disposto no número anterior não prejudica a submissão a referendo das questões de relevante interesse nacional que devam ser objecto de convenção internacional, nos termos da alínea *i)* do artigo 161º da Constituição, excepto quando relativas à paz e à rectificação de fronteiras.

ARTIGO 4º
Actos em processo de apreciação

1. As questões suscitadas por convenções internacionais ou por actos legislativos em processo de apreciação, mas ainda não definitivamente aprovados, podem constituir objecto de referendo.

2. Se a Assembleia da República ou o Governo apresentarem proposta de referendo sobre convenção internacional submetida a apreciação ou sobre projecto ou proposta de lei, o respectivo processo suspende-se até à decisão do Presidente da República sobre a convocação do referendo e, em caso de convocação efectiva, até à respectiva realização.

ARTIGO 5º
Delimitação em razão da competência

O Governo, sem prejuízo da faculdade de iniciativa perante a Assembleia da República, pode apresentar proposta de referendo que tenha por objecto matéria da sua competência, incidindo:

a) Sobre acordo internacional que não tenha submetido à Assembleia da República;
b) Sobre acto legislativo em matérias não incluídas na reserva de competência da Assembleia da República.

ARTIGO 6º
Delimitação em razão da matéria

Cada referendo recai sobre uma só matéria.

ARTIGO 7º
Formulação

1. Nenhum referendo pode comportar mais de três perguntas.
2. As perguntas são formuladas com objectividade, clareza e precisão e para respostas de sim ou não, sem sugerirem, directa ou indirectamente, o sentido das respostas.
3. As perguntas não podem ser precedidas de quaisquer considerandos, preâmbulos ou notas explicativas.

ARTIGO 8º
Limites temporais

Não pode ser praticado acto de convocação ou realizado o referendo entre a data da convocação e a da realização de eleições gerais para os órgãos de soberania, de governo próprio das Regiões Autónomas e do poder local, bem como de deputados ao Parlamento Europeu.

ARTIGO 9º
Limites circunstanciais

1. Não pode ser praticado nenhum acto relativo à convocação ou à realização de referendo na vigência de estado de sítio ou de estado de emergência.
2. O Presidente da República interino não pode decidir a convocação de referendo.

TÍTULO II
Convocação do referendo

CAPÍTULO I
Proposta

SECÇÃO I
Proposta da Assembleia da República

ARTIGO 10º
Poder de iniciativa

A iniciativa da proposta de referendo da Assembleia da República compete aos deputados, aos grupos parlamentares, ao Governo ou a grupos de cidadãos eleitores.

ARTIGO 11º
Limites da iniciativa

Os deputados, os grupos parlamentares e os grupos de cidadãos eleitores não podem apresentar iniciativas de referendo que envolvam, no ano económico em curso, aumento de despesas ou diminuição de receitas do Estado previstas no Orçamento.

ARTIGO 12º
Discussão e votação

1. O Regimento da Assembleia da República regula o processo de discussão e votação de projectos e propostas de resolução de referendo.

2. A resolução a votar em Plenário da Assembleia da República integra as perguntas a formular e a definição do universo eleitoral da consulta.

3. A aprovação faz-se à pluralidade dos votos, não contando as abstenções para o apuramento da maioria.

ARTIGO 13º
Forma e publicação

Os projectos e as propostas aprovados tomam a forma de resolução, publicada na 1ª série-A do *Diário da República* no dia seguinte ao da sua aprovação.

DIVISÃO I
Iniciativa parlamentar ou governamental

ARTIGO 14º
Forma da iniciativa

Quando exercida pelos deputados ou pelos grupos parlamentares, a iniciativa toma a forma de projecto de resolução, e, quando exercida pelo Governo, a de proposta de resolução, aprovada pelo Conselho de Ministros.

ARTIGO 15º
Renovação da iniciativa

1. Os projectos e as propostas de resolução de referendo não votados na sessão legislativa em que tiverem sido apresentados não carecem de ser renovados na sessão legislativa seguinte, salvo termo da legislatura.

2. Os projectos e as propostas de resolução definitivamente rejeitados não podem ser renovados na mesma sessão legislativa.

DIVISÃO II
Iniciativa popular

ARTIGO 16º
Titularidade

O referendo pode resultar de iniciativa dirigida à Assembleia da República por cidadãos eleitores portugueses, em número não inferior a 60 000, regularmente recenseados no território nacional, bem como na matéria prevista no nº 2 do artigo 37º, por cidadãos nele referidos.

ARTIGO 17º
Forma

1. A iniciativa popular assume a forma escrita e é dirigida à Assembleia da República, contendo, em relação a todos os signatários, os seguintes elementos:

   a) Nome completo;
   b) Número do bilhete de identidade.

2. A Assembleia da República pode solicitar aos serviços competentes da Administração Pública, nos termos do Regimento, a verificação administrativa, por amostragem, da autenticidade das assinaturas e da identificação dos subscritores da iniciativa referida no número anterior.

3. Da iniciativa constará a explicitação da pergunta ou perguntas a submeter a referendo, devidamente instruídas pela identificação dos actos em processo de apreciação na Assembleia da República.

4. Quando não se encontre pendente acto sobre o qual possa incidir referendo, deve a iniciativa popular ser acompanhada da apresentação de projecto de lei relativo à matéria a referendar.

5. A iniciativa de grupos de cidadãos eleitores, verificada que seja a observância das disposições constitucionais, legais e regimentais aplicáveis, toma a forma de projecto de resolução para efeitos de discussão e votação em Plenário da Assembleia da República.

ARTIGO 18º
Publicação

Após admissão, a iniciativa popular é publicada no *Diário da Assembleia da República*.

ARTIGO 19º
Representação

1. A iniciativa deve mencionar, na parte inicial, a identificação dos mandatários designados pelo grupo de cidadãos subscritores, em número não inferior a 25.

2. Os mandatários referidos no número anterior designam de entre si uma comissão executiva para os efeitos de responsabilidade e de representação previstos na lei.

ARTIGO 20º
Tramitação

1. No prazo de dois dias o Presidente da Assembleia da República pede à comissão competente em razão da matéria parecer sobre a iniciativa de referendo, no prazo que lhe cominar.

2. Recebido o parecer da comissão, o Presidente da Assembleia da República decide da admissão da iniciativa ou manda notificar o representante do grupo de cidadãos para aperfeiçoamento do texto, no prazo máximo de 20 dias.

3. São notificados do despacho do Presidente da Assembleia da República os grupos parlamentares e os mandatários do grupo de cidadãos proponentes.

4. Uma vez admitida, a iniciativa é enviada à comissão competente.

5. A comissão ouve o representante do grupo de cidadãos eleitores, para os esclarecimentos julgados necessários à compreensão e formulação das questões apresentadas.

6. A comissão elabora, no prazo de 20 dias, o projecto de resolução que incorpora o texto da iniciativa de referendo, enviando-o ao Presidente da Assembleia da República para agendamento.

7. O Presidente da Assembleia da República deve agendar o projecto de resolução para uma das 10 sessões plenárias seguintes.

8. A iniciativa popular é obrigatoriamente apreciada e votada em Plenário.

ARTIGO 21º
Efeitos

Da apreciação e votação da iniciativa em Plenário resulta a aprovação ou a rejeição do projecto de resolução que incorpora a iniciativa popular.

ARTIGO 22º
Renovação e caducidade

1. À iniciativa popular é aplicável, com as necessárias adaptações, o disposto no artigo 15º

2. A iniciativa popular pendente de votação não caduca com o termo da legislatura, reiniciando-se novo prazo de apreciação nos termos do artigo 20º

SECÇÃO II
Proposta do Governo

ARTIGO 23º
Competência, forma e publicação

1. Compete ao Conselho de Ministros aprovar as propostas de referendo do Governo.

2. As propostas tomam a forma de resolução do Conselho de Ministros, publicada na 1ª série-A do *Diário da República*.

ARTIGO 24º
Conteúdo da resolução

A resolução do Conselho de Ministros integra as perguntas a formular e a definição do universo eleitoral da consulta.

ARTIGO 25º
Caducidade
As propostas de referendo caducam com a demissão do Governo.

CAPÍTULO II
Fiscalização preventiva da constitucionalidade e da legalidade e apreciação dos requisitos relativos ao universo eleitoral

SECÇÃO I
Sujeição ao Tribunal Constitucional

ARTIGO 26º
Iniciativa
Nos oito dias subsequentes à publicação da resolução da Assembleia da República ou do Conselho de Ministros, o Presidente da República submete ao Tribunal Constitucional a proposta de referendo, para efeitos de fiscalização preventiva da constitucionalidade e da legalidade, incluindo a apreciação dos requisitos relativos ao respectivo universo eleitoral.

ARTIGO 27º
Prazo para a fiscalização e apreciação
O Tribunal Constitucional procede à fiscalização e apreciação no prazo de 25 dias, o qual pode ser encurtado pelo Presidente da República por motivo de urgência.

ARTIGO 28º
Efeitos da decisão
1. Se o Tribunal Constitucional verificar a inconstitucionalidade ou a ilegalidade da proposta de referendo, designadamente por desrespeito das normas respeitantes ao universo eleitoral, o Presidente da República não pode promover a convocação de referendo e devolve a proposta ao órgão que a tiver formulado.
2. A Assembleia da República ou o Governo podem reapreciar e reformular a sua proposta, expurgando-a da inconstitucionalidade ou da ilegalidade.
3. No prazo de oito dias após a publicação da proposta de referendo que tiver sido reformulada, o Presidente da República submete-a ao Tribunal Constitucional para nova apreciação preventiva da constitucionalidade e da legalidade, incluindo a apreciação dos requisitos relativos ao respectivo universo eleitoral.
4. No prazo de oito dias a contar da data do conhecimento da decisão do Tribunal Constitucional, o Presidente da Assembleia da República deverá comunicá-la aos representantes do grupo de cidadãos subscritores de iniciativa popular referendária.

SECÇÃO II
Processo de fiscalização preventiva

ARTIGO 29º
Pedido de fiscalização e de apreciação

1. O pedido de fiscalização da constitucionalidade e da legalidade da proposta de referendo, incluindo a apreciação dos requisitos relativos ao respectivo universo eleitoral, é acompanhado da correspondente resolução da Assembleia da República ou do Conselho de Ministros e dos demais elementos de instrução que o Presidente da República tenha por convenientes.

2. Autuado pela secretaria e registado no correspondente livro, o requerimento é imediatamente concluso ao Presidente do Tribunal Constitucional.

3. É de um dia o prazo para o Presidente do Tribunal Constitucional admitir o pedido, verificar qualquer irregularidade processual e notificar o Presidente da República para a suprir no prazo de dois dias.

ARTIGO 30º
Distribuição

1. A distribuição é feita no prazo de um dia contado da data da admissão do pedido.

2. O processo é imediatamente concluso ao relator, a fim de, no prazo de cinco dias, elaborar um memorando contendo o enunciado das questões sobre as quais o Tribunal Constitucional se deve pronunciar e da solução que para elas propõe, com indicação sumária dos respectivos fundamentos.

3. Distribuído o processo, são entregues cópias do pedido a todos os juízes, do mesmo modo se procedendo com o memorando logo que recebido pelo secretário.

ARTIGO 31º
Formação da decisão

1. Com a entrega ao Presidente do Tribunal Constitucional da cópia do memorando é-lhe concluso o respectivo processo para o inscrever na ordem do dia de sessão plenária a realizar no prazo de oito dias a contar da data do recebimento do pedido.

2. A decisão não deve ser proferida antes de decorridos dois dias sobre a entrega das cópias do memorando a todos os juízes.

3. Concluída a discussão, e tomada uma decisão pelo Tribunal Constitucional, é o processo concluso ao relator ou, no caso de este ficar vencido, ao juiz que deva substituí-lo, para a elaboração do acórdão no prazo de cinco dias e sua subsequente assinatura.

ARTIGO 32º
Encurtamento dos prazos

Quando o Presidente da República haja encurtado, por motivo de urgência, o prazo para o Tribunal Constitucional se pronunciar, o Presidente do Tribunal adequa a essa circunstância os prazos referidos nos artigos anteriores.

ARTIGO 33º
Publicidade da decisão

Proferida decisão, o Presidente do Tribunal Constitucional comunica-a imediatamente ao Presidente da República e envia-a para publicação na 1ª série-A do *Diário da República*, no dia seguinte.

CAPÍTULO III
Decisão

ARTIGO 34º
Prazo para a decisão

O Presidente da República decide sobre a convocação do referendo no prazo de 20 dias após a publicação da decisão do Tribunal Constitucional que verifique a constitucionalidade e a legalidade da proposta.

ARTIGO 35º
Convocação

1. A convocação do referendo toma a forma de decreto, sem dependência de referenda ministerial.

2. O decreto integra as perguntas formuladas na proposta, o universo eleitoral da consulta e a data da realização do referendo, que tem lugar entre o 40º e o 180º dia a contar da publicação do decreto, excepto se o universo eleitoral abranger cidadãos residentes no estrangeiro, circunstância em que o referendo tem lugar entre o 55º e o 180º dia.

3. Salvo nos casos previstos no artigo 9º, nº 1, ou de dissolução da Assembleia da República ou demissão do Governo supervenientes, quando a proposta tenha sido, respectivamente, da autoria da primeira ou do segundo, a data da realização do referendo, uma vez marcada, não pode ser alterada.

ARTIGO 36º
Recusa da proposta de referendo

1. Se o Presidente da República tomar a decisão de não convocar o referendo, comunica-a à Assembleia da República, em mensagem fundamentada, ou ao Governo, por escrito de que conste o sentido da recusa.

2. Tratando-se de referendo de iniciativa popular, o Presidente da Assembleia da República deve comunicar ao representante do grupo de cidadãos eleitores o sentido e o fundamento da decisão presidencial.

3. A proposta de referendo da Assembleia da República recusada pelo Presidente da República não pode ser renovada na mesma sessão legislativa.

4. Se a proposta for do Governo só pode ser renovada junto do Presidente da República após formação de novo governo.

TÍTULO III
Realização do referendo

CAPÍTULO I
Direito de participação

ARTIGO 37º
Princípios gerais

1. Podem ser chamados a pronunciar-se directamente através de referendo os cidadãos eleitores recenseados no território nacional.

2. Quando o referendo recaia sobre matéria que lhes diga também especificamente respeito, são ainda chamados a participar os cidadãos residentes no estrangeiro, regularmente recenseados ao abrigo do disposto no nº 2 do artigo 121º da Constituição.

ARTIGO 38º
Cidadãos de países de língua portuguesa

Os cidadãos de outros países de língua portuguesa que residam no território nacional e beneficiem do estatuto especial de igualdade de direitos políticos, nos termos de convenção internacional, e em condições de reciprocidade, gozam de direito de participação no referendo, desde que estejam recenseados como eleitores no território nacional.

CAPÍTULO II
Campanha para o referendo

SECÇÃO I
Disposições gerais

ARTIGO 39º
Objectivos e iniciativa

1. A campanha para o referendo consiste na justificação e no esclarecimento das questões submetidas a referendo e na promoção das correspondentes opções, com respeito pelas regras do Estado de direito democrático.

2. A campanha é levada a efeito pelos partidos políticos legalmente constituídos ou por coligações de partidos políticos que declarem pretender participar no esclarecimento das questões submetidas a referendo, directamente ou através de grupos de cidadãos ou de entidades por si indicadas, devidamente identificados, nos termos e para os efeitos previstos no artigo 19º

3. Na campanha podem igualmente intervir grupos de cidadãos eleitores, nos termos da presente lei.

ARTIGO 40º
Partidos e coligações

Até ao 30º dia anterior ao da realização do referendo, os partidos legalmente constituídos ou coligações fazem entrega à Comissão Nacional de Eleições da declaração prevista no nº 2 do artigo anterior.

ARTIGO 41º
Grupos de cidadãos eleitores

1. Até ao 30º dia anterior ao da realização do referendo, podem cidadãos eleitores, em número não inferior a 5000, constituir-se em grupo, tendo por fim a participação no esclarecimento das questões submetidas a referendo.
2. Cada cidadão não pode integrar mais de um grupo.
3. A forma exigida para a sua constituição é idêntica à da iniciativa popular.
4. O controlo da regularidade do processo e correspondente inscrição é da competência da Comissão Nacional de Eleições.
5. Os grupos de cidadãos eleitores far-se-ão representar, para todos os efeitos da presente lei, nos termos previstos no artigo 19º

ARTIGO 42º
Princípio da liberdade

1. Os partidos e os grupos de cidadãos eleitores regularmente constituídos desenvolvem livremente a campanha, que é aberta à livre participação de todos.
2. As actividades de campanha previstas na presente lei não excluem quaisquer outras decorrentes do exercício dos direitos, liberdades e garantias assegurados pela Constituição e pela lei.

ARTIGO 43º
Responsabilidade civil

1. Os partidos são civilmente responsáveis, nos termos da lei, pelos prejuízos directamente resultantes de actividades de campanha que hajam promovido.
2. O mesmo princípio rege, com as necessárias adaptações, os grupos de cidadãos representados pelas entidades referidas no artigo 19º

ARTIGO 44º
Princípio da igualdade

Os partidos e grupos de cidadãos eleitores intervenientes têm direito à igualdade de oportunidades e de tratamento, a fim de efectuarem livremente e nas melhores condições as suas actividades de campanha.

ARTIGO 45º
Neutralidade e imparcialidade das entidades públicas

1. Os órgãos do Estado, das Regiões Autónomas e das autarquias locais, das demais pessoas colectivas de direito público, das sociedades de capitais públicos ou de economia mista e das sociedades concessionárias de serviços públicos, de bens do domínio público ou de obras públicas, bem como, nessa qualidade, os respectivos titulares, não podem intervir directa ou indirectamente em campanha para referendo, nem praticar actos que, de algum modo, favoreçam ou prejudiquem uma posição em detrimento ou vantagem de outra ou outras.

2. Os funcionários e agentes das entidades previstas no número anterior observam, no exercício das suas funções, rigorosa neutralidade perante as diversas posições, bem como perante os diversos partidos e grupos de cidadãos eleitores.

3. É vedada a exibição de símbolos, siglas, autocolantes ou outros elementos de propaganda por funcionários e agentes das entidades referidas no nº 1 durante o exercício das suas funções.

ARTIGO 46º
Acesso a meios específicos

1. O livre prosseguimento de actividades de campanha implica o acesso a meios específicos.

2. É gratuita para os partidos e para os grupos de cidadãos eleitores intervenientes a utilização, nos termos estabelecidos na presente lei, das publicações informativas, das emissões das estações públicas e privadas de rádio e de televisão, de âmbito nacional ou regional, e dos edifícios ou recintos públicos.

3. Os partidos que não hajam declarado pretender participar no esclarecimento das questões submetidas a referendo não têm o direito de acesso aos meios específicos de campanha.

ARTIGO 47º
Início e termo da campanha

O período de campanha para referendo inicia-se no 12º dia anterior e finda às 24 horas da antevéspera do dia do referendo.

SECÇÃO II
Propaganda

ARTIGO 48º
Liberdade de imprensa

Durante o período de campanha para o referendo não pode ser movido qualquer procedimento nem aplicada qualquer sanção a jornalistas ou a empresas que explorem meios de comunicação social por actos atinentes à mesma campanha, sem prejuízo da responsabilidade em que incorram, a qual só pode ser efectivada após o dia da realização do referendo.

ARTIGO 49º
Liberdade de reunião e manifestação

1. No período de campanha para referendo, e para fins a ela atinentes, a liberdade de reunião rege-se pelo disposto na lei, com as especialidades constantes dos números seguintes.

2. O aviso a que se refere o nº 2 do artigo 2º do Decreto-Lei nº 406/74, de 29 de Agosto, é feito pelo órgão competente do partido ou partidos políticos interessados quando se trate de reuniões, comícios, manifestações ou desfiles em lugares públicos ou abertos ao público.

3. Os cortejos e os desfiles podem realizar-se em qualquer dia e hora, respeitando-se apenas os limites impostos pela liberdade de trabalho e de trânsito e pela manutenção da ordem pública, bem como os decorrentes do período de descanso dos cidadãos.

4. O auto a que alude o nº 2 do artigo 5º do Decreto-Lei nº 406/74, de 29 de Agosto, é enviado, por cópia, ao presidente da Comissão Nacional de Eleições e, consoante os casos, aos órgãos competentes do partido ou partidos políticos interessados.

5. A ordem de alteração dos trajectos ou desfiles é dada pela autoridade competente, por escrito, ao órgão competente do partido ou partidos políticos interessados e comunicada à Comissão Nacional de Eleições.

6. A presença de agentes da autoridade em reuniões organizadas por qualquer partido político apenas pode ser solicitada pelos seus órgãos competentes, ficando a entidade organizadora responsável pela manutenção da ordem quando não faça tal solicitação.

7. O limite a que alude o artigo 11º do Decreto-Lei nº 406/74, de 29 de Agosto, é alargado até às 2 horas.

8. O recurso previsto no nº 1 do artigo 14º do Decreto-Lei nº 406/74, de 29 de Agosto, é interposto no prazo de um dia para o Tribunal Constitucional.

9. Os princípios contidos no presente artigo são aplicáveis, com as devidas adaptações, aos grupos de cidadãos eleitores.

ARTIGO 50º
Propaganda sonora

1. A propaganda sonora não carece de autorização nem de comunicação às autoridades administrativas.

2. Sem prejuízo do disposto no nº 7 do artigo anterior, não é admitida propaganda sonora antes das 8 nem depois das 23 horas.

ARTIGO 51º
Propaganda gráfica

1. A afixação de cartazes não carece de autorização nem de comunicação às autoridades administrativas.

2. Não é admitida a afixação de cartazes, nem a realização de inscrições ou pinturas murais em monumentos nacionais, em templos e edifícios religiosos, em edifí-

cios sede de órgãos do Estado, das Regiões Autónomas e das autarquias locais ou onde vão funcionar assembleias de voto, nos sinais de trânsito ou nas placas de sinalização rodoviária e no interior de repartições ou edifícios públicos, salvo, quanto a estes, em instalações destinadas ao convívio dos funcionários e agentes.

3. É proibida a afixação de cartazes nos centros históricos legalmente reconhecidos.

4. Também não é admitida, em caso algum, a afixação de cartazes ou inscrições com colas ou tintas persistentes.

ARTIGO 52º
Propaganda gráfica fixa adicional

1. As juntas de freguesia estabelecem, até três dias antes do início de campanha para referendo, espaços especiais em locais certos destinados à afixação de cartazes, fotografias, jornais murais, manifestos e avisos.

2. O número mínimo desses locais é determinado em função dos eleitores inscritos, nos termos seguintes:

a) Até 250 eleitores – um;
b) Entre 250 e 1000 eleitores – dois;
c) Entre 1000 e 2000 eleitores – três;
d) Acima de 2500 eleitores, por cada fracção de 2500 eleitores – um.

3. Os espaços especiais reservados nos locais previstos nos números anteriores são tantos quantos os partidos e grupos de cidadãos eleitores regularmente constituídos intervenientes.

ARTIGO 53º
Publicidade comercial

(Revogado.)

SECÇÃO III
Meios específicos de campanha

DIVISÃO I
Publicações periódicas

ARTIGO 54º
Publicações informativas públicas

(Revogado.)

ARTIGO 55º
Publicações informativas privadas e cooperativas

(Revogado.)

ARTIGO 56º
Publicações doutrinárias

(Revogado.)

DIVISÃO II
Rádio e televisão

ARTIGO 57º
Estações de rádio e de televisão

1. As estações de rádio e de televisão são obrigadas a dar igual tratamento aos partidos e grupos de cidadãos eleitores intervenientes.

2. Os partidos e grupos de cidadãos eleitores intervenientes têm direito de antena na rádio e na televisão de âmbito nacional ou regional, nos termos dos artigos seguintes.

ARTIGO 58º
Tempos de antena gratuitos

Durante o período da campanha eleitoral, as estações de rádio e de televisão reservam aos partidos e grupos de cidadãos eleitores os seguintes tempos de antena:

a) A Radiotelevisão Portuguesa, S. A., em todos os seus canais, incluindo o internacional, e as estações privadas de televisão:

De segunda-feira a sexta-feira, quinze minutos entre as 19 e as 22 horas; aos sábados e domingos, trinta minutos entre as 19 e as 22 horas;

b) A Radiodifusão Portuguesa, S. A., em onda média e frequência modulada, ligada a todos os emissores regionais e na emissão internacional:

Sessenta minutos diários, dos quais vinte minutos entre as 7 e as 12 horas, vinte minutos entre as 12 e as 19 horas e vinte minutos entre as 19 e as 24 horas;

c) As estações privadas de radiodifusão de âmbito nacional, em onda média e frequência modulada, ligadas a todos os emissores, quando tiverem mais de um:

Sessenta minutos diários, dos quais vinte minutos entre as 7 e as 12 horas e quarenta minutos entre as 19 e as 24 horas;

d) As estações privadas de radiodifusão de âmbito regional:

Trinta minutos diários.

ARTIGO 59º
Estações privadas locais

1. As estações privadas de âmbito local que pretendam inserir matéria respeitante à campanha para referendo comunicam esse facto à Comissão Nacional de Eleições até 15 dias antes do início da campanha.

2. Os tempos de antena são de quinze minutos diários entre as 7 e as 8 horas e entre as 19 e as 21 horas.

3. As estações que não façam a comunicação prevista no nº 1 não são obrigadas a inserir matéria respeitante à campanha para referendo, salvo a que lhes seja enviada pela Comissão Nacional de Eleições, e neste caso não têm direito à indemnização prevista no artigo 187º

ARTIGO 60º
Obrigação relativa ao tempo de antena

1. Até 10 dias antes do início de campanha para referendo, as estações de rádio e de televisão indicam à Comissão Nacional de Eleições o horário previsto para as emissões.

2. As estações de rádio e de televisão registam e arquivam o registo das emissões correspondentes ao exercício do direito de antena.

ARTIGO 61º
Critério de distribuição dos tempos de antena

1. Os tempos de antena são repartidos entre os intervenientes em dois blocos, de forma igual, por uma parte, entre os partidos que tenham eleito deputados à Assembleia da República nas últimas eleições legislativas, a atribuir conjuntamente quando tenham concorrido em coligação, e, por outra parte, entre os demais partidos e grupos de cidadãos eleitores para o efeito legalmente constituídos.

2. Tratando-se de referendo de iniciativa popular, o grupo de cidadãos eleitores titulares da iniciativa partilha, em posição equivalente à dos partidos referidos na primeira metade do número anterior, o primeiro bloco dos tempos de antena.

3. Se nenhum partido, entre os representados na Assembleia da República, pretender, nas condições previstas na lei, participar nos tempos de antena ou se as demais entidades admitidas abandonarem ou não utilizarem os respectivos espaços de emissão, deverão os mesmos ser anulados, sem quaisquer outras redistribuições.

ARTIGO 62º
Sorteio dos tempos de antena

1. A distribuição dos tempos de antena na rádio e na televisão é feita, mediante sorteio, até três dias antes do início da campanha, pela Comissão Nacional de Eleições, que comunica, no mesmo prazo, o resultado da distribuição às estações emissoras.

2. Para efeito do disposto no número anterior, a Comissão Nacional de Eleições organiza, de acordo com o disposto no artigo 61º, tantas séries de emissões quantos os partidos e grupos de cidadãos eleitores que a elas tenham direito.

3. Para o sorteio previsto neste artigo são convocados os representantes dos partidos e dos grupos de cidadãos eleitores.

4. É permitida a utilização em comum ou a troca de tempos de antena.

ARTIGO 63º
Suspensão do direito de antena

1. É suspenso o exercício do direito de antena da entidade que:

a) Use expressões ou imagens que possam constituir crime de difamação ou injúria, ofensa às instituições democráticas, apelo à desordem ou à insurreição ou incitamento ao ódio, à violência ou à guerra;
b) Faça publicidade comercial;
c) Faça propaganda abusivamente desviada do fim para o qual lhe foi conferido o direito de antena.

2. A suspensão é graduada entre um dia e o número de dias que a campanha ainda durar, consoante a gravidade da falta e o seu grau de frequência, e abrange o exercício do direito de antena em todas as estações de rádio e de televisão, mesmo que o facto que a determinou se tenha verificado apenas numa delas.

3. A suspensão é independente da responsabilidade civil ou criminal.

ARTIGO 64º
Processo de suspensão do exercício do direito de antena

1. A suspensão do exercício do direito de antena é requerida ao Tribunal Constitucional pelo Ministério Público, por iniciativa deste ou a solicitação da Comissão Nacional de Eleições ou de qualquer outro partido ou grupo de cidadãos interveniente.

2. O órgão competente do partido político ou o representante do grupo de cidadãos cujo direito de antena tenha sido objecto de pedido de suspensão é imediatamente notificado por via telegráfica para contestar, querendo, no prazo de vinte e quatro horas.

3. O Tribunal Constitucional requisita às estações de rádio ou de televisão os registos das emissões que se mostrarem necessários, os quais lhe são imediatamente facultados.

4. O Tribunal Constitucional decide no prazo de um dia e, no caso de ordenar a suspensão do direito de antena, notifica logo a decisão às respectivas estações de rádio e de televisão para cumprimento imediato.

DIVISÃO III
Outros meios específicos de campanha

ARTIGO 65º
Lugares e edifícios públicos

1. A utilização dos lugares públicos a que se refere o artigo 9º do Decreto-Lei nº 406/74, de 29 de Agosto, é repartida, de acordo com os critérios estabelecidos no artigo 61º da presente lei, pelos partidos e grupos de cidadãos eleitores intervenientes.

2. As câmaras municipais devem assegurar a cedência do uso, para fins de campanha para referendo, de edifícios públicos e recintos pertencentes a outras pessoas colectivas de direito público, repartindo, de acordo com os mesmos critérios, a sua utilização pelos partidos e grupos de cidadãos eleitores intervenientes.

ARTIGO 66º
Salas de espectáculos

1. Os proprietários de salas de espectáculos ou de outros recintos de normal acesso público que reúnam condições para serem utilizados em campanha para referendo declaram esse facto à câmara municipal da respectiva área até 10 dias antes do início da campanha, indicando as datas e horas em que as salas ou os recintos podem ser utilizados para aquele fim.

2. Na falta de declaração, e em caso de comprovada carência, a câmara municipal pode requisitar as salas e os recintos que considere necessários à campanha, sem prejuízo da sua actividade normal ou já programada para os mesmos.

3. O tempo destinado a propaganda, nos termos dos nºs 1 e 2, é repartido, de acordo com os critérios estabelecidos no artigo 61º da presente lei, pelos partidos e grupos de cidadãos eleitores intervenientes que declarem, até 15 dias antes do início da campanha, estar nisso interessados.

4. Até três dias antes do início da campanha a câmara municipal, ouvidos os representantes dos partidos políticos intervenientes, indica os dias e as horas que lhe tiverem sido atribuídos, com respeito pelo princípio da igualdade.

ARTIGO 67º
Custos da utilização das salas de espectáculos

1. Os proprietários das salas de espectáculos, ou os que as explorem, indicam o preço a cobrar pela sua utilização, que não pode ser superior à receita líquida correspondente a metade da lotação da respectiva sala num espectáculo normal.

2. O preço referido no número anterior e as demais condições de utilização são uniformes para todos os partidos e grupos de cidadãos eleitores intervenientes.

ARTIGO 68º
Repartição da utilização

1. A repartição da utilização de lugares e edifícios públicos, de salas de espectáculos e de outros recintos de normal acesso público é feita pela câmara municipal, mediante sorteio, quando se verifique concorrência e não seja possível acordo entre os intervenientes.

2. Para o sorteio previsto neste artigo são convocados os representantes dos partidos políticos e dos grupos de cidadãos eleitores.

3. Os interessados podem acordar na utilização em comum ou na troca dos locais cujo uso lhes tenha sido atribuído.

ARTIGO 69º
Arrendamento

1. A partir da data da publicação do decreto que convocar o referendo e até 20 dias após a sua realização, os arrendatários de prédios urbanos podem, por qualquer meio, incluindo a sublocação por valor não excedente ao da renda, destiná-los a preparação e realização da respectiva campanha, seja qual for o fim do arrendamento e independentemente de disposição em contrário do respectivo contrato.

2. Os arrendatários, os partidos políticos e os grupos de cidadãos eleitores são solidariamente responsáveis pelos prejuízos causados decorrentes da utilização prevista no número anterior.

ARTIGO 70º
Instalação de telefones

1. Os partidos políticos e os grupos de cidadãos eleitores têm direito à instalação gratuita de um telefone por cada município em que realizem actividades de campanha.

2. A instalação de telefones pode ser requerida a partir da data de convocação do referendo e deve ser efectuada no prazo de cinco dias a contar do requerimento.

SECÇÃO IV
Financiamento da campanha

ARTIGO 71º
Receitas da campanha

1. O financiamento das campanhas subordina-se, com as necessárias adaptações, aos princípios e regras do financiamento das campanhas eleitorais para a Assembleia da República, excepto no que toca às subvenções públicas.

2. Os grupos de cidadãos eleitores sujeitam-se a regime equivalente aos dos partidos políticos com as necessárias adaptações.

ARTIGO 72º
Despesas da campanha

1. O regime das despesas de campanha dos partidos e dos grupos de cidadãos eleitores é, com as necessárias adaptações, o das despesas em campanhas eleitorais para a Assembleia da República, incluindo o respeitante aos limites de despesas efectuadas por cada partido ou grupo de cidadãos eleitores.

2. As despesas da campanha são satisfeitas pelos partidos ou grupos de cidadãos eleitores que as hajam originado ou que pelas mesmas tenham assumido a responsabilidade.

ARTIGO 73º
Responsabilidade pelas contas

Os partidos políticos e os grupos de cidadãos eleitores são responsáveis pela elaboração e apresentação das contas da respectiva campanha.

ARTIGO 74º
Prestação das contas

No prazo máximo de 90 dias a partir da proclamação oficial dos resultados, cada partido ou cada grupo de cidadãos eleitores presta contas discriminadas da sua campanha à Comissão Nacional de Eleições.

ARTIGO 75º
Apreciação das contas

1. A Comissão Nacional de Eleições aprecia, no prazo de 90 dias, a legalidade das receitas e despesas e a regularidade das contas e publica a sua apreciação no *Diário da República*.

2. Se a Comissão Nacional de Eleições verificar qualquer irregularidade nas contas, notifica o partido ou o representante do grupo de cidadãos para apresentar novas contas, devidamente regularizadas, no prazo de 15 dias.

3. Subsistindo nas novas contas apresentadas irregularidades insusceptíveis de suprimento imediato, a Comissão Nacional de Eleições remete-as ao Tribunal de Contas, a fim de que sobre elas se pronuncie, no prazo de 30 dias, com publicação da respectiva decisão no *Diário da República*.

CAPÍTULO III
Organização do processo de votação

SECÇÃO I
Assembleias de voto

DIVISÃO I
Organização das assembleias de voto

ARTIGO 76º
Âmbito das assembleias de voto

1. A cada freguesia corresponde uma assembleia de voto.

2. As assembleias de voto das freguesias com um número de eleitores sensivelmente superior a 1000 são divididas em secções de voto, de modo que o número de eleitores de cada uma não ultrapasse sensivelmente esse número.

ARTIGO 77º
Determinação das assembleias de voto

1. Até ao 30º dia anterior ao do referendo, o presidente da câmara municipal determina o desdobramento em secções de voto, quando necessário, da assembleia de voto de cada freguesia, comunicando-o imediatamente à correspondente junta de freguesia.

2. Da decisão do presidente da câmara cabe recurso para o tribunal da comarca com jurisdição na sede do distrito ou Região Autónoma.

3. O recurso é interposto no prazo de dois dias após a afixação do edital, pelo presidente da junta de freguesia ou por 10 eleitores pertencentes à assembleia de voto em causa, e é decidido em igual prazo, e a decisão é imediatamente notificada ao recorrente.

4. Da decisão do tribunal da comarca com jurisdição na sede do distrito ou Região Autónoma cabe recurso, a interpor no prazo de um dia, para o Tribunal Constitucional, que decide em Plenário em igual prazo.

ARTIGO 78º
Local de funcionamento

1. As assembleias de voto reúnem-se em edifícios públicos, de preferência escolas ou sedes de câmaras municipais ou de juntas de freguesia que ofereçam as indispensáveis condições de acesso e segurança.

2. Na falta de edifícios públicos adequados, são requisitados para o efeito edifícios particulares.

ARTIGO 79º
Determinação dos locais de funcionamento

1. Compete ao presidente da câmara municipal determinar os locais de funcionamento das assembleias e das secções de voto, comunicando-os às correspondentes juntas de freguesia até ao 25º dia anterior ao do referendo.

2. Até ao 23º dia anterior ao do referendo as juntas de freguesia anunciam, por editais a afixar nos lugares do estilo, os locais de funcionamento das assembleias e das secções de voto.

ARTIGO 80º
Anúncio do dia, hora e local

1. Até ao 15º dia anterior ao do referendo, o presidente da câmara municipal anuncia, por edital afixado nos lugares do estilo, o dia, a hora e os locais em que se reúnem as assembleias de voto.

2. Dos editais consta também o número de inscrição no recenseamento dos eleitores correspondentes a cada assembleia de voto.

ARTIGO 81º
Elementos de trabalho da mesa

1. Até três dias antes do dia do referendo a comissão recenseadora procede à extracção de duas cópias devidamente autenticadas dos cadernos de recenseamento, confiando-os à junta de freguesia.

2. Até dois dias antes do referendo o presidente da câmara municipal envia ao presidente da junta de freguesia os boletins de voto, um caderno destinado à acta das operações eleitorais, com termo de abertura por ele assinado e com todas as folhas por ele rubricadas, bem como os impressos e outros elementos de trabalho necessários.

3. A junta de freguesia providencia pela entrega ao presidente da mesa de cada assembleia de voto dos elementos referidos nos números anteriores até uma hora antes da abertura da assembleia.

DIVISÃO II
Mesa das assembleias de voto

ARTIGO 82º
Função e composição

1. Em cada assembleia ou secção de voto há uma mesa, que promove e dirige as operações do referendo.

2. A mesa é composta por um presidente, um vice-presidente, um secretário e dois escrutinadores.

ARTIGO 83º
Designação

Os membros das mesas das assembleias ou secções de voto são escolhidos por acordo entre os representantes dos partidos que tenham feito a declaração prevista no nº 2 do artigo 39º e dos grupos de cidadãos eleitores regularmente constituídos ou, na falta de acordo, por sorteio.

ARTIGO 84º
Requisitos de designação dos membros das mesas

1. Os membros de cada mesa são designados de entre os eleitores à respectiva assembleia de voto.

2. Não podem ser designados membros da mesa os eleitores que não saibam ler e escrever português.

ARTIGO 85º
Incompatibilidades

Não podem ser designados membros de mesa de assembleia ou secção de voto:

a) O Presidente da República, os deputados, os membros do Governo e dos Governos Regionais, os Representantes da República e os membros dos órgãos executivos das autarquias locais;

b) Os juízes de qualquer tribunal e os magistrados do Ministério Público.

ARTIGO 86º
Processo de designação

1. No 18º dia anterior ao da realização do referendo, pelas 21 horas, os representantes dos partidos e dos grupos de cidadãos eleitores, devidamente credenciados, reúnem-se para proceder à escolha dos membros das mesas das assembleias ou secções de voto da freguesia, na sede da respectiva junta.

2. Se na reunião se não chegar a acordo, o representante de cada partido ou grupo de cidadãos eleitores interveniente propõe ao presidente da câmara municipal, até ao 15º dia anterior ao do referendo, dois eleitores por cada lugar ainda por preencher, para que de entre eles se faça a escolha através de sorteio a realizar dentro de vinte e quatro horas no edifício da câmara municipal e na presença dos representantes que a ele queiram assistir.

3. Não tendo sido apresentadas propostas nos termos do nº 1, o presidente da câmara procede à designação por sorteio, de entre os eleitores da assembleia ou secção de voto, dos membros de mesas cujos lugares estejam ainda por preencher.

ARTIGO 87º
Reclamação

1. Os nomes dos membros das mesas, designados pelos representantes dos partidos ou grupos de cidadãos eleitores ou por sorteio, são publicados por edital afixado no prazo de dois dias à porta da sede da junta de freguesia, podendo qualquer eleitor reclamar contra a designação perante o juiz da comarca no mesmo prazo, com fundamento em preterição de requisitos fixados na presente lei.

2. O juiz decide a reclamação no prazo de um dia e, se a atender, procede imediatamente à escolha, comunicando-a ao presidente da câmara municipal.

ARTIGO 88º
Alvará de nomeação

Até cinco dias antes do referendo, o presidente da câmara municipal lavra alvará de designação dos membros das mesas das assembleias ou secções de voto e participa as nomeações às juntas de freguesia respectivas.

ARTIGO 89º
Exercício obrigatório da função

1. O exercício da função de membro de mesa de assembleia ou secção de voto é obrigatório e não remunerado.

2. São causas justificativas de impedimento:

a) Idade superior a 65 anos;
b) Doença ou impossibilidade física comprovada pelo delegado de saúde municipal;
c) Mudança de residência para a área de outro município, comprovada pela junta de freguesia da nova residência;
d) Ausência no estrangeiro, devidamente comprovada;
e) Exercício de actividade profissional de carácter inadiável, devidamente comprovado por superior hierárquico.

3. A invocação de causa justificativa é feita, sempre que o eleitor o possa fazer, até três dias antes do referendo, perante o presidente da câmara municipal.

4. No caso previsto no número anterior o presidente da câmara procede imediatamente à substituição, nomeando outro eleitor pertencente à assembleia de voto.

ARTIGO 90º
Dispensa de actividade profissional

Os membros das mesas das assembleias ou secções de voto gozam do direito a dispensa de actividade profissional no dia da realização do referendo e no seguinte, devendo para o efeito comprovar o exercício das respectivas funções.

ARTIGO 91º
Constituição da mesa

1. A mesa das assembleias ou secções de voto não pode constituir-se antes da hora marcada para a votação nem em local diverso do que houver sido anunciado, sob pena de nulidade de todos os actos que praticar.

2. Constituída a mesa, é afixado à porta do edifício em que estiver reunida a assembleia ou secção de voto um edital, assinado pelo presidente, contendo os nomes e os números de inscrição no recenseamento dos cidadãos que compõem a mesa, bem como o número de eleitores inscritos nessa assembleia ou secção de voto.

ARTIGO 92º
Substituições

1. Se uma hora após a marcada para a abertura da assembleia ou secção de voto não tiver sido possível constituir a mesa por não estarem presentes os membros indispensáveis ao seu funcionamento, o presidente da junta de freguesia, mediante acordo da maioria dos delegados presentes, designa os substitutos dos membros ausentes de entre eleitores pertencentes a essa assembleia ou secção de voto.

2. Se, apesar de constituída a mesa, se verificar a falta de um dos seus membros, o presidente substitui-o por qualquer eleitor pertencente à assembleia ou secção de voto, mediante acordo da maioria dos restantes membros da mesa e dos delegados dos partidos e dos grupos de cidadãos que estiverem presentes.

3. Substituídos os faltosos, ficam sem efeito as respectivas nomeações, e os seus nomes são comunicados pelo presidente da mesa ao presidente da câmara municipal.

ARTIGO 93º
Permanência da mesa

1. A mesa, uma vez constituída, não pode ser alterada, salvo caso de força maior.
2. Da alteração da mesa e das suas razões é dada publicidade através de edital afixado imediatamente à porta do edifício onde funcionar a assembleia ou secção d e voto.

ARTIGO 94º
Quórum

Durante as operações de votação é obrigatória a presença da maioria dos membros da mesa, incluindo a do presidente ou a do vice-presidente.

DIVISÃO III
Delegados dos partidos e grupos de cidadãos eleitores

ARTIGO 95º
Direito de designação de delegados

1. Cada partido que tenha feito a declaração prevista no nº 2 do artigo 39º e cada grupo de cidadãos interveniente no referendo têm o direito de designar um delegado efectivo e outro suplente para cada assembleia ou secção de voto.
2. Os delegados podem ser designados para uma assembleia ou secção de voto diferente daquela em que estiverem inscritos como eleitores.
3. A falta de designação ou de comparência de qualquer delegado não afecta a regularidade das operações.

ARTIGO 96º
Processo de designação

1. Até ao 5º dia anterior ao da realização do referendo, os partidos e grupos de cidadãos eleitores indicam, por escrito, ao presidente da câmara municipal os delegados correspondentes às diversas assembleias ou secções de voto e apresentam-lhe, para assinatura e autenticação, as respectivas credenciais.
2. Da credencial, de modelo anexo à presente lei, constam o nome, o número de inscrição no recenseamento, o número e a data do bilhete de identidade do delegado, o partido ou grupo que representa e a assembleia ou secção de voto para que é designado.

ARTIGO 97º
Poderes dos delegados

1. Os delegados dos partidos e grupos de cidadãos eleitores têm os seguintes poderes:

a) Ocupar os lugares mais próximos da mesa da assembleia ou secção de voto, de modo a poderem fiscalizar todas as operações de votação;

b) Consultar a todo o momento as cópias dos cadernos de recenseamento eleitoral utilizadas pela mesa da assembleia ou secção de voto;

c) Ser ouvidos e esclarecidos acerca de todas as questões suscitadas durante o funcionamento da assembleia ou secção de voto, quer na fase de votação quer na fase de apuramento;

d) Apresentar, oralmente ou por escrito, reclamações, protestos ou contraprotestos relativos às operações de voto;

e) Assinar a acta e rubricar, selar e lacrar todos os documentos respeitantes às operações de voto;

f) Obter certidões das operações de votação e apuramento.

2. Os delegados dos partidos e grupos de cidadãos eleitores não podem ser designados para substituir membros da mesa faltosos.

ARTIGO 98º
Imunidades e direitos

1. Os delegados não podem ser detidos durante o funcionamento da assembleia ou secção de voto a não ser por crime punível com pena de prisão superior a três anos e em flagrante delito.

2. Os delegados gozam do direito consignado no artigo 90º

SECÇÃO II
Boletins de voto

ARTIGO 99º
Características fundamentais

1. Os boletins de voto são impressos em papel liso e não transparente.

2. Os boletins de voto são de forma rectangular, com a dimensão apropriada para neles caberem, impressas em letra facilmente legível, as perguntas submetidas ao eleitorado.

ARTIGO 100º
Elementos integrantes

1. Em cada boletim de voto são dispostas, umas abaixo das outras, as perguntas submetidas ao eleitorado.

2. Na linha correspondente à última frase de cada pergunta figuram dois quadros, um encimado pela inscrição da palavra «Sim» e outro pela inscrição da palavra «Não», para efeito de o eleitor assinalar a resposta que prefere.

ARTIGO 101º
Cor dos boletins de voto

Os boletins de voto são de cor branca.

ARTIGO 102º
Composição e impressão

A composição e a impressão dos boletins de voto são efectuadas pela Imprensa Nacional-Casa da Moeda, E. P.

ARTIGO 103º
Envio dos boletins de voto às câmaras municipais

A Direcção-Geral de Administração Interna providencia o envio dos boletins de voto às câmaras municipais.

ARTIGO 104º
Distribuição dos boletins de voto

1. Compete aos presidentes e aos vereadores das câmaras municipais proceder à distribuição dos boletins de voto pelas assembleias de voto.

2. A cada assembleia de voto são remetidos, em sobrescrito fechado e lacrado, boletins de voto em número igual ao dos correspondentes eleitores mais 10%.

3. O presidente e os vereadores da câmara municipal prestam contas ao tribunal da comarca com jurisdição na sede do distrito ou Região Autónoma dos boletins de voto que tiverem recebido.

ARTIGO 105º
Devolução dos boletins de voto não utilizados
ou inutilizados

No dia seguinte ao da realização do referendo o presidente de cada assembleia de voto devolve ao presidente da câmara municipal os boletins de voto não utilizados ou inutilizados pelos eleitores.

CAPÍTULO IV
Votação

SECÇÃO I
Data da realização do referendo

ARTIGO 106º
Dia da realização do referendo

1. O referendo realiza-se no mesmo dia em todo o território nacional, sem prejuízo do disposto no artigo 122º.

2. O referendo só pode realizar-se em domingo ou dia de feriado nacional.

SECÇÃO II
Exercício do direito de sufrágio

ARTIGO 107º
Direito e dever cívico

1. O sufrágio constitui um direito e um dever cívico.

2. Os responsáveis pelos serviços e pelas empresas que tenham de se manter em actividade no dia da realização do referendo facilitam aos respectivos funcionários e trabalhadores dispensa pelo tempo suficiente para que possam votar.

ARTIGO 108º
Unicidade

O eleitor só vota uma vez.

ARTIGO 109º
Local de exercício do sufrágio

O direito de sufrágio é exercido na assembleia de voto correspondente ao local por onde o eleitor esteja recenseado.

ARTIGO 110º
Requisitos do exercício do sufrágio

1. Para que o eleitor seja admitido a votar tem de estar inscrito no caderno de recenseamento e a sua identidade ser reconhecida pela mesa da assembleia ou secção de voto.

2. A inscrição no caderno de recenseamento eleitoral implica a presunção do direito de participação.

ARTIGO 111º
Pessoalidade

1. O direito de sufrágio é exercido pessoalmente pelo eleitor.

2. Não é admitida nenhuma forma de representação ou de delegação.

ARTIGO 112º
Presencialidade

O direito de sufrágio é exercido presencialmente em assembleia de voto pelo eleitor, salvo o disposto quanto ao modo de exercício do voto antecipado.

ARTIGO 113º
Segredo do voto

1. Ninguém pode, sob qualquer pretexto, ser obrigado a revelar o sentido do seu voto.

2. Dentro da assembleia de voto e fora dela, até à distância de 500 m, ninguém pode revelar em que sentido votou ou vai votar.

ARTIGO 114º
Abertura de serviços públicos

No dia da realização do referendo, durante o período de funcionamento das assembleias de voto, mantêm-se abertos os serviços:

a) Das juntas de freguesia, para efeito de informação dos eleitores acerca do seu número de inscrição no recenseamento eleitoral;

b) Dos centros de saúde ou locais equiparados, para o efeito do disposto no nº 2 do artigo 127º

SECÇÃO III
Processo de votação

DIVISÃO I
Funcionamento das assembleias de voto

ARTIGO 115º
Abertura da assembleia

1. A assembleia ou secção de voto abre às 8 horas do dia marcado para a realização do referendo, depois de constituída a mesa.

2. O presidente declara aberta a assembleia ou secção de voto, manda afixar os editais a que se refere o nº 2 do artigo 91º, procede, com os restantes membros da mesa e os delegados dos partidos e dos grupos de cidadãos eleitores, à revista da câmara de voto e dos documentos de trabalho da mesa e exibe a urna perante os eleitores, para que todos possam certificar-se de que se encontra vazia.

ARTIGO 116º
Impossibilidade de abertura da assembleia de voto

Não pode ser aberta a assembleia ou secção de voto nos seguintes casos:

a) Impossibilidade de constituição da mesa;

b) Ocorrência, na freguesia, de grave perturbação da ordem pública no dia marcado para a realização do referendo;

c) Ocorrência, na freguesia, de grave calamidade no dia marcado para a realização do referendo ou nos três dias anteriores.

ARTIGO 117º
Irregularidades e seu suprimento

1. Verificando-se irregularidades superáveis, a mesa procede ao seu suprimento.

2. Não sendo possível o seu suprimento dentro das duas horas subsequentes à abertura da assembleia ou secção de voto, é esta declarada encerrada.

ARTIGO 118º
Continuidade das operações

A assembleia ou secção de voto funciona ininterruptamente até serem concluídas todas as operações de votação e apuramento, sem prejuízo do disposto no artigo seguinte.

ARTIGO 119º
Interrupção das operações

1. As operações são interrompidas, sob pena de nulidade da votação, nos seguintes casos:

   a) Ocorrência, na freguesia, de grave perturbação da ordem pública que afecte a genuinidade do acto de sufrágio;

   b) Ocorrência, na assembleia ou secção de voto, de qualquer das perturbações previstas nos nºs 2 e 3 do artigo 134º;

   c) Ocorrência, na freguesia, de grave calamidade.

2. As operações só são retomadas depois de o presidente verificar a existência de condições para que possam prosseguir.

3. Determina o encerramento da assembleia ou secção de voto e a nulidade da votação a interrupção desta por período superior a três horas.

4. Determina também a nulidade da votação a sua interrupção quando as operações não tiverem sido retomadas até à hora do seu encerramento normal, salvo se já tiverem votado todos os eleitores inscritos.

ARTIGO 120º
Presença de não eleitores

É proibida a presença na assembleia ou secção de voto de não eleitores e de eleitores que aí não possam votar, salvo de representantes de partidos ou de grupos de cidadãos eleitores intervenientes no referendo ou de profissionais da comunicação social, devidamente identificados e no exercício das suas funções.

ARTIGO 121º
Encerramento da votação

1. A admissão de eleitores na assembleia ou secção de voto faz-se até às 19 horas.
2. Depois desta hora apenas podem votar os eleitores presentes.
3. O presidente declara encerrada a votação logo que tenham votado todos os eleitores inscritos ou, depois das 19 horas, logo que tenham votado todos os eleitores presentes na assembleia ou secção de voto.

ARTIGO 122º
Adiamento da votação

1. Nos casos previstos no artigo 116º, no nº 2 do artigo 117º e nos nºs 3 e 4 do artigo 119º, aplicar-se-ão, pela respectiva ordem, as regras seguintes:

a) Realização de uma nova votação no mesmo dia da semana seguinte;
b) Realização do apuramento definitivo sem ter em conta a votação em falta, se se tiver revelado impossível a realização da votação prevista na alínea anterior.

2. O reconhecimento da impossibilidade definitiva da realização da votação ou o seu adiamento compete ao tribunal da comarca com jurisdição na sede do distrito ou Região Autónoma.

DIVISÃO II
Modo geral de votação

ARTIGO 123º
Votação dos elementos da mesa e dos delegados

Não havendo nenhuma irregularidade, votam imediatamente o presidente e os vogais da mesa, bem como os delegados dos partidos e dos grupos de cidadãos eleitores, desde que se encontrem inscritos no caderno de recenseamento da assembleia de voto.

ARTIGO 124º
Votos antecipados

1. Após terem votado os elementos da mesa, o presidente procede à abertura e lançamento na urna dos votos antecipados, quando existam.

2. Para o efeito do disposto no número anterior, a mesa verifica se o eleitor se encontra devidamente inscrito e procede à correspondente descarga no caderno de recenseamento, mediante rubrica na coluna a isso destinada e na linha correspondente ao nome do eleitor.

3. Feita a descarga, o presidente abre os sobrescritos referidos no artigo 129º e retira deles o boletim de voto, que introduz na urna.

ARTIGO 125º
Ordem da votação dos restantes eleitores

1. Os restantes eleitores votam pela ordem de chegada à assembleia de voto, dispondo-se para o efeito em fila.

2. Os membros das mesas e os delegados dos partidos em outras assembleias de voto exercem o seu direito de sufrágio logo que se apresentem, desde que exibam o respectivo alvará ou credencial.

ARTIGO 126º
Modo como vota cada eleitor

1. Cada eleitor, apresentando-se perante a mesa, indica o número de inscrição no recenseamento e o nome e entrega ao presidente o bilhete de identidade, se o tiver.

2. Na falta do bilhete de identidade, a identificação do eleitor faz-se por meio de qualquer outro documento oficial que contenha fotografia actualizada, através de

dois cidadãos eleitores que atestem, sob compromisso de honra, a sua identidade ou ainda por reconhecimento unânime dos membros da mesa.

3. Identificado o eleitor, o presidente diz em voz alta o seu número de inscrição no recenseamento e o seu nome e, depois de verificada a inscrição, entrega-lhe um boletim de voto.

4. Em seguida, o eleitor dirige-se à câmara de voto situada na assembleia ou secção de voto e aí, sozinho, assinala em relação a cada pergunta submetida ao eleitorado o quadrado encimado pela palavra «Sim» ou o quadrado encimado pela palavra «Não», ou não assinala nenhum, e dobra o boletim em quatro.

5. Voltando para junto da mesa, o eleitor entrega o boletim de voto ao presidente, que o deposita na urna, enquanto os escrutinadores descarregam o voto, rubricando os cadernos de recenseamento na coluna a isso destinada e na linha correspondente ao nome do eleitor.

6. Se, por inadvertência, o eleitor deteriorar o boletim, pede outro ao presidente, devolvendo-lhe o primeiro.

7. No caso previsto no número anterior, o presidente escreve no boletim devolvido a nota de «inutilizado», rubrica-o e conserva-o para o efeito do artigo 104º

DIVISÃO III
Modos especiais de votação

SUBDIVISÃO I
Voto dos deficientes

ARTIGO 127º
Requisitos e modo de exercício

1. O eleitor afectado por doença ou deficiência física notórias, que a mesa verifique não poder praticar os actos descritos no artigo anterior, vota acompanhado de outro eleitor por si escolhido, que garanta a fidelidade de expressão do seu voto e que fica obrigado a sigilo absoluto.

2. Se a mesa deliberar que não se verifica a notoriedade da doença ou da deficiência física, exige que lhe seja apresentado no acto da votação atestado comprovativo da impossibilidade da prática dos actos descritos no artigo anterior emitido pelo médico que exerça poderes de autoridade sanitária na área do município e autenticado com o selo do respectivo serviço.

SUBDIVISÃO II
Voto antecipado

ARTIGO 128º
A quem é facultado

1. Podem votar antecipadamente:

a) Os militares que no dia da realização do referendo estejam impedidos de se deslocar à assembleia de voto por imperativo inadiável de exercício das suas funções;

b) Os agentes de forças e serviços que exerçam funções de segurança interna nos termos da lei, bem como os bombeiros e agentes da protecção civil, que se encontrem em situação análoga à prevista na alínea anterior;

c) Os trabalhadores marítimos e aeronáuticos, bem como os ferroviários e os rodoviários de longo curso que, por força da sua actividade profissional, se encontrem presumivelmente embarcados ou deslocados no dia da realização do referendo;

d) Os eleitores que por motivo de doença se encontrem internados ou presumivelmente internados em estabelecimento hospitalar e impossibilitados de se deslocar à assembleia ou secção de voto;

e) Os eleitores que se encontrem presos.

f) Os membros que representem oficialmente selecções nacionais, organizadas por federações desportivas dotadas de utilidade pública desportiva e se encontrem deslocados no estrangeiro em competições desportivas, no dia da realização do referendo;

g) Todos os eleitores não abrangidos pelas alíneas anteriores que, por força da representação de qualquer pessoa colectiva dos sectores público, privado ou cooperativo, das organizações representativas dos trabalhadores ou de organizações representativas das actividades económicas, e, ainda, outros eleitores que, por imperativo decorrente das suas funções profissionais, se encontrem impedidos de se deslocar à assembleia de voto no dia da realização do referendo.

2. Os eleitores referidos nas alíneas *a)*, *b)* e *g)* do número anterior quando deslocados no estrangeiro entre o 12º dia anterior ao do referendo e o dia da realização do referendo podem exercer o direito de voto junto das representações diplomáticas, consulares ou nas delegações externas dos ministérios e instituições públicas portuguesas previamente definidas pelo Ministério dos Negócios Estrangeiros, nos termos do artigo 130º-A.

3. Podem ainda votar antecipadamente os estudantes de instituições de ensino inscritos em estabelecimentos situados em distrito, região autónoma ou ilha diferentes daqueles por onde se encontram inscritos no recenseamento eleitoral.

4. Podem ainda votar antecipadamente os seguintes eleitores recenseados no território nacional e deslocados no estrangeiro:

a) Militares, agentes militarizados e civis integrados em operações de manutenção de paz, cooperação técnico-militar ou equiparadas;

b) Médicos, enfermeiros e outros cidadãos integrados em missões humanitárias, como tal reconhecidas pelo Ministério dos Negócios Estrangeiros;

c) Investigadores e bolseiros em instituições universitárias ou equiparadas, como tal reconhecidas pelo ministério competente;

d) Estudantes inscritos em instituições de ensino ou que as frequentem ao abrigo de programas de intercâmbio;

e) Os eleitores doentes em tratamento no estrangeiro, bem como os seus acompanhantes.

5. Podem ainda votar antecipadamente os cidadãos eleitores cônjuges ou equiparados, parentes ou afins que vivam com os eleitores mencionados no número anterior.

6. Só são considerados os votos recebidos na sede da junta de freguesia correspondente à assembleia de voto em que o eleitor deveria votar até ao dia anterior ao da realização do referendo.

ARTIGO 129º
Modo de exercício do direito de voto antecipado por razões profissionais

1. Qualquer eleitor que esteja nas condições previstas nas alíneas *a)*, *b)*, *c)*, *f)* e *g)* do nº 1 do artigo anterior pode dirigir-se ao presidente da câmara do município em cuja área se encontre recenseado, entre o 10º e o 5º dias anteriores ao do referendo, manifestando a sua vontade de exercer antecipadamente o direito de sufrágio.

2. O eleitor identifica-se da forma prevista nos nºs 1 e 2 do artigo 126º e faz prova do impedimento invocado através de documento assinado pelo seu superior hierárquico, pela entidade patronal ou outro que comprove suficientemente a existência do impedimento ao normal exercício do direito de voto.

3. O presidente da câmara municipal entrega ao eleitor um boletim de voto e dois sobrescritos.

4. Um dos sobrescritos, de cor branca, destina-se a receber o boletim de voto e o outro, de cor azul, a conter o sobrescrito anterior e o documento comprovativo a que se refere o nº 2.

5. O eleitor preenche o boletim em condições que garantam o segredo de voto, dobra-o em quatro e introdu-lo no sobrescrito de cor branca, que fecha adequadamente.

6. Em seguida, o sobrescrito de cor branca é introduzido no sobrescrito de cor azul juntamente com o referido documento comprovativo, sendo o sobrescrito azul fechado, lacrado e assinado no verso, de forma legível, pelo presidente da câmara municipal e pelo eleitor.

7. O presidente da câmara municipal entrega ao eleitor recibo comprovativo do exercício do direito de voto, de modelo anexo a esta lei, do qual constem o seu nome, residência, número do bilhete de identidade e assembleia de voto que pertence, bem como o respectivo número de inscrição no recenseamento, sendo o documento assinado pelo presidente da câmara e autenticado com o carimbo ou selo branco do município.

8. O presidente da câmara municipal elabora uma acta das operações efectuadas, nela mencionando expressamente o nome, o número de inscrição e a freguesia onde o eleitor se encontra inscrito, enviando cópia da mesma à assembleia de apuramento intermédio.

9. O presidente da câmara municipal envia, pelo seguro do correio, o sobrescrito azul à mesa da assembleia ou secção de voto em que deveria exercer o direito de sufrágio, ao cuidado da respectiva junta de freguesia, até ao 4º dia anterior ao da realização do referendo.

10. A junta de freguesia remete os votos recebidos ao presidente da mesa da assembleia de voto até à hora prevista no nº 1 do artigo 115º

11. Os partidos e grupos de cidadãos eleitores intervenientes na campanha para o referendo podem nomear, nos termos gerais, delegados para fiscalizar as operações referidas nos nºs 1 a 8.

ARTIGO 130º
Modo de exercício por doentes e por presos

1. Os eleitores que se encontrem nas condições previstas nas alíneas *d)* e *e)* do nº 1 do artigo 128º podem requerer, por meios electrónicos ou por via postal, ao presidente da câmara do município em que se encontrem recenseados, até ao 20º dia anterior ao do referendo, a documentação necessária ao exercício do direito de voto, enviando cópias do seu cartão de cidadão ou bilhete de identidade e cartão ou certidão de eleitor, juntando documento comprovativo do impedimento invocado, passado pelo médico assistente e confirmado pela direcção do estabelecimento hospitalar, ou documento emitido pelo director do estabelecimento prisional, conforme os casos.

2. O presidente da câmara referido no número anterior enviará, por correio registado com aviso de recepção, até ao 17º dia anterior ao do referendo:

a) Ao eleitor, a documentação necessária ao exercício do direito de voto, acompanhada dos documentos enviados pelo eleitor;

b) Ao presidente da câmara do município onde se encontrem eleitores nas condições definidas no nº 1, a relação nominal dos referidos eleitores e a indicação dos estabelecimentos hospitalares ou prisionais abrangidos.

3. O presidente da câmara do município onde se situe o estabelecimento hospitalar ou prisional em que o eleitor se encontre internado notifica, até ao 16º dia anterior ao do referendo, os partidos e os grupos de cidadãos eleitores intervenientes na campanha para o referendo, para cumprimento dos fins previstos no nº 11 do artigo anterior, dando conhecimento de quais os estabelecimentos onde se realiza o voto antecipado.

4. A nomeação de delegados dos partidos e de representantes dos grupos de cidadãos eleitores deve ser transmitida ao presidente da câmara até ao 14º dia anterior ao do referendo.

5. Entre o 10º e o 13º dia anteriores ao do referendo o presidente da câmara municipal em cuja área se encontre situado o estabelecimento hospitalar ou prisional com eleitores nas condições do nº 1, em dia e hora previamente anunciados ao respectivo director e aos delegados de justiça, desloca-se ao mesmo estabelecimento a fim de ser dado cumprimento, com as necessárias adaptações ditadas pelos constrangimen-

tos dos regimes hospitalares ou prisionais, ao disposto nos n°s 4, 5, 6, 7, 8 e 9 do artigo anterior.

6. O presidente da câmara pode excepcionalmente fazer-se substituir, para o efeito da diligência prevista no número anterior, por qualquer vereador do município, devidamente credenciado.

7. A junta de freguesia destinatária dos votos recebidos dá cumprimento ao disposto no nº 10 do artigo anterior.

ARTIGO 130º-A
Modo de exercício do direito de voto antecipado por eleitores deslocados no estrangeiro

1. Os eleitores que se encontrem nas condições previstas nos nºs 2, 4 e 5 do artigo 128º podem exercer o direito de sufrágio entre o 12º e o 10º dias anteriores ao do referendo, junto das representações diplomáticas, consulares ou nas delegações externas dos ministérios e instituições públicas portuguesas previamente definidas pelo Ministério dos Negócios Estrangeiros, nos termos previstos no artigo 129º, sendo a intervenção do presidente da câmara municipal da competência do funcionário diplomático designado para o efeito, a quem cabe remeter a correspondência eleitoral pela via mais expedita à junta de freguesia respectiva.

2. No caso dos eleitores mencionados nas alíneas *a)* e *b)* do nº 4 do artigo 128º, o Ministério dos Negócios Estrangeiros, se reconhecer a impossibilidade da sua deslocação aos locais referidos no número anterior, designa um funcionário diplomático, que procede à recolha da correspondência eleitoral, no período acima referido.

3. As operações eleitorais previstas nos números anteriores podem ser fiscalizadas pelos partidos e grupos de cidadãos eleitores intervenientes na campanha para o referendo que nomeiem delegados até ao 16º dia anterior ao do referendo.

ARTIGO 130º-B
Modo de exercício do voto por estudantes

1. Os eleitores que se encontrem nas condições previstas no nº 3 do artigo 128º podem requerer, por meios electrónicos ou por via postal, ao presidente da câmara do município em que se encontrem recenseados a documentação necessária ao exercício do direito de voto no prazo e nas condições previstas nos nºs 1 e 2 do artigo 130º

2. O documento comprovativo do impedimento do eleitor consiste numa declaração emitida pela direcção do estabelecimento de ensino que ateste a sua admissão ou frequência.

3. O exercício do direito de voto faz-se perante o presidente da câmara do município onde o eleitor frequente o estabelecimento de ensino, no prazo e termos previstos nos nºs 3 a 7 do artigo 130º

SECÇÃO IV
Garantias de liberdade de sufrágio

ARTIGO 131º
Dúvidas, reclamações, protestos e contraprotestos

1. Além dos delegados dos partidos e grupos de cidadãos eleitores intervenientes na campanha para o referendo, qualquer eleitor pertencente a uma assembleia de voto pode suscitar dúvidas e apresentar por escrito reclamações, protestos e contraprotestos relativos às operações da mesma assembleia e instruí-los com os documentos convenientes.

2. A mesa não pode recusar-se a receber as reclamações, os protestos e os contraprotestos e deve rubricá-los e apensá-los à acta.

3. As reclamações, os protestos e os contraprotestos têm de ser objecto de deliberação da mesa, que pode tomá-la no final se entender que isso não afecta o andamento normal da votação.

4. Todas as deliberações da mesa são tomadas por maioria absoluta dos membros presentes e fundamentadas, tendo o presidente voto de qualidade.

ARTIGO 132º
Polícia da assembleia de voto

1. Compete ao presidente da mesa, coadjuvado pelos vogais, assegurar a liberdade dos eleitores, manter a ordem e em geral regular a polícia da assembleia, adoptando para o efeito as providências necessárias.

2. Não são admitidos na assembleia de voto os eleitores que se apresentem manifestamente embriagados ou drogados, ou que sejam portadores de qualquer arma ou instrumento susceptível de como tal ser usado.

ARTIGO 133º
Proibição de propaganda

1. É proibida qualquer propaganda dentro das assembleias de voto, e fora delas até à distância de 500 m.

2. Por propaganda entende-se também a exibição de símbolos, siglas, sinais, distintivos ou autocolantes de quaisquer partidos, coligações, grupos de cidadãos eleitores ou representativos de posições assumidas perante o referendo.

ARTIGO 134º
Proibição de presença de forças de segurança e casos em que podem comparecer

1. Nos locais onde se reunirem as assembleias de voto e num raio de 100 m é proibida a presença de forças de segurança, salvo nos casos previstos nos números seguintes.

2. Quando for necessário pôr termo a algum tumulto ou obstar a qualquer agressão ou violência dentro do edifício da assembleia de voto ou na sua proximidade, e

ainda em caso de desobediência às suas ordens, pode o presidente da mesa, consultada esta, requisitar a presença de forças de segurança, sempre que possível por escrito, mencionando na acta das operações as razões e o período da respectiva presença.

3. Quando o comandante das forças de segurança verificar a existência de fortes indícios de que se exerce sobre os membros da mesa coacção física ou psíquica que impeça o presidente de fazer a requisição, pode apresentar-se a este por iniciativa própria, mas deve retirar-se logo que pelo presidente ou por quem o substitua tal lhe seja determinado.

4. Quando o entenda necessário, o comandante da força de segurança pode visitar, desarmado e por um período máximo de dez minutos, a assembleia de voto, a fim de estabelecer contacto com o presidente da mesa ou com quem o substitua.

ARTIGO 135º
Deveres dos profissionais de comunicação social

Os profissionais de comunicação social que no exercício das suas funções se desloquem às assembleias de voto não podem:

a) Colher imagens ou aproximar-se das câmaras de voto por forma que possa comprometer o segredo de voto;

b) Obter, no interior da assembleia de voto ou no seu exterior, até à distância de 500 m, outros elementos de reportagem que igualmente possam comprometer o segredo de voto;

c) Perturbar de qualquer modo o acto da votação.

ARTIGO 136º
Difusão e publicação de notícias e reportagens

As notícias, as imagens ou outros elementos de reportagem colhidos nas assembleias de voto, incluindo os resultados do apuramento parcial, só podem ser difundidos ou publicados após o encerramento de todas as assembleias de voto.

CAPÍTULO V
Apuramento

SECÇÃO I
Apuramento parcial

ARTIGO 137º
Operação preliminar

Encerrada a votação, o presidente da assembleia de voto procede à contagem dos boletins que não tiverem sido utilizados, bem como dos inutilizados pelos eleitores e encerra-os com a necessária especificação em sobrescrito próprio que fecha e lacra para o efeito do artigo 105º

ARTIGO 138º
Contagem dos votantes e dos boletins de voto

1. Concluída a operação preliminar, o presidente manda contar o número dos votantes pelas descargas efectuadas nos cadernos de recenseamento.

2. Em seguida manda abrir a urna a fim de conferir o número de boletins de voto entrados e, no fim da contagem, volta a introduzi-los nela.

3. Em caso de divergência entre o número dos votantes apurados e o dos boletins de voto contados prevalece, para efeitos de apuramento, o segundo destes números.

4. Do número de boletins de voto contados é dado imediato conhecimento público através de edital que o presidente lê em voz alta e manda afixar à porta da assembleia de voto.

ARTIGO 139º
Contagem dos votos

1. Um dos escrutinadores desdobra os boletins, um a um, e anuncia em voz alta qual a resposta a cada uma das perguntas submetidas ao eleitorado.

2. O outro escrutinador regista numa folha branca ou, de preferência, num quadro bem visível, e separadamente, a resposta atribuída a cada pergunta, os votos em branco e os votos nulos.

3. Simultaneamente, os boletins de voto são examinados e exibidos pelo presidente, que, com ajuda de um dos vogais, os agrupa em lotes separados, correspondentes aos votos validamente expressos, aos votos em branco e aos votos nulos.

4. Terminadas as operações previstas nos números anteriores, o presidente procede à contraprova dos boletins de cada um dos lotes separados e pela verificação dos requisitos previstos no nº 2.

ARTIGO 140º
Votos válidos

Excepcionados os votos referidos nos artigos seguintes, consideram-se válidos os votos em que o eleitor haja assinalado correctamente as respostas a uma ou mais das perguntas formuladas.

ARTIGO 141º
Voto em branco

Considera-se voto em branco o correspondente a boletim de voto que não contenha qualquer sinal.

ARTIGO 142º
Voto nulo

1. Considera-se voto nulo, no tocante a qualquer das perguntas, o correspondente ao boletim:

a) No qual tenha sido assinalado mais de um quadrado correspondente à mesma pergunta;

b) No qual haja dúvidas quanto ao quadrado assinalado;
c) No qual tenha sido feito qualquer corte, desenho ou rasura;
d) No qual tenha sido escrita qualquer palavra.

2. Não se considera voto nulo o do boletim de voto no qual a cruz, embora não perfeitamente desenhada ou excedendo os limites do quadrado, assinale inequivocamente a vontade do eleitor.

3. Considera-se ainda como voto nulo o voto antecipado quando o sobrescrito com o boletim de voto não chegue ao seu destino nas condições previstas nos artigos 129º ou 130º ou seja recebido em sobrescrito que não esteja adequadamente fechado.

ARTIGO 143º
Direitos dos delegados dos partidos e dos grupos de cidadãos eleitores

1. Depois das operações previstas nos artigos 138º e 139º, os delegados dos partidos e dos grupos de cidadãos eleitores têm o direito de examinar os lotes dos boletins separados, bem como os correspondentes registos, sem alterar a sua composição e, no caso de terem dúvidas ou objecções em relação à contagem ou à qualificação dada ao voto de qualquer boletim, têm o direito de solicitar esclarecimentos ou apresentar reclamações ou protestos perante o presidente.

2. Se a reclamação ou o protesto não for atendido pela mesa, os boletins de voto reclamados ou protestados são separados, anotados no verso com indicação da qualificação dada pela mesa e do objecto da reclamação ou protesto e rubricados pelo presidente da mesa e pelo delegado do partido ou grupo de cidadãos.

3. A reclamação ou o protesto não atendidos não impedem a contagem do boletim de voto para efeito de apuramento parcial.

ARTIGO 144º
Edital do apuramento parcial

O apuramento é imediatamente publicado por edital afixado à porta do edifício da assembleia de voto em que se discriminam o número de respostas afirmativas ou negativas a cada pergunta, o número de votos em branco e os votos nulos.

ARTIGO 145º
Comunicação para efeito de escrutínio provisório

1. Os presidentes das mesas das assembleias de voto comunicam imediatamente à junta de freguesia ou à entidade para esse efeito designada pelo director-geral de Administração Interna ou pelo Representante da República, consoante os casos, os elementos constantes do edital previsto no artigo anterior.

2. A entidade a quem é feita a comunicação apura os resultados do referendo na freguesia e comunica-os imediatamente ao director-geral de Administração Interna ou ao Representante da República.

3. O Representante da República transmite imediatamente os resultados à Direcção-Geral de Administração Interna.

ARTIGO 146º
Destino dos boletins de votos nulos ou objecto de reclamação ou protesto

Os boletins de votos nulos ou sobre os quais tenha havido reclamação ou protesto são, depois de rubricados, remetidos à assembleia de apuramento intermédio com os documentos que lhes digam respeito.

ARTIGO 147º
Destino dos restantes boletins

1. Os restantes boletins de voto, devidamente empacotados e lacrados, são confiados à guarda do juiz de direito de comarca.

2. Esgotado o prazo para interposição dos recursos contenciosos, ou decididos definitivamente estes, o juiz promove a destruição dos boletins.

ARTIGO 148º
Acta das operações de votação e apuramento

1. Compete ao secretário da mesa proceder à elaboração da acta das operações de votação e apuramento.

2. Da acta devem constar:

a) Os números de inscrição no recenseamento e os nomes dos membros da mesa e dos delegados dos partidos e grupos de cidadãos eleitores intervenientes;

b) O local da assembleia de voto e a hora de abertura e de encerramento;

c) As deliberações tomadas pela mesa durante as operações;

d) O número total de eleitores inscritos, o de votantes e o de não votantes;

e) Os números de inscrição no recenseamento dos eleitores que votaram por antecipação;

f) O número de respostas afirmativas ou negativas obtidas por cada pergunta;

g) O número de respostas em branco a cada pergunta;

h) O número de votos totalmente em branco e o de votos nulos;

i) O número de boletins de voto sobre os quais haja incidido reclamação ou protesto;

j) As divergências de contagem, se tiverem existido, a que se refere o nº 3 do artigo 138º com indicação precisa das diferenças notadas;

l) O número de reclamações, protestos e contraprotestos apensos à acta;

m) Quaisquer outras ocorrências que a mesa julgue dever mencionar.

ARTIGO 149º
Envio à assembleia de apuramento intermédio

Nas vinte e quatro horas seguintes à votação, os presidentes das mesas das assembleias de voto entregam pessoalmente contra recibo, ou remetem pelo seguro do correio, as actas, os cadernos e demais documentos respeitantes ao referendo ao presidente da assembleia de apuramento intermédio.

SECÇÃO II
Apuramento intermédio

ARTIGO 150º
Assembleia de apuramento intermédio

1. O apuramento intermédio dos resultados do referendo compete a uma assembleia a constituir em cada um dos distritos do continente e em cada uma das Regiões Autónomas.

2. Até ao 14º dia anterior ao da realização do referendo, o director-geral de Administração Interna, nos distritos de Lisboa, Porto, Aveiro, Braga e Setúbal, pode decidir a constituição de mais de uma assembleia de apuramento intermédio de modo que cada assembleia corresponda a um conjunto de municípios geograficamente contíguos.

3. A decisão do director-geral de Administração Interna é imediatamente transmitida ao membro do Governo responsável pela área da administração interna, ao presidente do respectivo tribunal da Relação e publicada por edital a afixar aquando da constituição das assembleias de apuramento intermédio.

ARTIGO 151º
Composição

1. Compõem a assembleia de apuramento intermédio:

a) Um juiz do tribunal da Relação do respectivo distrito judicial, que preside com voto de qualidade, designado pelo presidente daquele tribunal;

b) Dois juízes de direito dos tribunais judiciais da área correspondente à assembleia de apuramento intermédio, designados por sorteio;

c) Dois licenciados em Matemática, designados pelo presidente;

d) Seis presidentes de assembleia de voto, designados por sorteio;

e) Um secretário judicial, que secretaria sem voto, designado pelo presidente.

2. Os sorteios previstos nas alíneas *b)* e *d)* do número anterior efectuam-se no tribunal da Relação do respectivo distrito judicial, em dia e hora marcados pelo seu presidente.

ARTIGO 152º
Direitos dos partidos e grupos de cidadãos eleitores

Os representantes dos partidos e grupos de cidadãos eleitores intervenientes na campanha para o referendo têm o direito de assistir, sem voto, aos trabalhos das assembleias de apuramento intermédio, bem como de apresentar reclamações, protestos ou contraprotestos.

ARTIGO 153º
Constituição da assembleia de apuramento intermédio

1. A assembleia de apuramento intermédio deve ficar constituída até à antevéspera do dia da realização do referendo.

2. Da constituição da assembleia dá o seu presidente imediato conhecimento público através de edital a afixar à porta do edifício do tribunal onde deve funcionar.

ARTIGO 154º
Estatuto dos membros das assembleias de apuramento intermédio

1. É aplicável aos cidadãos que façam parte das assembleias de apuramento intermédio o disposto no artigo 90º

2. Os cidadãos que façam parte das assembleias de apuramento intermédio gozam, durante o período do respectivo funcionamento, do direito previsto no artigo 90º, desde que provem o exercício de funções através de documento assinado pelo presidente da assembleia.

ARTIGO 155º
Conteúdo do apuramento intermédio

O apuramento intermédio consiste:

a) Na verificação do número total de eleitores inscritos;

b) Na verificação dos números totais de votantes e de não votantes na área a que respeita o apuramento, com as respectivas percentagens relativamente ao número total de inscritos;

c) Na verificação dos números totais de votos em branco, de votos nulos e de votos validamente expressos, com as respectivas percentagens relativamente ao número total de votantes;

d) Na verificação dos números totais de respostas afirmativas e negativas às perguntas submetidas ao eleitorado, com as respectivas percentagens relativamente ao número total de votos validamente expressos;

e) Na verificação do número de respostas em branco em relação a cada pergunta, com as correspondentes percentagens relativamente ao número total dos respectivos votantes.

ARTIGO 156º
Realização das operações

1. A assembleia de apuramento intermédio inicia as operações às 9 horas do 2º dia seguinte ao da realização do referendo.

2. Em caso de adiamento ou declaração de nulidade da votação em qualquer assembleia de voto, a assembleia de apuramento intermédio reúne no 2º dia seguinte ao da votação para completar as operações de apuramento.

ARTIGO 157º
Elementos do apuramento intermédio

1. O apuramento intermédio é feito com base nas actas das operações das assembleias de voto, nos cadernos de recenseamento e nos demais documentos que os acompanharem.

2. Se faltarem os elementos de alguma assembleia de voto, o apuramento intermédio inicia-se com base nos elementos já recebidos, e o presidente designa nova reunião, dentro das quarenta e oito horas seguintes, para se concluírem os trabalhos, tomando entretanto as providências necessárias para que a falta seja reparada.

3. Nas Regiões Autónomas, o apuramento intermédio pode basear-se provisoriamente em correspondência telegráfica transmitida pelos presidentes das câmaras municipais.

ARTIGO 158º
Reapreciação dos resultados do apuramento parcial

1. No início dos seus trabalhos a assembleia de apuramento intermédio decide sobre os boletins de voto em relação aos quais tenha havido reclamação ou protesto e verifica os boletins de voto considerados nulos, reapreciando-os segundo critério uniforme.

2. Em função do resultado das operações previstas no número anterior a assembleia corrige, se for caso disso, o apuramento da respectiva assembleia de voto.

ARTIGO 159º
Proclamação e publicação dos resultados

Os resultados do apuramento intermédio são proclamados pelo presidente e, em seguida, publicados por meio de edital afixado à porta do edifício onde funciona a assembleia.

ARTIGO 160º
Acta de apuramento intermédio

1. Do apuramento intermédio é imediatamente lavrada acta de que constam os resultados das respectivas operações, as reclamações, os protestos e os contraprotestos apresentados nos termos dos artigos 131º e 143º, bem como as decisões que sobre eles tenham recaído.

2. Nos dois dias posteriores àquele em que se concluir o apuramento intermédio, o presidente envia, pelo seguro do correio, dois exemplares da acta à assembleia de apuramento geral.

ARTIGO 161º
Destino da documentação

1. Os cadernos de recenseamento e demais documentação presente à assembleia de apuramento intermédio, bem como a acta desta, são confiados à guarda e responsabilidade do tribunal em cuja sede aquela tenha funcionado.

2. Terminado o prazo de recurso contencioso ou decididos os recursos que tenham sido apresentados, o tribunal procede à destruição de todos os documentos, com excepção das actas das assembleias de voto e das actas das assembleias de apuramento.

ARTIGO 162º
Certidões ou fotocópias do acto de apuramento intermédio

Aos partidos e grupos de cidadãos eleitores intervenientes na campanha para o referendo são emitidas pela secretaria do tribunal, no prazo de três dias, desde que o requeiram, certidões ou fotocópias da acta de apuramento intermédio.

SECÇÃO III
Apuramento geral

ARTIGO 163º
Assembleia de apuramento geral

O apuramento geral dos resultados do referendo compete a uma assembleia que funciona junto do Tribunal Constitucional.

ARTIGO 164º
Composição

1. Compõem a assembleia de apuramento geral:
   a) O Presidente do Tribunal Constitucional, que preside com voto de qualidade;
   b) Dois juízes do Tribunal Constitucional, designados por sorteio;
   c) Dois licenciados em Matemática, designados pelo presidente;
   d) O secretário do Tribunal Constitucional, que secretaria sem voto.

2. O sorteio previsto na alínea b) do número anterior efectua-se no Tribunal Constitucional, em dia e hora marcados pelo seu presidente.

3. Os partidos e grupos de cidadãos eleitores intervenientes na campanha podem fazer-se representar por delegados devidamente credenciados, sem direito de voto, mas com direito de reclamação, protesto e contraprotesto.

ARTIGO 165º
Constituição e início das operações

1. A assembleia de apuramento geral deve estar constituída até à antevéspera do dia do referendo, dando-se imediato conhecimento público dos nomes dos cidadãos que a compõem através de edital afixado à porta do edifício do Tribunal Constitucional.

2. A assembleia de apuramento geral inicia as suas operações às 9 horas do 9º dia posterior ao da realização do referendo.

ARTIGO 166º
Elementos do apuramento geral

O apuramento geral é realizado com base nas actas das operações das assembleias de apuramento intermédio.

ARTIGO 167º
Acta do apuramento geral

1. Do apuramento geral é imediatamente lavrada acta de que constem os resultados das respectivas operações.

2. Nos dois dias posteriores àquele em que se conclua o apuramento geral, o presidente envia, pelo seguro do correio, dois exemplares da acta à Comissão Nacional de Eleições.

ARTIGO 168º
Norma remissiva

Aplica-se ao apuramento geral o disposto nos artigos 154º, 155º, 156º, 157º, 159º, 161º e 162º, com as necessárias adaptações.

ARTIGO 169º
Proclamação e publicação dos resultados

1. A proclamação e a publicação dos resultados fazem-se até ao 12º dia posterior ao da votação.

2. A publicação consta de edital afixado à porta do edifício do Tribunal Constitucional.

ARTIGO 170º
Mapa dos resultados do referendo

1. A Comissão Nacional de Eleições elabora um mapa oficial com os resultados do referendo de que constem:

   a) Número total de eleitores inscritos;

   b) Números totais de votantes e de não votantes, com as respectivas percentagens relativamente ao número total de inscritos;

   c) Números totais de votos validamente expressos, de votos em branco e de votos nulos, com as respectivas percentagens relativamente ao número total de votantes;

   d) Número total de respostas afirmativas e negativas a cada pergunta submetida ao eleitorado, com as respectivas percentagens relativamente ao número total de votos validamente expressos;

   e) Número total de respostas em branco em relação a cada pergunta, com as respectivas percentagens relativamente ao número total de votantes.

2. A Comissão Nacional de Eleições publica o mapa na 1ª série-A do *Diário da República*, nos oito dias subsequentes à recepção da acta de apuramento geral.

SECÇÃO IV
Apuramento no caso de adiamento ou nulidade da votação

ARTIGO 171º
Regras especiais de apuramento

1. No caso de adiamento de qualquer votação, nos termos do artigo 122º o apuramento intermédio é efectuado não tendo em consideração as assembleias em falta.

2. Na hipótese prevista no número anterior, a realização das operações de apuramento intermédio ainda não efectuadas e a conclusão do apuramento geral competem à assembleia de apuramento geral, que se reúne para o efeito no dia seguinte ao da votação.

3. A proclamação e a publicação nos termos do artigo 169º têm lugar no dia da última reunião da assembleia de apuramento geral.

4. O disposto nos números anteriores é aplicável em caso de declaração de nulidade de qualquer votação.

CAPÍTULO VI
Contencioso da votação e do apuramento

ARTIGO 172º
Pressupostos do recurso contencioso

1. As irregularidades ocorridas no decurso da votação e das operações de apuramento parcial, intermédio ou geral podem ser apreciadas em recurso, desde que hajam sido objecto de reclamação ou protesto apresentados por escrito no acto em que se tiverem verificado.

2. Das irregularidades ocorridas no decurso da votação ou do apuramento parcial só pode ser interposto recurso contencioso se também tiver sido previamente interposto recurso gracioso, perante a assembleia de apuramento intermédio, no 2º dia posterior ao da realização do referendo.

ARTIGO 173º
Legitimidade

Da decisão sobre a reclamação, protesto ou contraprotesto podem recorrer, além do respectivo apresentante, os delegados ou representantes dos partidos e grupos de cidadãos eleitores intervenientes na campanha para o referendo.

ARTIGO 174º
Tribunal competente e prazo

O recurso contencioso é interposto, no dia seguinte ao da afixação do edital contendo os resultados do apuramento, perante o Tribunal Constitucional.

ARTIGO 175º
Processo

1. A petição de recurso especifica os respectivos fundamentos de facto e de direito e é acompanhada de todos os elementos de prova.

2. No caso de recurso relativo a assembleias de apuramento com sede em região autónoma, a interposição e fundamentação podem ser feitas por via telegráfica, telex ou fax, sem prejuízo de posterior envio de todos os elementos de prova.

3. Os representantes dos restantes partidos e grupos de cidadãos eleitores intervenientes na campanha para o referendo são imediatamente notificados para responderem, querendo, no prazo de um dia.

4. O Tribunal Constitucional decide definitivamente em plenário no prazo de dois dias a contar do termo do prazo previsto no número anterior.

5. É aplicável ao contencioso da votação e do apuramento o disposto no Código de Processo Civil quanto ao processo declarativo, com as necessárias adaptações.

ARTIGO 176º
Efeitos da decisão

1. A votação em qualquer assembleia de voto só é julgada nula quando se hajam verificado ilegalidades que possam influir no resultado geral do referendo.
2. Declarada a nulidade da votação numa ou mais assembleias de voto, as operações correspondentes são repetidas no 2º domingo posterior à decisão.

CAPÍTULO VII
Despesas públicas respeitantes ao referendo

ARTIGO 177º
Âmbito das despesas

Constituem despesas públicas respeitantes ao referendo os encargos públicos resultantes dos actos de organização e concretização do processo de votação, bem como da divulgação de elementos com estes relacionados.

ARTIGO 178º
Despesas locais e centrais

1. As despesas são locais e centrais.
2. Constituem despesas locais as realizadas pelos órgãos das autarquias locais ou por qualquer outra entidade a nível local.
3. Constituem despesas centrais as realizadas pela Comissão Nacional de Eleições e pelo Secretariado Técnico dos Assuntos para o Processo Eleitoral ou outros serviços da administração central no exercício das suas atribuições.

ARTIGO 179º
Trabalho extraordinário

Os trabalhos relativos à efectivação do referendo que devam ser executados por funcionários ou agentes da Administração Pública para além do respectivo período normal de trabalho são remunerados, nos termos da lei vigente, como trabalho extraordinário.

ARTIGO 180º
Atribuição de tarefas

No caso de serem atribuídas tarefas a entidade não vinculada à Administração Pública, a respectiva remuneração tem lugar na medida do trabalho prestado, nos termos da lei.

ARTIGO 181º
Pagamento das despesas

1. As despesas locais são satisfeitas por verbas sujeitas à inscrição no orçamento das respectivas autarquias locais.

2. As despesas centrais são satisfeitas pelo Secretariado Técnico dos Assuntos para o Processo Eleitoral, mediante verba sujeita a inscrição no respectivo orçamento.

3. As despesas efectuadas por outras entidades no exercício de competência própria ou sem prévio assentimento das respectivas autarquias locais ou do Ministério da Administração Interna, consoante os casos, são satisfeitas por aquela entidade.

ARTIGO 182º
Encargos com a composição e a impressão dos boletins de voto

As despesas com a composição e a impressão dos boletins de voto são satisfeitas por verbas sujeitas a inscrição no orçamento do Ministério da Administração Interna, através do Secretariado Técnico dos Assuntos para o Processo Eleitoral.

ARTIGO 183º
Despesas com deslocações

1. As deslocações realizadas por indivíduos não vinculados à Administração Pública no exercício de funções para que tenham sido legalmente designados no âmbito da efectivação do referendo ficam sujeitas ao regime jurídico aplicável, nesta matéria, aos funcionários públicos.

2. O pagamento a efectuar, a título de ajudas de custo, pelas deslocações a que se refere o número anterior é efectuado com base no estabelecido para a categoria de técnico superior de 1ª classe, 1º escalão, nas tabelas correspondentes da função pública.

ARTIGO 184º
Transferência de verbas

1. O Estado, através do Ministério da Administração Interna, comparticipa nas despesas a que alude o nº 1 do artigo 181º, mediante transferência de verbas do seu orçamento para os municípios.

2. Os montantes a transferir para cada município são calculados de acordo com a seguinte fórmula:

$$\text{Montante a transferir} = V + a \times E + b \times F$$

em que V é a verba mínima, em escudos, por município, E o número de eleitores por município, F o número de freguesias por município e a c b coeficientes de ponderação expressos, respectivamente, em escudos por eleitor e em escudos por freguesia.

3. Os valores V, a e b são fixados por decreto-lei.

4. A verba atribuída a cada município é consignada às freguesias da respectiva área segundo critério idêntico ao estabelecido no nº 2, substituindo-se a referência ao município por referência à freguesia e esta por assembleia de voto, mas os municípios podem reservar para si até 30% do respectivo montante.

5. A verba prevista no número anterior é transferida para os municípios até 20 dias antes do início da campanha para o referendo e destes para as freguesias no prazo de 10 dias a contar da data em que tenha sido posta à disposição do referido município.

ARTIGO 185º
Dispensa de formalismos legais

1. Na realização de despesas respeitantes à efectivação de referendo é dispensada a precedência de formalidades que se mostrem incompatíveis com os prazos e a natureza dos trabalhos a realizar e que não sejam de carácter puramente contabilístico.

2. A dispensa referida no número anterior efectiva-se por despacho da entidade responsável pela gestão do orçamento pelo qual a despesa deve ser suportada.

ARTIGO 186º
Regime duodecimal

A realização de despesas por conta de dotações destinadas a suportar encargos públicos com a efectivação de referendo não está sujeita ao regime duodecimal.

ARTIGO 187º
Dever de indemnização

1. O Estado indemniza, nos termos do disposto no artigo 60º do regime do direito de antena nas eleições presidenciais e legislativas, na redacção da Lei nº 35/95, de 18 de Agosto:

a) As publicações informativas;

b) As estações públicas e privadas de rádio e televisão pela utilização prevista no artigo 46º

2. No que respeita às publicações informativas, a comissão arbitral é composta por um representante do Secretariado Técnico de Apoio ao Processo Eleitoral, um representante da Inspecção-Geral de Finanças e por um representante designado pelas associações do sector.

ARTIGO 188º
Isenções

São isentos de quaisquer taxas ou emolumentos, do imposto do selo e do imposto de justiça, consoante os casos:

a) Quaisquer requerimentos, incluindo os judiciais, relativos à efectivação de referendo;

b) Os reconhecimentos notariais em documentos para efeitos de referendo;

c) As procurações forenses a utilizar em reclamações e recursos previstos na presente lei, devendo as mesmas especificar o fim a que se destinam;

d) Todos os documentos destinados a instruir quaisquer reclamações, protestos ou contraprotestos perante as assembleias de voto ou de apuramento intermédio ou geral, bem como quaisquer reclamações ou recursos previstos na lei;

e) As certidões relativas ao apuramento.

CAPÍTULO VIII
Ilícito relativo ao referendo

SECÇÃO I
Princípios gerais

ARTIGO 189º
Circunstâncias agravantes

Constituem circunstâncias agravantes do ilícito relativo ao referendo:

a) Influir a infracção no resultado da votação;
b) Ser a infracção cometida por agente com intervenção em actos de referendo;
c) Ser a infracção cometida por membro de comissão recenseadora;
d) Ser a infracção cometida por membro de mesa de assembleia de voto;
e) Ser a infracção cometida por membro de assembleia de apuramento;
f) Ser a infracção cometida por representante ou delegado de partido político ou grupo de cidadãos.

SECÇÃO II
Ilícito penal

DIVISÃO I
Disposições gerais

ARTIGO 190º
Punição da tentativa

A tentativa é sempre punida.

ARTIGO 191º
Pena acessória de suspensão de direitos políticos

À prática de crimes relativos ao referendo pode corresponder, para além das penas especialmente previstas na presente lei, pena acessória de suspensão, de seis meses a cinco anos, dos direitos consignados nos artigos 49º, 50º, 52º, nº 3, 124º, nº 1, e 207º da Constituição, atenta a concreta gravidade do facto.

ARTIGO 192º
Pena acessória de demissão

À prática de crimes relativos ao referendo por parte de funcionário público no exercício das sua funções pode corresponder, independentemente da medida da pena, a pena acessória de demissão, sempre que o crime tiver sido praticado com flagrante e grave abuso das funções ou com manifesta e grave violação dos deveres que lhes são inerentes, atenta a concreta gravidade do facto.

ARTIGO 193º
Direito de constituição como assistente

Qualquer partido político ou grupo de cidadãos pode constituir-se assistente em processo penal relativo a referendo.

DIVISÃO II
Crimes relativos à campanha para referendo

ARTIGO 194º
Violação dos deveres de neutralidade e imparcialidade

Quem, no exercício das suas funções, infringir os deveres de neutralidade ou imparcialidade, constantes do artigo 45º, é punido com pena de prisão até dois anos ou pena de multa até 240 dias.

ARTIGO 195º
Utilização indevida de denominação, sigla ou símbolo

Quem, durante a campanha para referendo, com o intuito de prejudicar ou injuriar, utilizar denominação, sigla ou símbolo de qualquer partido, coligação ou grupo de cidadãos é punido com pena de prisão até um ano ou pena de multa até 120 dias.

ARTIGO 196º
Violação da liberdade de reunião e manifestação

1. Quem, por meio de violência ou participação em tumulto, desordem ou vozearia, perturbar gravemente reunião, comício, manifestação ou desfile de propaganda é punido com pena de prisão até um ano ou pena de multa até 120 dias.

2. Quem, da mesma forma, impedir a realização ou o prosseguimento de reunião, comício, manifestação ou desfile é punido com pena de prisão até dois anos ou pena de multa até 240 dias.

ARTIGO 197º
Dano em material de propaganda

1. Quem roubar, furtar, destruir, rasgar, desfigurar ou por qualquer forma inutilizar ou tornar ilegível, no todo ou em parte, material de propaganda ou colocar por cima dele qualquer outro material é punido com pena de prisão até um ano ou pena de multa até 120 dias.

2. Não são punidos os factos previstos no número anterior se o material tiver sido afixado em casa ou em estabelecimento do agente, sem consentimento deste, ou quando contiver matéria manifestamente desactualizada.

ARTIGO 198º
Desvio de correspondência

O empregado dos correios que desencaminhar, retiver ou não entregar ao destinatário circular, cartazes ou outro meio de propaganda é punido com pena de prisão de seis meses a três anos ou pena de multa de 60 a 360 dias.

ARTIGO 199º
Propaganda no dia do referendo

1. Quem no dia do referendo fizer propaganda por qualquer meio é punido com pena de multa não inferior a 100 dias.

2. Quem no dia do referendo fizer propaganda em assembleia de voto ou nas suas imediações até 500 m é punido com pena de prisão até seis meses ou pena de multa não inferior a 60 dias.

DIVISÃO III
Crimes relativos à organização do processo de votação

ARTIGO 200º
Desvio de boletins de voto

Quem subtrair, reter ou impedir a distribuição de boletins de voto ou por qualquer meio contribuir para que estes não cheguem ao seu destino no tempo legalmente estabelecido é punido com pena de prisão de seis meses a três anos ou pena de multa não inferior a 60 dias.

DIVISÃO IV
Crimes relativos ao sufrágio e ao apuramento

ARTIGO 201º
Fraude em acto referendário

Quem, no decurso da efectivação de referendo:

a) Se apresentar fraudulentamente a votar tomando a identidade do eleitor inscrito;

b) Votar em mais de uma assembleia de voto, ou mais de uma vez na mesma assembleia ou em mais de um boletim de voto, ou actuar por qualquer forma que conduza a um falso apuramento do escrutínio;

c) Falsear o apuramento, a publicação ou a acta oficial do resultado da votação;

é punido com pena de prisão até dois anos ou com pena de multa até 240 dias.

ARTIGO 202º
Violação do segredo de voto

Quem, em assembleia de voto ou nas suas imediações até 500 m:

a) Usar de coacção ou artifício fraudulento de qualquer natureza ou se servir do seu ascendente sobre eleitor para obter a revelação do voto deste é punido com pena de prisão até um ano ou com pena de multa até 120 dias;
b) Revelar como votou ou vai votar é punido com pena de multa até 60 dias;
c) Der a outrem conhecimento do sentido de voto de um eleitor é punido com pena de multa até 60 dias.

ARTIGO 203º
Admissão ou exclusão abusiva do voto

Os membros de mesa de assembleia de voto que contribuírem para que seja admitido a votar quem não tenha direito de sufrágio ou não o possa exercer nessa assembleia, bem como os que contribuírem para a exclusão de quem o tiver, são punidos com pena de prisão até dois anos ou com pena de multa até 240 dias.

ARTIGO 204º
Não facilitação do exercício de sufrágio

Os responsáveis pelos serviços ou empresas em actividade no dia da eleição que recusarem aos respectivos funcionários ou trabalhadores dispensa pelo tempo suficiente para que possam votar são punidos com pena de prisão até um ano ou com pena de multa até 120 dias.

ARTIGO 205º
Impedimento do sufrágio por abuso de autoridade

O agente de autoridade que abusivamente, no dia do referendo, sob qualquer pretexto, fizer sair do seu domicílio ou retiver fora dele qualquer eleitor para que não possa votar é punido com pena de prisão até dois anos ou com pena de multa até 240 dias.

ARTIGO 206º
Abuso de funções

O cidadão investido de poder público, o funcionário ou agente do Estado ou de outra pessoa colectiva pública e o ministro de qualquer culto que se sirvam abusivamente das funções ou do cargo para constranger ou induzir eleitores a votar ou a deixar de votar em determinado sentido são punidos com pena de prisão até dois anos ou com pena de multa até 240 dias.

ARTIGO 207º
Coacção de eleitor

Quem, por meio de violência, ameaça de violência ou de grave mal, constranger eleitor a votar, o impedir de votar ou o forçar a votar num certo sentido é punido com pena de prisão até cinco anos, se pena mais grave lhe não couber por força de outra disposição legal.

ARTIGO 208º
Coacção relativa a emprego

Quem aplicar ou ameaçar aplicar a um cidadão qualquer sanção no emprego, nomeadamente o despedimento, ou o impedir ou ameaçar impedir de obter emprego a fim de que vote ou deixe de votar ou porque votou em certo sentido, ou ainda porque participou ou não participou em campanha para o referendo, é punido com pena de prisão até dois anos ou com pena de multa até 240 dias, sem prejuízo da nulidade da sanção e da automática readmissão no emprego se o despedimento tiver chegado a efectivar-se.

ARTIGO 209º
Fraude e corrupção de eleitor

1. Quem, mediante artifício fraudulento, levar eleitor a votar, o impedir de votar, o levar a votar em certo sentido ou comprar ou vender voto é punido com pena de prisão até um ano ou com pena de multa até 120 dias.

2. Nas mesmas penas incorre o eleitor aceitante de benefício proveniente de transacção do seu voto.

ARTIGO 210º
Não assunção, não exercício ou abandono de funções em assembleia de voto ou apuramento

Quem for designado para fazer parte de mesa de assembleia de voto ou como membro de assembleia de apuramento intermédio ou geral e sem causa justificativa não assumir, não exercer ou abandonar essas funções é punido com pena de prisão até um ano ou com pena de multa até 120 dias.

ARTIGO 211º
Não exibição da urna

O presidente de mesa de assembleia de voto que não exibir a urna perante os eleitores é punido com pena de prisão até um ano ou com pena de multa até 120 dias.

ARTIGO 212º
Acompanhante infiel

Aquele que acompanhar ao acto de votar eleitor afectado por doença ou deficiência física notórias e não garantir com fidelidade a expressão ou o sigilo de voto é punido com pena de prisão até um ano ou com pena de multa até 120 dias.

ARTIGO 213º
Introdução fraudulenta de boletim na urna ou desvio da urna ou de boletim de voto

Quem fraudulentamente introduzir boletim de voto na urna antes ou depois do início da votação, se apoderar da urna com os boletins de voto nela recolhidos mas ainda não apurados ou se apoderar de um ou mais boletins de voto em qualquer momento, desde a abertura da assembleia de voto até ao apuramento geral do referendo, é punido com pena de prisão até três anos ou com pena de multa até 360 dias.

ARTIGO 214º
Fraudes praticadas por membro da mesa da assembleia de voto

O membro da mesa de assembleia de voto que apuser ou consentir que se aponha nota de descarga em eleitor que não votou ou que não a apuser em eleitor que tiver votado, que fizer leitura infiel de boletim de voto ou de resposta a qualquer pergunta, que diminuir ou aditar voto a uma resposta no apuramento ou que de qualquer modo falsear a verdade do referendo é punido com pena de prisão até dois anos ou com pena de multa até 240 dias.

ARTIGO 215º
Obstrução à fiscalização

Quem impedir a entrada ou a saída em assembleia de voto ou de apuramento de qualquer delegado de partido ou grupo de cidadãos interveniente em campanha para referendo, ou por qualquer modo tentar opor-se a que exerça os poderes conferidos pela presente lei, é punido com pena de prisão até um ano ou com pena de multa até 120 dias.

ARTIGO 216º
Recusa a receber reclamações, protestos ou contraprotestos

O presidente de mesa de assembleia de voto ou de apuramento que ilegitimamente se recusar a receber reclamação, protesto ou contraprotesto é punido com pena de prisão até dois anos ou com pena de multa até 240 dias.

ARTIGO 217º
Perturbação ou impedimento da assembleia de voto ou de apuramento

1. Quem, por meio de violência ou participando em tumulto, desordem ou vozearia, impedir ou perturbar gravemente a realização, o funcionamento ou o apuramento de resultados de assembleia de voto ou de apuramento é punido com pena de prisão até três anos ou com pena de multa.

2. Quem entrar armado em assembleia de voto ou apuramento, não pertencendo a força pública devidamente autorizada, é punido com pena de prisão até um ano ou com pena de multa de 120 dias.

ARTIGO 218º
Presença indevida em assembleia de voto ou de apuramento

Quem durante as operações de votação ou de apuramento se introduzir na respectiva assembleia sem ter direito a fazê-lo e se recusar a sair, depois de intimado a fazê-lo pelo presidente, é punido com pena de prisão até um ano ou com pena de multa até 120 dias.

ARTIGO 219º
Não comparência da força de segurança

O comandante de força de segurança que injustificadamente deixar de cumprir os deveres decorrentes do artigo 134º é punido com pena de prisão até um ano ou com pena de multa até 120 dias.

ARTIGO 220º
Falsificação de boletins, actas ou documentos relativos a referendo

Quem dolosamente alterar, ocultar, substituir, destruir ou suprimir, por qualquer modo, boletim de voto, acta de assembleia de voto ou de apuramento ou qualquer documento respeitante a operações de referendo é punido com pena de prisão até dois anos ou com pena de multa até 240 dias.

ARTIGO 221º
Desvio de voto antecipado

O empregado do correio que desencaminhar, retiver ou não entregar à junta de freguesia voto antecipado, nos casos previstos nesta lei, é punido com pena de prisão até dois anos ou com pena de multa até 240 dias.

ARTIGO 222º
Falso atestado de doença ou deficiência física

O médico que atestar falsamente doença ou deficiência física é punido com pena de prisão ate dois anos ou pena de multa até 240 dias.

ARTIGO 223º
Agravação

As penas previstas nos artigos desta secção são agravadas de um terço nos seus limites mínimo e máximo se o agente tiver intervenção em actos de referendo, for membro de comissão recenseadora, de secção ou assembleia de voto ou de assembleia de apuramento, for delegado de partido político ou grupo de cidadãos à comissão, secção ou assembleia ou se a infracção influir no resultado da votação.

SECÇÃO III
Ilícito de mera ordenação social

DIVISÃO I
Disposições gerais

ARTIGO 224º
Órgãos competentes

1. Compete à Comissão Nacional de Eleições, com recurso para a Secção Criminal do Supremo Tribunal de Justiça, aplicar as coimas a contra-ordenações relacio-

nadas com a efectivação de referendo cometidas por partido político ou grupo de cidadãos, por empresa de comunicação social, de publicidade, de sondagens ou proprietária de sala de espectáculos.

2. Compete nos demais casos ao presidente da câmara municipal da área onde a contra-ordenação tiver sido cometida aplicar a respectiva coima, com recurso para o tribunal competente.

DIVISÃO II
Contra-ordenações relativas à campanha

ARTIGO 225º
Reuniões, comícios ou desfiles ilegais

Quem promover reuniões, comícios, manifestações ou desfiles em contravenção do disposto na presente lei é punido com coima de 100 000$00 a 500 000$00.

ARTIGO 226º
Violação de regras sobre propaganda sonora ou gráfica

Quem fizer propaganda sonora ou gráfica com violação do disposto na presente lei é punido com coima de 10 000$00 a 100 000$00.

ARTIGO 227º
Publicidade comercial ilícita

(Revogado.)

ARTIGO 228º
Violação de deveres por publicação informativa

(Revogado.)

DIVISÃO III
Contra-ordenações relativas à organização do processo de votação

ARTIGO 229º
Não invocação de impedimento

Aquele que não assumir funções de membro de mesa de assembleia de voto por impedimento justificativo que não invoque, podendo fazê-lo, imediatamente após a ocorrência ou o conhecimento do facto impeditivo, é punido com coima de 20 000$00 a 100 000$00.

DIVISÃO IV
Contra-ordenações relativas ao sufrágio e ao apuramento

ARTIGO 230º
Não abertura de serviço público

O membro de junta de freguesia e o responsável por centro de saúde ou local equiparado que não abrir os respectivos serviços no dia da realização do referendo é punido com coima de 10 000$00 a 200 000$00.

ARTIGO 231º
Não apresentação de membro de mesa de assembleia de voto à hora legalmente fixada

O membro de mesa de assembleia de voto que não se apresentar no local do seu funcionamento até uma hora antes da hora marcada para o início das operações é punido com coima de 10 000$00 a 50 000$00.

ARTIGO 232º
Não cumprimento de formalidades por membro de mesa de assembleia de voto ou de assembleia de apuramento

O membro de mesa de assembleia de voto ou de apuramento que não cumprir ou deixar de cumprir, sem intenção fraudulenta, formalidade legalmente prevista na presente lei é punido com coima de 10 000$00 a 50 000$00.

ARTIGO 233º
Não registo de emissão correspondente ao exercício de direito de antena

A estação de rádio ou de televisão que não registar ou não arquivar o registo de emissão correspondente ao exercício do direito de antena é punida com coima de 200 000$00 a 500 000$00.

ARTIGO 234º
Não cumprimento de deveres por estação de rádio ou televisão

1. A empresa proprietária de estação de rádio ou televisão que não der tratamento igualitário aos diversos partidos e grupos de cidadãos eleitores intervenientes na campanha de referendo é punida com coima de 10 000 000$00 a 15 000 000$00.

2. A empresa proprietária de estação de rádio ou televisão que não cumprir os deveres impostos pelos artigos 58º, 59º, nºs 1 e 2, 60º e 61º é punida, por cada infracção, com coima de:

   a) 100 000$00 a 2 500 000$00, no caso de estação de rádio;
   b) 1 000 000$00 a 5 000 000$00, no caso de estação de televisão.

ARTIGO 235º
Não cumprimento de deveres pelo proprietário de sala de espectáculo
O proprietário de sala de espectáculo que não cumprir os seus deveres relativos à campanha constantes dos artigos 66º, nºs 1 e 3, e 67º é punido com coima de 200 000$00 a 500 000$00.

ARTIGO 236º
Propaganda na véspera do referendo
Aquele que no dia anterior ao referendo fizer propaganda por qualquer modo é punido com coima de 10 000$00 a 50 000$00.

ARTIGO 237º
Receitas ilícitas
O partido ou grupo de cidadãos interveniente em campanha para referendo que obtiver para a mesma campanha receitas não previstas na lei é punido com coima de montante igual ao que ilicitamente tiver recebido e nunca inferior a 100 000$00.

ARTIGO 238º
Não discriminação de receitas ou despesas
O partido ou o grupo de cidadãos interveniente em campanha para referendo que não discriminar ou não comprovar devidamente as receitas ou as despesas da mesma campanha é punido com coima de 100 000$00 a 1 000 000$00.

ARTIGO 239º
Não prestação de contas
O partido ou grupo de cidadãos que não prestar as contas nos termos da presente lei é punido com coima de 1 000 000$00 a 2 000 000$00.

TÍTULO IV
Efeitos do referendo

ARTIGO 240º
Eficácia vinculativa
O referendo só tem efeito vinculativo quando o número de votantes for superior a metade dos eleitores inscritos no recenseamento.

ARTIGO 241º
Dever de agir da Assembleia da República ou do Governo
Se da votação resultar resposta afirmativa de eficácia vinculativa à pergunta ou perguntas submetidas a referendo, a Assembleia da República ou o Governo aprovarão, em prazo não superior, respectivamente, a 90 ou a 60 dias, a convenção internacional ou o acto legislativo de sentido correspondente.

ARTIGO 242º
Limitações ao poder de recusa de ratificação de assinatura ou de veto

O Presidente da República não pode recusar a ratificação de tratado internacional, a assinatura de acto que aprove um acordo internacional ou a promulgação de acto legislativo por discordância com o sentido apurado em referendo com eficácia vinculativa.

ARTIGO 243º
Dever de não agir da Assembleia da República e do Governo

A Assembleia da República ou o Governo não podem aprovar convenção internacional ou acto legislativo correspondentes às perguntas objecto de resposta negativa com eficácia vinculativa, salvo nova eleição da Assembleia da República ou a realização de novo referendo com resposta afirmativa.

ARTIGO 244º
Propostas de referendo objecto de resposta negativa

As propostas de referendo objecto de resposta negativa do eleitorado não podem ser renovadas na mesma sessão legislativa salvo, respectivamente, nova eleição da Assembleia da República ou, no caso de a iniciativa ter sido governamental, até à formação de novo governo.

TÍTULO V
Regras especiais sobre o referendo relativo à instituição em concreto das regiões administrativas

ARTIGO 245º
Natureza jurídica

O referendo tem natureza obrigatória.

ARTIGO 246º
Objecto

O referendo tem por objecto a instituição em concreto das regiões administrativas.

ARTIGO 247º
Proposta e decisão

1. A decisão sobre a convocação cabe ao Presidente da República, sob proposta da Assembleia da República.

2. O disposto no número anterior não prejudica o direito de iniciativa do Governo perante a Assembleia da República.

ARTIGO 248º
Fiscalização e apreciação pelo Tribunal Constitucional

O Tribunal Constitucional verifica previamente a constitucionalidade e a legalidade do referendo, incluindo a apreciação dos requisitos relativos ao respectivo universo eleitoral.

ARTIGO 249º
Número e características das questões

1. O referendo compreende duas questões, uma de alcance nacional, outra relativa a cada área regional.
2. As questões serão idênticas em todo o território nacional, devendo constar de um único boletim de voto, sem prejuízo do disposto no nº 3 do artigo 251º
3. Nos termos do número anterior, fora das áreas regionais a instituir, o referendo integra apenas a questão de alcance nacional.

ARTIGO 250º
Direito de sufrágio

Sem prejuízo do exercício do direito de sufrágio nos termos gerais quanto à questão de alcance nacional, participam no sufrágio, quanto à questão relativa a cada área regional, os cidadãos eleitores nela recenseados, de acordo com a distribuição geográfica definida pela lei quadro das regiões administrativas.

ARTIGO 251º
Efeitos

1. A aprovação das leis de instituição em concreto de cada uma das regiões administrativas depende do voto favorável expresso pela maioria dos cidadãos eleitores que se tenham pronunciado sobre as questões referidas no nº 1 do artigo 249º
2. No caso de resposta afirmativa, o referendo só tem efeito vinculativo quando o número de votantes for superior a metade dos eleitores inscritos no recenseamento.
3. Se a resposta à questão de alcance nacional for afirmativa nos termos do nº 1 e as respostas à questão de alcance regional tiverem sentido negativo numa região, esta não será instituída em concreto até que nova consulta restrita a essa região produza uma resposta afirmativa para a questão de alcance regional.

TÍTULO VI
Disposições finais e transitórias

ARTIGO 252º
Comissão Nacional de Eleições

A Comissão Nacional de Eleições exerce as suas competências também em relação aos actos de referendo.

ARTIGO 253º
Recenseamento

Para os efeitos dos artigos 16º e 37º, nº 2, consideram-se recenseados todos os cidadãos portugueses residentes no estrangeiro que se encontrem inscritos em 31 de Dezembro de 1996 nos cadernos eleitorais para a Assembleia da República, dependendo as inscrições posteriores da nova lei eleitoral para a eleição do Presidente da República.

ARTIGO 254º
Direito supletivo

São aplicáveis ao regime de referendo, supletivamente e com as devidas adaptações, em tudo o que não se encontre expressamente estabelecido na presente lei, as disposições da Lei Eleitoral para a Assembleia da República.

ARTIGO 255º
Revogação

É revogada a Lei nº 45/91, de 3 de Agosto.

Aprovada em 4 de março de 1998.

O Presidente da Assembleia da República, *António de Almeida Santos*.

Promulgada em 20 de março de 1998.

Publique-se.

O Presidente da República, JORGE SAMPAIO.

Referendada em 26 de março de 1998.

O Primeiro-Ministro, *António Manuel de Oliveira Guterres*.

ANEXOS

CREDENCIAL
(a que se refere o nº 2 do artigo 96º)

Câmara Municipal de...

..., inscrito no recenseamento eleitoral da freguesia de..., com o nº ..., portador do bilhete de identidade nº ..., de ... de ... de ..., do Arquivo de Identificação de ..., é delegado/suplente de ..., na assembleia/secção de voto nº ... da freguesia de ..., deste concelho, na votação ..., que se realiza no dia ...

..., ... de ... de 19....

O Presidente da Câmara,
(assinatura autenticada com selo branco)

Nota. – A responsabilidade pelo preenchimento deste documento cabe ao partido político e deverá ser entregue na câmara municipal juntamente com uma relação de todos os seus delegados com a indicação da assembleia ou secção de voto para que foram designados, nos prazos e para os efeitos legais.

RECIBO
(a que se refere o nº 7 do artigo 129º)

Para efeitos do artigo ... da Lei nº ..., se declara que (nome do cidadão eleitor), residente em ..., portador do bilhete de identidade nº ..., de ... de ... de ..., do Arquivo de Identificação de ..., inscrito na assembleia de voto ou secção de voto de ..., com o nº ..., exerceu o seu direito de voto por correspondência no dia ... de ... de ...

O Presidente da Câmara Municipal de ...
(assinatura e selo branco)

XX
Regime Jurídico do Referendo Regional na Região Autónoma dos Açores

Regime Jurídico do Referendo Regional na Região Autónoma dos Açores

Lei Orgânica nº 2/2015, de 12 de fevereiro

A Assembleia da República decreta, nos termos da alínea *c)* do artigo 161º da Constituição, a lei orgânica seguinte:

TÍTULO I
Âmbito e objeto do referendo regional

ARTIGO 1º
Âmbito

A presente lei estabelece o regime jurídico do referendo de âmbito regional na Região Autónoma dos Açores (RAA), previsto no artigo 115º e no nº 2 do artigo 232º da Constituição, por iniciativa da Assembleia Legislativa da Região Autónoma dos Açores (ALRAA).

ARTIGO 2º
Objeto do referendo regional

O referendo regional só pode ter por objeto questões de relevante interesse regional que sejam da competência legislativa da ALRAA.

ARTIGO 3º
Matérias excluídas

São excluídas do âmbito do referendo regional:

a) As matérias integradas na esfera de competência legislativa reservada aos órgãos de soberania;

b) As alterações ao Estatuto Político-Administrativo da RAA e à Lei Eleitoral para a ALRAA;

c) As questões e os atos de conteúdo orçamental, tributário ou financeiro.

ARTIGO 4º
Atos em processo de apreciação

1. Podem constituir objeto de referendo as questões suscitadas por decretos legislativos regionais em processo de apreciação, mas ainda não definitivamente aprovados.

2. Se a ALRAA apresentar proposta de referendo sobre projeto ou proposta de decreto legislativo regional, o respetivo processo suspende-se até à decisão do Presidente da República sobre a convocação do referendo e, em caso de convocação efetiva, até à respetiva realização.

ARTIGO 5º
Delimitação em razão da matéria

Cada referendo recai sobre uma só matéria.

ARTIGO 6º
Formulação

1. Nenhum referendo pode comportar mais de três perguntas.

2. As perguntas são formuladas com objetividade, clareza e precisão e para respostas de sim ou não, sem sugerirem, direta ou indiretamente, o sentido das respostas.

3. As perguntas não podem ser precedidas de quaisquer considerandos, preâmbulos ou notas explicativas.

ARTIGO 7º
Limites temporais

Não pode ser admitida ou aprovada iniciativa, praticado ato de convocação ou realizado o referendo entre a data da convocação e a da realização de eleições gerais para os órgãos de soberania, de governo próprio das Regiões Autónomas e do poder local, bem como de deputados ao Parlamento Europeu.

ARTIGO 8º
Limites circunstanciais

1. Não pode ser praticado nenhum ato relativo à convocação ou à realização de referendo na vigência de estado de sítio ou de estado de emergência, entre a data da realização de eleições e a aprovação do Programa do Governo, bem como entre a data de dissolução da ALRAA e a da convocação da respetiva eleição.

2. O Presidente da República interino não pode decidir a convocação de referendo.

TÍTULO II
Convocação do referendo

CAPÍTULO I
Proposta

ARTIGO 9º
Poder de iniciativa

A iniciativa da proposta de referendo da ALRAA compete aos deputados, aos grupos e representações parlamentares, ao Governo Regional ou a grupos de cidadãos eleitores.

ARTIGO 10º
Limites da iniciativa

Os deputados, os grupos parlamentares e os grupos de cidadãos eleitores não podem apresentar iniciativas de referendo que envolvam, no ano económico em curso, aumento de despesas ou diminuição de receitas previstas no Orçamento do Estado ou da Região Autónoma.

ARTIGO 11º
Discussão e votação

1. O Regimento da ALRAA regula o processo de discussão e votação de projetos e propostas de resolução de referendo regional.
2. A resolução a votar em Plenário da ALRAA integra as perguntas a formular.
3. A aprovação faz-se à pluralidade dos votos, não contando as abstenções para o apuramento da maioria.

ARTIGO 12º
Forma e publicação

Os projetos e as propostas aprovados tomam a forma de resolução, sendo publicada no *Diário da República,* no dia seguinte ao da sua aprovação, e republicada no *Jornal Oficial* da Região Autónoma dos Açores.

SECÇÃO I
Proposta da Assembleia Legislativa da Região Autónoma

DIVISÃO I
Iniciativa parlamentar ou governamental

ARTIGO 13º
Forma da iniciativa

A iniciativa toma a forma de projeto de resolução, quando exercida pelos deputados ou pelos grupos ou representações parlamentares, e de proposta de resolução, quando exercida pelo Governo Regional.

ARTIGO 14º
Renovação da iniciativa

1. Os projetos e as propostas de resolução de referendo não votados na sessão legislativa em que sejam apresentados não carecem de ser renovados na sessão legislativa seguinte, salvo termo da legislatura.

2. Os projetos e as propostas de resolução definitivamente rejeitados não podem ser renovados na mesma sessão legislativa.

DIVISÃO II
Iniciativa popular

ARTIGO 15º
Titularidade

São titulares do direito de iniciativa, previsto na presente secção, os cidadãos portugueses regularmente inscritos no recenseamento eleitoral em território da RAA.

ARTIGO 16º
Forma

1. A iniciativa popular assume a forma escrita, é subscrita, pelo menos, por 3 000 cidadãos e dirigida à ALRAA, contendo, em relação a todos os signatários, a indicação do nome completo, do número de identificação civil, do número de eleitor e da freguesia de recenseamento, acompanhada da respetiva certidão de eleitor.

2. A iniciativa popular deve mencionar, na parte inicial, a identificação dos mandatários, em número não inferior a cinco nem superior a 10, designados pelo grupo de cidadãos subscritores para os efeitos de responsabilidade e de representação previstos na lei.

3. Da iniciativa popular constará a explicitação da pergunta ou perguntas a submeter a referendo, devidamente instruídas pela identificação dos atos em processo de apreciação na ALRAA.

4. Quando não se encontre pendente ato sobre o qual possa incidir referendo, deve a iniciativa popular ser acompanhada da apresentação de projeto de decreto legislativo regional relativo à matéria a referendar.

ARTIGO 17º
Publicação

Após admissão, a iniciativa popular é publicada no *Diário da Assembleia Legislativa da Região Autónoma dos Açores*.

ARTIGO 18º
Tramitação

1. Recebida a iniciativa popular e no prazo de três dias, o Presidente da ALRAA solicita à comissão competente em matéria de assuntos constitucionais e estatutários

parecer sobre a observância dos requisitos constitucionais e legais, a emitir em prazo não superior a 30 dias.

2. Recebido o parecer da comissão, o Presidente da ALRAA decide da admissão da iniciativa ou manda notificar os mandatários do grupo de cidadãos para aperfeiçoamento do texto, no prazo máximo de 15 dias.

3. Os grupos e representações parlamentares são notificados do despacho de admissão ou de aperfeiçoamento da iniciativa popular.

4. Uma vez admitida, a iniciativa dos cidadãos eleitores toma a forma de projeto de resolução, para efeitos da respetiva tramitação na ALRAA e é enviada à comissão competente em razão da matéria.

5. No prazo máximo de 30 dias, a comissão ouve os mandatários do grupo de cidadãos eleitores ou seu representante, para os esclarecimentos julgados necessários à compreensão e formulação das questões apresentadas, e elabora o projeto de resolução que incorpora o texto da iniciativa de referendo.

6. O Presidente da ALRAA agenda o projeto de resolução até ao termo do terceiro período legislativo seguinte.

7. A iniciativa popular é obrigatoriamente apreciada e votada em Plenário.

ARTIGO 19º
Efeitos

Da apreciação e votação da iniciativa em Plenário resulta a aprovação ou a rejeição do projeto de resolução que incorpora a iniciativa popular.

ARTIGO 20º
Renovação e caducidade

1. À iniciativa popular é aplicável o disposto no artigo 14º

2. A iniciativa popular pendente de votação não caduca com o termo da legislatura, reiniciando-se toda a tramitação, nos termos do artigo 18º

CAPÍTULO II
Fiscalização preventiva da constitucionalidade e da legalidade

SECÇÃO I
Sujeição ao Tribunal Constitucional

ARTIGO 21º
Iniciativa e prazo para a decisão

1. Nos oito dias subsequentes à publicação da resolução, o Presidente da República submete ao Tribunal Constitucional a proposta de referendo, para efeitos de fiscalização preventiva da constitucionalidade e da legalidade.

2. O Tribunal Constitucional procede à fiscalização no prazo de 25 dias, o qual pode ser encurtado pelo Presidente da República por motivo de urgência.

ARTIGO 22º
Comunicação da decisão

No prazo de dois dias a contar da data do conhecimento da decisão do Tribunal Constitucional, o Presidente da República comunica-a ao Presidente da ALRAA, que por sua vez a transmite aos grupos e representações parlamentares, ao Governo Regional e, sendo caso disso, aos mandatários do grupo de cidadãos subscritores da iniciativa popular.

ARTIGO 23º
Efeitos da decisão

1. Se o Tribunal Constitucional verificar a inconstitucionalidade ou a ilegalidade da proposta de referendo, o Presidente da República devolve à ALRAA.
2. A ALRAA pode reapreciar e reformular a sua proposta, expurgada da inconstitucionalidade ou da ilegalidade.
3. No prazo de oito dias após a publicação da proposta de referendo que tiver sido reformulada, o Presidente da República submete-a ao Tribunal Constitucional para nova apreciação preventiva da constitucionalidade e da legalidade.

SECÇÃO II
Processo de fiscalização preventiva

ARTIGO 24º
Pedido de fiscalização

1. O pedido de fiscalização da constitucionalidade e da legalidade da proposta de referendo regional é acompanhado da correspondente resolução e dos demais elementos de instrução que o Presidente da República tenha por convenientes.
2. Autuado pela secretaria e registado no correspondente livro, o requerimento é imediatamente concluso ao Presidente do Tribunal Constitucional.
3. É de um dia o prazo para o Presidente do Tribunal Constitucional admitir o pedido, verificar qualquer irregularidade processual e notificar o Presidente da República para a suprir no prazo de dois dias.

ARTIGO 25º
Distribuição

1. A distribuição é feita no prazo de um dia contado da data da admissão do pedido.
2. O processo é imediatamente concluso ao relator, a fim de, no prazo de cinco dias, elaborar um memorando contendo o enunciado das questões sobre as quais o Tribunal Constitucional se deve pronunciar e da solução que para elas propõe, com indicação sumária dos respetivos fundamentos.
3. Distribuído o processo, são entregues cópias do pedido a todos os juízes, do mesmo modo se procedendo com o memorando logo que recebido pelo secretário.

ARTIGO 26º
Formação da decisão

1. Com a entrega ao Presidente do Tribunal Constitucional da cópia do memorando é-lhe concluso o respetivo processo para o inscrever na ordem do dia de sessão plenária a realizar no prazo de oito dias a contar da data do recebimento do pedido.

2. A decisão não deve ser proferida antes de decorridos dois dias sobre a entrega das cópias do memorando a todos os juízes.

3. Concluída a discussão, e tomada uma decisão pelo Tribunal Constitucional, é o processo concluso ao relator ou, no caso de este ficar vencido, ao juiz que deva substituí-lo, para a elaboração do acórdão no prazo de cinco dias e sua subsequente assinatura.

ARTIGO 27º
Publicidade da decisão

Proferida decisão, o Presidente do Tribunal Constitucional comunica-a imediatamente ao Presidente da República e envia-a para publicação na 1ª série do *Diário da República*, no dia seguinte.

CAPÍTULO III
Decisão do Presidente da República

ARTIGO 28º
Prazo para a decisão

O Presidente da República decide sobre a convocação do referendo no prazo de vinte dias após a publicação da decisão do Tribunal Constitucional que verifique a constitucionalidade e a legalidade proposta.

ARTIGO 29º
Convocação do referendo

1. A convocação do referendo toma a forma de decreto.

2. O decreto integra as perguntas formuladas na proposta e a data da realização do referendo, que tem lugar entre o 60º e o 90º dia a contar da publicação do decreto.

3. Salvo nos casos previstos no nº 1 do artigo 8º ou de dissolução da ALRAA a data da realização do referendo, uma vez marcada, não pode ser alterada.

ARTIGO 30º
Recusa da proposta de referendo

1. Se o Presidente da República tomar a decisão de não convocar o referendo, comunica-a à ALRAA, em mensagem fundamentada da qual conste o sentido da recusa.

2. No prazo de dois dias a contar da data do conhecimento da recusa do Presidente da República, o Presidente da ALRAA comunica aos grupos e representações

parlamentares, ao Governo Regional e, sendo caso disso, aos mandatários do grupo de cidadãos subscritores da iniciativa popular o sentido e o fundamento da decisão presidencial.

3. A proposta de referendo da ALRAA recusada pelo Presidente da República não pode ser renovada na mesma sessão legislativa.

TÍTULO III
Realização do referendo

CAPÍTULO I
Direito de participação

ARTIGO 31º
Princípios gerais

1. Podem ser chamados a pronunciar-se diretamente através de referendo regional os cidadãos inscritos no recenseamento eleitoral no território da RAA.

2. Os cidadãos de outros países que residam no território da RAA e beneficiem do estatuto especial de igualdade de direitos políticos, nos termos de convenção internacional, e em condições de reciprocidade, gozam do direito de participação no referendo, desde que estejam recenseados como eleitores no referido território.

CAPÍTULO II
Campanha para o referendo

SECÇÃO I
Disposições gerais

ARTIGO 32º
Objetivos e iniciativa

1. A campanha para o referendo consiste na justificação e no esclarecimento das questões submetidas a referendo e na promoção das correspondentes opções, com respeito pelas regras do Estado de direito democrático.

2. A campanha é levada a efeito pelos partidos políticos legalmente constituídos ou por grupos de cidadãos constituídos nos termos da presente lei que declarem pretender tomar posição sobre as questões submetidas ao eleitorado.

ARTIGO 33º
Partidos

Até ao 30º dia anterior ao da realização do referendo, os partidos legalmente constituídos fazem entrega à Comissão Nacional de Eleições da declaração prevista no nº 2 do artigo anterior.

ARTIGO 34º
Grupos de cidadãos eleitores

1. Até ao 30º dia anterior ao da realização do referendo, podem cidadãos eleitores, em número não inferior a 1 000, constituir-se em grupo, tendo por fim a participação no esclarecimento das questões submetidas a referendo.
2. Cada cidadão não pode integrar mais de um grupo.
3. A forma exigida para a sua constituição é idêntica à da iniciativa popular.
4. O controlo da regularidade do processo e correspondente inscrição é da competência da Comissão Nacional de Eleições.
5. Os grupos de cidadãos eleitores far-se-ão representar, para todos os efeitos da presente lei, nos termos previstos no nº 2 do artigo 16º

ARTIGO 35º
Princípio da liberdade

1. Os partidos e os grupos de cidadãos eleitores regularmente constituídos desenvolvem livremente a campanha, que é aberta à livre participação de todos.
2. As atividades de campanha previstas na presente lei não excluem quaisquer outras decorrentes do exercício dos direitos, liberdades e garantias assegurados pela Constituição e pela lei.

ARTIGO 36º
Responsabilidade civil

1. Os partidos são civilmente responsáveis, nos termos da lei, pelos prejuízos diretamente resultantes de atividades de campanha que hajam promovido.
2. O mesmo princípio rege, com as necessárias adaptações, os grupos de cidadãos, representados pelas entidades referidas no nº 2 do artigo 16º

ARTIGO 37º
Princípio da igualdade

Os partidos e grupos de cidadãos eleitores intervenientes têm direito à igualdade de oportunidades e de tratamento, a fim de efetuarem livremente e nas melhores condições as suas atividades de campanha.

ARTIGO 38º
Neutralidade e imparcialidade das entidades públicas

1. Os órgãos do Estado, das Regiões Autónomas e das autarquias locais, das demais pessoas coletivas de direito público, das sociedades de capitais públicos ou de economia mista e das sociedades concessionárias de serviços públicos, de bens do domínio público ou de obras públicas, bem como, nessa qualidade, os respetivos titulares, não podem intervir direta ou indiretamente em campanha para referendo, nem praticar atos que, de algum modo, favoreçam ou prejudiquem uma posição em detrimento ou vantagem de outra ou outras.

2. Os trabalhadores das entidades previstas no número anterior observam, no exercício das suas funções, rigorosa neutralidade perante as diversas posições, bem como perante os diversos partidos e grupos de cidadãos eleitores.

3. É vedada a exibição de símbolos, siglas, autocolantes ou outros elementos de propaganda por funcionários e agentes das entidades referidas no nº 1 durante o exercício das suas funções.

ARTIGO 39º
Acesso a meios específicos

1. O livre prosseguimento de atividades de campanha implica o acesso a meios específicos.

2. É gratuita para os partidos e para os grupos de cidadãos eleitores intervenientes a utilização, nos termos estabelecidos na presente lei, das publicações informativas, das emissões das estações públicas e privadas de rádio e de televisão, de âmbito nacional ou regional, e dos edifícios ou recintos públicos.

3. Os partidos que não hajam declarado pretender participar no esclarecimento das questões submetidas a referendo não têm o direito de acesso aos meios específicos de campanha.

ARTIGO 40º
Início e termo da campanha

O período de campanha para o referendo inicia-se no 12º dia anterior e finda às 24 horas da antevéspera do dia do referendo.

SECÇÃO II
Propaganda

ARTIGO 41º
Liberdade de imprensa

Durante o período de campanha para o referendo não pode ser movido qualquer procedimento nem aplicada qualquer sanção a jornalistas ou a empresas que explorem meios de comunicação social por atos atinentes à mesma campanha, sem prejuízo da responsabilidade em que incorram, a qual só pode ser efetivada após o dia da realização do referendo.

ARTIGO 42º
Liberdade de reunião e manifestação

1. No período de campanha para o referendo, e para fins a ela atinentes, a liberdade de reunião rege-se pelo disposto na lei, com as especialidades constantes dos números seguintes.

2. O aviso a que se refere o nº 2 do artigo 2º do Decreto-Lei nº 406/74, de 29 de agosto, é feito pelo órgão competente do partido ou partidos políticos interessados

quando se trate de reuniões, comícios, manifestações ou desfiles em lugares públicos ou abertos ao público.

3. Os cortejos e os desfiles podem realizar-se em qualquer dia e hora, respeitando-se apenas os limites impostos pela liberdade de trabalho e de trânsito e pela manutenção da ordem pública, bem como os decorrentes do período de descanso dos cidadãos.

4. O auto a que alude o nº 2 do artigo 5º do Decreto-Lei nº 406/74, de 29 de agosto, é enviado, por cópia, ao presidente da Comissão Nacional de Eleições e, consoante os casos, aos órgãos competentes do partido ou partidos políticos interessados.

5. A ordem de alteração dos trajetos ou desfiles é dada pela autoridade competente, por escrito, ao órgão competente do partido ou partidos políticos interessados e comunicada à Comissão Nacional de Eleições.

6. A presença de agentes da autoridade em reuniões organizadas por qualquer partido político apenas pode ser solicitada pelos seus órgãos competentes, ficando a entidade organizadora responsável pela manutenção da ordem quando não faça tal solicitação.

7. O limite a que alude o artigo 11º do Decreto-Lei nº 406/74, de 29 de agosto, é alargado até às 2 horas.

8. O recurso previsto no nº 1 do artigo 14º do Decreto-Lei nº 406/74, de 29 de agosto, é interposto no prazo de um dia para o Tribunal Constitucional.

9. Os princípios contidos no presente artigo são aplicáveis, com as devidas adaptações, aos grupos de cidadãos eleitores.

ARTIGO 43º
Propaganda sonora

1. A propaganda sonora não carece de autorização nem de comunicação às autoridades administrativas.

2. Sem prejuízo do disposto no nº 7 do artigo anterior, não é admitida propaganda sonora antes das 8 horas nem depois das 23 horas.

ARTIGO 44º
Propaganda gráfica

1. A afixação de cartazes não carece de autorização nem de comunicação às autoridades administrativas.

2. Não é admitida a afixação de cartazes, nem a realização de inscrições ou pinturas murais em monumentos nacionais, em templos e edifícios religiosos, em edifícios sede de órgãos do Estado, das Regiões Autónomas e das autarquias locais ou onde vão funcionar assembleias de voto, nos sinais de trânsito ou nas placas de sinalização rodoviária e no interior de repartições ou edifícios públicos, salvo, quanto a estes, em instalações destinadas ao convívio dos funcionários e agentes.

3. É proibida a afixação de cartazes nos centros históricos legalmente reconhecidos.

4. Também não é admitida, em caso algum, a afixação de cartazes ou inscrições com colas ou tintas persistentes.

ARTIGO 45º
Propaganda gráfica fixa adicional

1. As juntas de freguesia estabelecem, até três dias antes do início de campanha para referendo, espaços especiais em locais certos destinados à afixação de cartazes, fotografias, jornais murais, manifestos e avisos.

2. O número mínimo desses locais é determinado em função dos eleitores inscritos, nos termos seguintes:

a) Até 250 eleitores – um;
b) Entre 250 e 1 000 eleitores – dois;
c) Entre 1 000 e 2 000 eleitores – três;
d) Acima de 2 500 eleitores, por cada fração de 2 500 eleitores – um.

3. Os espaços especiais reservados nos locais previstos nos números anteriores são tantos quantos os partidos e grupos de cidadãos eleitores regularmente constituídos intervenientes.

ARTIGO 46º
Publicidade comercial

A partir da publicação do decreto que convoque o referendo é proibida a propaganda política feita, direta ou indiretamente, através de qualquer meio de publicidade comercial em órgãos de comunicação social ou fora deles.

SECÇÃO III
Meios específicos de campanha

DIVISÃO I
Publicações periódicas

ARTIGO 47º
Publicações informativas públicas

As publicações informativas de caráter jornalístico pertencentes a entidades públicas ou delas dependentes inserem sempre matéria respeitante à campanha para referendo regional e asseguram igualdade de tratamento aos partidos e grupos de cidadãos eleitores intervenientes.

ARTIGO 48º
Publicações informativas privadas e cooperativas

1. As publicações informativas pertencentes a entidades privadas ou cooperativas que pretendam inserir matéria respeitante à campanha para referendo regional

comunicam esse facto à Comissão Nacional de Eleições até três dias antes do início da campanha e ficam obrigados a assegurar tratamento jornalístico equitativo aos partidos e grupos de cidadãos eleitores intervenientes.

2. As publicações que não procedam a essa comunicação não são obrigadas a inserir matéria respeitante à campanha, salvo a que lhes seja enviada pela Comissão Nacional de Eleições, não tendo igualmente direito à indemnização prevista no artigo 170º

ARTIGO 49º
Publicações doutrinárias

O preceituado no nº 1 do artigo anterior não é aplicável às publicações doutrinárias que sejam propriedade de partido político, de associação política ou de grupos de cidadãos eleitores intervenientes, desde que tal facto conste expressamente do respetivo cabeçalho.

DIVISÃO II
Rádio e televisão

ARTIGO 50º
Estações de rádio e de televisão

1. As estações de rádio e de televisão são obrigadas a dar igual tratamento aos partidos e grupos de cidadãos eleitores intervenientes.

2. Os partidos e grupos de cidadãos eleitores intervenientes têm direito de antena na rádio e na televisão de âmbito regional, nos termos dos artigos seguintes.

ARTIGO 51º
Tempos de antena gratuitos

Durante o período da campanha eleitoral para o referendo, as estações de rádio e televisão existentes na RAA reservam aos partidos e grupos de cidadãos eleitores os seguintes tempos de antena:

i) O serviço público de televisão:
   De segunda-feira a sexta-feira – quinze minutos, entre as 19 e as 22 horas;
   Aos sábados e domingos – trinta minutos, entre as 19 e as 22 horas;
ii) O serviço público de rádio, sessenta minutos diários, dos quais vinte minutos entre as 7 e as 12 horas, vinte minutos entre as 12 e as 19 horas e vinte minutos entre as 19 e as 24 horas;
iii) As estações privadas com emissões de âmbito regional, trinta minutos diários.

ARTIGO 52º
Estações privadas locais

1. As estações privadas de âmbito local que pretendam inserir matéria respeitante à campanha para o referendo comunicam esse facto à Comissão Nacional de Eleições até 15 dias antes do início da campanha.

2. Os tempos de antena são de quinze minutos diários entre as 7 e as 8 horas e entre as 19 e as 21 horas.

3. As estações que não façam a comunicação prevista no n.º 1 não são obrigadas a inserir matéria respeitante à campanha para referendo, salvo a que lhes seja enviada pela Comissão Nacional de Eleições.

ARTIGO 53º
Obrigação relativa ao tempo de antena

1. Até 10 dias antes do início de campanha para referendo, as estações de rádio e de televisão indicam à Comissão Nacional de Eleições o horário previsto para as emissões.

2. As estações de rádio e de televisão registam e arquivam o registo das emissões correspondentes ao exercício do direito de antena.

ARTIGO 54º
Critério de distribuição dos tempos de antena

Os tempos de antena são distribuídos igualitariamente pelos partidos intervenientes e pelos grupos de cidadãos eleitores legalmente constituídos para o efeito nos termos do n.º 2 do artigo 32º

ARTIGO 55º
Sorteio dos tempos de antena

1. A distribuição dos tempos de antena na rádio e na televisão é feita, mediante sorteio, até três dias antes do início da campanha, pela Comissão Nacional de Eleições, que comunica, no mesmo prazo, o resultado da distribuição às estações emissoras.

2. Para efeito do disposto no número anterior, a Comissão Nacional de Eleições organiza, de acordo com o disposto no artigo 54º, tantas séries de emissões quantos os partidos e grupos de cidadãos eleitores que a elas tenham direito.

3. Para o sorteio previsto neste artigo são convocados os representantes dos partidos e dos grupos de cidadãos eleitores.

4. É permitida a utilização em comum ou a troca de tempos de antena.

ARTIGO 56º
Suspensão do direito de antena

1. É suspenso o exercício do direito de antena da entidade que:

a) Use expressões ou imagens que possam constituir crime de difamação ou injúria, ofensa às instituições democráticas, apelo à desordem ou à insurreição ou incitamento ao ódio, à violência ou à guerra;

b) Faça publicidade comercial;

c) Faça propaganda abusivamente desviada do fim para o qual lhe foi conferido o direito de antena.

2. A suspensão é graduada entre um dia e o número de dias que a campanha ainda durar, consoante a gravidade da falta e o seu grau de frequência, e abrange o exercício do direito de antena em todas as estações de rádio e televisão, mesmo que o facto que a determinou se tenha verificado apenas numa delas.

3. A suspensão é independente da responsabilidade civil ou criminal.

ARTIGO 57º
Processo de suspensão do exercício do direito de antena

1. A suspensão do exercício do direito de antena é requerida ao Tribunal Constitucional pelo Ministério Públi co, por iniciativa deste ou a solicitação da Comissão Nacional de Eleições ou de qualquer outro partido ou grupo de cidadãos interveniente.

2. O órgão competente do partido político ou o representante do grupo de cidadãos cujo direito de antena tenha sido objeto de pedido de suspensão é imediatamente notificado para contestar, querendo, no prazo de vinte e quatro horas.

3. O Tribunal Constitucional requisita às estações de rádio ou de televisão os registos das emissões que se mostrarem necessários, os quais lhe são imediatamente facultados.

4. O Tribunal Constitucional decide no prazo de um dia e, no caso de ordenar a suspensão do direito de antena, notifica logo a decisão às respetivas estações de rádio e de televisão para cumprimento imediato.

DIVISÃO III
Outros meios específicos de campanha

ARTIGO 58º
Lugares e edifícios públicos

1. A utilização dos lugares públicos a que se refere o artigo 9º do Decreto-Lei nº 406/74, de 29 de agosto, é repartida, de acordo com os critérios estabelecidos no artigo 54º da presente lei, pelos partidos e grupos de cidadãos eleitores intervenientes.

2. As câmaras municipais devem assegurar a cedência do uso, para fins de campanha para referendo, de edifícios públicos e recintos pertencentes a outras pessoas coletivas de direito público, repartindo, de acordo com os mesmos critérios, a sua utilização pelos partidos e grupos de cidadãos eleitores intervenientes.

ARTIGO 59º
Salas de espetáculos

1. Os proprietários de salas de espetáculos ou de outros recintos de normal acesso público que reúnam condições para serem utilizados em campanha para referendo declaram esse facto à câmara municipal da respetiva área até 10 dias antes do início

da campanha, indicando as datas e horas em que as salas ou os recintos podem ser utilizados para aquele fim.

2. Na falta de declaração, e em caso de comprovada carência, a câmara municipal pode requisitar as salas e os recintos que considere necessários à campanha, sem prejuízo da sua atividade normal ou já programada para os mesmos.

3. O tempo destinado a propaganda, nos termos dos nºs 1 e 2, é repartido, de acordo com os critérios estabelecidos no artigo 54º da presente lei, pelos partidos e grupos de cidadãos eleitores intervenientes que declarem, até 15 dias antes do início da campanha, estar nisso interessados.

4. Até três dias antes do início da campanha a câmara municipal, ouvidos os representantes dos partidos políticos intervenientes, indica os dias e as horas que lhe tiverem sido atribuídos, com respeito pelo princípio da igualdade.

ARTIGO 60º
Custos da utilização das salas de espetáculos

1. Os proprietários das salas de espetáculos, ou os que as explorem, indicam o preço a cobrar pela sua utilização, que não pode ser superior à receita líquida correspondente a metade da lotação da respetiva sala num espetáculo normal.

2. O preço referido no número anterior e as demais condições de utilização são uniformes para todos os partidos e grupos de cidadãos eleitores intervenientes.

ARTIGO 61º
Repartição da utilização

1. A repartição da utilização de lugares e edifícios públicos, de salas de espetáculos e de outros recintos de normal acesso públicos é feita pela câmara municipal, mediante sorteio, quando se verifique concorrência e não seja possível acordo entre os intervenientes.

2. Para o sorteio previsto neste artigo são convocados os representantes dos partidos políticos e dos grupos de cidadãos eleitores.

3. Os interessados podem acordar na utilização em comum ou na troca dos locais cujo uso lhes tenha sido atribuído.

ARTIGO 62º
Arrendamento

1. A partir da data da publicação do decreto que convocar o referendo e até 20 dias após a sua realização, os arrendatários de prédios urbanos podem, por qualquer meio, incluindo a sublocação por valor não excedente ao da renda, destiná-los à preparação e realização da respetiva campanha, seja qual for o fim do arrendamento e independentemente de disposição em contrário do respetivo contrato.

2. Os arrendatários, os partidos políticos e os grupos de cidadãos eleitores são solidariamente responsáveis pelos prejuízos causados decorrentes da utilização prevista no número anterior.

ARTIGO 63º
Instalação de telefones

1. Os partidos políticos e os grupos de cidadãos eleitores têm direito à instalação gratuita de um telefone por cada município em que realizem atividades de campanha.

2. A instalação de telefones pode ser requerida a partir da data de convocação do referendo e deve ser efetuada no prazo de cinco dias a contar do requerimento.

SECÇÃO IV
Financiamento da campanha

ARTIGO 64º
Princípio geral

1. O financiamento das campanhas subordina-se, com as necessárias adaptações, aos princípios e regras aplicáveis às campanhas eleitorais para as assembleias legislativas das regiões autónomas nos termos da Lei do Financiamento dos Partidos Políticos e das Campanhas Eleitorais, exceto no que toca às subvenções públicas.

2. Os grupos de cidadãos eleitores sujeitam-se a regime equivalente aos dos partidos políticos com as necessárias adaptações.

CAPÍTULO III
Organização do processo de votação

SECÇÃO I
Assembleias de voto

DIVISÃO I
Organização das assembleias de voto

ARTIGO 65º
Âmbito das assembleias de voto

1. A cada freguesia corresponde uma assembleia de voto.

2. As assembleias de voto das freguesias com um número de eleitores sensivelmente superior a 1 000 são divididas em secções de voto, de modo que o número de eleitores de cada uma não ultrapasse sensivelmente esse número.

ARTIGO 66º
Determinação das assembleias de voto

1. Até ao 30º dia anterior ao do referendo, o presidente da câmara municipal determina o desdobramento em secções de voto, quando necessário, da assembleia

de voto de cada freguesia, comunicando-o imediatamente à correspondente junta de freguesia.

2. Da decisão do presidente da câmara cabe recurso para o membro do Governo Regional com competência em matéria eleitoral.

3. O recurso é interposto no prazo de dois dias após a afixação do edital, pelo presidente da junta de freguesia ou por 10 eleitores pertencentes à assembleia de voto em causa, e é decidido em igual prazo, e a decisão é imediatamente notificada ao recorrente.

4. Da decisão do membro do Governo Regional com competência em matéria eleitoral cabe recurso, a interpor no prazo de um dia, para o Tribunal Constitucional, que decide em plenário em igual prazo.

ARTIGO 67º
Local de funcionamento

1. As assembleias de voto reúnem-se no dia marcado para o refendo regional, às 8 horas da manhã, em todo o território regional, em edifícios públicos, de preferência escolas ou sedes de câmaras municipais ou de juntas de freguesia que ofereçam as indispensáveis condições de acesso e segurança.

2. Na falta de edifícios públicos adequados, são requisitados para, o efeito, edifícios particulares.

ARTIGO 68º
Determinação dos locais de funcionamento

1. Compete ao presidente da câmara municipal determinar os locais de funcionamento das assembleias e das secções de voto, comunicando-os às correspondentes juntas de freguesia até ao 25º dia anterior ao do referendo.

2. Até ao 23º dia anterior ao do referendo as juntas de freguesia anunciam, por editais a afixar nos lugares do estilo, os locais de funcionamento das assembleias e das secções de voto.

ARTIGO 69º
Anúncio do dia, hora e local

1. Até ao 15º dia anterior ao do referendo, o presidente da câmara municipal anuncia, por edital afixado nos lugares do estilo, o dia, a hora e os locais em que se reúnem as assembleias de voto.

2. Dos editais consta também o número de inscrição no recenseamento dos eleitores correspondentes a cada assembleia de voto.

ARTIGO 70º
Elementos de trabalho da mesa

1. Até três dias antes do dia do referendo regional a comissão recenseadora procede à extração de duas cópias devidamente autenticadas dos cadernos eleitorais, confiando-os à junta de freguesia.

2. Até dois dias antes do referendo o presidente da câmara municipal envia ao presidente da junta de freguesia os boletins de voto, um caderno destinado à ata das operações eleitorais, com termo de abertura por ele assinado e com todas as folhas por ele rubricadas, bem como os impressos e outros elementos de trabalho necessários.

3. A junta de freguesia providencia pela entrega ao presidente da mesa de cada assembleia de voto dos elementos referidos nos números anteriores até uma hora antes da abertura da assembleia.

DIVISÃO II
Mesa das assembleias de voto

ARTIGO 71º
Função e composição

1. Em cada assembleia ou secção de voto há uma mesa, que promove e dirige as operações do referendo regional.

2. A mesa é composta por um presidente, um vice-presidente, um secretário e dois escrutinadores.

ARTIGO 72º
Designação

Os membros das mesas das assembleias ou secções de voto são escolhidos por acordo entre os representantes dos partidos que tenham feito a declaração prevista no nº 2 do artigo 32º e dos grupos de cidadãos eleitores regularmente constituídos ou, na falta de acordo, por sorteio.

ARTIGO 73º
Requisitos de designação dos membros das mesas

1. Os membros de cada mesa são designados de entre os eleitores à respetiva assembleia de voto.

2. Não podem ser designados membros da mesa os eleitores que não saibam ler e escrever português.

ARTIGO 74º
Incompatibilidades

Não podem ser designados membros de mesa de assembleia ou secção de voto:

a) O Presidente da República, o Representante da República, os Deputados à Assembleia da República, ao Parlamento Europeu e à ALRAA, os membros do Governo da República e do Governo Regional e os membros dos órgãos executivos das autarquias locais;

b) Os juízes de qualquer tribunal e os magistrados do Ministério Público.

ARTIGO 75º
Processo de designação

1. No 18º dia anterior ao da realização do referendo, pelas 21 horas, os representantes dos partidos e dos grupos de cidadãos eleitores, devidamente credenciados, reúnem-se para proceder à escolha dos membros das mesas das assembleias ou secções de voto da freguesia, na sede da respetiva junta.

2. Se na reunião se não chegar a acordo, o representante de cada partido ou grupo de cidadãos eleitores interveniente propõe ao presidente da câmara municipal, até ao 15º dia anterior ao do referendo, dois eleitores por cada lugar ainda por preencher, para que de entre eles se faça a escolha através de sorteio a realizar dentro de vinte e quatro horas no edifício da câmara municipal e na presença dos representantes que a ele queiram assistir.

3. Não tendo sido apresentadas propostas nos termos do nº 1, o presidente da câmara procede à designação por sorteio, de entre os eleitores da assembleia ou secção de voto, dos membros de mesas cujos lugares estejam ainda por preencher.

ARTIGO 76º
Reclamação

1. Os nomes dos membros das mesas, designados pelos representantes dos partidos ou grupos de cidadãos eleitores ou por sorteio, são publicados por edital afixado no prazo de dois dias à porta da sede da junta de freguesia, podendo qualquer eleitor reclamar contra a designação perante o juiz da comarca no mesmo prazo, com fundamento em preterição de requisitos fixados na presente lei.

2. O juiz decide a reclamação no prazo de um dia e, se a atender, procede imediatamente à escolha, comunicando-a ao presidente da câmara municipal.

ARTIGO 77º
Alvará de nomeação

Até cinco dias antes do referendo, o presidente da câmara municipal lavra alvará de designação dos membros das mesas das assembleias ou secções de voto e participa as nomeações às juntas de freguesia respetivas e ao membro do Governo Regional com competência em matéria eleitoral.

ARTIGO 78º
Exercício obrigatório da função

1. O exercício da função de membro de mesa de assembleia ou secção de voto é obrigatório.

2. São causas justificativas de impedimento:

a) Idade superior a 65 anos;

b) Doença ou impossibilidade física comprovada pelo delegado de saúde municipal;

c) Mudança de residência para a área de outro município, comprovada pela junta de freguesia da nova residência;

d) Ausência da ilha em que reside habitualmente, devidamente comprovada;
e) Ausência no estrangeiro, devidamente comprovada;
f) Exercício de atividade profissional de caráter inadiável, devidamente comprovado por superior hierárquico.

3. A invocação de causa justificativa é feita, sempre que o eleitor o possa fazer, até três dias antes do referendo, perante o presidente da câmara municipal.

4. No caso previsto no número anterior o presidente da câmara procede imediatamente à substituição, nomeando outro eleitor pertencente à assembleia de voto.

ARTIGO 79º
Dispensa de atividade profissional

Os membros das mesas das assembleias ou secções de voto gozam do direito a dispensa de atividade profissional no dia da realização do referendo regional e no seguinte, sem prejuízo de todos os direitos e regalias, incluindo o direito à retribuição, devendo para o efeito comprovar o exercício das respetivas funções.

ARTIGO 80º
Constituição da mesa

1. A mesa das assembleias ou secções de voto não pode constituir-se antes da hora marcada para a votação nem em local diverso do que houver sido anunciado, sob pena de nulidade de todos os atos que praticar.

2. Constituída a mesa, é afixado à porta do edifício em que estiver reunida a assembleia ou secção de voto um edital, assinado pelo presidente, contendo os nomes e os números de inscrição no recenseamento dos cidadãos que compõem a mesa, bem como o número de eleitores inscritos nessa assembleia ou secção de voto.

ARTIGO 81º
Substituições

1. Se uma hora após a marcada para a abertura da assembleia ou secção de voto não tiver sido possível constituir a mesa por não estarem presentes os membros indispensáveis ao seu funcionamento, o presidente da junta de freguesia, mediante acordo da maioria dos delegados presentes, designa os substitutos dos membros ausentes de entre eleitores pertencentes a essa assembleia ou secção de voto.

2. Se, apesar de constituída a mesa, se verificar a falta de um dos seus membros, o presidente substitui-o por qualquer eleitor pertencente à assembleia ou secção de voto, mediante acordo da maioria dos restantes membros da mesa e dos delegados dos partidos e dos grupos de cidadãos que estiverem presentes.

3. Substituídos os faltosos ficam sem efeito as respetivas nomeações, e os seus nomes são comunicados pelo presidente da mesa ao presidente da câmara municipal.

ARTIGO 82º
Permanência da mesa

1. A mesa, uma vez constituída, não pode ser alterada, salvo caso de força maior.

2. Da alteração da mesa e das suas razões é dada publicidade através de edital afixado imediatamente à porta do edifício onde funcionar a assembleia ou secção de voto.

ARTIGO 83º
Quórum

Durante as operações de votação é obrigatória a presença da maioria dos membros da mesa, incluindo a do presidente ou a do vice-presidente.

DIVISÃO III
Delegados dos partidos e grupos de cidadãos eleitores

ARTIGO 84º
Direito de designação de delegados

1. Cada partido que tenha feito a declaração prevista no nº 2 do artigo 32º e cada grupo de cidadãos interveniente no referendo regional têm o direito de designar um delegado efetivo e outro suplente para cada assembleia ou secção de voto.

2. Os delegados podem ser designados para uma assembleia ou secção de voto diferente daquela em que estiverem inscritos como eleitores.

3. A falta de designação ou de comparência de qualquer delegado não afeta a regularidade das operações.

ARTIGO 85º
Processo de designação

1. Até ao 5º dia anterior ao da realização do referendo, os partidos e grupos de cidadãos eleitores indicam, por escrito, ao presidente da câmara municipal os delegados correspondentes às diversas assembleias ou secções de voto e apresentam-lhe, para assinatura e autenticação, as respetivas credenciais.

2. Da credencial, de modelo anexo à presente lei, constam o nome, o número de inscrição no recenseamento, o número de identificação civil do delegado, o partido ou grupo que representa e a assembleia ou secção de voto para que é designado.

ARTIGO 86º
Poderes dos delegados

1. Os delegados dos partidos e grupos de cidadãos eleitores têm os seguintes poderes:

a) Ocupar os lugares mais próximos da mesa da assembleia ou secção de voto, de modo a poderem fiscalizar todas as operações de votação;

b) Consultar a todo o momento as cópias dos cadernos eleitorais utilizadas pela mesa da assembleia ou secção de voto;

c) Ser ouvidos e esclarecidos acerca de todas as questões suscitadas durante o funcionamento da assembleia ou secção de voto, quer na fase de votação quer na fase de apuramento;

d) Apresentar, oralmente ou por escrito, reclamações, protestos ou contraprotestos relativos às operações de voto;

e) Assinar a ata e rubricar, selar e lacrar todos os documentos respeitantes às operações de voto;

f) Obter certidões das operações de votação e apuramento.

2. Os delegados dos partidos e grupos de cidadãos eleitores não podem ser designados para substituir membros da mesa faltosos.

ARTIGO 87º
Imunidades e direitos

1. Os delegados não podem ser detidos durante o funcionamento da assembleia ou secção de voto a não ser por crime punível com pena de prisão superior a três anos e em flagrante delito.

2. Os delegados gozam do direito consignado no artigo 79º

SECÇÃO II
Boletins de voto

ARTIGO 88º
Características fundamentais

1. Os boletins de voto são impressos em papel liso e não transparente.

2. Os boletins de voto são de forma retangular, com a dimensão apropriada para neles caberem, impressas em letra facilmente legível, as perguntas submetidas ao eleitorado.

ARTIGO 89º
Elementos integrantes

1. Em cada boletim de voto são dispostas, umas abaixo das outras, as perguntas submetidas ao eleitorado.

2. Na linha correspondente à última frase de cada pergunta figuram dois quadros, um encimado pela inscrição da palavra «Sim» e outro pela inscrição da palavra «Não», para efeito de o eleitor assinalar a resposta que prefere.

ARTIGO 90º
Cor dos boletins de voto

Os boletins de voto são de cor branca.

ARTIGO 91º
Composição e impressão

A composição e a impressão dos boletins de voto são encargo da RAA, através do membro do Governo Regional com competência em matéria eleitoral.

ARTIGO 92º
Envio dos boletins de voto às câmaras municipais

O membro do Governo Regional com competência eleitoral remete a cada presidente da câmara municipal os boletins de voto para que este cumpra o preceituado no nº 2 do artigo 70º

ARTIGO 93º
Distribuição dos boletins de voto

1. Compete aos presidentes das câmaras municipais proceder à distribuição dos boletins de voto pelas assembleias de voto.
2. A cada assembleia de voto são remetidos, em sobrescrito fechado e lacrado, boletins de voto em número igual ao dos correspondentes eleitores mais 10%.
3. O presidente da câmara municipal presta contas ao membro do Governo Regional com competência em matéria eleitoral dos boletins de voto que tiver recebido.

ARTIGO 94º
Devolução dos boletins de voto não utilizados ou inutilizados

No dia seguinte ao da realização do referendo o presidente de cada assembleia de voto devolve ao presidente da câmara municipal os boletins de voto não utilizados e os boletins deteriorados ou inutilizados pelos eleitores.

CAPÍTULO IV
Votação

SECÇÃO I
Data da realização do referendo

ARTIGO 95º
Dia da realização do referendo

1. O referendo realiza-se no mesmo dia em todo o território regional, sem prejuízo do disposto no artigo 111º
2. O referendo só pode realizar-se em domingo ou dia de feriado nacional ou regional.

SECÇÃO II
Exercício do direito de sufrágio

ARTIGO 96º
Direito e dever cívico

1. O sufrágio constitui um direito e um dever cívico.
2. Os responsáveis pelos serviços e pelas empresas que tenham de se manter em atividade no dia da realização do referendo facilitam aos respetivos trabalhadores dispensa pelo tempo suficiente para que possam votar.

ARTIGO 97º
Unicidade

O eleitor só vota uma vez.

ARTIGO 98º
Local de exercício do sufrágio

O direito de sufrágio é exercido na assembleia de voto correspondente ao local por onde o eleitor esteja recenseado.

ARTIGO 99º
Requisitos do exercício do sufrágio

1. Para que o eleitor seja admitido a votar tem de estar inscrito no caderno de recenseamento e a sua identidade ser reconhecida pela mesa da assembleia ou secção de voto.
2. A inscrição no caderno de recenseamento eleitoral implica a presunção do direito de participação.

ARTIGO 100º
Pessoalidade

1. O direito de sufrágio é exercido pessoalmente pelo eleitor.
2. Não é admitida nenhuma forma de representação ou de delegação.

ARTIGO 101º
Presencialidade

O direito de sufrágio é exercido presencialmente em assembleia de voto pelo eleitor, salvo o disposto nos artigos 117º, 118º e 119º

ARTIGO 102º
Segredo do voto

1. Ninguém pode, sob qualquer pretexto, ser obrigado a revelar o sentido do seu voto.
2. Dentro da assembleia de voto e fora dela, até à distância de 500 m, ninguém pode revelar em que sentido votou ou vai votar.

ARTIGO 103º
Abertura de serviços públicos

No dia da realização do referendo, durante o período de funcionamento das assembleias de voto, mantêm-se abertos os serviços:

a) Das juntas de freguesia, para efeito de informação dos eleitores acerca do seu número de inscrição no recenseamento eleitoral;

b) Dos centros de saúde ou locais equiparados, para o efeito do disposto no nº 2 do artigo 116º

SECÇÃO III
Processo de votação

DIVISÃO I
Funcionamento das assembleias de voto

ARTIGO 104º
Abertura da assembleia

1. A assembleia ou secção de voto abre às 8 horas do dia marcado para a realização do referendo, depois de constituída a mesa.

2. O presidente declara aberta a assembleia ou secção de voto, manda afixar os editais a que se refere o nº 2 do artigo 80º, procede, com os restantes membros da mesa e os delegados dos partidos e dos grupos de cidadãos eleitores, à revista da câmara de voto e dos documentos de trabalho da mesa e exibe a urna perante os eleitores, para que todos possam certificar-se de que se encontra vazia.

ARTIGO 105º
Impossibilidade de abertura da assembleia de voto

Não pode ser aberta a assembleia ou secção de voto nos seguintes casos:

a) Impossibilidade de constituição da mesa;

b) Ocorrência, na freguesia, de grave perturbação da ordem pública no dia marcado para a realização do referendo;

c) Ocorrência, na freguesia, de grave calamidade no dia marcado para a realização do referendo ou nos três dias anteriores.

ARTIGO 106º
Irregularidades e seu suprimento

1. Verificando-se irregularidades superáveis, a mesa procede ao seu suprimento.

2. Não sendo possível o seu suprimento dentro das duas horas subsequentes à abertura da assembleia ou secção de voto, é esta declarada encerrada.

ARTIGO 107º
Continuidade das operações

A assembleia ou secção de voto funciona ininterruptamente até serem concluídas todas as operações de votação e apuramento, sem prejuízo do disposto no artigo seguinte.

ARTIGO 108º
Interrupção das operações

1. As operações são interrompidas, sob pena de nulidade da votação, nos seguintes casos:

a) Ocorrência, na freguesia, de grave perturbação da ordem pública que afete a genuinidade do ato de sufrágio;

b) Ocorrência, na assembleia ou secção de voto, de qualquer das perturbações previstas nos nºs 2 e 3 do artigo 125º;

c) Ocorrência, na freguesia, de grave calamidade.

2. As operações só são retomadas depois de o presidente verificar a existência de condições para que possam prosseguir.

3. Determina o encerramento da assembleia ou secção de voto e a nulidade da votação a interrupção desta por período superior a três horas.

4. Determina também a nulidade da votação a sua interrupção quando as operações não tiverem sido retomadas até à hora do seu encerramento normal, salvo se já tiverem votado todos os eleitores inscritos.

ARTIGO 109º
Presença de não eleitores

É proibida a presença na assembleia ou secção de voto de não eleitores e de eleitores que aí não possam votar, salvo de representantes de partidos ou de grupos de cidadãos eleitores intervenientes no referendo ou de profissionais da comunicação social, devidamente identificados e no exercício das suas funções.

ARTIGO 110º
Encerramento da votação

1. A admissão de eleitores na assembleia ou secção de voto faz-se até às 19 horas.

2. Depois desta hora apenas podem votar os eleitores presentes.

3. O presidente declara encerrada a votação logo que tenham votado todos os eleitores inscritos ou, depois das 19 horas, logo que tenham votado todos os eleitores presentes na assembleia ou secção de voto.

ARTIGO 111º
Adiamento da votação

1. Nos casos previstos no artigo 105º, no nº 2 do artigo 106º e nos nºs 3 e 4 do artigo 108º, aplicar-se-ão, pela respetiva ordem, as regras seguintes:

a) Realização de uma nova votação no mesmo dia da semana seguinte;

b) Realização do apuramento definitivo sem ter em conta a votação em falta, se se tiver revelado impossível a realização da votação prevista na alínea anterior.

2. O reconhecimento da impossibilidade definitiva da realização da votação ou o seu adiamento competem ao membro do Governo Regional com competência em matéria eleitoral.

DIVISÃO II
Modo geral de votação

ARTIGO 112º
Votação dos elementos da mesa e dos delegados

Não havendo nenhuma irregularidade, votam imediatamente o presidente e os vogais da mesa, bem como os delegados dos partidos e dos grupos de cidadãos eleitores, desde que se encontrem inscritos no caderno de recenseamento da assembleia de voto.

ARTIGO 113º
Votos antecipados

1. Após terem votado os elementos da mesa, o presidente procede à abertura e lançamento na urna dos votos antecipados, quando existam.

2. Para o efeito do disposto no número anterior, a mesa verifica se o eleitor se encontra devidamente inscrito e procede à correspondente descarga no caderno de recenseamento, mediante rubrica na coluna a isso destinada e na linha correspondente ao nome do eleitor.

3. Feita a descarga, o presidente abre os sobrescritos referidos no artigo 118º e retira deles o boletim de voto, que introduz na urna.

ARTIGO 114º
Ordem da votação dos restantes eleitores

1. Os restantes eleitores votam pela ordem de chegada à assembleia de voto, dispondo-se para o efeito em fila.

2. Os membros das mesas e os delegados dos partidos em outras assembleias de voto exercem o seu direito de sufrágio logo que se apresentem, desde que exibam o respetivo alvará ou credencial.

ARTIGO 115º
Modo como vota cada eleitor

1. Cada eleitor, apresentando-se perante a mesa, indica o número de inscrição no recenseamento e o nome e entrega ao presidente o cartão de cidadão ou o bilhete de identidade, se o tiver.

2. Na falta de cartão de cidadão ou bilhete de identidade, a identificação do eleitor faz-se por meio de qualquer outro documento oficial que contenha foto-

grafia atualizada, através de dois cidadãos eleitores que atestem, sob compromisso de honra, a sua identidade ou ainda por reconhecimento unânime dos membros da mesa.

3. Identificado o eleitor, o presidente diz em voz alta o seu número de inscrição no recenseamento e o seu nome e, depois de verificada a inscrição, entrega-lhe um boletim de voto.

4. Sempre que o eleitor requerer uma matriz do boletim de voto em Braille, esta ser-lhe-á entregue sobreposta ao boletim de voto para que possa proceder à sua leitura e expressar a seu voto com a cruz no recorte do quadrado da lista correspondente à sua opção de voto.

5. Em seguida, o eleitor dirige-se à câmara de voto situada na assembleia ou secção de voto e aí, sozinho, assinala em relação a cada pergunta submetida ao eleitorado o quadrado encimado pela palavra «Sim» ou o quadrado encimado pela palavra «Não», ou não assinala nenhum, e dobra o boletim em quatro.

6. Voltando para junto da mesa, o eleitor entrega o boletim de voto ao presidente, que o deposita na urna, enquanto os escrutinadores descarregam o voto, rubricando os cadernos eleitorais na coluna a isso destinada e na linha correspondente ao nome do eleitor.

7. Se, por inadvertência, o eleitor deteriorar o boletim, pede outro ao presidente, devolvendo-lhe o primeiro.

8. No caso previsto no número anterior, o presidente escreve no boletim devolvido a nota de «inutilizado», rubrica-o e conserva-o para o efeito do artigo 93º

DIVISÃO III
Modos especiais de votação

SUBDIVISÃO I
Voto dos deficientes

ARTIGO 116º
Requisitos e modo de exercício

1. O eleitor afetado por doença ou deficiência física notórias, que a mesa verifique não poder praticar os atos descritos no artigo anterior, vota acompanhado de outro eleitor por si escolhido, que garanta a fidelidade de expressão do seu voto e que fica obrigado a sigilo absoluto.

2. Se a mesa deliberar que não se verifica a notoriedade da doença ou da deficiência física, exige que lhe seja apresentado no ato da votação atestado comprovativo da impossibilidade da prática dos atos descritos no artigo anterior emitido pelo médico que exerça poderes de autoridade sanitária na área do município e autenticado com o selo do respetivo serviço.

SUBDIVISÃO II
Voto antecipado

ARTIGO 117º
A quem é facultado

1. Podem votar antecipadamente:

a) Os militares que no dia da realização do referendo estejam impedidos de se deslocar à assembleia de voto por imperativo inadiável de exercício das suas funções;

b) Os agentes e serviços que exerçam funções de segurança interna nos termos da lei, bem como os bombeiros e agentes da proteção civil, que se encontrem em situação análoga à prevista na alínea anterior;

c) Os trabalhadores marítimos e aeronáuticos que, por força da sua atividade profissional, se encontrem presumivelmente embarcados ou deslocados no dia da realização do referendo regional;

d) Os eleitores que por motivo de estudo ou formação profissional se encontrem matriculados ou inscritos em estabelecimento de ensino situado fora da ilha por onde se encontrem recenseados;

e) Os eleitores que por motivo de doença se encontrem internados ou presumivelmente internados em estabelecimento hospitalar e impossibilitados de se deslocar à assembleia ou secção de voto;

f) Os eleitores que se encontrem presos;

g) Os membros que representem oficialmente seleções nacionais, organizadas por federações desportivas dotadas de estatuto de utilidade pública desportiva e se encontrem deslocados no estrangeiro, em competições desportivas, no dia da realização do referendo;

h) Todos os eleitores não abrangidos pelas alíneas anteriores que, por força da representação de qualquer pessoa coletiva dos sectores público, privado ou cooperativo, das organizações representativas dos trabalhadores ou de organizações representativas das atividades económicas, e, ainda, outros eleitores que, por imperativo decorrente das suas funções profissionais, se encontrem impedidos de se deslocar à assembleia de voto no dia da realização do referendo.

2. Os eleitores referidos nas alíneas *a)*, *b)* e *h)* do número anterior quando deslocados no estrangeiro entre o 12º dia anterior ao do referendo e o dia da realização do referendo podem exercer o direito de voto junto das representações diplomáticas, consulares ou nas delegações externas dos ministérios e instituições públicas portuguesas previamente definidas pelo membro do Governo Regional com competência em matéria eleitoral em coordenação com o Ministério dos Negócios Estrangeiros, nos termos do artigo 121º

3. Podem também votar antecipadamente os seguintes eleitores deslocados no estrangeiro:

a) Militares, agentes militarizados e civis integrados em operações de manutenção de paz, cooperação técnico-militar ou equiparadas;

b) Médicos, enfermeiros e outros cidadãos integrados em missões humanitárias, como tal reconhecidas pelo Governo Regional;

c) Investigadores e bolseiros em instituições universitárias ou equiparadas, como tal reconhecidas pelo ministério competente;

d) Estudantes inscritos em instituições de ensino ou que as frequentem ao abrigo de programas de intercâmbio;

e) Membros integrantes de delegações oficiais do Estado ou da Região Autónoma;

f) Os eleitores doentes em tratamento no estrangeiro, bem como os seus acompanhantes.

4. Podem ainda votar antecipadamente os cidadãos eleitores cônjuges ou equiparados, parentes ou afins que vivam com os eleitores mencionados no número anterior.

5. Só são considerados os votos recebidos na sede da junta de freguesia correspondente à assembleia de voto em que o eleitor deveria votar até ao dia anterior ao da realização do referendo regional.

ARTIGO 118º
Modo de exercício do direito de voto antecipado por razões profissionais

1. Qualquer eleitor que esteja nas condições previstas nas alíneas *a)*, *b)*, *c)*, *g)* e *h)* do artigo anterior pode dirigir-se ao presidente da câmara do município em cuja área se encontre recenseado, entre o 10º e o 5º dia anteriores ao do referendo, manifestando a sua vontade de exercer antecipadamente o direito de sufrágio.

2. O eleitor identifica-se por forma idêntica à prevista nos nºs 1 e 2 do artigo 115º e faz prova do impedimento invocado através de documento assinado pelo seu superior hierárquico, pela entidade patronal ou outro que comprove suficientemente a existência do impedimento ao normal exercício do direito de voto.

3. O presidente da câmara municipal entrega ao eleitor um boletim de voto e dois sobrescritos.

4. Um dos sobrescritos, de cor branca, destina-se a receber o boletim de voto e o outro, de cor azul, a conter o sobrescrito anterior e o documento comprovativo a que se refere o nº 2.

5. O eleitor preenche o boletim em condições que garantam o segredo de voto, dobra-o em quatro e introdu-lo no sobrescrito de cor branca, que fecha adequadamente.

6. Em seguida, o sobrescrito de cor branca é introduzido no sobrescrito de cor azul juntamente com o referido documento comprovativo, sendo o sobrescrito azul fechado, lacrado e assinado no verso, de forma legível, pelo presidente da câmara municipal e pelo eleitor.

7. O presidente da câmara municipal entrega ao eleitor recibo comprovativo do exercício do direito de voto, de modelo anexo a esta lei, do qual constem o seu nome,

residência, número de identificação civil e assembleia de voto a que pertence, bem como o respetivo número de inscrição no recenseamento, sendo o documento assinado pelo presidente da câmara e autenticado com o carimbo ou selo branco do município.

8. O presidente da câmara municipal elabora uma ata das operações efetuadas, nela mencionando expressamente o nome, o número de inscrição e a freguesia onde o eleitor se encontra inscrito, enviando cópia da mesma à assembleia de apuramento geral.

9. O presidente da câmara municipal envia, pelo seguro do correio, o sobrescrito azul à mesa da assembleia ou secção de voto em que deveria exercer o direito de sufrágio, ao cuidado da respetiva junta de freguesia, até ao 4º dia anterior ao da realização do referendo.

10. A junta de freguesia remete os votos recebidos ao presidente da mesa da assembleia de voto até à hora prevista no nº 1 do artigo 104º

11. Os partidos e grupos de cidadãos eleitores intervenientes na campanha para o referendo podem nomear, nos termos gerais, delegados para fiscalizar as operações referidas nos nºs 1 a 8.

ARTIGO 119º
Modo de exercício do direito de voto antecipado por estudantes

1. Qualquer eleitor que esteja nas condições previstas na alínea *d*) do nº 1 do artigo 117º pode requerer ao presidente da câmara do município em que se encontre recenseado, até ao 20º dia anterior ao da realização do referendo, a documentação necessária ao exercício do direito de voto, enviando cópias do seu cartão de cidadão ou bilhete de identidade e cartão ou certidão de eleitor, e juntando documento comprovativo do impedimento invocado.

2. O documento comprovativo do impedimento do eleitor consiste numa declaração emitida pela direção do estabelecimento de ensino que ateste a sua admissão ou frequência.

3. O presidente da câmara envia, por correio registado com aviso de receção, até ao 17º dia anterior ao da realização do referendo:

a) Ao eleitor, a documentação necessária ao exercício do direito de voto, acompanhada dos documentos enviados pelo eleitor;

b) Ao presidente da câmara do município onde se encontrem eleitores nas condições definidas no nº 1, a relação nominal dos referidos eleitores.

4. Os partidos e grupos de cidadãos eleitores intervenientes na campanha para o referendo podem nomear, nos termos gerais até ao 14º dia anterior à realização do referendo, delegados para fiscalizar as operações referidas nos números anteriores.

5. A votação dos estudantes realizar-se-á nos paços do concelho do município em que se situar o respetivo estabelecimento de ensino, no 9º dia anterior ao da realização do referendo, entre as 9 e as 19 horas, sob a responsabilidade do presidente

da câmara municipal, ou vereador por ele designado, cumprindo-se o disposto nos n°s 3, 4, 5, 6, 7 e 8 do artigo 118º.

6. O presidente da câmara municipal envia, pelo seguro de correio, o sobrescrito azul à mesa da assembleia de voto em que o eleitor deveria exercer o direito de sufrágio, ao cuidado da respetiva junta de freguesia, até ao 7º dia anterior ao da realização do referendo.

7. A junta de freguesia destinatária dos votos recebidos remete-os ao presidente da mesa da assembleia de voto até à hora prevista no nº 1 do artigo 104º.

ARTIGO 120º
Modo de exercício do direito de voto antecipado por doentes e por presos

1. Qualquer eleitor que esteja nas condições previstas nas alíneas *e*) e *f*) do nº 1 do artigo 117º pode requerer, por meios eletrónicos ou por via postal, ao presidente da câmara do município em que se encontre recenseado, até ao 20º dia anterior ao do referendo, a documentação necessária ao exercício do direito de voto, enviando cópias do seu cartão de cidadão ou bilhete de identidade e cartão ou certidão de eleitor e juntando documento comprovativo do impedimento invocado, passado pelo médico assistente e confirmado pela direção do estabelecimento hospitalar, ou documento emitido pelo diretor do estabelecimento prisional, conforme os casos.

2. O presidente da câmara referido no número anterior envia, por correio registado com aviso de receção, até ao 17º dia anterior ao do referendo:

a) Ao eleitor, a documentação necessária ao exercício do direito de voto, acompanhada dos documentos enviados pelo eleitor;

b) Ao presidente da câmara do município onde se encontrem eleitores nas condições definidas no nº 1, a relação nominal dos referidos eleitores e a indicação dos estabelecimentos hospitalares ou prisionais abrangidos.

3. O presidente da câmara do município onde se situe o estabelecimento hospitalar ou prisional em que o eleitor se encontre internado notifica, até ao 16º dia anterior ao do referendo, os partidos e os grupos de cidadãos eleitores intervenientes na campanha para o referendo, para cumprimento dos fins previstos no nº 11 do artigo 118º, dando conhecimento de quais os estabelecimentos onde se realiza o voto antecipado.

4. A nomeação de delegados dos partidos e de representantes dos grupos de cidadãos eleitores deve ser transmitida ao presidente da câmara até ao 14º dia anterior ao do referendo.

5. Entre o 10º e o 13º dia anteriores ao do referendo o presidente da câmara municipal em cuja área se encontre situado o estabelecimento hospitalar ou prisional com eleitores nas condições do nº 1, em dia e hora previamente anunciados ao respetivo diretor e aos delegados de justiça, desloca-se ao mesmo estabelecimento a fim de ser dado cumprimento, com as necessárias adaptações ditadas pelos constrangimentos dos regimes hospitalares ou prisionais, ao disposto nos nºs 4, 5, 6, 7, 8 e 9 do artigo 118º.

6. O presidente da câmara pode excecionalmente fazer-se substituir, para o efeito da diligência prevista no número anterior, por qualquer vereador do município, devidamente credenciado.

7. A junta de freguesia destinatária dos votos recebidos dá cumprimento ao disposto no n.º 10 do artigo 118º

ARTIGO 121º
Modo de exercício do direito de voto antecipado por eleitores deslocados no estrangeiro

1. Qualquer eleitor que esteja nas condições previstas nos nºs 2, 3 e 4 do artigo 117º, pode exercer o direito de sufrágio entre o 12º e o 10º dias anteriores ao do referendo, junto das representações diplomáticas, consulares ou nas delegações externas dos ministérios e instituições portuguesas previamente definidas pelo membro do Governo Regional com competência em matéria eleitoral em coordenação com o Ministério dos Negócios Estrangeiros, nos termos previstos no artigo 118º, sendo a intervenção do presidente da câmara municipal da competência do funcionário diplomático designado para o efeito, a quem cabe remeter a correspondência eleitoral pela via mais expedita à junta de freguesia respetiva.

2. No caso dos eleitores mencionados nas alíneas *a)* e *b)* do n.º 3 do artigo 117º, o Ministério dos Negócios Estrangeiros, se reconhecer a impossibilidade da sua deslocação aos locais referidos no número anterior, designa um funcionário diplomático, que procede à recolha da correspondência relativa ao ato referendário, no período acima referido.

3. As operações referidas nos números anteriores podem ser fiscalizadas pelos delegados dos partidos e de representantes dos grupos de cidadãos eleitores para o efeito nomeados até ao 16º dia anterior ao dia da realização do referendo.

SECÇÃO IV
Garantias de liberdade de sufrágio

ARTIGO 122º
Dúvidas, reclamações, protestos e contraprotestos

1. Além dos delegados dos partidos e grupos de cidadãos eleitores intervenientes na campanha para o referendo, qualquer eleitor pertencente a uma assembleia de voto pode suscitar dúvidas e apresentar por escrito reclamações, protestos e contraprotestos relativos às operações da mesma assembleia e instruí-los com os documentos convenientes.

2. A mesa não pode recusar-se a receber as reclamações, os protestos e os contraprotestos e deve rubricá-los e apensá-los à ata.

3. As reclamações, os protestos e os contraprotestos têm de ser objeto de deliberação da mesa, que pode tomá-la no final se entender que isso não afeta o andamento normal da votação.

4. Todas as deliberações da mesa são tomadas por maioria absoluta dos membros presentes e fundamentadas, tendo o presidente voto de qualidade.

ARTIGO 123º
Polícia da assembleia de voto

1. Compete ao presidente da mesa, coadjuvado pelos vogais, assegurar a liberdade dos eleitores, manter a ordem e em geral regular a polícia da assembleia, adotando para o efeito as providências necessárias.
2. Não são admitidos na assembleia de voto os eleitores que se apresentem manifestamente embriagados ou drogados, ou que sejam portadores de qualquer arma ou instrumento suscetível de como tal ser usado.

ARTIGO 124º
Proibição de propaganda

1. É proibida qualquer propaganda dentro das assembleias de voto, e fora delas até à distância de 500 m.
2. Por propaganda entende-se também a exibição de símbolos, siglas, sinais, distintivos ou autocolantes de quaisquer partidos, coligações, grupos de cidadãos eleitores ou representativos de posições assumidas perante o referendo.

ARTIGO 125º
Proibição de presença de forças de segurança e casos em que podem comparecer

1. Nos locais onde se reunirem as assembleias de voto e num raio de 100 m é proibida a presença de forças de segurança, salvo nos casos previstos nos números seguintes.
2. Quando for necessário pôr termo a algum tumulto ou obstar a qualquer agressão ou violência dentro do edifício da assembleia de voto ou na sua proximidade, e ainda em caso de desobediência às suas ordens, pode o presidente da mesa, consultada esta, requisitar a presença de forças de segurança, sempre que possível por escrito, mencionando na ata das operações as razões e o período da respetiva presença.
3. Quando o comandante das forças de segurança verificar a existência de fortes indícios de que se exerce sobre os membros da mesa coação física ou psíquica que impeça o presidente de fazer a requisição, pode apresentar-se a este por iniciativa própria, mas deve retirar-se logo que pelo presidente ou por quem o substitua tal lhe seja determinado.
4. Quando o entenda necessário, o comandante da força de segurança pode visitar, desarmado e por um período máximo de dez minutos, a assembleia de voto, a fim de estabelecer contacto com o presidente da mesa ou com quem o substitua.

ARTIGO 126º
Deveres dos profissionais de comunicação social

Os profissionais de comunicação social que no exercício das suas funções se desloquem às assembleias de voto não podem:

a) Colher imagens ou aproximar-se das câmaras de voto por forma que possa comprometer o segredo de voto;

b) Obter, no interior da assembleia de voto ou no seu exterior, até à distância de 500 m, outros elementos de reportagem que igualmente possam comprometer o segredo de voto;

c) Perturbar de qualquer modo o ato da votação.

ARTIGO 127º
Difusão e publicação de notícias e reportagens

As notícias, as imagens ou outros elementos de reportagem colhidos nas assembleias de voto, incluindo os resultados do apuramento parcial, só podem ser difundidos ou publicados após o encerramento de todas as assembleias de voto.

CAPÍTULO V
Apuramento

SECÇÃO I
Apuramento parcial

ARTIGO 128º
Operação preliminar

Encerrada a votação, o presidente da assembleia de voto procede à contagem dos boletins que não tiverem sido utilizados, bem como dos inutilizados pelos eleitores e encerra-os com a necessária especificação em sobrescrito próprio que fecha e lacra para o efeito do artigo 94º

ARTIGO 129º
Contagem dos votantes e dos boletins de voto

1. Concluída a operação preliminar, o presidente manda contar o número dos votantes pelas descargas efetuadas nos cadernos eleitorais.

2. Em seguida manda abrir a urna a fim de conferir o número de boletins de voto entrados e, no fim da contagem, volta a introduzi-los nela.

3. Em caso de divergência entre o número dos votantes apurados e o dos boletins de voto contados prevalece, para efeitos de apuramento, o segundo destes números.

4. Do número de boletins de voto contados é dado imediato conhecimento público através de edital que o presidente lê em voz alta e manda afixar à porta da assembleia de voto.

ARTIGO 130º
Contagem dos votos

1. Um dos escrutinadores desdobra os boletins, um a um, e anuncia em voz alta qual a resposta a cada uma das perguntas submetidas ao eleitorado.

2. O outro escrutinador regista numa folha branca ou, de preferência, num quadro bem visível, e separadamente, a resposta atribuída a cada pergunta, os votos em branco e os votos nulos.

3. Simultaneamente, os boletins de voto são examinados e exibidos pelo presidente, que, com ajuda de um dos vogais, os agrupa em lotes separados, correspondentes aos votos validamente expressos, aos votos em branco e aos votos nulos.

4. Terminadas as operações previstas nos números anteriores, o presidente procede à contraprova dos boletins de cada um dos lotes separados e pela verificação dos requisitos previstos no nº 2.

ARTIGO 131º
Votos válidos

Excecionados os votos referidos nos artigos seguintes, consideram-se válidos os votos em que o eleitor haja assinalado corretamente as respostas a uma ou mais das perguntas formuladas.

ARTIGO 132º
Voto em branco

Considera-se voto em branco o correspondente a um boletim de voto que não contenha qualquer sinal.

ARTIGO 133º
Voto nulo

1. Considera-se voto nulo, no tocante a qualquer das perguntas, o correspondente ao boletim:

a) No qual tenha sido assinalado mais de um quadrado correspondente à mesma pergunta;
b) No qual haja dúvidas quanto ao quadrado assinalado;
c) No qual tenha sido feito qualquer corte, desenho ou rasura;
d) No qual tenha sido escrita qualquer palavra.

2. Não se considera voto nulo o do boletim de voto no qual a cruz, embora não perfeitamente desenhada ou excedendo os limites do quadrado, assinale inequivocamente a vontade do eleitor.

3. Considera-se ainda como voto nulo o voto antecipado quando o sobrescrito com o boletim de voto não chegue ao seu destino nas condições previstas nos artigos 118º a 121º ou seja recebido em sobrescrito que não esteja adequadamente fechado.

ARTIGO 134º
Direitos dos delegados dos partidos
e dos grupos de cidadãos eleitores

1. Depois das operações previstas nos artigos 129º e 130º, os delegados dos partidos e dos grupos de cidadãos eleitores têm o direito de examinar os lotes dos boletins separados, bem como os correspondentes registos, sem alterar a sua composição e, no caso de terem dúvidas ou objeções em relação à contagem ou à qualificação dada ao voto de qualquer boletim, têm o direito de solicitar esclarecimentos ou apresentar reclamações ou protestos perante o presidente.

2. Se a reclamação ou o protesto não for atendido pela mesa, os boletins de voto reclamados ou protestados são separados, anotados no verso com indicação da qualificação dada pela mesa e do objeto da reclamação ou protesto e rubricados pelo presidente da mesa e pelo delegado do partido ou grupo de cidadãos.

3. A reclamação ou o protesto não atendidos não impedem a contagem do boletim de voto para efeito de apuramento parcial.

ARTIGO 135º
Edital do apuramento parcial

O apuramento é imediatamente publicado por edital afixado à porta do edifício da assembleia de voto em que se discriminam o número de respostas afirmativas ou negativas a cada pergunta, o número de votos em branco e os votos nulos.

ARTIGO 136º
Comunicação para efeito de escrutínio provisório

1. Os presidentes das mesas das assembleias de voto comunicam imediatamente à junta de freguesia ou à entidade para este efeito designada pelo membro do Governo Regional com competência em matéria eleitoral, os elementos constantes do edital previsto no artigo anterior.

2. A entidade a quem é feita a comunicação apura os resultados do referendo na freguesia e comunica-os de imediato ao membro do Governo Regional com competência em matéria eleitoral.

ARTIGO 137º
Destino dos boletins de votos nulos ou objeto de reclamação
ou protesto

Os boletins de votos nulos ou sobre os quais tenha havido reclamação ou protesto são, depois de rubricados, remetidos à assembleia de apuramento geral com os documentos que lhes digam respeito.

ARTIGO 138º
Destino dos restantes boletins

1. Os restantes boletins de voto, devidamente empacotados e lacrados, são confiados à guarda do juiz de direito de comarca.

2. Esgotado o prazo para interposição dos recursos contenciosos, ou decididos definitivamente estes, o juiz promove a destruição dos boletins.

ARTIGO 139º
Ata das operações de votação e apuramento

1. Compete ao secretário da mesa proceder à elaboração da ata das operações de votação e apuramento.
2. Da ata devem constar:

a) Os números de inscrição no recenseamento e os nomes dos membros da mesa e dos delegados dos partidos e grupos de cidadãos eleitores intervenientes;
b) O local da assembleia de voto e a hora de abertura e de encerramento;
c) As deliberações tomadas pela mesa durante as operações;
d) O número total de eleitores inscritos, o de votantes e o de não votantes;
e) Os números de inscrição no recenseamento dos eleitores que votaram por antecipação;
f) O número de respostas afirmativas ou negativas obtidas por cada pergunta;
g) O número de respostas em branco a cada pergunta;
h) O número de votos totalmente em branco e o de votos nulos;
i) O número de boletins de voto sobre os quais haja incidido reclamação ou protesto;
j) As divergências de contagem, se tiverem existido, a que se refere o nº 3 do artigo 129º com indicação precisa das diferenças notadas;
k) O número de reclamações, protestos e contraprotestos apensos à ata;
l) Quaisquer outras ocorrências que a mesa julgue dever mencionar.

ARTIGO 140º
Envio à assembleia de apuramento geral

Nas 24 horas seguintes à votação, os presidentes das assembleias de voto entregam ao presidente da assembleia de apuramento geral ou remetem pelo seguro de correio, ou por próprio, que cobra recibo de entrega, as atas, os cadernos e demais documentos respeitantes ao ato referendário.

SECÇÃO II
Apuramento geral

ARTIGO 141º
Assembleia de apuramento geral

O apuramento geral dos resultados do referendo compete a uma assembleia que funciona no edifício para o efeito designado pelo membro do Governo Regional com competência em matéria eleitoral.

ARTIGO 142º
Composição

Compõem a assembleia de apuramento geral:

a) O juiz presidente da Comarca dos Açores, que preside, com voto de qualidade;

b) Dois juristas escolhidos pelo presidente;

c) Dois professores de matemática que lecionem na RAA, designados pelo Representante da República;

d) Nove presidentes de assembleia de voto, designados pelo Representante da República;

e) Um secretário judicial, que secretaria sem voto, designado pelo presidente.

ARTIGO 143º
Direitos dos partidos e grupos de cidadãos eleitores

Os representantes dos partidos e grupos de cidadãos eleitores intervenientes na campanha para o referendo têm o direito de assistir, sem voto, aos trabalhos das assembleias de apuramento geral, bem como de apresentar reclamações, protestos ou contraprotestos.

ARTIGO 144º
Constituição da assembleia de apuramento geral

1. A assembleia de apuramento geral deve ficar constituída até à antevéspera do dia da realização do referendo.

2. Da constituição da assembleia dá o seu presidente imediato conhecimento público através de edital a afixar à porta do edifício do tribunal onde deve funcionar.

ARTIGO 145º
Estatuto dos membros das assembleias de apuramento geral

1. É aplicável aos cidadãos que façam parte das assembleias de apuramento geral o disposto no artigo 87º.

2. Os cidadãos que façam parte das assembleias de apuramento geral gozam, durante o período do respetivo funcionamento, do direito previsto no artigo 79º, desde que provem o exercício de funções através de documento assinado pelo presidente da assembleia.

ARTIGO 146º
Conteúdo do apuramento geral

O apuramento geral consiste:

a) Na verificação do número total de eleitores inscritos;

b) Na verificação dos números totais de votantes e de não votantes na área a que respeita o apuramento, com as respetivas percentagens relativamente ao número total de inscritos;

c) Na verificação dos números totais de votos em branco, de votos nulos e de votos validamente expressos, com as respetivas percentagens relativamente ao número total de votantes;

d) Na verificação dos números totais de respostas afirmativas e negativas às perguntas submetidas ao eleitorado, com as respetivas percentagens relativamente ao número total de votos validamente expressos;

e) Na verificação do número de respostas em branco em relação a cada pergunta, com as correspondentes percentagens relativamente ao número total dos respetivos votantes.

ARTIGO 147º
Realização das operações

1. A assembleia de apuramento geral inicia as operações às 9 horas do 2º dia seguinte ao da realização do referendo.

2. Em caso de adiamento ou declaração de nulidade da votação em qualquer assembleia de voto, a assembleia de apuramento geral reúne no 2º dia seguinte ao da votação para completar as operações de apuramento.

ARTIGO 148º
Elementos do apuramento geral

1. O apuramento geral é feito com base nas atas das operações das assembleias de voto, nos cadernos eleitorais e nos demais documentos que os acompanharem.

2. Se faltarem os elementos de alguma assembleia de voto, o apuramento geral inicia-se com base nos elementos já recebidos, e o presidente designa nova reunião, dentro das quarenta e oito horas seguintes, para se concluírem os trabalhos, tomando entretanto as providências necessárias para que a falta seja reparada.

3. O apuramento geral pode basear-se provisoriamente em correspondência telegráfica ou por telecópia transmitida pelos presidentes das câmaras municipais.

ARTIGO 149º
Reapreciação dos resultados do apuramento parcial

1. No início dos seus trabalhos a assembleia de apuramento geral decide sobre os boletins de voto em relação aos quais tenha havido reclamação ou protesto e verifica os boletins de voto considerados nulos, reapreciando-os segundo critério uniforme.

2. Em função do resultado das operações previstas no número anterior a assembleia corrige, se for caso disso, o apuramento da respetiva assembleia de voto.

ARTIGO 150º
Proclamação e publicação dos resultados

Os resultados do apuramento geral são proclamados pelo presidente e, em seguida, publicados por meio de edital afixado à porta do edifício onde funciona a assembleia.

ARTIGO 151º
Ata de apuramento geral

1. Do apuramento geral é imediatamente lavrada ata de que constam os resultados das respetivas operações, as reclamações, os protestos e os contraprotestos apresentados nos termos dos artigos 122º e 134º, bem como as decisões que sobre eles tenham recaído.

2. Nos dois dias posteriores àquele em que se concluir o apuramento geral, o presidente envia, pelo seguro do correio, dois exemplares da ata à Comissão Nacional de Eleições.

ARTIGO 152º
Destino da documentação

1. Os cadernos eleitorais e demais documentação presente à assembleia de apuramento geral, bem como a ata desta, são confiados à guarda e responsabilidade do tribunal em cuja sede aquela tenha funcionado.

2. Terminado o prazo de recurso contencioso ou decididos os recursos que tenham sido apresentados, o tribunal procede à destruição de todos os documentos, com exceção das atas das assembleias de voto e das atas das assembleias de apuramento.

ARTIGO 153º
Certidões ou fotocópias do ato de apuramento geral

Aos partidos e grupos de cidadãos eleitores intervenientes na campanha para o referendo são emitidas pela secretaria do tribunal, no prazo de três dias, desde que o requeiram, certidões ou fotocópias da ata de apuramento geral.

ARTIGO 154º
Mapa dos resultados do referendo

1. A Comissão Nacional de Eleições elabora um mapa oficial com os resultados do referendo regional de que constem:

   a) Número total de eleitores inscritos;

   b) Números totais de votantes e de não votantes, com as respetivas percentagens relativamente ao número total de inscritos;

   c) Números totais de votos validamente expressos, de votos em branco e de votos nulos, com as respetivas percentagens relativamente ao número total de votantes;

   d) Número total de respostas afirmativas e negativas a cada pergunta submetida ao eleitorado, com as respetivas percentagens relativamente ao número total de votos validamente expressos;

   e) Número total de respostas em branco em relação a cada pergunta, com as respetivas percentagens relativamente ao número total de votantes.

2. A Comissão Nacional de Eleições publica o mapa na 1ª série do *Diário da República*, nos oito dias subsequentes à receção da ata de apuramento geral.

SECÇÃO III
Apuramento no caso de adiamento ou nulidade da votação

ARTIGO 155º
Regras especiais de apuramento

1. No caso de adiamento de qualquer votação, nos termos do artigo 111º o apuramento geral é efetuado não tendo em consideração as assembleias em falta.
2. Na hipótese prevista no número anterior, a assembleia de apuramento geral reúne no dia seguinte à votação para concluir o apuramento.
3. A proclamação e a publicação nos termos do artigo 150º têm lugar no dia da última reunião da assembleia de apuramento geral.
4. O disposto nos números anteriores é aplicável em caso de declaração de nulidade de qualquer votação.

CAPÍTULO VI
Contencioso da votação e do apuramento

ARTIGO 156º
Pressupostos do recurso contencioso

1. As irregularidades ocorridas no decurso da votação e das operações de apuramento parcial ou geral podem ser apreciadas em recurso, desde que hajam sido objeto de reclamação ou protesto apresentados por escrito no ato em que se tiverem verificado.
2. Das irregularidades ocorridas no decurso da votação ou do apuramento parcial só pode ser interposto recurso contencioso se também tiver sido previamente interposto recurso gracioso, perante a assembleia de apuramento geral, no 2º dia posterior ao da realização do referendo.

ARTIGO 157º
Legitimidade

Da decisão sobre a reclamação, protesto ou contraprotesto podem recorrer, além do respetivo apresentante, os delegados ou representantes dos partidos e grupos de cidadãos eleitores intervenientes na campanha para o referendo.

ARTIGO 158º
Tribunal competente e prazo

O recurso contencioso é interposto, no dia seguinte ao da afixação do edital contendo os resultados do apuramento, perante o Tribunal Constitucional.

ARTIGO 159º
Processo

1. A petição de recurso especifica os respetivos fundamentos de facto e de direito e é acompanhada de todos os elementos de prova.

2. A interposição e fundamentação podem ser feitas por via eletrónica, telegráfica, telex ou fax, sem prejuízo de posterior envio de todos os elementos de prova.

3. Os representantes dos restantes partidos e grupos de cidadãos eleitores intervenientes na campanha para o referendo são imediatamente notificados para responderem, querendo, no prazo de um dia.

4. O Tribunal Constitucional decide definitivamente em plenário no prazo de dois dias a contar do termo do prazo previsto no número anterior, comunicando imediatamente a decisão à Comissão Nacional de Eleições e ao Representante da República.

5. É aplicável ao contencioso da votação e do apuramento o disposto no Código do Processo Civil quanto ao processo declarativo, com as necessárias adaptações.

ARTIGO 160º
Efeitos da decisão

1. A votação em qualquer assembleia de voto só é julgada nula quando se hajam verificado ilegalidades que possam influir no resultado geral do referendo.

2. Declarada a nulidade da votação numa ou mais assembleias de voto, as operações correspondentes são repetidas no 2º domingo posterior à decisão.

CAPÍTULO VII
Despesas públicas respeitantes ao referendo

ARTIGO 161º
Âmbito das despesas

Constituem despesas públicas respeitantes ao referendo os encargos públicos resultantes dos atos de organização e concretização do processo de votação, bem como da divulgação de elementos com estes relacionados.

ARTIGO 162º
Despesas regionais e centrais

1. As despesas são regionais e centrais.

2. Constituem despesas regionais, as realizadas pelos órgãos da RAA ou por qualquer outra entidade a nível regional.

3. Constituem despesas centrais, as realizadas pela Comissão Nacional de Eleições, pela Secretaria-Geral do Ministério da Administração Interna ou outros serviços da administração central no exercício das suas atribuições.

ARTIGO 163º
Trabalho extraordinário

Os trabalhos relativos à efetivação do referendo que devam ser executados por trabalhadores da Administração Pública Regional para além do respetivo período normal de trabalho são remunerados, nos termos da lei vigente, como trabalho extraordinário.

ARTIGO 164º
Atribuição de tarefas

No caso de serem atribuídas tarefas a entidade não vinculada à Administração Pública, a respetiva remuneração tem lugar na medida do trabalho prestado, nos termos da lei.

ARTIGO 165º
Pagamento das despesas

1. As despesas regionais são satisfeitas por verbas sujeitas à inscrição no orçamento da RAA.

2. As despesas centrais são satisfeitas pela Secretaria-Geral do Ministério da Administração Interna, mediante verba sujeita a inscrição no respetivo orçamento.

ARTIGO 166º
Despesas com deslocações

1. As deslocações realizadas por indivíduos não vinculados à Administração Pública no exercício de funções para que tenham sido legalmente designados no âmbito da efetivação do referendo ficam sujeitas ao regime jurídico aplicável, nesta matéria, aos trabalhadores que exercem funções públicas.

2. O pagamento a efetivar, a título de ajudas de custo, pelas deslocações a que se refere o número anterior é efetuado com base na 1ª posição remuneratória correspondente à carreira de técnico superior da tabela remuneratória única dos trabalhadores que exercem funções públicas.

ARTIGO 167º
Transferência de verbas

1. O Governo Regional comparticipa nas despesas a que alude o artigo 165º, mediante transferência de verbas do orçamento da região para os municípios.

2. Os montantes a transferir para cada município são calculados de acordo com a seguinte fórmula:

Montante a transferir = $V + a° - E + b° - F$

em que V é a verba mínima, em euros, por município, E o número de eleitores por município, F o número de freguesias por município e a e b coeficientes de ponderação expressos, respetivamente, em euros por eleitor e em euros por freguesia.

3. Os valores V, a e b são fixados por decreto legislativo regional.

4. A verba atribuída a cada município é consignada às freguesias da respetiva área segundo critério idêntico ao estabelecido no nº 2, substituindo-se a referência ao município por referência à freguesia e esta por assembleia de voto, mas os municípios podem reservar para si até 30% do respetivo montante.

5. A verba prevista no número anterior é transferida para os municípios até 20 dias antes do início da campanha para o referendo e destes para as freguesias no prazo de 10 dias a contar da data em que tenha sido posta à disposição do referido município.

ARTIGO 168º
Dispensa de formalismos legais

1. Na realização de despesas respeitantes à efetivação de referendo é dispensada a precedência de formalidades que se mostrem incompatíveis com os prazos e a natureza dos trabalhos a realizar e que não sejam de caráter puramente contabilístico.

2. A dispensa referida no número anterior efetiva-se por despacho da entidade responsável pela gestão do orçamento pelo qual a despesa deve ser suportada.

ARTIGO 169º
Regime duodecimal

A realização de despesas por conta de dotações destinadas a suportar encargos públicos com a efetivação de referendo não está sujeita ao regime duodecimal.

ARTIGO 170º
Dever de indemnização

A RAA indemniza, nos termos do disposto na Lei Eleitoral para a ALRAA:

a) As publicações informativas;

b) As estações públicas e privadas de rádio e televisão pela utilização prevista no artigo 39º

ARTIGO 171º
Isenções

São isentos de quaisquer taxas ou emolumentos, ou de qualquer imposto:

a) Quaisquer requerimentos, incluindo os judiciais, relativos à efetivação de referendo;

b) Os reconhecimentos notariais em documentos para efeitos de referendo;

c) As procurações forenses a utilizar em reclamações e recursos previstos na presente lei, devendo as mesmas especificar o fim a que se destinam;

d) Todos os documentos destinados a instruírem quaisquer reclamações, protestos ou contraprotestos perante as assembleias de voto ou perante a assembleia de apuramento geral, bem como quaisquer reclamações ou recursos previstos na lei;

e) As certidões relativas ao apuramento.

CAPÍTULO VIII
Ilícito relativo ao referendo

SECÇÃO I
Princípios gerais

ARTIGO 172º
Circunstâncias agravantes

Constituem circunstâncias agravantes do ilícito relativo ao referendo:

a) Influir a infração no resultado da votação;
b) Ser a infração cometida por agente com intervenção em atos de referendo;
c) Ser a infração cometida por membro de comissão recenseadora;
d) Ser a infração cometida por membro de mesa de assembleia de voto;
e) Ser a infração cometida por membro de assembleia de apuramento;
f) Ser a infração cometida por representante ou delegado de partido político ou grupo de cidadãos.

SECÇÃO II
Ilícito penal

DIVISÃO I
Disposições gerais

ARTIGO 173º
Punição da tentativa

A tentativa é sempre punível.

ARTIGO 174º
Pena acessória de suspensão de direitos políticos

À prática de crimes relativos ao referendo pode corresponder, para além das penas especialmente previstas na presente lei, pena acessória de suspensão, de seis meses a cinco anos, dos direitos consignados nos artigos 49º, 50º, 52º, nº 3, 124º, nº 1, e 207º da Constituição, atenta a concreta gravidade do facto.

ARTIGO 175º
Pena acessória de demissão

À prática de crimes relativos ao referendo por parte de trabalhadores no exercício das suas funções públicas pode corresponder, independentemente da medida da pena, a pena acessória de demissão, sempre que o crime tiver sido praticado com flagrante e grave abuso das funções ou com manifesta e grave violação dos deveres que lhes são inerentes, atenta a concreta gravidade do facto.

ARTIGO 176º
Direito de constituição como assistente

Qualquer partido político ou grupo de cidadãos pode constituir-se assistente em processo penal relativo a referendo regional.

DIVISÃO II
Crimes relativos à campanha para o referendo

ARTIGO 177º
Violação dos deveres de neutralidade e imparcialidade

Quem, no exercício das suas funções, infringir os deveres de neutralidade ou imparcialidade, constantes do artigo 38º, é punido com pena de prisão até dois anos ou pena de multa até 240 dias.

ARTIGO 178º
Utilização indevida de denominação, sigla ou símbolo

Quem, durante a campanha para o referendo, com o intuito de prejudicar ou injuriar, utilizar denominação, sigla ou símbolo de qualquer partido, coligação ou grupo de cidadãos é punido com pena de prisão até um ano ou pena de multa até 120 dias.

ARTIGO 179º
Violação da liberdade de reunião e manifestação

1. Quem, por meio de violência ou participação em tumulto, desordem ou vozearia, perturbar gravemente reunião, comício, manifestação ou desfile de propaganda é punido com pena de prisão até um ano ou pena de multa até 120 dias.

2. Quem, da mesma forma, impedir a realização ou o prosseguimento de reunião, comício, manifestação ou desfile é punido com pena de prisão até dois anos ou pena de multa até 240 dias.

ARTIGO 180º
Dano em material de propaganda

1. Quem roubar, furtar, destruir, rasgar, desfigurar ou por qualquer forma inutilizar ou tornar ilegível, no todo ou em parte, material de propaganda ou colocar por cima dele qualquer outro material é punido com pena de prisão até um ano ou pena de multa até 120 dias.

2. Não são punidos os factos previstos no número anterior se o material tiver sido afixado em casa ou em estabelecimento do agente, sem consentimento deste, ou quando contiver matéria manifestamente desatualizada.

ARTIGO 181º
Desvio de correspondência

O empregado dos correios que desencaminhar, reter ou não entregar ao destinatário circular, cartazes ou outro meio de propaganda é punido com pena de prisão de seis meses a três anos ou pena de multa de 60 a 360 dias.

ARTIGO 182º
Propaganda no dia do referendo

1. Quem no dia do referendo fizer propaganda por qualquer meio é punido com pena de multa não inferior a 100 dias.

2. Quem no dia do referendo fizer propaganda em assembleia de voto ou nas suas imediações até 500 m é punido com pena de prisão até seis meses ou pena de multa não inferior a 60 dias.

DIVISÃO III
Crimes relativos à organização do processo de votação

ARTIGO 183º
Desvio de boletins de voto

Quem subtrair, reter ou impedir a distribuição de boletins de voto ou por qualquer meio contribuir para que estes não cheguem ao seu destino no tempo legalmente estabelecido é punido com pena de prisão de seis meses a três anos ou pena de multa não inferior a 60 dias.

DIVISÃO IV
Crimes relativos ao sufrágio e ao apuramento

ARTIGO 184º
Fraude em ato referendário

Quem, no decurso da efetivação de referendo:

a) Se apresentar fraudulentamente a votar tomando a identidade do eleitor inscrito;

b) Votar em mais de uma assembleia de voto, ou mais de uma vez na mesma assembleia ou em mais de um boletim de voto, ou atuar por qualquer forma que conduza a um falso apuramento do escrutínio;

c) Falsear o apuramento, a publicação ou a ata oficial do resultado da votação;

é punido com pena de prisão até dois anos ou com pena de multa até 240 dias.

ARTIGO 185º
Violação do segredo de voto

Quem, em assembleia de voto ou nas suas imediações até 500 m:

a) Usar de coação ou artifício fraudulento de qualquer natureza ou se servir do seu ascendente sobre eleitor para obter a revelação do voto deste é punido com pena de prisão até um ano ou com pena de multa até 120 dias;

b) Revelar como votou ou vai votar é punido com pena de multa até 60 dias;

c) Der a outrem conhecimento do sentido de voto de um eleitor é punido com pena de multa até 60 dias.

ARTIGO 186º
Admissão ou exclusão abusiva do voto

Os membros de mesa de assembleia de voto que contribuírem para que seja admitido a votar quem não tenha direito de sufrágio ou não o possa exercer nessa assembleia, bem como os que contribuírem para a exclusão de quem o tiver, são punidos com pena de prisão até dois anos ou com pena de multa até 240 dias.

ARTIGO 187º
Não facilitação do exercício de sufrágio

Os responsáveis pelos serviços ou empresas em atividade no dia da realização do referendo que recusarem aos respetivos funcionários ou trabalhadores dispensa pelo tempo suficiente para que possam votar são punidos com pena de prisão até um ano ou com pena de multa até 120 dias.

ARTIGO 188º
Impedimento do sufrágio por abuso de autoridade

O agente de autoridade que abusivamente, no dia do referendo, sob qualquer pretexto, fizer sair do seu domicílio ou retiver fora dele qualquer eleitor para que não possa votar é punido com pena de prisão até dois anos ou com pena de multa até 240 dias.

ARTIGO 189º
Abuso de funções

O cidadão investido de poder público, o trabalhador do Estado ou de outra pessoa coletiva pública e o ministro de qualquer culto que se sirvam abusivamente das funções ou do cargo para constranger ou induzir eleitores a votar ou a deixar de votar em determinado sentido são punidos com pena de prisão até dois anos ou com pena de multa até 240 dias.

ARTIGO 190º
Coação de eleitor

Quem, por meio de violência, ameaça de violência ou de grave mal, constranger eleitor a votar, o impedir de votar ou o forçar a votar num certo sentido é punido com pena de prisão até cinco anos, se pena mais grave lhe não couber por força de outra disposição legal.

ARTIGO 191º
Coação relativa a emprego

Quem aplicar ou ameaçar aplicar a um cidadão qualquer sanção no emprego, nomeadamente o despedimento, ou o impedir ou ameaçar impedir de obter emprego a fim de que vote ou deixe de votar ou porque votou em certo sentido, ou ainda porque participou ou não participou em campanha para o referendo, é punido com pena de prisão até dois anos ou com pena de multa até 240 dias, sem prejuízo da nulidade da sanção e da automática readmissão no emprego se o despedimento tiver chegado a efetivar-se.

ARTIGO 192º
Fraude e corrupção de eleitor

1. Quem, mediante artifício fraudulento, levar eleitor a votar, o impedir de votar, o levar a votar em certo sentido ou comprar ou vender voto é punido com pena de prisão até um ano ou com pena de multa até 120 dias.

2. Nas mesmas penas incorre o eleitor aceitante de benefício proveniente de transação do seu voto.

ARTIGO 193º
Não assunção, não exercício ou abandono de funções em assembleia de voto ou apuramento

Quem for designado para fazer parte de mesa de assembleia de voto ou como membro de assembleia de apuramento geral e sem causa justificativa não assumir, não exercer ou abandonar essas funções, é punido com pena de prisão até um ano ou com pena de multa até 120 dias.

ARTIGO 194º
Não exibição da urna

O presidente de mesa de assembleia de voto que não exibir a urna perante os eleitores é punido com pena de prisão até um ano ou com pena de multa até 120 dias.

ARTIGO 195º
Acompanhante infiel

Aquele que acompanhar ao ato de votar eleitor afetado por doença ou deficiência física notórias e não garantir com fidelidade a expressão ou o sigilo de voto é punido com pena de prisão até um ano ou com pena de multa até 120 dias.

ARTIGO 196º
Introdução fraudulenta de boletim na urna ou desvio da urna ou de boletim de voto

Quem fraudulentamente introduzir boletim de voto na urna antes ou depois do início da votação, se apoderar da urna com os boletins de voto nela recolhidos mas ainda não apurados ou se apoderar de um ou mais boletins de voto em qualquer momento, desde a abertura da assembleia de voto até ao apuramento geral do referendo, é punido com pena de prisão até três anos ou com pena de multa até 360 dias.

ARTIGO 197º
Fraudes praticadas por membro da mesa da assembleia de voto

O membro da mesa de assembleia de voto que apuser ou consentir que se aponha nota de descarga em eleitor que não votou ou que não a apuser em eleitor que tiver votado, que fizer leitura infiel de boletim de voto ou de resposta a qualquer pergunta, que diminuir ou aditar voto a uma resposta no apuramento ou que de qualquer modo falsear a verdade do referendo é punido com pena de prisão até dois anos ou com pena de multa até 240 dias.

ARTIGO 198º
Obstrução à fiscalização

Quem impedir a entrada ou a saída em assembleia de voto ou de apuramento de qualquer delegado de partido ou grupo de cidadãos interveniente em campanha para referendo, ou por qualquer modo tentar opor-se a que exerça os poderes conferidos pela presente lei, é punido com pena de prisão até um ano ou com pena de multa até 120 dias.

ARTIGO 199º
Recusa a receber reclamações, protestos ou contraprotestos

O presidente de mesa de assembleia de voto ou de apuramento que ilegitimamente se recusar a receber reclamação, protesto ou contraprotesto é punido com pena de prisão até dois anos ou com pena de multa até 240 dias.

ARTIGO 200º
Perturbação ou impedimento da assembleia de voto ou de apuramento

1. Quem, por meio de violência ou participando em tumulto, desordem ou vozearia, impedir ou perturbar gravemente a realização, o funcionamento ou o apuramento de resultados de assembleia de voto ou de apuramento é punido com pena de prisão até três anos ou com pena de multa.

2. Quem entrar armado em assembleia de voto ou apuramento, não pertencendo a força pública devidamente autorizada, é punido com pena de prisão até um ano ou com pena de multa de 120 dias.

ARTIGO 201º
Presença indevida em assembleia de voto ou de apuramento

Quem durante as operações de votação ou de apuramento se introduzir na respetiva assembleia sem ter direito a fazê-lo e se recusar a sair, depois de intimado a fazê-lo pelo presidente, é punido com pena de prisão até um ano ou com pena de multa até 120 dias.

ARTIGO 202º
Não comparência da força de segurança

O comandante de força de segurança que injustificadamente deixar de cumprir os deveres decorrentes do artigo 125º é punido com pena de prisão até um ano ou com pena de multa até 120 dias.

ARTIGO 203º
Falsificação de boletins, atas ou documentos relativos a referendo

Quem dolosamente alterar, ocultar, substituir, destruir ou suprimir, por qualquer modo, boletim de voto, ata de assembleia de voto ou de apuramento ou qualquer documento respeitante a operações de referendo é punido com pena de prisão até dois anos ou com pena de multa até 240 dias.

ARTIGO 204º
Desvio de voto antecipado

O empregado do correio que desencaminhar, retiver ou não entregar à junta de freguesia voto antecipado, nos casos previstos nesta lei, é punido com pena de prisão até dois anos ou com pena de multa até 240 dias.

ARTIGO 205º
Falso atestado de doença ou deficiência física

O médico que atestar falsamente doença ou deficiência física é punido com pena de prisão até dois anos ou pena de multa até 240 dias.

ARTIGO 206º
Agravação

As penas previstas nos artigos desta secção são agravadas de um terço nos seus limites mínimo e máximo se o agente tiver intervenção em atos de referendo, for membro de comissão recenseadora, de secção ou assembleia de voto ou de assembleia de apuramento, for delegado de partido político ou grupo de cidadãos à comissão, secção ou assembleia ou se a infração influir no resultado da votação.

SECÇÃO III
Ilícito de mera ordenação social

DIVISÃO I
Disposições gerais

ARTIGO 207º
Órgãos competentes

1. Compete à Comissão Nacional de Eleições, com recurso para a Secção Criminal do Supremo Tribunal de Justiça, aplicar as coimas a contraordenações relaciona-

das com a efetivação de referendo cometidas por partido político ou grupo de cidadãos, por empresa de comunicação social, de publicidade, de sondagens ou proprietária de sala de espetáculos.

2. Compete nos demais casos ao presidente da câmara municipal da área onde a contraordenação tiver sido cometida aplicar a respetiva coima, com recurso para o tribunal competente.

ARTIGO 208º
Afetação do produto das coimas

O produto das coimas correspondentes a contraordenações previstas pela presente lei é afetado da seguinte forma:

a) 40% para o Estado;
b) 60% para a RAA.

DIVISÃO II
Contraordenações relativas à campanha

ARTIGO 209º
Reuniões, comícios ou desfiles ilegais

Quem promover reuniões, comícios, manifestações ou desfiles em contravenção do disposto na presente lei é punido com coima de € 2 000 a € 10 000.

ARTIGO 210º
Violação de regras sobre propaganda sonora ou gráfica

Quem fizer propaganda sonora ou gráfica com violação do disposto na presente lei é punido com coima de € 500 a € 2 000.

ARTIGO 211º
Publicidade comercial ilícita

A empresa que fizer propaganda comercial com violação do disposto na presente lei é punida com coima de € 10 000 a € 60 000.

ARTIGO 212º
Violação de deveres por publicação informativa

A empresa proprietária de publicação informativa que não proceder às comunicações relativas à campanha para o referendo previstas na presente lei ou que não der tratamento igualitário aos diversos partidos e grupos de cidadãos eleitores é punida com uma coima de € 4 000 a € 40 000.

DIVISÃO III
Contraordenações relativas à organização do processo de votação

ARTIGO 213º
Não invocação de impedimento

Aquele que não assumir funções de membro de mesa de assembleia de voto por impedimento justificativo que não invoque, podendo fazê-lo, imediatamente após a ocorrência ou o conhecimento do facto impeditivo, é punido com coima de € 400 a € 2 000.

DIVISÃO IV
Contraordenações relativas ao sufrágio e ao apuramento

ARTIGO 214º
Não abertura de serviço público

O membro de junta de freguesia e o responsável por centro de saúde ou local equiparado que não abrir os respetivos serviços no dia da realização do referendo é punido com coima de € 200 a € 4 000.

ARTIGO 215º
Não apresentação de membro de mesa de assembleia de voto à hora legalmente fixada

O membro de mesa de assembleia de voto que não se apresentar no local do seu funcionamento até uma hora antes da hora marcada para o início das operações é punido com coima de € 200 a € 1 000.

ARTIGO 216º
Não cumprimento de formalidades por membro de mesa de assembleia de voto ou de assembleia de apuramento

O membro de mesa de assembleia de voto ou de apuramento que não cumprir ou deixar de cumprir, sem intenção fraudulenta, formalidade legalmente prevista na presente lei é punido com coima de € 500 a € 1 000.

ARTIGO 217º
Não registo de emissão correspondente ao exercício de direito de antena

A estação de rádio ou de televisão que não registar ou não arquivar o registo de emissão correspondente ao exercício do direito de antena é punida com coima de € 4 000 a € 10 000.

ARTIGO 218º
Não cumprimento de deveres por estação de rádio ou televisão

1. A empresa proprietária de estação de rádio ou televisão que não der tratamento igualitário aos diversos partidos e grupos de cidadãos eleitores intervenientes na campanha de referendo é punida com coima de € 20 000 a € 300 000.

2. A empresa proprietária de estação de rádio ou televisão que não cumprir os deveres impostos pelos artigos 51º, 52º, nºs 1 e 2, 53º e 54º é punida, por cada infração, com coima de:

   a) € 2 000 a € 50 000, no caso de estação de rádio;
   b) € 20 000 a € 100 000, no caso de estação de televisão.

ARTIGO 219º
Não cumprimento de deveres pelo proprietário de sala de espetáculo

O proprietário de sala de espetáculo que não cumprir os seus deveres relativos à campanha constantes dos artigos 59º, nºs 1 e 3, e 60º, é punido com coima de € 4 000 a € 10 000.

ARTIGO 220º
Propaganda na véspera do referendo

Aquele que no dia anterior ao referendo fizer propaganda por qualquer modo é punido com coima de € 200 a € 1 000.

TÍTULO IV
Efeitos do referendo

ARTIGO 221º
Eficácia vinculativa

O referendo só tem efeito vinculativo quando o número de votantes for superior a metade dos eleitores inscritos no recenseamento.

ARTIGO 222º
Dever de agir da Assembleia Legislativa

Se da votação resultar resposta afirmativa de eficácia vinculativa à pergunta ou perguntas submetidas a referendo, a ALRAA aprovará, em prazo não superior a 90 dias, o decreto legislativo regional de sentido correspondente.

ARTIGO 223º
Propostas de referendo objeto de resposta negativa

As propostas de referendo objeto de resposta negativa do eleitorado não podem ser renovadas na mesma sessão legislativa, salvo nova eleição da ALRAA.

TÍTULO V
Disposições finais e transitórias

ARTIGO 224º
Comissão Nacional de Eleições

A Comissão Nacional de Eleições exerce as suas competências também em relação aos atos de referendo de âmbito regional.

ARTIGO 225º
Direito supletivo

São aplicáveis ao regime de referendo, supletivamente e com as devidas adaptações, em tudo o que não se encontre expressamente estabelecido na presente lei, as disposições da Lei Eleitoral para a ALRAA.

Aprovada em 19 de dezembro de 2014.

A Presidente da Assembleia da República, *Maria da Assunção A. Esteves.*

Promulgada em 17 de janeiro de 2015.

Publique-se.

O Presidente da República, ANÍBAL CAVACO SILVA.

Referendada em 20 de janeiro de 2015.

O Primeiro-Ministro, *Pedro Passos Coelho.*

XXI
Referendo Local

Referendo Local

Lei Orgânica nº 4/2000, de 24 de agosto, alterada pela Lei Orgânica nº 3/2010, de 15 de dezembro, e pela Lei Orgânica nº 1/2011, de 30 de novembro

A Assembleia da República decreta, nos termos da alínea c) do artigo 161º da Constituição, para valer como lei geral da República, a lei orgânica seguinte:

TÍTULO I
Âmbito e objeto do referendo

ARTIGO 1º
Objeto

A presente lei orgânica rege os casos e os termos da realização do referendo de âmbito local previsto no artigo 240º da Constituição.

ARTIGO 2º
Âmbito do referendo local

1. O referendo local pode verificar-se em qualquer autarquia local, à excepção das freguesias em que a assembleia seja substituída pelo plenário dos cidadãos eleitores.
2. No referendo local são chamados a pronunciar-se os cidadãos eleitores recenseados na área territorial correspondente à autarquia local onde se verifique a iniciativa.

ARTIGO 3º
Matérias do referendo local

1. O referendo local só pode ter por objecto questões de relevante interesse local que devam ser decididas pelos órgãos autárquicos municipais ou de freguesia e que se integrem nas suas competências, quer exclusivas quer partilhadas com o Estado ou com as Regiões Autónomas.

2. A determinação das matérias a submeter a referendo local obedece aos princípios da unidade e subsidiariedade do Estado, da descentralização, da autonomia local e da solidariedade interlocal.

ARTIGO 4º
Matérias excluídas do referendo local

1. São expressamente excluídas do âmbito do referendo local:

a) As matérias integradas na esfera de competência legislativa reservada aos órgãos de soberania;

b) As matérias reguladas por acto legislativo ou por acto regulamentar estadual que vincule as autarquias locais;

c) As opções do plano e o relatório de actividades;

d) As questões e os actos de conteúdo orçamental, tributário ou financeiro;

e) As matérias que tenham sido objecto de decisão irrevogável, designadamente actos constitutivos de direitos ou de interesses legalmente protegidos, excepto na parte em que sejam desfavoráveis aos seus destinatários;

f) As matérias que tenham sido objecto de decisão judicial com trânsito em julgado.

2. São também excluídas as matérias que tenham sido objecto de celebração de contrato-programa.

ARTIGO 5º
Actos em procedimento de decisão

1. Os actos em procedimento de decisão, ainda não definitivamente aprovados, podem constituir objecto de referendo local.

2. No caso previsto no número anterior, o procedimento suspende-se até à decisão do Tribunal Constitucional sobre a verificação da constitucionalidade ou legalidade do referendo local, ou, no caso de efectiva realização do referendo, até à publicação do mapa dos resultados do referendo, nos termos do nº 3 do artigo 147º

ARTIGO 6º
Cumulação de referendos

1. Cada referendo tem como objecto uma só matéria.

2. É admissível a cumulação numa mesma data de vários referendos dentro da mesma autarquia, desde que formal e substancialmente autonomizados entre si.

3. Não podem cumular-se referendos locais entre si, se incidentes sobre a mesma matéria, nem referendos locais com o referendo regional autonómico ou nacional.

ARTIGO 7º
Número e formulação das perguntas

1. Nenhum referendo pode comportar mais de três perguntas.

2. As perguntas são formuladas com objectividade, clareza e precisão e para respostas de sim ou não, sem sugerirem directa ou indirectamente o sentido das respostas.

3. As perguntas não podem ser precedidas de quaisquer considerandos, preâmbulos ou notas explicativas.

ARTIGO 8º
Limites temporais

Não pode ser praticado nenhum acto relativo à convocação ou à realização de referendo entre a data de convocação e a de realização de eleições gerais para os órgãos de soberania, eleições do governo próprio das Regiões Autónomas e do poder local, dos deputados ao Parlamento Europeu, bem como de referendo regional autonómico ou nacional.

ARTIGO 9º
Limites circunstanciais

1. Não pode ser praticado nenhum acto relativo à convocação ou realização de referendo na vigência do estado de sítio ou de emergência, antes de constituídos ou depois de dissolvidos os órgãos autárquicos eleitos.

2. A nomeação de uma comissão administrativa suspende o processo de realização do referendo.

TÍTULO II
Convocação do referendo

CAPÍTULO I
Iniciativa

ARTIGO 10º
Poder de iniciativa

1. A iniciativa para o referendo local cabe aos deputados, às assembleias municipais ou de freguesia, à câmara municipal e à junta de freguesia, consoante se trate de referendo municipal ou de freguesia.

2. A iniciativa cabe ainda, nos termos da presente lei, a grupos de cidadãos recenseados na respectiva área.

SECÇÃO I
Iniciativa representativa

ARTIGO 11º
Forma

Quando exercida por deputados, a iniciativa toma a forma de projecto de deliberação e, quando exercida pelo órgão executivo, a de proposta de deliberação.

ARTIGO 12º
Renovação da iniciativa

Sem prejuízo do disposto no artigo 20º, as iniciativas de referendo definitivamente rejeitadas não podem ser renovadas no decurso do mesmo mandato do órgão representativo.

SECÇÃO II
Iniciativa popular

ARTIGO 13º
Titularidade

1. A iniciativa a que se refere o nº 2 do artigo 10º é proposta à assembleia deliberativa por um mínimo de 5000 ou 8% dos cidadãos eleitores recenseados na respectiva área, consoante o que for menor.

2. Nos municípios e freguesias com menos de 3750 cidadãos recenseados, a iniciativa em causa tem de ser proposta por, pelo menos, 300 ou por 20% do número daqueles cidadãos, consoante o que for menor.

3. A iniciativa proposta não pode ser subscrita por um número de cidadãos que exceda em 50% o respectivo limite mínimo exigido.

ARTIGO 14º
Liberdades e garantias

1. Nenhuma entidade pública ou privada pode proibir, impedir ou dificultar o exercício do direito de iniciativa, designadamente no que concerne à instrução dos elementos necessários à sua formalização.

2. Ninguém pode ser prejudicado, privilegiado ou privado de qualquer direito em virtude do exercício da iniciativa para o referendo.

ARTIGO 15º
Forma

1. A iniciativa popular deve ser reduzida a escrito, incluindo a pergunta ou perguntas a submeter a referendo, e conter em relação a todos os promotores os seguintes elementos:

Nome;
Número de bilhete de identidade;
Assinatura conforme ao bilhete de identidade.

2. As assembleias podem solicitar aos serviços competentes da Administração Pública a verificação administrativa, por amostragem, da autenticidade das assinaturas e da identificação dos subscritores da iniciativa.

3. A iniciativa popular preclude a iniciativa superveniente, sobre a mesma questão, quer por parte de deputados à assembleia quer por parte do órgão executivo.

ARTIGO 16º
Representação

1. A iniciativa popular deve mencionar, na parte inicial, a identificação dos mandatários designados pelos cidadãos subscritores, em número não inferior a 15.

2. Os mandatários referidos no número anterior designam entre si uma comissão executiva e o respectivo presidente, para os efeitos de responsabilidade e representação previstos na lei.

ARTIGO 17º
Tramitação

1. A iniciativa popular é, conforme os casos, endereçada ao presidente da assembleia municipal ou da assembleia de freguesia, que a indefere liminarmente sempre que, de forma manifesta, os requisitos legais se não mostrem preenchidos.

2. Uma vez admitida, o presidente diligencia no sentido da convocação da assembleia, em ordem a permitir a criação de comissão especificamente constituída para o efeito.

3. A comissão procede no prazo de 15 dias à apreciação da iniciativa.

4. A comissão ouve a comissão executiva prevista no nº 2 do artigo 16º, ou quem em sua substituição for designado e haja expressamente aceite esse encargo, para os esclarecimentos julgados necessários.

5. A comissão pode também convidar ao aperfeiçoamento do texto apresentado, quer em ordem à sanação de eventuais vícios, quer visando a melhoria da redacção das questões apresentadas.

6. Concluído o exame, a iniciativa, acompanhada de relatório fundamentado, é enviada ao presidente da assembleia para agendamento.

ARTIGO 18º
Efeitos

Da apreciação da iniciativa pela assembleia municipal ou de freguesia pode resultar:

a) Arquivamento, nos casos de falta de comparência injustificada do representante designado nos termos dos nºs 4 e 5 do artigo anterior ou de vício não sanado;

b) Conversão da iniciativa popular em deliberação;

c) Rejeição da iniciativa popular.

ARTIGO 19º
Publicação

A iniciativa popular que não for objecto de indeferimento liminar será publicada em edital a afixar nos locais de estilo da autarquia a que diga respeito e, nos casos em que este exista, no respectivo boletim.

ARTIGO 20º
Renovação

A iniciativa popular rejeitada nos termos da alínea *c)* do artigo 18º não pode ser renovada no decurso do mandato do órgão deliberativo.

ARTIGO 21º
Caducidade

A iniciativa popular não caduca com o fim do mandato do órgão deliberativo, reiniciando-se novo prazo de apreciação nos termos do artigo 17º

ARTIGO 22º
Direito de petição

O poder de iniciativa conferido nos termos dos números anteriores não prejudica o exercício do direito de petição.

CAPÍTULO II
Deliberação

ARTIGO 23º
Competência

A deliberação sobre a realização do referendo compete, consoante o seu âmbito, à assembleia municipal ou à assembleia de freguesia.

ARTIGO 24º
Procedimento

1. A deliberação mencionada no artigo anterior é obrigatoriamente tomada, em sessão ordinária ou extraordinária, no prazo de 15 dias após o exercício ou recepção da iniciativa referendária, caso esta tenha origem representativa, ou de 30 dias, caso a origem seja popular.

2. No caso de a competência relativa à questão submetida a referendo não pertencer à assembleia municipal ou à assembleia de freguesia e a iniciativa não ter partido do órgão autárquico titular da competência, a deliberação sobre a realização do referendo carece de parecer deste último.

3. O parecer a que se refere o número anterior é solicitado pelo presidente da assembleia municipal ou de freguesia e deve ser emitido no prazo de cinco dias, contados a partir da data de recepção do pedido de parecer.

4. Os prazos a que se refere o nº 1 do presente artigo suspendem-se durante o transcurso do prazo a que se refere o número anterior.

5. A deliberação sobre a realização do referendo é tomada à pluralidade de votos dos membros presentes, tendo o presidente voto de qualidade.

CAPÍTULO III
Fiscalização da constitucionalidade e da legalidade

SECÇÃO I
Sujeição a fiscalização preventiva

ARTIGO 25º
Iniciativa

No prazo de oito dias a contar da deliberação de realização do referendo, o presidente do órgão deliberativo submete-a ao Tribunal Constitucional, para efeitos de fiscalização preventiva da constitucionalidade e da legalidade.

ARTIGO 26º
Prazo para pronúncia

O Tribunal Constitucional procede à verificação no prazo de 25 dias.

ARTIGO 27º
Efeitos da inconstitucionalidade ou ilegalidade

1. Se o Tribunal verificar a inconstitucionalidade ou a ilegalidade da deliberação de referendo notificará o presidente do órgão que a tiver tomado para que, no prazo de oito dias, esse órgão delibere no sentido da sua reformulação, expurgando-a da inconstitucionalidade ou da ilegalidade.
2. Reenviada ao Tribunal Constitucional, este procederá, também no prazo de 25 dias, a nova verificação da constitucionalidade e da legalidade da deliberação.
3. Tratando-se de iniciativa popular, a decisão negativa do Tribunal Constitucional será notificada ao presidente do órgão que deliberou a realização do referendo, que convidará, de imediato, a comissão executiva mencionada no nº 2 do artigo 16º a apresentar uma proposta de reformulação da deliberação no prazo de cinco dias.
4. No caso previsto no número anterior, o prazo a que se refere o nº 1 conta-se a partir da data da recepção, pelo presidente do órgão que deliberou a realização do referendo, da proposta de reformulação elaborada pela comissão executiva ou, na falta desta, do termo do prazo concedido para a sua emissão.

SECÇÃO II
Processo de fiscalização preventiva

ARTIGO 28º
Pedido de verificação da constitucionalidade e da legalidade

1. O pedido de verificação da constitucionalidade e da legalidade deve ser acompanhado do texto da deliberação e de cópia da acta da sessão em que tiver sido tomada.

2. No caso de se tratar de iniciativa popular, o pedido deverá ser complementado com o texto original da mesma.

3. Autuado pela secretaria e registado no competente livro, o requerimento é imediatamente concluso ao Presidente do Tribunal Constitucional, que decide sobre a sua admissão.

4. No caso de se verificar qualquer irregularidade processual, incluindo a ilegitimidade do requerente, o Presidente do Tribunal Constitucional notifica o presidente do órgão que tiver tomado a deliberação para, no prazo de oito dias, sanar a irregularidade, após o que o processo volta ao Presidente do Tribunal Constitucional para decidir sobre a admissão do requerimento.

5. Não é admitido o requerimento:

a) Quando a deliberação de realização da consulta for manifestamente inconstitucional ou ilegal;

b) Cujas irregularidades processuais não tenham sido sanadas nos termos do número anterior.

6. O incumprimento dos prazos previstos no artigo 25º e no nº 4 do presente artigo não prejudica a admissibilidade do requerimento desde que, neste último caso, a sanação das irregularidades processuais seja feita antes da conferência prevista no número seguinte.

7. Se o Presidente do Tribunal Constitucional entender que o requerimento não deve ser admitido, submete os autos à conferência, mandando simultaneamente entregar cópia do requerimento aos restantes juízes.

8. O Tribunal Constitucional decide no prazo de oito dias.

9. O Presidente do Tribunal Constitucional admite o requerimento, usa da faculdade prevista no nº 4 deste artigo ou submete os autos à conferência no prazo de cinco dias contados da data em que o processo lhe é concluso.

10. A decisão de admissão do requerimento não preclude a possibilidade de o Tribunal vir, em definitivo, a considerar a consulta inconstitucional ou ilegal.

11. A decisão da não admissão do requerimento é notificada ao presidente do órgão que deliberou a realização da consulta.

ARTIGO 29º
Distribuição

1. A distribuição é feita no prazo de um dia, contado da data da admissão do pedido.

2. O processo é de imediato concluso ao relator a fim de este elaborar, no prazo de cinco dias, um memorando contendo o enunciado das questões sobre as quais o Tribunal Constitucional se deve pronunciar e da solução que para elas propõe, com indicação sumária dos respectivos fundamentos.

3. Distribuído o processo, são entregues cópias do pedido a todos os juízes, do mesmo modo se procedendo com o memorando logo que recebido pelo secretário.

ARTIGO 30º
Formação da decisão

1. Com a entrega ao Presidente do Tribunal Constitucional da cópia do memorando é-lhe concluso o respectivo processo para o inscrever na ordem do dia da sessão plenária a realizar no prazo de oito dias a contar da data do recebimento do pedido.

2. A decisão não deve ser proferida antes de decorridos dois dias sobre a entrega das cópias do memorando a todos os juízes.

3. Concluída a discussão e tomada a decisão pelo Tribunal, é o processo concluso ao relator ou, no caso de este ficar vencido, ao juiz que deva substituí-lo, para a elaboração, no prazo de cinco dias, do acórdão e sua subsequente assinatura.

ARTIGO 31º
Notificação da decisão

Proferida a decisão, o Presidente do Tribunal Constitucional manda notificar imediatamente o presidente do órgão autor da deliberação de referendo.

CAPÍTULO IV
Fixação da data da realização do referendo

ARTIGO 32º
Competência para a fixação da data

Notificado da decisão do Tribunal Constitucional de verificação da constitucionalidade e legalidade do referendo, o presidente da assembleia municipal ou de freguesia que o tiver deliberado notificará também, no prazo de dois dias, o presidente do órgão executivo da respectiva autarquia para, nos cinco dias subsequentes, marcar a data de realização do referendo.

ARTIGO 33º
Data do referendo

1. O referendo deve realizar-se no prazo mínimo de 40 dias e no prazo máximo de 60 dias a contar da decisão da fixação.

2. Depois de marcada, a data do referendo não pode ser alterada, salvo o disposto no artigo 9º

ARTIGO 34º
Publicidade

1. A publicação da data e do conteúdo do referendo local é feita por editais a afixar nos locais de estilo da área da autarquia a que diga respeito e por anúncio em dois jornais diários.

2. A publicação do edital é feita no prazo de três dias a contar da data da marcação do referendo.

3. A data do referendo e as questões formuladas devem ser comunicadas ao Secretariado Técnico dos Assuntos para o Processo Eleitoral e à Comissão Nacional de Eleições no momento em que se verificar a publicação prevista no nº 1.

TÍTULO III
Realização do referendo

CAPÍTULO I
Direito de participação

ARTIGO 35º
Princípio geral

1. Pronunciam-se directamente através do referendo os cidadãos portugueses recenseados na área correspondente ao município ou à freguesia.

2. Pronunciam-se, também, em condições de reciprocidade, os cidadãos de estados de língua oficial portuguesa com residência legal em Portugal há mais de dois anos, recenseados na área referida no número anterior.

3. Participam, ainda, os cidadãos estrangeiros da União Europeia recenseados na área referida no nº 1, quando de igual direito gozem legalmente os cidadãos portugueses no respectivo Estado de origem do cidadão estrangeiro.

ARTIGO 36º
Incapacidades

Não gozam do direito de participação no referendo:

a) Os interditos por sentença com trânsito em julgado;

b) Os notoriamente reconhecidos como dementes, ainda que não interditos por sentença, quando internados em estabelecimento psiquiátrico ou como tal declarados por um médico;

c) Os que estejam privados de direitos políticos por decisão judicial transitada em julgado.

CAPÍTULO II
Campanha para o referendo

SECÇÃO I
Disposições gerais

ARTIGO 37º
Objectivos e iniciativa

1. A campanha para o referendo consiste na justificação e no esclarecimento das questões formuladas e na promoção das correspondentes opções, com respeito pelas regras do Estado de direito democrático.

2. A campanha é levada a efeito pelos partidos políticos legalmente constituídos, ou por coligações de partidos políticos, que declarem pretender tomar posição sobre as questões submetidas ao eleitorado.

3. Na campanha poderão igualmente intervir grupos de cidadãos, organizados nos termos da presente lei.

ARTIGO 38º
Partidos e coligações

Até ao 15º dia subsequente ao da convocação do referendo, os partidos legalmente constituídos e as coligações fazem entrega à Comissão Nacional de Eleições da declaração prevista no nº 2 do artigo anterior.

ARTIGO 39º
Grupos de cidadãos

1. No prazo previsto no artigo anterior podem cidadãos, em número não inferior a 2% ou 4% dos recenseados na área correspondente à autarquia, no caso, respectivamente, de referendo municipal ou de freguesia, constituir-se em grupo, tendo por fim a participação no esclarecimento das questões submetidas a referendo.

2. Cada cidadão não pode integrar mais de um grupo.

3. A forma exigida para a sua constituição é idêntica à da iniciativa popular.

4. O controlo da regularidade do processo e correspondente inscrição é da competência da Comissão Nacional de Eleições, que se pronunciará nos 15 dias subsequentes.

5. Os grupos de cidadãos far-se-ão representar, para todos os efeitos da presente lei, nos termos previstos no nº 2 do artigo 16º

ARTIGO 40º
Princípio da liberdade

1. Os partidos e os grupos de cidadãos regularmente constituídos desenvolvem livremente a campanha, que é aberta à livre participação de todos.

2. As actividades de campanha previstas na presente lei não excluem quaisquer outras decorrentes do exercício dos direitos, liberdades e garantias assegurados pela Constituição e pela lei.

ARTIGO 41º
Responsabilidade civil

1. Os partidos são civilmente responsáveis, nos termos da lei, pelos prejuízos directamente resultantes de actividades de campanha que hajam promovido.

2. O mesmo princípio rege, com as necessárias adaptações, os grupos de cidadãos.

ARTIGO 42º
Princípio da igualdade

Os partidos e grupos de cidadãos intervenientes têm direito à igualdade de oportunidades e de tratamento, a fim de efectuarem livremente e nas melhores condições as suas actividades de campanha.

ARTIGO 43º
Neutralidade e imparcialidade das entidades públicas

1. Os órgãos do Estado, das Regiões Autónomas e das autarquias locais, das demais pessoas colectivas de direito público, das sociedades de capitais públicos ou de economia mista e das sociedades concessionárias de serviços públicos, de bens do domínio público ou de obras públicas, bem como, nessa qualidade, os respectivos titulares, não podem intervir directa ou indirectamente em campanha para referendo nem praticar actos que de algum modo favoreçam ou prejudiquem uma posição em detrimento ou vantagem de outra ou outras.

2. Os funcionários e agentes das entidades previstas no número anterior observam, no exercício das suas funções, rigorosa neutralidade perante as diversas posições, bem como perante os diversos partidos e grupos de cidadãos.

3. É vedada a exibição de símbolos, siglas, autocolantes ou outros elementos de propaganda por funcionários e agentes das entidades referidas no nº 1 durante o exercício das suas funções.

ARTIGO 44º
Acesso a meios específicos

1. O livre prosseguimento de actividades de campanha implica o acesso a meios específicos.

2. É gratuita para os partidos e para os grupos de cidadãos intervenientes a utilização, nos termos estabelecidos na presente lei, das publicações informativas, das emissões das estações públicas e privadas de televisão e rádio de âmbito local e dos edifícios ou recintos públicos.

3. Os partidos e os grupos de cidadãos que não hajam declarado pretender participar no esclarecimento das questões submetidas a referendo não têm o direito de acesso aos meios específicos de campanha.

ARTIGO 45º
Início e termo da campanha

O período de campanha inicia-se no 12º dia anterior e finda às 24 horas da antevéspera do dia do referendo.

SECÇÃO II
Propaganda

ARTIGO 46º
Liberdade de imprensa

Durante o período de campanha são imediatamente suspensos quaisquer procedimentos ou sanções aplicadas a jornalistas ou a empresas que explorem meios de comunicação social por actos atinentes à mesma campanha, sem prejuízo da responsabilidade em que incorram, a qual só pode ser efectivada após o dia da realização do referendo.

ARTIGO 47º
Liberdades de reunião e de manifestação

1. No período de campanha para os fins a ela atinentes, a liberdade de reunião rege-se pelo disposto na lei, com as especialidades constantes dos números seguintes.

2. O aviso a que se refere o nº 2 do artigo 2º do Decreto-Lei nº 406/74, de 29 de Agosto, é feito pelo órgão competente do partido ou partidos políticos interessados quando se trate de reuniões, comícios, manifestações ou desfiles em lugares públicos ou abertos ao público.

3. Os cortejos e os desfiles podem realizar-se em qualquer dia e hora, respeitando-se apenas os limites impostos pela liberdade de trabalho e de trânsito e pela manutenção da ordem pública, bem como os decorrentes do período de descanso dos cidadãos.

4. O auto a que alude o nº 2 do artigo 5º do Decreto-Lei nº 406/74, de 29 Agosto, é enviado por cópia ao presidente da Comissão Nacional de Eleições e, consoante os casos, aos órgãos competentes do partido ou partidos políticos interessados.

5. A ordem de alteração dos trajectos ou desfiles é dada pela autoridade competente, por escrito, ao órgão competente do partido ou partidos políticos interessados e comunicada à Comissão Nacional de Eleições.

6. A presença de agentes de autoridade em reuniões organizadas por qualquer partido político apenas pode ser solicitada pelos seus órgãos competentes, ficando a entidade organizadora responsável pela manutenção da ordem quando não faça tal solicitação.

7. O limite a que alude o artigo 11º do Decreto-Lei nº 406/74, de 29 de Agosto, é alargado até às duas horas.

8. O recurso previsto no nº 1 do artigo 14º do Decreto-Lei nº 406/74, de 29 de Agosto, é interposto no prazo de um dia para o Tribunal Constitucional.

9. Os princípios contidos no presente artigo são aplicáveis, com as devidas adaptações, aos grupos de cidadãos.

ARTIGO 48º
Propaganda sonora

1. A propaganda sonora não carece de autorização nem de comunicação às autoridades administrativas.

2. Sem prejuízo do disposto no nº 7 do artigo anterior, não é admitida propaganda sonora antes das 8 e depois das 23 horas.

ARTIGO 49º
Propaganda gráfica

1. A afixação de cartazes não carece de autorização nem de comunicação às autoridades administrativas.

2. Não é admitida a afixação de cartazes nem a realização de inscrições ou pinturas murais em monumentos nacionais, em templos e edifícios religiosos, em edifícios sede de órgãos do Estado, das Regiões Autónomas e das autarquias locais, ou onde vão fun-

cionar assembleias de voto, nos sinais de trânsito ou nas placas de sinalização rodoviária ou ferroviária e no interior de repartições ou edifícios públicos, salvo, quanto a estes, em instalações destinadas ao convívio dos funcionários e agentes.

3. É proibida a afixação de cartazes nos centros históricos legalmente reconhecidos.

4. Também não é admitida em caso algum a afixação de cartazes ou inscrições com colas ou tintas persistentes.

ARTIGO 50º
Propaganda gráfica adicional

1. As juntas de freguesia estabelecem, até três dias antes do início da campanha, espaços especiais em locais certos destinados à afixação de cartazes, fotografias, jornais murais, manifestos e avisos.

2. O número mínimo desses locais é determinado em função dos eleitores inscritos, nos termos seguintes:

a) Até 250 eleitores – um;
b) Entre 250 e 1000 eleitores – dois;
c) Entre 1000 e 2500 eleitores – três;
d) Acima de 2500 eleitores, por cada fracção de 2500 eleitores a mais – um.

3. Os espaços especiais reservados nos locais previstos nos números anteriores são tantos quantos os partidos intervenientes e grupos de cidadãos regularmente constituídos.

ARTIGO 51º
Publicidade comercial

A partir da data da publicação da convocação do referendo é proibida a propaganda política feita, directa ou indirectamente, através de qualquer meio de publicidade comercial em órgãos de comunicação social ou fora deles.

SECÇÃO III
Meios específicos de campanha

SUBSECÇÃO I
Publicações periódicas

ARTIGO 52º
Publicações informativas públicas

As publicações informativas de carácter jornalístico pertencentes a entidades públicas ou delas dependentes inserem sempre matéria respeitante à campanha para referendo e asseguram igualdade de tratamento aos partidos e grupos de cidadãos intervenientes.

ARTIGO 53º
Publicações informativas privadas e cooperativas

1. As publicações informativas pertencentes a entidades privadas ou cooperativas que pretendam inserir matéria respeitante à campanha para referendo comunicam esse facto à Comissão Nacional de Eleições até três dias antes do início da campanha e ficam obrigadas a assegurar tratamento jornalístico igualitário aos partidos e grupos de cidadãos intervenientes.

2. As publicações que não procedam a essa comunicação não são obrigadas a inserir matéria respeitante à campanha, salvo a que lhes seja enviada pela Comissão Nacional de Eleições, não tendo igualmente direito à indemnização prevista no artigo 165º

ARTIGO 54º
Publicações doutrinárias

O preceituado no nº 1 do artigo anterior não é aplicável às publicações doutrinárias que sejam propriedade de partido político, grupo de cidadãos ou associação política interveniente, desde que tal facto conste expressamente do respectivo cabeçalho.

SUBSECÇÃO II
Outros meios específicos de campanha

ARTIGO 55º
Lugares e edifícios públicos

1. A utilização dos lugares públicos a que se refere o artigo 9º do Decreto-Lei nº 406/74, de 29 de Agosto, é repartida, precedendo consulta dos interessados e por forma a assegurar igualdade de tratamento.

2. Os órgãos executivos autárquicos da área onde se realiza o referendo devem assegurar a cedência do uso, para fins de campanha, de edifícios públicos e recintos pertencentes a outras pessoas colectivas de direito público, repartindo, de acordo com os mesmos critérios, a sua utilização pelos partidos e grupos de cidadãos intervenientes.

ARTIGO 56º
Salas de espectáculos

1. Os proprietários de salas de espectáculos ou de outros recintos de normal acesso público que reúnam condições para serem utilizados em campanha para referendo declaram esse facto ao órgão executivo da autarquia local em questão até 20 dias antes do início da campanha, indicando as datas e horas em que as salas ou os recintos podem ser utilizados para aquele fim.

2. Na falta de declaração, e em caso de comprovada carência, esse órgão autárquico pode requisitar as salas e os recintos que considere necessários à campanha, sem prejuízo da sua actividade normal ou já programada para os mesmos.

3. O tempo destinado a propaganda, nos termos dos nºs 1 e 2, é repartido pelos partidos e grupos de cidadãos intervenientes que declarem, até 15 dias antes do início da campanha, nisso estar interessados, por forma a assegurar igualdade de tratamento.

4. Até 10 dias antes do início da campanha, o executivo local, ouvidos os representantes dos partidos políticos e grupos de cidadãos intervenientes, indica os dias e as horas que lhes tiverem sido atribuídos, com respeito pelo princípio da igualdade.

ARTIGO 57º
Custos da utilização das salas de espectáculos

1. Os proprietários das salas de espectáculos, ou os que as explorem, indicam o preço a cobrar pela sua utilização, que não pode ser superior à receita líquida correspondente a metade da lotação da respectiva sala num espectáculo normal.

2. O preço referido no número anterior e as demais condições de utilização são uniformes para todos os partidos e grupos de cidadãos intervenientes.

ARTIGO 58º
Repartição da utilização

1. A repartição da utilização de lugares e edifícios públicos, de salas de espectáculos e de outros recintos de normal acesso público é feita pela câmara municipal ou pela junta de freguesia em questão, mediante sorteio, quando se verifique concorrência e não seja possível acordo entre os intervenientes.

2. Para o sorteio previsto neste artigo são convocados os representantes dos partidos políticos e dos grupos de cidadãos.

3. Os interessados podem acordar na utilização em comum ou na troca dos locais cujo uso lhes tenha sido atribuído.

ARTIGO 59º
Arrendamento

1. A partir da data da publicação da convocação do referendo até 20 dias após a sua realização, os arrendatários de prédios urbanos podem por qualquer meio, incluindo a sublocação por valor não excedente ao da renda, destiná-los à preparação e à realização da respectiva campanha, seja qual for o fim do arrendamento e independentemente de disposição em contrário do respectivo contrato.

2. Os arrendatários e os partidos políticos e grupos de cidadãos são solidariamente responsáveis pelos prejuízos causados decorrentes da utilização prevista no número anterior.

ARTIGO 60º
Instalação de telefones

1. Os partidos políticos e os grupos de cidadãos têm direito à instalação gratuita de um telefone por cada freguesia em que realizem actividades de campanha.

2. A instalação de telefones pode ser requerida a partir da data de convocação do referendo e deve ser efectuada no prazo de cinco dias a contar do requerimento.

SECÇÃO IV
Financiamento da campanha

ARTIGO 61º
Receitas da campanha

1. A campanha para o referendo só pode ser financiada por:
a) Contribuições dos partidos políticos intervenientes;
b) Contribuições dos grupos de cidadãos intervenientes;
c) Contribuições de eleitores;
d) Produto de actividades de campanha.

2. O financiamento das campanhas subordina-se, com as necessárias adaptações, aos princípios e regras do financiamento das campanhas eleitorais para as autarquias locais, excepto no que toca às subvenções públicas.

3. Os grupos de cidadãos eleitores sujeitam-se a regime equivalente ao dos partidos políticos, com as necessárias adaptações.

ARTIGO 62º
Despesas da campanha

1. Todas as despesas de campanha são discriminadas quanto ao seu destino com a junção de documentos certificativos, quando de valor superior a três salários mínimos mensais nacionais.

2. O regime das despesas de campanha dos partidos e dos grupos de cidadãos eleitores é, com as necessárias adaptações, o das despesas em campanhas eleitorais para as autarquias locais, incluindo o respeitante aos limites de despesas efectuadas por cada partido ou grupo de cidadãos eleitores.

ARTIGO 63º
Responsabilidade pelas contas

Os partidos políticos e os grupos de cidadãos são responsáveis pela elaboração e apresentação das contas da respectiva campanha.

ARTIGO 64º
Prestação e publicação das contas

No prazo de 90 dias a partir da proclamação oficial dos resultados, cada partido ou grupo de cidadãos presta contas discriminadas da sua campanha à Comissão Nacional de Eleições e publica-as em dois dos jornais mais lidos na autarquia em questão.

ARTIGO 65º
Apreciação das contas

1. A Comissão Nacional de Eleições aprecia, no prazo de 90 dias, a legalidade das receitas e despesas e a regularidade das contas e publica a sua apreciação no *Diário da República*.

2. Se a Comissão Nacional de Eleições verificar qualquer irregularidade nas contas, notifica o partido ou o grupo de cidadãos para apresentar novas contas devidamente regularizadas no prazo de 15 dias.

3. Subsistindo nas novas contas apresentadas irregularidades insusceptíveis de suprimento imediato, a Comissão Nacional de Eleições remete-as ao Tribunal de Contas a fim de que este sobre elas se pronuncie, no prazo de 30 dias, com publicação da respectiva decisão no *Diário da República*.

CAPÍTULO III
Organização do processo de votação

SECÇÃO I
Assembleias de voto

SUBSECÇÃO I
Organização das assembleias de voto

ARTIGO 66º
Âmbito das assembleias de voto

1. A cada freguesia corresponde uma assembleia de voto.

2. As assembleias de voto das freguesias com um número de eleitores superior a 1000 são divididas em secções de voto, de modo que o número de eleitores de cada uma não ultrapasse sensivelmente esse número.

ARTIGO 67º
Determinação das assembleias de voto

1. Até ao 35º dia anterior ao do referendo, o órgão executivo da autarquia determina as assembleias de voto de cada freguesia.

2. Tratando-se de referendo municipal, o presidente da câmara comunica de imediato essa distribuição à junta de freguesia.

3. Da decisão do autarca cabe recurso para o tribunal da comarca com jurisdição na sede do distrito ou Região Autónoma.

4. O recurso é interposto no prazo de dois dias após a afixação do edital, pelo presidente da junta de freguesia ou por 10 eleitores pertencentes à assembleia de voto em causa, e é decidido em igual prazo, sendo a decisão imediatamente notificada ao recorrente.

5. Da decisão do tribunal da comarca com jurisdição na sede do distrito ou Região Autónoma cabe recurso, a interpor no prazo de um dia, para o Tribunal Constitucional, que decide em Plenário em igual prazo.

ARTIGO 68º
Local de funcionamento

1. As assembleias de voto reúnem-se em edifícios públicos, de preferência escolas ou sedes de câmaras municipais ou de juntas de freguesia que ofereçam as indispensáveis condições de acesso e segurança.

2. Na falta de edifícios públicos adequados são requisitados para o efeito edifícios particulares.

ARTIGO 69º
Determinação dos locais de funcionamento

1. Compete ao presidente da câmara municipal ou da junta de freguesia, consoante os casos, determinar os locais de funcionamento das assembleias de voto, comunicando-os, quando for caso disso, às correspondentes juntas de freguesia até ao 30º dia anterior ao do referendo.

2. Até ao 28º dia anterior ao do referendo, as juntas de freguesia anunciam, por editais a afixar nos lugares do estilo, os locais de funcionamento das assembleias de voto.

ARTIGO 70º
Anúncio da hora, dia e local

1. Até ao 15º dia anterior ao do referendo, o presidente do executivo camarário ou da freguesia em cuja área tem lugar a consulta anuncia, através de edital afixado nos locais de estilo, o dia, a hora e os locais em que se reúnem as assembleias de voto.

2. Dos editais consta também o número de inscritos no recenseamento dos eleitores correspondentes a cada assembleia de voto.

ARTIGO 71º
Elementos de trabalho da mesa

1. Até três dias antes do dia do referendo, a comissão recenseadora procede à extracção de duas cópias devidamente autenticadas dos cadernos do recenseamento, confiando-as à junta de freguesia.

2. Até dois dias antes do dia do referendo, no caso de referendo municipal, o presidente da câmara municipal envia ao presidente da junta de freguesia um caderno destinado à acta das operações eleitorais, com termo de abertura por ele assinado e com todas as folhas por ele rubricadas, bem como os impressos e outros elementos de trabalho necessários.

3. A junta de freguesia providencia no sentido da entrega ao presidente da mesa de cada assembleia de voto até uma hora antes da abertura da assembleia dos elementos referidos nos números anteriores.

SUBSECÇÃO II
Mesa das assembleias de voto

ARTIGO 72º
Função e composição

1. Em cada assembleia de voto há uma mesa que promove e dirige as operações de referendo.

2. A mesa é constituída por um presidente, um vice-presidente, um secretário e dois escrutinadores.

ARTIGO 73º
Designação

Os membros das mesas das assembleias de voto são escolhidos por acordo entre os representantes dos partidos que tenham feito a declaração prevista no nº 2 do artigo 37º e os representantes dos grupos de cidadãos intervenientes, ou, na falta de acordo, por sorteio.

ARTIGO 74º
Requisitos da designação de membros das mesas

1. Os membros de cada mesa são designados de entre os eleitores pertencentes à respectiva assembleia de voto.

2. Não podem ser designados membros da mesa os eleitores que não saibam ler e escrever português.

ARTIGO 75º
Incompatibilidades

Não podem ser designados membros da mesa de assembleia de voto:

a) O Presidente da República, os deputados, os membros do Governo e dos Governos Regionais, os Representantes da República e os membros dos órgãos executivos das autarquias locais;

b) Os juízes de qualquer tribunal e os magistrados do Ministério Público.

ARTIGO 76º
Processo de designação

1. No 18º dia anterior ao da realização do referendo, pelas 21 horas, os representantes dos diversos partidos e grupos de cidadãos, devidamente credenciados, reúnem para proceder à escolha dos membros das mesas das assembleias de voto da freguesia, na sede da respectiva junta.

2. Se na reunião se não chegar a acordo, a designação resultará de sorteio a realizar, pelo presidente da junta de freguesia, nas quarenta e oito horas seguintes, entre os eleitores da assembleia de voto.

ARTIGO 77º
Reclamação

1. Os nomes dos membros das mesas, designados através dos processos previstos no número anterior, são publicados por edital afixado no prazo de dois dias à porta da sede da junta de freguesia, podendo qualquer eleitor reclamar contra a designação perante o juiz da comarca no mesmo prazo, com fundamento em preterição de requisitos fixados na presente lei.

2. O juiz decide a reclamação no prazo de um dia e, se a atender, procede imediatamente à escolha, comunicando-a ao presidente da junta de freguesia.

ARTIGO 78º
Alvará de nomeação

Até cinco dias antes do referendo, o presidente do executivo autárquico lavrará alvará de designação dos membros das assembleias de voto, participando, no caso de referendo municipal, as nomeações às juntas de freguesia respectivas.

ARTIGO 79º
Exercício obrigatório da função

1. O exercício da função de membro de mesa de assembleia de voto é obrigatório podendo ser remunerado, nos termos da lei.

2. São causas justificativas de escusa:

a) Idade superior a 65 anos;
b) Doença ou impossibilidade física comprovada pelo delegado de saúde local;
c) Mudança de residência para a área de outra autarquia, comprovada pela junta de freguesia da nova residência;
d) Ausência no estrangeiro, devidamente comprovada;
e) Exercício de actividade profissional de carácter inadiável, devidamente comprovado por superior hierárquico ou, não sendo o caso, através de qualquer meio idóneo de prova.

3. A invocação de causa justificativa é feita, sempre que tal possa ocorrer, até três dias antes do referendo, perante o presidente do órgão executivo autárquico da área em questão.

4. No caso previsto no número anterior, o presidente procede imediatamente à substituição, nomeando outro eleitor pertencente à assembleia de voto.

ARTIGO 80º
Dispensa de actividade profissional

Os membros das mesas das assembleias de voto gozam do direito a dispensa de actividade profissional no dia da realização do referendo e no seguinte, devendo para o efeito comprovar o exercício das respectivas funções.

ARTIGO 81º
Constituição da mesa

1. A mesa das assembleias de voto não pode constituir-se antes da hora marcada para a votação nem em local diverso do que houver sido anunciado, sob pena de nulidade de todos os actos que praticar.

2. Constituída a mesa, é afixado à porta do edifício em que estiver reunida a assembleia de voto um edital assinado pelo presidente, contendo os nomes e os números de inscrição no recenseamento dos cidadãos que compõem a mesa, bem como o número de eleitores inscritos nessa assembleia.

ARTIGO 82º
Substituições

1. Se uma hora após a marcada para a abertura da assembleia de voto não tiver sido possível constituir a mesa por não estarem presentes os membros indispensáveis ao seu funcionamento, o presidente da junta de freguesia, mediante acordo da maioria dos delegados presentes, designa os substitutos dos membros ausentes de entre eleitores pertencentes a essa assembleia de voto.

2. Se, apesar de constituída a mesa, se verificar a falta de um dos seus membros, o presidente substitui-o por qualquer eleitor pertencente à assembleia de voto, mediante o acordo da maioria dos restantes membros da mesa e dos delegados dos partidos e grupos de cidadãos que estiverem presentes.

3. Substituídos os faltosos, ficam sem efeito as respectivas nomeações e os seus nomes são comunicados à entidade por elas responsável.

ARTIGO 83º
Permanência da mesa

1. A mesa, uma vez constituída, não pode ser alterada, salvo caso de força maior.

2. Da alteração da mesa e das suas razões é dada publicidade através de edital afixado imediatamente à porta do edifício onde funcionar a assembleia de voto.

ARTIGO 84º
Quórum

Durante as operações é obrigatória a presença da maioria dos membros da mesa, incluindo a do presidente ou a do vice-presidente.

SUBSECÇÃO III
Delegados dos partidos e dos grupos de cidadãos

ARTIGO 85º
Direito de designação de delegados

1. Cada partido que tenha feito a declaração prevista no nº 2 do artigo 36º, e cada grupo de cidadãos interveniente no referendo, tem o direito de designar um delegado efectivo e outro suplente para cada assembleia de voto.

2. Os delegados podem ser designados para uma assembleia de voto diferente daquela em que estiverem inscritos como eleitores.

3. A falta de designação ou de comparência de qualquer delegado não afecta a regularidade das operações.

ARTIGO 86º
Processo de designação

1. Até ao 5º dia anterior ao da realização do referendo, os partidos e grupos de cidadãos indicam por escrito ao presidente da câmara municipal ou da junta de freguesia, conforme os casos, os delegados correspondentes às diversas assembleias de voto e apresentam-lhe para assinatura e autenticação as credenciais respectivas.

2. Da credencial constam o nome, o número de inscrição no recenseamento, o número e a data do bilhete de identidade do delegado, o partido ou o grupo de cidadãos que representa e a assembleia de voto para que é designado.

ARTIGO 87º
Poderes delegados

1. Os delegados dos partidos e dos grupos de cidadãos intervenientes têm os seguintes poderes:

a) Ocupar os lugares mais próximos da mesa da assembleia de voto de modo a poderem fiscalizar todas as operações de votação;

b) Consultar a todo o momento as cópias dos cadernos de recenseamento eleitoral utilizadas pela mesa da assembleia de voto;

c) Ser ouvidos e esclarecidos acerca de todas as questões suscitadas durante o funcionamento da assembleia de voto, quer na fase da votação quer na fase do apuramento;

d) Apresentar oralmente ou por escrito reclamações, protestos ou contraprotestos relativos às operações de voto;

e) Assinar a acta e rubricar, selar e lacrar todos os documentos respeitantes às operações de voto;

f) Obter certidões das operações de votação e apuramento.

2. Os delegados dos partidos políticos e grupos de cidadãos intervenientes não podem ser designados para substituir membros da mesa faltosos.

ARTIGO 88º
Imunidades e direitos

1. Os delegados dos partidos e grupos de cidadãos não podem ser detidos durante o funcionamento da assembleia de voto, a não ser por crime punível com pena de prisão superior a três anos e em flagrante delito.

2. Os delegados gozam do direito consignado no artigo 80º

SECÇÃO II
Boletins de voto

ARTIGO 89º
Características fundamentais

1. Os boletins de voto são impressos em papel liso e não transparente.

2. Os boletins têm forma rectangular, com a dimensão apropriada para neles caberem, impressas em letra facilmente legível, as perguntas submetidas ao eleitorado.

ARTIGO 90º
Elementos integrantes

1. Em cada boletim de voto são dispostas, umas abaixo das outras, as questões submetidas ao eleitorado.

2. Na linha correspondente à última frase de cada pergunta figuram dois quadros, um encimado pela inscrição da palavra «Sim» e outro pela inscrição da palavra «Não», para o efeito de o eleitor assinalar a resposta que prefere.

ARTIGO 91º
Cor dos boletins de voto

Os boletins de voto são de cor branca.

ARTIGO 92º
Composição e impressão

A composição e a impressão dos boletins de voto são efectuadas pela Imprensa Nacional-Casa da Moeda.

ARTIGO 93º
Envio dos boletins de voto às autarquias

A Direcção-Geral de Administração Interna providencia o envio dos boletins de voto às freguesias onde tem lugar o referendo.

ARTIGO 94º
Distribuição dos boletins de voto

1. Compete ao presidente do órgão executivo da freguesia proceder à distribuição dos boletins de voto pelas assembleias de voto.

2. A cada assembleia de voto são remetidos, em sobrescrito fechado e lacrado, boletins de voto em número igual ao dos correspondentes eleitores, mais 10%.

3. O órgão referido no nº 1 presta contas ao tribunal da comarca com jurisdição na sede do distrito ou Região Autónoma dos boletins de voto recebidos.

ARTIGO 95º
Devolução dos boletins de voto não utilizados ou inutilizados

No dia seguinte ao da realização do referendo, o presidente de cada assembleia de voto devolve ao tribunal da comarca com jurisdição na sede do distrito ou Região Autónoma, ou à entidade que o substitua, os boletins de voto não utilizados ou inutilizados pelos eleitores.

CAPÍTULO IV
Votação

SECÇÃO I
Data da realização do referendo

ARTIGO 96º
Dia da realização do referendo

1. O referendo realiza-se no mesmo dia em todo o território abrangido pelo referendo, sem prejuízo do disposto no artigo 112º

2. O referendo só pode realizar-se num domingo ou em dia de feriado nacional, autonómico ou autárquico.

SECÇÃO II
Exercício do direito de sufrágio

ARTIGO 97º
Direito e dever cívico

1. O sufrágio constitui um direito e um dever cívico.

2. Os responsáveis pelos serviços e pelas empresas que tenham de se manter em actividade no dia do referendo facilitam aos respectivos funcionários e trabalhadores dispensa pelo tempo suficiente para que possam votar.

ARTIGO 98º
Unicidade

O eleitor só vota uma vez em cada referendo.

ARTIGO 99º
Local de exercício do sufrágio

O direito de sufrágio é exercido na assembleia de voto correspondente ao local por onde o eleitor esteja recenseado.

ARTIGO 100º
Requisitos do exercício do direito de sufrágio

1. Para que o eleitor seja admitido a votar tem de estar inscrito no caderno de recenseamento e a sua identidade ser reconhecida pela mesa da assembleia de voto.

2. A inscrição no caderno de recenseamento eleitoral implica a presunção do direito de participação.

ARTIGO 101º
Pessoalidade

1. O direito de sufrágio é exercido pessoalmente pelo eleitor.
2. Não é admitida nenhuma forma de representação ou delegação.

ARTIGO 102º
Presencialidade

O direito de sufrágio é exercido presencialmente em assembleia de voto pelo eleitor, salvo o disposto quanto ao modo de exercício do voto antecipado.

ARTIGO 103º
Segredo do voto

1. Ninguém pode, sob qualquer pretexto, ser obrigado a revelar o sentido do seu voto.
2. Dentro da assembleia de voto e fora dela, até à distância de 500 m, ninguém pode revelar em que sentido votou ou vai votar.

ARTIGO 104º
Abertura de serviços públicos

No dia da realização do referendo, durante o período de funcionamento das assembleias de voto, mantêm-se abertos os serviços:

a) Das juntas de freguesia, para efeito de informação dos eleitores acerca do seu número de inscrição no recenseamento eleitoral;

b) Dos centros de saúde ou locais equiparados, para o efeito do disposto no nº 2 do artigo 117º

SECÇÃO III
Processo de votação

SUBSECÇÃO I
Funcionamento das assembleias de voto

ARTIGO 105º
Abertura da assembleia

1. A assembleia de voto abre às 8 horas do dia marcado para a realização do referendo, depois de constituída a mesa.
2. O presidente declara aberta a assembleia de voto, manda afixar os editais a que se refere o nº 2 do artigo 81º, procede com os restantes membros da mesa e os delegados dos partidos e grupos de cidadãos à revista da câmara de voto e dos documentos de trabalho da mesa e exibe a urna perante os eleitores para que todos possam certificar-se de que se encontra vazia.

ARTIGO 106º
Impossibilidade de abertura da assembleia de voto

Não pode ser aberta a assembleia de voto nos seguintes casos:

a) Impossibilidade de constituição da mesa;

b) Ocorrência, na freguesia, de grave perturbação da ordem pública no dia marcado para a realização do referendo;

c) Ocorrência, na freguesia, de grave calamidade, no dia marcado para a realização do referendo ou nos três dias anteriores.

ARTIGO 107º
Irregularidades e seu suprimento

1. Verificando-se irregularidades supríveis, a mesa procede ao seu suprimento.

2. Não sendo possível esse suprimento dentro das duas horas subsequentes à abertura da assembleia de voto, é esta declarada encerrada.

ARTIGO 108º
Continuidade das operações

A assembleia de voto funciona ininterruptamente até serem concluídas todas as operações de votação e apuramento, sem prejuízo do disposto no artigo seguinte.

ARTIGO 109º
Interrupção das operações

1. As operações são interrompidas, sob pena de nulidade da votação, nos seguintes casos:

a) Ocorrência, na freguesia, de grave perturbação da ordem pública que afecte a genuinidade do acto de sufrágio;

b) Ocorrência, na assembleia de voto, de qualquer das perturbações previstas nos nºs 2 e 3 do artigo 124º;

c) Ocorrência, na freguesia, de grave calamidade.

2. As operações só são retomadas depois de o presidente verificar a existência de condições para que possam prosseguir.

3. Determina o encerramento da assembleia de voto e a nulidade da votação a interrupção desta por período superior a três horas.

4. Determina também a nulidade da votação a sua interrupção quando as operações não tiverem sido retomadas até à hora do seu encerramento normal, salvo se já tiverem votado todos os eleitores inscritos.

ARTIGO 110º
Presença de não eleitores

É proibida a presença na assembleia de voto de não eleitores e de eleitores que aí não possam votar, salvo se se tratar de representantes de partidos intervenientes no referendo ou de profissionais da comunicação social, devidamente identificados e no exercício das suas funções.

ARTIGO 111º
Encerramento da votação

1. A admissão de eleitores na assembleia ou secção de voto faz-se até às 19 horas.
2. Depois desta hora apenas podem votar os eleitores presentes.
3. O presidente declara encerrada a votação logo que tenham votado todos os eleitores inscritos ou, depois das 19 horas, logo que tenham votado todos os eleitores presentes na assembleia de voto.

ARTIGO 112º
Adiamento da votação

1. Nos casos previstos no artigo 106º, no nº 2 do artigo 107º e nos nºs 3 e 4 do artigo 109º, aplicar-se-ão, pela respectiva ordem, as disposições seguintes:

a) Realização de uma nova votação no mesmo dia da semana seguinte;

b) Realização do apuramento definitivo sem ter em conta a votação em falta, se se tiver revelado impossível a realização da votação prevista na alínea anterior.

2. Quando, porém, as operações de votação não tenham podido realizar-se ou prosseguir por ocorrência de grave calamidade na freguesia, pode o presidente da câmara municipal respectivo adiar a realização da votação até ao 14º dia subsequente, anunciando o adiamento logo que conhecida a respectiva causa.
3. A votação só pode ser adiada uma vez.

SUBSECÇÃO II
Modo geral de votação

ARTIGO 113º
Votação dos elementos da mesa e dos delegados

Não havendo nenhuma irregularidade, votam imediatamente o presidente e os vogais da mesa, bem como os delegados dos partidos e dos grupos de cidadãos que se encontrem inscritos no caderno de recenseamento da assembleia de voto.

ARTIGO 114º
Votos antecipados

1. Após terem votado os elementos da mesa, o presidente procede à abertura e lançamento na urna dos votos antecipados, quando existam.
2. Para o efeito do disposto no número anterior, a mesa verifica se o eleitor se encontra devidamente inscrito e procede à correspondente descarga no caderno de recenseamento, mediante rubrica na coluna a isso destinada e na linha correspondente ao nome do eleitor.
3. Feita a descarga, o presidente abre o sobrescrito azul referido no nº 4 do artigo 119º e retira o boletim de voto de sobrescrito branco, também ali mencionado, e procede imediatamente à sua introdução na urna.

ARTIGO 115º
Ordem da votação dos restantes eleitores

1. Os restantes eleitores votam pela ordem de chegada à assembleia de voto, dispondo-se para o efeito em fila.

2. Os membros das mesas e os delegados dos partidos em outras assembleias de voto exercem o seu direito de voto logo que se apresentem, desde que exibam o respectivo alvará ou credencial.

ARTIGO 116º
Modo como vota cada eleitor

1. Cada eleitor, apresentando-se perante a mesa, indica o número de inscrição no recenseamento e o nome e entrega ao presidente o bilhete de identidade.

2. Na falta de bilhete de identidade, a identificação do eleitor faz-se por meio de qualquer outro documento oficial que contenha fotografia actualizada, ou ainda por reconhecimento unânime dos membros da mesa.

3. Identificado o eleitor, o presidente diz em voz alta o seu número de inscrição no recenseamento e o seu nome e, depois de verificada a inscrição, entrega-lhe um boletim de voto.

4. Em seguida, o eleitor dirige-se à câmara de voto situada na assembleia e aí, sozinho, assinala em relação a cada pergunta submetida ao eleitorado o quadrado encimado pela palavra «Sim» ou o quadrado encimado pela palavra «Não», ou não assinala nenhum, e dobra o boletim em quatro.

5. Voltando para junto da mesa, o eleitor entrega o boletim de voto ao presidente, que o deposita na urna, enquanto os escrutinados descarregam o voto, rubricando os cadernos de recenseamento na coluna a isso destinada e na linha correspondente ao nome do eleitor.

6. Se, por inadvertência, o eleitor deteriorar o boletim, pede outro ao presidente, devolvendo-lhe o primeiro.

7. No caso previsto no número anterior, o presidente escreve no boletim devolvido a nota de inutilizado, rubrica-o e conserva-o para o efeito do artigo 95º

SUBSECÇÃO III
Modos especiais de votação

DIVISÃO I
Voto dos deficientes

ARTIGO 117º
Requisitos e modo de exercício

1. O eleitor afectado por doença ou deficiência física notórias, que a mesa verifique não poder praticar os actos descritos no artigo anterior, vota acompanhado por outro eleitor por si escolhido, que garanta a fidelidade de expressão do seu voto e que fica obrigado a sigilo absoluto.

2. Se a mesa deliberar que não se verifica a notoriedade da doença ou da deficiência física, exige que lhe seja apresentado no acto da votação atestado comprovativo da impossibilidade da prática dos actos descritos no artigo anterior emitido pelo médico que exerça poderes de autoridade sanitária na área da freguesia e autenticado com o selo do respectivo serviço.

DIVISÃO II
Voto antecipado

ARTIGO 118º
A quem é facultado

1. Podem votar antecipadamente:

a) Os militares que no dia da realização do referendo estejam impedidos de se deslocar à assembleia de voto por imperativo inadiável de exercício das suas funções;

b) Os agentes de forças e serviços que exerçam funções de segurança interna nos termos da lei, bem como os bombeiros e agentes da protecção civil, que se encontrem em situação análoga à prevista na alínea anterior;

c) Os trabalhadores marítimos e aeronáuticos, bem como os ferroviários e os rodoviários de longo curso que por força da sua actividade profissional se encontrem presumivelmente embarcados ou deslocados no dia da realização do referendo;

d) Os eleitores que por motivo de doença se encontrem internados ou presumivelmente internados em estabelecimento hospitalar e impossibilitados de se deslocar à assembleia de voto;

e) Os eleitores que se encontrem presos.

f) Os membros que representem oficialmente selecções nacionais, organizadas por federações desportivas dotadas de utilidade pública desportiva e se encontrem deslocados no estrangeiro em competições desportivas, no dia da realização do referendo;

g) Todos os eleitores não abrangidos pelas alíneas anteriores que, por força da representação de qualquer pessoa colectiva dos sectores público, privado ou cooperativo, das organizações representativas dos trabalhadores ou de organizações representativas das actividades económicas, e, ainda, outros eleitores que, por imperativo decorrente das suas funções profissionais, se encontrem impedidos de se deslocar à assembleia de voto no dia da realização do referendo.

2. Os eleitores referidos nas alíneas *a)*, *b)* e *g)* do número anterior quando deslocados no estrangeiro entre o 12º dia anterior ao do referendo e o dia da realização do referendo podem exercer o direito de voto junto das representações diplomáticas, consulares ou nas delegações externas dos ministérios e instituições públicas portuguesas previamente definidas pelo Ministério dos Negócios Estrangeiros, nos termos do artigo 120º-A.

3. Podem ainda votar antecipadamente os estudantes de instituições de ensino inscritos em estabelecimentos situados em distrito, região autónoma ou ilha diferentes daqueles por onde se encontram inscritos no recenseamento eleitoral.

4. Podem ainda votar antecipadamente os seguintes eleitores recenseados no território nacional e deslocados no estrangeiro:

a) Militares, agentes militarizados e civis integrados em operações de manutenção de paz, cooperação técnico-militar ou equiparadas;

b) Médicos, enfermeiros e outros cidadãos integrados em missões humanitárias, como tal reconhecidas pelo Ministério dos Negócios Estrangeiros;

c) Investigadores e bolseiros em instituições universitárias ou equiparadas, como tal reconhecidas pelo ministério competente;

d) Estudantes inscritos em instituições de ensino ou que as frequentem ao abrigo de programas de intercâmbio;

e) Os eleitores doentes em tratamento no estrangeiro, bem como os seus acompanhantes.

5. Podem ainda votar antecipadamente os cidadãos eleitores cônjuges ou equiparados, parentes ou afins que vivam com os eleitores mencionados no número anterior.

6. Só são considerados os votos recebidos na sede da junta de freguesia correspondente à assembleia de voto em que o eleitor deveria votar, até ao dia anterior ao da realização do referendo.

ARTIGO 119º
Modo de exercício do direito de voto antecipado por razões profissionais

1. Os eleitores que se encontrem nas condições previstas nas alíneas *a)*, *b)*, *c)*, *f)* e *g)* do nº 1 do artigo anterior podem dirigir-se ao presidente da câmara do município em cuja área se encontre recenseado, entre o 10º e o 5º dias anteriores ao do referendo, manifestando a sua vontade de exercer antecipadamente o direito de sufrágio.

2. O eleitor identifica-se da forma prevista nos nºs 1 e 2 do artigo 116º e faz prova do impedimento invocado através de documento assinado pelo seu superior hierárquico, pela entidade patronal ou outro que comprove suficientemente a existência do impedimento ao normal exercício do direito de voto.

3. O presidente da junta de freguesia entrega ao eleitor um boletim de voto e dois sobrescritos.

4. Um dos sobrescritos, de cor branca, destina-se a receber o boletim de voto e o outro, de cor azul, a conter o sobrescrito anterior e o documento comprovativo a que se refere o nº 2.

5. O eleitor preenche o boletim em condições que garantam o segredo de voto, dobra-o em quatro e introdu-lo no sobrescrito de cor branca, que fecha adequadamente.

6. Em seguida, o sobrescrito de cor branca é introduzido no sobrescrito de cor azul juntamente com o referido documento comprovativo, sendo o sobrescrito azul fechado, lacrado e assinado no verso, de forma legível, pelo presidente da junta de freguesia e pelo eleitor.

7. O presidente da junta de freguesia entrega ao eleitor recibo comprovativo do exercício do direito de voto, do qual constam o nome, residência, número do bilhete de identidade e assembleia de voto a que pertence, bem como o respectivo número de inscrição no recenseamento, assina o documento e autentica-o com o carimbo ou selo branco da autarquia.

8. O presidente da junta de freguesia elabora uma acta das operações efectuadas, nela mencionando o nome, o número de inscrição e a freguesia onde o eleitor se encontra inscrito, enviando cópia da mesma à assembleia de apuramento geral.

9. A junta de freguesia remete os votos referidos nos números anteriores ao presidente da mesa da assembleia de voto até à hora prevista no nº 1 do artigo 105º

10. Os partidos e grupos de cidadãos intervenientes na campanha para o referendo podem nomear, nos termos gerais, delegados para fiscalizar as operações referidas nos nºs 1 a 8.

ARTIGO 120º
Modo de exercício por doentes e por presos

1. Os eleitores que se encontrem nas condições previstas nas alíneas *d)* e *e)* do nº 1 do artigo 118º podem requerer, por meios electrónicos ou por via postal, ao presidente da câmara do município em que se encontrem recenseados, até ao 20º dia anterior ao do referendo, a documentação necessária ao exercício do direito de voto, enviando cópias do seu cartão de cidadão ou bilhete de identidade e cartão ou certidão de eleitor, juntando documento comprovativo do impedimento invocado, passado pelo médico assistente e confirmado pela direcção do estabelecimento hospitalar, ou documento emitido pelo director do estabelecimento prisional, conforme os casos.

2. O autarca referido no número anterior enviará por correio registado com aviso de recepção, até ao 17º dia anterior ao do referendo:

a) Ao eleitor, a documentação necessária ao exercício do direito de voto, acompanhada dos documentos enviados pelo eleitor;

b) Ao presidente da junta de freguesia da área onde se encontrem eleitores nas condições definidas no nº 1, a relação nominal dos referidos eleitores e a indicação dos estabelecimentos hospitalares ou prisionais abrangidos.

3. O presidente da junta de freguesia onde se situe o estabelecimento hospitalar ou prisional onde o eleitor se encontra internado notifica, até ao 16º dia anterior ao do referendo, os partidos e grupos de cidadãos intervenientes na campanha para o referendo, para cumprimento dos fins previstos no nº 10 do artigo anterior, dando conhecimento de quais os estabelecimentos onde se realiza o voto antecipado.

4. A nomeação de delegados dos partidos e grupos de cidadãos deve ser transmitida ao presidente da junta de freguesia até ao 14º dia anterior ao do referendo.

5. Entre o 13º e o 10º dia anteriores ao do referendo, o presidente da junta de freguesia em cuja área se encontre situado o estabelecimento hospitalar ou prisional com eleitores nas condições do nº 1 desloca-se, em dia e hora previamente anunciados ao respectivo director e aos delegados de justiça, ao estabelecimento a fim de ser dado cumprimento, com as necessárias adaptações, ditadas pelos constrangimentos dos regimes hospitalares ou prisionais, ao disposto nos nºs 4, 5, 6, 7, 8 e 9 do artigo anterior.

6. A junta de freguesia destinatária dos votos recebidos dá cumprimento ao disposto no nº 9 do artigo anterior.

ARTIGO 120º-A
Modo de exercício do direito de voto antecipado por eleitores deslocados no estrangeiro

1. Os eleitores que se encontrem nas condições previstas nos nºs 2, 4 e 5 do artigo 118º podem exercer o direito de sufrágio entre o 12º e o 10º dias anteriores ao do referendo, junto das representações diplomáticas, consulares ou nas delegações externas dos ministérios e instituições públicas portuguesas previamente definidas pelo Ministério dos Negócios Estrangeiros, nos termos previstos no artigo 119º, sendo a intervenção do presidente da câmara municipal da competência do funcionário diplomático designado para o efeito, a quem cabe remeter a correspondência eleitoral pela via mais expedita à junta de freguesia respectiva.

2. No caso dos eleitores mencionados nas alíneas *a)* e *b)* do nº 4 do artigo 118º, o Ministério dos Negócios Estrangeiros, se reconhecer a impossibilidade da sua deslocação aos locais referidos no número anterior, designa um funcionário diplomático, que procede à recolha da correspondência eleitoral, no período acima referido.

3. As operações eleitorais previstas nos números anteriores podem ser fiscalizadas pelos partidos e grupos de cidadãos eleitores intervenientes na campanha para o referendo que nomeiem delegados até ao 16º dia anterior ao do referendo.

ARTIGO 120º-B
Modo de exercício do voto por estudantes

1. Os eleitores que se encontrem nas condições previstas no nº 3 do artigo 118º podem requerer, por meios electrónicos ou por via postal, ao presidente da câmara do município em que se encontrem recenseados a documentação necessária ao exercício do direito de voto no prazo e nas condições previstas nos nº 1 e 2 do artigo 120º

2. O documento comprovativo do impedimento do eleitor consiste numa declaração emitida pela direcção do estabelecimento de ensino que ateste a sua admissão ou frequência.

3. O exercício do direito de voto faz-se perante o presidente da câmara do município onde o eleitor frequente o estabelecimento de ensino, no prazo e termos previstos nos nºs 3 a 6 do artigo 120º

SECÇÃO IV
Garantias de liberdade do sufrágio

ARTIGO 121º
Dúvidas, reclamações, protestos e contraprotestos

1. Além dos delegados dos partidos e grupos de cidadãos intervenientes na campanha para o referendo, qualquer eleitor pertencente a uma assembleia de voto pode suscitar dúvidas e apresentar por escrito reclamações, protestos e contraprotestos relativos às operações da mesma assembleia e instruí-los com os documentos convenientes.

2. A mesa não pode recusar-se a receber as reclamações, os protestos e os contraprotestos e deve rubricá-los e apensá-los à acta.

3. As reclamações, os protestos e os contraprotestos têm de ser objecto de deliberação da mesa, que pode tomá-la no final se entender que isso não afecta o andamento normal da votação.

4. Todas as deliberações da mesa são tomadas por maioria absoluta dos membros presentes e fundamentadas, tendo o presidente voto de qualidade.

ARTIGO 122º
Polícia da assembleia de voto

1. Compete ao presidente da mesa, coadjuvado pelos vogais, assegurar a liberdade dos eleitores, manter a ordem e em geral policiar a assembleia, adoptando para o efeito as providências necessárias.

2. Não são admitidos na assembleia de voto os eleitores que se encontrem manifestamente sob o efeito do álcool ou de estupefacientes, ou que sejam portadores de qualquer arma ou instrumento susceptível de como tal ser usado.

ARTIGO 123º
Proibição de propaganda

1. É proibida qualquer propaganda dentro das assembleias de voto e fora delas até à distância de 500 m.

2. Por propaganda entende-se também a exibição de símbolos, siglas, sinais, distintivos ou autocolantes de quaisquer partidos, coligações ou grupos de cidadãos, ou representativos de posições assumidas perante o referendo.

ARTIGO 124º
Proibição de presença de forças de segurança
e casos em que podem comparecer

1. Nos locais onde se reunirem as assembleias de voto e num raio de 100 m é proibida a presença de forças de segurança, salvo nos casos previstos nos números seguintes.

2. Quando for necessário pôr termo a algum tumulto ou obstar a qualquer agressão ou violência dentro do edifício da assembleia de voto ou na sua proximidade,

e ainda em caso de desobediência às suas ordens, pode o presidente da mesa, consultada esta, requisitar a presença de forças de segurança, sempre que possível por escrito, mencionando na acta das operações as razões e o período da respectiva presença.

3. Quando o comandante das forças de segurança verificar a existência de fortes indícios de que se exerce sobre os membros da mesa coacção física ou psíquica que impeça o presidente de fazer a requisição, pode apresentar-se a este por iniciativa própria, mas deve retirar-se logo que pelo presidente ou por quem o substitua tal lhe seja determinado.

4. Quando o entenda necessário, o comandante da força de segurança pode visitar, desarmado e por um período máximo de dez minutos, a assembleia de voto, a fim de estabelecer contacto com o presidente da mesa ou com quem o substitua.

ARTIGO 125º
Deveres dos profissionais de comunicação social

Os profissionais de comunicação social que no exercício das suas funções se desloquem às assembleias de voto não podem:

a) Colher imagens ou aproximar-se das câmaras de voto por forma que possa comprometer o segredo do voto;

b) Obter no interior da assembleia de voto ou no seu exterior, até à distância de 500 m, outros elementos de reportagem que igualmente possam comprometer o segredo do voto;

c) Perturbar de qualquer modo o acto da votação.

ARTIGO 126º
Difusão e publicação de notícias e reportagens

As notícias, as imagens ou outros elementos de reportagem colhidos nas assembleias de voto, incluindo os resultados do apuramento parcial, só podem ser difundidos ou publicados após o encerramento de todas as assembleias de voto.

CAPÍTULO V
Apuramento

SECÇÃO I
Apuramento parcial

ARTIGO 127º
Operação preliminar

Encerrada a votação, o presidente da assembleia de voto procede à contagem dos boletins que não tiverem sido utilizados, bem como dos inutilizados pelos eleitores e encerra-os com a necessária especificação em sobrescrito próprio, que fecha e lacra para os efeitos do artigo 95º

ARTIGO 128º
Contagem dos votantes e dos boletins de voto

1. Concluída a operação preliminar, o presidente manda contar o número de votantes pelas descargas efectuadas nos cadernos de recenseamento.

2. Em seguida, manda abrir a urna a fim de conferir o número de boletins de voto entrados e, no fim da contagem, volta a introduzi-los nela.

3. Em caso de divergência entre o número dos votantes apurados e o dos boletins de voto contados prevalece, para efeitos de apuramento, o segundo destes números.

4. Do número de boletins de voto contados é dado imediato conhecimento público através de edital que o presidente lê em voz alta e manda afixar à porta da assembleia de voto.

ARTIGO 129º
Contagem dos votos

1. Um dos escrutinadores desdobra os boletins, um a um, e anuncia em voz alta qual a resposta a cada uma das perguntas submetidas ao eleitorado.

2. O outro escrutinador regista num quadro bem visível, ou não sendo tal possível numa folha branca, a resposta atribuída a cada pergunta, os votos em branco e os votos nulos.

3. Simultaneamente, os boletins de voto são examinados e exibidos pelo presidente, que, com a ajuda de um dos vogais, os agrupa em lotes separados, correspondentes aos votos validamente expressos, aos votos em branco e aos votos nulos.

4. Terminadas as operações previstas nos números anteriores, o presidente procede à contraprova dos boletins de cada um dos lotes separados e pela verificação dos requisitos previstos no nº 2.

ARTIGO 130º
Votos válidos

Excepcionados os votos referidos no artigo seguinte, consideram-se válidos os votos em que o leitor haja assinalado correctamente as respostas a uma ou mais das questões formuladas.

ARTIGO 131º
Votos em branco

Considera-se voto em branco o correspondente a boletim de voto que não contenha qualquer sinal ou aquele em que não figure nenhuma resposta.

ARTIGO 132º
Voto nulo

1. Considera-se voto nulo, no tocante a qualquer das perguntas, o correspondente ao boletim:

a) No qual tenha sido assinalado mais de um quadrado correspondente à mesma pergunta;

b) No qual haja dúvidas quanto ao quadrado assinalado;
c) No qual tenha sido feito qualquer corte, desenho ou rasura;
d) No qual tenha sido escrita qualquer palavra.

2. Considera-se ainda como voto nulo o voto antecipado quando o sobrescrito com o boletim de voto não chegue ao seu destino nas condições previstas nos artigos 119º e 120º ou seja recebido em sobrescrito que não esteja adequadamente fechado.

ARTIGO 133º
Direitos dos delegados dos partidos e dos grupos de cidadãos

1. Depois das operações previstas nos artigos 128º e 129º, os delegados dos partidos e dos grupos de cidadãos têm o direito de examinar os lotes dos boletins separados, bem como os correspondentes registos, sem alterar a sua composição e, no caso de terem dúvidas ou objecções em relação à contagem ou à qualificação dada ao voto de qualquer boletim, têm o direito de solicitar esclarecimentos ou apresentar reclamações ou protestos perante o presidente.

2. Se a reclamação ou protesto não for atendido pela mesa, os boletins de voto reclamados ou protestados são separados, anotados no verso com a indicação da qualificação dada pela mesa e do objecto da reclamação ou do protesto, e rubricados pelo presidente da mesa e pelo delegado do partido ou do grupo de cidadãos.

3. A reclamação ou o protesto não atendidos não impedem a contagem do boletim de voto para o efeito de apuramento parcial.

ARTIGO 134º
Edital do apuramento parcial

O apuramento é imediatamente publicado por edital afixado à porta do edifício da assembleia de voto em que se discriminam o número de respostas afirmativas ou negativas a cada pergunta, o número de votos em branco e o de votos nulos.

ARTIGO 135º
Comunicação para efeito de escrutínio provisório

1. Os presidentes das mesas das assembleias de voto comunicam imediatamente à junta de freguesia ou à entidade para esse efeito designada pelo director-geral de Administração Interna ou pelo Representante da República, consoante os casos, os elementos constantes do edital previsto no número anterior.

2. A entidade a quem é feita a comunicação apura os resultados do referendo na freguesia e comunica-os imediatamente ao director-geral de Administração Interna ou ao Representante da República.

3. O Representante da República transmite imediatamente os resultados à Direcção-Geral de Administração Interna.

ARTIGO 136º
Destino dos boletins de votos nulos ou objecto de reclamação ou protesto

Os boletins de votos nulos ou sobre os quais tenha havido reclamação ou protesto são, depois de rubricados, remetidos à assembleia de apuramento geral com os documentos que lhe digam respeito.

ARTIGO 137º
Destino dos restantes boletins de voto

1. Os restantes boletins de voto, devidamente empacotados e lacrados, são confiados à guarda do juiz de direito da comarca.

2. Esgotado o prazo para interposição dos recursos contenciosos, ou decididos definitivamente estes, o juiz promove a destruição dos boletins.

ARTIGO 138º
Acta das operações de votação e apuramento

1. Compete ao secretário da mesa proceder à elaboração da acta das operações de votação e apuramento.

2. Da acta devem constar:

a) Os números de inscrição no recenseamento e os nomes dos membros da mesa e dos delegados dos partidos e grupos de cidadãos intervenientes;

b) O local da assembleia de voto e a hora de abertura e de encerramento;

c) As deliberações tomadas pela mesa durante as operações;

d) O número total de eleitores inscritos, o de votantes e o de não votantes;

e) Os números de inscrição no recenseamento dos eleitores que votaram por antecipação;

f) O número das respostas afirmativas ou negativas obtidas por cada pergunta;

g) O número de respostas em branco a cada pergunta;

h) O número de votos totalmente em branco e o de votos nulos;

i) O número de boletins de voto sobre os quais haja incidido reclamação ou protesto;

j) As divergências de contagem, se tiverem existido, a que se refere o nº 3 do artigo 128º, com indicação precisa das diferenças notadas;

l) O número de reclamações, protestos e contraprotestos apensos à acta;

m) Quaisquer outras ocorrências que a mesa julgue dever mencionar.

ARTIGO 139º
Envio à assembleia de apuramento geral

Nas vinte e quatro horas seguintes à votação, os presidentes das mesas das assembleias de voto entregam pessoalmente, contra recibo, ou remetem, pelo seguro do correio, as actas, os cadernos e demais documentos respeitantes ao referendo ao presidente da assembleia de apuramento geral.

SECÇÃO II
Apuramento geral

ARTIGO 140º
Assembleia de apuramento geral

O apuramento geral dos resultados do referendo compete a uma assembleia constituída para o efeito, que funciona no edifício da câmara municipal.

ARTIGO 141º
Composição

1. Compõem a assembleia de apuramento geral:

a) Um magistrado judicial ou seu substituto legal, e, na sua falta, um cidadão de comprovada idoneidade cívica, designado pelo presidente do tribunal da relação do distrito judicial respectivo, que servirá de presidente, com voto de qualidade;

b) Dois juristas de reconhecido mérito escolhidos pelo presidente;

c) Dois licenciados em Matemática que leccionem na área do concelho, designados pela direcção escolar respectiva;

d) O chefe da secretaria da câmara municipal respectiva, que servirá de secretário, sem direito de voto.

2. As assembleias de apuramento geral dos concelhos de Lisboa e do Porto podem ter composição alargada, através da designação de mais um jurista de reconhecido mérito e de um licenciado em Matemática, nos termos do número anterior.

3. Os partidos e grupos de cidadãos intervenientes na campanha podem fazer-se representar por delegados devidamente credenciados, sem direito de voto, mas com direito de reclamação, protesto e contraprotesto.

ARTIGO 142º
Constituição e início das operações

1. A assembleia deve estar constituída até à antevéspera do dia do referendo, dando-se imediatamente conhecimento público dos nomes dos cidadãos que a compõem através de edital afixado à porta do edifício da câmara municipal.

2. As designações a que se refere a alínea *c)* do nº 1 do artigo anterior devem ser comunicadas ao presidente até três dias antes das eleições.

3. A assembleia de apuramento geral inicia as suas operações às 9 horas do 2º dia seguinte ao da realização do referendo.

4. Em caso de adiamento ou declaração de nulidade da votação em qualquer assembleia de voto, o início das operações tem lugar no 2º dia seguinte ao da votação, para completar as operações de apuramento.

ARTIGO 143º
Conteúdo do apuramento geral

1. O apuramento geral consiste:

a) Na verificação do número total de eleitores inscritos;

b) Na verificação dos números totais de votantes e de não votantes, com as respectivas percentagens relativamente ao número total de inscritos;

c) Na verificação dos números totais de votos em branco, de votos nulos e de votos validamente expressos, com as respectivas percentagens relativamente ao número total de votantes;

d) Na verificação dos números totais de respostas afirmativas e negativas às perguntas submetidas ao eleitorado, com as respectivas percentagens relativamente ao número total de votos validamente expressos;

e) Na verificação do número de respostas em branco em relação a cada pergunta, com as correspondentes percentagens relativamente ao número total dos respectivos votantes.

2. O apuramento geral consiste ainda na reapreciação e decisão uniforme relativa aos boletins de voto objecto de reclamação ou protesto e aos considerados nulos.

3. Em resultado das operações previstas no número anterior, a assembleia corrige, se for caso disso, o apuramento da respectiva assembleia de voto.

ARTIGO 144º
Elementos do apuramento geral

1. O apuramento geral será feito com base nas actas das operações das assembleias de voto, nos cadernos de recenseamento e nos demais documentos que os acompanharem.

2. Se faltarem os elementos de alguma assembleia de voto, o apuramento inicia-se com base nos elementos já recebidos, designando o presidente nova reunião, dentro das quarenta e oito horas seguintes, para se concluírem os trabalhos, tomando entretanto as necessárias providências para que a falta seja reparada.

ARTIGO 145º
Proclamação e publicação dos resultados

1. A proclamação pelo presidente e a publicação dos resultados fazem-se até ao 4º dia posterior ao da votação.

2. A publicação consta de edital afixado à porta do edifício da câmara municipal.

ARTIGO 146º
Acta do apuramento geral

1. Do apuramento é lavrada acta de que constem os resultados das respectivas operações.

2. Nos dois dias posteriores àquele em que se conclua o apuramento geral, o presidente envia pelo seguro do correio dois exemplares da acta à Comissão Nacional de Eleições.

ARTIGO 147º
Mapa dos resultados do referendo

1. A Comissão Nacional de Eleições elabora um mapa oficial com os resultados do referendo de que constem:

a) Número total de eleitores inscritos;

b) Números totais de votantes e de não votantes, com as respectivas percentagens em relação ao número total de inscritos;

c) Números totais de votos validamente expressos, de votos em branco e de votos nulos, com as respectivas percentagens relativamente ao número total de votantes;

d) Número total de respostas afirmativas e negativas a cada pergunta submetida ao eleitorado, com as respectivas percentagens relativamente ao número total de votos validamente expressos;

e) Número total de respostas em branco em relação a cada pergunta com as respectivas percentagens relativamente ao número total de votantes.

2. A Comissão Nacional de Eleições enviará o mapa, no prazo de oito dias, consoante os casos, ao presidente da assembleia municipal ou da assembleia de freguesia.

3. O presidente do órgão em causa dá conhecimento do mapa dos resultados do referendo à assembleia, em reunião extraordinária, se necessário, e diligência no sentido da publicação do mapa através de edital a afixar, num prazo de três dias, nos locais de estilo da área da autarquia a que diga respeito ou, caso exista, através de boletim da autarquia ou de anúncio em dois dos jornais de maior circulação na totalidade da área abrangida.

4. A não publicação nos termos do número anterior implica ineficácia jurídica do referendo.

ARTIGO 148º
Destino da documentação

1. Os cadernos de recenseamento e demais documentação presente à assembleia de apuramento geral, bem com a acta desta, são confiados à guarda e responsabilidade do tribunal da comarca correspondente à área de realização do referendo.

2. Terminado o prazo de recurso contencioso ou decididos os recursos que tenham sido apresentados, o tribunal procede à destruição de todos os documentos, com excepção das actas das assembleias de voto.

ARTIGO 149º
Certidões ou fotocópias da acta de apuramento geral

1. Aos partidos ou grupos de cidadãos intervenientes na campanha para o referendo que o requeiram, são emitidas certidões ou fotocópias da acta de apuramento geral.

2. As certidões ou fotocópias da acta de apuramento geral são emitidas pela secretaria do tribunal responsável pela sua guarda no prazo de três dias.

SECÇÃO III
Apuramento em caso de adiamento ou nulidade da votação

ARTIGO 150º
Regras especiais de apuramento

1. No caso de adiamento de qualquer votação nos termos do artigo 112º, a assembleia de apuramento geral reunir-se-á no dia subsequente à realização dessa votação para proceder ao respectivo apuramento e aos ajustamentos a introduzir no apuramento entretanto realizado.

2. A proclamação e a publicação terão lugar até ao 11º dia subsequente à votação.

3. O disposto nos números anteriores é aplicável em caso de declaração de nulidade de qualquer votação.

CAPÍTULO VI
Contencioso da votação e do apuramento

ARTIGO 151º
Pressuposto do recurso contencioso

As irregularidades ocorridas no decurso da votação e das operações de apuramento parcial ou geral podem ser apreciadas em recurso, desde que tenham sido objecto de reclamação ou protesto apresentados por escrito no acto em que se tiverem verificado.

ARTIGO 152º
Legitimidade

Da decisão sobre a reclamação, protesto ou contraprotesto podem recorrer, além do respectivo apresentante, os delegados ou representantes dos partidos ou grupos de cidadãos intervenientes na campanha.

ARTIGO 153º
Tribunal competente e prazo

O recurso contencioso é interposto perante o Tribunal Constitucional no dia seguinte ao da afixação do edital contendo os resultados do apuramento.

ARTIGO 154º
Processo

1. A petição de recurso especifica os respectivos fundamentos de facto e de direito e é acompanhada de todos os elementos de prova.

2. No caso de recurso relativo a assembleias de apuramento com sede em Região Autónoma, a interposição e fundamentação podem ser feitas por via telegráfica, por telex ou fax, sem prejuízo do posterior envio de todos os elementos de prova.

3. Os representantes dos restantes partidos ou grupos de cidadãos intervenientes na campanha para o referendo são imediatamente notificados para responderem, querendo, no prazo de um dia.

4. O Tribunal Constitucional decide definitivamente em plenário no prazo de dois dias a contar do termo do prazo previsto no número anterior.

5. É aplicável ao contencioso da votação e do apuramento o disposto no Código de Processo Civil quanto ao processo declarativo, com as necessárias adaptações.

ARTIGO 155º
Efeitos da decisão

1. A votação em qualquer assembleia de voto só é julgada nula quando se hajam verificado ilegalidades que possam influir no resultado geral do referendo.

2. Declarada a nulidade da votação numa ou mais assembleias de voto, as operações correspondentes são repetidas no segundo domingo posterior à decisão.

CAPÍTULO VII
Despesas públicas respeitantes ao referendo

ARTIGO 156º
Âmbito das despesas respeitantes ao referendo

Constituem despesas públicas respeitantes ao referendo os encargos públicos resultantes dos actos de organização e concretização do processo de votação, bem como da divulgação de elementos com estes relacionados.

ARTIGO 157º
Despesas locais e centrais

1. As despesas são locais e centrais.

2. Constituem despesas locais as realizadas pelos órgãos das autarquias locais ou por qualquer outra entidade a nível local.

3. Constituem despesas centrais as realizadas pela Comissão Nacional de Eleições e pelo Secretariado Técnico dos Assuntos para o Processo Eleitoral ou outros serviços da administração central no exercício das suas atribuições.

ARTIGO 158º
Trabalho extraordinário

Os trabalhos relativos à efectivação de referendo que devam ser executados por funcionários ou agentes da Administração Pública para além do respectivo período normal de trabalho são remunerados, nos termos da lei vigente, como trabalho extraordinário.

ARTIGO 159º
Atribuição de tarefas

No caso de serem atribuídas tarefas a entidade não vinculada à Administração Pública, a respectiva remuneração tem lugar na medida do trabalho prestado, nos termos da lei.

ARTIGO 160º
Pagamento das despesas

1. As despesas locais são satisfeitas por verbas sujeitas a inscrição no orçamento das respectivas autarquias locais.

2. As despesas centrais são satisfeitas pelo Secretariado Técnico dos Assuntos para o Processo Eleitoral, mediante verba sujeita a inscrição no respectivo orçamento.

3. As despesas efectuadas por outras entidades no exercício de competência própria ou sem prévio assentimento das respectivas autarquias locais ou do Ministério da Administração Interna, consoante os casos, são satisfeitas por aquelas entidades.

ARTIGO 161º
Encargos com a composição e a impressão dos boletins de voto

As despesas com a composição e a impressão dos boletins de voto são satisfeitas por verbas sujeitas a inscrição no orçamento do Ministério da Administração Interna, através do Secretariado Técnico dos Assuntos para o Processo Eleitoral.

ARTIGO 162º
Despesas com deslocações

1. As deslocações realizadas por indivíduos não vinculados à Administração Pública no exercício de funções para que tenham sido legalmente designados no âmbito da efectivação do referendo ficam sujeitas ao regime jurídico aplicável, nesta matéria, aos funcionários públicos.

2. O pagamento a efectivar, a título de ajudas de custo, pelas deslocações a que se refere o número anterior é efectuado com base no estabelecido para a categoria de técnico superior de 1ª classe, 1º escalão, nas tabelas correspondentes da função pública.

ARTIGO 163º
Transferência de verbas

1. O Estado, através do Ministério da Administração Interna, comparticipa nas despesas a que alude o nº 1 do artigo 160º, mediante transferência de verbas do seu orçamento para as autarquias.

2. Os montantes a transferir são calculados de acordo com a seguinte fórmula:

$$\text{Montante a transferir} = V + A \times E$$

em que:

V é a verba mínima, em escudos, por autarquia;
E o número de eleitores por autarquia;
A o coeficiente de ponderação, expresso em escudos por eleitor.

3. Os valores V e A são fixados por decreto-lei.

4. Em caso de referendo municipal, a verba atribuída é consignada às freguesias da respectiva área, de acordo com o critério estabelecido no nº 2.

5. A verba prevista no número anterior é transferida até 30 dias antes do início da campanha para o referendo.

6. Nas situações a que alude o nº 4, a transferência para a freguesia ocorrerá no prazo de cinco dias a contar da data em que tenha sido posta à disposição do município.

ARTIGO 164º
Dispensa de formalismos legais

1. Na realização de despesas respeitantes à efectivação do referendo é dispensada a precedência de formalidades que se mostrem incompatíveis com os prazos e a natureza dos trabalhos a realizar e que não sejam de carácter puramente contabilístico.

2. A dispensa referida no número anterior efectiva-se por despacho da entidade responsável pela gestão do orçamento pelo qual a despesa deve ser suportada.

ARTIGO 165º
Dever de indemnização

1. O Estado indemniza as publicações informativas, nos termos do disposto no artigo 60º do regime do direito de antena nas eleições presidenciais e legislativas, na redacção da Lei nº 35/95, de 18 de Agosto.

2. A competente comissão arbitral é composta por um representante do Secretariado Técnico de Apoio ao Processo Eleitoral, um representante da Inspecção--Geral de Finanças e um representante designado pelas associações do sector.

ARTIGO 166º
Isenções

São isentos de quaisquer taxas ou emolumentos, do imposto do selo e da taxa de justiça, consoante os casos:

a) Os requerimentos, incluindo os judiciais, relativos à efectivação do referendo;
b) Os reconhecimentos notariais em documentos para efeitos de referendo;
c) As procurações forenses a utilizar em reclamações e recursos previstos na presente lei, devendo as mesmas especificar o fim a que se destinam;
d) Todos os documentos destinados a instruir quaisquer reclamações, protestos ou contraprotestos perante as assembleias de voto ou de apuramento, bem como quaisquer reclamações ou recursos previstos na lei;
e) As certidões relativas ao apuramento.

CAPÍTULO VIII
Ilícito referendário

SECÇÃO I
Princípios comuns

ARTIGO 167º
Circunstâncias agravantes

Constituem circunstâncias agravantes do ilícito relativo ao referendo:

a) O facto de a infracção influir no resultado da votação;
b) Ser a infracção cometida por agente com intervenção em actos de referendo;
c) Ser a infracção cometida por membro de comissão recenseadora;
d) Ser a infracção cometida por membro da mesa da assembleia de voto;
e) Ser a infracção cometida por membro da assembleia de apuramento;
f) Ser a infracção cometida por representante ou delegado de partido político ou de grupo de cidadãos formalizado nos termos da presente lei.

SECÇÃO II
Ilícito penal

SUBSECÇÃO I
Disposições gerais

ARTIGO 168º
Punição da tentativa

A tentativa é sempre punível.

ARTIGO 169º
Pena acessória de suspensão de direitos políticos

À prática de crimes relativos ao referendo pode corresponder, para além das penas especialmente previstas na presente lei, pena acessória de suspensão, de seis meses a cinco anos, dos direitos consignados nos artigos 49º, 50º e 51º, no nº 3 do artigo 52º e nos artigos 122º e 124º da Constituição da República, atenta a concreta gravidade do facto.

ARTIGO 170º
Pena acessória de demissão

À pratica de crimes relativos ao referendo por parte de funcionário público no exercício das suas funções pode corresponder, independentemente da medida da pena, a pena acessória de demissão, sempre que o crime tiver sido praticado com flagrante e grave abuso das funções ou com manifesta e grave violação dos deveres que lhe são inerentes, atenta a concreta gravidade do facto.

ARTIGO 171º
Direito de constituição como assistente

Qualquer partido que tenha efectuado a declaração prevista no nº 2 do artigo 37º, ou grupo de cidadãos, constituído nos termos e para os efeitos da presente lei, pode constituir-se assistente em processo penal relativo a referendo.

SUBSECÇÃO II
Crimes relativos à campanha para referendo

ARTIGO 172º
Violação dos deveres de neutralidade e imparcialidade

Quem, no exercício das suas funções, infringir os deveres de neutralidade ou imparcialidade, constantes do artigo 43º, é punido com pena de prisão até 2 anos ou pena de multa até 240 dias.

ARTIGO 173º
Utilização indevida de denominação, sigla ou símbolo

Quem, durante a campanha para o referendo e com o intuito de prejudicar ou injuriar, utilizar denominação, sigla ou símbolo de qualquer partido, coligação ou grupo de cidadãos é punido com pena de prisão até 1 ano ou pena de multa até 120 dias.

ARTIGO 174º
Violação das liberdades de reunião e de manifestação

1. Quem, por meio de violência ou participação em tumulto, desordem ou vozearia, perturbar gravemente reunião, comício, manifestação ou desfile de propaganda é punido com pena de prisão até 1 ano ou pena de multa até 120 dias.

2. Quem, da mesma forma, impedir a realização ou prosseguimento de reunião, comício, manifestação ou desfile é punido com pena de prisão até 2 anos ou pena de multa até 240 dias.

ARTIGO 175º
Dano em material de propaganda

1. Quem roubar, furtar, destruir, rasgar, desfigurar ou por qualquer forma inutilizar ou tornar ilegível, no todo ou em parte, material de propaganda durante o período da campanha para o referendo é punido com pena de prisão até 6 meses ou pena de multa até 60 dias.

2. Não são punidos os factos previstos no número anterior se o material tiver sido afixado em casa ou em estabelecimento de agente, sem conhecimento deste, ou tiver sido afixado antes do início da campanha.

ARTIGO 176º
Desvio de correspondência

O empregado dos correios que desencaminhar, retiver ou não entregar ao destinatário circular, cartazes ou outro meio de propaganda é punido com pena de prisão de 6 meses a 3 anos ou pena de multa de 60 a 360 dias.

ARTIGO 177º
Propaganda no dia do referendo

1. Quem no dia do referendo fizer propaganda por qualquer meio é punido com pena de multa não inferior a 50 dias.

2. Quem no mesmo dia fizer propaganda em assembleia de voto ou nas suas imediações até 500 m é punido com pena de prisão até 3 meses ou pena de multa não inferior a 30 dias.

SUBSECÇÃO III
Crimes relativos à organização do processo de votação

ARTIGO 178º
Desvio de boletins de voto

Quem subtrair, retiver ou impedir a distribuição de boletins de voto, ou por qualquer meio contribuir para que estes não cheguem ao seu destino no tempo legalmente estabelecido, é punido com pena de prisão de 3 meses a 2 anos ou pena de multa não inferior a 100 dias.

SUBSECÇÃO IV
Crimes relativos ao sufrágio e ao apuramento

ARTIGO 179º
Fraude em acto referendário

Quem, no decurso da efectivação do referendo:

a) Se apresentar fraudulentamente a votar tomando a identidade do eleitor inscrito;

b) Votar em mais de uma assembleia de voto, ou mais de uma vez na mesma assembleia, ou em mais de um boletim de voto, ou actuar por qualquer forma que conduza a um falso apuramento do escrutínio;

c) Falsear o apuramento, a publicação ou a acta oficial do resultado da votação;

é punido com pena de prisão até 2 anos ou com pena de multa até 240 dias.

ARTIGO 180º
Violação do segredo de voto

Quem em assembleia de voto ou nas suas imediações até 500 m:

a) Usar de coacção ou artifício fraudulento de qualquer natureza ou se servir do seu ascendente sobre eleitor para obter a revelação do voto deste é punido com pena de prisão até 1 ano ou pena de multa até 120 dias;

b) Der a outrem conhecimento do sentido de voto de um eleitor é punido com pena de multa até 60 dias;

c) Revelar como votou ou vai votar é punido com pena de multa até 60 dias.

ARTIGO 181º
Admissão ou exclusão abusiva do voto

Os membros de mesa de assembleia de voto que contribuírem para que seja admitido a votar quem não tenha direito de sufrágio ou não o possa exercer nessa assembleia, bem como os que contribuírem para a exclusão de quem o tiver, são punidos com pena de prisão até 2 anos ou com pena de multa até 240 dias.

ARTIGO 182º
Não facilitação do exercício de sufrágio

Os responsáveis pelos serviços ou empresas em actividade no dia da eleição que recusem aos respectivos funcionários ou trabalhadores dispensa pelo tempo suficiente para que possam votar são punidos com pena de prisão até 1 ano ou com pena de multa até 120 dias.

ARTIGO 183º
Impedimento do sufrágio por abuso de autoridade

O agente de autoridade que abusivamente, no dia do referendo, sob qualquer pretexto, fizer sair do seu domicílio ou retiver fora dele qualquer eleitor para que este não possa votar é punido com pena de prisão até 2 anos ou com pena de multa até 240 dias.

ARTIGO 184º
Abuso de funções

O cidadão investido de poder público, o funcionário ou agente do Estado ou de outra pessoa colectiva pública e o ministro de qualquer culto que se sirvam abusivamente das funções ou do cargo para constranger ou induzir eleitores a votar ou a deixar de votar em determinado sentido são punidos com pena de prisão até 2 anos ou com pena de multa até 240 dias.

ARTIGO 185º
Coacção de eleitor

Quem, por meio de violência, ameaça de violência ou de grave mal, constranger o eleitor a votar, o impedir de votar ou o forçar a votar num certo sentido é punido com pena de prisão até 5 anos, se pena mais grave lhe não couber por força de outra disposição legal.

ARTIGO 186º
Coacção relativa a emprego

Quem aplicar ou ameaçar aplicar a um cidadão qualquer sanção no emprego, nomeadamente a de despedimento, ou o impedir ou ameaçar impedir de obter emprego a fim de que vote ou deixe de votar ou porque votou ou não votou em certo sentido, ou ainda porque participou ou não participou em campanha para o referendo é punido com pena de prisão até 2 anos ou com pena de multa até 240 dias, sem prejuízo da nulidade da sanção e da automática readmissão no emprego se o despedimento tiver chegado a efectivar-se.

ARTIGO 187º
Fraude e corrupção do eleitor

1. Quem, mediante artifício fraudulento, levar o eleitor a votar, o impedir de votar, conduzir a fazê-lo em certo sentido ou comprar ou vender o voto é punido com pena de prisão até 2 anos ou com pena de multa até 240 dias.

2. Na mesma pena incorre aquele que oferecer, prometer ou conceder emprego público ou privado ou outra vantagem a um ou mais eleitores ou, por acordo com estes, a uma terceira pessoa mesmo quando a vantagem utilizada, prometida ou conseguida for dissimulada a título de indemnização pecuniária dada ao eleitor para despesas de viagem ou de estada ou de pagamento de alimentos ou bebidas ou a pretexto de despesas com a campanha eleitoral.

3. Em pena idêntica incorre ainda o eleitor aceitante do benefício ou vantagem provenientes da transacção do seu voto.

ARTIGO 188º
Não assunção, não exercício ou abandono de funções
em assembleia de voto ou de apuramento

Quem for designado para fazer parte de mesa de assembleia de voto ou como membro de assembleia de apuramento e, sem causa justificativa, não assumir, não exercer ou abandonar essas funções, é punido com pena de prisão até 6 meses ou com pena de multa até 60 dias.

ARTIGO 189º
Não exibição da urna

O presidente da mesa da assembleia de voto que não exibir a urna perante os eleitores é punido com pena de prisão até 6 meses ou com pena de multa até 60 dias.

ARTIGO 190º
Acompanhante infiel

Aquele que acompanhar ao acto de votar eleitor afectado por doença ou deficiência física notórias e não garantir com fidelidade a expressão ou o sigilo de voto é punido com pena de prisão até 1 ano ou com pena de multa até 120 dias.

ARTIGO 191º
Introdução fraudulenta de boletim na urna ou desvio da urna
ou de boletim de voto

Quem fraudulentamente introduzir boletim de voto na urna antes ou depois do início da votação, se apoderar da urna com os boletins de voto nela recolhidos mas ainda não apurados ou se apoderar de um ou mais boletins de voto em qualquer momento, desde a abertura da assembleia de voto até ao apuramento geral do referendo, é punido com pena de prisão até 3 anos ou pena de multa até 360 dias.

ARTIGO 192º
Fraudes praticadas por membro da mesa de assembleia de voto

O membro da mesa de assembleia de voto que apuser ou consentir que se aponha nota de descarga em eleitor que não votou ou que não a apuser em eleitor que tiver votado, que fizer leitura infiel do boletim de voto ou de resposta a qualquer pergunta, que diminuir ou aditar voto a uma resposta no apuramento ou que de qualquer modo falsear a verdade do referendo é punido com pena de prisão até 2 anos ou com pena de multa até 240 dias.

ARTIGO 193º
Obstrução à fiscalização

Quem impedir a entrada ou a saída em assembleia de voto ou de apuramento de qualquer delegado ou grupo de cidadãos interveniente em campanha para referendo ou por qualquer modo tentar opor-se a que exerça os poderes que lhe são conferidos pela presente lei é punido com pena de prisão até 6 meses ou com pena de multa até 60 dias.

ARTIGO 194º
Recusa de receber reclamações, protestos ou contraprotestos

O presidente da mesa da assembleia de voto ou de apuramento que ilegitimamente se recusar a receber reclamação, protesto ou contraprotesto é punido com pena de prisão até 1 ano ou com pena de multa até 120 dias.

ARTIGO 195º
Perturbação ou impedimento de assembleia de voto ou de apuramento

1. Quem, por meio de violência ou participando em tumulto, desordem ou vozearia, impedir ou perturbar gravemente a realização, o funcionamento ou o apuramento de resultados de assembleia de voto ou de apuramento é punido com pena de prisão até 2 anos ou com pena de multa até 240 dias.

2. Quem entrar armado em assembleia de voto ou apuramento, não pertencendo a força pública devidamente autorizada, é punido com pena de prisão até 1 ano ou com pena de multa até 120 dias.

ARTIGO 196º
Presença indevida em assembleia de voto ou apuramento

Quem durante as operações de votação ou de apuramento se introduzir na respectiva assembleia sem ter direito a fazê-lo e se recusar sair, depois de intimado pelo presidente, é punido com pena de prisão até 6 meses ou com pena de multa até 60 dias.

ARTIGO 197º
Não comparência de força de segurança

O comandante de força de segurança que injustificadamente deixar de cumprir os deveres decorrentes do artigo 124º é punido com pena de prisão até 6 meses ou com pena de multa até 120 dias.

ARTIGO 198º
Falsificação de boletins, actas ou documentos relativos a referendo

Quem dolosamente alterar, ocultar, substituir, destruir ou suprimir, por qualquer modo, boletim de voto, acta de assembleia de voto ou de apuramento ou qualquer documento respeitante a operações de referendo é punido com pena de prisão até 2 anos ou com pena de multa até 240 dias.

ARTIGO 199º
Falso atestado de doença ou deficiência física

O médico que atestar falsamente doença ou deficiência física é punido com pena de prisão até 1 ano ou pena de multa até 120 dias.

ARTIGO 200º
Desvio de voto antecipado

O empregado do correio que desencaminhar, retiver ou não entregar à junta de freguesia voto antecipado, nos caso previstos nesta lei, é punido com pena de prisão até 2 anos ou com pena de multa até 240 dias.

ARTIGO 201º
Agravação

As penas previstas nos artigos desta secção são agravadas de um terço nos seus limites mínimo e máximo nos casos previstos no artigo 167º

SECÇÃO III
Ilícito de mera ordenação social

SUBSECÇÃO I
Disposições gerais

ARTIGO 202º
Órgãos competentes

1. Compete à Comissão Nacional de Eleições, com recurso para a secção criminal do Supremo Tribunal de Justiça, aplicar as coimas correspondentes a contra-ordenações cometidas por partido político ou grupo de cidadãos, por empresa

de comunicação social, de publicidade, de sondagens ou proprietária de salas de espectáculos.

2. Compete nos demais casos ao presidente da junta de freguesia da área onde a contra-ordenação tiver sido cometida aplicar a respectiva coima, com recurso para o tribunal competente.

3. Compete ao juiz da comarca, em processo instruído pelo Ministério Público, com recurso para a secção criminal do Supremo Tribunal de Justiça, aplicar as coimas correspondentes a contra-ordenações cometidas por eleitos locais no exercício das suas funções.

ARTIGO 203º
Afectação do produto das coimas

O produto das coimas correspondentes a contra-ordenações previstas pela presente lei é afectado da seguinte forma:

a) 60% para o Estado;
b) 40% para a autarquia local em que tenha lugar o referendo.

SUBSECÇÃO II
Contra-ordenações relativas à campanha

ARTIGO 204º
Reuniões, comícios, manifestações ou desfiles ilegais

Quem promover reuniões, comícios, manifestações ou desfiles em contravenção com o disposto na presente lei é punido com coima de 100000$00 a 500000$00.

ARTIGO 205º
Violação de regras sobre propaganda sonora ou gráfica

Quem fizer propaganda sonora ou gráfica com violação do disposto na presente lei é punido com coima de 10000$00 a 100000$00.

ARTIGO 206º
Publicidade comercial ilícita

A empresa que fizer propaganda comercial com violação do disposto na presente lei é punida com coima de 1000000$00 a 3000000$00.

ARTIGO 207º
Violação de deveres por publicação informativa

A empresa proprietária de publicação informativa que não proceder às comunicações relativas à campanha para o referendo previstas na presente lei ou que não der tratamento igualitário aos diversos partidos é punida com coima de 200000$00 a 2000000$00.

SUBSECÇÃO III
Contra-ordenações relativas à organização do processo de votação

ARTIGO 208º
Não invocação de impedimento

Aquele que não assumir funções de membro de mesa de assembleia de voto por impedimento justificativo que não invoque, podendo fazê-lo, imediatamente após a ocorrência ou o conhecimento do facto impeditivo é punido com coima de 20000$00 a 100000$00.

SUBSECÇÃO IV
Contra-ordenações relativas ao sufrágio e ao apuramento

ARTIGO 209º
Não abertura de serviço público

O membro de junta de freguesia e o responsável por centro de saúde ou local equiparado que não abrir os respectivos serviços no dia da realização do referendo é punido com coima de 10000$00 a 200000$00.

ARTIGO 210º
Não apresentação de membro de mesa de assembleia de voto à hora legalmente fixada

O membro de mesa de assembleia de voto que não se apresentar no local do seu funcionamento até uma hora antes da hora marcada para o início das operações é punido com coima de 10000$00 a 50000$00.

ARTIGO 211º
Não cumprimento de formalidades por membro de mesa de assembleia de voto ou de assembleia de apuramento

O membro de mesa de assembleia de voto ou de apuramento que não cumprir ou deixar de cumprir, sem intenção fraudulenta, formalidade legalmente prevista na presente lei é punido com coima de 10000$00 a 50000$00.

ARTIGO 212º
Não cumprimento de deveres pelo proprietário de sala de espectáculo

O proprietário de sala de espectáculo que não cumprir os seus deveres relativos à campanha constantes nos nºs 1 e 3 do artigo 56º e no artigo 57º é punido com coima de 200000$00 a 500000$00

ARTIGO 213º
Propaganda na véspera de referendo

Aquele que no dia anterior ao referendo fizer propaganda por qualquer modo é punido com coima de 10000$00 a 50000$00.

ARTIGO 214º
Receitas ilícitas

O partido ou grupo de cidadãos interveniente em campanha para referendo que obtiver para a mesma campanha receitas não previstas na presente lei é punido com coima de montante igual ao que ilicitamente tiver recebido e nunca inferior a 100000$00.

ARTIGO 215º
Não discriminação de receitas ou despesas

O partido ou grupo de cidadãos interveniente em campanha para referendo que não discriminar ou não comprovar devidamente as receitas ou despesas da mesma campanha é punido com coima de 100000$00 a 1000000$00.

ARTIGO 216º
Não prestação ou não publicação de contas

O partido ou grupo de cidadãos que não publicar as contas nos termos da presente lei é punido com coima de 1000000$00 a 2000000$00.

ARTIGO 217º
Reclamação e recurso de má fé

Aquele que com má fé apresentar reclamação, recurso, protesto ou contraprotesto ou aquele que impugnar decisões dos órgãos eleitorais através de recurso manifestamente infundado será punido com coima de 5000$00 a 10000$00.

ARTIGO 218º
Não publicação do mapa oficial

O presidente do órgão deliberativo autárquico que não dê conhecimento ou não dê conhecimento exacto do mapa de resultados oficiais do referendo, através dos meios previstos no nº 3 do artigo 147º e no prazo aí definido, é punido com coima de 1000000$00 a 2000000$00.

TÍTULO IV
Efeitos do referendo

CAPÍTULO I
Disposições comuns

ARTIGO 219º
Eficácia

1. Os resultados do referendo vinculam os órgãos autárquicos.
2. A vinculação referida no número anterior depende de o mínimo de votantes ser superior a metade dos eleitores inscritos no recenseamento.

ARTIGO 220º
Sanções

A não observância do resultado do referendo pelas assembleias autárquicas competentes implica a sua dissolução, nos termos da lei.

ARTIGO 221º
Dever de agir dos órgãos autárquicos

Se da votação resultar resposta que implique a produção de um acto pela autarquia sobre a questão ou questões submetidas a referendo, o órgão autárquico competente aprovará o acto de sentido correspondente, no prazo de 60 dias.

ARTIGO 222º
Revogação ou alteração ou substituição do acto concretizador do referendo

1. O acto praticado para corresponder ao sentido do referendo não poderá ser revogado ou alterado na sua definição essencial no decurso do mesmo mandato.

2. Os órgãos autárquicos competentes não poderão aprovar acto de sentido oposto ao do resultado do referendo no decurso do mesmo mandato.

ARTIGO 223º
Propostas de referendo objecto de resposta negativa

As propostas de referendo objecto de resposta dos eleitores que implique a continuidade da situação anterior ao referendo não poderão ser renovadas no decurso do mesmo mandato.

TÍTULO V
Disposições finais

ARTIGO 224º
Comissão Nacional de Eleições

A Comissão Nacional de Eleições exerce as suas competências também em relação aos actos de referendo de âmbito local.

ARTIGO 225º
Registo do referendo

1. O Tribunal Constitucional deve dispor de um registo próprio dos referendos realizados, bem como dos respectivos resultados.

2. O presidente do órgão executivo do município ou da freguesia, consoante os casos, comunica ao Presidente do Tribunal Constitucional a data de realização do referendo, nos cinco dias subsequentes à data da sua marcação.

3. A Comissão Nacional de Eleições envia ao Presidente do Tribunal Constitucional o mapa dos resultados do referendo a que se refere o artigo 147º no prazo previsto no nº 2 do mesmo artigo.

ARTIGO 226º
Direito supletivo

São aplicáveis ao regime do referendo local, supletivamente e com as devidas adaptações, em tudo o que não se encontre expressamente estabelecido na presente lei, as disposições da lei eleitoral para a Assembleia da República.

ARTIGO 227º
Norma revogatória

É revogada a Lei nº 49/90, de 24 de Agosto.

Aprovada em 6 de julho de 2000.

O Presidente da Assembleia da República, *António de Almeida Santos*.

Promulgada em 4 de agosto de 2000.

Publique-se.

O Presidente da República, JORGE SAMPAIO.

Referendada em 9 de agosto de 2000.

O Primeiro-Ministro, em exercício, *Jaime José Matos da Gama*.

ÍNDICE-SUMÁRIO

NOTA À 9ª EDIÇÃO	5
NOTA INTRODUTÓRIA	7
I. CONSTITUIÇÃO DA REPÚBLICA PORTUGUESA	9
PARTE I Direitos e deveres fundamentais	15
TÍTULO I Princípios gerais	15
TÍTULO II Direitos, liberdades e garantias	18
CAPÍTULO I Direitos, liberdades e garantias pessoais	18
CAPÍTULO II Direitos, liberdades e garantias de participação política	27
CAPÍTULO III Direitos, liberdades e garantias dos trabalhadores	28
TÍTULO III Direitos e deveres económicos, sociais e culturais	30
CAPÍTULO I Direitos e deveres económicos	30
CAPÍTULO II Direitos e deveres sociais	32
CAPÍTULO III Direitos e deveres culturais	37
PARTE II Organização económica	39
TÍTULO I Princípios gerais	39
TÍTULO II Planos	42
TÍTULO III Políticas agrícola, comercial e industrial	43
TÍTULO IV Sistema financeiro e fiscal	46
PARTE III Organização do poder político	48
TÍTULO I Princípios gerais	48
TÍTULO II Presidente da República	52
CAPÍTULO I Estatuto e eleição	52
CAPÍTULO II Competência	55
CAPÍTULO III Conselho de Estado	58
TÍTULO III Assembleia da República	60
CAPÍTULO I Estatuto e eleição	60
CAPÍTULO II Competência	63
CAPÍTULO III Organização e funcionamento	69

TÍTULO IV Governo	73
CAPÍTULO I Função e estrutura	73
CAPÍTULO II Formação e responsabilidade	74
CAPÍTULO III Competência	76
TÍTULO V Tribunais	79
CAPÍTULO I Princípios gerais	79
CAPÍTULO II Organização dos tribunais	80
CAPÍTULO III Estatuto dos juízes	82
CAPÍTULO IV Ministério Público	83
TÍTULO VI Tribunal Constitucional	84
TÍTULO VII Regiões autónomas	85
TÍTULO VIII Poder local	90
CAPÍTULO I Princípios gerais	90
CAPÍTULO II Freguesia	92
CAPÍTULO III Município	93
CAPÍTULO IV Região administrativa	94
CAPÍTULO V Organizações de moradores	95
TÍTULO IX Administração Pública	96
TÍTULO X Defesa nacional	98
PARTE IV Garantia e revisão da Constituição	100
TÍTULO I Fiscalização da constitucionalidade	100
TÍTULO II Revisão constitucional	103

II. CONSTITUIÇÃO DA REPÚBLICA PORTUGUESA

Decreto de aprovação da Constituição (versão originária)	107
PARTE I Direitos e deveres fundamentais	112
TÍTULO I Princípios gerais	112
TÍTULO II Direitos, liberdades e garantias	114
TÍTULO III Direitos e deveres económos, sociais e culturais	121
CAPÍTULO I Princípio geral	121
CAPÍTULO II Direitos e deveres económicos	121
CAPÍTULO III Direitos e deveres sociais	125
CAPÍTULO IV Direitos e deveres culturais	128
PARTE II Organização económica	130
TÍTULO I Princípios gerais	130
TÍTULO II Estruturas da propriedade dos meios de produção	132
TÍTULO III Plano	133
TÍTULO IV Reforma agrária	134
TÍTULO V Sistema financeiro e fiscal	136
TÍTULO VI Circuitos comerciais	137
PARTE III Organização do poder político	138
TÍTULO I Princípios gerais	138
TÍTULO II Presidente da República	140

CAPÍTULO I Estatuto o eleição	140
CAPÍTULO II Competência	143
TÍTULO III Conselho da Revolução	145
CAPÍTULO I Função e estrutura	145
CAPÍTULO II Competência	146
TÍTULO IV Assembleia da República	147
CAPÍTULO I Estatuto o eleição	147
CAPÍTULO II Competência	150
CAPÍTULO III Organização e funcionamento	154
TÍTULO V Governo	156
CAPÍTULO I Função e estrutura	156
CAPÍTULO II Formação e responsabilidade	158
CAPÍTULO III Competência	160
TÍTULO VI Tribunais	161
CAPÍTULO I Princípios gerais	161
CAPÍTULO II Organização dos tribunais	162
CAPÍTULO III Magistratura dos tribunais judiciais	164
CAPÍTULO IV Ministério Público	164
TÍTULO VII Regiões autónomas	165
TÍTULO VIII Poder local	169
CAPÍTULO I Princípios gerais	169
CAPÍTULO II Freguesia	170
CAPÍTULO III Município	171
CAPÍTULO IV Região administrativa	172
CAPÍTULO V Organizações populares de base territorial	173
TÍTULO IX Administração Pública	174
TÍTULO X Forças Armadas	176
PARTE IV Garantia e revisão da Constituição	177
TÍTULO I Garantia da Constituição	177
CAPÍTULO I Fiscalização da constitucionalidade	177
CAPÍTULO II Comissão Constitucional	179
TÍTULO II Revisão constitucional	180

III. PACTOS MFA/PARTIDOS POLÍTICOS
1ª Plataforma de Acordo Constitucional   187

IV. PACTOS MFA/PARTIDOS POLÍTICOS
2ª Plataforma de Acordo Constitucional   197

V. JUNTA DE SALVAÇÃO NACIONAL
– Destituição das funções do Presidente da República e do Governo e dissolução da Assembleia Nacional e do Conselho de Estado – determina que todos os poderes atribuídos aos referidos órgãos passem a ser exercidos pela Junta de Salvação Nacional   205

Lei nº 1/74, de 25 de Abril 207

VI. JUNTA DE SALVAÇÃO NACIONAL
Extinção da Assembleia Nacional e da Câmara Corporativa 209
Lei nº 2/74, de 14 de maio 211

VII. JUNTA DE SALVAÇÃO NACIONAL
Definição da estrutura constitucional transitória que regerá a organização política do país até à entrada em vigor da nova Constituição Política da República Portuguesa 213
Lei nº 3/74, de 14 de maio 215

VIII. PROGRAMA DO MOVIMENTO DAS FORÇAS ARMADAS 223

IX. PRESIDÊNCIA DA REPÚBLICA
Lei nº 5/75, de 14 de março 229

X. REGIME DO ESTADO DE SÍTIO E DO ESTADO DE EMERGÊNCIA 233
 CAPÍTULO I Disposições gerais 235
 CAPÍTULO II Do estado de sítio e do estado de emergência 237
 CAPÍTULO III Da declaração 238
 CAPÍTULO IV Da execução da declaração 240
 CAPÍTULO V Do processo da declaração 241

XI. ESTATUTO POLÍTICO-ADMINISTRATIVO DA REGIÃO AUTÓNOMA DOS AÇORES 245
 TÍTULO I Região Autónoma dos Açores 248
 TÍTULO II Princípios fundamentais 251
 TÍTULO III Regime económico e financeiro 253
  CAPÍTULO I Princípios fundamentais 253
  CAPÍTULO II Autonomia financeira da Região 253
  CAPÍTULO III Autonomia patrimonial da Região 255
 TÍTULO IV Órgãos de governo próprio 256
  CAPÍTULO I Assembleia Legislativa 256
   SECÇÃO I Estatuto e eleição 256
   SECÇÃO II Competência da Assembleia Legislativa 260
    SUBSECÇÃO I Competência em geral 260
    SUBSECÇÃO II Matérias de competência legislativa própria 266
   SECÇÃO III Organização e funcionamento da Assembleia Legislativa 274
  CAPÍTULO II Governo Regional 277
   SECÇÃO I Função, estrutura, formação e responsabilidade 277
   SECÇÃO II Competência do Governo Regional 280
  CAPÍTULO III Estatuto dos titulares de cargos políticos 283
   SECÇÃO I Disposições comuns 283

SECÇÃO II Estatuto dos Deputados à Assembleia Legislativa	284
SECÇÃO III Estatuto dos membros do Governo Regional	288
CAPÍTULO IV Representante da República	288
TÍTULO V Relação da Região com outras pessoas colectivas públicas	289
CAPÍTULO I Da cooperação em geral	289
CAPÍTULO II Da audição dos órgãos de governo próprio pelos órgãos de soberania	291
TÍTULO VI Das relações internacionais da Região	293
TÍTULO VII Organização das administrações públicas	296
CAPÍTULO I Administração regional autónoma	296
CAPÍTULO II Outros órgãos regionais	296
CAPÍTULO III Administração do Estado	298
CAPÍTULO IV Administração local	298
TÍTULO VIII Revisão do Estatuto	299

XII. ESTATUTO POLÍTICO-ADMINISTRATIVO DA REGIÃO AUTÓNOMA DA MADEIRA — 301

TÍTULO I Princípios fundamentais	303
TÍTULO II Órgãos de governo próprio e administração pública regional	306
CAPÍTULO I Assembleia Legislativa Regional	306
SECÇÃO I Definição, eleição e composição	306
SECÇÃO II Estatuto dos deputados	307
SECÇÃO III Competência	313
SECÇÃO IV Funcionamento	317
CAPÍTULO II Governo Regional	321
SECÇÃO I Definição, constituição e responsabilidade	321
SECÇÃO II Estatuto dos membros do Governo Regional	323
SECÇÃO III Competência	324
SECÇÃO IV Funcionamento	326
CAPÍTULO III Estatuto remuneratório	327
CAPÍTULO IV Administração pública regional	329
TÍTULO III Relações entre o Estado e a Região	330
CAPÍTULO I Representações do Estado	330
CAPÍTULO II Relações entre os órgãos de soberania e os órgãos de governo próprio	330
SECÇÃO I Relacionamento entre a Assembleia da República e a Assembleia Legislativa Regional	330
SECÇÃO II Audição dos órgãos de governo próprio	331
SECÇÃO III Protocolos	332
SECÇÃO IV Participação da Região em negociações internacionais	333
CAPÍTULO III Fiscalização da constitucionalidade e da legalidade	333
TÍTULO IV Do regime financeiro, económico e fiscal	335
CAPÍTULO I Princípios gerais	335

  CAPÍTULO II Do regime financeiro 337
   SECÇÃO I Receitas regionais 337
    SUBSECÇÃO I Receitas e despesas 337
    SUBSECÇÃO II Receitas fiscais 338
    SUBSECÇÃO III Dívida pública regional 339
    SUBSECÇÃO IV Transferências do Estado 340
    SUBSECÇÃO V Apoios especiais 340
   SECÇÃO II Relações financeiras entre a Região e as autarquias locais 341
  CAPÍTULO III Do regime económico 341
   SECÇÃO I Da economia regional 341
   SECÇÃO II Da concretização dos princípios da solidariedade
   e da continuidade territorial 342
    SUBSECÇÃO I Transportes 342
    SUBSECÇÃO II Telecomunicações 343
    SUBSECÇÃO III Energia 343
    SUBSECÇÃO IV Outras áreas específicas 343
  CAPÍTULO IV Do regime fiscal 344
   SECÇÃO I Enquadramento geral 344
   SECÇÃO II Competências legislativas e regulamentares 345
   SECÇÃO III Competências administrativas 346
   SECÇÃO IV Taxas e preços públicos regionais 347
  CAPÍTULO V Património da Região 347
  CAPÍTULO VI Centro Internacional de Negócios 348
 TÍTULO IV Disposições finais e transitórias 348

XIII. ESTATUTO DO REPRESENTANTE DA REPÚBLICA NAS REGIÕES
  AUTÓNOMAS DOS AÇORES E DA MADEIRA 351
Lei nº 30/2008, de 10 de Julho 353

XIV. INICIATIVA LEGISLATIVA DE CIDADÃOS 359
  CAPÍTULO I Disposições gerais 361
  CAPÍTULO II Requisitos e tramitação 362
  CAPÍTULO III Disposições finais 365

XV. REGIMENTO DA ASSEMBLEIA DA REPÚBLICA 367
 TÍTULO I Deputados e grupos parlamentares 369
  CAPÍTULO I Deputados 369
   SECÇÃO I Mandato dos Deputados 369
   SECÇÃO II Poderes 371
   SECÇÃO III Direitos e deveres 372
  CAPÍTULO II Grupos parlamentares 372
 TÍTULO II Organização da Assembleia 374
  CAPÍTULO I Presidente da Mesa 374

SECÇÃO I Presidente	374
DIVISÃO I Estatuto e eleição	374
DIVISÃO II Competência do Presidente da Assembleia	375
DIVISÃO III Conferência de Líderes	378
DIVISÃO IV Conferência dos Presidentes das Comissões Parlamentares	378
SECÇÃO II Mesa da Assembleia	379
CAPÍTULO II Comissões parlamentares	381
SECÇÃO I Disposições gerais	381
SECÇÃO II Comissões parlamentares permanentes e eventuais	384
DIVISÃO I Comissões parlamentares permanentes	384
DIVISÃO II Comissões parlamentares eventuais	385
CAPÍTULO III Comissão Permanente	385
CAPÍTULO IV Delegações da Assembleia da República	386
CAPÍTULO V Grupos parlamentares de amizade	387
TÍTULO III Funcionamento	388
CAPÍTULO I Regras gerais de funcionamento	388
CAPÍTULO II Organização dos trabalhos e ordem do dia	392
CAPÍTULO III Reuniões plenárias	395
SECÇÃO I realização das reuniões	395
SECÇÃO II Uso da palavra	398
SECÇÃO III Deliberações e votações	403
CAPÍTULO IV Reuniões das comissões parlamentares	405
CAPÍTULO V Publicidade dos trabalhos e atos da Assembleia	408
SECÇÃO I Publicidade dos trabalhos da Assembleia	408
SECÇÃO II Publicidade dos atos da Assembleia	409
CAPÍTULO VI Relatório da atividade da Assembleia da República	410
TÍTULO IV Formas de processo	410
CAPÍTULO I Processo legislativo	410
SECÇÃO I Processo legislativo comum	410
DIVISÃO I Iniciativa	410
DIVISÃO II Apreciação de projetos e propostas de lei em comissão parlamentar	413
DIVISÃO III Audição dos órgãos do governo próprio das regiões autónomas	417
DIVISÃO IV Discussão e votação de projetos e de propostas de lei	417
SUBDIVISÃO I Disposições gerais	417
SUBDIVISÃO II Discussão e votação dos projetos e propostas de lei na generalidade	419
SUBDIVISÃO III Discussão e votação de projetos e propostas de lei na especialidade	419
SUBDIVISÃO IV Votação final global	420
DIVISÃO V Redação final de projetos e de propostas de lei	421
DIVISÃO VI Promulgação e reapreciação dos decretos da Assembleia	421

SECÇÃO II Processos legislativos especiais	423
DIVISÃO I Aprovação dos estatutos das regiões autónomas	423
DIVISÃO II Apreciação de propostas de lei de iniciativa das Assembleias Legislativas das regiões autónomas	424
DIVISÃO III Autorização e confirmação da declaração do estado de sítio ou do estado de emergência	425
SUBDIVISÃO I Reunião da Assembleia para autorização da declaração do estado de sítio ou do estado de emergência	425
SUBDIVISÃO II Confirmação da declaração do estado de sítio ou do estado de emergência	426
SUBDIVISÃO III Apreciação da aplicação da declaração do estado de sítio ou do estado de emergência	426
DIVISÃO IV Autorização para declarar a guerra e para fazer a paz	427
DIVISÃO V Autorizações legislativas	428
CAPÍTULO II Apreciação de decretos-leis	428
CAPÍTULO III Aprovação de tratados e acordos	430
CAPÍTULO IV Processos de finanças públicas	432
SECÇÃO I Grandes opções dos planos nacionais e relatórios de execução dos planos, Orçamento do Estado, Conta Geral do Estado e outras contas públicas	432
DIVISÃO I Disposições gerais em matéria de finanças públicas	432
DIVISÃO II Contas de outras entidades públicas	434
DIVISÃO III Planos nacionais e relatórios de execução	434
DIVISÃO IV Orçamento do Estado	434
SECÇÃO II Outros debates sobre finanças públicas	435
CAPÍTULO V Processos de orientação e fiscalização política	436
SECÇÃO I Apreciação do programa do Governo	436
SECÇÃO II Moções de confiança	437
SECÇÃO III Moções de censura	438
SECÇÃO IV Debates com o Governo	438
SECÇÃO V Interpelações ao Governo	440
SECÇÃO VI Debate sobre o estado da nação	440
SECÇÃO VII Perguntas e requerimentos	440
SECÇÃO VIII Audições aos indigitados para altos cargos do Estado	441
SECÇÃO IX Petições	441
SECÇÃO X Inquéritos parlamentares	441
SECÇÃO XI Relatórios e recomendações do Provedor de Justiça	442
SECÇÃO XII Relatórios de outras entidades	443
CAPÍTULO VI Processos relativos a outros órgãos	443
SECÇÃO I Processos relativos ao Presidente da República	443
DIVISÃO I Posse do Presidente da República	443
DIVISÃO II Assentimento para a ausência do Presidente da República do território nacional	444

DIVISÃO III Renúncia do Presidente da República	445
DIVISÃO IV Acusação do Presidente da República	445
SECÇÃO II Efetivação da responsabilidade criminal dos membros do Governo	446
SECÇÃO III Designação de titulares de cargos exteriores à Assembleia	446
CAPÍTULO VII Processo relativo ao acompanhamento, apreciação e pronúncia no âmbito do processo de construção europeia	447
SECÇÃO I Acompanhamento, apreciação e pronúncia no âmbito do processo de construção europeia	447
CAPÍTULO VIII Processo de urgência	448
TÍTULO V Disposições relativas ao Regimento	449
TÍTULO VI Disposições finais e transitórias	449

XVI. ORGANIZAÇÃO, FUNCIONAMENTO E PROCESSO DO TRIBUNAL CONSTITUCIONAL — 455

TÍTULO I Disposições gerais	457
TÍTULO II Competência, organização e funcionamento	458
CAPÍTULO I Competência	458
CAPÍTULO II Organização	460
SECÇÃO I Composição e constituição do Tribunal	460
SECÇÃO II Estatuto dos juízes	463
SECÇÃO III Organização interna	468
CAPÍTULO III Funcionamento	470
SECÇÃO I Funcionamento do Tribunal	470
SECÇÃO II Secretaria e serviços de apoio	471
CAPÍTULO IV Regime Financeiro	472
TÍTULO III Processo	474
CAPÍTULO I Distribuição	474
CAPÍTULO II Processos de fiscalização da constitucionalidade e da legalidade	474
SUBCAPÍTULO I Processos de fiscalização abstrata	474
SECÇÃO I Disposições comuns	474
SECÇÃO II Processos de fiscalização preventiva	476
SECÇÃO III Processos de fiscalização sucessiva	477
SECÇÃO IV Processos de fiscalização da inconstitucionalidade por omissão	479
SUBCAPÍTULO II Processos de fiscalização concreta	479
CAPÍTULO III Outros processos	487
SUBCAPÍTULO I Processos relativos à morte, impossibilidade física permanente, impedimento temporário, perda de cargo e destituição do Presidente da República	487
SUBCAPÍTULO I-A Processos relativos ao contencioso da perda de mandato de Deputados	489
SUBCAPÍTULO II Processos eleitorais	490

SECÇÃO I Processo relativo à eleição do Presidente da República   490
   SUBSECÇÃO I Candidaturas   490
   SUBSECÇÃO II Desistência, morte e incapacidade de candidatos   491
   SUBSECÇÃO III Apuramento geral de eleição e respetivo contencioso   491
SECÇÃO II Outros processos eleitorais   492
SUBCAPÍTULO III Processos relativos a partidos políticos, colicações e frentes   494
SUBCAPÍTULO IV Processos relativos a organizações que perfilhem a ideologia fascista   497
SUBCAPÍTULO V Processos relativos à realização de referendos e de consultas diretas aos eleitores a nível local   498
SUBCAPÍTULO VI Processos relativos a declarações de rendimentos e património dos titulares de cargos públicos   498
SUBCAPÍTULO VII Processo relativo a declarações de incompatibilidades e impedimentos de titulares de cargos políticos   499
TÍTULO IV Disposições finais e transitórias   500

XVII. ESTATUTO DO PROVEDOR DE JUSTIÇA   503

CAPÍTULO I Princípios gerais   505
CAPÍTULO II Estatuto   506
CAPÍTULO III Atribuições   510
CAPÍTULO IV Procedimento   512
CAPÍTULO V Provedoria de Justiça   516
CAPÍTULO VI Disposições finais e transitórias   517

XVIII. DIREITO DE PETIÇÃO   519

CAPÍTULO I Disposições gerais   521
CAPÍTULO II Forma e tramitação   523
CAPÍTULO III Petições dirigidas à Assembleia da República   526
CAPÍTULO IV Disposição final   531

XIX. REFERENDO NACIONAL   533

TÍTULO I Âmbito e objeto de referendo   535
TÍTULO II Convocação do referendo   537
  CAPÍTULO I Proposta   537
    SECÇÃO I Proposta da Assembleia da República   537
      DIVISÃO I Iniciativa parlamentar ou governamental   538
      DIVISÃO II Iniciativa popular   538
    SECÇÃO II Proposta do Governo   540
  CAPÍTULO II Fiscalização preventiva da constitucionalidade e da legalidade e apreciação dos requisitos relativos ao universo eleitoral   541
    SECÇÃO I Sujeição ao Tribunal Constitucional   541
    SECÇÃO II Processo de fiscalização preventiva   542
  CAPÍTULO III Decisão   543

TÍTULO III Realização do referendo	544
CAPÍTULO I Direito de participação	544
CAPÍTULO II Campanha para o referendo	544
SECÇÃO I Disposições gerais	544
SECÇÃO II Propaganda	546
SECÇÃO III Meios específicos de campanha	548
DIVISÃO I Publicações periódicas	548
DIVISÃO II Rádio e televisão	549
DIVISÃO III Outros meios específicos de campanha	551
SECÇÃO IV Financiamento da campanha	553
CAPÍTULO III Organização do processo de votação	554
SECÇÃO I Assembleias de voto	554
DIVISÃO I Organização das assembleias de voto	554
DIVISÃO II Mesa das assembleias de voto	556
DIVISÃO III Delegados dos partidos e grupos de cidadãos eleitores	559
SECÇÃO II Boletins de voto	560
CAPÍTULO IV Votação	561
SECÇÃO I Data da realização do referendo	561
SECÇÃO II Exercício do direito de sufrágio	562
SECÇÃO III Processo de votação	563
DIVISÃO I Funcionamento das assembleias de voto	563
DIVISÃO II Modo geral de votação	565
DIVISÃO III Modos especiais de votação	566
SUBDIVISÃO I Voto dos deficientes	566
SUBDIVISÃO II Voto antecipado	566
SECÇÃO IV Garantias de liberdade de sufrágio	571
CAPÍTULO V Apuramento	572
SECÇÃO I Apuramento parcial	572
SECÇÃO II Apuramento intermédio	576
SECÇÃO III Apuramento geral	579
SECÇÃO IV Apuramento no caso de adiamento ou nulidade da votação	580
CAPÍTULO VI Contencioso da votação e do apuramento	581
CAPÍTULO VII Despesas públicas respeitantes ao referendo	582
CAPÍTULO VIII Ilícito relativo ao referendo	585
SECÇÃO I Princípios gerais	585
SECÇÃO II Ilícito penal	585
DIVISÃO I Disposições gerais	585
DIVISÃO II Crimes relativos à campanha para referendo	586
DIVISÃO III Crimes relativos à organização do processo de votação	587
DIVISÃO IV Crimes relativos ao sufrágio e ao apuramento	587
SECÇÃO III Ilícito de mera ordenação social	591
DIVISÃO I Disposições gerais	591
DIVISÃO II Contraordenações relativas à campanha	592

        DIVISÃO III Contraordenações relativas à organização do processo de votação   592
        DIVISÃO IV Contraordenações relativas ao sufrágio e ao apuramento   593
TÍTULO IV Efeitos do referendo   594
TÍTULO V Regras especiais sobre o referendo relativo à instituição em concreto das regiões administrativas   595
TÍTULO VI Disposições finais e transitórias   596

XX. REGIME JURÍDICO DO REFERENDO REGIONAL NA REGIÃO AUTÓNOMA DOS AÇORES   599

TÍTULO I Âmbito e objeto do referendo regional   601
TÍTULO II Convocação do referendo   603
    CAPÍTULO I Proposta   603
        SECÇÃO I Proposta da Assembleia Legislativa da Região Autónoma   603
            DIVISÃO I Iniciativa parlamentar ou governamental   603
            DIVISÃO II Iniciativa popular   604
    CAPÍTULO II Fiscalização preventiva da constitucionalidade e da legalidade   605
        SECÇÃO I Sujeição ao Tribunal Constitucional   605
        SECÇÃO II Processo de fiscalização preventiva   606
    CAPÍTULO III Decisão do Presidente da República   607
TÍTULO III Realização do referendo   608
    CAPÍTULO I Direito de participação   608
    CAPÍTULO II Campanha para o referendo   608
        SECÇÃO I Disposições gerais   608
        SECÇÃO II Propaganda   610
        SECÇÃO III Meios específicos de campanha   612
            DIVISÃO I Publicações periódicas   612
            DIVISÃO II Rádio e televisão   613
            DIVISÃO III Outros meios específicos de campanha   615
        SECÇÃO IV Financiamento da campanha   617
    CAPÍTULO III Organização do processo de votação   617
        SECÇÃO I Assembleias de voto   617
            DIVISÃO I Organização das assembleias de voto   617
            DIVISÃO II Mesa das assembleias de voto   619
            DIVISÃO III Delegados dos partidos e grupos de cidadãos eleitores   622
        SECÇÃO II Boletins de voto   623
    CAPÍTULO IV Votação   624
        SECÇÃO I Data da realização do referendo   624
        SECÇÃO II Exercício do direito de sufrágio   625
        SECÇÃO III Processo de votação   626
            DIVISÃO I Funcionamento das assembleias de voto   626
            DIVISÃO II Modo geral de votação   628
            DIVISÃO III Modos especiais de votação   629

SUBDIVISÃO I Voto dos deficientes	629
SUBDIVISÃO II Voto antecipado	630
SECÇÃO IV Garantias de liberdade de sufrágio	634
CAPÍTULO V Apuramento	636
SECÇÃO I Apuramento parcial	636
SECÇÃO II Apuramento geral	639
SECÇÃO III Apuramento no caso de adiamento ou nulidade da votação	643
CAPÍTULO VI Contencioso da votação e do apuramento	643
CAPÍTULO VII Despesas públicas respeitantes ao referendo	644
CAPÍTULO VIII Ilícito relativo ao referendo	647
SECÇÃO I Princípios gerais	647
SECÇÃO II Ilícito penal	647
DIVISÃO I Disposições gerais	647
DIVISÃO II Crimes relativos à campanha para o referendo	648
DIVISÃO III Crimes relativos à organização do processo de votação	649
DIVISÃO IV Crimes relativos ao sufrágio e ao apuramento	649
SECÇÃO III Ilícito de mera ordenação social	653
DIVISÃO I Disposições gerais	653
DIVISÃO II Contraordenações relativas à campanha	654
DIVISÃO III Contraordenações relativas à organização do processo de votação	655
DIVISÃO IV Contraordenações relativas ao sufrágio e ao apuramento	655
TÍTULO IV Efeitos do referendo	656
TÍTULO V Disposições finais e transitórias	657
XXI. REFERENDO LOCAL	**659**
TÍTULO I Âmbito e objeto do referendo	661
TÍTULO II Convocação do referendo	663
CAPÍTULO I Iniciativa	663
SECÇÃO I Iniciativa representativa	663
SECÇÃO II Iniciativa popular	664
CAPÍTULO II Deliberação	666
CAPÍTULO III Fiscalização da constitucionalidade e da legalidade	667
SECÇÃO I Sujeição a fiscalização preventiva	667
SECÇÃO II Processo de fiscalização preventiva	667
CAPÍTULO IV Fixação da data da realização do referendo	669
TÍTULO III Realização do referendo	670
CAPÍTULO I Direito de participação	670
CAPÍTULO II Campanha para o referendo	670
SECÇÃO I Disposições gerais	670
SECÇÃO II Propaganda	672
SECÇÃO III Meios específicos de campanha	674
SUBSECÇÃO I Publicações periódiccas	674

SUBSECÇÃO II Outros meios específicos de campanha	675
SECÇÃO IV Financiamento da campanha	677
CAPÍTULO III Organização do processo de votação	678
SECÇÃO I Assembleias de voto	678
SUBSECÇÃO I Organização das assembleias de voto	678
SUBSECÇÃO II Mesa das assembleias de voto	680
SUBSECÇÃO III Delegados dos partidos e dos grupos de cidadãos	682
SECÇÃO II Boletins de voto	684
CAPÍTULO IV Votação	685
SECÇÃO I Data da realização do referendo	685
SECÇÃO II Exercício do direito de sufrágio	685
SECÇÃO III Processo de votação	686
SUBSECÇÃO I Funcionamento das assembleias de voto	686
SUBSECÇÃO II Modo geral de votação	688
SUBSECÇÃO III Modos especiais de votação	689
DIVISÃO I Voto dos deficientes	689
DIVISÃO II Voto antecipado	690
SECÇÃO IV Garantias de liberdade do sufrágio	694
CAPÍTULO V Apuramento	695
SECÇÃO I Apuramento parcial	695
SECÇÃO II Apuramento geral	699
SECÇÃO III Apuramento em caso de adiamento ou nulidade da votação	702
CAPÍTULO VI Contencioso da votação e do apuramento	702
CAPÍTULO VII Despesas públicas respeitantes ao referendo	703
CAPÍTULO VIII Ilícito referendário	705
SECÇÃO I Princípios comuns	705
SECÇÃO II Ilícito penal	706
SUBSECÇÃO I Disposições gerais	706
SUBSECÇÃO II Crimes relativos à campanha para referendo	707
SUBSECÇÃO III Crimes relativos à organização do processo de votação	708
SUBSECÇÃO IV Crimes relativos ao sufrágio e ao apuramento	708
SECÇÃO III Ilícito de mera ordenação social	712
SUBSECÇÃO I Disposições gerais	712
SUBSECÇÃO II Contraordenações relativas à campanha	713
SUBSECÇÃO III Contraordenações relativas à organização do processo de votação	714
SUBSECÇÃO IV Contraordenações relativas ao sufrágio e ao apuramento	714
TÍTULO IV Efeitos do referendo	715
CAPÍTULO I Disposições comuns	715
TÍTULO V Disposições finais	716